Boller
Hartmann

Volkswirtschaftslehre

Qualifikationsphase
(Jahrgangsstufen 12 und 13)
am beruflichen Gymnasium

Boller
Hartmann

Volkswirtschaftslehre

Qualifikationsphase
(Jahrgangsstufen 12 und 13)
am beruflichen Gymnasium

Merkur
Verlag Rinteln

Wirtschaftswissenschaftliche Bücherei für Schule und Praxis
Begründet von Handelsschul-Direktor Dipl.-Hdl. Friedrich Hutkap †

Verfasser:

Dr. Eberhard Boller, Dipl.-Hdl., Siegen

Gernot B. Hartmann, Dipl.-Hdl., Emmendingen

* * * * *

1. Auflage 2013

Gesamtherstellung:

MERKUR VERLAG RINTELN Hutkap GmbH & Co. KG, 31735 Rinteln

E-Mail: info@merkur-verlag.de
lehrer-service@merkur-verlag.de

Internet: www.merkur-verlag.de

ISBN 978-3-8120-**0398-8**

Vorwort

Dieses Lehrbuch richtet sich nach dem **Lehrplan für das berufliche Gymnasium,** Unterrichtsfach Volkswirtschaftslehre in Rheinland-Pfalz vom 16.03.2012. Im Zentrum des Lehrplans – und somit auch der Ausrichtung dieses Lehrbuches – steht der **Erziehungs- und Bildungsauftrag des beruflichen Gymnasiums,** die Schülerinnen und Schüler zu einer **umfassenden Handlungskompetenz** zu führen, um sie sowohl auf ein späteres **Hochschulstudium** als auch auf andere Formen der **beruflichen Bildung** vorzubereiten. Das Hauptaugenmerk der Verfasser dieses Buches lag somit auf der **Förderung fachlich-methodischer, individueller sowie sozialer Handlungs- und Gestaltungskompetenzen,** die zur Aufnahme eines Studiums oder einer Berufsausbildung befähigen und dabei auf wertorientiertes, individuelles Verhalten sowie zur Mitgestaltung des öffentlichen Lebens abzielen.

Für die Arbeit mit diesem Lehrbuch möchten wir auf Folgendes hinweisen:

- Das Lehrbuch orientiert sich **exakt** an den im Lehrplan für den jeweiligen **Lernbereich aufgeführten Kompetenzen.**
- Der Anspruch des vorgelegten Lehrbuches liegt auf der **exemplarischen Erarbeitung** grundlegender volkswirtschaftlicher Zusammenhänge mit **wissenschaftlichen Arbeitsweisen** und dem Vermitteln von Arbeitstechniken. Schließlich ist unumstritten, wer **konstruktiv am Wirtschaftsleben** teilhaben möchte, benötigt ein **Grundverständnis der Wirtschafts- und Gesellschaftsordnung,** in der wir leben.
- Die oft sehr theoretischen Inhalte der Volkswirtschaftlehre wurden zum besseren Verständnis und zur Veranschaulichung bewusst mit **vielfältigen Beispielen** aus der **Lebens- und Erfahrungswelt** der Schülerinnen und Schüler unterlegt.
- Umfangreiche Übungsaufgaben am Ende eines jeden Kapitels beinhalten im Wesentlichen **komplexe und realitätsnahe Problemstellungen** unter Berücksichtigung der Erfahrungswelt der Lernenden. Sie dienen dem **selbstgesteuerten Lernen** und einer **aktiven Beteiligung** der Lernenden. Im Zentrum steht dabei die Förderung des Einsatzes von **erworbenem Wissen,** nicht zuletzt, um eine **reflektierte Vertiefung** und **Erweiterung** bisheriger **Lernprozesse** mit dem Ziel der Studierfähigkeit zu ermöglichen.
- Von den Autoren wurde bewusst darauf geachtet, dass die im Lehrplan aufgeführten Kompetenzen inhaltlich **vollständig und umfassend** thematisiert werden, sodass außerhalb des Lehrbuches **keine zusätzlichen Materialien** erforderlich sind.
- Zahlreiche Abbildungen, aktuelle Schaubilder, Begriffsschemata, Gegenüberstellungen und Zusammenfassungen am Ende eines jeden Kapitels erhöhen **die Anschaulichkeit und Einprägsamkeit** der Informationen.
- Ein **ausführliches Stichwortverzeichnis** hilft Ihnen dabei, Begriffe und Erläuterungen schnell aufzuführen.

Wir hoffen, mit der Vorlage dieses Buches die erforderlichen Unterrichtshilfen zur Erreichung der gemäß Lehrplan angestrebten Kompetenzen geben zu können. Für jede Art von Anregungen und Verbesserungsvorschlägen danken wir allen Benutzern im Voraus.

Wir wünschen Ihnen einen **guten Lehr- und Lernerfolg!**

Die Verfasser

Inhaltsverzeichnis

Lernbereich 6: Geldpolitische Entscheidungen vor dem Hintergrund sich verändernder Wirtschaftslagen erörtern

Lernbereich 7: Wachstums- und umweltpolitische Entscheidungen bewerten und ihre Wechselwirkungen analysieren

Lernbereich 8: Möglichkeiten der Einkommens- und Vermögensverteilung darstellen und beurteilen

Lernbereich 9: Wirtschaftspolitische Beziehungen zwischen In- und Ausland erfassen, darstellen und analysieren

Lernbereich 10: Merkmale und Wirkungsweisen der sozialen Marktwirtschaft darstellen und bewerten

Lernbereich 11: Ein Projekt durchführen

Lernbereich 4: Situationen auf monopolistischen und oligopolistischen Märkten erfassen und analysieren

1 Ursachen für monopolistische und oligopolistische Märkte

1.1 Grundlegendes

In Band 1 der Volkswirtschaftslehre zur Einführungsphase am beruflichen Gymnasium (Jahrgangsstufe 11) wurde im Rahmen von Kapitel 9.3.2 bereits hinreichend die Gliederung von Märkten nach der Anzahl der Anbieter und Nachfrager behandelt.

Im Folgenden beschränken sich die Ausführungen auf die Marktformen des Oligopols bzw. Monopols, und zwar ausschließlich aufseiten des **Angebots.** In diesem Zusammenhang muss jedoch darauf hingewiesen werden, dass die Zuordnung der in der Realität vorkommenden Märkte zu den in der Theorie vorgenommenen Klassifizierungen nicht immer eindeutig möglich ist.

So ist für die **Abgrenzung** der Anzahl der auf einem Markt konkurrierenden Anbieter einerseits die **geographische** (lokale, regionale, nationale oder internationale) **Betrachtungsweise** und andererseits die **bloße Anzahl** der Anbieter als solche durchaus problematisch. Es gibt bis heute in der Literatur keine eindeutige quantitative Abgrenzungsgröße zwischen polypolistischen und oligopolistischen Märkten. Hieraus folgt, dass sich also nicht exakt definieren lässt, ab welcher Anzahl von Anbietern konkret ein Polypol in ein Oligopol übergeht und umgekehrt.

Merke:

Allgemein gilt, dass ein Markt, der von einer **geringen Anzahl** von großen Anbietern dominiert wird, als **konzentriert** bezeichnet werden kann, und zwar unabhängig davon, ob es noch eine Vielzahl kleinerer Anbieter gibt. Dabei kommt dem Messkonzept der **Konzentrationsrate** eine besondere Bedeutung zu, die angibt, welcher **Marktanteil** einer bestimmten Anzahl der **größten** Anbieter zukommt.

Beispiel:

Angenommen, die vier größten Brauereien in der Bundesrepublik Deutschland verfügen im Inland gemeinsam über einen Marktanteil von 75 %, so wird dieser Markt durchaus als Oligopol angesehen, auch wenn es noch viele kleinere Brauereien mit überwiegend regionaler Bedeutung gibt.

Merke:

Wird unabhängig von der Anzahl weiterer Anbieter der **Großteil des Absatzes** von den **wenigen** großen Anbietern **dominiert,** handelt es sich um ein **Oligopol.**

Beispiele:

Für derartige Oligopole, in denen wenige große Anbieter den Markt dominieren, können u.a. folgende Branchen angeführt werden:

- Lebensmittel-Einzelhandel,
- Bankenmarkt,
- Mobiltelefonanbieter,
- Mineralölindustrie,
- Chemische Industrie,
- Pharmaindustrie.

1.2 Konzentration und Monopole

Die meisten Märkte einer Volkswirtschaft sind dadurch gekennzeichnet, dass sich die Unternehmen im **Wettbewerb** zu anderen Unternehmen befinden, die **gleiche** oder zumindest **ähnliche** Güter und Dienstleistungen anbieten. In vielen Märkten lässt sich jedoch beobachten, dass sich die Unternehmen aus unterschiedlichen Gründen zusammenschließen. In diesem Zusammenhang spricht man von **Konzentration.**

Ein **Kollektivmonopol** entsteht, wenn ein **Unternehmenszusammenschluss** (eine **Unternehmensverbindung**) zu einer **marktbeherrschenden Stellung** der beteiligten Unternehmen führt. Mit anderen Worten: Ein Kollektivmonopol liegt nur dann vor, wenn die kooperierenden Unternehmen **wie ein Einzelmonopol** oder **wie ein Teilmonopol** auf dem Markt auftreten können. Der Zusammenschluss kleiner Unternehmen auf einem mehr oder weniger polypolistischen Markt ist demnach kein „Kollektivmonopol".

Merke:

Ist ein Unternehmen **Alleinanbieter** eines Gutes und gibt es zu diesem Gut **keine nahen Substitute,** so handelt es sich um einen **Monopolisten (Individualmonopol).**

Umgangssprachlich wird aber auch dann von einem Monopol gesprochen, wenn es zwar mehrere Anbieter gibt, ein Unternehmen jedoch wegen seiner **herausragenden** Marktstellung den Markt weitestgehend kontrollieren kann.

(1) Gründe für die Konzentration

Aus der Sicht der beteiligten Unternehmen sprechen z.B. folgende Gründe für die Konzentration:

Grund	Erläuterungen
Beschränkung des Wettbewerbs	Die Einschränkung der Konkurrenz ermöglicht es den monopolistischen Anbietern, ihre Preise so zu gestalten, dass Gewinne erzielt werden. Monopolistische Nachfrager können die Preise ihrer Zulieferer drücken, um ihre eigenen Gewinne zu erhöhen.
Beschaffungssicherung	Durch Verträge, Beteiligungen oder durch den Aufkauf von Zulieferbetrieben wird die Zulieferung von Rohstoffen und/oder Fertigteilen gesichert.
Absatzsicherung	Durch Verträge, Beteiligungen oder durch den Aufkauf von nachgelagerten Unternehmen lässt sich der Absatz der eigenen Erzeugnisse oder Waren sichern.

Grund	Erläuterungen
Absatzförderung	Der Absatz lässt sich z. B. durch gemeinsame Werbung, einheitliche Ausgestaltung von Verkaufsstätten sowie durch vereinheitlichte Qualität der angebotenen Produkte ausweiten.
Förderung der Forschung	Die Finanzierung kostspieliger Forschungsvorhaben wird erleichtert oder erst durch die gemeinsame Finanzierung (z. B. einer Forschungsgesellschaft) ermöglicht.
Steigerung der Wirtschaftlichkeit	Durch Rationalisierungsmaßnahmen wie z. B. Typisierung, Normung und Spezialisierung lässt sich die Wirtschaftlichkeit erhöhen.
Kapazitätsauslastung	Durch die Übernahme von Großaufträgen, die die Leistungskraft der einzelnen Unternehmen übersteigen würden, lässt sich die Beschäftigung der zusammenarbeitenden (kooperierenden) Unternehmen sichern. **Beispiele:** Mehrere europäische Unternehmen sind am Bau eines Flugzeugs beteiligt. – Mehrere Bauunternehmen erstellen in einer Arbeitsgemeinschaft einen Flughafen.
Sicherung der Konkurrenzfähigkeit auf dem Weltmarkt	Die Absatzsicherung auf den internationalen Märkten kann z. B. durch gemeinsame Rationalisierungsmaßnahmen mit dem Ziel der Kostensenkung, durch gemeinsame Werbung und/oder durch die Gründung gemeinsamer Absatzeinrichtungen **(Absatzsyndikate)** geschehen.
Ausschaltung der Konkurrenz	Das konkurrierende Unternehmen wird aufgekauft. Dessen Rechte (z. B. Patente), technisches Wissen (Know-how) und dessen Ruf auf dem Markt (Firmenwert, Goodwill) gehen auf den Käufer über.

(2) Arten der Konzentration[1] durch Unternehmenszusammenschlüsse

Unternehmenszusammenschlüsse (Unternehmensverbindungen) können auf **vertraglicher** Basis beruhen. Zu diesen sogenannten **Kooperationsformen** gehören z. B. Interessengemeinschaften, Arbeitsgemeinschaften, Konsortien,[2] Gemeinschaftsunternehmen („Joint Ventures")[3] und Kartelle.

Unternehmenszusammenschlüsse, bei denen ein oder mehrere Partner ihre **wirtschaftliche** und/oder **rechtliche Selbstständigkeit** verlieren, bezeichnet das Aktiengesetz als **verbundene** Unternehmen. Zu ihnen gehören z. B. die Konzerne und die Trusts.

1 **Konzentration**: Zusammenfassung; hier: Zusammenballung wirtschaftlicher Macht bei einem oder wenigen Unternehmen bzw. staatlichen Betrieben.

2 Das Wort **Konsortium** (Mehrzahl: Konsortien) hängt mit dem lateinischen Wort Konsorte (Genosse, Mitglied) zusammen. Ein Konsortium ist ein vorübergehender, loser Zweckverband von Unternehmen zur Durchführung von Geschäften, die mit großem Kapitaleinsatz und hohem Risiko verbunden sind. So schließen sich z. B. Kreditinstitute zu Konsortien zusammen, um Aktien oder Obligationen großer Unternehmen zu platzieren, d. h. zu verkaufen.

3 **Joint Ventures** (engl.: Gemeinschaftsunternehmen) sind eine Form der wirtschaftlichen Zusammenarbeit zwischen zwei oder mehreren voneinander unabhängigen Unternehmen – der sogenannten Gesellschafterunternehmen –, die sich darin niederschlägt, dass ein rechtlich selbstständiges Unternehmen gemeinsam gegründet oder erworben wird mit dem Ziel, Aufgaben im gemeinsamen Interesse der Gesellschafterunternehmen auszuführen.

Verbundene Unternehmen und Trusts können vertikal,[1] horizontal[2] oder anorganisch[3] sein.

Merke:

Ein **vertikaler** Zusammenschluss liegt vor, wenn sich Unternehmen **verschiedener Produktionsstufen** zusammenschließen. Von **horizontalem** Zusammenschluss spricht man, wenn es sich um Unternehmen der **gleichen Branche** handelt. **Anorganisch** ist ein Zusammenschluss dann, wenn an ihm Unternehmen **unterschiedlichster Branchen** beteiligt sind.

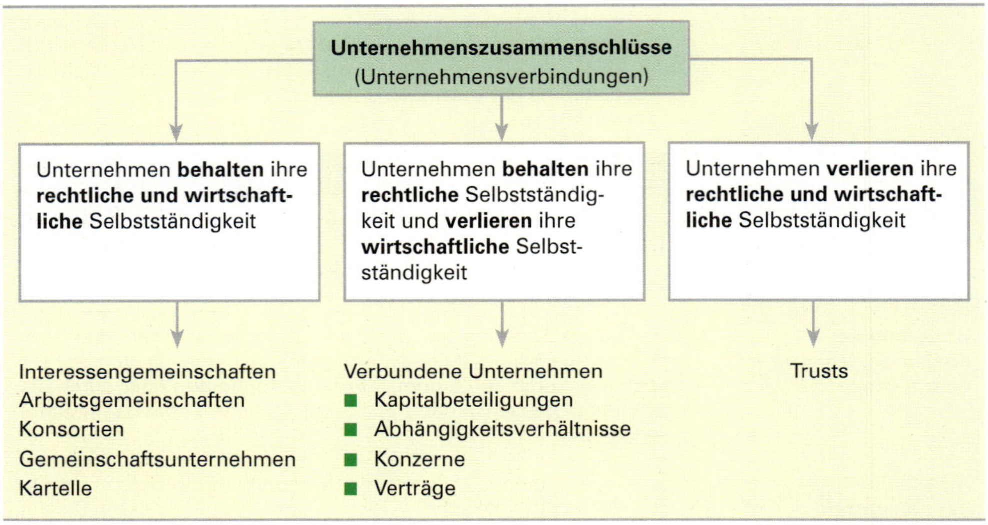

(3) Individual- und Kollektivmonopole

Die Entstehung marktstarker Unternehmen wird als **Konzentration** oder **Monopolisierung** bezeichnet.

Monopolisierung bedeutet in diesem Zusammenhang nicht unbedingt, dass am Ende des Konzentrationsprozesses nur ein Unternehmen **(Einzelmonopol, Individualmonopol)** bzw. nur eine Unternehmensgruppe **(Kollektivmonopol)**[4] übrig bleibt. Vielmehr wird von Monopolisierung auch dann gesprochen, wenn der Konzentrationsprozess zur Marktbeherrschung eines Unternehmens bzw. eines Unternehmenszusammenschlusses führt. Mit anderen Worten: Mit Monopolisierung ist nicht nur die Entstehung von **„reinen Monopolen“**, sondern auch von **„Teilmonopolen“** gemeint. Ein Teilmonopol liegt vor, wenn ein starker Anbieter bzw. Nachfrager und einige schwache („kleine“) Anbieter bzw. Nachfrager auf dem Markt auftreten.

1 Beispiel: Forstwirt, Sägewerk, Möbelfabrik, Möbelfachgeschäft.

2 Beispiel: Zusammenschluss mehrerer Möbelfabriken.

3 Beispiel: Sägewerk, Brauerei, Lebensmittelfabrik, Maschinenfabrik.

4 **Kollektiv** (lat.): Gesamtheit, Zusammenschluss.

(4) Ursachen für Monopole

Ein **Individualmonopol** entsteht z. B.

- aufgrund einer **bahnbrechenden Erfindung,** die eine besondere Marktstellung sichert (z. B. ein Softwareentwickler);
- aufgrund des **Alleineigentums** an seltenen Rohstoffen (z. B. seltene Erden für die Herstellung von Computern, Handys, Batterien und elektronischen Bauteilen);
- aufgrund der Tatsache, dass ein Unternehmen (z. B. durch geschickte Unternehmensführung) **schneller** wächst als seine Konkurrenten, sodass es diese schließlich aus dem Markt verdrängt **(unternehmensinternes Wachstum);**
- aufgrund eines **Gesetzes,** das einem Unternehmen (das sich häufig vollständig oder teilweise in staatlichem Eigentum befindet) eine Monopolstellung verschafft und sichert **(„Staatsmonopol").**

2 Preisbildung auf monopolistischen Märkten

Im Sprachgebrauch werden alle marktbeherrschenden Unternehmen bzw. staatlichen Betriebe als „Monopole" bezeichnet. Theoretisch liegt ein Monopol jedoch nur dann vor, wenn ein einziger Anbieter oder Nachfrager auf dem Markt ist.[1] Wir wollen uns im Folgenden auf das Angebotsmonopol beschränken.

2.1 Begriff vollkommenes Angebotsmonopol

Merke:

- Ein **Angebotsmonopol** liegt vor, wenn einem **einzigen Anbieter** eine **Vielzahl von Nachfragern** gegenübersteht.
- Ein **vollkommenes Angebotsmonopol** ist gegeben, wenn der Monopolist nur **ein homogenes Gut** anbietet und darüber hinaus alle sonstigen Bedingungen des **vollkommenen Marktes** gegeben sind.

Das vollkommene Monopol ist somit ein theoretischer Grenzfall. Unter den Bedingungen des vollkommenen Marktes kann es nur **einen einheitlichen Monopolpreis** geben, ein Fall, der in Wirklichkeit nur äußerst selten anzutreffen sein wird. In der Regel sind nämlich die Angebotsmonopolisten in der Lage, Preisdifferenzierung zu betreiben, d. h. für ein und dasselbe Gut unterschiedliche Preise zu verlangen.

2.2 Grafische Darstellung und Analyse der Preisbildung

Da der Angebotsmonopolist definitionsgemäß der alleinige Anbieter eines Gutes ist, vereinigt er die **Gesamtnachfrage** nach einem Gut auf sich. Dies bedeutet, dass er sich der Gesamtnachfragekurve gegenübersieht.[2] Diese Gesamtnachfragekurve wird auch als

---

1 Bei einem **Nachfragemonopol** sieht sich ein Nachfrager zahlreichen Anbietern gegenüber (z. B. Bundeswehr – Zuliefererbetriebe). Ein zweiseitiges Monopol (bilaterales Monopol) weist nur einen Anbieter und einen Nachfrager auf (z. B. näherungsweise Arbeitgeber einerseits und Gewerkschaften andererseits).

2 In den folgenden Überlegungen unterstellen wir, dass die Gesamtnachfrage für ein Gut linear verläuft, d. h., dass mit steigendem Preis weniger, mit sinkendem Preis mehr nachgefragt wird.

2 Boller, Hartmann - ISBN 978-3-8120-0398-8

Preis-Absatz-Kurve bezeichnet, weil aus ihr ablesbar ist, welche **Gütermengen** die Käufer bei **alternativen Monopolpreisen** zu kaufen beabsichtigen.

In der Realität kennt der Monopolist das Nachfrageverhalten seiner Kunden nicht genau, wenngleich mithilfe der heutigen **Marktforschungsmethoden** Aussagen darüber gemacht werden können, wie die Nachfrager auf geplante Preis- oder Angebotsmengenänderungen eines Monopolisten voraussichtlich reagieren werden.

Im Gegensatz zum polypolistischen Anbieter, der aufgrund seiner verschwindend geringen Marktmacht den Absatzpreis als gegeben, d.h. als „Datum" hinnehmen muss, kann der Angebotsmonopolist den Absatzpreis für das von ihm angebotene Gut frei **(autonom)** bestimmen: Er kann **Preispolitik** betreiben.

Natürlich ist für den Monopolisten auch **Mengenpolitik** möglich. Dann allerdings muss er den Preis hinnehmen, der sich auf dem Markt bildet. Die **Festsetzung** von **Preis und Angebotsmenge** zugleich ist **nicht möglich**.

Beispiel:

Angenommen, die Erdöl exportierenden Staaten (OPEC) setzen den Preis für Erdöl, nicht aber die Fördermengen fest. In diesem Fall müssen sie abwarten, welche Mengen bei dem gegebenen Preis auf dem Weltmarkt absetzbar sind. Vereinbaren sie hingegen bestimmte Fördermengen, müssen sie die Preisbildung dem Weltmarkt überlassen.

Unterstellt, sie würden Preis und Fördermengen (Angebotsmengen) festlegen. Dann ergeben sich zwei Möglichkeiten, wenn man von dem unwahrscheinlichen Fall absieht, dass sie den Preis getroffen haben, zu dem die Käufer genau die geförderten Mengen zu kaufen bereit sind.

Fall 1: Der autonom festgelegte Monopolpreis ist in Bezug auf die geförderten (angebotenen) Mengen zu hoch: Die Erdölproduzenten bleiben auf einem Teil ihrer Fördermengen „sitzen". Wollen sie diese absetzen, müssen sie die überschüssigen Mengen auf freien Märkten (den „Spot-Märkten") zu niedrigeren Preisen verkaufen.

Fall 2: Der gewählte Preis ist in Bezug auf die geförderten (angebotenen) Mengen zu niedrig. Es entsteht eine Angebotslücke, sodass der Weltmarktpreis auch ohne Zutun der Produzenten steigt. Soll eine Preissteigerung vermieden werden, muss die Fördermenge gesteigert werden.

Um feststellen zu können, welchen Preis ein Monopolist festlegen muss, um seinen Gewinn zu maximieren bzw. seinen Verlust zu minimieren, greifen wir zu einem vereinfachenden Beispiel. Folgende **Voraussetzungen** sollen gelten:

- Es herrschen die **Bedingungen des vollkommenen Markts.**[1]
- Dem Monopolisten ist die **Preis-Absatz-Kurve bekannt.** Sie verläuft linear.
- Es entstehen **fixe und proportional-variable Kosten.**[2]
- Der Monopolist richtet sich nach dem (kurzfristigen) **Gewinnmaximierungsprinzip.**
- Lager werden nicht gebildet **(Produktionsmenge entspricht der Angebotsmenge).**

Beispiel:

Die Preis-Absatz-Funktion eines vollkommenen Monopols lautet: $x = \frac{8000 - 2P}{1000}$

Dabei bedeuten x: hergestellte sowie angebotene Menge (Produktionseinheiten) und P: Preis. Die fixen Kosten belaufen sich auf 1500 Geldeinheiten (GE) je Periode, die proportional-variablen Kosten auf 1000 GE je Produktionseinheit (x).

1 Vgl. hierzu Band 1, Kapitel 9.3.1.

2 Vgl. hierzu Band 1, Kapitel 6.

Ausbringungsmenge (x)	Preis (P)	Umsatz (U = P · x)	Gesamtkosten (K_G)	Gewinn bzw. Verlust (U – K_G)	Grenzkosten (K′)	Grenzumsatz (U′)	Kritische Punkte
0	4000	—	1500	– 1500			
1	3500	3500	2500	1000	1000	3500	Gewinnschwelle
2	3000	6000	3500	2500	1000	2500	
3	2500	7500	4500	3000	1000	1500	Gewinnmaximum
4	2000	8000	5500	2500	1000	500	
5	1500	7500	6500	1000	1000	– 500	
6	1000	6000	7500	– 1500	1000	– 1500	Gewinngrenze
7	1500	3500	8500	– 5000	1000	– 2500	
8	—	—	9500	– 9500	1000	– 3500	

Erläuterungen zur Tabelle:

Unter den Bedingungen des vollkommenen Angebotsmonopols erhält man folgende Ergebnisse:

- Variiert der Monopolist den Absatzpreis, hängt die Umsatzentwicklung von der jeweiligen Nachfrageelastizität[1] ab. Ist die **Elastizität größer als 1,** so führen **Preissenkungen** zu **steigenden Umsätzen** und **Preiserhöhungen** zu **sinkenden Umsätzen.** Ist die **Elastizität** hingegen **kleiner als 1,** so führen **Preissenkungen** zu **sinkenden Umsätzen, Preiserhöhungen** jedoch zu **steigenden Umsätzen.** Das **Umsatzmaximum** ist erreicht, wenn die Elastizität der Nachfrage 1 beträgt.
- Der **Umsatz** ergibt sich, indem man den Absatzpreis (P) mit der bei diesem Preis nachgefragten Menge (x) multipliziert.
- Der **Grenzumsatz** ergibt sich, indem man den **Umsatzzuwachs je Produktionseinheit** errechnet.

Merke:

Der **Grenzumsatz (Grenzerlös)** ist der zusätzliche Erlös je Produktionseinheit.

- Bei einer Ausbringungsmenge von 0,5 Produktionseinheiten erzielt der Monopolist Kostendeckung **(Gewinnschwelle).**
- Dehnt der Monopolist seine Beschäftigung (seine Ausbringungsmenge) weiter aus oder senkt er weiterhin seinen Absatzpreis, tritt er in die **Gewinnzone** ein. Hier ist der Umsatz höher als die Gesamtkosten (Gesamtbetrachtung).
- Das **Gewinnmaximum** ist erreicht, wenn die Differenz zwischen Umsatz und Gesamtkosten am größten ist, im Beispiel also bei 3 Produktionseinheiten.
- Die **Grenzkosten** erhält man, indem man den **Kostenzuwachs je Produktionseinheit** errechnet.

Merke:

Unter **Grenzkosten** sind die **zusätzlichen** Kosten zu verstehen, die dann entstehen, wenn die Beschäftigung des Betriebs um **eine** Produktionseinheit erhöht wird.

Bei einem **linearen Gesamtkostenverlauf** sind die **variablen Stückkosten den Grenzkosten gleich.**

1 Unter der (direkten) **Preiselastizität der Nachfrage** versteht man das **Verhältnis** einer **prozentualen Nachfrageänderung** (Mengenänderung Δx) nach einem bestimmten Gut zu einer **prozentualen Preisänderung** (ΔP) dieses Gutes.
- Sind die Änderungen der nachgefragten Menge prozentual (relativ) größer als die prozentualen Preisänderungen (die Elastizität ist größer als 1), spricht man von **elastischer Nachfrage.**
- Sind die Änderungen der nachgefragten Menge prozentual (relativ) kleiner als die prozentualen Preisänderungen (die Elastizität ist kleiner als 1), spricht man von **unelastischer Nachfrage.**

Die **Preiselastizität der Nachfrage** ist im **Normalfall negativ,** weil Preiserhöhungen ein (stärkeres) Sinken bzw. Preissenkungen ein (stärkeres) Steigen der mengenmäßigen Nachfrage nach sich ziehen.

Kosten und Leistung des vollkommenen Angebotsmonopols in der Gesamt- und Stückbetrachtung

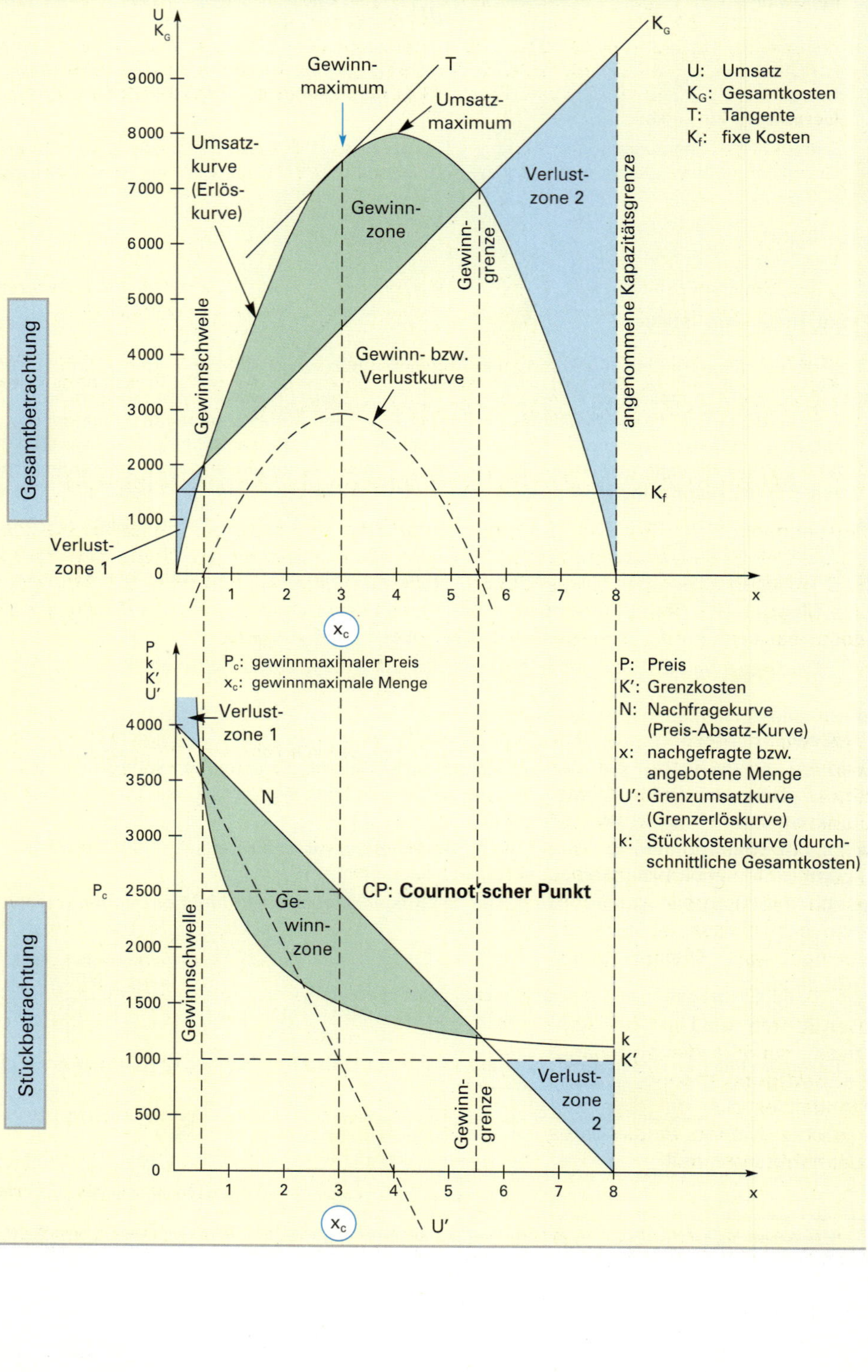

- Aus der Stückbetrachtung lässt sich entnehmen, dass im Gewinnmaximum die **Grenzkosten** dem **Grenzumsatz** (Grenzerlös) gleich sein müssen.

  Dies ist leicht einzusehen. Ist der **zusätzliche Umsatz höher als die zusätzlichen Kosten,** muss bei weiterer Ausbringung der **Gesamtgewinn steigen.** Betragen z. B. der zusätzliche Umsatz (der Grenzumsatz) 1 500 GE, die zusätzlichen Kosten (die Grenzkosten) jedoch nur 1 000 GE, so nimmt der Gesamtgewinn um 500 GE zu (bzw. der Gesamtverlust um 500 GE ab). Wird die Beschäftigung (die Ausbringung) weiter erhöht, steigt der Gesamtgewinn so lange, bis der Grenzumsatz den Grenzkosten gleich ist. Ist der **zusätzliche Umsatz niedriger als die zusätzlichen Kosten,** muss der **Gesamtgewinn sinken.**

  Betragen z. B. der zusätzliche Umsatz (der Grenzumsatz) 500 GE, die zusätzlichen Kosten (die Grenzkosten) 1 000 GE, nimmt der Gesamtgewinn um 500 GE ab (bzw. der Gesamtverlust um 500 GE zu).

  Merke:

  Das **Gewinnmaximum** des vollkommenen Angebotsmonopols ist erreicht, wenn die **Grenzkosten** dem **Grenzumsatz** (Grenzerlös) **gleich** sind (Gewinnmaximierungsregel).

- Projiziert man den Schnittpunkt von Grenzumsatz- und Grenzkostenkurve auf die Preis-Absatz-Kurve, erhält man den **Cournot'schen Punkt.**[1] Der Cournot'sche Punkt (CP) ordnet den **gewinnmaximalen Preis** (P_c) der **gewinnmaximalen Ausbringungsmenge** (x_c) zu.

2.3 Mathematische Darstellung und Analyse der Preisbildung

Ausgangspunkt der Ermittlung der gewinnmaximalen Preisforderung ist die als bekannt unterstellte **Preis-Absatz-Funktion (PAF),** also die **funktionale** Beziehung zwischen Preis und Absatzmenge eines Gutes, die der Nachfragefunktion entspricht. Sie zeigt an, welche Mengen des betrachteten Gutes bei jeweils unterschiedlich hohen Preisforderungen absetzbar sind, sodass allgemein gilt: Die absetzbare Menge ist:

$$x = f(p)$$

Wie die nebenstehende Abbildung verdeutlicht, hat die **linear fallende** Preis-Absatz-Funktion ihren Ursprung auf der Ordinate in Höhe des sogenannten **Prohibitivpreises** (auch Höchstpreis genannt), also des Preises, zu dem die **nachgefragte Menge** gleich **null** beträgt.

Der Schnittpunkt mit der Abszisse markiert die sogenannte **Sättigungsmenge.** Hierbei handelt es sich um die nachgefragte Menge eines Gutes beim **Preis von null.**

Preis-Absatz-Funktion

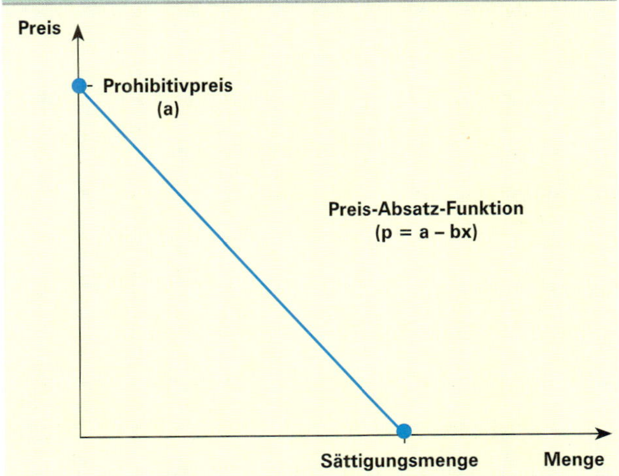

1 Antoine Augustin Cournot, 1801–1877, war französischer Wirtschaftswissenschaftler. Er gilt als wichtigster Begründer der mathematischen Schule der Volkswirtschaftslehre. Cournot untersuchte vor allem die Preisbildung des Monopols und Oligopols.

In den meisten Fällen betrachtet das Unternehmen jedoch nicht den Angebotspreis als **Aktionsparameter,** sondern die **Absatzmenge.** Allgemein gilt:

$$p = g(x)$$

Die Preis-Absatz-Funktion als **linear fallende** Funktion lässt sich algebraisch wie folgt umschreiben:

$$p = a - bx$$

Die PAF mit ihrem **negativen** Steigungsmaß **b** hat also ihren **Ursprung** auf der Ordinate in Höhe des Prohibitivpreises **a.** Setzt man für die Nachfragemenge x den Wert null in die allgemein formulierte Preis-Absatz-Funktion ein, so erhält man für y den Wert a, also den Preis, bei dem die nachgefragte Menge gleich null ist.

Aussagen darüber, wie sich die **Cournot'sche Menge** und der **Cournot'sche Preis** im Einzelnen verändern, wenn sich die Absatzsituation verbessert (Rechtsverschiebung der PAF) bzw. verschlechtert (Linksverschiebung der PAF) oder die Kostensituation variiert, lassen sich mithilfe der sogenannten **„Cournot-Formeln"** treffen.

Im Folgenden sollen deshalb diese beiden allgemeinen Cournot-Formeln für die **Cournot'sche Menge (x_c)** und den **Cournot'schen Preis (p_c)** kurz hergeleitet werden.

$$\text{Gewinn} = \text{Umsatzerlöse} - \text{Kosten}$$

wobei die Umsatzerlöse definiert sind als:

$$U = p \cdot x$$

Setzt man für p nunmehr die Preis-Absatz-Funktion ein, so erhält man folgende Gewinnfunktion:

$$G = (a - bx) \cdot x - K_G$$
$$G = ax - bx^2 - K_G$$

Zur Bestimmung des Gewinnmaximums muss die 1. Ableitung der Gewinnfunktion (G) gebildet und diese gleich null gesetzt werden:

$$G' = a - 2bx - K' = 0$$
$$a - 2bx - K' = 0$$
$$2bx = a - K'$$

$$\mathbf{x_c = \frac{a - K'}{2b}}$$

Die Cournot'sche Menge berechnet sich also aus der **Differenz zwischen Prohibitivpreis und Grenzkosten, dividiert** durch das **doppelte Steigungsmaß** der PAF.

Die **gewinnmaximale Preisforderung (p_c)** erhält man durch Einsetzen von x_c in die PAF:

$p_c = a - b \cdot \left(\frac{a - K'}{2b}\right)$	$\mathbf{p_c = a - \frac{1}{2}a + \frac{1}{2}K'}$
$p_c = a - \left(\frac{ba - bK'}{2b}\right)$	$p_c = \frac{1}{2}a + \frac{1}{2}K'$
$p_c = a - \left(\frac{b\,(a - K')}{2b}\right)$	$\mathbf{p_c = \frac{a + K'}{2}}$

Wie sich mithilfe dieser beiden allgemeinen Cournot-Formeln beispielsweise Aussagen zu Veränderungen der Nachfragesituation treffen lassen, verdeutlichen die zwei nachfolgenden Beispiele.

Beispiele:

- Verbessert sich die Nachfragesituation am Markt durch eine parallele Rechtsverschiebung der PAF, so hat dies zur Folge, dass der Prohibitivpreis (a) steigt, wohingegen das Steigungsmaß (b) und die Kostensituation (und somit auch die Grenzkosten K') unverändert bleiben. Betrachtet man nunmehr die allgemeine Cournot-Formel für die gewinnmaximale Menge (x_c), so wird deutlich, dass diese bei einem Anstieg des Prohibitivpreises a ebenfalls gestiegen sein muss. Der Cournot'sche Preis (p_c) steigt bei der vorgenannten Veränderung der Absatzsituation ebenfalls, da sich der Zähler der allgemeinen Formel zur Bestimmung dieses gewinnmaximalen Preises erhöht.
- Erhöhen sich hingegen die Fixkosten eines Monopolisten, so hat dies weder Auswirkungen auf die Cournot'sche Menge noch auf die Cournot'sche Preisforderung, da die Fixkosten bei der Bestimmung dieser beiden Größen – wie die allgemeinen Formeln verdeutlichen – keine Rolle spielen.

Schließlich sei an dieser Stelle noch kurz angemerkt, dass diese beiden Formeln selbstverständlich ebenso **zur Berechnung der gewinnmaximalen Preis-Mengen-Kombination** genutzt werden können, wie die weiter oben beschriebene Bestimmung dieser Größen durch Maximierung der Gewinnfunktion.

3 Die Abschöpfung der Konsumentenrente mittels Preisdifferenzierung im unvollkommenen Angebotsmonopol

Ebenso wie die polypolistischen Märkte sind auch die monopolistischen Märkte in der Regel **unvollkommen,** d.h., es fehlen eine oder mehrere Prämissen des vollkommenen Marktes.

Merke:

Ein **unvollkommenes Monopol** liegt vor, wenn das Monopolunternehmen in der Lage ist, **Preisdifferenzierung** – auch **Preisdiskriminierung** genannt – zu betreiben, indem es die „Konsumentenrente" ausnutzt.

Beispiel:

Ein Angebotsmonopol sieht sich einer Nachfragekurve gegenüber, wie sie in den nachfolgenden Abbildungen wiedergegeben wird.

Die Preisdifferenzierung (ein Produkt wird zu verschiedenen Preisen verkauft) setzt voraus, dass die Käufer voneinander entweder räumlich oder sachlich (Inländer – Ausländer, Endverbraucher – Wiederverkäufer) getrennt werden können. Falls es unserem Monopolisten gelingt, beispielsweise 3 Abnehmergruppen voneinander zu scheiden und seine Preise auf 1400 GE, 1200 GE und 1000 GE festzusetzen, so beträgt sein Umsatz 3 · 1400, 1 · 1200 und 1 · 1000 GE, zusammen also 6400 GE. Betragen seine Gesamtkosten bei einem Umsatz von 5 Produktionseinheiten 3600 GE, so macht er einen Gewinn von 2800 GE. Ohne Preisdifferenzierung würde der Monopolist lediglich einen Umsatz von 5000 GE erzielen (5 · 1000 GE). In diesem Fall beliefe sich sein Gesamtgewinn nur auf 1400 GE (siehe linke Abbildung).

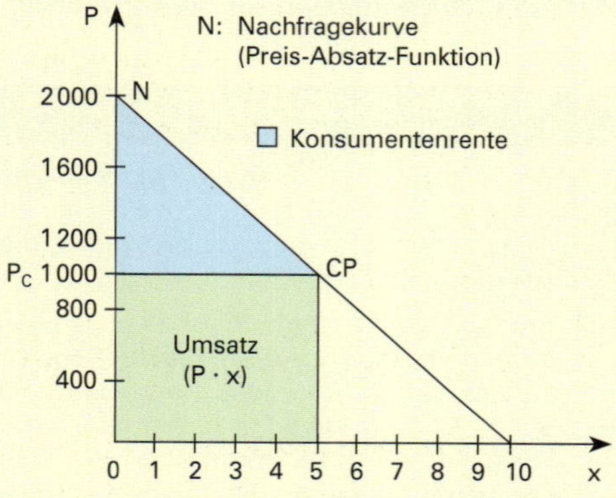

☐ Umsatz ohne Preisdifferenzierung

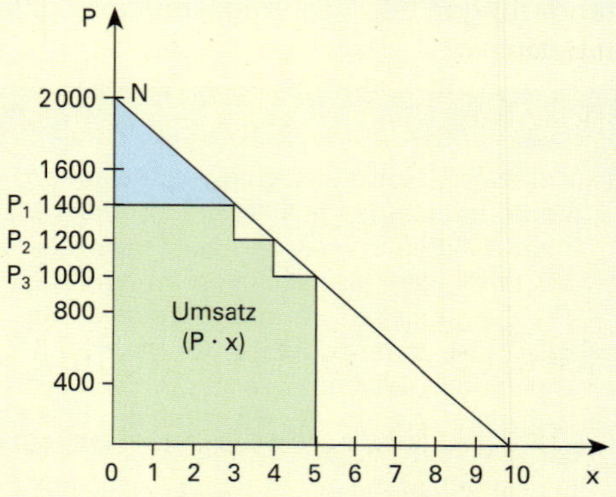

☐ Umsatz bei Preisdifferenzierung

Je weiter die Preisdifferenzierung durchgeführt werden kann, desto größer ist der Gesamtgewinn. Die **absolute Preisuntergrenze** ist die Höhe der **Grenzkosten:** Jede weitere Produktionsausdehnung verursacht mehr zusätzliche Kosten als zusätzlich erlöst wird.

Überblick über die Arten der Preisdifferenzierung

Arten	Kriterien	Beispiele
Sachliche Preisdifferenzierung	■ Nach dem Verwendungszweck des Gutes; ■ nach der gekauften Menge; ■ nach der Produktgestaltung.	Strom für private Haushalte – Strom für Industriebetriebe. Mengennachlass (Staffelrabatte). Preise für Standardmodelle – für Luxusmodelle bei Autos.
Persönliche Preisdifferenzierung	■ Nach den Einkommen der Kunden; ■ nach der Gruppenzugehörigkeit.	Differenzierte Arztrechnungen. Niedrigere Eintrittspreise für Schüler, Studenten und Schwerbehinderte.

Überblick über die Arten der Preisdifferenzierung		
Arten	**Kriterien**	**Beispiele**
Räumliche Preis-differenzierung	Nach der räumlichen Verteilung der Käufer.	Angebotspreise im Ausland weichen ab von denen im Inland (z. B. Preise bei Fast-Food-Ketten); Zonenpreise (z. B. Benzinpreise).
Zeitliche Preis-differenzierung	Nach der zeitlichen Verteilung der Nachfrage.	Tagstrom- und Nachtstromtarife; Sommer- und Winterpreise für Heizmaterial oder unterschiedliche Eintrittspreise im Kino in Abhängigkeit vom Wochentag.
Verdeckte Preis-differenzierung	Nach den künstlich geschaffenen Meinungen bei den Käufern.	Vortäuschung von Produktunterschieden (insbesondere durch Werbung, wie z. B. für ein homogenes Gut wie Kraftstoff für den Pkw).

4 Strategien der Preisbildung auf oligopolistischen Märkten

4.1 Preisbildung des vollkommenen Angebotsoligopols

Das Wesen des Angebotsoligopols besteht darin, dass wenige Anbieter den Markt beherrschen. Im Unterschied zum Polypol und Monopol müssen die Oligopolisten mit **Gegenmaßnahmen** der Konkurrenten rechnen, wenn sie am Markt absatzpolitische Maßnahmen (z. B. Preisänderungen) vornehmen. Deshalb bezeichnet man den oligopolistischen Wettbewerb auch als **zirkulare Konkurrenz:**[1] Die Handlungen eines Oligopolisten werden einmal von den Aktionen der Konkurrenten bestimmt, zum anderen von den Erwartungen darüber, wie die Konkurrenten auf eigene Aktionen reagieren werden.[2]

Beim vollkommenen Oligopol wird ein **homogenes** Gut angeboten, ein in Wirklichkeit kaum anzutreffender Fall. Als Beispiel könnte man sich etwa vorstellen, dass sich zwei oder mehr Tankstellen unterschiedlicher Mineralölkonzerne an einem Ort befinden, deren Kraftstoffe sich deswegen nicht unterscheiden, weil sie die gleiche Oktanzahl aufweisen.

Homogene Märkte können nur einen einheitlichen Preis aufweisen, wie bereits mehrfach bewiesen wurde, ebenso das homogene Oligopol.

Merke:

Würde ein Oligopolist versuchen, den **Preis** zu **senken,** gewänne er **alle** Kunden, falls seine Konkurrenten nicht nachzögen. Würde er den **Preis erhöhen,** verlöre er **alle** Kunden, falls die Konkurrenten nicht reagieren.

1 Vgl. Woll: Allgemeine Volkswirtschaftslehre, 4. Aufl. 1974, S. 158.

2 Ebenda, S. 158.

Diese Tatsache erklärt bereits, dass auf oligopolistischen Märkten relative **Preisstarrheit** herrscht, weil **friedliches Verhalten** für alle Anbieter i.d.R. von Vorteil ist. Bei Kostensteigerungen werden die Oligopolisten **gemeinsam** ihre Preise erhöhen (abgestimmtes Verhalten), sei es durch vertragliche Abmachung (Kartell) oder stillschweigende Übereinkunft **(Quasikartell).** Möglicherweise wird es auch einem **Preisführer** überlassen, an dessen preispolitischem Verhalten sich die Mitbewerber orientieren.

Merke:

Weisen die Oligopolunternehmen **Kostenunterschiede** auf, mag es für das kostengünstiger arbeitende Unternehmen langfristig von Nutzen sein, mit Niedrigpreisen (Verdrängungspreisen) zu arbeiten, also gewissermaßen ein **kriegerisches Verhalten** an den Tag zu legen **(Verdrängungswettbewerb).**

Setzt man gleiche Finanzierungsmöglichkeiten voraus, kann es dem **kostengünstiger** arbeitenden Oligopolisten gelingen, die Konkurrenten aus dem Markt zu drängen, die bei einem für sie zu niedrigen Marktpreis nicht mehr in der Lage sind, ihre Kosten zu decken. Die Nachfrage nach den Erzeugnissen der verdrängten Unternehmen fließt dann dem verbleibenden Anbieter zu, der nunmehr seinen Preis wieder erhöhen kann.

4.2 Preisbildung des unvollkommenen Angebotsoligopols

Die Probleme der Oligopoltheorie sind bis heute noch nicht befriedigend gelöst. Zwar gibt es eine große Anzahl von Oligopolmodellen. Empirisch haben sie jedoch ebenso wenig Bedeutung, wie manche der komplizierteren Fortentwicklungen. Die heutige Theorie wendet sich daher mehr und mehr von den Modellen ab. Vielmehr wird versucht, die Wirklichkeit zu beobachten, typische Verhaltensweisen festzustellen und daraus brauchbare allgemein gültige Aussagen zu gewinnen. Diese Notwendigkeit ergibt sich vor allem deshalb, weil in der Wirklichkeit die homogenen Oligopole kaum vorkommen, sondern die heterogenen Oligopole vorherrschen.

Zum Zwecke der Veranschaulichung seien im Folgenden dennoch zwei Oligopolmodelle vorgestellt, die einige grundsätzliche Aussagen über das Wesen oligopolistischer Märkte zulassen.

1. Beispiel:

Angenommen, es bieten zwei Oligopolisten (Angebotsdyopol) ein heterogenes Gut (z.B. zwei Stanzmaschinentypen) an. Hat z.B. Anbieter A die Mengen-Preis-Kombination CP (4000/400) verwirklicht und senkt er den Preis auf P_1 (300 GE), wird er, falls sein Konkurrent nicht nachzieht, die Menge x_2 (5500 Stück), sonst die Menge x_1 (4800 Stück) je Zeiteinheit absetzen. Eine konkurrierende Preissenkung ist wahrscheinlicher, sodass die Nachfrage bei oligopolistischer heterogener Konkurrenz unelastischer reagiert (von x_0 nach x_1) als beim Monopolisten (von x_0 nach x_2).

Geknickte Nachfragekurve

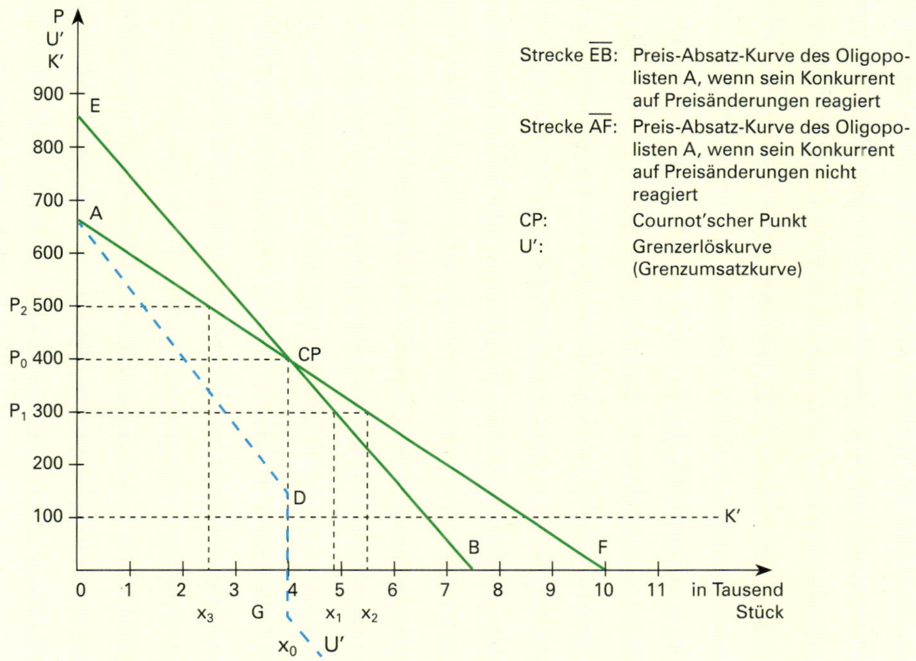

Bei einer Preiserhöhung wird hingegen der Konkurrent wahrscheinlich nicht nachziehen, weil ihm nunmehr die Nachfrage zuströmt, die der Anbieter A aufgrund der Preiserhöhung verliert. Erhöht Anbieter A den Preis z. B. auf 500 GE, wird er lediglich die Menge x_3 absetzen können. Seine Preis-Absatz-Kurve verläuft also entlang der Strecke $\overline{ACP}$. Die Nachfragekurve des Oligopolisten besitzt mithin einen „Knick" (kinked demand curve = geknickte Nachfragekurve).

Wegen dieses Knicks besitzt die Grenzerlöskurve (U') einen unbestimmten Bereich $\overline{DG}$, sodass bei einer Kostensenkung bzw. -erhöhung innerhalb dieses Bereichs keine Änderung in der gewinnmaximalen Mengen-Preis-Kombination eintritt. Dies erklärt die Tatsache, dass auf oligopolistischen Märkten häufig eine relative Preisstarrheit zu beobachten ist.

2. Beispiel:

Die Modelle für die heterogene polypolistische Konkurrenz können auch auf die Oligopoltheorie angewendet werden, denn auch beim heterogenen Angebotsoligopol besitzen die Anbieter einen mehr oder weniger großen autonomen (monopolistischen) Bereich, der ihnen gestattet, Preispolitik zu betreiben, ohne dass die Konkurrenz reagiert oder reagieren muss. Angenommen, in einer Volkswirtschaft teilen sich drei Autohersteller den Kraftfahrzeugmarkt mit drei verschiedenen Typen. Dem Produzenten A ist es gelungen, bei einem Teil der Käufer durch Reklame, Formgestaltung und Leistung die Vorstellung zu erwecken, dass sein Auto besonders robust, preiswert und wirtschaftlich sei. Sein Preis liegt bei 5 000 GE.

Doppelt geknickte Nachfragekurve

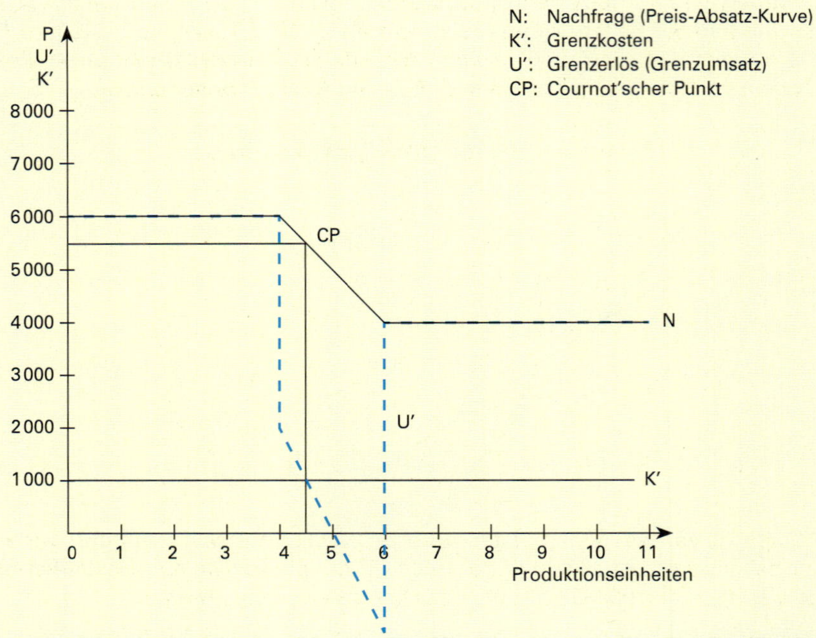

Der zweite Anbieter B kann einen Preis von 6000 GE verlangen, weil er eine gehobene Käuferschicht davon zu überzeugen verstand, dass sein Autotyp auch verwöhnten Ansprüchen genügt.

Der dritte Anbieter C schließlich wendet sich mit seinem Produkt an die schwächeren Einkommensschichten und fordert einen Preis von 4000 GE.

Unter den gegebenen Bedingungen kann Anbieter A seinen Preis nicht höher als 6000 GE festsetzen, denn bei einem Preis von 6000 GE und darüber würde er alle seine Kunden verlieren, weil diese nunmehr den Wagen des Anbieters B kaufen. Senkt A seinen Preis auf 4000 GE, so gewinnt er alle Kunden des C, weil diese nun auch den (zumindest vermeintlich) besseren Wagen kaufen wollen. Bei Preisen von 4000 und 6000 GE befindet sich das Unternehmen A also in der Situation des Mengenanpassers. Zwischen diesen Preisen aber ist – behalten die Konkurrenzunternehmen ihre Preise bei – das Unternehmen in seiner Preisgestaltung mehr oder weniger frei. Eine Preiserhöhung des Anbieters A von 5000 auf z.B. 5500 GE wird einen Verlust an Kunden bringen, weil mancher sich jetzt entschließt, etwas mehr und länger zu sparen, um dann den Wagen des Unternehmens B zu kaufen. Senkt A seinen Preis von 5000 GE auf beispielsweise 4500 GE, können zwar Kunden gewonnen werden, aber nicht allzu viele, da der Preis von 4500 GE für die meisten Käufer des C-Typs immer noch zu hoch ist.

Der Zusammenhang lässt sich leicht bildlich darstellen (siehe vorangestellte Abbildung). Tragen wir auf der y-Achse den Pkw-Preis, auf der x-Achse die absetzbaren Pkw-Einheiten ab, so zeigt sich, dass die Absatzkurve (Nachfragekurve) des Herstellers A einen monopolistischen Teilbereich zwischen den Preisen von 4000 und 6000 GE besitzt, innerhalb derer er nur mit den Reaktionen seines eigenen Kundenstamms zu rechnen hat. Liegen seine Grenzkosten z.B. bei 1000 GE, so wird er, falls er Gewinnmaximierung anstrebt, einen Preis in Höhe von 5500 GE wählen und 4,5 Pkw-Einheiten produzieren und absetzen (Cournot'scher Punkt).

Diese Aussage gilt nur, wie bereits gesagt wurde, wenn die **Konkurrenten** des A ihre Preise **unverändert** lassen. Setzt nämlich B seinen Preis auf 5500 GE herunter, verliert A **sämtliche** Kunden an B, falls er seinen Preis nicht ebenfalls zurücknimmt. Weitere Preissenkungen von A und B müssten endlich auch den Anbieter C veranlassen, seinen Preis zu reduzieren, wenn er nicht seinerseits seine Kunden an A und B abgeben will.

Preis-Absatz-Kurve eines Oligopolisten (N)

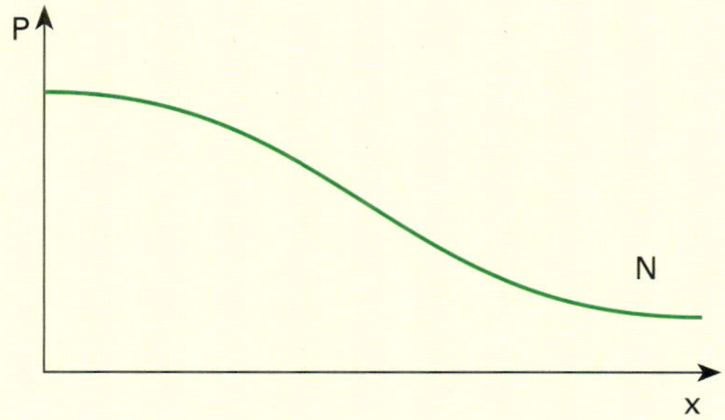

Die Preis-Absatz-Kurve des Oligopolisten wird in Wirklichkeit geschwungen verlaufen. Auch wird er bei einer Preiserhöhung über 6000 GE nur **allmählich** Kunden verlieren, bei einer Preissenkung unter 4000 GE nur allmählich Kunden hinzugewinnen.

5 Bewertung der Marktversorgung auf monopolistischen und oligopolistischen Märkten

In der folgenden Übersicht werden die wichtigsten Argumente der Gegner der marktbeherrschenden Unternehmen und Unternehmensverbindungen („Monopole") einerseits und der Befürworter andererseits gegenübergestellt.

5.1 Argumente für und gegen diese Marktstruktur

Argumente der Gegner	Argumente der Befürworter
Marktbeherrschende Unternehmen sind jederzeit in der Lage, das **Angebot** (oder die Nachfrage) **künstlich zu verknappen;** die **Folgen** sind **überhöhte Preise,** Versorgungsschwierigkeiten und der Verlust von Arbeitsplätzen.	Gerade weil die künstliche Verknappung zu erhöhten Preisen führt, wird eine Verknappungspolitik nicht die Regel sein. Bei überhöhten Preisen werden nämlich die Käufer auf **Substitutionsprodukte** ausweichen, sodass eine Verknappungsstrategie den marktbeherrschenden Unternehmen selbst **schadet.**

Argumente der Gegner	Argumente der Befürworter
Marktbeherrschende Unternehmen nutzen ihre wirtschaftliche Machtstellung rücksichtslos aus, indem sie unangemessen hohe Preise fordern.	Hier gilt das Gleiche wie oben: Überhöhte Preisforderungen führen zur Substitutkonkurrenz. Außerdem sind die marktbeherrschenden Unternehmen in ihrer Preispolitik vorsichtig, weil gerade sie im Mittelpunkt der öffentlichen Kritik stehen. Erheblich drastischere Preiserhöhungen der Handwerksbetriebe nimmt die Öffentlichkeit kaum zur Kenntnis.
Fusionen, die der Marktbeherrschung dienen, verbilligen die Produktion nicht. Vielmehr entsteht ein **riesiger Verwaltungsapparat,** der die Stückkosten erhöht.	Von einer bestimmten Betriebsgröße an mag dieses Argument richtig sein. Tritt in der Realität aber diese Kostenprogression ein, werden die Trusts von sich aus zur **Dekonzentration** schreiten, um ihre **Rentabilität** zu wahren oder zu **vergrößern.**
Marktbeherrschende Unternehmen haben keine oder nur geringe Konkurrenz. Dies führt dazu, dass notwendige Rationalisierungsmaßnahmen unterbleiben. Neue Erfindungen werden aufgekauft und verschwinden in den Schubladen. Die Monopolisierung ist **fortschrittsfeindlich.**	Gerade die Konzentration ermöglicht die Durchführung kostspieliger Forschungsvorhaben, weil die entsprechenden **finanziellen Mittel** bereitgestellt werden können. Dadurch fördert sie den technischen Fortschritt.
Wirtschaftliche Macht bringt **politische Macht** mit sich. Dies kann dazu führen, dass sich die Politik von großen Konzernen beeinflussen lässt, z. B. bei der Gestaltung neuer Gesetze.	Die politischen Instanzen haben Mittel und Wege, durch eine entsprechende Gesetzgebung die Macht der marktbeherrschenden Unternehmen und Unternehmensverbindungen unter Kontrolle zu halten. Von den Medien aufgedeckte Bestechungsversuche führen zudem nicht selten zu **politischen Skandalen** und **Rücktritten** der darin verwickelten Personen.

Im Rahmen der Monopoldiskussion stehen auch die **multinationalen Konzerne** („Multis"), also Konzerne, die in mehreren Staaten ihre Niederlassungen und/oder Tochtergesellschaften besitzen, „unter Beschuss". Auch hier sind die Meinungen nicht einheitlich. Im Folgenden werden einige der üblichen Argumente der Gegner und der Verteidiger der Multis einander gegenübergestellt.[1]

Argumente der Gegner	Argumente der Befürworter
Multinationale Unternehmen sind **mächtiger als Staaten.** Sie beherrschen Wirtschaft und Politik der Staaten, in denen sie Fuß gefasst haben.	Die Beherrschungstheorie ist eine Fiktion. Die Staaten sitzen am längeren Hebel, weil sie mithilfe ihrer **Gesetzgebung** die Niederlassung eines Unternehmens verhindern oder von strengen Auflagen abhängig machen können.
Multinationale Unternehmen **beuten** die **Entwicklungsländer aus.** Die rücksichtslose Ausnutzung des technischen Vorsprungs verstärkt die Ausbeutung.	Viele Gastländer drängen auf **Investitionen** (Kapitaleinfuhr), um Arbeitsplätze zu schaffen und technisches Wissen zu erwerben. Im Übrigen sind die Multis in den Gastländern **gute Steuerzahler.**

1 Zusammengestellt nach GRUHLER, W.: Die Multis – Mär und Wirklichkeit. dv-Sachbuchreihe, 1974.

Argumente der Gegner	Argumente der Befürworter
Multinationale Unternehmen sind die Hauptverantwortlichen für **Währungs- und Kapitalmarktkrisen.** Die Teilnahme an Währungsspekulationen beweist dies.	Gerade die multinationalen Konzerne haben großes Interesse an internationaler **Stabilität,** weil nur diese ihren Absatz langfristig garantiert. Beteiligen sie sich an internationalen Spekulationen, gehen sie ebenso wie andere Spekulanten entweder als Gewinner oder als Verlierer hervor.
Multinationale Unternehmen verstärken die **Inflation.** Vor allem ihre monopolistischen oder oligopolistischen Marktstrukturen sind die Ursache hierfür. Das treffendste Beispiel sind die Ölkrisen von 1974 und 1979.	Sowohl Wirklichkeit als auch Theorie beweisen, dass gerade auf oligopolistischen Märkten i. d. R. eine **beträchtliche Preisstarrheit** herrscht. Die Ölkrisen wurden von den Politikern in den Erdölförderländern, nicht von den Multis ausgelöst.
Multinationale Unternehmen sind gewerkschaftsfeindlich. Sie diskriminieren die gewerkschaftliche Arbeit, **vernichten Arbeitsplätze,** indem sie willkürlich Betriebsteile in Länder mit niedrigen Arbeitslöhnen verlagern.	Willkürliche Produktionsverlagerungen sind i. d. R. nicht möglich, weil man einerseits ganze Produktionsstätten stilllegen, diese andererseits in einem anderen Land aufbauen müsste. Ferner sind die Gewerkschaften gegenüber den Multis nicht machtlos. Vielmehr kann ein Streik in einem Land wegen der **gegenseitigen Abhängigkeit** der Konzernunternehmen den gesamten Konzern treffen.

Die dargestellten Argumente für und gegen die nationalen und internationalen Oligopole und Monopole machen ausreichend deutlich, dass es sehr schwierig ist, mit gesetzlichen Maßnahmen den Wettbewerb auf nationaler Ebene zu erhalten und zu stärken.

5.2 Einschränkung der Preisfunktionen auf monopolistischen und oligopolistischen Märkten

Die Preisfunktionen werden durch Monopole und Oligopole ganz oder teilweise außer Kraft gesetzt.

(1) Einschränkung der Ausgleichsfunktion

Die Ausgleichsfunktion kann aufgehoben werden, weil ein Monopolist den Preis so festsetzen kann, dass ein Nachfrageüberhang entsteht (der Preis ist zu niedrig), sodass Auftragsbestände und Lieferfristen entstehen.

Es ist aber auch möglich, dass der Monopolist den Preis so hoch festlegt, dass bei Aufrechterhaltung der Mindestkapazitätsausnutzung auf Lager gearbeitet werden muss. Sowohl im Fall des zu hohen als auch im Fall des zu niedrigen Preises wird der Markt durch den Preis **nicht geräumt.**

(2) Einschränkung der Signalfunktion

Auch die Signalfunktion der Preise auf monopolistischen Märkten ist eingeschränkt, da der Monopolpreis autonom von den marktbeherrschenden Unternehmen festgesetzt wird. So muss z. B. eine Monopolpreiserhöhung nicht unbedingt auf eine Zunahme der

Nachfrage zurückzuführen sein. Es ist vielmehr möglich, dass die Monopolpreiserhöhung auf eine **künstliche Verknappung** des Angebots durch den Monopolisten (z. B. durch ein Kartell) zurückzuführen ist.

(3) Einschränkung der Lenkungsfunktion

In der Regel kann von einer Lenkungsfunktion des Preises auf monopolistischen Märkten ebenfalls nicht gesprochen werden. Bei polypolistischer Konkurrenz soll z. B. eine zunehmende Nachfrage über eine zunächst stattfindende Preiserhöhung zu einer Zunahme des Angebots führen. Wird die zusätzliche Nachfrage vom Monopolisten jedoch nur zur Erhöhung des Stückgewinns bei **gleichbleibender** Produktionsmenge (Absatzmenge) ausgenutzt, wird die Lenkungsfunktion des Preises ausgeschaltet.

(4) Einschränkung der Erziehungsfunktion

Ähnliches gilt für die Erziehungsfunktion des Preises. Der polypolistische Wettbewerb zwingt die Unternehmen zum wirtschaftlichsten Einsatz der Produktionsfaktoren und zur Produktion qualitativ einwandfreier Erzeugnisse. Ob ein Monopolist unter diesem Zwang steht, ist anzuzweifeln. Da er in seiner Absatzpolitik nur von den Nachfragern, nicht aber von Mitbewerbern abhängig ist, kann er durchaus versuchen, hohe Kosten, die auf schlechter Organisation und mangelnder Rationalisierung beruhen, durch hohe Preise auf die Kunden abzuwälzen.

Zusammenfassung

- Ein **konzentrierter** Markt liegt vor, wenn eine **kleine Anzahl** von Anbietern diesen dominiert.
- Die **Konzentrationsrate** misst den Marktanteil einer bestimmten Anzahl der **größten** Anbieter.
- Zu den **Gründen für eine Konzentration** zählen:
  - Beschränkung des Wettbewerbs,
  - Beschäftigungs- und Absatzsicherung,
  - Förderung von Absatz und Forschung,
  - Steigerung der Wirtschaftlichkeit,
  - Kapazitätsauslastung,
  - Sicherung der Konkurrenzfähigkeit auf den Weltmärkten,
  - Ausschaltung der Konkurrenz.
- Je nachdem, welche Auswirkungen die Unternehmenszusammenschlüsse auf die **rechtliche** und **wirtschaftliche Selbstständigkeit** der beteiligten Unternehmen haben, lassen sich verschiedene Formen der Konzentration unterscheiden.
- Im Rahmen der Konzentration von Märkten lassen sich **Individual- oder Kollektivmonopole** unterscheiden.
- Als **Ursachen für eine Monopolstellung** gelten:
  - bahnbrechende Erfindungen,
  - Alleineigentum an Rohstoffen,
  - unternehmensinternes Wachstum,
  - auf einem auf Gesetz basierende Monopolstellung.
- Ein **vollkommenes Angebotsmonopol** liegt vor, wenn einem einzelnen Anbieter eines homogenen Produkts eine sehr große Zahl von Nachfragern gegenübersteht.

- Unterstellt man, dass der Monopolist nach dem Gewinnmaximierungsprinzip handelt, setzt er für sein Produkt einen Absatzpreis fest, bei dem der Grenzerlös den Grenzkosten gleich ist **(Gewinnmaximierungsregel)**.
- Statt **Preispolitik** kann der Monopolist auch **Mengenpolitik** betreiben, d. h., er legt die Absatzmenge fest, bei der die Gewinnmaximierungsregel erfüllt ist.
- Bei Volkswirtschaften mit monopolistischen und oligopolistischen Märkten kann folgende Entwicklung eintreten:
  - bei Nachfragerückgängen kommt es zu einem Anstieg der Preise,
  - bei Nachfragesteigerungen kommt es zu einem Absinken der Preise.
- Auf monopolistischen und oligopolistischen Märkten wirken die Preisfunktionen nur teilweise oder werden ganz aufgehoben.
- **Überblick über die Marktformen**

wachsende Marktmacht ↓	Zahl der Anbieter	Marktbeschaffenheit	Preisbildung
	viele	vollkommene polypolistische Konkurrenz	Bildung eines Einheitspreises; der einzelne Anbieter bzw. Nachfrager hat keinen Einfluss auf den Preis
		unvollkommene polypolistische Konkurrenz	Es gibt mehrere Preise für ein Gut; der einzelne Anbieter hat einen geringen Spielraum bei der Preisfestsetzung
	wenige	vollkommene oligopolistische Konkurrenz	Bildung eines Einheitspreises durch abgestimmtes Verhalten der Oligopolisten
		unvollkommene oligopolistische Konkurrenz	Es gibt unterschiedliche Preise für eine Güterart; Oligopolisten müssen die Reaktion ihrer Konkurrenten bei Preisänderungen und/oder Produktänderungen berücksichtigen
	einer	vollkommenes Monopol	Der Monopolist kann nur einen Preis für ein Gut verlangen; er ist in der Preisbildung unabhängig
		unvollkommenes Monopol	Der Monopolist kann Preise differenzieren (z. B. Tag- und Nachtstromtarif)

Wachsende Marktmacht führt zu zunehmender Aufhebung der Preisgesetze

Übungsaufgaben

1
1. Definieren Sie den Begriff Angebotsmonopol!
2. Warum ist das vollkommene Angebotsmonopol als ein theoretischer Grenzfall zu bezeichnen?
3. Warum erzielt der Angebotsmonopolist sein Gewinnmaximum dann, wenn der Grenzerlös (Grenzumsatz) den Grenzkosten entspricht?

3 Boller, Hartmann - ISBN 978-3-8120-0398-8

4.

Ausbringungsmenge (x)	Preis (P)	Umsatz $(U = P \cdot x)$	Gesamtkosten (K_G)	Gewinn bzw. Verlust $(U - K_G)$	Grenzkosten (K')	Grenzumsatz (U')	Kritische Punkte
0	60000		450000				
15	52500				15000		
30	45000				15000		
45	37500				15000		
60	30000				15000		
75	22500				15000		
90	15000				15000		
105	7500				15000		
120	—				15000		

Aufgabe:

Vervollständigen Sie die obige Tabelle und berechnen Sie die Gewinnschwelle, das Gewinnmaximum sowie die Gewinngrenze!

5. Wie hoch sind Gleichgewichtspreis und Gleichgewichtsmenge auf einem vollkommenen polypolistischen Markt, wenn die Angebotsfunktion die Gestalt $P = 10 + 0{,}2x$ und die Nachfragefunktion die Gestalt $P = 20 - 0{,}05x$ besitzen? (P: Preis, x: nachgefragte bzw. angebotene Menge.)

   Aufgabe:

   Bestimmen Sie Gleichgewichtspreis und -menge sowohl rechnerisch als auch zeichnerisch!

6. Die ursprüngliche Nachfragefunktion (Preis-Absatz-Funktion) eines Monopolisten hat die Gestalt $x = 6 - 4P$. In der Folgeperiode nimmt die Nachfrage auf $x = 8 - 4P$ zu, in der nächsten Periode auf $x = 10 - 4P$.

   x: Produktionseinheiten, z. B. 1000 Stück; P: Preis je Produktionseinheit.

   Aufgaben:

   6.1 Zeichnen Sie die drei Preis-Absatz-Funktionen in ein Koordinatensystem ein! (1 cm auf der y-Achse = 0,50 GE; 1 cm auf der x-Achse = 1 PE.)

   6.2 Ermitteln Sie die jeweiligen Cournot'schen Punkte unter der Annahme, dass die Grenzkosten 0,50 GE betragen!

   6.3 Bestimmen Sie die Angebotskurve (Reaktionskurve, Cournot'sche Kurve) des Monopolisten, indem Sie die Cournot'schen Punkte verbinden!

   6.4 Prüfen Sie, ob die Preisgesetze auch für das Angebotsmonopol gelten, sofern der Monopolist nach dem (kurzfristigen) Gewinnmaximierungsprinzip handelt!

7. **Text 1:**[1]

> Es gibt auf die Dauer weder unverkäufliche Mengen bei den Produzenten (kein Angebotsüberhang) noch eine Nachfrage, die bei diesem Preis nicht befriedigt wird (kein Nachfrageüberhang).
>
> Man muss dabei aber sehen, dass die Koordination durch den Preis in einem bestimmten Sinn unsozial ist: Ein steigender Preis „rationiert" die Nachfrage und beschränkt in der Tendenz die Nachfrage der weniger Kaufkräftigen. Wegen dieser unsozialen Rationierungsfunktion des Preises werden bei der Koordination der Wirtschaftspläne von Produzenten und Konsumenten also eher die Bedürfnisse der kaufkräftigen Nachfrager berücksichtigt als die Wünsche aller Verbraucher. So wird teures Hundefutter produziert, während manche Menschen sich kein Fleisch kaufen können.

1 Textauszüge aus Basseler/Heinrich/Koch: Grundlagen der Volkswirtschaft, 11. Aufl. 1988, S. 212.

Text 2:

Der Preis ist weiterhin ein ideales Instrument, die für die Entscheidungen von Produzenten und Konsumenten notwendigen Informationen zu liefern. Verschiebt sich z. B. die Nachfragekurve nach rechts (Erhöhung der Nachfrage), so wird bei dem alten Preis ein Nachfrageüberhang entstehen und die Konkurrenz unter den Nachfragern wird den Preis in die Höhe treiben ...

Text 3:

Die Information durch den Preis genügt jedoch nicht, es muss auch erreicht werden, dass die Produzenten das Gewünschte produzieren. Dazu ist ein Sanktionssystem erforderlich, das in einer Marktwirtschaft durch die freie Verfügbarkeit der erzielten Gewinne geschaffen wird. Anbieter, die sich einer veränderten Marktlage schneller anpassen als ihre Konkurrenten, werden durch vorübergehend höhere Gewinne oder geringere Verluste belohnt.

Aufgaben:

7.1 Welche Preisfunktion wird im Text 1 beschrieben?

7.2 Welche Kritik üben die Autoren dieses Textes an der beschriebenen Preisfunktion?

7.3 Von welcher Preisfunktion ist im Text 2 die Rede?

7.4 Erläutern Sie das Sanktionssystem in einer Marktwirtschaft!

8. 8.1 Bestimmen Sie den Cournot'schen Punkt
   - grafisch (zwei Arten) und
   - rechnerisch!

   Gehen Sie von folgenden Funktionen aus:
   Erlös-(Absatz-)kurve: $p = 18 - 2x$
   Gesamtkostenkurve: $K_G(x) = 5 + \frac{1}{2}x$

   Berechnen Sie:
   Gesamterlös (Umsatz), Gewinn, Erlöszuwächse,
   Gesamtkosten, Grenzkosten, Grenzerlöse!

8.2 Welche Bedeutung hat der Cournot'sche Punkt für den Monopolisten?

8.3 Wie verändert sich der Cournot'sche Punkt, wenn die fixen Kosten um 20 % steigen?

8.4 Welche Grenzen bestehen für die Preispolitik eines Monopolisten?

8.5 Welcher Größenzusammenhang besteht zwischen Erlös- und Gewinnmaximum des Monopolisten?

8.6 Wodurch unterscheiden sich die gewinnmaximalen Punkte bei vollkommener Konkurrenz und monopolistischem Markt?

8.7 Wie beurteilen Sie die Tendenz zur Monopolbildung in der Bundesrepublik Deutschland?

9. Der weltweit einzige Anbieter von gesundheitsunschädlichen Zigaretten ermittelt mittels Marktforschung seine Preis-Absatz-Funktion $p = 30 - 0{,}5x$. Seine Gesamtkostenfunktion lautet $K_G(x) = 1\,500\,000{,}00 + x$. Der Monopolist strebt nach maximalem Gewinn.

Aufgaben:

9.1 Ermitteln Sie die kurzfristige Preisuntergrenze!

9.2 Erläutern Sie die Bedeutung der kurzfristigen Preisuntergrenze im Monopol!

10. Ein Monopolist ermittelt mittels Marktforschung seine Preis-Absatz-Funktion $p = 10 - 0{,}5x$. Seine Gesamtkosten entsprechen der Funktion $K_G(x) = 4 + 1{,}5x$.

Aufgaben:

10.1 Bestimmen Sie mathematisch die erlösmaximale Preis-Mengen-Kombination und ermitteln Sie für diese Kombination den Gesamtgewinn!

10.2 Bestimmen Sie mathematisch die gewinnmaximale Preis-Mengen-Kombination und ermitteln Sie den Gesamtgewinn!

10.3 Wie verändert sich die gewinnmaximale Absatzmenge, wenn nur Fixkosten anfallen?

10.4 Wie verändert sich die gewinnmaximale Absatzmenge, wenn sich die Fixkosten auf 6 GE erhöhen?

11. Die Marktforschungsabteilung eines Monopolisten ermittelt, dass bei einem Preis von 150,00 EUR das Produkt des Unternehmens am Markt keinen Absatz mehr finden würde. Bei dem derzeitigen Preis von 75,00 EUR werden laut Absatzstatistik 150 000 Stück verkauft.

Aufgaben:

11.1 Ermitteln Sie die Preis-Absatz-Funktion!

11.2 Berechnen Sie die erlösmaximale Preis-Mengen-Kombination des Monopolisten!

12. Die linear fallende Preis-Absatz-Funktion eines Monopolisten hat sich aufgrund von Nachfragerückgängen um den Prohibitivpreis zum Ursprung hin gedreht. Die gewinnmaximale Menge ist von 40 Mengeneinheiten auf 30 Mengeneinheiten gesunken. Der ursprüngliche Preis betrug 12,00 EUR. Durch gezielte Marketingaktivitäten wäre der Monopolist in der Lage, die Absatzverschlechterung zu kompensieren. Dadurch erhöhen sich die bisherigen Grenzkosten um 4,00 EUR und es treten zusätzliche fixe Kosten in Höhe von 6,00 EUR pro Periode auf. Die bisherige Kostenfunktion lautete $K_G(x) = 20 + 6x$.

Aufgaben:

12.1 Bestimmen Sie die Preis-Absatz-Funktion vor und nach Durchführung der Marketingaktivitäten!

12.2 Entscheiden Sie ferner, ob der Monopolist die Maßnahmen durchführen soll, falls er nach Gewinnmaximierung strebt (bitte analytisch nachweisen)!

2 1. Betrachten Sie die Grafik zum Monopol! Überprüfen Sie die nachfolgenden Aussagen zum Monopol auf ihre Richtigkeit und entscheiden Sie, welche Aussagen richtig sind!

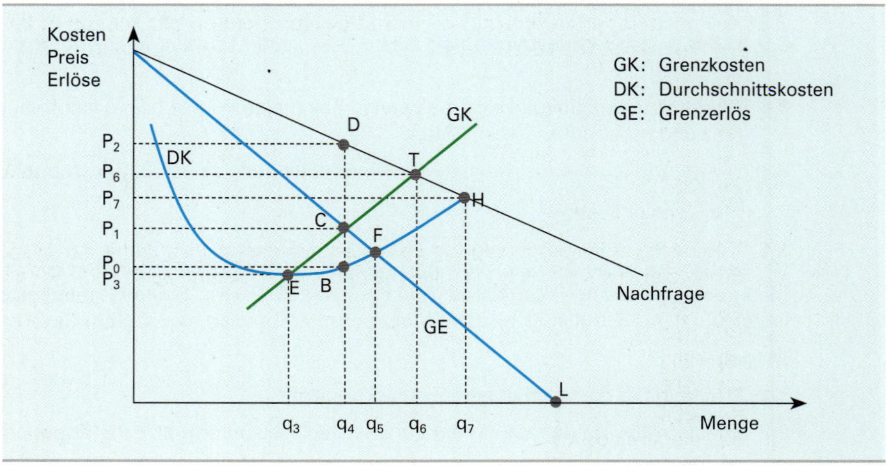

Aufgaben:

1.1 Der Monopolist bietet zum Preis p_2 an, der Anbieter bei vollständiger Konkurrenz bietet zum Preis p_6 an.

1.2 Der Monopolist bietet die Menge q_4 an, der Anbieter bei vollständiger Konkurrenz bietet die Menge q_7 an.

1.3 Der Monopolist wählt für sein Angebot die Preis-/Mengenkombination in C.

1.4 Der Monopolist wählt für sein Angebot die Preis-/Mengenkombination in T.

1.5 Ab der Ausbringungsmenge q_3 steigen die Durchschnittskosten wieder an, da der Anstieg der durchschnittlichen variablen Kosten die Verringerung der durchschnittlichen Fixkosten überkompensiert.

2. Wir unterstellen: Ein Monopolist weist die Kostenfunktion $K_G(x) = 40 + x^2$ auf. Er sieht sich einer Nachfrage gegenüber, die mit $p(x) = 120 - x$ beschrieben wird.

Aufgabe:

Bestimmen Sie den gleichgewichtigen Monopolpreis (p) und die Monopolmenge (x). Welche der nachfolgenden Lösungskombinationen ist richtig?

(1) p = 30 und x = 30
(2) p = 30 und x = 60
(3) p = 60 und x = 30
(4) p = 60 und x = 60
(5) p = 60 und x = 90
(6) p = 90 und x = 30
(7) p = 90 und x = 60

3. Auf einem homogenen Markt geht ein Monopolist von einer Preis-Absatz-Funktion von $p(x) = 40 - x$ aus. Die Gesamtkostenfunktion lautet $K_G(x) = 8x + 4$.

Aufgaben:

3.1 Wie hoch ist die Menge im Gewinnmaximum (Cournot'scher Punkt)? Wählen Sie die richtige Lösung aus!

(1) 4
(2) 8
(3) 16
(4) 32
(5) andere Lösung

3.2 Wie hoch ist der maximale Gewinn im Gewinnmaximum (Cournot'scher Punkt)? Wählen Sie die richtige Lösung aus!

(1) 64
(2) 128
(3) 252
(4) 256
(5) 264
(6) andere Lösung

3.3 Wie hoch dürfen langfristig die Fixkosten höchstens sein, damit der Monopolist die Produktion nicht einstellt? Wählen Sie die richtige Lösung aus!

(1) 64
(2) 128
(3) 252
(4) 256
(5) 264
(6) andere Lösung

4. Ein Monopolist hat folgende Erlös- und Kostenfunktion.

   $E(x) = 8x$ und
   $K_G(x) = 2x^2 + 8$.

   Aufgaben:

   4.1 Ermitteln Sie die gewinnmaximierende Ausbringungsmenge! Wählen Sie die richtige Lösung aus!

   (1) 1
   (2) 2
   (3) 3
   (4) 4
   (5) 6
   (6) andere Lösung

   4.2 Ermitteln Sie den maximalen Gewinn! Wählen Sie die richtige Lösung aus!

   (1) 0
   (2) 2
   (3) 3
   (4) 4
   (5) 6
   (6) andere Lösung

   4.3 Ermitteln Sie das Durchschnittskostenminimum! Wählen Sie die richtige Lösung aus!

   (1) 0
   (2) 2
   (3) 3
   (4) 4
   (5) 6
   (6) andere Lösung

5. Für einen Monopolisten gelten folgende Erlös- und Kostenfunktionen:

   $E(x) = 7x$ und
   $K_G(x) = 2x^3 + x$.

   Aufgabe:

   Ermitteln Sie den maximalen Gewinn! Welche der nachfolgenden Lösungen ist richtig?

   (1) 2
   (2) 4
   (3) 6
   (4) 8
   (5) 10
   (6) andere Lösung

3 Das Städtische Theater (800 Sitzplätze) in Neustadt hat unter Abzug der Subventionen im Durchschnitt fixe Kosten in Höhe von 10 000,00 EUR je Theaterabend. (Die variablen Kosten sind so gering, dass sie kostenrechnerisch vernachlässigt werden können.)

Die Theaterleitung erwartet, dass die Besucher auf Preisänderungen wie folgt reagieren werden:

Preis je Karte in EUR:	20,00	19,00	18,00	17,00	16,00	15,00	14,00
Zahl der verkauften Karten:	500	550	600	650	700	750	800

Aufgaben:

1. Angenommen, die Theaterleitung will die Karten zu einem Einheitspreis verkaufen und den abendlichen Gewinn maximieren. Ermitteln Sie rechnerisch den Preis je Abendkarte, der

den gewinnmaximalen Kartenverkauf erbringt! Stellen Sie hierzu eine Kosten-Leistungs-Tabelle nach folgendem Muster auf:

Zahl der Besucher	Preis je Abendkarte	Umsatz	Kosten	Verlust bzw. Gewinn
500	20,00 EUR	10000,00 EUR	10000,00 EUR	–
550	19,00 EUR	10450,00 EUR	10000,00 EUR	+ 450,00 EUR
⋮	⋮	⋮	⋮	⋮

2. Wie viel Karten bleiben unverkauft, wenn der gewinnmaximierende Einheitspreis (Monopolpreis) festgesetzt wird? (Begründung!)

3. Angenommen, die Theaterleitung handelt nicht nach dem Gewinnmaximierungsprinzip, sondern nach dem Kostendeckungsprinzip.

   Aufgaben:

   3.1 Welchen Preis wird sie verlangen?

   3.2 Wie viel Kunden können dann keine Karte erhalten? Handelt es sich in diesem Fall um eine Angebots- oder um eine Nachfragelücke? (Begründen Sie Ihre Antwort!)

4. Warum sind in diesem Beispiel Gewinn- und Umsatzmaximum identisch?

5. Die Theaterleitung gelangt zur Ansicht, dass der Gewinn durch Preisdifferenzierung bei ausverkauftem Haus erhöht werden kann. Sie teilt die vorhandenen Plätze in drei Ränge ein. Für den Rang I (500 Plätze) verlangt sie 20,00 EUR je Karte, für den Rang II (200 Plätze) 16,00 EUR und für den Rang III (100 Plätze) 14,00 EUR.

   Aufgaben:

   5.1 Werden alle Karten verkauft? (Begründen Sie Ihre Antwort!)

   5.2 Wie hoch ist der Gesamtgewinn? (Rechnerisch nachweisen!)

6. Welche Art des Angebotsmonopols liegt im Fall 5. vor?

4

1. Erklären Sie, warum auf oligopolistischen Märkten i. d. R. Ruhe an der „Preisfront" herrscht!

2. Erläutern Sie, warum das Modell des Angebotspolypolisten auf unvollkommenem Markt auch auf das mögliche Verhalten eines Angebotsoligopolisten auf unvollkommenem Markt anwendbar ist!

3. Angenommen, auf dem Markt für Universallexika befinden sich nur zwei Anbieter (Verlage), und zwar der Arnold-Verlag und der Brecht-Verlag. Die Nachfrage ist polypolistisch.

   Der Arnold-Verlag kann zurzeit in einer Periode 3000 Lexika (1 Lexikon = 12 Bände) zu einem Preis von je 2500 GE verkaufen. Seine Grenzkosten (proportional-variablen Kosten) betragen 1000 GE je Lexikon.

   Der Arnold-Verlag sieht sich zwei möglichen linearen Nachfragekurven gegenüber:

■ Preis-Absatz-Kurve, wenn der Brecht-Verlag auf Preisänderungen des Arnold-Verlags entsprechend reagiert

Preis	3750 GE	1250 GE
Lexika	1500 Stück	4500 Stück

■ Preis-Absatz-Kurve, wenn der Brecht-Verlag auf Preisänderungen des Arnold-Verlags nicht reagiert

Preis	3000 GE	1500 GE
Lexika	2000 Stück	5000 Stück

Aufgaben:

3.1 Zeichnen Sie die beiden möglichen Preis-Absatz-Kurven des Arnold-Verlags, die dazugehörigen Grenzerlöskurven (Grenzumsatzkurven) sowie die Grenzkostenkurve!

Lösungshinweis:

x-Achse: 1 cm ≙ 1 000 Lexika (1 PE, d. h. Produktionseinheit);
y-Achse: 1 cm ≙ 500 GE.

3.2 Der Arnold-Verlag muss damit rechnen, dass der Brecht-Verlag seinen Absatzpreis stabil hält, wenn er seinen Absatzpreis anhebt. Andererseits muss der Arnold-Verlag davon ausgehen, dass bei einer eigenen Preissenkung der Brecht-Verlag in gleicher Weise reagiert.

3.2.1 Begründen Sie die vermuteten Entscheidungen des Brecht-Verlags!

3.2.2 Zeichnen Sie die „geknickte Preis-Absatz-Kurve" des Arnold-Verlags!

3.3 Beim Arnold-Verlag sind die proportional-variablen Kosten (Grenzkosten) um 50 % gestiegen. Wie wird der Arnold-Verlag entscheiden, wenn sein oberstes Unternehmensziel die Gewinnmaximierung ist und der Brecht-Verlag nicht reagiert?

3.4 Angenommen, der Arnold-Verlag hat die Absicht, seinen Konkurrenten (den Brecht-Verlag) vom Markt zu verdrängen. Er will notfalls auf die Deckung seiner fixen Kosten verzichten, unter keinen Umständen jedoch auf die Deckung seiner variablen Kosten, die sich zurzeit auf 1 250 GE belaufen.

3.4.1 Für welchen Absatzpreis wird sich der Arnold-Verlag entscheiden, wenn er unter den oben genannten Bedingungen einen möglichst hohen Marktanteil „erobern" möchte und der Brecht-Verlag auf seine Maßnahme entsprechend reagiert?

3.4.2 Wie viel Exemplare könnte der Arnold-Verlag unter den oben genannten Bedingungen absetzen, wenn der Brecht-Verlag nicht reagieren würde?

Lernbereich 5: Fiskalpolitische Entscheidungen vor dem Hintergrund sich verändernder Wirtschaftslagen erörtern

1 Wirtschaftspolitische Ziele und Zielbeziehungen

1.1 Begriff der Wirtschaftspolitik

Die Wirtschaftspolitik versucht Antworten auf die Fragen zu finden:

- **Welche** Ziele sind realisierbar und
- **wie** lassen sich die festgelegten Ziele erreichen?

Am Anfang der Wirtschaftspolitik steht somit ein **Ziel,** das realisiert werden soll. Die Festlegung solcher Ziele und Normen, also dessen, was sein sollte, lässt sich wissenschaftlich allgemeingültig nicht vornehmen. Es handelt sich immer um **Werturteile,** die – im Gegensatz zu wertfreien Aussagen – weder dem Kriterium der **Wertfreiheit** noch der **Allgemeingültigkeit** genügen.

Beispiele:

- **Wertfreie Aussage:** „Die Einkommen in der Bundesrepublik Deutschland sind ungleich verteilt".
- **Werturteil (normative Aussage):** „Es gibt zu viele Reiche in der Bundesrepublik Deutschland".

Da man folglich über die Ziele der Wirtschaftspolitik **unterschiedlicher Meinung** sein kann, sollte deren Festlegung bzw. Formulierung letztlich über politisch legitimierte Organe im Sinne eines gesamtgesellschaftlichen Konsenses[1] erfolgen. Die anzustrebenden Ziele sind im Wesentlichen politisch durch die **Träger der Wirtschaftspolitik,** etwa durch das Parlament, zu bestimmen.

Wesentliches **ordnungspolitisches Ziel** in marktwirtschaftlich orientierten Volkswirtschaften ist ein funktionsfähiger Wettbewerb. Zu den **stabilitätspolitischen Zielen** gehören vor allem angemessenes und stetiges Wirtschaftswachstum, hohes Beschäftigungsniveau, Preisniveaustabilität sowie außenwirtschaftliches Gleichgewicht **(magisches Viereck);** bedeutsam sind darüber hinaus Ziele wie eine sozial verträgliche Vermögensverteilung oder die Erhaltung der natürlichen Lebensgrundlagen **(magisches Sechseck).**

Merke:

Unter **Wirtschaftspolitik** versteht man die Beeinflussung der Wirtschaft durch politische Maßnahmen, mit denen der **Staat regelnd** und **gestaltend** in die Wirtschaft eingreift.

Wirtschaftspolitik umfasst letztlich alle Maßnahmen staatlicher Instanzen

- zur Gestaltung der Wirtschaftsordnung (**Ordnungspolitik:** z.B. Wettbewerbsordnung, Gewerbeordnung, Eigentumsordnung),
- zur Beeinflussung der Struktur **(Strukturpolitik)** und

1 **Konsens:** Zustimmung, Einwilligung, Übereinstimmungen der Meinungen.

- zum Ablauf des arbeitsteiligen Wirtschaftsprozesses **(Prozesspolitik).** Zur Prozesspolitik gehören u.a. die Arbeitsmarktpolitik, Konjunkturpolitik (Fiskalpolitik)[1] und Geldpolitik.[2]

Die Wirtschaftspolitik kann sich auf die gesamte Volkswirtschaft **(allgemeine Wirtschaftspolitik)** oder auf Teilbereiche **(spezielle Wirtschaftspolitik)** erstrecken.

1.2 Träger der Wirtschaftspolitik

(1) Parlament und Regierung

Wichtigster Träger der Wirtschaftspolitik ist der „Staat". In demokratischen Wirtschafts- und Gesellschaftsordnungen ist seine politische Entscheidungsbefugnis auf die staatlichen Organe **Parlament** (Legislative), **Regierung** mit nachgeordneter Verwaltung (Exekutive) und **Rechtsprechung** (Judikative) verteilt. Die Regierung wird von der Regierungsfraktion getragen und von der Opposition kontrolliert.

In einem **Bundesstaat** (einem föderalistischen Staat) tritt der Zentralstaat (der „Bund") Teile seiner Entscheidungsbefugnis an die Bundesländer ab, die einen Teil ihrer politischen Macht wiederum an Gemeinden, Gemeindeverbände und Kreise delegieren (weitergeben). In der Bundesrepublik Deutschland werden die Länder über eine eigene Kammer, den **Bundesrat,** an der Willensbildung des Bundes beteiligt.

(2) Regierungsunabhängige Institutionen

Außerdem wird in der Bundesrepublik Deutschland politische Macht an mehr oder weniger regierungsunabhängige (autonome) staatliche Institutionen abgetreten. Solche zur sogenannten mittelbaren Staatsverwaltung zählenden **Körperschaften** sind z.B. die Deutsche Bundesbank, die Bundesagentur für Arbeit, die Rentenversicherungsträger, die gesetzlichen Krankenkassen, die Industrie- und Handelskammern und die Handwerkskammern.

Eine besondere Stellung nimmt die **Europäische Zentralbank (EZB)**[3] ein, weil sie als Zentralbank der Europäischen Wirtschafts- und Währungsunion (WWU) das **alleinige** Recht zur Schaffung von **Notengeld** besitzt. Sie ist in ihren geldpolitischen Entscheidungen weitgehend autonom (unabhängig). Ihre wichtigste Aufgabe ist die Erhaltung der **Geldwertstabilität.**

(3) Verbände

Des Weiteren gehören in der Bundesrepublik Deutschland auch die Verbände – also organisierte Zusammenschlüsse von Personen[4] – zu den Trägern der Wirtschaftspolitik. Verbände bündeln die Interessen der einzelnen Mitglieder zur Erreichung **gemeinsamer Ziel- oder Wertvorstellungen.**

---

1 Vgl. hierzu Kapitel 5.

2 Vgl. hierzu Lernbereich 6.

3 Näheres zur Europäischen Zentralbank siehe Lernbereich 6, Kapitel 7.1.2

4 Die rechtliche Definition des Begriffs **„Verbände"** geht weiter. Hier wird unter einem Verband eine Personenvereinigung zu einem bestimmten Zweck verstanden, die durch eine Verfassung (Satzung) zur Bildung eines gemeinschaftlichen Willens begründet wird und, falls eine juristische Person vorliegt, rechtsfähig, d.h. selbst Träger von Rechten und Pflichten ist. Die Verbände sind danach teils privatrechtliche Vereinigungen (z.B. eingetragene und auch nicht eingetragene Vereine, Formkaufleute), teils öffentlich-rechtliche juristische Personen (z.B. Gemeinden, Gemeindeverbände, Rundfunkanstalten, Sozialversicherungsträger).

Wie geschieht nun die Einflussnahme der Verbände auf staatliche Entscheidungen? Der klassische Adressat der Verbandstätigkeit ist das Parlament.[1] In der Bundesrepublik Deutschland haben die Verbandsvertreter die Möglichkeit, ihre Vorstellungen (Ziele, Interessen) in dem Bundestagsausschuss einzubringen, in dem gemäß § 73 III der Geschäftsordnung des Deutschen Bundestags in sogenannten **„Hearings"** neben Sachverständigen auch Interessenvertreter (z. B. der deutschen Wirtschaft) gehört werden können. Daneben werden natürlich zahlreiche informelle Kontakte zwischen den Verbandsvertretern und Abgeordneten gepflegt.

Darüber hinaus lassen die Verbände ihre Vertreter (z. B. Vertreter des Mittelstands, der Heimatvertriebenen, der Landwirtschaft, der Unternehmer) von den politischen Parteien aufstellen und in die Parlamente (den Deutschen Bundestag und die Länderparlamente) wählen.

Schließlich nehmen die Verbände Einfluss auf die Ministerialverwaltungen, indem sie Informationen liefern, die der Staat benötigt, um sinnvolle Entscheidungen treffen zu können.

(4) Ausland

Wirtschaftspolitische Entscheidungen reichen über die Landesgrenzen hinaus, man denke z. B. an die Erhöhung oder Senkung von Zöllen, die Einführung oder Aufhebung der Devisenzwangswirtschaft, die Inflations- oder Deflationspolitik, die Erhöhung oder Senkung von Rüstungsausgaben usw. In jedem Fall wirken sich derartige wirtschaftspolitische Eingriffe des Auslands auf die Binnenwirtschaft aus. Gegenmaßnahmen werden dann erforderlich, wenn die Eingriffe des Auslands den eigenen wirtschaftspolitischen Zielen entgegenstehen.

Unmittelbar an der Entscheidungsbildung der Regierung und der übrigen Träger der Wirtschaftspolitik sind **internationale Organisationen** beteiligt, wie z. B. die World Trade Organization (WTO) und der Internationale Währungsfonds (IWF).

1.3 Wirtschaftspolitische Ziele und ihre Zielbeziehungen

1.3.1 Ziele des Stabilitätsgesetzes

(1) Überblick

Politik ist zielgerichtetes Handeln. Der Staat muss sich also Ziele setzen, nach denen er seine Wirtschaftspolitik ausrichtet. Bestimmte „Eckpfeiler" setzt das Grundgesetz mit seinen Forderungen nach größtmöglicher Freiheit einerseits und sozialer Gerechtigkeit andererseits. In diesem weit gespannten Rahmen ist der Staat in seinen Zielsetzungen und Maßnahmen frei.

Nach § 1 des Gesetzes zur Förderung der Stabilität und des Wachstums der Wirtschaft vom 8. Juni 1967 („Stabilitätsgesetz") haben Bund und Länder bei ihren wirtschafts- und finanzpolitischen Maßnahmen die Erfordernisse des gesamtwirtschaftlichen Gleichgewichts zu beachten.

1 Die Verbandsvertreter werden als **Lobbyisten** bezeichnet. Der Ausdruck stammt aus den USA und bezeichnet diejenigen Interessenvertreter, die im 19. Jahrhundert in der Wandelhalle des Parlaments (in der „Lobby") die Abgeordneten in ihrem Sinne zu beeinflussen suchten.

Merke:

Gesamtwirtschaftliches Gleichgewicht liegt vor, wenn **alle** Produktionsfaktoren vollbeschäftigt sind und sich **alle** Märkte (z. B. Arbeits-, Kredit-, Gütermärkte) ausgleichen.

Aus diesem **Oberziel** leitet das Stabilitätsgesetz [§ 1 S. 2 StabG] folgende **Unterziele (magisches Viereck)** ab:

- Stabilität des Preisniveaus,
- hoher Beschäftigungsstand,
- außenwirtschaftliches Gleichgewicht und
- stetiges und angemessenes Wirtschaftswachstum.

Die vier genannten Ziele sind **quantitative Ziele,** weil sie sich in Zahlen erfassen lassen. Zwei weitere wichtige, nicht ausdrücklich im Stabilitätsgesetz erwähnte **qualitative Ziele** sind:

- sozial verträgliche Einkommens- und Vermögensverteilung und
- Erhaltung der natürlichen Lebensgrundlagen (Umweltschutz).

Werden die quantitativen und qualitativen Ziele gleichzeitig verfolgt, so spricht man von einem **magischen Sechseck.**

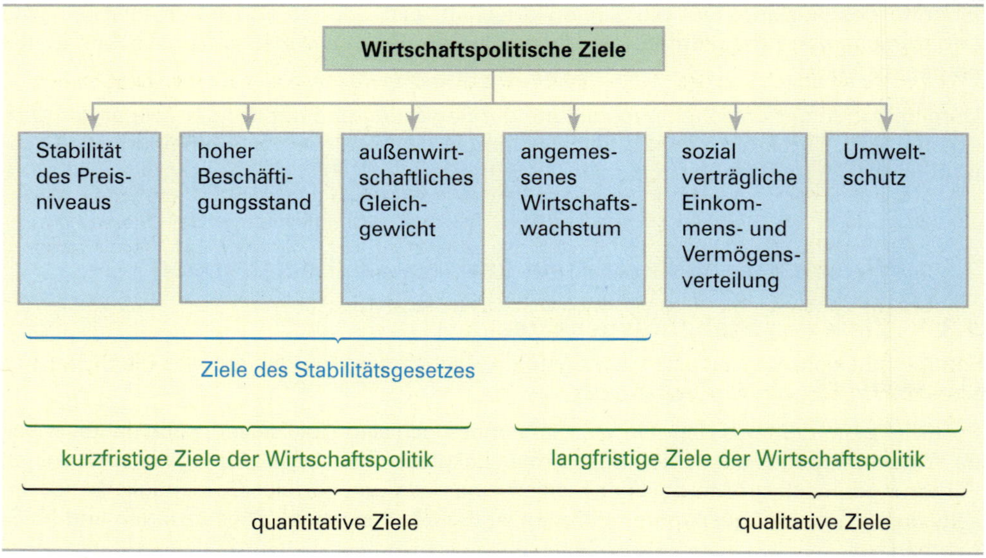

(2) Hoher Beschäftigungsstand

Merke:

Unter **Beschäftigung** verstehen wir im Folgenden den Grad der **Kapazitätsausnutzung** einer Volkswirtschaft.

Die Beschäftigungslage in einer Volkswirtschaft beurteilt man meist an den Arbeitslosenzahlen und den offenen Stellen.

Vollbeschäftigung	Sie ist gegeben, wenn die **Arbeitslosenquote** (Anteil der Arbeitslosen an den beschäftigten Erwerbspersonen) **nicht mehr als rund 2 %** beträgt.
Überbeschäftigung	Sie liegt vor, wenn die Zahl der offenen Stellen erheblich über der Zahl der Arbeitslosen liegt.
Unterbeschäftigung	Sie ist gegeben, wenn die Arbeitslosenquote höher als rund 2 % ist und die Zahl der offenen Stellen niedriger als die Arbeitslosenzahl ist.

Eine einheitliche Berechnungsformel für die Arbeitslosenquote gibt es nicht. Die Bundesagentur für Arbeit verwendet in Anlehnung an die Berechnung der EU-Arbeitslosenquote folgende Berechnungsmethode:

$$\textbf{Arbeitslosenquote} = \frac{\text{Arbeitslosenzahl} \cdot 100}{\text{Anzahl der Erwerbspersonen}}$$

Unter **Erwerbspersonen** sind die selbstständigen und die unselbstständigen Erwerbspersonen **zuzüglich der Arbeitslosen** zu verstehen. Demnach besteht die Zahl der abhängigen Erwerbspersonen aus den abhängig Beschäftigten **und** den Arbeitslosen.

Zu den wichtigsten **Problemen der Unterbeschäftigung** innerhalb einer Volkswirtschaft zählen:

- Drohende Arbeitslosigkeit bewirkt einen **Rückgang der Nachfrage.**
- Die **Steuereinnahmen** des Staates **gehen zurück,** sodass dieser seine Aufgaben nicht mehr in vollem Umfang erfüllen kann.
- Die **Familien** der Arbeitslosen kommen in **finanzielle Schwierigkeiten,** sodass die sozialen Probleme zunehmen.
- Sinkende Beitragseinnahmen der **Sozialversicherungsträger** und zugleich steigende Ausgaben (z. B. der Arbeitslosenversicherung), steigende Lohnnebenkosten der Unternehmen durch Erhöhung der Beitragssätze, dadurch Gefährdung der internationalen Wettbewerbsfähigkeit, Verschärfung einer bestehenden Arbeitslosigkeit.
- **Soziale Konflikte** können sich verstärken (z. B. Radikalisierung).

Somit ergibt sich, dass eine der wichtigsten Aufgaben der Wirtschaftspolitik die Sicherung eines hohen Beschäftigungsstands ist.

(3) Stabilität des Preisniveaus

Merke:

Eine (absolute) **Stabilität des Preisniveaus** (Geldwertstabilität) liegt vor, wenn sich das Preisniveau[1] überhaupt nicht verändert.

Auch bei absoluter Preisniveaustabilität (kurz: Preisstabilität) können sich die Preise der einzelnen Güter verändern. Bedingung ist jedoch, dass Preissteigerungen einzelner Wirtschaftsgüter durch die Preissenkungen anderer Wirtschaftsgüter ausgeglichen werden.

1 **Preisniveau**: gewogener Durchschnitt aller Güterpreise.

Die Wirtschaftspolitik konnte oder wollte bisher nur in seltenen Fällen eine absolute Preisstabilität erreichen. Aus diesem Grund wird heute eine relative Preisstabilität gefordert. Nach der **Definition der Europäischen Zentralbank (EZB)** ist Preisstabilität gegeben, wenn die jährliche Preissteigerungsrate **unter 2 %** liegt.

Inflationsraten,[1] die über der genannten Zielvorstellung liegen, bringen erhebliche Nachteile mit sich. Die Sparer werden dann geschädigt, wenn die Inflationsraten (Preissteigerungsraten) höher als die Sparzinsen sind. Hingegen werden die Schuldner und die Besitzer von Realvermögen (z. B. von Grundstücken, Betriebsvermögen und Anteilsrechten wie z. B. Aktien) bevorzugt. Steigt das inländische Preisniveau schneller als das ausländische, wird der Export beeinträchtigt, sodass die Arbeitsplätze in Gefahr geraten.

(4) Außenwirtschaftliches Gleichgewicht

Merke:

Unter **außenwirtschaftlichem Gleichgewicht** versteht man den mittelfristigen Ausgleich der Zahlungsbilanz.

Die Zahlungsbilanz ist die Gegenüberstellung aller in Geld messbaren Transaktionen (Bewegungen, Übertragungen) zwischen In- und Ausland. Sind die Zahlungsströme ins Inland größer als die Zahlungsströme ins Ausland, spricht man von Zahlungsbilanzüberschuss. Sind die Zahlungsströme vom Inland ins Ausland größer als die Zahlungsströme vom Ausland ins Inland, handelt es sich um ein Zahlungsbilanzdefizit. Im ersten Fall liegt eine **aktive Zahlungsbilanz,** im zweiten eine **passive Zahlungsbilanz** vor.

Da die Hauptursachen von **Zahlungsbilanzungleichgewichten** meistens in einem anhaltenden **Missverhältnis von Importen und Exporten** liegen, wollen wir uns auf die Wirkungen von Export- bzw. Importüberschüssen beschränken.

Exportüberschüsse	■ Exportüberschüsse führen zu **Devisenüberschüssen,**[2] weil die Exporteure die eingenommenen Devisen in der Regel bei den Banken in Binnenwährung umtauschen. Die Banken wiederum refinanzieren sich bei der Zentralbank. ■ Somit steigt der Geldumlauf in der Binnenwirtschaft. Bei bestehender Vollbeschäftigung steigt das Preisniveau („importierte Inflation").[3]
Importüberschüsse	■ Importüberschüsse haben die gegenteilige Wirkung. Die Importeure zahlen die Importe entweder in Binnen- oder in Fremdwährung. Wird in Binnenwährung gezahlt, tauschen die im Devisenausland ansässigen Exporteure ihre Erlöse in ihre eigene Währung um. Wird in Fremdwährung gezahlt, müssen die Importeure die benötigten Devisen im eigenen Währungsgebiet kaufen. ■ In beiden Fällen **schrumpft der Devisenvorrat** der Binnenwirtschaft: Die Zahlungsbilanz wird passiv. Die abnehmende Geldmenge bremst zwar den Preisauftrieb, gefährdet aber die Arbeitsplätze.

1 **Inflationsraten**: Preissteigerungsraten (prozentuale durchschnittliche Preissteigerungen in Bezug auf das Vorjahr). Unter Inflation (lat. Aufblähung) versteht man eine lang anhaltende Steigerung des Preisniveaus.

2 **Devisen**: Zahlungsmittel (z. B. Schecks und Überweisungen) in Fremdwährung.

3 Weil bei Exportüberschüssen gegenüber Fremdwährungsländern der Geldumlauf im eigenen Währungsgebiet steigt und dort zugleich das Güterangebot sinkt, spricht man auch vom **doppelt inflationären Effekt** der **Exportüberschüsse.**

1.3.2 Sozial verträgliche Einkommens- und Vermögensverteilung

Das wirtschafts- und sozialpolitische Ziel einer sozial verträglichen Einkommens- und Vermögensverteilung läuft darauf hinaus, die Einkommen und Vermögen in Zukunft **gleichmäßiger** unter die großen sozialen Gruppen der Arbeitnehmer einerseits und der Selbstständigen („Unternehmer") einschließlich der sonstigen Vermögensbesitzer andererseits zu verteilen. Bezüglich der Einkommenspolitik des Staates bedeutet das, die **Lohnquote** (Anteil der Arbeitnehmer am Gesamteinkommen) zu erhöhen.

Das Ziel einer sozial verträglichen Einkommens- und Vermögensverteilung wird deswegen als Einheit gesehen, weil Einkommens- und Vermögensverteilung eng zusammenhängen. Dies ist einmal deswegen der Fall, weil die Bezieher hoher Einkommen leichter Vermögen bilden können als die Bezieher niedrigerer Einkommen, zum anderen aber auch deshalb, weil die Eigentümer der Produktionsfaktoren Boden und Kapital auch die Bodenrente und den Kapitalzins beziehen. Sind diese Vermögensbestandteile in den Händen weniger Haushalte konzentriert, fließen diesen auch entsprechend hohe Einkommen zu.

Die Verfolgung des Ziels einer sozial verträglichen Einkommensverteilung ist für die Regierung der Bundesrepublik Deutschland deswegen schwierig, weil Tarifautonomie besteht, d. h., weil die Sozialpartner (Tarifpartner) das Recht haben, die Arbeitsentgelte selbstständig und ohne staatliche Einmischung zu vereinbaren. Dennoch verbleiben dem Staat eine Reihe von wirtschafts- und sozialpolitischen Maßnahmen vor allem vermögenspolitischer Art. Hierzu gehören die Einführung eines Investivlohns (Gewinnausschüttungen an Arbeitnehmer, die im eigenen oder in fremden Unternehmen investiert werden), der Kombilohn (bei niedrigen Löhnen stockt der Staat den Lohn auf) und Sparförderungsmaßnahmen. Hinzu kommt die Steuerpolitik, mit deren Hilfe die **Einkommen umverteilt** werden: Hohe Einkommen werden überproportional hoch, niedrigere Einkommen nur gering oder überhaupt nicht direkt besteuert **(Steuerprogression).**

1.3.3 Erhaltung der natürlichen Lebensgrundlagen

Das wirtschafts- und sozialpolitische Ziel, die Umwelt lebenswert zu erhalten und/oder zu verbessern, ist ein **qualitatives Ziel.**

Wird in den Zielkatalog einer **sozialen Marktwirtschaft** das Ziel des Umweltschutzes aufgenommen, müssen – ebenso wie dies zur Erreichung sozialer Ziele erforderlich ist – **staatliche Eingriffe** erfolgen, die die Marktbedingungen so verändern, dass **Nachfrage** und **Angebot** in der gewünschten Weise gelenkt werden. **Marktkonforme Maßnahmen** müssen hierbei die Regel, **marktkonträre Maßnahmen** die Ausnahme bilden.

(1) Marktkonforme Maßnahmen

Mithilfe marktkonformer Maßnahmen strebt der Staat eine preisgesteuerte Beeinflussung des Verhaltens der Wirtschaftssubjekte an. Mithilfe von Steuern, Abgaben und Zöllen (sogenannten **„Ökosteuern"**) sollen als umweltschädigend erkannte Maßnahmen und Produkte so stark belastet werden, dass in absehbarer Zeit sowohl Nachfrage als auch Angebot reagieren werden. Umgekehrt sollen alle als umweltschonend erkannten Maßnahmen und Produkte so stark entlastet (erforderlichenfalls auch subventioniert) werden, sodass sich Nachfrage und Produktion in die gewünschte Richtung bewegen.

4 Boller, Hartmann - ISBN 978-3-8120-0398-8

Beispiele:

- Erhebung einer „Ersatzzahlung für Eingriffe in Natur und Landschaft" nach dem Bundesnaturschutzgesetz (BNatSchG).
- Mögliche Einführung von „Öko-Produktsteuern", z. B. für Batterien, herkömmliche Glühlampen, tropisches Holz, Waschmittel und Streusalz.
- Einführung von Öko-Abgaben in der Landwirtschaft für Pestizide, Massentierhaltung und Futtermittelimporte.
- Erhebung von Müllvermeidungssteuern für Einwegflaschen, Getränkedosen, Kunststoffbehälter und -flaschen, Aluminiumfolien und für Werbezwecke verwendetes Papier.
- Rücknahmeverpflichtung für umweltbelastende Produkte, nachdem ihre Nutzungsdauer abgelaufen ist (z. B. Kühlschränke, Autos, Batterien).
- Höhere Besteuerung von Dieselkraftfahrzeugen ohne Abgasfilter als Dieselkraftfahrzeuge mit Filteranlage.
- Erhebung einer Stickstoffabgabe zur Sicherung bzw. Verbesserung der Grundwasserqualität.

(2) Marktkonträre Maßnahmen

Die Umweltpolitik kommt ohne marktkonträre Maßnahmen nicht aus. Marktkonträre Maßnahmen sind **Verbote** und die Vorgabe von **Grenzwerten.**

- Umweltschädliche Produkte, auf die vollständig verzichtet werden kann, müssen verboten werden (z. B. umweltschädliche Treibgase in Sprühdosen).
- Einzelschadstoffe, die mit technischen Mitteln auf einen bestimmten Stand reduziert werden können, sind mithilfe von Grenzwerten zu verringern (z. B. Schadstoffe in Autoabgasen).

Das Problem der Vorgabe von Grenzwerten ist, dass sie auch noch unterboten werden können, die Wirtschaftssubjekte aber nicht einsehen, dass sie die Kosten für eine weitere Verringerung von Schadstoffen tragen sollen, wenn dies nicht gesetzlich vorgeschrieben ist.

Die **wirtschaftlichen Folgen** der skizzierten Umweltpolitik sind Beschäftigungsrückgänge in den umweltbelastenden Wirtschaftszweigen und positive Beschäftigungseffekte in den Umweltschutzindustrien. Viele Wirtschaftswissenschaftler sind der Meinung, dass die positiven Beschäftigungseffekte überwiegen, d. h., dass langfristig der Umweltschutz **kein „Jobkiller"** ist.

Kurzfristig führt der Strukturwandel in bestimmten Bereichen sicher zu sozialen Härten, die der Staat – also die Allgemeinheit – ausgleichen muss.

1.4 Wirtschaftspolitische Kompromisse

Da es häufig nicht möglich ist, alle wirtschaftspolitischen Ziele **gleichzeitig** zu erreichen, müssen sich die politischen Instanzen (z. B. Bundesregierung, Länderregierungen und die Europäische Zentralbank) in erster Linie mit demjenigen wirtschaftspolitischen Ziel auseinandersetzen, das am meisten gefährdet erscheint. Anders ausgedrückt: Die politischen Instanzen müssen Prioritäten[1] setzen.

Herrscht z. B. Arbeitslosigkeit, wird man versuchen, den Beschäftigungsstand zu erhöhen, selbst wenn dadurch die Preisstabilität und das außenwirtschaftliche Gleichgewicht gefährdet werden. Herrscht hingegen Inflation bei Vollbeschäftigung, wird die Wirtschaftspolitik versuchen müssen, die Preissteigerungsrate herabzudrücken, auch auf die Gefahr hin, dass Arbeitslosigkeit entsteht.

1 **Priorität:** Vorrangigkeit.

Zusammenfassung

- Unter der **Wirtschaftspolitik** versteht man die Gesamtheit der Maßnahmen, mit denen der Staat regelnd und gestaltend in die Wirtschaft eingreift.
- Die **Träger der Wirtschaftspolitik** sind die Parlamente und die Regierungen, regierungsunabhängige Institutionen (vor allem die Zentralbanken), Verbände (z. B. Gewerkschaften, Arbeitgeberverbände) sowie internationale Organisationen.
- Die wirtschaftspolitischen **Ziele des Stabilitätsgesetzes** sind:
  (1) Stabilität des Preisniveaus,
  (2) hoher Beschäftigungsstand,
  (3) außenwirtschaftliches Gleichgewicht und
  (4) stetiges und angemessenes Wirtschaftswachstum.
- Die Ziele (1) bis (3) sind kurzfristig zu erreichen. Das Ziel (4) ist ein nur langfristig zu erreichendes Ziel.
- Weitere, nicht im Stabilitätsgesetz genannten langfristigen Ziele sind
  (5) eine sozial verträgliche Einkommens- und Vermögensverteilung und
  (6) die Erhaltung der natürlichen Lebensgrundlagen.
- Die Ziele (1) bis (4) bilden das sogenannte **„magische Viereck"** und die Ziele (1) bis (6) das **„magische Sechseck"**, denn man müsste ein Zauberer (Magier) sein, wenn man alle Ziele gleichzeitig erreichen könnte.
- Es gibt folgende Zielbeziehungen: Zielharmonie, Zielkonflikt und Zielindifferenz.
  - **Zielharmonie** liegt vor, wenn zwei oder mehrere Ziele mit ein und denselben wirtschaftspolitischen Maßnahmen erreicht werden können.
  - Von einem **Zielkonflikt** spricht man, wenn mit einer wirtschaftspolitischen Maßnahme ein Ziel (oder ein Zielbündel) nur zulasten eines anderen Ziels (oder Zielbündels) erreicht werden kann.
  - Eine **Zielindifferenz** ist gegeben, wenn durch die Verfolgung eines wirtschaftspolitischen Ziels die Erreichung anderer wirtschaftspolitischer Ziele weder negativ noch positiv beeinflusst wird.
- Da bei der Verfolgung wirtschaftspolitischer Ziele häufig Zielkonflikte bestehen, müssen die politischen Instanzen (z. B. die Regierung, die Länderregierungen, die Europäische Zentralbank) **Kompromisse** eingehen.

Übungsaufgaben

5 Bearbeiten Sie folgende Aufgaben:

1. Das Oberziel der Wirtschaftspolitik der Bundesrepublik Deutschland ist nach § 1 StabG das „gesamtwirtschaftliche Gleichgewicht“. Was ist hierunter zu verstehen?
2. Welche quantitativen Ziele werden im § 1 StabG genannt?
3. Warum ist die Vollbeschäftigung ein wichtiges Ziel der Wirtschaftspolitik?
4. Unter welchen Bedingungen liegt Vollbeschäftigung vor?
5. Erklären Sie das wirtschaftspolitische Ziel „Preisniveaustabilität“!
6. Begründen Sie, warum der Staat für außenwirtschaftliches Gleichgewicht sorgen sollte!
7. Welche möglichen Zielkonflikte können zwischen den Zielen „hoher Beschäftigungsstand“, „Stabilität des Preisniveaus“ und „außenwirtschaftliches Gleichgewicht“ bestehen?
8. Erklären Sie, was unter stetigem Wirtschaftswachstum zu verstehen ist!
9. Nennen Sie neben dem Ziel des stetigen Wirtschaftswachstums noch weitere langfristige Ziele der Wirtschaftspolitik!
10. Welche Zielkonflikte können sich zwischen dem Ziel des stetigen Wirtschaftswachstums einerseits und den kurzfristigen Zielen der Stabilität des Preisniveaus, des hohen Beschäftigungsstands und des außenwirtschaftlichen Gleichgewichts andererseits ergeben?
11. Die möglichen Zielkonflikte erfordern, dass der Staat wirtschaftspolitische Kompromisse schließen muss. Was heißt das?
12. Wie erklären Sie sich, dass in der Bundesrepublik Deutschland trotz Wirtschaftswachstum das Ziel eines möglichst hohen Beschäftigungsstands seit Jahren unerreichbar scheint?

6 Beurteilen Sie, ob in den nachstehenden Fällen Zielharmonie, Zielindifferenz oder Zielkonflikt besteht!

1. In einer Volkswirtschaft wirkt das „Gesetz der Massenproduktion“. Die Wirtschaft ist unterbeschäftigt. Die Regierung beschließt, die Staatsausgaben (bei gleichbleibenden Einnahmen) zu erhöhen. Ihre vorrangigen wirtschaftspolitischen Ziele sind zz. der Abbau der Arbeitslosigkeit und die Preisniveaustabilität.
2. In einer mit dem Ausland stark verflochtenen Volkswirtschaft übersteigen die Exporte seit längerer Zeit die Importe. Die Wirtschaft ist unterbeschäftigt. Die Regierung beschließt die Senkung der Importzölle und die Aufhebung bisheriger Exportförderungsmaßnahmen. Ihre vorrangigen wirtschaftspolitischen Ziele sind zz. außenwirtschaftliches Gleichgewicht, Preisniveaustabilität und Vollbeschäftigung.
3. In einer vollbeschäftigten Volkswirtschaft steigen die Preise jährlich um ca. 10 %. Es bestehen laufende Exportüberschüsse. Das Wirtschaftswachstum beträgt im kommenden Jahr voraussichtlich 3 %. Der Grad der Umweltverschmutzung ist sehr hoch, sodass die Lebenserwartung der Bevölkerung zu sinken beginnt. Die derzeitige Einkommens- und Vermögensverteilung wird als „gerecht“ empfunden.

   Die Regierung beschließt, die Grenzen weiter zu öffnen, um die Importe zu steigern. Die sechs magischen Ziele der Wirtschaftspolitik werden von der Regierung als gleichrangig betrachtet.

7

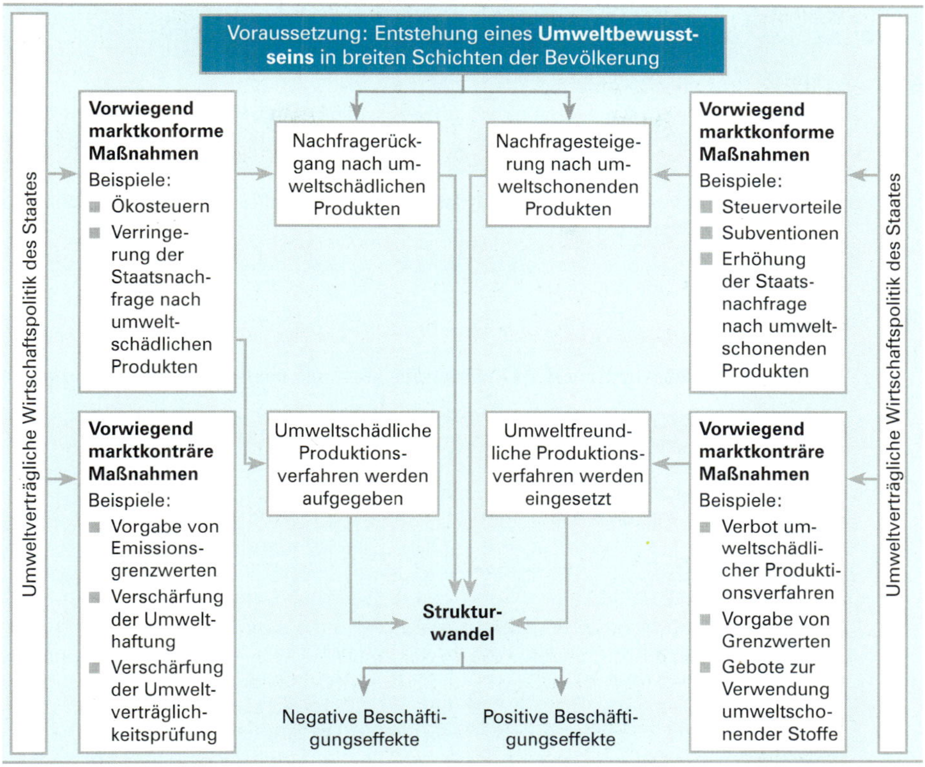

Aufgaben:

Betrachten Sie die obige Abbildung und beantworten Sie folgende Fragen:

1. Was ist unter einer Ökosteuer zu verstehen?
2. Wie wirkt sich die Erhebung einer Ökosteuer auf die Angebotskurve eines Produkts aus?
3. Welche Wirkungen ergeben sich auf einem polypolistischen Markt im Hinblick auf den Preis sowie die absetzbare Menge des mit einer Ökosteuer belasteten Produkts?
4. Wie kann der Staat selbst durch sein Nachfrageverhalten Einfluss auf die Produktion umweltfreundlicher Produkte nehmen? Nennen Sie ein Beispiel!

8 Ökosteuern und -abgaben, Verbote und die Vorgabe von Grenzwerten sollen zu einem umweltverträglichen Wirtschaften beitragen.

Beispiele:

a) Erhebung einer Abwasserabgabe, die mit zunehmendem Reinheitsgrad der Abwässer sinkt.
b) Abschaffung der Kraftfahrzeugsteuer und Erhöhung der Mineralölsteuer.
c) Verbot umweltschädlicher Produkte (z. B. umweltschädlicher Treibgase in Sprühdosen).
d) Begrenzung der zulässigen Rußzahlen bei Ölfeuerungsanlagen.
e) Fahrverbot für Kraftfahrzeuge mit Benzinmotoren ohne Katalysator.
f) Stromsteuer auf Atomstrom und Strom aus Verbrennungskraftwerken.
g) Vorgabe von Abgasgrenzwerten (z. B. für Kraftwerke, Autos).
h) Subventionen zur Gewinnung von Erdwärme.
i) Steuererleichterung für Dieselfahrzeuge mit Rußfilter.
j) Herstellungsverbot asbesthaltiger Werkstoffe.
k) Einführung des Dosenpfands.
l) Importverbot für genmanipulierte Lebensmittel.

Aufgaben:

1. Begründen Sie, welche der genannten Maßnahmen als marktkonform und welche als marktkonträr zu bezeichnen sind!
2. Angebot und Nachfrage nach einem umweltschädlichen Gut A verhalten sich normal. Das Gut A wird mit einer Ökosteuer belegt. Stellen Sie mithilfe der Angebots- und Nachfragekurve dar, wie sich Preis und Absatzmenge des Gutes A verändern!
3. Wie könnte sich die Ökosteuer auf das Produkt A auf die Nachfrage nach dem Substitutionsgut (Ersatzgut) B auswirken?
4. Bilden Sie zwei eigene Beispiele für den unter 3. beschriebenen Substitutionseffekt!

9 **Textauszug:**

Zukunftsstudie: OECD warnt die Welt vor ökologischem Kollaps

Die Weltbevölkerung wächst rasant, Energie- und Wasserverbrauch steigen. Weltweit drohen unumkehrbare Schäden für Umwelt und Gesellschaft. Von Tobias Kaiser

Es ist ein eindringlicher Appell: In einer Studie warnt die Organisation für Wirtschaftliche Zusammenarbeit und Entwicklung (OECD) vor zunehmender Umweltzerstörung: „Wir riskieren unumkehrbare Umweltschäden, die die in den vergangenen zweihundert Jahren erzielten Verbesserungen des Lebensstandards gefährden", schreiben die Forscher in ihrem Bericht.

In den kommenden 40 Jahren werde die Weltbevölkerung um zwei Milliarden Menschen auf dann neun Milliarden Menschen anwachsen. Fast zwei Drittel aller Menschen weltweit werden 2050 in Städten leben und die globale Wirtschaftsleistung werde sich bis dahin vervierfachen.

Dieses Wachstum bleibe nicht ohne Folgen für die Umwelt. Eine viermal größere Weltwirtschaft wird trotz Energiesparmaßnahmen rund 80 Prozent mehr Energie verbrauchen als heute. Weil vor allem die großen Schwellenländer weiter auf fossile Energieträger wie Öl und Gas setzen, wird der Ausstoß klimaschädlicher Treibhausgase trotz internationaler Vereinbarungen zunehmen – die Experten rechnen mit einem Plus von 50 Prozent bis 2050. [...]

Die Pariser Forscher rechnen mit enormen ökonomischen und menschlichen Kosten, wenn die internationale Politik die Umweltzerstörung nicht energischer bekämpft. „Die Folgen für die Lebensqualität der Menschen weltweit wären desaströs", warnen die Forscher. Allein die Zahl der Menschen, die jedes Jahr durch Abgase und Chemikalien sterben, könnte sich bis zur Mitte des Jahrhunderts auf 3,6 Millionen Menschen verdoppeln.

Rodungen und Monokulturen werden nach den Berechnungen der OECD dafür sorgen, dass bis 2050 die Artenvielfalt an Land um zehn Prozent abnimmt. Betroffen seien besonders Europa, Asien und das südliche Afrika. In Flüssen und Seen seien bereits ein Drittel der Arten ausgerottet und dieser Prozess werde sich weiter fortsetzen.

Angesichts dieser Prognosen fordert die OECD rasches und ambitioniertes Handeln. Ein Politikwechsel sei nötig: „Die bisherige Politik der schrittweisen Fortschritte wird in den kommenden Jahrzehnten nicht mehr genügen."

Die Wissenschaftler machen dabei konkrete Vorschläge für Maßnahmen, die dabei helfen könnten, die Umweltbelastung in den kommenden Jahrzehnten zu reduzieren und die Entwicklung sogar umzukehren.

Dazu müsse es vor allem teurer werden, die Umwelt zu belasten, etwa durch einen Emissionshandel wie in der Europäischen Union oder durch Steuern auf Energieträger oder schädliche Emissionen wie Kohlendioxid. Als Beispiel dafür gilt die deutsche Ökosteuer.

Außerdem plädieren die Forscher dafür, umweltschädliche Subventionen abzuschaffen, etwa für die Landwirtschaft und die Fischerei. Dadurch könnten umweltschädliche Anreize vermieden werden. Nötig sei auch, dass Bauern, Unternehmen und Haushalte künftig stärker dafür zahlen, wenn sie natürliche Ressourcen wie Wasser verbrauchen – das sei bisher in vielen Regionen der Welt nicht der Fall und führe zu Verschwendung.

Quelle: WELT Online vom 15.03.2012.

Aufgaben:

1. Versuchen Sie, klare umweltpolitische Ziele zur Vermeidung eines ökologischen Kollapses zu formulieren!
2. Wie müsste eine Steuerpolitik aussehen, die dazu beitragen kann, die angesprochenen Probleme lösen zu helfen?

2 Unterschiedliche Ansätze zur Berechnung von Inlandsprodukt und Nationaleinkommen: Gegenüberstellung, Bewertung und Kritik

2.1 Grundlegendes

Merke:

Das **Bruttoinlandsprodukt (BIP)** ist ein **Maß** für die wirtschaftliche Leistung einer Volkswirtschaft in einem bestimmten Zeitraum. Es misst den Wert der **im Inland** hergestellten **Waren und Dienstleistungen** (Wertschöpfung), soweit diese nicht als Vorleistungen für die Produktion anderer Waren und Dienstleistungen verwendet werden.

Das BIP wird in jeweiligen Preisen und preisbereinigt errechnet. Auf Vorjahrespreisbasis wird die „reale" Wirtschaftsentwicklung im Zeitablauf **frei von Preiseinflüssen** dargestellt. Die **Veränderungsrate** des **preisbereinigten** BIP dient als **Messgröße** für das **Wirtschaftswachstum** einer Volkswirtschaft (vgl. nachfolgende Abbildung). Das BIP ist damit die **wichtigste Größe** der volkswirtschaftlichen Gesamtrechnungen.

Wirtschaftswachstum in Deutschland[1]
Veränderung des preisbereinigten Bruttoinlandsprodukts gegenüber dem Vorjahr in %

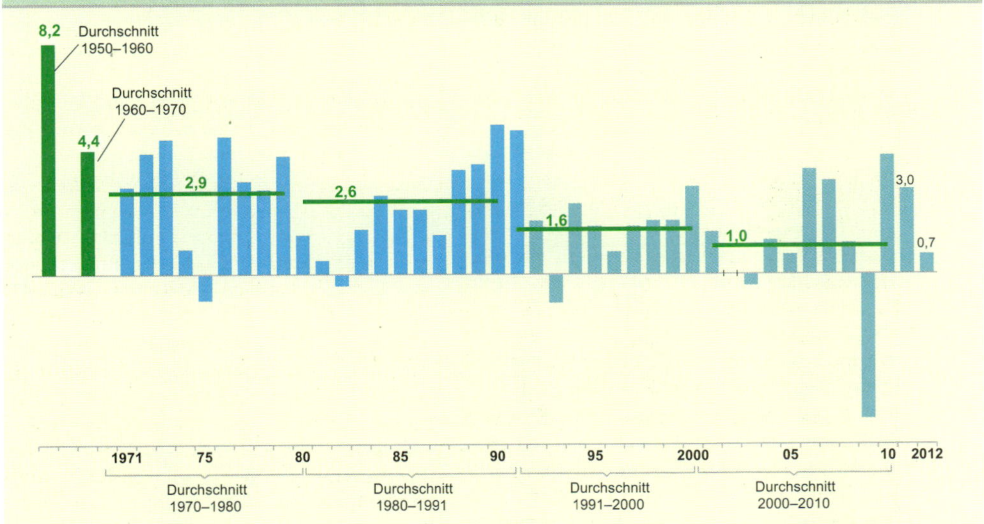

[1] Die Ergebnisse von 1950 bis 1970 (Früheres Bundesgebiet) sind wegen konzeptioneller und definitorischer Unterschiede nicht voll mit den Ergebnissen von 1970 bis 1991 (Früheres Bundesgebiet) und den Angaben ab 1991 (Deutschland) vergleichbar. Die preisbereinigten Ergebnisse von 1950 bis 1970 (Früheres Bundesgebiet) sind in Preisen von 1991 berechnet. Die Ergebnisse von 1970 bis 1991 (Früheres Bundesgebiet) sowie die Angaben ab 1991 (Deutschland) werden in Preisen des jeweiligen Vorjahres als Kettenindex nachgewiesen. Bei der VGR-Revision 2011 wurden zudem nur die Ergebnisse für Deutschland bis 1991 zurückgerechnet; Angaben vor 1991 sind unverändert geblieben.

2013-15-0002

Quelle: Statistisches Bundesamt, Bruttoinlandsprodukt 2012 für Deutschland, Begleitmaterial zur Pressekonferenz, Wiesbaden 2013.

Des Weiteren lässt sich mittels der volkswirtschaftlichen Gesamtrechnung die **Bedeutung** der einzelnen **Wirtschaftssektoren** innerhalb einer Volkswirtschaft aufzeigen. Untergliedert man die verschiedenen Zweige einer **arbeitsteiligen** Wirtschaft in **vertikaler** Richtung, so lassen sich folgende Wirtschaftsbereiche unterscheiden:

Wirtschaftsbereiche	Erläuterungen
Erzeugung (primärer Sektor)	Die Funktion dieses Sektors ist die **Bereitstellung** von Rohstoffen. Hierzu zählen beispielsweise land- und forstwirtschaftliche Betriebe, Fischereien, Bergbauunternehmen, Kiesgruben, erdöl- und erdgasfördernde Betriebe.
Weiterverarbeitung (sekundärer Sektor)	Gegenstand dieser Unternehmen ist die **Umwandlung** der Rohstoffe in Investitions- und Konsumgüter.
Verteilung (tertiärer Sektor)	Unternehmen dieser Wirtschaftsstufe übernehmen die **Verteilung** der Güter vom Produzenten bis zum Endverbraucher. Hierzu zählen in erster Linie Handelsbetriebe.
sonstige Dienstleistungsbetriebe	Die Übernahme von **Hilfsfunktionen** bei der Erzeugung, Weiterverarbeitung und Verteilung von Gütern obliegt den Dienstleistungsunternehmen, die **ebenfalls** dem **tertiären Sektor** zugerechnet werden (z. B. Kreditinstitute, Versicherungen, Verkehrsbetriebe).

Die Bedeutung der einzelnen Wirtschaftssektoren **verändert** sich im Zeitablauf. Wie nachfolgende Abbildung zeigt, hat sich auch in Deutschland in den letzten zweihundert Jahren eine deutliche Verlagerung vom primären zum sekundären und schließlich zum tertiären Sektor vollzogen. Nicht ohne Grund spricht man hierzulande nicht mehr von der Industrie-, sondern von der **Dienstleistungsgesellschaft,** da mittlerweile **mehr als zwei Drittel aller Arbeitsplätze** im tertiären Sektor angesiedelt sind. Die Ursachen für diesen **Strukturwandel** sind sehr vielschichtig, wie beispielsweise: Veränderung der Nachfrage, neue Technologien oder Produktivitätsfortschritte.

Prozentuale Aufteilung der Erwerbstätigen in Deutschland gegliedert nach den drei Sektoren

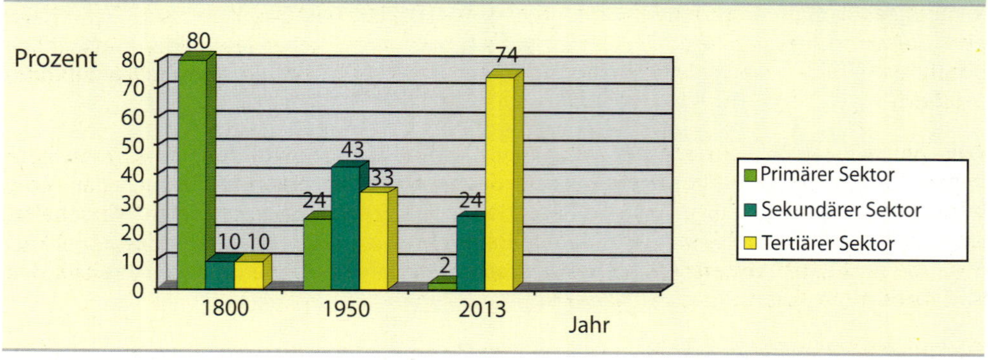

Welchen **Anteil** die **Beschäftigten dieser Sektoren** im Jahr 2012 zum Bruttoinlandsprodukt unseres Landes beisteuerten, dokumentiert die nachfolgende Abbildung, wobei anzumerken ist, dass die Bereiche öffentliche und private Dienstleister, Finanzierung, Vermietung und Unternehmensdienstleister sowie Handel, Gastgewerbe und Verkehr dem tertiären Sektor zuzurechnen sind.

Wirtschaftsstruktur[1] in Deutschland

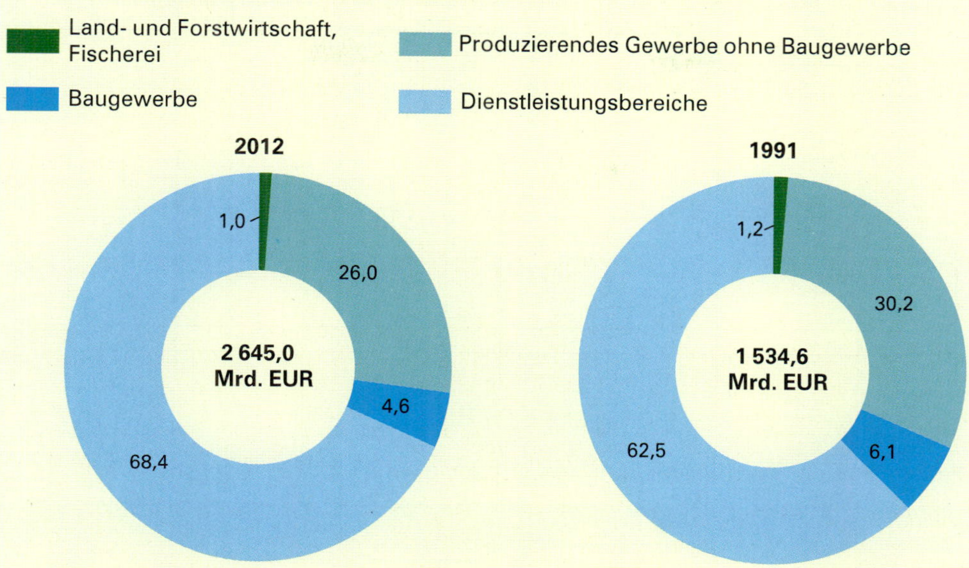

1) Gemessen als Anteil der nominalen Bruttowertschöpfung des jeweiligen Wirtschaftsbereichs an der nominalen Bruttowertschöpfung insgesamt

Quelle: Statistisches Bundesamt, Bruttoinlandsprodukt 2012 für Deutschland, Begleitmaterial zur Pressekonferenz, Wiesbaden 2013.

2.2 Nominelles und reales Inlandsprodukt

Steigendes Inlandsprodukt bedeutet noch nicht automatisch, dass die Volkswirtschaft auch tatsächlich im angezeigten Umfang mehr produziert hat. Das Wachstum kann **ganz oder teilweise auf gestiegene Preise** zurückzuführen sein. Das zu **jeweiligen** (tatsächlich gezahlten) Preisen bewertete Inlandsprodukt bezeichnet man als **nominelles Inlandsprodukt.**

Will man die tatsächliche Mehrleistung einer Volkswirtschaft erfahren, muss man vom nominellen Inlandsprodukt die **Preissteigerungen abziehen.** Dann erhält man das **reale Inlandsprodukt.** Seit 2005 erfolgt die Berechnung der Entwicklung der realen Wirtschaftsleistung nicht mehr in Preisen eines festen Basisjahres, sondern in Preisen des Vorjahres, d. h., die jeweiligen **Gütermengen des betrachteten** Jahres werden mit den **Preisen des Vorjahres** multipliziert und dann addiert.

Hierdurch können jedoch die Realwerte der einzelnen Jahre nicht miteinander verglichen werden, da ihnen jeweils **unterschiedliche** Preise zugrunde liegen. Vor diesem Hintergrund veröffentlicht das Statistische Bundesamt – wie nachfolgender Auszug aus dem Monatsbericht der Deutschen Bundesbank verdeutlicht – keine Absolutwerte des realen Bruttoinlandsprodukts mehr, sondern lediglich sogenannte Indexwerte **(Volumenindizes).**

1. Entstehung und Verwendung des Inlandsprodukts, Verteilung des Volkseinkommens

Position	Index 2005 = 100			Veränderung gegen Vorjahr in %									
							2011				2012		
	2010	2011	2012	2010	2011	2012	1.Vj.	2.Vj.	3.Vj.	4.Vj.	1.Vj.	2.Vj.	3.Vj.
Preisbereinigt, verkettet													
I. Entstehung des Inlandsprodukts													
Produzierendes Gewerbe (ohne Baugewerbe)	104,9	111,4	110,5	15,8	6,2	– 0,8	11,5	7,2	6,1	0,7	1,2	– 0,9	– 2,2
Baugewerbe	99,0	103,6	101,9	6,9	4,6	– 1,7	10,5	1,4	1,4	6,7	1,1	– 2,4	– 0,5
Handel, Verkehr, Gastgewerbe	110,6	114,0	114,8	1,7	3,1	0,7	5,3	3,0	2,4	1,8	2,5	1,0	0,7
Information und Kommunikation	135,7	138,2	142,9	– 0,2	1,9	3,4	1,7	1,8	2,1	1,9	3,5	2,6	3,2
Erbringung von Finanz- und Versicherungsdienstleistungen	115,5	117,1	119,1	1,4	1,4	1,7	0,9	– 0,0	3,4	1,4	1,8	2,2	1,8
Grundstücks- und Wohnungswesen	105,3	105,9	107,7	– 1,7	0,6	1,7	– 0,1	0,8	0,5	1,1	1,7	1,6	1,5
Unternehmensdienstleister	100,8	105,0	107,9	2,6	4,2	2,7	5,1	4,6	3,7	3,4	4,1	3,0	2,4
Öffentliche Dienstleister, Erziehung und Gesundheit	108,5	109,5	110,4	1,7	0,9	0,8	0,7	1,0	0,8	1,1	0,9	1,0	0,7
Sonstige Dienstleister	104,0	103,5	104,3	– 0,5	– 0,5	0,8	– 0,8	– 0,9	– 0,7	0,3	1,2	0,8	0,6
Bruttowertschöpfung	107,7	110,9	111,7	4,6	3,0	0,7	4,7	3,1	2,7	1,4	1,8	0,7	0,3
Bruttoinlandsprodukt	107,0	110,2	111,0	4,2	3,0	0,7	5,2	3,1	2,6	1,4	1,7	0,5	0,4

Quelle: Monatsbericht der Deutschen Bundesbank, Januar 2013, S. 61*.

Die Berechnung dieser Indexwerte lässt sich an folgendem Beispiel verdeutlichen:

Beispiel:

Güter	Jahr 1 (Basisjahr)			Jahr 2			Jahr 3		
	Mengen	Preise	nominale Werte	Mengen	Preise	nominale Werte	Mengen	Preise	nominale Werte
A	2	15,00	30	3	10,00	30	5	12,00	60
B	4	10,00	40	5	16,00	80	6	15,00	90
C	6	30,00	180	8	35,00	280	10	30,00	300
D	8	25,00	200	7	30,00	210	6	40,00	240
nom. BIP			**450**			**600**			**690**

1. Schritt: Berechnung des realen Bruttoinlandsprodukts (BIP) nach der Vorjahrespreismethode:

Berechnung des realen BIP = Gütermenge der jeweiligen Betrachtungsperiode · Preise Vorjahr

Berechnung des realen BIP 2. Jahr = 3 x 15 + 5 x 10 + 8 x 30 + 7 x 25 = 510
Berechnung des realen BIP 3. Jahr = 5 x 10 + 6 x 16 + 10 x 35 + 6 x 30 = 676

2. Schritt: Ermittlung der Volumenindizes

Berechnung der Volumenindizes = Realwert Betrachtungsperiode : Nominalwert Vorjahr

Berechnung des Volumenindexes 2. Jahr = 510 : 450 = 1,133
Berechnung des Volumenindexes 3. Jahr = 676 : 600 = 1,127

3. Schritt: Ermittlung der Kettenindizes

Berechnung der Kettenindizes n-tes Jahr = 100 · Volumenindex 2. Jahr · ... Volumenindex n-tes Jahr

Berechnung des Kettenindexes 2. Jahr = 100 x 1,133 = 113,3
Berechnung des Kettenindexes 3. Jahr = 100 x 1,133 x 1,127 = 127,689

4. Schritt: Ermittlung der Wachstumsrate

$$\text{Berechnung der Wachstumsrate} = \frac{\text{Kettenindex Betrachtungsperiode} \cdot 100}{\text{Kettenindex Vorjahr}} - 100$$

$$\text{Berechnung der Wachstumsrate 2. Jahr} = \frac{113{,}3 \cdot 100}{100} - 100 = 13{,}3\,\%$$

$$\text{Berechnung der Wachstumsrate 3. Jahr} = \frac{127{,}689 \cdot 100}{113{,}3} - 100 = 12{,}7\,\%$$

2.3 Entstehungs-, Verwendungs- und Verteilungsrechnung

Das BIP wird – wie auch nachfolgendes Schaubild verdeutlicht – über die Entstehungs-, Verwendungs- und Verteilungsseite berechnet.

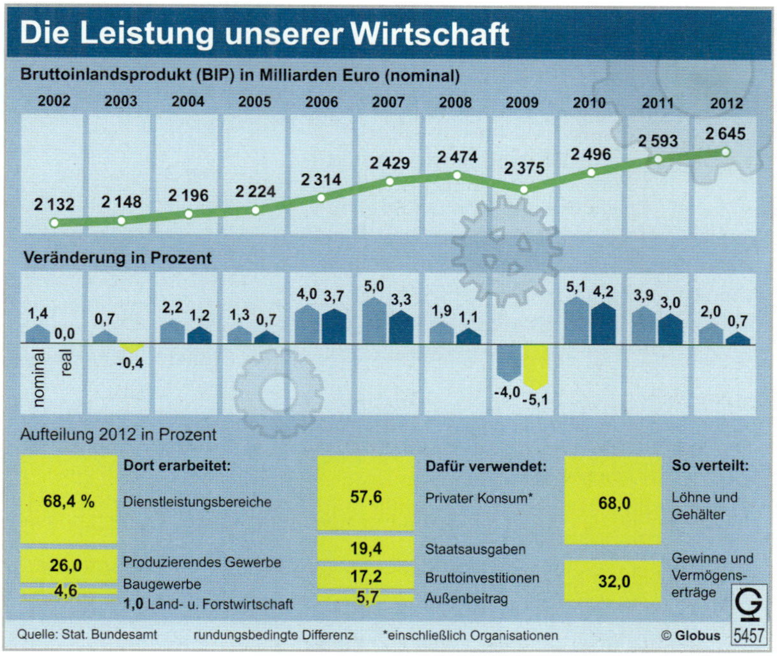

Die deutsche Wirtschaft ist im vergangenen Jahr nur wenig gewachsen. Ohne Berücksichtigung des Preisanstiegs lag die gesamtwirtschaftliche Leistung um zwei Prozent über dem Ergebnis des Vorjahres; preisbereinigt (real) – und das ist die entscheidende Größe – übertraf sie den Vorjahreswert um 0,7 %, wie das Statistische Bundesamt berechnet hat. Im Jahr 2011 hatte das Bruttoinlandsprodukt (BIP) noch real um drei Prozent zulegen können. Auch für 2013 erwartet die Bundesregierung nur noch ein Mini-Wachstum von 0,4 % – Deutschland kann sich nicht länger von der Konjunkturschwäche seiner europäischen Nachbarn abkoppeln. – Im BIP spiegelt sich die gesamtwirtschaftliche Leistung Deutschlands wider. In ihm wird der Wert aller innerhalb eines Kalenderjahres produzierten Güter und geleisteten Dienste zusammengefasst. Die Arbeiten des kleinen Handwerksbetriebs sind im BIP ebenso enthalten wie die Produktion des Industriekonzerns; die Leistungen des Transportgewerbes, des Dienstleistungssektors, des Handels, der Banken und Versicherungen sowie der Landwirtschaft ebenso wie die des Staates, der Kirchen, der Gewerkschaften und anderer Organisationen. Ins BIP fließen auch sogenannte schattenwirtschaftliche Aktivitäten ein, also Produktionstätigkeiten, die illegal ausgeübt werden oder die an Fiskus und Sozialversicherung vorbeigehen. Hausarbeit, Kinderbetreuung und Ähnliches werden bei der Berechnung des BIP nicht berücksichtigt, weil diese Leistungen statistisch kaum oder gar nicht zu erfassen sind.

2.3.1 Entstehungsrechnung

Die Entstehungsrechnung erfasst die wirtschaftliche Leistung einer Periode nach ihren Quellen, d.h. nach den **Wirtschaftsbereichen** (Produktionsansatz). Die Wirtschaftsbereiche, die Güter produzieren, werden in drei Gruppen untergliedert:

Primärer Sektor	Land- und Forstwirtschaft, Fischerei
Sekundärer Sektor	produzierendes Gewerbe
Tertiärer Sektor	Dienstleistungen mit den Bereichen ■ Handel, Gastgewerbe und Verkehr ■ Finanzierung, Vermietung und Unternehmensdienstleister ■ öffentliche und private Dienstleister

Die Summe der wirtschaftlichen Leistungen der einzelnen Wirtschaftsbereiche (Produktionswert – Vorleistungen) ergibt die **Bruttowertschöpfung.** Werden anschließend die Gütersteuern hinzugezählt und die Gütersubventionen abgezogen[1], so erhält man das **Bruttoinlandsprodukt.**

Um den **tatsächlichen Wertzuwachs/ Wertverlust** der Wirtschaftsbereiche feststellen zu können, muss der **Wertverlust (Abschreibungen),** der durch die Nutzung der Produktionsmittel entstanden ist, abgezogen werden **(Nettowertschöpfung).**

Nettowertschöpfung = Bruttowertschöpfung − Abschreibungen

Werden die Abschreibungen vom Bruttoinlandsprodukt abgezogen, so erhält man das **Nettoinlandsprodukt.**

Nettoinlandsprodukt = Bruttoinlandsprodukt − Abschreibungen

Entstehung des Bruttoinlandsprodukts in der Bundesrepublik Deutschland 2012
(in Mrd. EUR)

	Land- und Forstwirtschaft, Fischerei	23,0
+	Produzierendes Gewerbe ohne Baugewerbe	614,9
+	Baugewerbe	108,3
+	Handel, Gastgewerbe und Verkehr	378,6
+	Finanzierung, Vermietung und Unternehmensdienstleister[2]	616,2
+	Öffentliche und private Dienstleister[3]	622,9
=	Bruttowertschöpfung	2 363,9
+	Gütersteuern } Saldo[1]	
–	Gütersubventionen }	+ 281,1
=	Bruttoinlandsprodukt	2 645,0
–	Abschreibungen	399,5
=	Nettoinlandsprodukt	2 245,5

Quelle: Statistisches Bundesamt (Hrsg.): VGR 2012, Wiesbaden 2013.

Merke:

Die **Entstehungsrechnung** macht den Anteil der einzelnen Wirtschaftsbereiche am Bruttoinlandsprodukt deutlich.

1 Der Saldo zwischen den Gütersteuern und den -subventionen heißt **Nettoproduktionsabgabe.**

2 Die Position „Finanzierung, Vermietung und Unternehmensdienstleister" beinhaltet folgende Positionen: Finanz- und Versicherungsdienstleister, Grundstücks- und Wohnungswesen, Unternehmensdienstleister.

3 Die Position „Öffentliche und private Dienstleister" umfasst folgende Positionen: Information und Kommunikation, Öffentliche Dienstleister, Erziehung und Gesundheit, Sonstige Dienstleister.

2.3.2 Verwendungsrechnung

Eine andere Möglichkeit, das BIP zu errechnen, setzt an der **Nachfrageseite** an. Dabei wird untersucht, wofür die hergestellten Güter und Dienstleistungen verwendet wurden. So kann beispielsweise ein PC in einer Volkswirtschaft für den privaten Konsum verwandt werden, er könnte allerdings auch in Form einer Investition in einem Unternehmen zum Einsatz kommen oder gar in das Ausland exportiert werden. Im Rahmen der Verwendungsrechnung (Ausgabenansatz) werden die **Ausgaben** für die **Endverwendung von Waren und Dienstleistungen** ermittelt, d. h. private und staatliche Konsumausgaben, Investitionen sowie Außenbeitrag (Exportüberschuss = Exporte minus Importe).

Verwendung des deutschen Bruttoinlandsprodukts 2012
(Zahlen in Mrd. EUR in jeweiligen Preisen)

	Private Konsumausgaben		1 523,4
+	Konsumausgaben des Staates		513,4
+	Bruttoinvestitionen		456,3
	Ausrüstungen	175,8	
	Bauten	261,3	
	Sonstige Anlagen	29,3	
	Vorratsveränderungen	−10,1	
+	Außenbeitrag (Exporte minus Importe)		151,9
=	Bruttoinlandsprodukt		2 645,0

Quelle: Statistisches Bundesamt, Bruttoinlandsprodukt 2012 für Deutschland, Begleitmaterial zur Pressekonferenz, Frankfurt a. M. 2013.

Merke:

Die **Verwendungsrechnung** zeigt, wofür die Güter des Bruttoinlandsprodukts verwendet werden.

Auf welche Güter und Dienstleistungen sich die Konsum-Milliarden der Haushalte in Deutschland konkret verteilen, dokumentiert nebenstehendes Schaubild.

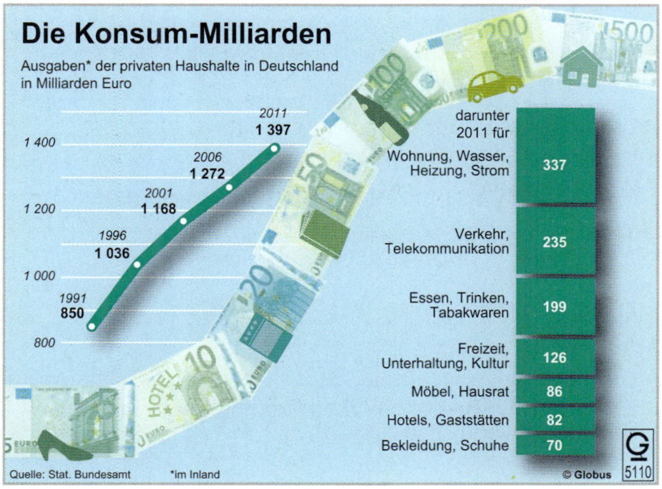

Die privaten Haushalte in Deutschland haben im Jahr 2011 1 397 Mrd. Euro für den Konsum ausgegeben; das waren 48 Mrd. Euro oder 3,6 % mehr als im Jahr 2010. Der größte Posten im Budget der Haushalte war das Dach über dem Kopf. Wohnen, Strom, Heizung und Wasser verschlangen 337 Mrd. Euro und damit 24 % aller privaten Konsumausgaben. An zweiter Stelle der privaten Verbrauchsausgaben standen die Aufwendungen für Verkehr und Telekommunikation mit 235 Mrd. Euro, gefolgt von den Ausgaben für Essen, Trinken und Tabakwaren (199 Mrd. Euro). Wirtschaftsexperten gehen davon aus, dass die Konsumausgaben im Jahr 2012 um drei Prozent zunehmen werden. Berücksichtigt man allerdings den Preisanstieg, so bleibt davon unterm Strich nur ein realer Zuwachs von gut einem Prozent.

2.3.3 Verteilungsrechnung

Die dritte Möglichkeit, das Bruttoinlandsprodukt zu berechnen, setzt an der Verteilungsseite an. Sie ermittelt die **Aufteilung des Volkseinkommens** auf das Arbeitnehmerentgelt und das **Unternehmer- und Vermögenseinkommen** (z.B. Zinsen, Dividenden, Gewinne, Miet- und Pachterträge).

Der **prozentuale Anteil** des **Arbeitnehmerentgelts** am Volkseinkommen wird als **Lohnquote** bezeichnet. Sie stellt jedoch die materielle Einkommenslage der Arbeitnehmer schlechter dar als sie ist, weil in Deutschland rund die Hälfte aller Vermögenseinkommen den Arbeitnehmern zufließen.

Die Berechnung der Lohnquote erfolgt nach folgender Formel:

$$\textbf{Lohnquote} = \frac{\text{Arbeitnehmerentgelt} \cdot 100}{\text{Volkseinkommen}}$$

Für das Jahr 2012 ergibt sich folgende Lohnquote:

$$\text{Lohnquote} = \frac{1\,375{,}6 \cdot 100}{2\,023{,}0} = \underline{\underline{68{,}0\,\%}}$$

Verteilung des Volkseinkommens in der Bundesrepublik Deutschland 2012 und die Berechnung des Bruttoinlandsprodukts 2012 (in Mrd. EUR)		
	Arbeitnehmerentgelt (Inländer)	1 375,6
+	Unternehmens- und Vermögenseinkommen	647,4
=	Volkseinkommen	2 023,0
+	Produktions- und Importabgaben an den Staat abzüglich Subventionen	275,9
+	Abschreibungen	399,5
=	Bruttonationaleinkommen	2 698,4
–	Primäreinkommen, die Inländer aus dem Ausland beziehen	
+	Primäreinkommen, die Ausländer aus dem Inland beziehen	
	Saldo	–53,4
=	Bruttoinlandsprodukt	2 645,0

Quelle: Statistisches Bundesamt, Bruttoinlandsprodukt 2012 für Deutschland, Begleitmaterial zur Pressekonferenz, Frankfurt a. M. 2013.

Den prozentualen Anteil der Unternehmens- und Vermögenseinkommen am Volkseinkommen bezeichnet man als **Gewinnquote.**

$$\textbf{Gewinnquote} = \frac{\text{Unternehmens- und Vermögenseinkommen} \cdot 100}{\text{Volkseinkommen}}$$

Für das Jahr 2012 ergibt sich folgende Gewinnquote:

$$\text{Gewinnquote} = \frac{647{,}4 \cdot 100}{2\,023{,}0} = \underline{\underline{32{,}0\,\%}}$$

Merke:

Die **Verteilungsrechnung** zeigt die Aufteilung des Volkseinkommens auf die beiden Einkommensarten Arbeitnehmerentgelt einerseits sowie Unternehmens- und Vermögenseinkommen andererseits.

Der **prozentuale** Anteil des **Unternehmens- und Vermögenseinkommens** heißt **Gewinnquote** (Profitquote).

Die Entwicklung der Lohn- und Gewinnquote in den letzten Jahren in der Bundesrepublik Deutschland zeigt nebenstehende Übersicht.

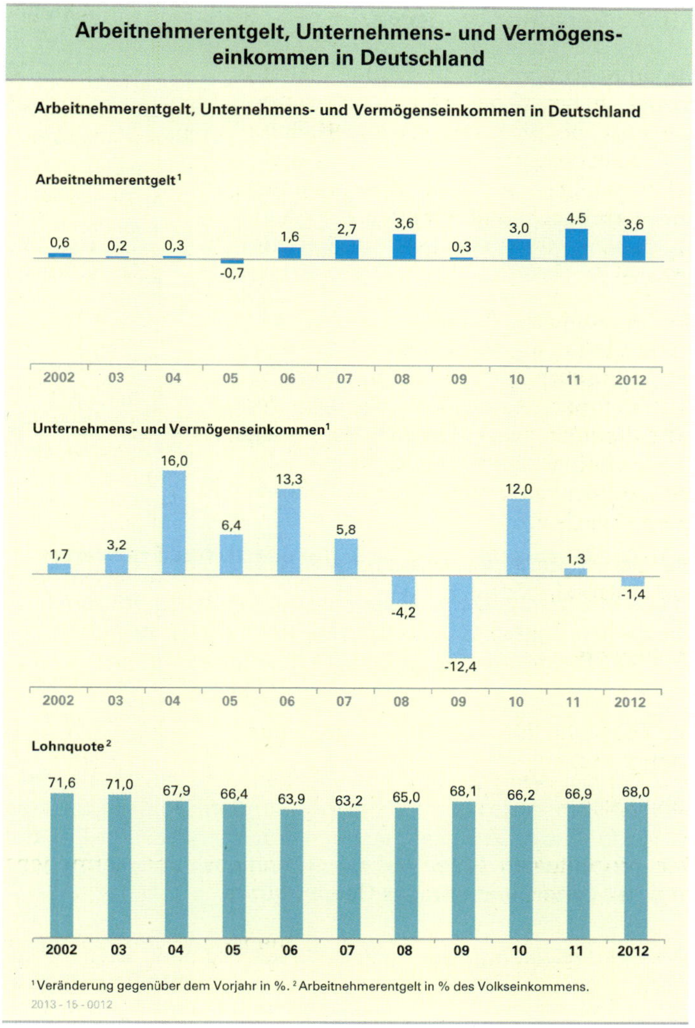

Quelle: Statistisches Bundesamt, Bruttoinlandsprodukt 2012 für Deutschland, Begleitmaterial zur Pressekonferenz, Wiesbaden 2013.

2.4 Kritik an den Ansätzen zur Berechnung von Inlandsprodukt und Nationaleinkommen

(1) Erfassungs- und Bewertungsprobleme

Obwohl wirtschaftliche Tatbestände **quantitativer**[1] Natur sind, stößt man bei der Erfassung und Berechnung dieser Tatbestände auf Schwierigkeiten.

Aus der **Betriebswirtschaftslehre** kennen Sie die Probleme, die sich bei der **Bewertung** des Vermögens und/oder der Schulden ergeben.

1 **Quantitativ:** mengenmäßig.

In der **Ökonometrie**[1] treten zu den Bewertungsproblemen die **Erfassungsprobleme,** sodass **Schätzungen** erforderlich werden, die auf mehr oder weniger willkürlichen **Annahmen** beruhen.

Beispiele:

- Die Leistungen des Staates werden nicht auf dem Markt gehandelt. Viele staatliche Leistungen sind unentgeltlich. Deshalb gibt es für die staatlichen Leistungen keine Marktpreise. Bei der Berechnung der volkswirtschaftlichen Gesamtleistung werden deshalb die staatlichen Leistungen mit den Herstellungspreisen bewertet.
- Die Höhe der verschiedenen Messzahlen gesamtwirtschaftlicher Leistung hängt u.a. davon ab, ob Abschreibungen nachgewiesen und wie diese berechnet werden. Abschreibungen sind keine direkt messbare Größe, sondern ein kalkulatorischer Posten, der nach festgelegten Grundsätzen bewertet wird. Die Berechnung der volkswirtschaftlichen Abschreibungen unterscheidet sich daher von den Berechnungs- und Bewertungsgrundsätzen im einzelwirtschaftlichen Rechnungswesen. Die volkswirtschaftlichen Abschreibungen gehen vom Wiederbeschaffungswert aus; sie stellen deshalb eine fiktive (angenommene) Größe dar.

(2) Die Gesamtleistung ist teilweise zu hoch bewertet

Die volkswirtschaftliche Gesamtleistung (z.B. das Bruttonationaleinkommen und das Bruttoinlandsprodukt) ist vor allem deshalb zu *hoch* berechnet, weil die **sozialen Kosten,** die abgesetzt werden müssten, nicht erfasst werden.

Merke:

Unter **sozialen Kosten** versteht man den Verbrauch von Produktionsfaktoren, der nicht vom einzelnen Verursacher, sondern von der gesamten Gesellschaft getragen werden muss (z.B. stetiger Abbau nicht ersetzbarer Rohstoffe, Zerstörung der natürlichen Umwelt durch Verbauung und Verschmutzung, Entstehung von Krankheiten durch Lärm, Schmutz und Unfälle).

Die Gesamtleistung wird auch deswegen zu hoch wiedergegeben, weil Teile der sozialen Kosten der Gesamtleistung hinzugerechnet werden, so z. B. die Behandlungskosten von Unfallopfern und Berufskranken, die Reparaturen an Unfallfahrzeugen oder -maschinen sowie die Neuanschaffungen von Fahrzeugen und Maschinen, die aufgrund von Unfällen erforderlich werden.

(3) Die Gesamtleistung ist teilweise zu niedrig bewertet

Merke:

Zu **niedrig** ist die Gesamtleistung insofern, als die nicht auf den Märkten in Erscheinung tretenden Leistungen unberücksichtigt bleiben.

Hierzu rechnen z.B. die Kindererziehung, die Arbeitsleistungen im privaten Haushalt oder die Leistungen der Kleingärtner.

1 Die **Ökonometrie** hat die Aufgabe, Theorien mithilfe der Wirtschaftsstatistik auf ihre Richtigkeit hin zu überprüfen.

Zu diesen legalen[1] Vorgängen der **Schattenwirtschaft** kommen die illegalen[2] wie z. B. Schwarzarbeit, Beschäftigung illegaler Einwanderer sowie Lieferungen und Leistungen ohne Rechnung. Die im Rahmen der Schattenwirtschaft geschaffenen Leistungen finden **nur als Schätzgröße** Berücksichtigung.

Auch die Leistungen des Staates sind nicht ausreichend bewertet. Da es für staatliche Leistungen keine „Marktpreise" gibt (z. B. Dienstleistungen der Justiz, der Behörden, der Schulen und Universitäten), müssen diese zu Herstellungspreisen bewertet werden.

Der Gesamtleistung hinzugerechnet werden sollten auch die **sozialen Leistungen** (der „soziale Nutzen").

Merke:

Zu den **sozialen Leistungen** rechnen alle der gesamten Gesellschaft zugute kommenden Nutzeffekte, wie z. B. die Umwelt erhaltende Tätigkeit der Landwirtschaft, der Erholungswert rekultivierter Industrielandschaften, die Ausbildungsleistungen der Unternehmen oder die Nutzung der Infrastruktur.[3]

2.5 Wohlstandsmessung durch weitere Indikatoren

Das durch Mehr- oder Wenigerrechnung bereinigte Bruttonationaleinkommen bzw. Bruttoinlandsprodukt bleibt nach wie vor ein **eindimensionaler Wohlstandsmaßstab,** da lediglich quantitativ (zahlenmäßig) erfassbare Größen berücksichtigt werden können. Qualitative Dimensionen,[4] die sogenannte **Lebensqualität** (Gesamtheit aller Lebensumstände in einer Gesellschaft), werden nicht berücksichtigt. Die Lebensqualität kann nur mithilfe **sozialer** oder **ökologischer Indikatoren** beschrieben werden, die sich meist einer Bewertung in Geld entziehen. Soziale und ökologische Indikatoren sind qualitative Größen, die wesentliche Tatbestände der Gesellschaft wiedergeben.

Beispiele:

- Die Qualität der medizinischen Versorgung lässt sich z. B. ablesen an der Geburtensterblichkeit, der Müttersterblichkeit, der Zahl der Krankenbetten oder an den Wartezeiten zwischen dem Auftreten einer Krankheit und der Aufnahme in ein Krankenhaus.
- Die Qualität des Arbeitslebens spiegelt sich z. B. in den Arbeitslosenzahlen, in der Zahl der offenen Stellen oder in der Zahl der Arbeitsunfälle und Berufskrankheiten wider.

Zu den Indikatoren, die soziale und ökologische Aspekte berücksichtigen, zählen z. B. der Wohlstandsmaßstab Net Economic Welfare (NEW) oder der Human Development Index.

1 **Legal:** gesetzlich, erlaubt.

2 **Illegal:** ungesetzlich, verboten.

3 Unter **Infrastruktur** sind alle der Allgemeinheit dienlichen öffentlichen und privaten Einrichtungen zu verstehen (z. B. private und öffentliche Straßen, Eisenbahnen, Krankenhäuser, Schulen, Kindergärten, Versorgungseinrichtungen).

4 **Dimension:** Abmessung, Ausdehnung; hier: Gesichtspunkte.

5 Boller, Hartmann - ISBN 978-3-8120-0398-8

2.5.1 Net Economic Welfare (NEW)

Für einen neuen verbesserten Wohlstandsindikator trat der Nobelpreis-Ökonom Samuelson vom berühmten Massachusetts Institute of Technology in Cambridge (USA) ein. In seinem klassischen Lehrbuch „Economics“ stellte Samuelson in den 70er Jahren erstmals den Wohlstandsmaßstab Net Economic Welfare (NEW) als „korrigierte Version des realen Bruttoinlandsproduktes“ vor.

Merke:

Einen Ansatz zur Wohlstandserfassung bietet der sogenannte **Net Economic Welfare (NEW).** Dieser Index geht zuerst von dem Bruttoinlandsprodukt aus, welches um die **sozialen Kosten bereinigt** und um die **privaten Dienste erweitert** wird.

Bei der Berechnung dieses Indikators werden **Sozialkosten** wie verschmutzte Gewässer und verdreckte Luft, gleichgültig ob sie den Verursachern angelastet werden oder nicht, zu messen versucht und vom Sozialprodukt einer Volkswirtschaft **subtrahiert.** Nach diesem Maßstab sind z.B. die Wohlstandsunterschiede zwischen Großstadt- und Landbevölkerung geringer als in der üblichen Statistik, da höhere Kosten für Müllabfuhr, Verbrechensbekämpfung, Verkehrsregelung und andere städtische Dienste sowie der längere Weg zum Arbeitsplatz als wohlstandsmindernd berücksichtigt werden.

Andererseits werden **positive Beiträge** zum Volkswohlstand, die wegen fehlenden Marktpreises nicht in der Berechnung des Bruttoinlandsproduktes enthalten sind, zum New Economic Welfare einer Volkswirtschaft **hinzugerechnet.** Hierzu zählt die Hausarbeit, die mit dem Durchschnittsgehalt berufstätiger Personen bewertet wird, oder der Wert zusätzlicher Freizeit, der Stunden- oder Wochenlohnsätzen gleichgesetzt werden kann. Staatsausgaben für Verteidigung oder Verwaltung gehen nicht als positiver Beitrag in das NEW ein, da mehr Soldaten oder Beamte noch keine bessere Gesellschaft bedeuten.

Die Grundlage für Samuelsons Konzept bildet eine Studie der Ökonomen William Nordhaus und James Tobin, in der die beiden Wirtschaftsforscher bereits den Größenunterschied zwischen dem Bruttoinlandsprodukt und einem neuen Wohlstandsmaßstab zu schätzen versuchten. Auf der Basis der Tobin-Nordhaus-Zahlen kalkulierte Samuelson, dass der tatsächliche Wohlstandszuwachs in den vergangenen Jahrzehnten maßlos überschätzt worden ist. Unter Berücksichtigung der Sozialkosten ist nach seiner Ansicht der wirtschaftliche Fortschritt in der Vergangenheit erheblich bescheidener ausgefallen, als dies die Zuwachsraten des Bruttoinlandsproduktes vermuten lassen.

Da die sozialen Kosten im Wachstumsprozess steigen, folgert Samuelson, dass die Diskrepanz zwischen dem quantitativen Wachstum gemessen am Bruttoinlandsprodukt und dem wirklichen Wohlstandsgewinn künftig noch zunehmen wird.

Kritiker des New-Economic-Welfare-Ansatzes halten das Konzept allerdings für einen Versuch, das nicht Messbare zu messen. Dieser Kritik entgegnet Samuelson jedoch, dass es besser sei eine ungenaue Vorstellung von dem zu haben, was man wolle, als eine genaue Vorstellung von dem, was man nicht wolle.

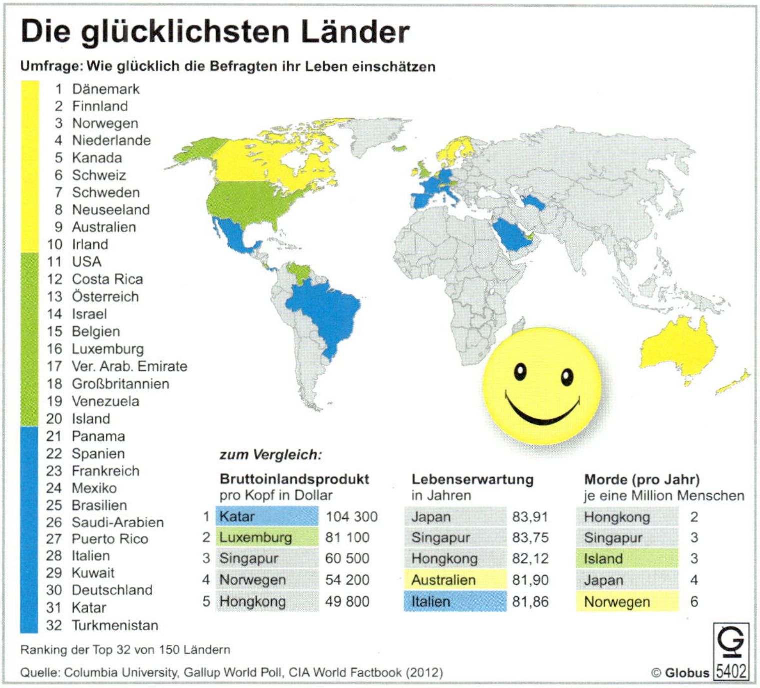

Im Ranking der glücklichsten Länder finden sich Dänemark (Platz 1), Finnland (2), Norwegen (3) und Schweden (7) weit vorn. Aber auch Niederländer (4), Kanadier (5) und Schweizer (6) schätzen ihr Leben glücklicher ein als Deutsche (30) oder die reichen Bewohner Katars (31). Denn Glück wächst nach Ansicht der Wissenschaftler von der New Yorker Columbia-Universität nicht stetig mit dem materiellen Wohlstand. Wenn Menschen die Armutsgrenze hinter sich gelassen haben, sind Faktoren wie eine sichere Arbeit, die zu den eigenen Fähigkeiten passt, die Freiheit, über den eigenen Lebensweg selbst zu entscheiden oder Menschen im eigenen Umfeld vertrauen zu können, entscheidender für das persönliche Glück.

2.5.2 Human Development Index (HDI)

Der **Human Development Index** (Index der menschlichen Entwicklung) versucht seit 1990 mit einer Maßzahl den Stand der menschlichen Entwicklung in den Ländern der Welt abzubilden. Dieser Index wird jährlich im Weltentwicklungsbericht (Human Development Report, HDR) veröffentlicht, welchen das United Nations Development Programme (UNDP), das Entwicklungsprogramm der Vereinten Nationen, herausgibt.

Merke:

Der Human Development Index als Messzahl für den Entwicklungsstand eines Landes setzt sich aus **drei Komponenten** zusammen:

- **Lebenserwartung** bei der Geburt,
- **Ausbildung** (Alphabetisierung der erwachsenen Bevölkerung, Einschulungsrate in Grund-, Sekundär- und Hochschulen) und
- **Kaufkraft** (Bruttoinlandsprodukt pro Kopf).

Darüber hinaus enthält der Human Development Report eine Vielzahl zusätzlicher Daten aus dem ökonomischen, sozialen und politischen Bereich.

Weltweite Lebensbedingungen

Nach dem Index für die menschliche Entwicklung (HDI); in 187 Ländern bewertet: Lebenserwartung, Gesundheit, Zugang zu Wissen sowie menschenwürdiger Lebensstandard.

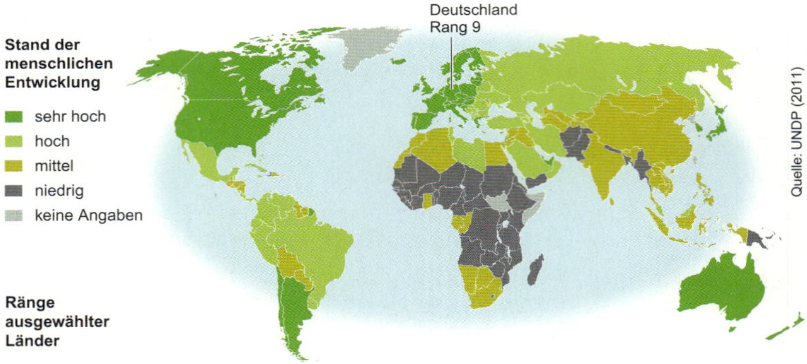

Ränge ausgewählter Länder

Sehr hoch		hoch		mittel		niedrig	
1	Norwegen	57	Mexiko	101	China	158	Haiti
2	Australien	66	Russland	113	Ägypten	172	Afghanistan
3	Niederlande	84	Brasilien	119	Syrien	185	Burundi
4	USA	88	Iran	123	Südafrika	186	Niger
5	Neuseeland	92	Türkei	134	Indien	187	Dem. Rep. Kongo

Entwicklungsstand und Wohlergehen eines Landes und seiner Menschen nur anhand des Bruttoinlandsprodukts zu messen, wird zu Recht als ungenügend empfunden. Vor allem für die Lebensverhältnisse in der Dritten Welt ist ein Maßstab, der sich allein an der marktbezogenen Wirtschaftsleistung orientiert, von beschränkter Aussagekraft. Aufschlussreicher erscheint eine Antwort auf die Frage, ob und inwieweit eine Steigerung des Bruttoinlandsprodukts zur **menschlichen Entwicklung** beiträgt. Das *UN-Entwicklungsprogramm (UNDP)* versteht darunter „einen Prozess, der die Möglichkeiten des Einzelnen erweitert", ihm also zu einem längeren und gesunden Leben, einem bestimmten Maß an Bildung und einem ausreichenden Einkommen verhilft. Schon ein flüchtiger Vergleich zwischen „reichen" und „armen" Ländern zeigt, dass wirtschaftlicher Erfolg nicht automatisch mit höherer **Lebensqualität** einhergeht. So ist es möglich, dass Länder mit niedrigem Bruttoinlandsprodukt ihrer breiten Bevölkerung einigermaßen befriedigende Lebensbedingungen bieten, während in viel wohlhabenderen Staaten manchmal extreme soziale Gegensätze herrschen.

Um solche Vergleiche auf eine feste, nachprüfbare Grundlage zu stellen, hat das UNDP einen besonderen Maßstab ausgearbeitet: den **Index der menschlichen Enwicklung.** Dabei wird für jedes Land ein Satz statistischer Kennzahlen, in denen sich die durchschnittliche Lebenserwartung, das Bildungsniveau und das kaufkraftbereinigte Pro-Kopf-Einkommen niederschlägt, zu einem einzigen Indexwert gebündelt.

Trotz eines langen dunklen Winters: In Norwegen genießen die Menschen weltweit die besten Lebensbedingungen. Das geht aus dem Weltentwicklungsbericht der Vereinten Nationen hervor. Dieser gibt den sogenannten Index der menschlichen Entwicklung (HDI) wieder, der die Fortschritte misst. Dabei werden Lebenserwartung, Gesundheit, Bildung und Lebensstandard eingerechnet. Die zweitbesten Bedingungen finden sich am anderen Ende der Welt in Australien, gefolgt von den Niederlanden und den USA. Deutschland belegt den neunten Platz. Das gebeutelte Griechenland steht übrigens auf Platz 29 und verlor seit 2006 fünf Ränge. Die größten Sprünge nach vorn machten seit 2006 Chinas Sonderverwaltungszone Hongkong (plus 14 Plätze, Rang 13) und Kuba (plus zehn Plätze, Rang 51). Die letzten 15 Plätze im Index belegen afrikanische Staaten. Insgesamt konnte für 187 Staaten ein Wert ermittelt werden. Laut dem Bericht seien Entwicklung und Nachhaltigkeit unauflöslich mit Aspekten der Gerechtigkeit und stärkerem Zugang zu besserer Lebensqualität verknüpft.

Als wesentliche **Kritikpunkte** am HDI werden angeführt, dass gewisse Elemente wie beispielsweise Einkommensunterschiede innerhalb eines Landes oder zwischen Geschlechtern, sowie die politische Freiheit des Landes keine Berücksichtigung finden. Auch unterscheidet der HDI nicht zwischen Städten und ländlichen Gebieten.

Abschließend ist festzuhalten, dass **alle existierenden Indikatoren** zur Wohlstandserfassung eines Landes (also auch der NEW und der HDI), **nur einzelne Teile** dessen erfassen, was den Wohlstand als Ganzes ausmacht. Es wird lediglich versucht, die Mängel des Bruttoinlandsproduktes durch einzelne Aspekte zu ergänzen. Eine **ganzheitliche Lösung** für das Problem der Wohlstandserfassung **gibt es jedoch noch nicht.**

Zusammenfassung

- Die **statistische** Erfassung **aller** wesentlichen gesamtwirtschaftlichen Zahlungsströme (Kreislaufgrößen) bezeichnet man als **volkswirtschaftliche Gesamtrechnung.**
- Das **Bruttoinlandsprodukt** kann – je nachdem welcher Untersuchungsaspekt im Vordergrund steht – auf **unterschiedlichen** Wegen berechnet werden, und zwar durch **Entstehungs-, Verwendungs-** und **Verteilungsrechnung.**
  - Die **Entstehungsrechnung** zeigt den Anteil der einzelnen Wirtschaftsbereiche am Bruttoinlandsprodukt auf.
  - Die **Verwendungsrechnung** zeigt, wofür die Güter des Bruttoinlandsproduktes verwendet wurden.
  - Die **Verteilungsrechnung** zeigt die Aufteilung des Volkseinkommens auf die Arbeitsentgelte und die Unternehmens- und Vermögenseinkommen.
- Schematische Darstellung des deutschen Bruttonationaleinkommens 2012.

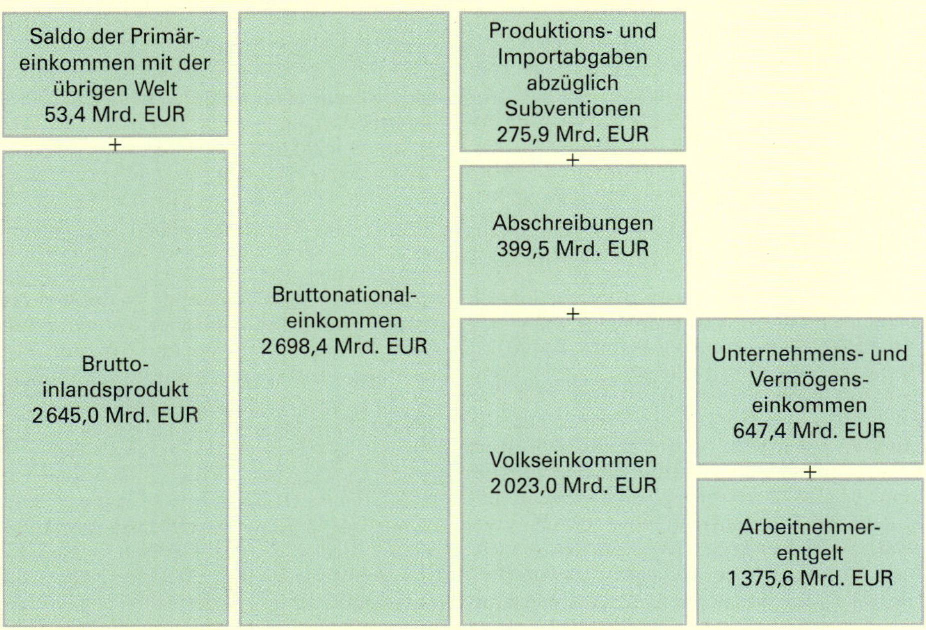

Quelle: Statistisches Bundesamt, Bruttoinlandsprodukt 2012 für Deutschland, Begleitmaterial zur Pressekonferenz, Wiesbaden 2013.

- Das **quantitative Wirtschaftswachstum** findet seine **Grenzen** allein schon dadurch, dass die Ressourcen der Erde endlich sind. Hinzu kommt, das sich die negativen Folgen des ungebremsten quantitativen Wirtschaftswachstums auf die Wirtschaft selbst auswirken (Rückkopplung). Beispiele sind: Erwärmung der Meere, Abschmelzen des Polareises und der Gletscher, Orkane, Hochwasser, Dürrekatastrophen, Austrocknen von Binnenmeeren und -seen usw.).
- Bei der Berechnung des Wohlstandsindikators **Net Economic Welfare (NEW)** werden **Sozialkosten** wie verschmutzte Gewässer und verdreckte Luft vom Sozialprodukt einer Volkswirtschaft **subtrahiert.** Andererseits werden **positive Beiträge** zum Volkswohlstand, die wegen fehlenden Marktpreises nicht in der Berechnung des Bruttoinlandsproduktes enthalten sind, zum New Economic Welfare einer Volkswirtschaft **hinzugerechnet.**
- Der **Human Development Index (HDI)** als Messzahl für den Entwicklungsstand eines Landes setzt sich aus **drei Komponenten** zusammen: **Lebenserwartung, Ausbildung** und **Kaufkraft.**

Übungsaufgabe

10

1. Angenommen, das Bruttoinlandsprodukt eines EU-Landes beträgt 2 100 Mrd. GE.

   Aufgabe:

   Berechnen Sie das Volkseinkommen, wenn die Produktions- und Importabgaben an den Staat abzüglich Subventionen 320 Mrd. GE, die Abschreibungen 270 Mrd. GE, die von Inländern aus dem Ausland bezogenen Erwerbs- und Vermögenseinkommen 32 Mrd. GE und die von Ausländern bezogenen Erwerbs- und Vermögenseinkommen 25 Mrd. GE betragen!
2. Wie hoch ist das Volkseinkommen in der Aufgabe 1, wenn unter sonst gleichen Bedingungen die von Ausländern bezogenen Erwerbs- und Vermögenseinkommen 35 Mrd. GE betragen?
3. Unterscheiden Sie die Begriffe nominelles und reales Bruttoinlandsprodukt!
4. Unter welcher Bedingung ist das Bruttonationaleinkommen kleiner als das Bruttoinlandsprodukt?
5. Welche Bedeutung hat die Ermittlung der Messzahlen (Kennzahlen) der gesamtwirtschaftlichen Leistung?
6. Welche Kritik wird an der herkömmlichen Berechnung der Messzahlen der gesamtwirtschaftlichen Leistung geübt?
7. Was kann die Größe „Bruttonationaleinkommen" über den Wohlstand der Bevölkerung eines Landes aussagen?
8.

Weg mit dem Bruttoinlandsprodukt!

... Im Jahr 2012 hat die Bundesrepublik Deutschland ein Bruttoinlandsprodukt in Höhe von 2 645,00 Mrd. EUR erwirtschaftet. Ist das viel, ist das wenig? Müssen wir besorgt sein, dürfen wir stolz sein?

2 645,00 Mrd. EUR sind weder viel noch wenig, sondern falsch. Denn im Bruttoinlandsprodukt wird vieles gar nicht erfasst und vieles zwar richtig erfasst, aber falsch bewertet.

Das Bruttoinlandsprodukt misst so ziemlich alles, was in der Wirtschaft vorgeht. Nur nicht das – so meint GEO-Chefredakteur Adolf Theobald –, worauf es im Leben ankommt.

Zum Beispiel: Die Arbeit der Hausfrau, sofern sie kein Einkommen hat, zählt nicht. Mütter, die ihre Kinder ohne Entgelt großziehen, werden vom Bruttoinlandsprodukt übersehen. Kämen zwei Mütter dagegen auf die listige Idee, ihre Kinder auszutauschen und sich für die Betreuung gegenseitig und monatlich je 1 000,00 EUR zu zahlen, wäre das Bruttoinlandsprodukt im selben Monat um 2 000,00 EUR gestiegen.

Nicht erfasst wird auch die Schwarzarbeit, sie geht an Staat und Statistik vorbei. Und nicht erfasst wird auch die sogenannte Schattenarbeit wie z. B. die gesamte Do-it-yourself-Bewegung. Beide, die legale und die illegale Schattenarbeit, machen, nach groben Schätzungen, bereits die Hälfte des offiziellen Bruttoinlandsprodukts in der Bundesrepublik Deutschland aus.

Oscar Wilde[1] hat einmal formuliert, es gebe Menschen, die von allem den Preis, aber von nichts den Wert kennen. Er muss dabei an Politiker gedacht haben. Sie lieben es, aus der Statistik des Bruttoinlandsprodukts falsche Schlüsse zu ziehen. So wird zum Beispiel ein Auto, das viele Kosten verursacht, in der nationalen Gesamtrechnung letztlich immer wertvoller, denn die Reparaturen erhöhen ja das Inlandsprodukt. Und Umweltschäden, die uns an den Rand des Ruins bringen können, erhöhen unseren Reichtum ins Unermessliche – wegen der Reparatur, der Folgekosten. Um zum Beispiel den Schwarzwald wieder aufzuforsten, bräuchte man 6 Mrd. EUR. Ein toller Erfolg in unserer Gesamtrechnung. Ein kranker Mensch, der die Pharma-Industrie am Laufen hält, ist allemal ein besserer Inlandsprodukt-Produzent als ein gesunder. Denn der verursacht ja keine Kosten, bringt also auch keine Einnahmen.

Dass Statistiker uns reich rechnen? Na gut. Wenn aber Politiker die jährliche Steigerungsrate wie einen Fetisch behandeln, auf den man hören muss, dann wird es gefährlich.

Adolf Theobald

Quelle: GEO, Heft 2/1986, S. 148 f. Text und Angaben zum BIP wurden aktualisiert.

Aufgaben:

8.1 Nehmen Sie Stellung zu dem Zitat: „Das Bruttoinlandsprodukt misst so ziemlich alles, was in der Wirtschaft vorgeht. Nur nicht das, worauf es im Leben ankommt."

8.2 Stellen Sie anhand des Textes zusammen, welche Korrekturen am Maßstab BIP nach Meinung des Verfassers notwendig sind!

9. Im Jahr 20.. ist das reale Bruttoinlandsprodukt eines Landes um 62 Mrd. GE gesunken, während das nominelle Bruttoinlandsprodukt um rd. 29 Mrd. GE gestiegen ist.

Aufgaben:

9.1 Wie erklärt sich die unterschiedliche Entwicklung des realen und des nominellen Bruttoinlandsprodukts im Jahr 20..?

9.2 Angenommen, das reale Inlandsprodukt stieg um 1,5 %, das nominelle Bruttoinlandsprodukt um 2,5 %. Wie hoch war die Preissteigerungsrate?

9.3 Angenommen, das reale Bruttoinlandsprodukt stieg um 1,8 % und die Preissteigerungsrate betrug 2,5 %. Um wie viel Prozent stieg das nominelle Inlandsprodukt?

9.4 Angenommen, die Preissteigerungsrate betrug 3 % und die Steigerung des nominellen Bruttoinlandsprodukts belief sich auf 4,6 %. Um wie viel Prozent stieg das reale Bruttoinlandsprodukt?

10. An der gängigen Berechnung der Messgrößen der gesamtwirtschaftlichen Leistung wird häufig Kritik geübt.

Aufgaben:

10.1 Nennen und erläutern Sie mindestens drei Kritikpunkte!

10.2 Erklären Sie in diesem Zusammenhang die Begriffe soziale Kosten und soziale Leistungen!

10.3 Bringen Sie je ein eigenes Beispiel für soziale Kosten und soziale Leistungen!

10.4 Erklären Sie die Begriffe Lebensqualität und soziale Indikatoren!

10.5 Nennen Sie zwei eigene Beispiele für soziale Indikatoren!

1 Engl. Schriftsteller, Verf. von „Das Bildnis des Dorian Gray".

11. Zur Lösung nachfolgender Aufgabenstellungen nutzen Sie bitte den Auszug aus dem Monatsbericht der Deutschen Bundesbank zur Entstehung und Verwendung des Inlandsprodukts sowie der Verteilung des Volkseinkommens!

1. Entstehung und Verwendung des Inlandsprodukts, Verteilung des Volkseinkommens

Position	2010	2011	2012	2010	2011	2012	2011 1.Vj.	2011 2.Vj.	2011 3.Vj.	2011 4.Vj.	2012 1.Vj.	2012 2.Vj.	2012 3.Vj.
	Index 2005 = 100			Veränderung gegen Vorjahr in %									
Preisbereinigt, verkettet													
I. Entstehung des Inlandsprodukts													
Produzierendes Gewerbe (ohne Baugewerbe)	104,9	111,4	110,5	15,8	6,2	– 0,8	11,5	7,2	6,1	0,7	1,2	– 0,9	– 2,2
Baugewerbe	99,0	103,6	101,9	6,9	4,6	– 1,7	10,5	1,4	1,4	6,7	1,1	– 2,4	– 0,5
Handel, Verkehr, Gastgewerbe	110,6	114,0	114,8	1,7	3,1	0,7	5,3	3,0	2,4	1,8	2,5	1,0	0,7
Information und Kommunikation	135,7	138,2	142,9	– 0,2	1,9	3,4	1,7	1,8	2,1	1,9	3,5	2,6	3,2
Erbringung von Finanz- und Versicherungsdienstleistungen	115,5	117,1	119,1	1,4	1,4	1,7	0,9	– 0,0	3,4	1,4	1,8	2,2	1,8
Grundstücks- und Wohnungswesen	105,3	105,9	107,7	– 1,7	0,6	1,7	– 0,1	0,8	0,5	1,1	1,7	1,6	1,5
Unternehmensdienstleister 1)	100,8	105,0	107,9	2,6	4,2	2,7	5,1	4,6	3,7	3,4	4,1	3,0	2,4
Öffentliche Dienstleister, Erziehung und Gesundheit	108,5	109,5	110,4	1,7	0,9	0,8	0,7	1,0	0,8	1,1	0,9	1,0	0,7
Sonstige Dienstleister	104,0	103,5	104,3	– 0,5	– 0,5	0,8	– 0,8	– 0,9	– 0,7	0,3	1,2	0,8	0,6
Bruttowertschöpfung	107,7	110,9	111,7	4,6	3,0	0,7	4,7	3,1	2,7	1,4	1,8	0,7	0,3
Bruttoinlandsprodukt 2)	107,0	110,2	111,0	4,2	3,0	0,7	5,2	3,1	2,6	1,4	1,7	0,5	0,4
II. Verwendung des Inlandsprodukts													
Private Konsumausgaben 3)	103,2	104,9	105,7	0,9	1,7	0,8	2,1	1,8	2,1	0,9	1,5	0,4	– 0,2
Konsumausgaben des Staates	110,6	111,7	112,8	1,7	1,0	1,0	– 0,1	1,8	0,9	1,3	1,7	0,8	1,0
Ausrüstungen	108,5	116,1	111,0	10,3	7,0	– 4,4	14,1	8,0	5,6	2,3	2,4	– 4,8	– 8,0
Bauten	104,2	110,3	109,0	3,2	5,8	– 1,1	13,6	3,0	2,5	6,5	0,2	– 1,8	0,1
Sonstige Anlagen 4)	124,6	129,5	133,6	3,3	3,9	3,2	3,8	3,5	3,6	4,7	2,6	3,7	3,5
Vorratsveränderungen 5) 6)	.	.	.	0,6	0,2	– 0,5	0,0	0,3	0,4	0,1	– 0,1	– 0,8	– 0,5
Inländische Verwendung	106,0	108,8	108,4	2,6	2,6	– 0,3	3,2	2,7	2,6	1,7	1,4	– 0,9	– 1,0
Außenbeitrag 6)	.	.	.	1,7	0,6	1,1	2,1	0,5	0,1	– 0,3	0,4	1,4	1,4
Exporte	124,5	134,2	139,7	13,7	7,8	4,1	13,9	6,7	7,3	3,9	3,5	5,0	4,2
Importe	124,6	133,8	136,9	11,1	7,4	2,3	10,6	6,5	7,9	5,1	3,2	2,4	1,6
Bruttoinlandsprodukt 2)	107,0	110,2	111,0	4,2	3,0	0,7	5,2	3,1	2,6	1,4	1,7	0,5	0,4
In jeweiligen Preisen (Mrd €)													
III. Verwendung des Inlandsprodukts													
Private Konsumausgaben 3)	1 433,2	1 487,7	1 523,4	3,0	3,8	2,4	4,3	4,0	4,0	2,9	3,4	1,9	1,3
Konsumausgaben des Staates	487,6	499,8	513,4	2,6	2,5	2,7	1,4	3,5	2,3	2,7	3,2	2,5	2,9
Ausrüstungen	170,8	183,2	175,8	10,3	7,3	– 4,1	14,3	8,1	5,9	2,6	2,8	– 4,7	– 7,8
Bauten	236,8	258,1	261,3	4,4	9,0	1,3	16,8	5,9	5,6	10,1	3,0	0,6	2,4
Sonstige Anlagen 4)	27,6	28,5	29,3	2,8	3,3	2,5	3,1	3,3	3,1	3,6	2,4	2,5	2,5
Vorratsveränderungen 5)	1,3	3,7	– 10,1	.	.	.	.	.	.	.	.	.	.
Inländische Verwendung	2 357,3	2 460,9	2 493,1	4,4	4,4	1,3	5,2	4,7	4,3	3,5	3,1	0,5	0,6
Außenbeitrag	138,9	131,7	151,9	.	.	.	.	.	.	.	.	.	.
Exporte	1 173,3	1 300,8	1 368,1	16,6	10,9	5,2	19,2	10,1	9,5	5,7	4,8	6,2	5,3
Importe	1 034,4	1 169,2	1 216,2	16,3	13,0	4,0	19,8	12,4	11,9	8,9	5,6	4,2	3,0
Bruttoinlandsprodukt 2)	2 496,2	2 592,6	2 645,0	5,1	3,9	2,0	5,8	4,1	3,5	2,2	2,9	1,7	1,8
IV. Preise (2005 = 100)													
Privater Konsum	106,3	108,5	110,3	2,0	2,1	1,6	2,2	2,2	1,9	2,0	1,8	1,5	1,5
Bruttoinlandsprodukt	104,9	105,8	107,2	0,9	0,8	1,3	0,6	0,9	0,9	0,8	1,2	1,2	1,4
Terms of Trade	99,2	97,0	96,3	– 2,1	– 2,2	– 0,6	– 3,4	– 2,3	– 1,6	– 1,9	– 1,0	– 0,5	– 0,4
V. Verteilung des Volkseinkommens													
Arbeitnehmerentgelt	1 271,0	1 328,0	1 375,6	3,0	4,5	3,6	4,7	5,1	4,3	3,9	3,7	3,8	3,5
Unternehmens- und Vermögenseinkommen	648,3	656,7	647,4	12,0	1,3	– 1,4	6,6	– 0,7	2,3	– 3,4	2,3	0,4	– 3,5
Volkseinkommen	1 919,3	1 984,6	2 023,0	5,9	3,4	1,9	5,3	3,2	3,6	1,7	3,2	2,7	1,0
Nachr.: Bruttonationaleinkommen	2 546,7	2 640,9	2 698,4	4,7	3,7	2,2	5,7	3,5	3,7	2,1	3,1	2,6	1,5

Quelle: Statistisches Bundesamt; Rechenstand: November 2012. Erste Jahresergebnisse für 2012: Rechenstand Januar 2013. **1** Erbringung von freiberuflichen, wissenschaftlichen, technischen und sonstigen wirtschaftlichen Dienstleistungen. **2** Bruttowertschöpfung zuzüglich Gütersteuern (saldiert mit Gütersubventionen). **3** Einschl. Private Organisationen ohne Erwerbszweck. **4** Immaterielle Anlageinvestitionen (u. a. EDV-Software, Urheberrechte) sowie Nutztiere und -pflanzen. **5** Einschl. Nettozugang an Wertsachen. **6** Wachstumsbeitrag zum BIP.

Quelle: Monatsbericht der Deutschen Bundesbank, Januar 2013, S. 61*.

Aufgaben:

11.1 Ermitteln Sie, um wie viel Prozent das nominale Bruttoinlandsprodukt von 2011 auf 2012 gestiegen ist; runden Sie das Ergebnis auf eine Stelle hinter dem Komma!

11.2 Berechnen Sie die prozentuale Veränderung des realen Bruttoinlandsprodukts von 2011 auf 2012 (Ergebnis auf eine Stelle hinter dem Komma runden)!

11.3 Wie viel Prozentpunkte des Wachstums des nominalen Bruttoinlandsprodukts sind auf Preissteigerungen zurückzuführen?

11.4 Erläutern Sie kurz den Unterschied zwischen dem nominalen und dem realen Bruttoinlandsprodukt!

11.5 Berechnen Sie die Lohnquote und die Gewinnquote für das Jahr 2012!

11.6 Wie hoch waren die Bruttoinvestitionen im Jahr 2012 (in Mrd. EUR)?

11.7 Was versteht man unter den Vorratsveränderungen in Höhe von –10,1 Mrd. EUR (im Jahr 2012)?

11.8 Wie hoch ist die Veränderung des preisbereinigten Außenbeitrages von 2011 auf 2012?

12. Das statistische Amt eines Landes veröffentlichte die folgenden Zahlen (in Mrd. EUR):

Konsumausgaben des Staates	750
Bruttoinvestitionen	850
Abschreibungen	620
Produktionsabgaben an den Staat abzüglich Subventionen	480
Konsumausgaben der privaten Haushalte	2750
Exporte	840
Importe	780
Saldo der Primäreinkommen aus der übrigen Welt	+48

Aufgaben:

12.1 Ermitteln Sie das Bruttoinlandsprodukt!

12.2 Berechnen Sie das Volkseinkommen!

12.3 Erläutern Sie kurz mittels eines Beispiels, wie es zu dem Unterschied zwischen Bruttonationaleinkommen und Bruttoinlandsprodukt kommen konnte!

12.4 Beschreiben Sie die Entwicklung einer Volkswirtschaft für die beiden nachfolgenden Fälle:

Jahr	Abschreibungen	Bruttoinvestitionen
1. Jahr	850 Mrd. EUR	890 Mrd. EUR
2. Jahr	780 Mrd. EUR	720 Mrd. EUR

12.5 Beurteilen Sie, ob eine sinkende Lohnquote zwangsläufig zu einer Verschlechterung des Lebensstandards der abhängig Beschäftigten geführt haben muss!

12.6 Nennen Sie neben dem Bruttoinlandsprodukt zwei weitere nichtökonomische Größen für die Beurteilung des Wohlstandes eines Landes!

13. 13.1 Stellen Sie fest, welche Leistungen **nicht** in die Berechnung des Bruttoinlandsprodukts eingehen!

1. Ein Gartenbaubetrieb schneidet vor einem Altenwohnheim gegen Entgelt den Rasen.
2. Eine Hausfrau backt einen Kuchen.
3. Ein Arzt untersucht bei einem Hausbesuch einen Kranken.
4. Ein Nachbar hilft beim Setzen eines neuen Zaunes.

5. Der städtische Straßendienst reinigt die Bürgersteige.
6. Die Bürger einer Gemeinde reinigen wöchentlich einmal den Bürgersteig selbst.
7. Die Verkehrswacht erteilt kostenlosen Verkehrsunterricht für Schulanfänger.

13.2 Nehmen Sie kritisch Stellung zur Errechnung des Bruttoinlandsprodukts!

14. Die wirtschaftliche Leistung einer Volkswirtschaft und deren Veränderung (Wirtschaftswachstum) wird von statistischen Ämtern gemessen und in den Größen Bruttoinlandsprodukt (BIP) und Bruttonationaleinkommen (BNE) ausgedrückt.

Aufgaben:

14.1 Grenzen Sie das Bruttoinlandsprodukt gegenüber dem Bruttonationaleinkommen ab!

14.2 Entscheiden Sie in den nachfolgenden Fällen, welche der beiden Größen im Inland und im Ausland durch die beschriebenen Vorgänge ansteigt!

14.2.1. Gebietsfremde mit erstem Wohnsitz in den Niederlanden arbeiten in Deutschland.

14.2.2 Deutsche vermieten ihre Ferienwohnungen an der portugiesischen Küste. Die Mieteinkünfte fließen nach Deutschland.

14.2.3 Amerikanische Investmentgesellschaften beteiligen sich an deutschen Unternehmen aus dem Bereich der Umwelttechnologie. Aus diesen Beteiligungen fließen ihnen Kapitalerträge zu.

15. Das reale Bruttoinlandsprodukt dient als wichtigster Indikator für die Messung des Wohlstandes einer Volkswirtschaft.

Aufgaben:

15.1 Begründen Sie, warum das reale Nettoinlandsprodukt in Bezug auf die Versorgung der Bevölkerung mit Gütern und Dienstleistungen aussagefähiger ist als das reale Bruttoinlandsprodukt?

15.2 Welche Art des Nationaleinkommens wird durch das Volkseinkommen dargestellt und worin unterscheidet sich dieses vom Nettonationaleinkommen zu Marktpreisen?

15.3 Ergänzen Sie folgende Aussage: *In jeder geschlossenen Volkswirtschaft entspricht der Wert der Nettoinvestition der Höhe der ...!*

15.4 Nehmen Sie kritisch Stellung zu der Aussage, dass die Steigerung des realen Bruttoinlandsproduktes in jedem Fall auch zu einer Steigerung der Lebensqualität der Bevölkerung führt!

16. 16.1 Ergänzen Sie in der nachfolgenden Übersicht die fehlenden Größen der volkswirtschaftlichen Gesamtrechnung (die Ziffern 2 bis 5 können in beliebiger Reihenfolge genannt werden)!

<table>
<tr><th colspan="2">Entstehung des BIP</th><th colspan="2">Verwendung des BIP</th></tr>
<tr><td rowspan="4">= Bruttowertschöpfung aller Wirtschaftsbereiche</td><td>Abschreibungen auf Sachkapital</td><td>②</td><td rowspan="4">= Bruttoinlandsprodukt</td></tr>
<tr><td>①</td><td>③</td></tr>
<tr><td rowspan="2">Nettoinlandsprodukt zu Faktorkosten</td><td>④</td></tr>
<tr><td>⑤</td></tr>
</table>

16.2 Was unterscheidet die Bruttowertschöpfung aller Wirtschaftsbereiche von ihrem Bruttoproduktionswert?

16.3 Erläutern Sie kurz, unter welcher Voraussetzung das nominale Bruttoinlandsprodukt gleich dem realen Bruttoinlandsprodukt ist!

16.4 Durch welche Position unterscheidet sich das Bruttoinlandsprodukt vom Bruttonationaleinkommen?

3 Schwankungen im Wirtschaftsablauf (Konjunkturzyklus[1])

3.1 Begriff Konjunkturschwankungen

Das Phänomen[2] ist den Menschen seit jeher bekannt: Die wirtschaftliche Entwicklung vollzieht sich nicht regelmäßig, sondern in „Schwankungen". Schon die Bibel berichtet von den „sieben fetten und den sieben mageren Jahren".

Merke:

- Als **Konjunktur** bezeichnet man den Sachverhalt, dass die wirtschaftliche Entwicklung einer Volkswirtschaft in gewisser Regelmäßigkeit in mehrjährigen Auf- und Abwärtsbewegungen verläuft.
- Mittelfristige Wirtschaftsschwankungen werden als **Konjunkturschwankungen** bezeichnet. Man rechnet heute mit einer Zyklendauer von rund 4 Jahren.

3.2 Begriff und Formen des Konjunkturverlaufs

Der **Konjunkturverlauf** wird im Allgemeinen an den Schwankungen des realen Bruttoinlandsprodukts gemessen. Dabei werden **Konjunkturschwankungen** als **Abweichungen vom Trend**[3] angesehen. Der Trend stellt die langfristige Entwicklung der Kapazität (Leistungsfähigkeit) einer Volkswirtschaft, gemessen am realen Bruttoinlandsprodukt, dar.

Beispiel:

Betrug das reale Bruttoinlandsprodukt (BIP_r) eines Landes im Jahr 01 800 Mrd. Geldeinheiten (GE) und beläuft sich die Wachstumsrate (jährliche prozentuale Zunahme des realen Bruttoinlandsprodukts) auf 4,5 %, so ergibt sich folgender Wachstumspfad, wie der Trend auch genannt wird:[4]

Jahr	BIP_r in Mrd. GE
01	800
02	836
03	874
04	913
05	954
06	997
07	1 042

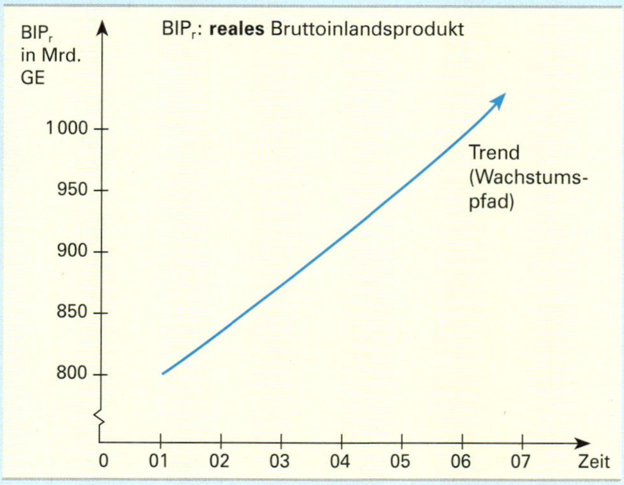

1 **Zyklus:** regelmäßig wiederkehrender Ablauf.

2 **Phänomen:** Erscheinung.

3 **Trend:** Entwicklungsrichtung.

4 In diesem Beispiel handelt es sich um ein exponentielles Wachstum, eine spezielle Art des stetigen Wachstums, weil das Bruttoinlandsprodukt von Jahr zu Jahr um den gleichen Prozentsatz zunimmt.

In **wachsenden** Volkswirtschaften ist der Trend „nach oben“ gerichtet. In **stagnierenden** (stationären) Volkswirtschaften verändert sich die gesamtwirtschaftliche Kapazität im Zeitablauf nicht („Nullwachstum“). **Schrumpfende** Volkswirtschaften weisen einen „nach unten“ gerichteten Trend auf.

Ist die tatsächliche Leistung der Wirtschaft höher als die durch den Trend gekennzeichnete Normalleistung, herrscht **Überbeschäftigung.** Es werden z. B. Überstunden geleistet, Hausfrauen für Halbtagsbeschäftigungen geworben, Schüler und Studenten mit „Ferienjobs“ beschäftigt und ausländische Arbeitskräfte eingestellt. Liegt hingegen die tatsächliche Kapazitätsausnutzung unter der Normalbeschäftigung, liegt **Unterbeschäftigung** vor (sog. **konjunkturelle Arbeitslosigkeit**).

Auch der **Trend selbst** unterliegt **langfristigen Schwankungen,** die als „lange Wellen“ bezeichnet werden. Der Begriff ist auf den Russen N. D. Kondratieff zurückzuführen, der 1926 die Theorie aufstellte, dass sich die Wirtschaft in Form „langer Wellen“ fortentwickle, wobei die Dauer dieser Wellen rund 50 bis 60 Jahre beträgt. Die Ursachen dieser sogenannten **„Kondratieff-Wellen“** liegen in tief greifenden strukturellen[1] Wandlungen der Wirtschaft, die durch technische Neuerungen hervorgerufen wurden und werden (z. B. Dampfmaschinen, Eisenbahnen, Flugzeuge, Raumfahrt, Mikroelektronik).

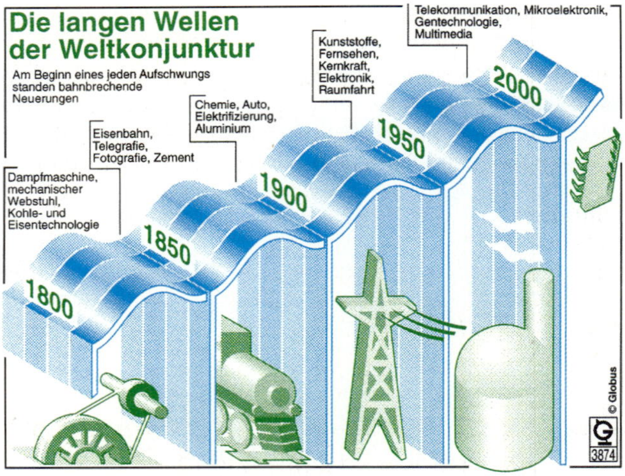

Neben den langfristigen strukturellen und den mittelfristigen konjunkturellen Schwankungen der wirtschaftlichen Aktivitäten gibt es die jahreszeitlich wiederkehrenden **saisonalen Schwankungen.** Sie haben ihre Ursachen in erster Linie im Klimawechsel der Jahreszeiten. So sind beispielsweise die Bau-, Land-, Forst- und Transportwirtschaft im Winter mehr oder weniger stark betroffen. Die Jahreszeiten beeinflussen ferner die Bekleidungs- und Getränkeindustrie sowie den Brennstoffhandel. Auch die Lage besonderer Festtage (Ostern, Weihnachten) sowie die traditionellen Ferienzeiten beeinflussen den Umsatz (die Beschäftigung) vieler Wirtschaftsbereiche (z. B. Einzelhandel, Reiseveranstalter).

Schließlich sind die konjunkturellen Schwankungen einer Volkswirtschaft auch auf die **Einflüsse der Weltkonjunktur** zurückzuführen. Dies gilt vor allem für Länder mit hohem Export- bzw. Importanteil, also für Volkswirtschaften mit starkem Außenhandel. Länder mit Außenhandel betreiben internationale Arbeitsteilung. Im Idealfall heißt das, dass die Güter auf den Weltmärkten von den Ländern angeboten werden, die sie am kostengünstigsten bereitstellen bzw. erzeugen können.

1 **Struktur:** Aufbau.

3.3 Ursachen für Konjunkturschwankungen

3.3.1 Einfluss der Globalisierung auf Konjunkturschwankungen

Die moderne Ausprägung der internationalen Arbeitsteilung wird als **Globalisierung** bezeichnet. Erfolgte der Austausch von Waren, Dienstleistungen und Rechten (z. B. Lizenzen) früher in der Weise, dass der Exporteur die im Inland hergestellten Güter an den ausländischen Importeur lieferte, so lassen die Hersteller heute nicht nur im Inland, sondern auch im Ausland – also in Kundennähe – fertigen. Dies hat einen **Wettbewerb der Standorte** zur Folge. Die präzise weltweite Steuerung wird durch die hoch entwickelte Informationstechnik ermöglicht. Ein weiteres Merkmal der Globalisierung ist, dass die Übertragung von Kapital für Investitions- oder reine Anlagezwecke schneller gewachsen ist als die Weltproduktion. Nur etwa 5 % aller Devisengeschäfte – so wird geschätzt – stehen in einem unmittelbaren Zusammenhang mit Zahlungsvorgängen im internationalen Waren- und Dienstleistungsverkehr.

Merke:

Globalisierung ist ein **Prozess,** durch den **Märkte und Produktion** in verschiedenen Ländern immer mehr voneinander **abhängig** werden – dank der Dynamik des Handels mit Gütern und Dienstleistungen und durch die Bewegung von Kapital und Technologie.

Dies führt nicht nur zu einer sehr ausgeprägten **internationalen Spezialisierung** der einzelnen beteiligten Länder und zu gegenseitigen **politischen Abhängigkeiten.** Vielmehr entwickelt sich auch eine **wirtschaftliche Abhängigkeit,** die sich z. B. in der konjunkturellen Verbundenheit der am Welthandel beteiligten Staaten zeigt.

Merke:

Konjunkturelle Einbrüche bei den führenden Industrieländern bewirken aufgrund des Nachfragerückgangs zwangsläufig auch Beschäftigungsrückgänge bei deren Handelspartnern und umgekehrt.

3.3.2 Konjunkturtheorien als Erklärungsansatz für Konjunkturschwankungen

Generationen von Wirtschaftswissenschaftlern haben sich bereits den Kopf darüber zerbrochen, woher eigentlich das wirtschaftliche Auf und Ab kommt. Rund **200 Konjunkturtheorien** (einschließlich Krisentheorien) wurden aufgestellt!

Überproduktionstheorie	Die Überproduktionstheorie sieht die Ursache des Konjunkturabschwungs in der ungleichen Einkommensverteilung. Steigende Investitionen (Kapitalakkumulation)[1] führen zu steigender Produktion, die indessen nicht von den Arbeitnehmern vollständig gekauft werden kann, weil deren Einkommen nicht oder nicht in gleichem Maße wie die Produktion steigen. Die Unternehmen bleiben auf einem Teil ihrer Waren „sitzen", sodass sie gezwungen sind, die Produktion zu drosseln: Die Absatzkrise ist da und der Abschwung wird eingeleitet. (Der untere Wendepunkt des Konjunkturzyklus wird durch die Überproduktionstheorie nicht erklärt.)

1 **Akkumulation:** Aufhäufung, Ansammlung.

Unterspar-theorie	Die Untersparttheorie (auch Überinvestitionstheorie) behauptet, dass im Laufe der konjunkturellen Aufwärtsbewegung der Verbrauch zu **hoch** wird, sodass die gesparten finanziellen Mittel schließlich nicht mehr ausreichen, die von den Unternehmen in zu optimistischer Vorausplanung begonnenen Investitionen zu finanzieren. Der Mangel an Finanzierungsmitteln führt schließlich zum Abbruch der Investitionen, d. h. zum Konjunkturumschwung. (Auch die Untersparttheorie erklärt zwar den oberen, nicht aber den unteren Wendepunkt des „typischen" Konjunkturverlaufs.)
Monetäre Konjunktur-theorien	Die monetären Konjunkturtheorien stellen in der Regel eine Weiterentwicklung der Untersparttheorie dar. Da die Kreditinstitute in der Lage sind, Giralgeld zu schöpfen, ist das Kreditangebot in der konjunkturellen Aufschwungphase höher als die Ersparnis. In dem Maße aber, wie sich die Überschussreserven der Kreditinstitute verringern, erhöht sich das Zinsniveau. Ursprünglich als günstig erscheinende Investitionen werden unrentabel und abgebrochen, sodass es zu Entlassungen, also zu steigender Arbeitslosigkeit kommt.
Psychologische Konjunktur-theorien	Die psychologischen Konjunkturtheorien sehen den Grund der mehr oder weniger rhythmischen Wiederkehr des wirtschaftlichen Auf- und Abschwungs im irrtümlichen Optimismus bzw. Pessimismus der Wirtschaftssubjekte (z. B. der privaten Verbraucher, der Unternehmer, der Gewerkschaften, der Regierungen). Woher die Stimmungen der Mehrzahl der Wirtschaftssubjekte herrühren, vermag diese Theorie nicht zu erklären. In Verbindung mit den Aussagen anderer Konjunkturtheorien gibt sie jedoch wichtige Aufschlüsse über das sozialpsychologische Verhalten der Wirtschaftssubjekte in konkreten wirtschaftlichen Situationen.

Die heutige Volkswirtschaftslehre weiß, dass die wirtschaftlichen Wellenbewegungen **nicht** auf **eine Ursache allein** zurückgeführt werden können. Es gibt zahlreiche „Auslöser" für den Konjunkturauf- bzw. -abschwung, zu denen unter anderen auch die in den traditionellen Konjunkturtheorien genannten gehören.

Einen Überblick über die **wichtigsten Ursachen für Konjunkturschwankungen** gibt nachfolgende Übersicht.

Determinanten[1] des Konjunkturverlaufs	
Faktoren, die den **Konjunkturaufschwung** auslösen können:	Faktoren, die den **Konjunkturabschwung** auslösen können:
■ Ausweitung des Geldangebots (Kreditangebots) durch die Zentralbank: sinkende Zinssätze – steigende Kreditnachfrage. ■ Steigende private und staatliche Investitionsgüternachfrage. ■ Steigende private und staatliche Konsumgüternachfrage. ■ Steigender Außenbeitrag (Export > Import). ■ Zahlungsbilanzüberschüsse. ■ Optimistische Zukunftserwartungen der Wirtschaftssubjekte. ■ Positive politische Ereignisse (z. B. Beendigung von Kriegen, Abschluss wichtiger Friedensverträge).	■ Verknappung des Geldangebots (Kreditangebots) durch die Notenbank: steigende Zinssätze – sinkende Kreditnachfrage. ■ Sinkende private und staatliche Investitionsgüternachfrage. ■ Sinkende private und staatliche Konsumgüternachfrage. ■ Sinkender Außenbeitrag (Export < Import). ■ Zahlungsbilanzdefizite. ■ Pessimistische Zukunftserwartungen der Wirtschaftssubjekte. ■ Negative politische Ereignisse (z. B. Kriegsausbrüche, Aufstände, Generalstreiks, Terroranschläge).

1 **Determinanten**: Ursachen, (Bestimmungs-)Gründe.

3.4 Phasen des Konjunkturverlaufs

(1) Überblick

Kein Konjunkturzyklus ist dem anderen gleich, denn die sozialen, technischen und wirtschaftlichen Bedingungen sind laufenden Änderungen unterworfen. Dennoch gibt es besonders hervorstechende Gemeinsamkeiten (typische Merkmale), die im Folgenden kurz erläutert werden.

Darstellung eines Konjunkturzyklus von vierjähriger Dauer

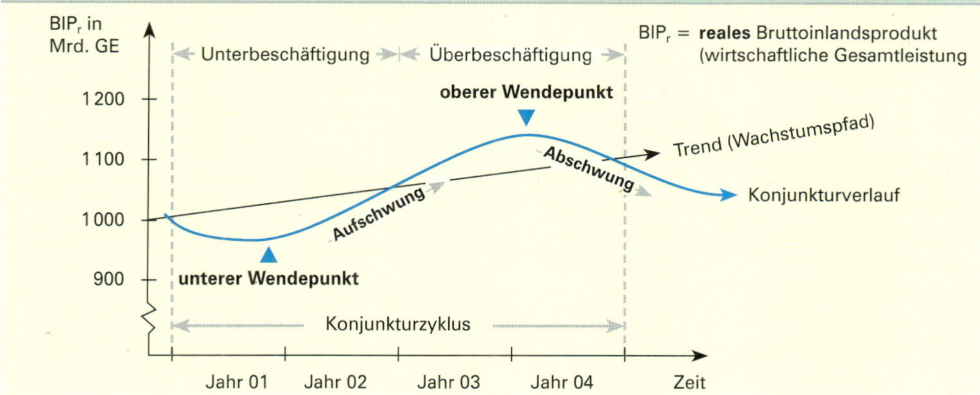

(2) Aufschwung

Der konjunkturelle Aufschwung ist durch zunehmende Kapazitätsauslastung und abnehmende Arbeitslosigkeit, sofern diese nicht strukturell bedingt ist, gekennzeichnet. Da die Unternehmen jetzt mit sinkenden Stückkosten arbeiten, bleibt trotz steigender Nachfrage nach Konsum- und Investitionsgütern das Preisniveau weitgehend stabil, sofern nicht Materialpreise und/oder Löhne unverhältnismäßig steigen. Da die Käufer von Aktien steigende Unternehmensgewinne erwarten, klettern auch die Aktienkurse in die Höhe (Effektenhausse). Zu Beginn des Aufschwungs ist der Kreditmarkt noch flüssig, d. h., die Banken besitzen genügend finanzielle Mittel zur Kreditgewährung. Somit bleiben die Zinsen noch verhältnismäßig niedrig, sieht man von möglichen Eingriffen der Zentralbank ab.

(3) Oberer Wendepunkt

Bevor die Konjunktur „umkippt", tritt die Situation der **Konjunkturüberhitzung** ein, die als **Boom** oder **Hochkonjunktur** bezeichnet wird. Auf den Kreditmärkten werden die Mittel knapp. Die Zinsen steigen. Damit beginnen die Wertpapierkurse zu sinken. Die Preissteigerungsraten erhöhen sich. Ebenso steigen die Löhne verhältnismäßig schnell, weil die Arbeitskräfte knapp sind: Die Gewerkschaften haben eine starke Stellung. Infolge der erhöhten Kosten nehmen die Unternehmergewinne ab. Die Investitionsgüternachfrage geht zurück, während die Nachfrage nach Konsumgütern noch steigt. Im Investitionsgüterbereich finden die ersten Betriebsstilllegungen und Entlassungen statt. Die **Krise (oberer Wendepunkt** des Konjunkturverlaufs) tritt ein, der Abschwung wird eingeleitet.

(4) Abschwung

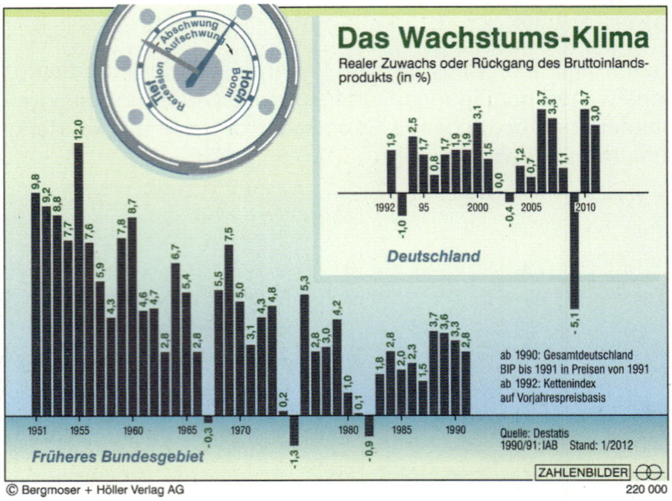

Die allgemeine Grundhaltung der Verbraucher und Unternehmer ist pessimistisch. Die allseits zu beobachtende Kaufzurückhaltung führt zu Umsatzeinbußen, zu weiteren Betriebsstilllegungen, Vergleichen und Insolvenzen. Die Arbeitslosenzahl steigt. Die abnehmende Kreditnachfrage führt zu sinkenden Zinssätzen. Der früher zu beobachtende Rückgang des Preisniveaus während der **Rezession,** wie heute der Abschwung auch bezeichnet wird, ist nicht mehr gegeben, weil zu viele Faktoren einen generellen Preisrückgang verhindern.[1] So steigen z. B. die Stückkosten, die Rohstoffpreise und die Löhne. (Auch in Zeiten der Unterbeschäftigung pflegen die Gewerkschaften Lohnerhöhungen durchzusetzen, wenngleich die Steigerungsraten i. d. R. niedriger als in Zeiten der Vollbeschäftigung sind.)

(5) Unterer Wendepunkt

Kommt der Abschwung zum Stillstand und beginnt sich die Konjunktur wieder zu erholen, nimmt die Nachfrage also wieder zu, ist der untere Wendepunkt – die sogenannte **Talsohle** – überschritten.

Zusammenfassender Überblick über die Konjunkturphasen								
Konjunkturphasen	**Auftragsbestände/ Produktion**	**Konjunkturelle Arbeitslosigkeit**	**Lohnentwicklung**	**Zinsen**	**Wertpapierkurse**	**Preisentwicklung**	**Sparneigung**	**Zukunftserwartungen**
Aufschwung	steigend	noch hoch	mäßige Lohnerhöhungen	noch niedrig	hoch	geringe Preissteigerungsraten	sinkend	optimistisch
Boom (Hochkonjunktur, Überkonjunktur, Überbeschäftigung)	bei Konsumgütern noch steigend; bei Investitionsgütern stagnierend oder sinkend	sinkend	kräftige Lohnerhöhungen	steigend	sinkend	hohe Preissteigerungsraten	niedrig	optimistisch

1 Gründe sind z. B. gewinnunabhängige Steuern, Starrheit der Löhne, langfristige Lieferverträge mit festen Preisen, hoher Fixkostenanteil an den Produktionskosten.

Zusammenfassender Überblick über die Konjunkturphasen								
Konjunkturphasen	**Auftragsbestände/ Produktion**	**Konjunkturelle Arbeitslosigkeit**	**Lohnentwicklung**	**Zinsen**	**Wertpapierkurse**	**Preisentwicklung**	**Sparneigung**	**Zukunftserwartungen**
oberer Wendepunkt (Konjunkturgipfel)	bei Konsumgütern stagnierend; bei Investitionsgütern sinkend	gleichbleibend	kräftige Lohnerhöhungen („Lohnlag"[1])	hoch	niedrig	hohe Preissteigerungsraten	niedrig	abwartend bis pessimistisch
Abschwung (Rezession, Niedergang)	sinkend	steigend	mäßige Lohnerhöhungen (Inflationsausgleich); u. U. Abbau übertariflicher Leistungen	langsam sinkend	langsam steigend	abnehmende Preissteigerungsraten (auf polypolistischen Märkten u. U. sinkende, auf oligopolistischen und monopolistischen Märkten weiter steigende Preise)	steigend	pessimistisch
unterer Wendepunkt (Talsohle, Depression)	auf niedrigem Niveau verharrend	hoch	mäßige Lohnerhöhungen; geringe übertarifliche Leistungen	niedrig	hoch	geringere Preissteigerungsraten; Kosteninflation (Stagflation) jedoch möglich	hoch	abwartend oder vorsichtiger Optimismus

(6) Depression[2]

Ein lang anhaltender Tiefstand wirtschaftlicher Aktivitäten wird als Depression oder auch als **Stagnation**[3] bezeichnet.

3.5 Konjunkturindikatoren

Im vorigen Kapitel haben wir das reale Bruttoinlandsprodukt als Maßstab verwendet, um Konjunkturschwankungen zu erfassen. Das wirtschaftliche Auf und Ab lässt sich jedoch mithilfe weiterer Größen messen. Bestimmte wirtschaftliche Erscheinungen lassen sogar Rückschlüsse auf die künftige Entwicklung zu, dienen also der Konjunkturprognose.[4]

Merke:

Daten, die den Konjunkturverlauf messen und/oder Voraussagen (Prognosen) für künftige Entwicklungen zulassen, werden als **Konjunkturindikatoren**[5] bezeichnet.

1 **Lag** (engl.): Verschiebung, Verzögerung.
2 **Depression** (lat.): gedrückte Stimmung.
3 **Stagnation** (lat.): Stillstand.
4 **Prognose**: Voraussage, Vorausschau.
5 **Indikator**: Anzeiger.

6 Boller, Hartmann - ISBN 978-3-8120-0398-8

(1) Realwirtschaftliche Konjunkturindikatoren

Realwirtschaftliche Konjunkturindikatoren beziehen sich vor allem auf die Entwicklung der volkswirtschaftlichen Gesamtnachfrage (Inlandsnachfrage nach Konsum- und Investitionsgütern, Exportgüternachfrage) sowie auf den Arbeitsmarkt:

Entwicklung der Arbeitslosenzahlen und offenen Stellen	Steigende Arbeitslosenzahlen und sinkende offene Stellen zeigen an, dass die Wirtschaft unterbeschäftigt ist. Die Unternehmen werden sich bei den Investitionen zurückhalten, weil sie eine stagnierende oder gar zurückgehende Konsumgüternachfrage erwarten. Die umgekehrte Reaktion tritt ein, wenn die Bundesagentur für Arbeit eine steigende Zahl offener Stellen meldet und wenn die Arbeitslosenzahlen zurückgehen.
Entwicklung der Konsumgüternachfrage	Steigt der private Konsum (angezeigt durch steigende Einzelhandelsumsätze), ist eine positive Entwicklung des wirtschaftlichen Geschehens zu erwarten, weil in der Folge die Großhandelsumsätze und schließlich die Umsätze der Herstellerbetriebe steigen werden. Ist die Wirtschaft vollbeschäftigt, werden Preissteigerungen eintreten. Stagnierende oder sinkende Einzelhandelsumsätze bewirken das Gegenteil.
Entwicklung der Investitionsgüternachfrage	Steigt die Investitionsgüternachfrage (angezeigt durch steigende Umsätze und/oder Auftragsbestände in der Investitionsgüterindustrie), kann eine Erhöhung der Beschäftigung erwartet werden, die auch nicht ohne Einfluss auf die Arbeitsnachfrage bleiben wird. Bei Vollbeschäftigung können steigende Preise (zunächst in der Investitionsgüterindustrie) und steigende Löhne vorausgesagt werden. Sinkende Investitionsgüternachfrage lässt den gegenteiligen Schluss zu.
Entwicklung des Außenhandels	Nimmt der Export schneller als der Import zu, ist auf eine Belebung der Konjunktur zu schließen. Eine vollbeschäftigte Wirtschaft muss mit Preissteigerungen rechnen, weil die Gesamtnachfrage (Auslands- und Inlandsnachfrage) das Gesamtangebot der Volkswirtschaft übersteigt. Steigen die Importe indessen schneller als die Exporte, ist der gegenteilige Effekt wahrscheinlich.
Entwicklung der Staatsausgaben und -einnahmen	Aus dem Staatshaushaltsplan kann entnommen werden, in welchem Verhältnis die Staatsausgaben zu den Staatseinnahmen stehen werden. Strebt der Staat große zusätzliche Konsum- oder Investitionsvorhaben an, ohne die Steuern zu erhöhen, ist eine Belebung der Wirtschaftstätigkeit wahrscheinlich. Auch in diesem Fall sind Preiserhöhungen zu erwarten, wenn die Wirtschaft vollbeschäftigt ist. Voraussichtliche Steuererhöhungen indessen können die Investitionstätigkeit der Unternehmen vermindern.
Entwicklung der Lagerbestände	Steigen die Lagerbestände der Unternehmen über das saisonal übliche Maß, so liegt offenbar Überproduktion vor. Es kann der Schluss gezogen werden, dass die Unternehmen ihre Produktion drosseln werden, was einen Konjunkturabschwung bewirken kann. Nehmen die Lagerbestände ab, ist das Gegenteil der Fall. Diese Aussage gilt jedoch nicht uneingeschränkt. Es mag nämlich sein, dass die Unternehmen ihre Lagerbestände bewusst abbauen, weil sie sinkende Umsatzzahlen erwarten, und ihre Lagerbestände aufstocken, weil ein Konjunkturanstieg eingesetzt hat.

Kapazitäts-auslastung und Auftragsbestände	Steigende Auftragsbestände kündigen einen Konjunkturaufschwung an. Die Auslastung der Kapazität folgt der Entwicklung der Auftragsbestände.
Vertrauens-indikatoren	Für die Beurteilung zukünftiger Entwicklungen spielen die Erwartungen der Unternehmen und der Verbraucher eine große Rolle. Nimmt das Vertrauen in eine (positive) wirtschaftliche Entwicklung zu, ist mit einer steigenden Konsum- und Investitionsgüternachfrage zu rechnen.

(2) Finanzwirtschaftliche Konjunkturindikatoren

Geldpolitik	Als Konjunkturindikator zählt auch die (vermutete) künftige Geldpolitik einer Zentralbank. Aufgrund von Zinssenkungen kann die Konjunktur belebt, aufgrund von Zinserhöhungen ein „Überschäumen" der Konjunktur verhindert werden.
Wechselkurse	Steigende Wechselkurse (Mengennotierung) verteuern die Binnenwährung. Der Export in Fremdwährungsländer wird gebremst, die Konjunktur wird negativ beeinflusst. Sinken die Wechselkurse, wird die Binnenwährung für die Devisenausländer billiger. Es ist zu erwarten, dass die Exporte steigen und die Konjunktur angekurbelt wird.

(3) Früh-, Präsenz- und Spätindikatoren

Die Indikatoren lassen sich auch hinsichtlich der zeitlichen Erkennbarkeit der jeweiligen Konjunkturphase unterscheiden.

Indikator	Erläuterungen	Beispiele
Früh-indikatoren	Sie sollen anzeigen, wie sich die Konjunktur in den **kommenden Monaten** entwickeln wird.	■ Entwicklung der Aktienmärkte, ■ Auftragseingänge der verarbeitenden Industrie, ■ Baugenehmigungen im Hochbau, ■ Investitionsabsichten, ■ Geschäftsklimaindex, ■ Konsumklimaindex
Präsenz-indikator	Sie beschreiben den **augenblicklichen** Stand der Konjunktur.	■ Kapazitätsauslastung, ■ aktuelle Konsumdaten, ■ Bruttoinlandsprodukt, ■ Kurzarbeit, ■ Lagerbestände, ■ Zinsen
Spät-indikatoren	Sie hinken dem eigentlichen Konjunkturverlauf **hinterher.**	■ Steuereinnahmen des Staates, ■ Insolvenzen, ■ Arbeitslosenquote, ■ Preisindizes, ■ Zinsniveauentwicklung

(4) Bedeutung

Voraussagen über die mutmaßliche Konjunkturentwicklung liefern Unterlagen für die Wirtschaftspolitik. So kann die Regierung ihre konjunkturpolitischen Entscheidungen – vorausgesetzt, die Prognosen stimmen – rechtzeitig treffen.

In bestimmten Situationen kann eine Prognose auch dazu führen, dass die vorausgesagte Entwicklung durch die Prognose selbst verstärkt wird.

Beispiel:

Prophezeit ein Institut steigende Preise, wird die Inflation geradezu herbeigeredet, weil die Wirtschaftssubjekte veranlasst werden, jetzt zu relativ niedrigen Preisen mehr nachzufragen, wodurch die Preise erst zu steigen beginnen.

Pessimistische Voraussagen können sich deshalb bewahrheiten, weil durch die Voraussage der allgemeine Pessimismus erst hervorgerufen wird.

Beispiel:

Sagt ein Institut zunehmende Arbeitslosigkeit voraus, werden die Arbeitnehmer mehr sparen, um sich einen Notgroschen zurückzulegen: Die Konsumgüternachfrage stagniert oder geht zurück. Die Unternehmen investieren nur zögernd – ein Verhalten, das als „Attentismus“[1] bezeichnet wird –, weil sie ihre Absatzmöglichkeiten pessimistisch beurteilen.

Nicht selten werden Prognosen durch unvorhersehbare Ereignisse hinfällig. Dazu gehören z.B. überhöhte Tarifabschlüsse, eine starke Aufwertung der eigenen Währung (der Binnenwährung), Tierseuchen, Unwetter, Terroranschläge, Kriege und Epidemien.[2]

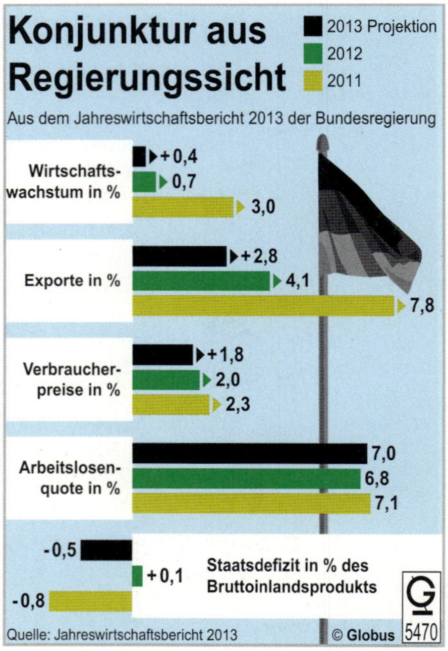

Zusammenfassung

- Mittelfristige Schwankungen der wirtschaftlichen Aktivitäten heißen **Konjunkturschwankungen.**
- Ein **Konjunkturzyklus** dauert rund vier bis fünf Jahre.
- Vom Auf und Ab der Konjunktur sind die kurzfristigen **saisonalen Schwankungen** und die langfristigen **Kondratieff-Wellen** zu unterscheiden.
- Im Allgemeinen wird der **Konjunkturverlauf** an den Schwankungen des **realen Bruttoinlandsprodukts** gemessen.

1 **Attentismus:** abwartende Haltung (frz. attendre: warten, abwarten).

2 **Epidemie** (griech.): Massenerkrankung, Seuche.

- Der Konjunkturverlauf wird in folgende Phasen (Zeitabschnitte) eingeteilt:
  - **Aufschwung,**
  - **Boom (Hochkonjunktur)** und
  - **Abschwung.**
- Die **Konjunkturprognose** stützt sich auf die Beobachtung der Konjunkturindikatoren.
- Man unterscheidet zwischen **realwirtschaftlichen** und **finanzwirtschaftlichen Konjunkturindikatoren.**

Übungsaufgaben

11 1. In nebenstehender Abbildung sind die wesentlichen Phasen (Abschnitte) des typischen Konjunkturverlaufs mit den Ziffern I bis V versehen.

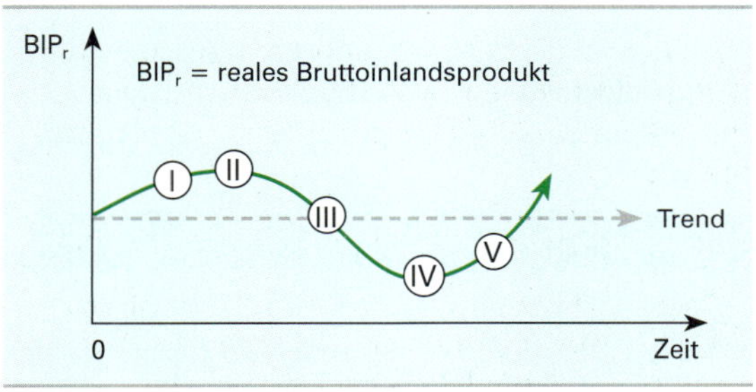

Aufgaben:

1.1 Erklären Sie den Begriff Konjunktur!

1.2 Benennen Sie die einzelnen Konjunkturphasen!

1.3 Beschreiben Sie kurz das Wesen der einzelnen Konjunkturphasen!

1.4 Welche Faktoren können den Konjunkturaufschwung auslösen? Begründen Sie Ihre Antworten!

1.5 Welche Faktoren können den Konjunkturabschwung auslösen? Begründen Sie Ihre Antworten!

2. Ende 20.. verhießen verschiedene Konjunkturindikatoren wenig Gutes. Auch die Verbraucher sahen wenig optimistisch in die Zukunft.

Aufgaben:

2.1 Definieren Sie den Begriff Konjunkturindikatoren!

2.2 Nennen und beschreiben Sie mindestens fünf wichtige Konjunkturindikatoren!

12 **Textauszug:**

Aktienkurse und Konjunktur

Viele machen sich große Sorgen über den Preissturz an den Börsen. Wird das Ende des Booms an den Aktienmärkten Folgen für die Weltwirtschaft haben? Tatsächlich haben geplatzte Finanzblasen oft den Zusammenbruch von Produktion und Beschäftigung zur Folge.

Während eines Börsenbooms, wenn die Aktienpreise durch das starke Vertrauen der Investoren hoch getrieben werden, hilft die Börse mit, einen wirtschaftlichen **Boom** zu erzeugen. Verbraucher, die Aktien besitzen, fühlen sich reicher und kaufen mehr. Auch nehmen sie Kredite auf, um neue Wohnungen, Autos, und andere teure Güter zu kaufen.

Zudem ist es für Unternehmen einfach, Anleihen aufzunehmen oder neue Aktien auszugeben. Sie lösen damit einen Investitionsboom in der Wirtschaft aus. Die Banken gewähren Haushalten und Unternehmen zu günstigen Bedingungen Kredite, wenn sie hoch bewertete Aktien besitzen. Sie halten den Wertpapier-Reichtum für ausreichende Sicherheiten. Und ausländische Investoren bringen Geld ins Land, um sich ihren Anteil am Geschehen zu sichern.

Wenn ein Börsenboom zu Ende geht und die Preise einbrechen, kehren sich diese Verhaltensmuster um. Konsum und Investitionen sinken, ausländische Investoren ziehen sich zurück. Bankdarlehen werden knapper. Diese Faktoren bremsen die Wirtschaft ab.

Allerdings kann eine wirtschaftliche Beruhigung auch zu einer **Rezession** oder gar **Depression** werden: Zum einen kann der Einbruch der Aktienpreise wie in Japan, Mexiko und in Argentinien zu einer Bankenkrise führen. Zum anderen können Banken merken, dass sie während eines Börsensturzes ihre Forderungen nicht realisieren können. Sie dürften dann vor Zahlungsschwierigkeiten stehen und daher neue Kredite stark einschränken. In extremen Fällen bangen die Kontoinhaber um ihre Einlagen und ziehen ihr Geld ab. Dadurch wird eine Bankenkrise verschärft. Auch ausländische Investoren können sich zurückziehen. Das Land kann in eine Zahlungsbilanzkrise geraten, in der es ausländische Schulden nicht bedienen kann. Handel und Produktion werden unterbrochen ...

Quelle: Sachs, J.: Der Einbruch an den Börsen führt zu keiner Depression, in: Die Welt vom 1. August 2002.

Aufgaben:

1. Erklären Sie die hervorgehobenen Begriffe!
2. Überlegen Sie, welchen Einfluss die Aktienkurse auf die Konjunktur haben können!
3. Überlegen Sie, welchen Einfluss die Konjunkturentwicklung auf die Aktienkurse haben kann!
4. Überlegen Sie sich mögliche Zusammenhänge zwischen einer von Ihnen genannten Rezessionsursache und den Folgen, die die Rezession weiter verstärken!
5. Nennen Sie Beispiele für „konjunkturelle Rahmenbedingungen"!
6. Begründen Sie, warum die Kfz-Zulassungszahlen ein Indikator für Konjunkturbewegungen sein können!

4 Gegenüberstellung der Einnahmen und Ausgaben im Staatshaushalt

4.1 Die öffentlichen Ausgaben und Einnahmen als Grundlage der Fiskalpolitik

Merke:

Der Haushalt eines Staates bildet als **„Manövriermasse"** eine wesentliche Grundlage für die Stabilisierung der Konjunktur und des Wachstums. Der jährliche **Bundeshaushalt** ist im Prinzip nichts anderes als das **Regierungsprogramm in Zahlen,** wobei für die Aufstellung, Durchführung und Kontrolle des Bundeshaushaltes **strenge Vorschriften** gelten.

Zunächst stellt die Regierung den Haushalt auf. Dabei orientiert sie sich auf der **Einnahmenseite** an den vom „Arbeitskreis Steuerschätzung" berechneten **voraussichtlichen Steuereinnahmen.** Auf der **Ausgabenseite** dienen als Planungsgrundlage die **Ausgaben,** welche die **einzelnen Ministerien** an den Finanzminister melden. Das Finanzministerium erarbeitet dann einen Haushaltsentwurf, der dem **Kabinett** vorgelegt wird. Stimmt die

Bundesregierung zu, wird der Entwurf gleichzeitig dem **Bundestag** und dem **Bundesrat vorgelegt.** Wie nebenstehende Darstellung des Haushaltskreislaufes verdeutlicht, wird der Haushalt in Anschluss an das Gesetzgebungsverfahren entsprechend ausgeführt und nach Ablauf des Haushaltsjahres durch das Parlament mithilfe des **Bundesrechnungshofes** kontrolliert.

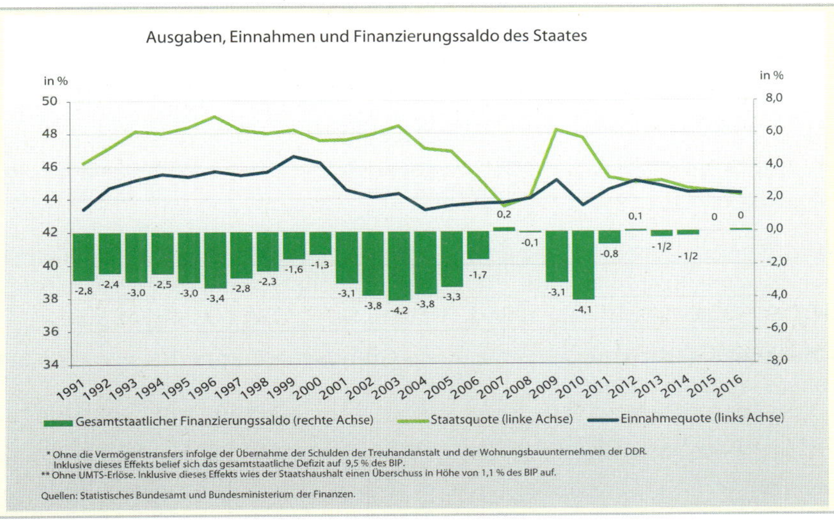

Quelle: Bundesministerium der Finanzen, Monatsbericht des BMF Februar 2013.

Merke:

Bund, Länder und **Gemeinden** sind verpflichtet, **jährlich** einen **Haushaltsplan** aufzustellen, in dem den Ausgaben die Einnahmen gegenübergestellt werden. Der Plan enthält **Sollzahlen,** also geschätzte Zahlen.

Der **Haushaltsplan des Bundes** kommt durch den Bundesfinanzminister vor den Bundestag, der über ihn berät und abstimmt. Der verabschiedete Bundeshaushalt wird Gesetz. Wir unterscheiden den ordentlichen und außerordentlichen Haushalt sowie den Nachtragshaushalt.

Der **ordentliche Haushalt** enthält alle gesetzlich vorgeschriebenen Ausgaben, geordnet nach Sachgebieten (Ministerien) und vorgesehenen Einnahmen. Bei den Ausgaben handelt es sich um laufend wiederkehrende Personal- und Sachausgaben, während die Einnahmen aus Steuern und Abgaben bestehen.

Der **außerordentliche Haushalt** erfasst in der Regel langfristig zu finanzierende Aufgaben. Er wird durch außerordentliche Einnahmen (Kreditaufnahme) gedeckt. Hier handelt es sich um Ausgaben zu „werbenden" Zwecken. Darunter versteht man z. B. die Vornahme von Sozialinvestitionen wie Straßenbau, Brückenbau, Errichtung von Theatern usw.

Ein **Nachtragshaushalt** wird notwendig, wenn unaufschiebbare Mehrausgaben auf die Regierung zukommen. Er muss später vom Parlament bewilligt werden.

Formal ist der Staatshaushalt **immer ausgeglichen.**

Ausgaben	Einnahmen
ordentliche Ausgaben	ordentliche Einnahmen
außerordentliche Ausgaben	außerordentliche Einnahmen

materiell und formal ausgeglichener Staatshaushalt

Ausgaben	Einnahmen
ordentliche Ausgaben	ordentliche Einnahmen
außerordentliche Ausgaben	außerordentliche Einnahmen
	zusätzliche Kreditaufnahme

Haushaltsdefizit
(formal ausgeglichener Staatshaushalt)

Ausgaben	Einnahmen
ordentliche Ausgaben	ordentliche Einnahmen
außerordentliche Ausgaben	außerordentliche Einnahmen
vorzeitige Tilgung, Rücklagen	

Haushaltsüberschuss
(formal ausgeglichener Staatshaushalt)

Auftretende Unter- oder Überdeckungen werden durch zusätzliche Kreditaufnahmen oder vorzeitige Schuldentilgungen und Rücklagen (z. B. Konjunkturausgleichsrücklage) ausgeglichen.

Für die **Haushaltsaufstellung** sind bestimmte **Grundsätze** zu beachten, von denen einige hier genannt werden sollen:

Grundsatz	Erläuterungen
Grundsatz der Öffentlichkeit	Das Budget wird vom Parlament beraten und seine Ausführung durch den Rechnungshof überprüft.
Grundsatz der Vollständigkeit	Im Etat müssen **alle** Einnahmen und Ausgaben ausgewiesen werden.
Grundsatz der Wahrheit	Einnahmen und Ausgaben sollen möglichst genau geschätzt werden.
Grundsatz der Nichtbindung von Einnahmen (Non-Affectation)	Dieser Grundsatz weist auf die zu vermeidende Zweckbindung der eingenommenen Mittel hin. Er wird nicht selten durchbrochen, z. B. bei der Erhebung von Zwecksteuern.

4.2 Zusammensetzung der öffentlichen Ausgaben

Die Ausgaben des Staates lassen sich nach **verschiedenartigen Gesichtspunkten** untergliedern. Differenziert man die Ausgaben des Staates nach den **Aufgabenbereichen** des Staates, so ergibt sich am Beispiel des Jahres 2013 folgende Übersicht:

Entwicklung der Bundesausgaben nach Aufgabenbereichen

Aufgabenbereich	Soll 2013 (in Mio. €)[1]	Anteil in % der Ausgaben
Ausgaben zusammen	**302 000**	**100,0**
0. Allgemeine Dienste	**72 949**	**24,2**
Politische Führung und zentrale Verwaltung	**13 329**	**4,4**
Politische Führung	**3 121**	**1,0**
Versorgung einschließlich Beihilfen	**8 717**	**2,9**
Auswärtige Angelegenheiten	**17 950**	**5,9**
Auslandsvertretungen	774	0,3
Beiträge an Internationale Organisationen	9 533	3,2
Wirtschaftliche Zusammenarbeit und Entwicklung	6 181	2,0
Verteidigung	**32 807**	**10,9**
Öffentliche Sicherheit und Ordnung	**4 525**	**1,5**
Polizei	**3 280**	**1,1**
Finanzverwaltung	**3 878**	**1,3**
1. Bildungswesen, Wissenschaft, Forschung	**18 952**	**6,3**
Hochschulen	**4 794**	**1,6**
Förderung für Schüler, Studierende, Weiterbildungsteilnehmende	**2 675**	**0,9**
Wissenschaft, Forschung, Entwicklung außerhalb der Hochschulen	**10 459**	**3,5**
Gemeinsame Forschungsförderung von Bund und Ländern	4 002	1,3
Max-Planck-Gesellschaft	716	0,2
Fraunhofer-Gesellschaft	554	0,2
Zentren der Hermann von Helmholtz-Gemeinschaft	2 360	0,8
Forschung und experimentelle Entwicklung	5 869	1,9
2. Soziale Sicherung, Familie und Jugend, Arbeitsmarktpolitik	**145 124**	**48,1**
Sozialversicherung einschließlich Arbeitslosenversicherung	**98 856**	**32,7**
Leistungen an die Rentenversicherung (ohne knappschaftliche Rentenversicherung)	75 643	25,0
Knappschaftliche Rentenversicherung	5 514	1,8
Unfallversicherung	313	0,1
Krankenversicherung	12 805	4,2
Alterssicherung der Landwirte	2 176	0,7
Sonstige Sozialversicherungen	2 405	0,8
Familienhilfe, Wohlfahrtspflege	**6 475**	**2,1**
Elterngeld	4 900	1,6
Soziale Leistungen für Folgen von Krieg und politischen Ereignissen	**2 432**	**0,8**
Arbeitsmarktpolitik	**31 925**	**10,6**
Arbeitslosengeld II nach dem SGB II	18 960	6,3
Leistungen für Unterkunft und Heizung nach dem SGB II	4 700	1,6
Aktive Arbeitsmarktpolitik	4 215	1,4
Sonstige Leistungen der Grundsicherung für Arbeitsuchende nach dem SGB II	4 050	1,3
Grundsicherung im Alter und bei Erwerbsminderung (einschließlich Gutachterkosten)	**3 890**	**1,3**

Quelle: Bundesministerium der Finanzen, Monatsbericht des BMF Februar 2013.

Bei Betrachtung der Ausgaben wird deutlich, dass die Belastungen für die **soziale Sicherung** den mit Abstand **größten Ausgabenposten** im Bundeshaushalt darstellen. Die Zahlungen an die Sozialversicherung – und hier insbesondere an die Rentenversicherung – sind unter anderem auf folgende Sachverhalte zurückzuführen:

- Pauschale Abgeltung des Bundes an die Deutsche Rentenversicherung der Arbeiter und Angestellten für **nicht beitragsgedeckte Leistungen.**
- Aufgrund des Gesetzes zu Korrekturen in der Sozialversicherung und zur Sicherung der Arbeitnehmerrente trägt der Bund die **Beiträge** zur Rentenversicherung **während der Erziehungszeiten.**
- Der Bund trägt zur Sicherung der dauernden Leistungsfähigkeit den Unterschiedsbetrag zwischen Einnahmen und Ausgaben der **knappschaftlichen Rentenversicherung** im Kalenderjahr.

4.3 Zusammensetzung der öffentlichen Einnahmen

4.3.1 Überblick über die Einnahmearten

Merke:

Zur **Finanzierung seiner Aufgaben** benötigt der Staat Einnahmen.

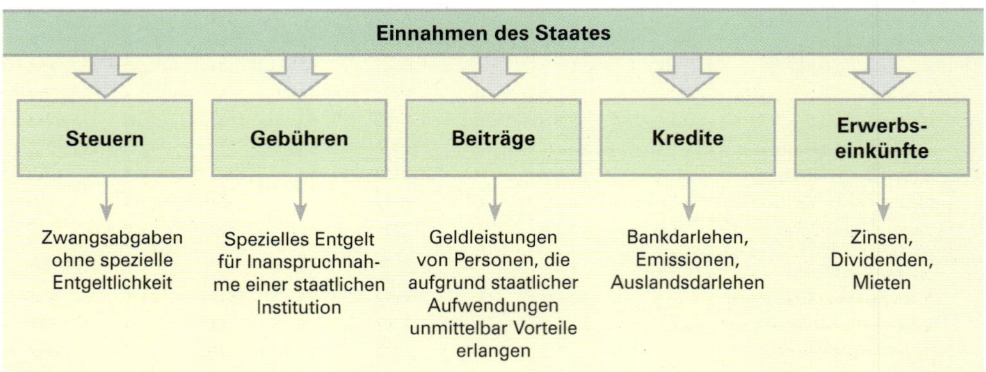

Die zur Finanzierung der öffentlichen Ausgaben erforderlichen **Einnahmen des Bundes** setzen sich wie folgt zusammen:

Entwicklung der Einnahmen des Bundes

	Ist 2012		Soll 2013		Ist - Entwicklung		Unterjährige Veränderung ggü. Vorjahr in %
					Januar 2012	Januar 2013	
	in Mio. €	Anteil in %	in Mio. €	Anteil in %	in Mio. €		
I. Steuern	**256 086**	**90,2**	**260 611**	**91,6**	**16 590**	**15 401**	**-7,2**
Bundesanteile an Gemeinschaftsteuern:	205 843	72,5	213 154	74,9	14 791	14 781	-0,1
Einkommen- und Körperschaftsteuer (einschl. Abgeltungsteuer auf Zins- und Veräußerungserträge)	101 092	35,6	104 528	36,7	6 395	6 527	+2,1
davon:							
Lohnsteuer	63 136	22,2	66 768	23,5	3 587	4 031	+12,4
veranlagte Einkommensteuer	15 838	5,6	16 852	5,9	216	304	+40,7
nicht veranlagte Steuer vom Ertrag	10 028	3,5	7 742	2,7	1 358	731	-46,2
Abgeltungsteuer auf Zins- und Veräußerungserträge	3 623	1,3	4 141	1,5	1 071	1 122	+4,8
Körperschaftsteuer	8 467	3,0	10 285	3,6	163	339	+108,0
Steuern vom Umsatz	103 165	36,3	107 020	37,6	8 411	8 258	-1,8
Gewerbesteuerumlage	1 587	0,6	1 606	0,6	-15	-5	-66,7
Energiesteuer	39 305	13,8	40 270	14,2	312	452	+44,9
Tabaksteuer	14 143	5,0	14 450	5,1	376	482	+28,2
Solidaritätszuschlag	13 624	4,8	14 050	4,9	1 017	1 045	+2,8
Versicherungsteuer	11 138	3,9	11 115	3,9	540	566	+4,8
Stromsteuer	6 973	2,5	6 400	2,2	544	540	-0,7
Kraftfahrzeugsteuer	8443	3,0	8 305	2,9	973	998	+2,6
Kernbrennstoffsteuer	1 577	0,6	1 400	0,5	-154	0	X
Branntweinabgaben	2 123	0,7	2 101	0,7	203	206	+1,5
Kaffeesteuer	1 054	0,4	1 045	0,4	98	95	-3,1
Luftverkehrsteuer	948	0,3	970	0,3	54	60	+11,1
Ergänzungszuweisungen an Länder	-11 621	-4,1	-10 842	-3,8	0	0	X
BNE-Eigenmittel der EU	-19 826	-7,0	-23 950	-8,4	-1 462	-3 056	+109,0
Mehrwertsteuer-Eigenmittel der EU	-2 027	-0,7	-2 150	-0,8	-161	-222	+37,9
Zuweisungen an Länder für ÖPNV	-7 085	-2,5	-7 191	-2,5	-590	-599	+1,5
Zuweisung an die Länder für Kfz-Steuer und Lkw-Maut	-8 992	-3,2	-8 992	-3,2	0	0	X
II. Sonstige Einnahmen	**27 870**	**9,8**	**23 979**	**8,4**	**1 573**	**2 289**	**+45,5**
Einnahmen aus wirtschaftlicher Tätigkeit	4 560	1,6	5 511	1,9	21	21	+0,0
Zinseinnahmen	263	0,1	400	0,1	27	15	-44,4
Darlehensrückflüsse, Beteiligungen, Privatisierungserlöse	5 183	1,8	5 640	2,0	261	920	+252,5
Einnahmen zusammen	**283 956**	**100,0**	**284 590**	**100,0**	**18 162**	**17 690**	**-2,6**

Quelle: Bundesministerium der Finanzen, Monatsbericht des BMF Februar 2013.

Bei Durchsicht der Einnahmen fällt auf, dass der weitaus **größte Einnahmenblock** der öffentlichen Hand aus **Steuern** resultiert. Vor diesem Hintergrund wird deutlich, welche Auswirkungen von Änderungen der Steuergesetzgebung auf den Bundeshaushalt ausgehen. Nicht zuletzt deshalb durchlaufen derartige Änderungen zumeist einen langen Prozess der politischen Diskussion.

4.3.2 Ausgewählte Steuerarten und ihre Wirkung auf die Volkswirtschaft

Merke:

Die **wichtigste Einnahmeart** des Staates stellen die **Steuern** dar.

(1) Einteilung der Steuern

Man kann die Steuern nach verschiedenen Gesichtspunkten unterteilen.

- **Nach dem Empfänger der Steuer:**

  - Bundessteuer
  - Ländersteuer
  - Gemeindesteuer
  - Kirchensteuer

- **Nach den Erhebungsformen:**

Steuerart	Erläuterungen
Direkte Steuern	Sie sind von dem zu tragen, der sie bezahlen soll. Steuerzahler und Steuerträger sind identisch (Einkommensteuer). **Steuerzahler** (Steuersubjekt) ist der gesetzlich zur Bezahlung der Steuer Verpflichtete. **Steuerträger** ist derjenige, der die Steuerlast – nach allen Überwälzungsvorgängen – endgültig trägt.
Indirekte Steuern	Sie werden durch Hineinrechnen in den Preis überwälzt. Steuerzahler und Steuerträger sind verschieden (z. B. Umsatzsteuer).

- **Nach dem Steuergegenstand:**

  - Besitzsteuern
  - Verkehrsteuern
  - Verbrauchsteuern.

Steuerart	Erläuterungen
Besitzsteuern	
▪ **Personalsteuern**	Einkommensteuer, Lohnsteuer, Kirchensteuer, Kapitalertragsteuer, Körperschaftsteuer, Schenkungsteuer, Erbschaftsteuer.
▪ **Realsteuern**	Grundsteuer, Gewerbesteuer.
Verkehrsteuern	Hier wird ein wirtschaftlich-rechtlicher Verkehrsvorgang besteuert: Umsatzsteuer, Grunderwerbsteuer, Versicherungsteuer, Kraftfahrzeugsteuer.
Verbrauchsteuern	Die Besteuerung ist abhängig vom Verbrauch. Besteuert werden in der Hauptsache Genuss- und Nahrungsmittel: Biersteuer, Kaffeesteuer, Getränkesteuer, Tabaksteuer, Mineralölsteuer.

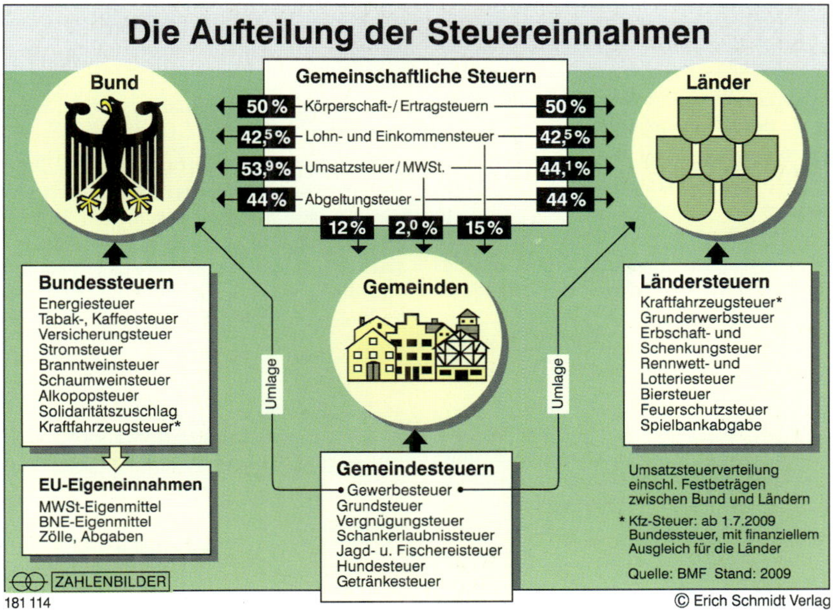

(2) Funktionen von Steuern

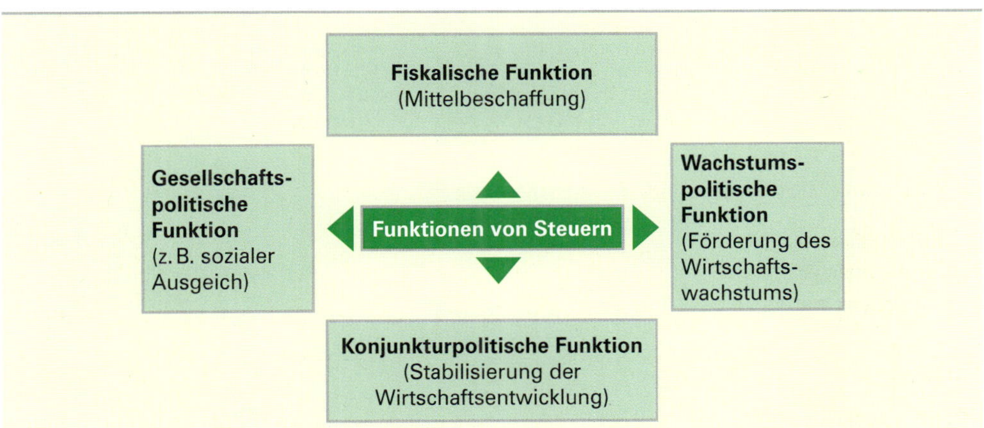

Gesamtwirtschaftliche Steuerwirkungen

Die Frage nach dem Ziel der Besteuerung wurde bis zur Mitte des vorherigen Jahrhunderts allein mit der Bedarfsdeckungsfunktion (fiskalische Zielsetzung) beantwortet:

Der Staat braucht Steuereinnahmen zur Deckung der Kosten, die ihm bei der Aufgabenerfüllung entstehen. Erst gegen Ende des letzten Jahrhunderts gewannen sozialpolitische Zielsetzungen im Sinne einer Umverteilung (Redistribution) von Einkommen und Vermögen zunehmend an Gewicht, wie sie im Prinzip der Besteuerung nach der Leistungsfähigkeit Ausdruck fanden.

Erst seit den dreißiger Jahren dieses Jahrhunderts wird im Anschluss an die Lehren von John M. Keynes (1883–1946) den konjunktur- und stabilitätspolitischen Aspekten der Besteuerung wachsende Beachtung beigemessen.

Mit dem Schlagwort „Steuern sind Wirtschaftslenkungsmittel" bezeichnet man die Tatsache, dass Steuern,

1. das wichtigste Instrument des Staates zur gezielten Beeinflussung und Steuerung des wirtschaftlichen Verhaltens des Einzelnen und
2. der bedeutendste Bestandteil des Katalogs der staatlichen Maßnahmen zur Wirtschaftslenkung sind.

Diese enorme Bedeutung der Besteuerung als staatliches Finanzierungs- und Gestaltungsinstrument ist Ausfluss des Sozialstaatsprinzips, weil erst die Verfügungsmacht über die Steuererhebung den Staat in die Lage versetzt,

a) soziale Verantwortung zu übernehmen
b) eine notwendige Umverteilung vorzunehmen
c) erforderliche Maßnahmen der Daseinsvorsorge zu treffen.

In der modernen Interpretation des Bundesministeriums der Finanzen bewegt sich die wirtschaftspolitische Ausrichtung der Besteuerung in optimaler Ausgewogenheit zwischen Marktwirtschaft und Wohlfahrtsstaat. Damit ergibt sich ein sehr breiter Zielkatalog, dessen Einzelziele sich aus dem Schaubild ergeben.

Nach dieser Systematik lassen sich drei Hauptrichtungen:

1. fiskalische,
2. verteilungs- und sozialpolitische,
3. wirtschafts- und finanzpolitische Ziele der Besteuerung

einteilen.

Quelle: Bundeszentrale für politische Bildung, Informationen zur politischen Bildung, Steuern und Finanzen, Nr. 241.

4.4 Die Staatsverschuldung der Bundesrepublik Deutschland

Stellt man nunmehr die Einnahmen den Ausgaben gegenüber, so wird deutlich, dass der die Einnahmen übersteigende Ausgabenteil – der **Finanzierungssaldo** – finanziert werden muss.

Wie die nachfolgende Übersicht verdeutlicht, sind die Ausgaben des Bundes – fast schon traditionell – größer als seine Einnahmen. Eine derartige Haushaltspolitik hat in den letzten Jahren zu einem starken **Anstieg der öffentlichen Verschuldung** auf mittlerweile **mehr als 2,0 Billionen EUR** geführt, sodass bereits zum heutigen Zeitpunkt **jeder siebte Steuereuro** des Bundeshaushaltes für **Zinsen** ausgegeben werden muss.

Die Entwicklung des Bundeshaushalts für 2011–2016 zeigt nachfolgende Aufstellung:

Bundeshaushalt 2011 bis 2016 (Gesamtübersicht)

Gegenstand der Nachweisung	2011	2012	2013	2014	2015	2016
	Ist	Ist	Soll	Finanzplanung		
	Mrd. €					
1. Ausgaben	**296,2**	**306,8**	**302,0**	**302,9**	**303,3**	**309,9**
Veränderung gegen Vorjahr in %	-2,4	+3,6	-1,6	+0,3	+0,1	+2,2
2. Einnahmen[1]	**278,5**	**284,0**	**284,6**	**289,5**	**298,3**	**309,6**
Veränderung gegen Vorjahr in %	+7,4	+2,0	+0,2	+1,7	+3,0	+3,8
darunter:						
Steuereinnahmen	248,1	256,1	260,6	269,1	277,3	288,5
Veränderung gegen Vorjahr in %	+9,7	+3,2	+1,8	+3,3	+3,1	+4,0
3. Finanzierungssaldo	**-17,7**	**-22,8**	**-17,4**	**-13,4**	**-5,0**	**-0,3**
in % der Ausgaben	6,0	7,4	5,8	4,4	1,7	0,1
Zusammensetzung des Finanzierungssaldos						
4. Bruttokreditaufnahme[2] **(-)**	**274,2**	**249,3**	**249,8**	**243,4**	**242,0**	**255,6**
5. sonst. Einnahmen und haushalterische Umbuchungen	**3,1**	**5,7**	**-0,3**	**-1,1**	**-1,3**	**2,2**
6. Tilgungen (+)	**260,0**	**232,6**	**232,4**	**231,4**	**238,6**	**253,3**
7. Nettokreditaufnahme	**17,3**	**22,5**	**17,1**	**13,1**	**4,7**	**0,0**
8. Münzeinnahmen	**-0,3**	**-0,3**	**-0,3**	**-0,3**	**-0,3**	**-0,3**
Nachrichtlich:						
Investive Ausgaben	25,4	36,3	34,8	29,7	25,2	24,9
Veränderung gegen Vorjahr in %	-2,7	+43,0	-4,1	-14,6	-15,3	-1,2
Bundesanteil am Bundesbankgewinn	2,2	0,6	1,5	2,0	2,5	2,5

Abweichungen durch Rundung der Zahlen möglich.

[1] Gemäß BHO § 13 Absatz 4.2 ohne Münzeinnahmen.

[2] Nach Abzug der Finanzierung der Eigenbestandsveränderung.

Stand: Januar 2013.

Quelle: Bundesministerium der Finanzen, Monatsbericht des BMF, Februar 2013.

Der **Anteil der Zinsausgaben** am Bundeshaushalt dürfte auch künftig nicht nur wegen eventuell **steigender Zinssätze** weiter **zunehmen,** da – wie nebenstehende Abbildung der **„Schulden-Uhr"** des Bundes der Steuerzahler zeigt – die Staatsverschuldung mit **870,00 EUR pro** Sekunde rasant anwächst.

Quelle: www.steuerzahler.de vom 18.03.2013.

Zusammenfassung

- Der **Haushalt** eines Staates bildet als **„Manövriermasse"** eine wesentliche Grundlage für die **Stabilisierung der Konjunktur** und des **Wachstums.**
- Der jährliche **Bundeshaushalt** ist im Prinzip nichts anderes als das **Regierungsprogramm in Zahlen.**
- **Bund, Länder** und **Gemeinden** sind verpflichtet, jährlich einen **Haushaltsplan** aufzustellen, der **geschätzte Zahlen** enthält.
- **Formal** ist der Staatshaushalt **immer ausgeglichen.**
- Für die Haushaltsaufstellung sind folgende **Grundsätze** zu beachten:
  - Grundsatz der **Öffentlichkeit,**
  - Grundsatz der **Vollständigkeit,**
  - Grundsatz der **Wahrheit** und
  - Grundsatz der **Nichtbindung von Einnahmen.**
- Die Belastungen für die **soziale Sicherung** stellen den mit Abstand **größten Ausgabenposten** im Bundeshaushalt dar.
- Die **Einnahmen** eines Staates setzen sich im Wesentlichen zusammen aus Steuern, Gebühren, Beiträgen, Krediten und Erwerbseinkünften.
- Die **wichtigste Einnahmeart** des Staates sind die **Steuern.**
- Nach dem **Empfänger der Steuern** lassen sich Bundes-, Länder-, Gemeinde- und Kirchensteuern unterscheiden.
- In Bezug auf die **Erhebungsformen** unterscheidet man **direkte** und **indirekte** Steuern.
- Nach dem **Steuergegenstand** sind Besitz-, Verkehrs- und Verbrauchsteuern zu unterscheiden.
- Steuern haben fiskalische, wachstumspolitische, konjunkturpolitische und gesellschaftspolitische Funktionen.
- Der **Finanzierungssaldo** ist der die Einnahmen übersteigende Ausgabenteil.

Übungsaufgabe

13 1. Das Steuersystem der Bundesrepublik Deutschland zählt gemäß einer Studie der OECD zu den weltweit kompliziertesten Systemen und bedarf einer dringenden und umfänglichen Reform im Sinne einer Vereinfachung. Dies dokumentiert nicht zuletzt nachfolgender Artikel.

Lesen Sie zunächst diesen Artikel und erläutern Sie mögliche Ursachen für das Zustandekommen derart unübersichtlicher Regelungen, die zudem in sich zumeist nicht schlüssig sind.

Der Mehrwertsteuerwahn

Der Gestaltungswille der Politik treibt die seltsamsten Blüten.

Die Gäule, lateinisch Equidae, sind eine weitverzweigte Familie, ihrem Paarungsverhalten sei Dank. Es gibt Pferde und Esel, Maultiere und Maulesel. Sogar die Liebe zwischen Pferd und Zebra ist möglich; heraus kommt dann ein Zebroid.

Entsprechend groß sind die Anforderungen an die deutsche Steuergesetzgebung. Im steten Bemühen, das Steuerrecht möglichst exakt der Lebenswirklichkeit anzupassen, haben sich Spitzenbeamte des Bundesfinanzministeriums gründlich in die Pferdematerie eingearbeitet. Es geht um die Frage, welches Tier bei einem Kauf mit dem normalen Mehrwertsteuersatz zu belegen ist und welches mit dem ermäßigten Satz. . . .

Klar ist: Pferd ist nicht gleich Pferd. Während für „Hengste, Wallache, Stuten, Fohlen" grundsätzlich der ermäßigte Steuersatz gelte, sei auf „Przewalski-Pferde, Tarpane (Mongolei) sowie Zebras und Zebroide" der volle Satz anzuwenden. „Kreuzungen zwischen Eselhengst und Pferdestute (Maultier) sowie zwischen Pferdehengst und Eselstute (Maulesel)" werden steuerlich gefördert, der einfache Esel hingegen nicht – jedenfalls zu Lebzeiten. Geschlachtet und zum Verzehr bestimmt, erfreut auch er sich der steuerlichen Begünstigung.

In ihrem 140 Seiten starken Schriftsatz, der dem FDP-Bundesabgeordneten Volker Wissing in die Hände fiel, gaben sich die Finanzbeamten alle Mühe, sämtliche Fragen der Umsatzsteuerermäßigung umfänglich zu beantworten.

Konkret sieht das so aus: Für Hummer und Langusten ist die volle Mehrwertsteuer fällig, für Krabben und Garnelen hingegen nur die ermäßigte. Steuerlich subventioniert werden Quallen, die Fettlebern von Gänsen und Enten sowie die „Schlachtnebenerzeugnisse von Bibern, Walen, Fröschen und Schildkröten", sofern sie „zur menschlichen Ernährung geeignet" sind.

Bei Kartoffeln hingegen kommt es ganz darauf an. Handelt es sich um die ordinäre Variante, gilt auch für „Pflanz- oder Frühkartoffeln" der ermäßigte Steuersatz. „Süßkartoffeln" dagegen werden voll besteuert.

Auch die Verarbeitung von Lebensmitteln ist für die Steuerbehörde von allergrößter Bedeutung. Solange Gewürze wie „Spargelmehl, Knoblauchschrot und Majoran (gerebelt oder gemahlen)" sauber voneinander getrennt sind, ist alles in Ordnung. Der Staat gewährt einen Steuernachlass. Doch wehe, es handelt sich um „zusammengesetzte Würzmittel" oder gar „getrocknete Erzeugnisse für Zwecke der Medizin". Dann schlägt der Fiskus mit dem vollen Satz zu.

Wer versucht, hier einen Hauch von Systematik oder gesundem Menschenverstand zu erkennen, kann leicht verzweifeln. Ziermais wird vom Staat gefördert, Zuckermais nicht. Pilze und Trüffel werden subventioniert, sofern sie nicht in Essig eingelegt wurden. Die Umsatzsteuer auf Leitungswasser ist ermäßigt, nicht aber die Steuer auf Abwasser.

Kein Bereich des Lebens bleibt von der lenkenden Hand des Staates verschont – auch wenn die Absicht oft rätselhaft ist. Malbücher für Kinder? Werden gefördert – aber nur, wenn auszuschließen ist, dass „auf mehr als der Hälfte der Seiten" eine Bastelschere zum Einsatz kommen soll. Beinprothesen? Die Grundausstattung wird subventioniert, die Ersatzteilbeschaffung hingegen nicht. Kunstwerke? Ein Originalstich wird gefördert, ein vom Künstler signierter Siebdruck oder eine Kunstfotografie gilt nicht als förderwürdig.

„Ein Irrsinn" schlussfolgert denn auch FDP-Politiker Wissing. Die Beamten des Finanzministeriums hingegen scheint das Kompendium des Mehrwertsteuerwahns mit einigem Stolz zu erfüllen. „Der Gesetzgeber", heißt es in ihrem Schreiben, habe „ein Gesamtkonzept für alle Bereiche des täglichen Lebens entwickelt".

Alexander Neubacher

Quelle: Spiegel Nr. 18 vom 29.04.2006.

2. **Projektvorschlag mit regionalem Bezug**:

   Informieren Sie sich über die aktuelle finanzielle Situation Ihrer Kommune, in der Sie leben. Verschaffen Sie sich dabei insbesondere einen Überblick über die wichtigsten Einnahmen- und Ausgabenpositionen dieses kommunalen Haushalts.

   Sollte Ihre Kommune verschuldet sein, versuchen Sie die möglichen Ursachen dieser Verschuldung zu ermitteln.

   Recherchieren Sie, welche konkreten Planungen die Kommune für die Rückführung der Verschuldung vorgesehen hat.

   Überlegen Sie anschließend gemeinsam, welche konkreten Folgen sich zukünftig für die Bürgerinnen und Bürger Ihrer Kommune aus der Notwendigkeit einer Konsolidierung des kommunalen Haushaltes ergeben.

7 Boller, Hartmann - ISBN 978-3-8120-0398-8

5 Fiskalpolitische Maßnahmen zur Beeinflussung des Konjunkturverlaufs

5.1 Träger und Rahmenbedingungen der Fiskalpolitik

Anfang des Jahres 2013 zeigte die „Schuldenuhr" des Bundes mehr als 2,0 Bio. EUR an – je Einwohner über 25 000,00 EUR. Die Schulden müssen zurückgezahlt werden, und bis dahin fallen Jahr für Jahr Milliarden Euro Zinsen an. Dieses Geld fehlt an anderer Stelle des Bundeshaushalts, beispielsweise für Bildung und Investitionen. Die Arbeitnehmer tragen über ihre Steuern die Hauptlast der Zinsen und einer eventuellen Tilgung. Je Erwerbstätigen gerechnet hat der Bund über 45 000,00 EUR Schulden. Und weil die heute Erwachsenen den Schuldenberg aller Voraussicht nach nicht abtragen werden, bleibt er als Hypothek für die nächste Generation.

Da das Haushaltsgebaren des Staates erheblichen Einfluss auf die Gesamtwirtschaft ausübt, liegt es nahe, dass der Staat seine Einnahmen- und Ausgabenpolitik (Finanzpolitik) bewusst in den Dienst der Wirtschaftspolitik stellt. Die staatliche Konjunkturpolitik mithilfe der Einnahmen- und Ausgabenpolitik wird auch als Fiskalpolitik bezeichnet.

Merke:

Die **Konjunkturpolitik** hat die Aufgabe, die Konjunkturausschläge so gering wie möglich zu halten, d. h. für ein **stetiges und angemessenes Wirtschaftswachstum** bei gleichzeitiger **Stabilität des Preisniveaus, hohem Beschäftigungsgrad** und **außenwirtschaftlichem Gleichgewicht** zu sorgen [§ 1 StabG].

Geht man davon aus, dass die nachfragewirksame Geldmenge tatsächlich die Entwicklung des Preisniveaus wesentlich beeinflusst, hat der Staat die Möglichkeit, Stabilitäts- und Beschäftigungspolitik zu betreiben.

Erhöhung der Staatseinnahmen ↗ ↙ Senkung der Staatsausgaben	Besteht Inflationsgefahr, kann der Staat die Steuern erhöhen **(Steuerpolitik)** und die zusätzlichen Einnahmen bei der Deutschen Bundesbank stilllegen **(Konjunkturausgleichsrücklage).** Dem Wirtschaftskreislauf wird Geld entzogen, die Inflation wird gebremst. Die Kürzung von Staatsausgaben (z. B. Einstellungs- und Beförderungsstopp im öffentlichen Dienst, Verringerung der Staatsausgaben für öffentliche Investitionen) wirkt in die gleiche Richtung: Die nachfragewirksame Geldmenge wird geringer, der Preisauftrieb wird gedämpft.
Senkung der Staatseinnahmen ↗ ↙ Erhöhung der Staatsausgaben	Ist die Wirtschaft unterbeschäftigt, kann der Staat die Steuern senken und den Einnahmeausfall durch **Auflösung der Konjunkturausgleichsrücklage** und/oder durch **Kreditaufnahmen** decken. Dem Wirtschaftskreislauf wird zusätzliches Geld zugeführt. Der Staat erwartet, dass aufgrund dieser Maßnahme die Nachfrage nach Konsum- und Investitionsgütern steigt und so die Arbeitslosigkeit abgebaut wird. Die Politik bewussten Schuldenmachens durch den Staat zum Zweck der Konjunkturförderung wird als **„Deficit-spending"** bezeichnet.[1]

1 **Deficit** (engl.): Defizit, Fehlbestand.

In die gleiche Richtung wirkt die Ausweitung der Staatsausgaben, die der Staat mit Krediten finanziert. Fragt der Staat z. B. mehr Bauleistungen nach, erhöht sich die Beschäftigung in der Bauindustrie. Diese wiederum kann mehr Baumaterialien, mehr Maschinen, mehr Kraftfahrzeuge und mehr Arbeitskräfte nachfragen (Multiplikatorwirkung[1] zusätzlicher Staatsausgaben).

5.2 Probleme der Fiskalpolitik

Problematisch ist diese Form der Fiskalpolitik, die auch als **antizyklische Finanzpolitik** bezeichnet wird, wenn sich die Wirtschaft im Zustand der Stagflation befindet. Wird die nachfragewirksame Geldmenge erhöht, steigen die Preise noch stärker, ohne dass eine Garantie dafür besteht, dass auch die Beschäftigung zunimmt. Wird auf eine Erhöhung der nachfragewirksamen Geldmenge verzichtet, ist zwar die Inflationsgefahr geringer, dafür ist aber auch kein Abbau der Arbeitslosigkeit zu erreichen (Zielkonflikt).

Eine wirkungsvolle staatliche Konjunkturpolitik setzt auch die Bewältigung einer Reihe von **Abstimmungsproblemen** (Koordinationsproblemen) voraus. So müssen z. B. Bund, Länder und – wenn möglich – die Gemeinden „am gleichen Strang" ziehen, d. h. die der jeweiligen konjunkturellen Situation entsprechenden Maßnahmen ergreifen. Auch zeitliche Abstimmungsprobleme müssen gelöst werden: Konjunkturförderungs- bzw. -dämpfungsmaßnahmen dürfen nicht zu spät erfolgen. Häufig ist es in der Praxis jedoch so, dass von der Beschlussfassung bis zur Realisierung geraume Zeit verstreicht, sodass konjunkturfördernde Maßnahmen erst dann wirksam werden, wenn man sie eigentlich nicht mehr bräuchte, konjunkturdämpfende Maßnahmen erst dann greifen, wenn sich die Konjunktur bereits im Abschwung befindet.

Weiterhin ist zu bemerken, dass die Möglichkeiten der staatlichen Konjunkturförderung von der Ausgabenseite her begrenzt sind, weil die meisten Staatsausgaben gesetzlich oder durch internationale Vereinbarungen festgelegt sind (z. B. Ausgaben für Löhne und Gehälter der Staatsbediensteten, für die soziale Sicherung, für die Verteidigung). Werden in Zeiten der Hochkonjunktur bestehende Schulden nicht ausreichend abgebaut und keine Konjunkturrücklagen gebildet, nehmen die Staatsschulden von Konjunkturrückgang zu Konjunkturrückgang zu. Die staatliche Konjunkturpolitik besteht dann nur noch aus einem immer umfangreicher werden-

Die antizyklische Finanzpolitik im Modell (Idealfall)

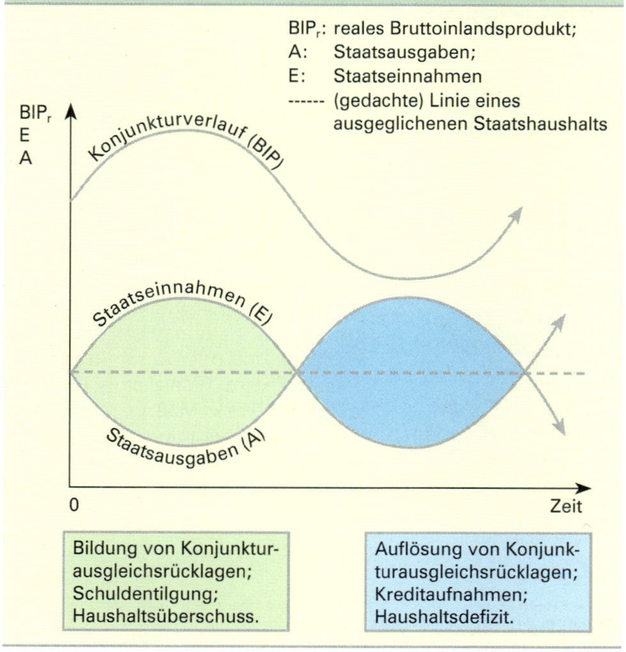

1 **Multiplikator** (lat.): Vervielfältiger.

den Deficit-spending. Der wachsende Schuldendienst (Zins- und Tilgungszahlungen) verkleinert dann zunehmend die finanzielle Manövriermasse,[1] die zur Konjunkturförderung eingesetzt werden könnte.

Mit steigender Schuldenlast verlagert sich deshalb die staatliche Konjunkturpolitik immer mehr auf die Einnahmenpolitik, vor allem die **Steuer- und Abschreibungspolitik.**

5.3 Fiskalismus und Monetarismus als unterschiedliche konjunkturpolitische Konzepte

5.3.1 Nachfrageorientierte Wirtschaftspolitik (Fiskalismus)

5.3.1.1 Wesen des Fiskalismus

Die zuvor dargestellte „antizyklische Finanzpolitik" ist die konsequente Anwendung des von John Maynard Keynes[2] verbreiteten Gedankenguts. Nach Keynes und seinen Anhängern ist die **Einnahmen- und Ausgabenpolitik** der Regierung (d.h. die Politik des Fiskus: Fiskalpolitik) das **Hauptmittel,** mit dem man erfolgreich lenkend in den Konjunkturverlauf eingreifen kann **(Fiskalismus).**

Merke:

- Durch die Steigerung der Staatsausgaben und/oder durch Steuersenkungen ist der Staat in der Lage, die Wirtschaft aus einem konjunkturellen Tal herauszuführen und die Arbeitslosigkeit zu bekämpfen.
- Auf der anderen Seite sehen die **Fiskalisten** in einer Verringerung der Staatsausgaben und/oder in Steuererhöhungen Möglichkeiten, inflationäre Tendenzen zurückzudrängen.

Da sich die so angewandte Fiskalpolitik hauptsächlich auf die gesamtwirtschaftliche Nachfrage auswirkt, spricht man auch von einer **nachfrageorientierten Wirtschaftspolitik.**

Die (erhofften) Wirkungen der **nachfrageorientierten Wirtschaftspolitik** lassen sich wie folgt darstellen:

- Es wird unterstellt, dass sich das gesamtwirtschaftliche Güterangebot normal verhält: Mit steigendem Preisniveau werden mehr Güter, mit sinkendem Preisniveau weniger Güter angeboten. In diesem Fall wirkt die Zunahme der gesamtwirtschaftlichen Güternachfrage beschäftigungssteigernd, aber auch inflationär. Das gesamtwirtschaftliche Güterangebot setzt sich aus der Produktion von Konsum-, Investitions- und Exportgütern zusammen. Volkswirtschaft-

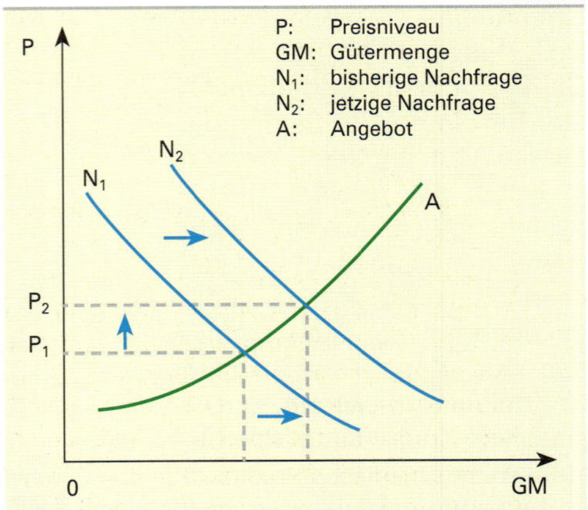

1 **Manövrieren** (frz.): geschickt zu Werke gehen; finanzielle Manövriermasse: Geldmittel, die der Staat frei je nach Bedarf einsetzen kann.

2 John Maynard Keynes, britischer Volkswirtschaftler (1883–1946), legte in seinem Hauptwerk „Die allgemeine Theorie der Beschäftigung, des Zinses und des Geldes" die Grundlagen der Fiskalpolitik.

liches Gleichgewicht herrscht, wenn die gesamtwirtschaftliche Nachfrage dem gesamtwirtschaftlichen Angebot entspricht.

- Es wird unterstellt, dass sich das gesamtwirtschaftliche Güterangebot (z. B. aufgrund des Gesetzes der Massenproduktion) anomal verhält. In diesem Fall wirkt die Zunahme der gesamtwirtschaftlichen Güternachfrage beschäftigungssteigernd und preisdämpfend, falls sich das Angebot nicht verändert.

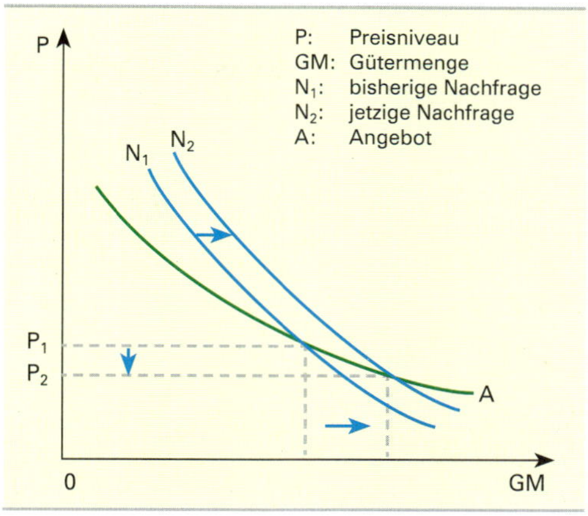

Die **Geldpolitik der Zentralbank** spielt in der fiskalistischen Theorie nur eine untergeordnete Rolle. Sie soll lediglich die Wirtschaftspolitik des Staates unterstützen, indem sie durch eine entsprechende Gestaltung des Zinsniveaus (z. B. über die Offenmarktpolitik) die Kreditaufnahmebereitschaft der Wirtschaftssubjekte anregen (stimulieren) oder zurückdrängen soll. Zum anderen hat die Zentralbank die Aufgabe, die Überschussreserven und damit den Geldschöpfungsspielraum der Kreditinstitute zu beeinflussen (z. B. mithilfe der Mindestreservepolitik), um die Verwirklichung staatlicher Ziele zu erleichtern.

Die fiskalistische Theorie beeinflusste nach 1949 stark die wirtschaftspolitische Praxis der Bundesrepublik Deutschland. Auch die Inhalte des „Stabilitätsgesetzes" (Gesetz zur Förderung der Stabilität und des Wachstums [StabG] vom 8. Juni 1967) fußen weitgehend auf dem Gedankengut der Fiskalisten.

5.3.1.2 Kritik am Fiskalismus

Am Fiskalismus wird aus mehreren Gründen Kritik geübt:

- Konjunktursteuerungsmaßnahmen der Regierungen erfolgen in aller Regel zu spät. Wird im **Aufschwung** gebremst, tritt die dämpfende Wirkung erst ein, wenn der Abschwung bereits im Gang ist. Die Konjunkturdämpfungsmaßnahmen verschärfen somit noch die Rezession. Wird im **Abschwung** die Konjunktur gefördert, treten die anregenden Wirkungen erst dann ein, wenn der Aufschwung bereits eingesetzt hat. Die Konjunkturförderungsmaßnahmen verstärken somit den Boom und die Inflation.
- Die **„Stop-and-go-Politik"** der Fiskalisten richtet auch deswegen mehr Schaden an, als sie Gutes bewirkt, weil die bei jedem Konjunkturzyklus erforderlichen Bremsmaßnahmen Unternehmen zum Aufgeben zwingen, also volkswirtschaftliche Kapazitäten und damit Arbeitsplätze vernichten.
- Für die Regierungen ist es leichter, die öffentlichen Ausgaben zu erhöhen, als sie einzuschränken. Die Folge ist, dass die im Abschwung entstandene **Staatsverschuldung** nicht mehr oder nicht in vollem Umfang abgebaut wird **(Deficit-spending).** Auf diese Weise steigt die Staatsverschuldung von Konjunkturzyklus zu Konjunkturzyklus. Die Staatshaushalte werden immer mehr durch steigende Tilgungs- und Zinsleistungen belastet, sodass der Spielraum der Regierungen für fiskalpolitische Maßnahmen immer enger wird.
- Die erforderlichen Kreditaufnahmen durch die verschuldeten öffentlichen Haushalte erhöhen die Gesamtkreditnachfrage und damit das Zinsniveau. Die Investitionsneigung der Unternehmen nimmt ab, die Arbeitslosigkeit nimmt zu.

5.3.2 Angebotsorientierte Wirtschaftspolitik (Monetarismus)[1]

5.3.2.1 Wesen des Monetarismus

Die These der **Monetaristen** ist, dass die Arbeitslosigkeit durch den Staat (genauer: durch die Regierungen) selbst verschuldet wird. Der Staat muss sich deshalb bei Eingriffen in den Wirtschaftsablauf zurückhalten, für bessere wirtschaftliche Rahmenbedingungen sorgen und den Abbau der Arbeitslosigkeit den Selbstheilungskräften des Marktes überlassen.

Die **monetaristische Theorie** geht davon aus, dass eine enge Beziehung zwischen der Beschäftigung (der Entwicklung des realen Bruttoinlandsprodukts) einerseits und der Geldmenge andererseits besteht:

Merke:

- Steigt die Geldmenge, wird über die zusätzlich finanzierte Nachfrage die Wirtschaft angekurbelt; das Bruttoinlandsprodukt steigt, die Arbeitslosigkeit nimmt längerfristig ab.
- Wird das Geldmengenwachstum gestoppt, kann die mögliche zusätzliche Nachfrage nicht finanziert werden; die Preissteigerungsraten werden geringer; die Güterproduktion stagniert oder geht zurück. Die Arbeitslosigkeit nimmt zu.

Aus diesen beiden Thesen folgt, dass eine **Verstetigung des Geldmengenwachstums** auch zu einer **Verstetigung des Wirtschaftswachstums** führen muss. Die führende Rolle in der Wirtschaftspolitik muss also die **Zentralbank** eines Landes bzw. eines Währungsgebiets haben.

Die Geldpolitik der Notenbank wird ergänzt durch eine **angebotsorientierte Wirtschaftspolitik** der Regierung: Um die Beschäftigung zu erhöhen, müssen die Kosten der Unternehmen (der Anbieter) gesenkt werden. Einzelmaßnahmen bzw. -forderungen sind z. B.:

- Die Löhne und die Lohnnebenkosten (vor allem Sozialversicherungsbeiträge) dürfen nicht im selben Maße wie die Produktivität steigen.
- Die Kostensteuern müssen gesenkt und die Abschreibungsmöglichkeiten verbessert werden.[2]

Die Wirkungen der angebotsorientierten Wirtschaftspolitik lassen sich ebenfalls mithilfe der gesamtwirtschaftlichen Angebotskurve und der gesamtwirtschaftlichen Nachfragekurve darstellen:

- Es wird unterstellt, dass sich das gesamtwirtschaftliche Angebot normal verhält. Kostensenkungen führen zu steigender Beschäftigung und (falls die Nachfrage unverändert bleibt) zu sinkendem Preisniveau.

1 Hauptvertreter des Monetarismus ist der amerikanische Nobelpreisträger Milton Friedmann.

2 Diese Forderung geht auf den amerikanischen Wirtschaftswissenschaftler Laffer zurück, der die These vertritt, dass es zwei unterschiedlich hohe Steuersätze gibt, bei denen das gleich hohe Steueraufkommen erzielt wird. Wird eine bestimmte Steuersatzhöhe überschritten, geht sogar das Steueraufkommen zurück, weil die Leistungsbereitschaft der Steuerpflichtigen abnimmt, Steuerflucht (z. B. durch Kapitalflucht) einsetzt und Schwarzarbeit zu einer blühenden „Schattenwirtschaft" führt. Steuersenkungen sind angebracht.

So einfach wie das Modell ist die Wirklichkeit nicht. Häufig werden die Anbieter aufgrund von Kostensenkungen ihre Preise nicht senken, sondern ihre Gewinne erhöhen. Ob dies zu einer Steigerung der Investitionsgüternachfrage führt, hängt von den Zukunftserwartungen der Anbieter ab.

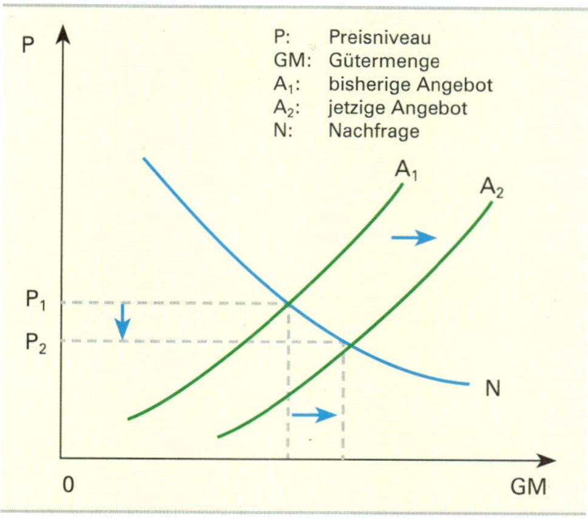

- Es wird unterstellt, dass sich das gesamtwirtschaftliche Angebot anomal aufgrund des Gesetzes der Massenproduktion verhält. Kostensenkungen führen ebenfalls zu steigender Beschäftigung und zu sinkendem Preisniveau, und zwar dies auch dann, wenn die Nachfrage steigen sollte.

  Auch in diesem Modell ist unterstellt, dass die Anbieter die Kostensenkungen an die Nachfrager weitergeben. Tun sie das nicht, ist das Ergebnis das gleiche wie im obigen Fall: Eine wirtschaftliche Belebung erfolgt nur, wenn die gestiegenen Gewinne für zusätzliche Investitionen verwendet werden, die gesamtwirtschaftliche Güternachfrage also zunimmt.

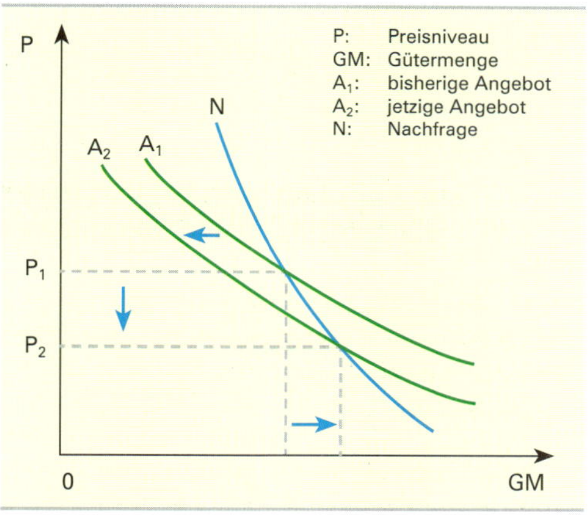

5.3.2.2 Kritik am Monetarismus

An der monetaristischen Theorie sowie an der angebotsorientierten Wirtschaftspolitik wird z. B. aus folgenden Gründen Kritik geübt:

- Der Monetarismus im Verein mit der angebotsorientierten Wirtschaftspolitik bevorzuge – so wird gesagt – einseitig die Anbieter. Außerdem sei zweifelhaft, ob die Anbieter Kostensenkungen (z. B. Steuererleichterungen) an die Nachfrager (z. B. an die Verbraucher) weitergäben. Die monetaristische Wirtschaftspolitik sei daher unsozial.
- Der Monetarismus geht davon aus, dass eine Vermehrung der Geldmenge in jedem Fall das Wirtschaftswachstum (das Angebot) fördert. Dies muss jedoch nicht der Fall sein. Schlägt sich die Geldmengenerhöhung nicht in einem erhöhten Angebot nieder (z. B. weil die Unternehmen nicht in ausreichendem Maße Zusatzinvestitionen vornehmen wollen oder können), führt die Geldmengenvermehrung lediglich zur Inflation (steigende Nachfrage bei gleichbleibendem oder nicht in gleichem Maße steigendem Angebot). Die monetaristische Theorie, so wird spöttisch gesagt, gehe davon aus, dass man dicker werde, wenn man den Gürtel lockerer schnalle, nicht aber davon, dass man den Gürtel lockerer schnallen müsse, wenn man dicker wird.

- Der Monetarismus in Verbindung mit der angebotsorientierten Wirtschaftspolitik zeigt erst auf mittlere Sicht Auswirkungen. Die Begrenzung des Geldmengenwachstums zum Zweck der Inflationsbekämpfung führt dazu, dass unrentable Unternehmen ausscheiden müssen und dadurch die Arbeitslosigkeit erhöht wird. Dies aber führt zu Protesten politischer Parteien und Gewerkschaften, denen sich die Regierungen aufgrund der kurzen Wahlperioden (i. d. R. 4 Jahre) nicht entziehen können. Die angebotsorientierte Wirtschaftspolitik sei daher aus sozialpolitischen Gründen nicht wünschenswert und aus politischen Gründen nicht durchsetzbar.

Zusammenfassung

- Die Ausgaben- und Einnahmenpolitik des Staates zum Zweck der Konjunktursteuerung bezeichnet man als **Fiskalpolitik.**
- Die **antizyklische Fiskalpolitik** verlangt, dass der Staat
  - im Konjunkturaufschwung die Einnahmen (vor allem Steuern) erhöht und die Ausgaben kürzt, um eine Konjunkturüberhitzung zu vermeiden,
  - im Konjunkturabschwung die Einnahmen (vor allem Steuern) senkt und die Ausgaben erhöht, um die Konjunktur anzukurbeln.
- Verschuldet sich der Staat, um die Konjunktur zu fördern, spricht man von **Deficit-spending** (Defizitpolitik).
- 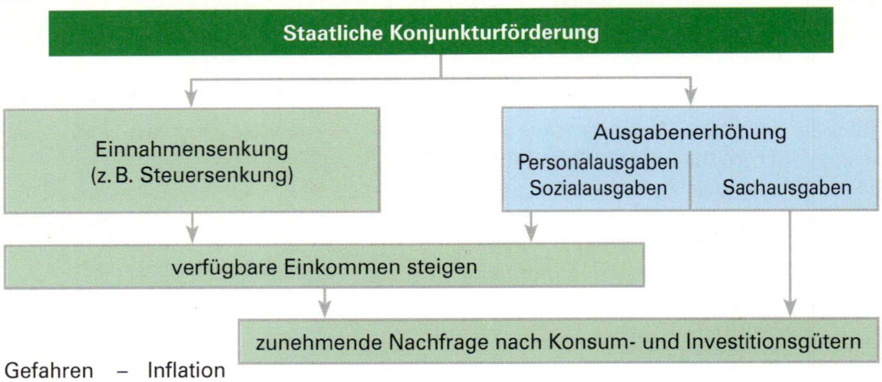

  Gefahren – Inflation
  – wachsende Staatsverschuldung

- 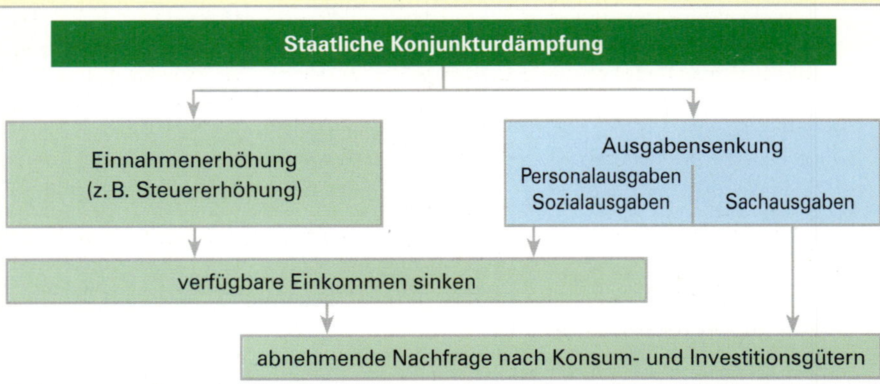

  Gefahren – Rezession
  – zunehmende Arbeitslosigkeit

- Versucht der Staat mit seinen Maßnahmen vorrangig die Nachfrage zu stützen, spricht man von **nachfrageorientierter Wirtschaftspolitik (Fiskalismus)**.
- Eine staatliche Wirtschafts- und Sozialpolitik, die vorrangig das Angebot beeinflusst, heißt **angebotsorientierte Wirtschaftspolitik (Monetarismus)**.

Übungsaufgabe

14 1. Welche Möglichkeit staatlicher Konjunkturpolitik wird in nebenstehender Abbildung veranschaulicht?

Begründen Sie Ihre Feststellung!

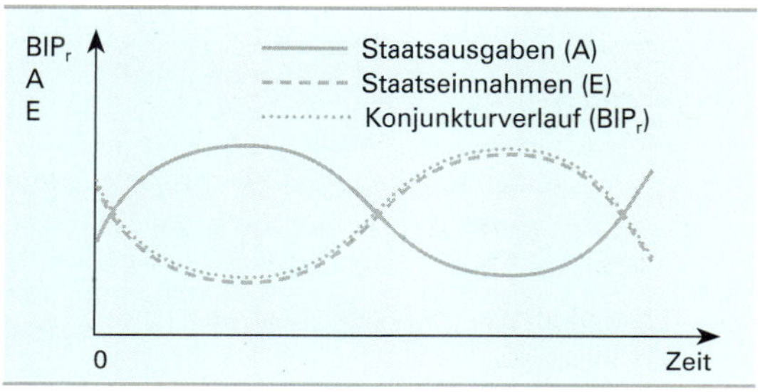

2. Der Versuch des Staates (der Regierung), durch Steuer- und Ausgabenpolitik den Konjunkturverlauf zu beeinflussen, wird als Fiskalpolitik bezeichnet. Die Fiskalpolitik sollte „antizyklisch" sein.

Aufgaben:

2.1 Begründen Sie die Forderung nach einer antizyklischen Fiskalpolitik (Finanzpolitik)!

2.2 Die antizyklische Finanzpolitik setzt i.d.R. voraus, dass der Staat „Deficit-spending" betreibt, wenn er die Konjunktur ankurbeln möchte. Warum?

2.3 Während der Hochkonjunktur soll der Staat Konjunkturausgleichsrücklagen bilden oder Staatsschulden vorzeitig tilgen (zurückzahlen). Welche Auswirkungen auf den Konjunkturverlauf kann diese Rücklagenpolitik haben? Begründen Sie Ihre Feststellungen!

3. **Textauszug 1:**

BRÜSSEL (dpa). Die Europäische Union erhöht den Druck auf die Haushaltssünder Deutschland und Frankreich wegen Nichteinhaltung der Maastricht-Kriterien. Die EU-Finanzminister bestätigten am Dienstag das laufende Defizit-Strafverfahren gegen Berlin und forderten Maßnahmen gegen die Neuverschuldung bis zum 21. Mai. Frankreich bekommt als erstes EU-Land den sogenannten blauen Brief – eine Frühwarnung wegen des erwartet hohen Defizits in diesem Jahr.

Die tugendhafte deutsche Sparpolitik stößt in Paris auf Unverständnis. Der französische Premierminister nannte kürzlich die deutsche Steuerpolitik „ziemlich brutal". Die deutsche „Malaise" drohe das Wachstum in ganz Europa abzuwürgen. Der Premier hält auch nicht viel von der strikten Einhaltung des Stabilitätspakts. Der Pakt sollte „modernisiert und erleichtert werden", sagte er.

Allerdings ist der Stabilitätspakt kein Zankapfel zwischen Paris und Berlin, die den 40. Jahrestag des deutsch-französischen Freundschaftsvertrags feierten. Beide Länder wollen vielmehr gemeinsam noch vorhandene Wachstumsreserven mobilisieren.

Quelle: Badische Zeitung vom 22 Januar 2003.

Textauszug 2:

Bundesbank warnt:

Unsere Kinder erben nur Schulden

FRANKFURT (AP/rob). Ohne schnelle und wirksame Reformen im Renten- und Steuersystem werden künftige Generationen nach Befürchtung der Deutschen Bundesbank unter der finanziellen Abgabenlast zusammenbrechen.

Der wachsende Anteil älterer Menschen in der Bevölkerung drohe die gesetzliche Altersversorgung so zu verteuern, dass die Leistungsfähigkeit der gerade erwerbstätigen Generation überfordert werden könnte, heißt es im Monatsbericht November der Bundesbank. Die Währungshüter fordern deshalb von den Politikern echte Einsparungen statt bloßer Umfinanzierung und Verschiebung finanzieller Lasten in die Zukunft.

Das ist unmissverständlich Kritik an der Bundesregierung, die kürzlich eine Erhöhung des Rentenbeitrags beschlossen hat.

Geboten sind nach Ansicht der Währungshüter aber eine geringere Staatsquote sowie Leistungskürzungen im Sozialbereich. Auch eine stärkere als die bisher beschlossene Senkung des Rentenniveaus schließt die Bundesbank offenbar nicht aus. Sie müsste aber frühzeitig angekündigt werden, damit die Bürger privat vorsorgen könnten. Um eine Gleichverteilung der Lasten zwischen den heute Geborenen und künftigen Generationen zu gewährleisten, wäre eine Reduzierung der Leistungen für die Alterssicherung (einschließlich der Beamtenpensionen) um 38 Prozent erforderlich. Einen solchen harten Einschnitt halten die Währungshüter aber nicht für machbar.

Sollten die Politiker Einsparungen und Reformen nicht zuwege bringen, könnte laut Monatsbericht ein erschreckendes Szenario eintreten. Männer (oder voll berufstätige Frauen) z. B. des Geburtsjahrgangs 1996 zahlen laut Berechnung mit einem speziellen Generationenmodell in ihrem Leben voraussichtlich durchschnittlich rund 460 000 Abgaben und bekommen rund 250 000 staatlicher Transferzahlungen wie Rente, Wohngeld oder Sozialhilfe zurück. Die daraus entstehende Nettobelastung von rund 210 000 ergibt bezogen auf das zu erwartende Einkommen einen „Lebenszeitsteuersatz" von 28,2 Prozent. Für künftige Generationen könnte diese Belastung ohne Reformen auf 66,8 Prozent schnellen. Die heute noch gar nicht Geborenen müssten um 140 Prozent höhere Zahlungen an den Staat leisten als die Menschen des Jahrgangs 1996.

Quelle: Badische Zeitung vom 20. November 1997.

Textauszug 3:

Wachsende Bedeutung der antizyklischen Fiskalpolitik

Einige scheinen noch nicht begriffen zu haben, dass hinter einem auf Stabilität gegründeten Euro das Konzept des „atmenden Haushalts" steht: Während des Aufschwungs sollen die Mitgliedstaaten ihre Etats so restriktiv fahren, dass die damit erzielten Reserven oder Überschüsse in Schlechtwetterphasen das Wirken der „automatischen Stabilisatoren" ermöglichen. Das bedeutet, dass geringere Steuereinnahmen und höhere Sozialausgaben in Form steigender Defizite bis zur 3 %-Grenze hingenommen werden können. Deutschland, Frankreich, Italien und Portugal konnten schon im vergangenen Jahr nur eingeschränkt von einem derart „atmenden Haushalt" Gebrauch machen, weil sie in den guten Jahren zu wenig konsolidiert hatten.

Diese mangelnde Vorsorge rächt sich jetzt. Die vier Sünder müssen nun nachholen, was sie versäumt haben. [. . .]

Quelle: Hort, P.: Gefahr für den Euro, in: FAZ vom 17. Mai 2002.

Aufgaben:

3.1 Im Textauszug 1 ist von „Maastricht-Kriterien" die Rede. Erklären Sie, was hierunter zu verstehen ist!

3.2 Nennen Sie die in den Textauszügen genannten Folgen der Staatsverschuldung!

3.3 Warum ist die Bedeutung der Fiskalpolitik seit der Gründung der Europäischen Zentralbank gewachsen?

3.4 Erläutern Sie die Begriffe angebotsorientierte und nachfrageorientierte Wirtschaftspolitik!

5.4 Die Konjunktur- und Wachstumspolitik als Kombination verschiedener wirtschaftspolitischer Einzelmaßnahmen

An dieser Stelle werden die Ziele, Maßnahmen und möglichen Zielkonflikte verschiedener wirtschaftspolitischer Einzelmaßnahmen nur **exemplarisch** dargestellt.

(1) Kombinierter Einsatz wirtschaftspolitischer Instrumente

„Der amerikanische Nobelpreisträger Paul Samuelson hat vor Jahrzehnten das vielleicht berühmteste ökonomische Diktum formuliert: „Gott gab den Ökonomen zwei Augen, damit sie Angebot und Nachfrage betrachten." Diese Weisheit schien lange Zeit vergessen. Zunächst dachten die Keynesianer, das Wirtschaftswachstum lasse sich durch eine staatliche Manipulation der gesamtwirtschaftlichen Nachfrage steuern, ohne auf die Angebotsbedingungen zu achten. Die ihnen nachfolgende Gegenbewegung formulierte ganz anders, aber nicht weniger radikal: In der ökonomischen Debatte der vergangenen zwanzig Jahre war fast ausschließlich von Angebotspolitik die Rede. Wer schüchtern auf die Bedeutung der Nachfrage für den Wirtschaftsprozess hinwies, wurde als verstaubtes Fossil dargestellt oder einfach ausgelacht ..." [1]

Zwischenzeitlich hat sich jedoch mehrheitlich die Auffassung durchgesetzt, dass sowohl die Angebotspolitik als auch die Nachfragepolitik Instrumente besitzt, die gleichzeitig eingesetzt (kombiniert) werden können, um bestimmte wirtschaftspolitische Ziele zu erreichen.

Beispiel:

In einer Volkswirtschaft herrscht hohe Arbeitslosigkeit und die Kapazitäten der Unternehmen sind nicht voll ausgelastet. Die Regierung beschließt eine Verbesserung der Ausbildung und Weiterbildung der Arbeitnehmer, den Ausbau des Bildungswesens und stellt weitere Mittel für Forschung und Entwicklung bereit. Diese langfristig angelegte Maßnahme zur Qualitätssteigerung der Produktionsfaktoren Arbeit und Bildung ist ein Instrument der **angebotsorientierten Wirtschaftspolitik.** Kurzfristig wird jedoch die Beschäftigungslage (die Konjunktur) nicht wesentlich beeinflusst. Vielmehr muss die Regierung, wenn sie den Zielen eines möglichst hohen Beschäftigungsstands *und* eines möglichst stetigen (störungsfreien) Wirtschaftswachstums näherkommen will, die Nachfrage mithilfe **nachfrageorientierter Instrumente** stärken. Dazu gehören z. B. Erhöhung der Staatsausgaben für Sachinvestitionen und Personal und die Senkung der Sozialabgaben. Erst die sinnvolle **Kombination mehrerer wirtschaftspolitischer Instrumente** macht es möglich, dass die Regierung ein von ihr gesetztes wirtschaftspolitisches Ziel erreichen kann.

1 Quelle: Braunberger, G., Die Ökonomik der OECD, in: FAZ vom 7. August 1998.

Aus weiter oben gemachten Ausführungen ist bekannt, dass wirtschafts- und sozialpolitische Ziele häufig nicht gleichzeitig erreichbar sind, und dass die Verfolgung eines Ziels oft zulasten der Erreichung eines anderes Ziels oder weiterer Ziele geht **(Zielkonflikte).**

Beispiel:

Der im vorigen Beispiel genannte kombinierte Einsatz wirtschaftspolitischer Instrumente steht dann im Widerspruch zum Ziel eines langfristig ausgeglichenen Staatshaushalts, wenn es die Regierungen versäumt haben, in den Jahren der Hochkonjunktur Rücklagen zu bilden oder wenigstens Schulden zu tilgen. Außerdem trägt die steigende Kreditnachfrage dazu bei, die Zinssätze in die Höhe zu treiben, sodass sogar dem Vollbeschäftigungsziel entgegengesetzte Wirkungen eintreten: Steigende Zinsen können unter bestimmten Bedingungen dazu führen, dass geplante Investitionen nicht durchgeführt oder aufgeschoben werden.

Vor allem dann, wenn Zielkonflikte vorliegen, müssen **Kompromisse** geschlossen werden.

Beispiel:

Erstrebenswert sind sowohl ein hoher Beschäftigungsgrad als auch eine gerechte Einkommensverteilung. Von verschiedenen Seiten wird der gesetzliche Mindestlohn gefordert. In einem marktwirtschaftlichen System ist jedoch die Einführung von Mindestlöhnen weder ziel- noch **systemkonform** (marktkonform), weil der Marktmechanismus teilweise außer Kraft gesetzt wird. Da der Mindestlohn über dem Marktlohn liegen muss (andernfalls wäre er überflüssig), erhöht er die Arbeitslosigkeit.

Quelle: Braunberger, G., Die Ökonomik der OECD, in: FAZ vom 7. August 1998.

(2) Wechselwirkungen wirtschaftspolitischer Maßnahmen

Beispiel:

Angenommen, die Regierung eines Landes setzt die Einkommensteuersätze herauf, um die Staatseinnahmen zu erhöhen. Die Rechnung dieses Ursache-Wirkungsdenkens („höhere Steuersätze bringen dem Staat mehr Geld") geht nicht auf: Die Steuereinnahmen steigen nicht. Sie nehmen sogar ab, weil die Konsumenten weniger Geld zur Verfügung haben, sodass die Konsumausgaben sinken. Die Beschäftigung im Handel in der Konsumgüterindustrie geht zurück. Letztere wiederum stellt ihre Investitionsvorhaben zurück, sodass die Kapazitätsauslastung in der Investitionsgüterindustrie sinkt. Die Steuererhöhung hat das Gegenteil dessen bewirkt, was sie eigentlich wollte.

Das Beispiel zeigt, dass die Wirkungen wirtschaftspolitischer Maßnahmen meistens nicht richtig beurteilt werden können, wenn einfache „lineare" Denkmuster zugrunde gelegt werden. Das Denken in „Wenn-dann-Beziehungen" (Ursache-Wirkungsbeziehungen) führt deswegen zu ungenauen, manchmal sogar falschen Ergebnissen, weil neben den **unmittelbaren (direkten) Beziehungen eines Systems**[1] auch die **mittelbaren (indirekten)** Beziehungen, die außerdem **zeitverzögert** eintreten können, berücksichtigt werden müssen. Außerdem sind **Rückkopplungen,** d. h. in diesem Falle also Rückwirkungen bestimmter staatlicher Maßnahmen, zu berücksichtigen (feedback). Darüber hinaus können sich

1 **System** (griech.): ein aus zahlreichen Elementen (Einzelteilen) zusammengesetztes Ganzes, bei dem jedes einzelne Element mit jedem anderen mittelbar oder unmittelbar zusammenhängt. Ein einfaches Beispiel für ein System ist das Mobile. Gleichgültig, welches Einzelteil auch angestoßen wird, es werden sich – oft auf nicht vorhersehbare Weise – alle anderen Elemente bewegen und mit einer gewissen Zeitverzögerung auch auf die Bewegung des ursprünglich angestoßenen Teils Einfluss nehmen.

staatliche Eingriffe auf die gesamte Wirtschaft (das In- und Ausland) auswirken. Beispiele sind die Auswirkungen von Zollerhöhungen oder -senkungen auf den Außenhandel und die Beschäftigung, von Umweltschutzmaßnahmen auf die Investitionstätigkeit inländischer und ausländischer Investoren oder der Zulassung oder Nichtzulassung von genmanipulierten[1] Futter- und Nahrungsmitteln auf die in- und ausländische Landwirtschaft und die Gesundheit der Bevölkerung.

Das Fundament des „Denkens in Systemen" (des „vernetzten Denkens") bildet die **Kybernetik.**[2] Hierunter versteht man die Wissenschaft vom Aufbau und inneren Zusammenhang komplexer[3] Systeme.

Beispiel:

Ein einfaches Beispiel für ein kybernetisches System ist eine durch einen Thermostat[4] gesteuerte Heizung. Der Thermostat misst die Raumtemperatur mithilfe eines Sensors[5] und vergleicht den gemessenen Wert (Isttemperatur) mit einem vorgegebenen Sollwert. Abweichungen vom Sollwert veranlassen den Thermostaten, über den Effektor die Heizung so zu regulieren, dass der Istwert wieder den Sollwert erreicht. Das Ergebnis der Steuerung wird wieder an den Sensor zurückgemeldet (Rückkopplung).

Das Denken in Systemen beinhaltet nicht nur die Beachtung der Wechselbeziehungen **innerhalb eines Systems** (z. B. innerhalb des Wirtschaftssystems), sondern es berücksichtigt auch die Zusammenhänge **zwischen verschiedenen Systemen** wie sie z. B. zwischen Wirtschaft und Gesellschaft (Sozialordnung, Rechtsordnung, Religionen) oder zwischen Wirtschaft und dem Ökosystem der Erde (z. B. Energieerzeugung einerseits und Klimaveränderung andererseits) bestehen.

Übungsaufgabe

15 Projekt

Sammeln Sie über einen längeren Zeitraum Zeitungsartikel oder Artikel aus dem Internet zu aktuellen wirtschaftspolitischen Entscheidungen der Bundesregierung mit folgender Aufgabenstellung:

1. Beurteilen Sie, inwieweit die getroffenen Entscheidungen der Bundesregierung den Zielen nachhaltigen Wachstums und der Sicherung des Marktmechanismus Rechnung tragen.
2. Analysieren Sie die möglichen Auswirkungen der getroffenen Entscheidungen auf Konjunktur und Wachstum.
3. Bewerten Sie die gesammelten politischen Maßnahmen unter Effizienzgesichtspunkten und vor dem Hintergrund der wirtschaftspolitischen Grundkonzeptionen von Nachfrage- und Angebotsorientierung.

Die Ergebnisse dieses Projektes sollten in Form einer Präsentation vor der Lerngruppe vorgestellt werden.

1 **Gen** (griech.): Erbfaktor. Genmanipulation: künstliche Veränderung der Erbfaktoren.
2 **Kybernetik** (griech.): Steuermannskunst.
3 **Komplex** (lat.): vielfältig, verflochten, miteinander verbunden, voneinander abhängig.
4 **Thermostat** (griech., lat.): Temperaturregler.
5 **Sensor** (lat.): Fühler, Messfühler

6 Die Folgen nationaler und internationaler Staatsverschuldung am Beispiel der Euroländer

(1) Krisenursachen

Der Euro ist der jüngeren Vergangenheit wegen der Verschuldungskrise einiger Mitgliedstaaten, die ihren Zahlungsverpflichtungen zur Bedienung der aufgenommenen Kredite ohne Unterstützung Dritter nicht mehr nachkommen konnten, stark unter Druck geraten.

Ausgangspunkt war die **Immobilienkrise (Subprime-Krise)** in den Vereinigten Staaten, die schließlich im Jahr 2008 zum Zusammenbruch der amerikanischen Großbank Lehman Brothers führte. Dadurch kamen weltweit zahlreiche große Banken und Versicherungen in Zahlungsschwierigkeiten und mussten von den Staaten durch Fremd- und Eigenkapitalspritzen gerettet werden. Die **Finanzkrise** führte zu einer **Wirtschaftskrise,** diese wiederum zu einer **Staatsschulden-** und der hieraus folgenden **Eurokrise,** die in der Europäischen Wirtschafts- und Währungsunion einige Schwachstellen offenlegte.

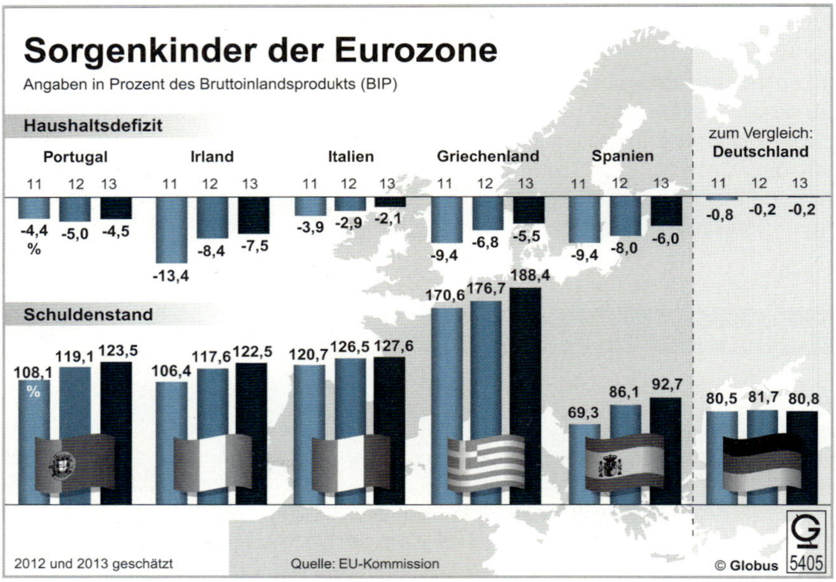

Portugal, Irland, Italien, Griechenland und Spanien – die sogenannten PIIGS-Staaten – sind die Sorgenkinder der Eurozone. Alle fünf Staaten haben eine hohe Staatsverschuldung oder kämpfen mit überhöhten Staatsdefiziten. Griechenland wird für den laufenden Haushalt ein Defizit von knapp sieben Prozent seiner Wirtschaftsleistung (Bruttoinlandsprodukt) ausweisen. Sein Schuldenberg wird bis Ende 2012 auf 177 Prozent anwachsen, wie die Prognose der EU-Kommission lautet. Das Land, dessen Pleite nur mit Unterstützung der Euroländer und des Internationalen Währungsfonds verhindert werden konnte, hat damit einen wirtschaftlichen Gestaltungsspielraum, der gegen null tendiert. Mit fatalen Folgen: Die Wirtschaftsleistung schrumpft, und die Arbeitslosigkeit – vor allem die Jugendarbeitslosigkeit – erreicht immer neue Negativ-Rekorde.

Schwachstellen dieser Union waren insbesondere:

- eine **übermäßige Verschuldung** einiger Mitgliedstaaten der Eurozone,
- eine **unzureichende wirtschaftspolitische Koordination und Überwachung** zum Erkennen von Ungleichgewichten,

- **unzureichende Regeln** für Finanzprodukte und
- ein **fehlender Mechanismus,** der die Stabilität der Euroländer wahrt und einem Mitgliedstaat Schutz und Nothilfe anbieten kann.

Als Auslöser dieser Staatsschuldenkrise im Euroraum gilt Griechenland, das nach einer neuen Regierungsbildung das tatsächliche Ausmaß seiner bisher verschleierten Haushaltsdefizite und seines Schuldenstandes offenlegte und dann die EU und den Internationalen Währungsfonds (IWF) um Hilfe bat, um seine Staatsinsolvenz abzuwenden. Nach Griechenland gestaltete es sich aber auch für Irland und Portugal sowie in vergleichsweise geringerem Maße für Italien und Spanien zunehmend schwieriger, ihre Staatsverschuldung am Kapitalmarkt zu refinanzieren.

(2) Finanzpolitische Maßnahmen

Zur Rettung des Euro wurde nach langem Ringen der Staats- und Regierungschefs Anfang 2012 ein neuer sogenannter **„finanzpolitischer Pakt"** geschlossen, der folgende Maßnahmen umfasst:

Rettungshilfen	Der Europäische Stabilitätsmechanismus, kurz ESM genannt, ist der neue Euro-Rettungsfonds. Der ESM bietet Hilfe für Eurostaaten, die in finanziellen Schwierigkeiten stecken. Der ESM ist nicht zeitlich begrenzt, sondern dauerhaft angelegt. Er ist mit bar eingezahltem Kapital (80 Milliarden Euro) ausgestattet und stützt sich darüber hinaus auf Garantien der Eurostaaten. Der Fonds kann auch Anleihen der Krisenländer kaufen oder maroden Banken direkt unter die Arme greifen. Dies ist aber erst dann erlaubt, wenn es eine europäische Bankenaufsicht gibt (geplant für Anfang 2013). Um 500 Milliarden Euro Kredite verleihen zu können, verfügt der ESM über ein Stammkapital von 700 Milliarden Euro. Das ist notwendig als Sicherungsreserve, damit der Fonds von den internationalen Ratingagenturen die Spitzennote für seine Kreditwürdigkeit erhält. Deutschland stellt 168 Milliarden Euro Garantien bereit und zahlt 22 Milliarden Euro in die Bareinlage ein.

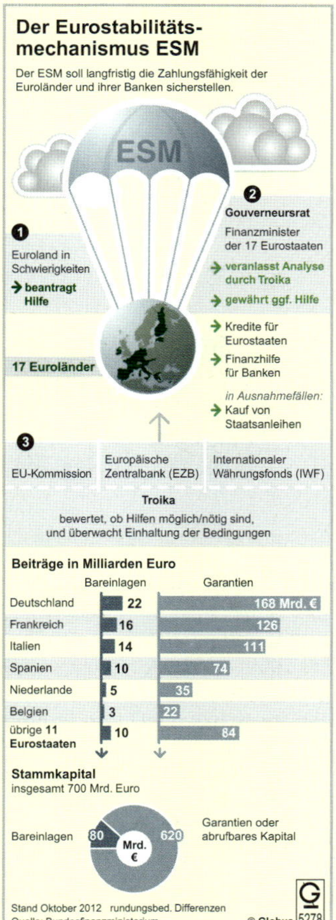

Schuldenschnitt („Hair-Cut")	Griechenland hat sich – wie auch die übrigen EU-Staaten – in der Vergangenheit über den Kapitalmarkt durch die Ausgaben von **Staatsanleihen** immer wieder finanzielle Mittel beschafft, um die über den Einnahmen des Staates liegenden Ausgaben zu finanzieren. Im Rahmen eines zweiten Hilfspaketes für Griechenland haben Banken und Versicherungen Griechenland unter anderem die Hälfte seiner Schulden erlassen, was einem Volumen von ca. 107 Milliarden Euro entspricht.
Aufstockung des Bankenkapitals	Damit Banken in Zukunft besser für Krisen gerüstet und in ihrer Existenz nicht bedroht sind, sollen diese **bis Mitte 2012** ihr **Eigenkapital auf 9 Prozent** der Bilanzsumme ausweiten.

(3) Merkmale der Stabilitätsunion

Des Weiteren haben die europäischen Regierungen die Währungsunion nun auf ein ganz neues Fundament gestellt und eine **finanz- und wirtschaftspolitische Stabilitätsunion** geschaffen. In einem gemeinsamen Vertrag der 17 Eurostaaten, der allen EU-Staaten zum Beitritt offen steht, wurden **neue Verpflichtungen und Regeln** festgeschrieben, um haushaltspolitische Disziplin, eine vertiefte Integration des Binnenmarkts sowie ein kräftigeres Wachstum, eine größere Wettbewerbsfähigkeit und einen stärkeren sozialen Zusammenhalt zu fördern und sicherzustellen.

„Schuldenbremse"	Nach dem Vorbild der grundgesetzlich verankerten deutschen **Schuldenbremse** haben sich die Euroländer verpflichtet, eine nationale Haushaltsregel für einen ausgeglichenen Haushalt einzuführen. Die Verpflichtung zu einem strikten Sparkurs soll die Schuldenkrise eindämmen und verhindern, dass Staaten wie Griechenland jemals wieder gigantische Schuldenberge anhäufen können. Laut Vertragstext streben die Unterzeichner nahezu ausgeglichene Haushalte an. Das oberste EU-Gericht überprüft, ob die Staaten die Schuldenbremse auch in nationales Recht umsetzen. Von den 27 EU-Ländern machen Großbritannien und Tschechien nicht mit. Irland lässt das Volk darüber abstimmen. Der Vertrag muss in allen Staaten noch ratifiziert werden.
Deckelung der Neuverschuldung	Das jährliche konjunkturbereinigte Defizit soll zukünftig **nicht mehr als maximal 0,5 Prozent des Bruttoinlandsprodukts (BIP)** betragen. Mitgliedstaaten, die die Haushaltsregel noch nicht sofort einhalten können, müssen darlegen, wie sie den Referenzwert auf mittlere Sicht erreichen wollen.
Rechtliche Aufwertung der Haushaltsregel	Die präventiv wirkende Haushaltsregel ist zwar auch heute schon Bestandteil des Stabilitäts- und Wachstumspaktes; neu ist jedoch, dass sie nun auf **Verfassungs- oder vergleichbarer Ebene in die nationalen Rechtsordnungen** aufgenommen wird und ihre Umsetzung vor dem **Europäischen Gerichtshof einklagbar wird**. Sie erhält damit eine vollkommen neue Qualität, die die Glaubwürdigkeit des finanzpolitischen Paktes unterstreicht.

Überwachung durch die EU-Kommission	Die präventive Überwachung der nationalen Haushaltspolitiken wird spürbar gestärkt werden. Dies geht so weit, dass die **Europäische Kommission** sogar die **Vorlage eines neuen Haushalts** von einem Mitgliedstaat verlangen kann. Dies soll verfassungsrechtlich ausgestaltet werden.
„Reform-partnerschaft"	Auch der korrektive Arm des Stabilitäts- und Wachstumspaktes wird gestärkt. Mitgliedstaaten, die sich derzeit in einem Defizitverfahren befinden – also zu viele Schulden haben – sollen sich in einer „Reformpartnerschaft" auf **detaillierte Konsolidierungs- und Anpassungsmaßnahmen verpflichten,** deren Einhaltung durch die **Europäische Kommission und den Rat der Europäischen Union überwacht wird.**
Automatische Sanktion	Die EU kann zukünftig Länder, die zu hohe Haushaltsdefizite haben, **automatisch bestrafen.** Die Strafen sollen nur noch mit einer qualifizierten Mehrheit der Eurostaaten gestoppt werden können. Es gilt dann also eine umgekehrte qualifizierte Mehrheit.
Rechtlich verankerter Defizitabbau	Zudem soll die Schuldenstandregel des überarbeiteten Stabilitäts- und Wachstumspaktes, nach der Mitgliedstaaten die Differenz zwischen ihrem tatsächlichen Schuldenstand und dem 60-Prozent-Grenzwert **jährlich um ein Zwanzigstel** abbauen müssen, vertraglich verankert werden.

(4) Europa 2020

Im Bereich der Wirtschaftspolitik wurde vereinbart, konsequenter als bisher auf das Instrument der verstärkten Zusammenarbeit zurückzugreifen. So hat der **Europäische Rat** unter der Bezeichnung **Europa 2020** eine **Wachstumsstrategie** entworfen, um zukünftigen Krisensituationen besser begegnen zu können. Die **Kommission** hat Kernziele vorgeschlagen, um die strategischen Ziele zu erreichen.

Hauptziele der Strategie 2020	EU-Kernziele
1. **Intelligentes Wachstum:** Entwicklung einer auf Wissen und Innovation gestützten Wirtschaft. 2. **Nachhaltiges Wachstum:** Förderung einer ressourcenschonenden, ökologischen und wettbewerbsfähigeren Wirtschaft. 3. **Integratives Wachstum:** Förderung einer Wirtschaft mit hoher Beschäftigung und ausgeprägtem sozialen und territorialen Zusammenhalt.	■ **Mehr Beschäftigung** Erhöhung der Beschäftigungsquote der 20-Jährigen bis 64-Jährigen von derzeit 69 % auf mindestens 75 %. ■ **Mehr Innovation** Angestrebt wird eine Investitionsquote in Forschung und Entwicklung in Höhe von 3 % des BIP. ■ **Mehr Klimaschutz und Energiewende** Verringerung der Treibhausemissionen um mindestens 20 % gegenüber 1990. Erhöhung des Anteils erneuerbarer Energien am Energieendverbrauch auf 20 % sowie Steigerung der Energieeffizienz um 20 %. ■ **Mehr Bildung** Verringerung der Schulabbrecherquote von derzeit 15 % auf 10 % sowie Erhöhung des Anteils der 30-Jährigen bis 34-Jährigen mit Hochschulabschluss von 31 % auf mindestens 40 %. ■ **Bekämpfung der Armut** Verringerung der Zahl der unter den nationalen Armutsgrenzen lebenden Europäer um 25 %.

8 Boller, Hartmann - ISBN 978-3-8120-0398-8

(5) Indikatoren zur Messung von Ungleichgewichten

Des Weiteren wurden erstmalig auch die **Indikatoren** definiert, an denen **externe und interne makroökonomische Ungleichgewichte** gemessen werden.

Indikatoren zum Erkennen externer Ungleichgewichte	Indikatoren zum Erkennen interner Ungleichgewichte
▪ **Leistungsbilanzsaldo:** +6 %/–4 % (3-Jahres-Durchschnitt); in Relation zum BIP ▪ **Nettoforderungsposition gegenüber dem Ausland:** –35 % gegenüber BIP ▪ **Exportmarktanteile:** –6 % (5-Jahres-Veränderung) ▪ **Nominale Lohnstückkosten:** +9 % für Eurostaaten/+12 % für Nicht-Eurostaaten (3-Jahres-Durchschnitt) ▪ **Realer effektiver Wechselkurs:** +/–5 % für Eurostaaten; +/–11 % für Nicht-Eurostaaten (3-Jahres-Veränderung)	▪ **Schuldenstand d. Privatsektors:** 160 % des BIP ▪ **Schuldenstand d. Staatssektors:** 60 % des BIP ▪ **Kreditvergabe an Privatsektor:** 15 % des BIP ▪ **Hauspreisindex:** +6 % gegenüber Verbraucherpreisanstieg ▪ **Arbeitslosenquote:** 10 % (3-Jahres-Durchschnitt)

7 Das gesamtwirtschaftliche Gleichgewicht

7.1 Die lineare Konsum- und Sparfunktion

7.1.1 Theoretische Konsum- und Sparfunktion

Merke:

Bei **steigendem Volkseinkommen** (E) steigen sowohl der **Konsum** (C) als auch die **Ersparnisse** (S) steigen:

In einer **armen** Volkswirtschaft, in der die Masse der Bevölkerung gerade so viel verdient, dass sie ihr Existenzminimum decken kann, wird **nicht** oder **wenig gespart.** In **reichen** Volkswirtschaften hingegen, in denen die Durchschnittseinkommen weit über dem Existenzminimum liegen, kann auch **mehr gespart** werden.

Beispiel:

Die Tabelle sagt Folgendes aus: Bei einem Volkseinkommen von 400 Mrd. EUR wird nicht gespart, sondern das gesamte Einkommen wird verbraucht **(Basiseinkommen).** In einer **geschlossenen stationären**[1] Wirtschaft ist das **Basiseinkommen** das **Gleichgewichtseinkommen** (E = C), wie noch zu beweisen sein wird.

Volkseinkommen in Mrd. EUR	Konsumausgaben in Mrd. EUR	Ersparnis in Mrd. EUR
0	100	– 100
100	175	– 75
200	250	– 50
300	325	– 25
400	400	– 0
500	475	+ 25
600	550	+ 50
700	625	+ 75
800	700	+ 100

Merke:

Das Basiseinkommen verkörpert gewissermaßen das **soziokulturelle Existenzminimum,** also den Lebensstandard, der den privaten Haushalten aufgrund der derzeitigen gesellschaftlichen und wirtschaftlichen Entwicklung nach **allgemeiner Anschauung** zugebilligt wird.

Konsum- und Sparfunktion

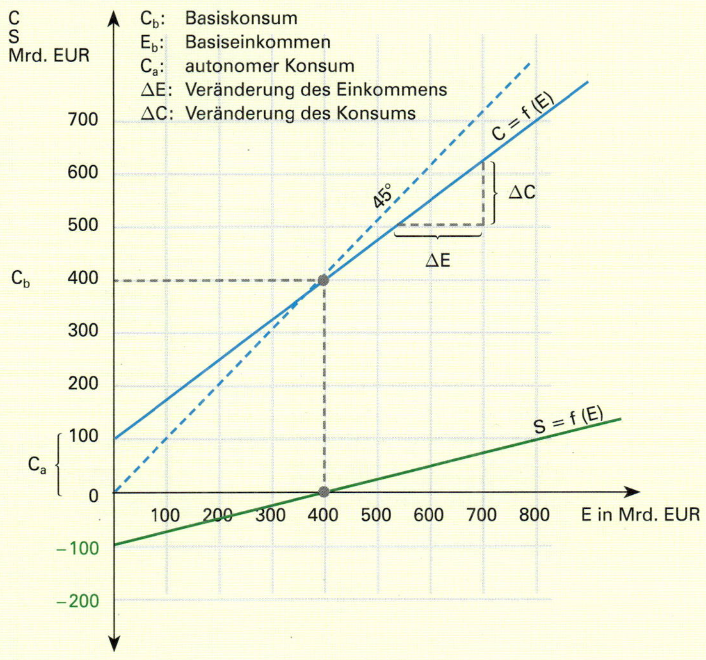

1 Eine Volkswirtschaft ist stationär, wenn in einer Periode das gesamte Einkommen wieder für Konsumzwecke ausgegeben wird. In einer geschlossenen Volkswirtschaft findet kein Austausch von Gütern und Dienstleistungen mit anderen Volkswirtschaften statt. Vgl. hierzu ausführlich Band 1 (Einführungsphase), Lernbereich 1, Kapitel 8.

Das absolute (physische) **Existenzminimum** (der **Mindestkonsum**) liegt bei 100 Mrd. EUR. Dies bedeutet, dass bei einem Volkseinkommen von null **negativ gespart** werden muss, d. h., die Verbraucher müssen frühere Ersparnisse angreifen oder Kredite aufnehmen.

Merke:

Der **Mindestkonsum** (im Beispiel 100 Mrd. EUR) wird auch als **autonomer Konsum** (C_a) bezeichnet, weil er von der Höhe des Volkseinkommens **unabhängig** ist.

Positives Sparen kann erst beginnen, wenn das Volkseinkommen das Basiseinkommen **übersteigt.** Bei einem Volkseinkommen von 600 Mrd. EUR würden z. B. 50 Mrd. EUR gespart werden, während 550 Mrd. EUR in den Konsum fließen.

In der vorangestellten Abbildung wird der gleiche Zusammenhang mit der **Konsumfunktion** [C = f (E)] dargestellt. Die Gleichung bedeutet, dass der Konsum (C) eine Abhängige (Funktion) des Einkommens (E) ist. Die 45°-Linie zeigt die Menge aller Punkte an, bei denen **Einkommen** und **Konsum gleich hoch** sind.

Neben der Konsumfunktion lässt sich auch die **Sparfunktion** [S = f (E)] einzeichnen. Sie ergibt sich aus der Differenz zwischen Volkseinkommen und Konsum (E – C = S).

Merke:

Die **Steigungen** der Konsum- und Sparfunktion lassen sich mit den Begriffen des **Grenzhangs zum Konsum** und des **Grenzhangs zum Sparen** beschreiben.

In dem vorangestellten Beispiel werden bei einem Einkommenszuwachs von 100 Mrd. EUR **zusätzlich** 75 Mrd. EUR verbraucht und **zusätzlich** 25 Mrd. EUR gespart.

Merke:

Der **Grenzhang zum Konsum** (c) ergibt sich aus dem Verhältnis einer Konsumänderung (ΔC) zu einer bestimmten Einkommensänderung (ΔE):

$$\mathbf{c = \frac{\Delta C}{\Delta E}}$$

In diesem Beispiel ist somit der Grenzhang zum Konsum $^3/_4$ (75 %).

Merke:

Der **Grenzhang zum Sparen** (s) ist das Verhältnis einer Sparänderung (ΔS) zu einer bestimmten Einkommensänderung (ΔE):

$$\mathbf{s = \frac{\Delta S}{\Delta E}}$$

Merke:

Die **Summe** aus Grenzhang zum Konsum und Grenzhang zum Sparen ist **immer 1,** denn das zusätzliche Einkommen (ΔE) wird **sowohl** für zusätzlichen Konsum (ΔC) als **auch** für zusätzliches Sparen (ΔS) verwendet.

Das **Modell** unterliegt folgenden einschränkenden **Bedingungen**:

- **Faktor- und Güterpreise** sind **konstant;** Änderungen des Einkommens (E) sind dann gleichbedeutend mit Beschäftigungsänderungen der Volkswirtschaft.
- Beschäftigungsänderungen (Einkommensänderungen) vollziehen sich **innerhalb** der **Kapazitätsgrenzen** der Volkswirtschaft. Die Kapazität der Volkswirtschaft ist eine **gegebene Größe.**
- Obige Annahmen sind nur unter der Bedingung einer kurzfristigen Betrachtungsweise zulässig, sodass der **technische Fortschritt** sowie Investitionseffekte[1] **außer Betracht** gelassen werden können.
- Es handelt sich um eine Wirtschaft, in der die Unternehmen gerade so viel reinvestieren, um die Konsumgüternachfrage befriedigen zu können. Die **Nettoinvestitionen** sind also **null.**
- Anpassungsprozesse vollziehen sich nur infolge **unfreiwilligen** (ungeplanten) **Sparens.**[2]
- Das Sparen (S) hängt ausschließlich von der Höhe des Volkseinkommens ab.
- Die **Konsumfunktion** ist **linear** (der Grenzhang zum Konsum ist konstant).

7.1.2 Realistische Konsumfunktion

Merke:

In **Wirklichkeit** wird die **Konsumfunktion** keine lineare Gestalt haben, weil mit zunehmendem Einkommen der Grenzhang zum Sparen **größer** wird, eine Erscheinung, die KEYNES als **„fundamentales psychologisches Gesetz"** bezeichnet hat.

Gleichgültig aber, welche konkrete Gestalt die Konsumfunktion auch haben mag, lässt sich behaupten:

- Steigendes Gesamteinkommen erhöht in der Regel das volkswirtschaftliche Sparen.
- Sinkendes Gesamteinkommen vermindert in der Regel das volkswirtschaftliche Sparen.

Mit diesen Feststellungen steht die moderne Volkswirtschaftslehre (insbesondere seit J.M. KEYNES) im Gegensatz zur klassischen Theorie, die einen engen Zusammenhang zwischen **Sparen** und **Zins** sah.

Merke:

Die **Klassiker** glaubten feststellen zu können, dass **steigende Zinsen** das **Sparen fördern, fallende Zinsen** zu einer **Einschränkung** des Sparens führen. **Tatsächlich** aber hat die Höhe des Zinssatzes nur einen Einfluss darauf, ob die gesparten Mittel **angelegt** oder **gehortet** werden.

Verlauf einer realistischen Konsumfunktion

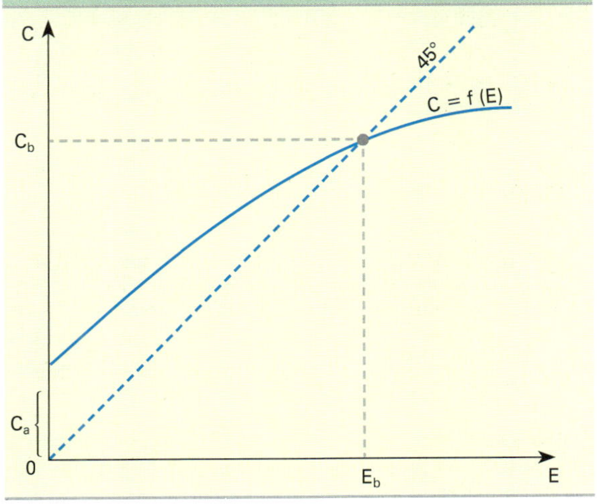

1 **Investitionseffekt:** Mehrproduktion aufgrund von Investitionen.

2 Siehe Band 1 (Einführungsphase), Lernbereich 1, Kapitel 8.3.3.

Eine Anlage liegt vor, wenn Geldmittel Unternehmungen, dem Staat oder den Banken als Kredite überlassen werden. Gehortet wird das Geld, wenn es (unverzinst) bei den Wirtschaftssubjekten zur Erhöhung der **Liquidität** (Flüssigkeit) verbleibt.

7.1.3 Sonstige Einflussgrößen auf das Sparverhalten

Der bisher angenommene strenge Zusammenhang zwischen Volkseinkommen und Sparen ist in Wirklichkeit nicht generell gegeben. Er erklärt im Grunde nur die **Sparfähigkeit** der Summe aller Einkommensbezieher, die selbstverständlich von der Höhe des Einkommens abhängig ist. Nicht erklärt wird die **Sparwilligkeit,** die auf einer Reihe ganz anderer Motive (Beweggründe) beruhen kann. So mag z. B. die Angst vor Inflation die **Sparquote** (prozentualer Anteil der Ersparnis am Volkseinkommen) senken, während die Angst vor Arbeitslosigkeit die Sparquote erhöht.

Allgemeines Vertrauen in die wirtschaftliche und politische Stabilität eines Landes vermag die Sparwilligkeit zu steigern. Staatliche Sparprämien können die Sparquote positiv beeinflussen, wenngleich zu vermuten ist, dass die Sparer aufgrund der staatlichen Sparförderungsmaßnahmen in ihrer Mehrzahl nicht **mehr** sparen als sie es ohnehin täten, sondern lediglich die Anlageform wechseln (z. B. Abschluss eines Bausparvertrags anstelle der Anlage auf einem gewöhnlichen Sparbuch). Auch das **Zwecksparen** muss an dieser Stelle erwähnt werden. Die privaten Haushalte können sparen, um sich in naher oder ferner Zukunft teure Konsumgüter zu kaufen, um ihren Kindern die Ausbildung oder die spätere Heirat zu finanzieren oder um sich einen Notgroschen „auf die hohe Kante" zu legen. Ein Sparmotiv öffentlicher Haushalte ist, dem Wirtschaftskreislauf Geld zu entziehen, um die Konjunktur zu dämpfen. Unternehmen sparen, um spätere Investitionen ganz oder teilweise aus eigenen Mitteln finanzieren zu können (Selbstfinanzierung).

Wenn wir in den folgenden Kapiteln dennoch eine enge **Abhängigkeit zwischen Einkommen und Ersparnis** sehen, müssen wir uns dessen bewusst bleiben, dass es sich hierbei um gesamtwirtschaftliche Größen **(makroökonomische Größen)** und nicht um einzelwirtschaftliche **(mikroökonomische Größen)** handelt.

Übersicht über mögliche Sparmotive		
Die Ersparnis beeinflussende Faktoren:	**Das Sparen nimmt zu, wenn**	**Das Sparen nimmt ab, wenn**
Zins	der Zinssatz steigt („klassische" Hypothese);	der Zinssatz sinkt;
Volkseinkommen	das Volkseinkommen steigt (keynesianische Hypothese);	das Volkseinkommen sinkt;
Erwartungshaltung	Arbeitslosigkeit, stagnierende und/oder zurückgehende Einkommen erwartet werden (sozialpsychologische Erklärung);	Vollbeschäftigung und steigende Einkommen erwartet werden;
technischer Wandel, Modewandel	Sättigungserscheinungen auftreten und technische und modische Impulse fehlen.	Nachholbedarf (z. B. nach wirtschaftlichen Rückschlägen) auftritt und/oder technische und modische Impulse die Einkommensbezieher zu Mehrkonsum anregen.

Merke:

Von den Wirtschaftssubjekten nicht beeinflussbar ist das **Zwangssparen.** Dies kann ein **gesetzlich** erzwungenes Sparen sein (z. B. Einführung oder Erhöhung von Sozialversicherungsabgaben) oder ein durch **Inflation** bewirktes „Sparen".

Ein Zwangssparen durch Inflation tritt dann ein, wenn die Einkommen nicht im gleichen Maße wachsen wie das Preisniveau steigt. Dann nämlich können die Wirtschaftssubjekte real weniger kaufen.[1]

Für bestimmte Untersuchungen kann es sinnvoll sein, das gesamtwirtschaftliche Sparen (S) in **Anlagesparen** (bei Kreditinstituten und/oder anderen Unternehmen angelegte Ersparnis) und **Horten** (bei den Sparern gehaltene Liquidität) zu unterscheiden. Diese Unterscheidung ist insofern bedeutsam, weil nur das Anlagesparen die gesparten Mittel wieder in den Wirtschaftskreislauf zurückführt.

7.2 Analyse von gesamtwirtschaftlichen Ungleichgewichten und die Entwicklung zum Gleichgewichtseinkommen

In der Abbildung zu dem Beispiel von Kapitel 7.1 hat die Konsumfunktion $C = C_a + c \cdot E$ folgende Werte: Der autonome Konsum (C_a) beträgt 100 Mrd. EUR und der Grenzhang zum Konsum (c) beläuft sich auf $^3/_4$.

Beispiel:

Angenommen nun, die **Konsumneigung** nimmt zu, beispielsweise aufgrund optimistischer Zukunftserwartungen der Konsumenten. Dies drückt sich in einem **steigenden Grenzhang zum Konsum** aus. Unterstellen wir, dass der Grenzhang zum Konsum von bisher $^3/_4$ auf nunmehr $^5/_6$ steigt. Dann ergibt sich das **neue Basiseinkommen** wie folgt:

(1) $C = C_a + c \cdot E$

(2) $E = C$ (stationäre Wirtschaft)

(3) $E = C_a + c \cdot E$

(4) mit Zahlen:

$$E = 100 + {}^5/_6 \cdot E$$
$$E - {}^5/_6\, E = 100$$
$${}^1/_6\, E = 100$$
$$\underline{\underline{E = 600 \text{ Mrd. EUR}}}$$

1 Siehe hierzu Kapitel 6.1.4 im Lernbereich 6.

Gestiegenes Einkommen aufgrund gestiegenen Grenzhangs zum Konsum

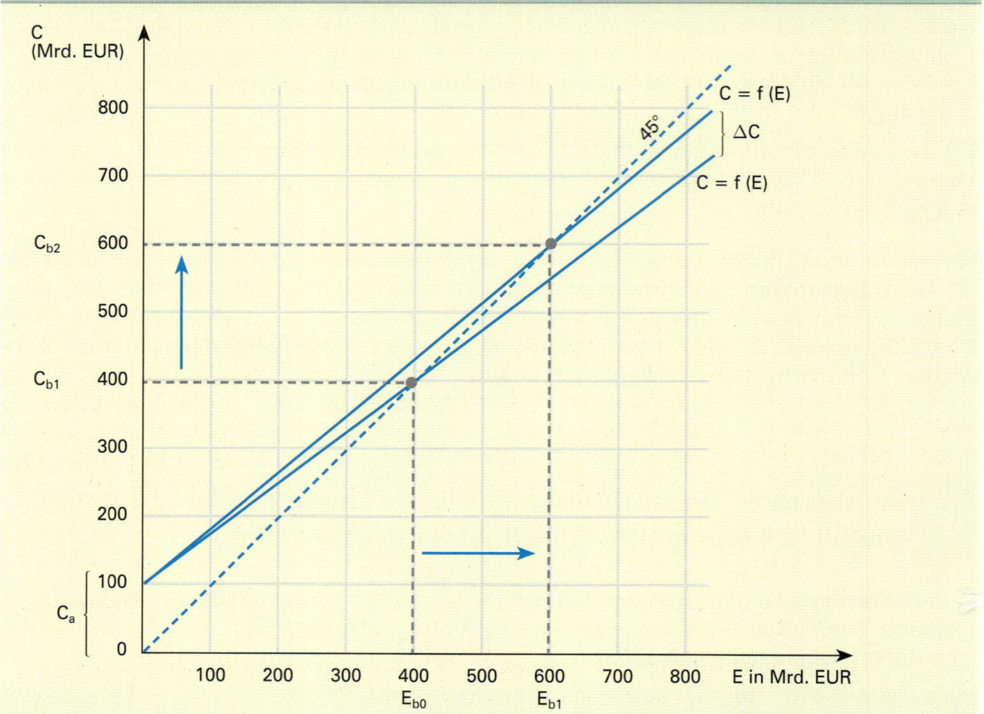

Wir gingen in unserem Modell davon aus, dass gesamtwirtschaftliches Gleichgewicht herrscht, wenn das Volkseinkommen (E) vollständig für Konsumgüter (C) ausgegeben wird. Umgekehrt heißt das, dass im Gleichgewichtsfall das **gesamtwirtschaftliche Güterangebot** – das wir mit dem Symbol Y bezeichnen – der Güternachfrage (C)[1] entspricht. Da $C = C_a + c \cdot E$ ist, drückt die Konsumfunktion die **gesamtwirtschaftliche Güternachfrage** aus.

Beträgt zum Ausgangszeitpunkt das **gesamtwirtschaftliche Angebot (Y)** bei der „neuen" Konsumfunktion ($C = C_a + {}^5/_6\ E$) nur 400 Mrd. EUR, so beläuft sich der geplante Konsum nur auf $433^1/_3$ Mrd. EUR, denn

$$C = C_a + c \cdot E$$

mit Zahlen: $$C = 100 + {}^5/_6 \cdot 400$$

$$C = 100 + 333^1/_3$$

$$\underline{\underline{C = 433^1/_3 \text{ Mrd. EUR}}}$$

In diesem Fall ist also die gesamtwirtschaftliche Konsumgüternachfrage (C) **größer** als das gesamtwirtschaftliche Güterangebot (Y). Es liegt eine **Angebotslücke** vor, die in der volkswirtschaftlichen Literatur auch als **„inflatorische Lücke"** bezeichnet wird. Die **Produzenten** werden die **Produktion** (die Beschäftigung) so lange **ausdehnen** und damit zusätzliche

1 Da in diesem Modell die Nettoinvestitionsgüternachfrage außer Betracht bleibt, ist die gesamtwirtschaftliche Konsumgüternachfrage mit der gesamtwirtschaftlichen Güternachfrage identisch.

Einkommen schaffen, und die **Konsumenten** werden aufgrund der steigenden Einkommen so lange **zusätzliche Konsumgüter** nachfragen, bis das **neue Gleichgewicht** (im Beispiel E = 600 Mrd. EUR) erreicht ist.

Beträgt jedoch in unserem Beispiel (siehe oben stehende Abbildung) bei der gegebenen Konsumfunktion ($E = C_a + {}^5/_6\ E$) das gesamtwirtschaftliche Güterangebot (Y) 800 Mrd. EUR, so beläuft sich die Gesamtnachfrage (C) nur auf $766^2/_3$ Mrd. EUR, denn

$$C = C_a + c \cdot E$$

mit Zahlen:

$$C = 100 + {}^5/_6 \cdot 800$$

$$C = 100 + 666^2/_3$$

$$\underline{\underline{C = 766^2/_3 \text{ Mrd. EUR}}}$$

In diesem Fall ist die gesamtwirtschaftliche Konsumgüternachfrage (C) **kleiner** als das gesamtwirtschaftliche Güterangebot (Y). Es liegt eine **Nachfragelücke** vor, die auch als **„deflatorische Lücke"** bezeichnet wird. Die **Produzenten** werden die **Produktion** (die Beschäftigung) so lange **zurücknehmen** und damit **weniger Einkommen** schaffen, und die **Konsumenten** werden aufgrund der sinkenden Einkommen so lange **weniger Konsumgüter nachfragen,** bis das neue Gleichgewicht (im Beispiel E = 600 Mrd. EUR) erreicht ist.

Merke:

- Die **Beschäftigung** einer Volkswirtschaft hängt u.a. von der Höhe des Grenzhangs zum Konsum ab. Allgemein gilt:
  - Je **höher** der **Grenzhang zum Konsum,** desto **höher** ist die **Beschäftigung** (und somit das **Volkseinkommen**).
  - Je **niedriger** der **Grenzhang zum Konsum,** desto **niedriger** ist die **Beschäftigung** (und somit das **Volkseinkommen**).
- Besteht eine **Angebotslücke** (Y < C), steigt die Beschäftigung bis zum Gleichgewichtseinkommen.
- Besteht eine **Nachfragelücke** (Y > C), sinkt die Beschäftigung bis zum Gleichgewichtseinkommen.
- Die (lineare) **Konsumfunktion** hat folgende Gestalt: $C = C_a + c \cdot E$
- Die (lineare) **Sparfunktion** hat die Gestalt: $S = -C_a + s \cdot E$

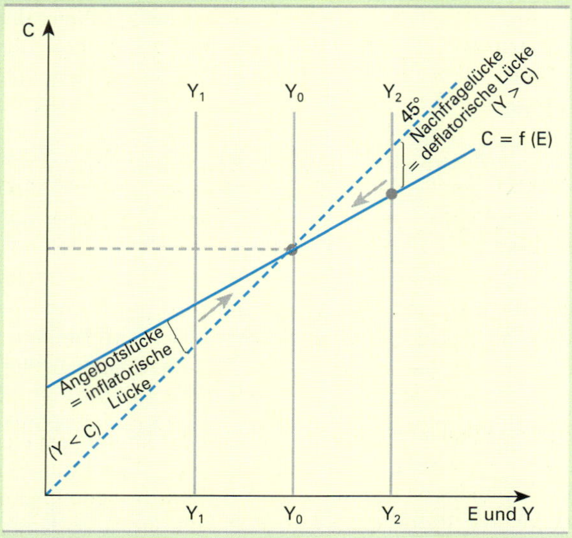

7.3 Investitionsneigung

Merke:

Eine wesentliche **Bestimmungsgröße** der volkswirtschaftlichen **Beschäftigung** sind die **Investitionen.**

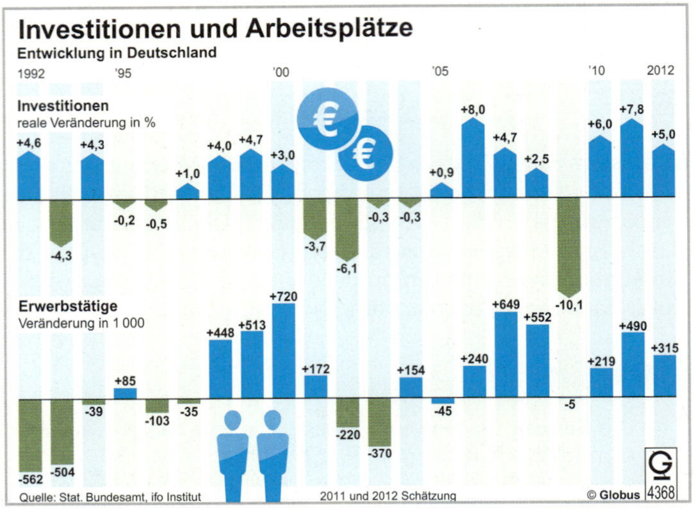

Unternehmen investieren nicht, um Arbeitsplätze zu schaffen. Unternehmen investieren nur, wenn es sich für sie lohnt, wenn also die Geschäftserwartungen gut sind und sie Gewinne erwarten können. Es gibt also eine enge Verknüpfung von Konjunkturlage, Investitionsklima und Arbeitsplätzen. Läuft es mit der Wirtschaft reibungslos und sind zufriedenstellende Überschüsse zu erwarten, dann stecken die Unternehmen auch mehr Geld in neue Maschinen, Anlagen und Gebäude. Dann wächst – allerdings mit einer gewissen zeitlichen Verzögerung – auch die Zahl der Arbeitsplätze. In der Flaute dagegen, wenn die Betriebe sparen und ihre Investitionslust schwindet, gehen in der Regel auch Arbeitsplätze verloren. Während der flauen Konjunktur von 1992 bis 1997 wurden rund 1,2 Millionen Arbeitsplätze abgebaut. Von 1998 bis 2001 hingegen entstanden fast 1,9 Millionen neue Jobs, und die Bilanz für die Jahre 2010 bis 2012 wird nach Einschätzung von Wirtschaftsforschern bei rund einer Million neuen Jobs liegen.

Merke:

Investitionen sind entweder **beabsichtigt** (geplant) oder **unbeabsichtigt** (ungeplant, ungewollt). **Unbeabsichtigte Investitionen** liegen vor, wenn die Unternehmen auf ihren Vorräten „sitzen bleiben", weil die Nachfrage (unerwartet) zurückgegangen ist.

Die **geplanten Investitionen** (Anlage- oder Vorratsinvestitionen) der Unternehmen orientieren sich in der Regel an bestimmten Daten. So können Investitionen z. B. von der Höhe der Kreditzinsen abhängig sein. Weiterhin kann die Investitionstätigkeit der Unternehmen von der Höhe des tatsächlichen oder erwarteten Konsums beeinflusst werden, der wiederum eine Funktion des Volkseinkommens ist. Im ersten Fall sprechen wir von **zinsabhängigen Investitionen,** im letzteren von **einkommensabhängigen Investitionen.**

Merke:

In einer **offenen Wirtschaft** bestimmt die Höhe des tatsächlichen oder erwarteten **Exports** ebenfalls die Investitionsneigung der Unternehmen **(exportabhängige Investitionen).**

Investitionen, die von solchen wirtschaftlichen Daten abhängig sind, heißen **induzierte Investitionen.**[1] Dazu gehören nicht nur die zins-, einkommens- und exportabhängigen Investitionen, sondern auch diejenigen, die durch technische Erneuerungen **(Innovationen)** herbeigeführt werden. **Verbesserungsinvestitionen** können aus verschiedenen Gründen durchgeführt werden. In einer Wettbewerbswirtschaft müssen die Unternehmen Verbesserungsinvestitionen vornehmen, um **konkurrenzfähig** zu bleiben. Technische Erneuerungen müssen aber auch durchgeführt werden, wenn bisher verwendete **Rohstoffe knapp** werden und nach Ersatzstoffen gesucht werden muss (z.B. Umstellungen aufgrund der Erdölverknappung). Überhaupt erzwingt die **Verteuerung** bisheriger Produktionsverfahren den Übergang zu neuen Verfahren.

Übersicht über die verschiedenen Investitionsarten

Die genannten Faktoren beeinflussen jederzeit die Investitionsneigung der Unternehmen, wenn auch je nach Situation mit unterschiedlichem Gewicht. Somit sind in der Regel die Investitionen der Unternehmen immer auf irgendeine Weise induziert.

Wenn die Wirtschaftstheorie dennoch von **autonomen Investitionen** spricht, so ist das eine für theoretische Analysen bestimmte Annahme, um nicht auf die **Ursachen** von Investitionen eingehen zu müssen.

Merke:

Autonome Investitionen, also Investitionen, die von anderen wirtschaftlichen Daten **unabhängig** sind, wird in Wirklichkeit **regelmäßig** nur der **Staat** vornehmen können, weil er nicht wie Unternehmen einer marktwirtschaftlich orientierten Volkswirtschaft auf Rentabilität, Wirtschaftlichkeit und Liquidität zu achten braucht. Der Staat kann seine autonomen Investitionen z.B. dann durchführen, wenn eine **unterbeschäftigte Wirtschaft** aus der Depression[2] herausgeführt werden soll.

1 **Induzieren:** beeinflussen.

2 **Depression:** wirtschaftlicher Niedergang (vgl. Kapitel 3.4).

Um den Zusammenhang zwischen Investitionen und Beschäftigung (gemessen am Volkseinkommen zu konstanten Preisen) in aller Reinheit zeigen zu können, seien zunächst autonome Investitionen unterstellt, wobei offen bleibt, ob es sich um staatliche oder private Investitionen handelt.

7.4 Berechnung von Multiplikator und Akzelerator

7.4.1 Investitionsmultiplikator

7.4.1.1 Grundlegendes

In einer evolutorischen und geschlossenen Wirtschaft ohne staatliche Aktivität[1] setzt sich das Volkseinkommen aus Konsum (C) und Nettoinvestitionen (I) zusammen. Mit anderen Worten: Das Volkseinkommen zu konstanten Preisen (die Beschäftigung) wird kurzfristig nicht nur durch die Nachfrage nach Konsumgütern, sondern auch durch die zusätzliche Nachfrage nach Investitionsgütern bestimmt.

Entwicklung zum Gleichgewichtseinkommen

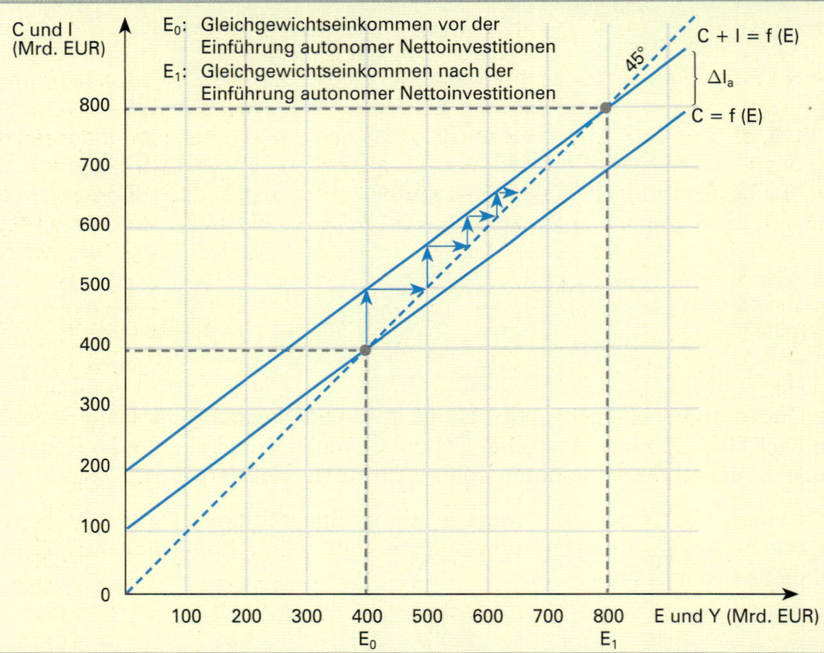

Beispiel:

Um die Abhängigkeit des Volkseinkommens von autonomen Nettoinvestitionen (I_a) untersuchen zu können, gehen wir von einer gegebenen Konsumfunktion ($100 + 0{,}75 \cdot E$) wie in der vorangestellten Abbildung aus.

Angenommen, die autonomen Nettoinvestitionen (I_a) betragen 100 Mrd. EUR,[2] wobei diese Nettoinvestitionen von Periode zu Periode in der gleichen Höhe beibehalten werden **(perma-**

1 Siehe hierzu Band 1 (Einführungsphase), Lernbereich 1, Kapitel 6.

2 Die große Zahl wird angenommen, weil so der Sachverhalt zeichnerisch deutlicher gezeigt werden kann.

nente Nettoinvestitionen). Dann erhöht sich die gesamtwirtschaftliche Nachfrage bei jedem Volkseinkommen um 100 Mrd. EUR.

Die allgemeine Formel für die **gesamtwirtschaftliche Nachfrage** lautet dann:

$$\mathbf{C + I = C_a + I_a + c \cdot E}$$

Das **Gleichgewichtseinkommen** steigt von bisher 400 Mrd. EUR auf nunmehr 800 Mrd. EUR, denn:

$E = C + I$

Folglich ist $E = C_a + I_a + c \cdot E$

Mit Zahlen:

$E = 100 + 100 + {}^3/_4 \cdot E$

${}^1/_4\, E = 200$

$E = 800$ Mrd. EUR

Bei diesem Einkommen ist die **Gleichgewichtsbedingung** E = C + I *und* **S = I** erfüllt. Die privaten Haushalte nämlich planen bei einem Einkommen von 800 Mrd. EUR einen Konsum von 700 Mrd. EUR und eine Sparsumme von 100 Mrd. EUR. Diese Sparsumme ist aber der ursprünglich vorgenommenen und laufend beibehaltenen Nettoinvestition in Höhe von 100 Mrd. EUR gleich.

7.4.1.2 Entwicklungsprozess zum Gleichgewichtseinkommen[1]

Es erhebt sich die Frage, wie der Prozess verläuft, der zu einem höheren Volkseinkommen führt. Bei einer Nettoinvestition von 100 Mrd. EUR steigt zunächst das Volkseinkommen um 100 Mrd. EUR, denn C + I = E. Von diesem zusätzlichen Einkommen wird indessen für 75 Mrd. EUR konsumiert (ΔC) und zugleich werden zusätzlich 25 Mrd. EUR gespart (ΔS). Der Konsumzuwachs führt wieder zu einer Einkommenserhöhung, sodass der Konsum erneut um 56,25 Mrd. EUR und das Sparen um 18,75 Mrd. EUR steigen. Dieser Prozess setzt sich theoretisch bei immer kleiner werdenden Zuwachsraten unendlich lange fort, wie die nachfolgende Tabelle zeigt.

Entwicklung zum Gleichgewichtseinkommen				
Perioden	Nettoinvestitionen je Periode in Mrd. EUR	Einkommens-zuwachs (ΔE in Mrd. EUR)	Konsum-zuwachs (ΔC in Mrd. EUR)	Zusätzliches Sparen (ΔS in Mrd. EUR)
1	100	100 →		
2	100	75 →	75	25
3	100	56,25 →	56,25	18,75
4	100	42,1875 →	42,1875	14,0625
5	100	31,6406 →	31,6406	10,5469
6	100	23,7305 →	23,7305	7,9101
7	100	17,7979 →	17,7979	5,9326
8	100	13,3484 →	13,3484	4,4495
9	100	10,0113 →	10,0113	3,3371
			7,5085	2,5028
.	.	.	.	.
.	.	.	.	.
.	.	.	.	.
n	100	→ 0	→ 0	→ 0
Ergebnis nach n Perioden	100	Σ 400	Σ 400	Σ 100

1 Die verbale Begründung ist die gleiche wie im Kapitel 7.2 (Veränderung der Konsumfunktion). Hier besteht im Ausgangszeitpunkt eine Angebotslücke (C + I > Y).

Aus der in Kapitel 7.4.1.1 eingezeichneten „Treppenkurve" lässt sich diese Entwicklung ebenfalls ablesen.

In unserem Beispiel ist das Volkseinkommen (die Beschäftigung) um 400 Mrd. EUR auf 800 Mrd. EUR gestiegen, *obwohl* die Nettoinvestitionen nur um 100 Mrd. EUR zugenommen haben.

Merke:

Die Zahl, die angibt, um wie viel sich das Volkseinkommen bei einer bestimmten Erhöhung der permanenten Nettoinvestitionen verändert, nennt man **Investitionsmultiplikator**.

Die Ermittlung des Investitionsmultiplikators bietet keine Schwierigkeiten. Die Änderung des Volkseinkommens beträgt in der

1. Periode: 100
2. Periode: $100 + {}^3/_4 \cdot 100$
3. Periode: $100 + {}^3/_4 \cdot 100 + ({}^3/_4)^2 \cdot 100$
4. Periode: $100 + {}^3/_4 \cdot 100 + ({}^3/_4)^2 \cdot 100 + ({}^3/_4)^3 \cdot 100$

.
.
.

n^{te} Periode: $100 + {}^3/_4 \cdot 100 + ({}^3/_4)^2 \cdot 100 \ldots ({}^3/_4)^{n-1} \cdot 100$

Merke:

Die Summe dieser unendlichen geometrischen Reihe, also die Einkommensänderung (ΔE), ist dann:

$$100 \cdot \frac{1}{1 - {}^3/_4}$$

Oder allgemein:

$$\Delta E = \Delta I \cdot \underbrace{\frac{1}{1 - \text{Grenzhang zum Konsum}}}_{\text{Investitionsmultiplikator}}$$

In unserem Beispiel ist der Investitionsmultiplikator 4, denn

$$\Delta E = 100 \cdot \frac{1}{1 - {}^3/_4} = 100 \cdot 4 = \underline{\underline{400 \text{ Mrd. EUR}}}$$

Merke:

Der Investitionsmultiplikator ist somit der **reziproke Wert** des Grenzhangs **zum Sparen,** denn **s = 1 – c.**

Unsere bisherigen Überlegungen lassen somit nachstehende Schlussfolgerungen zu:

- Nehmen die laufenden[1] **Nettoinvestitionen** um einen bestimmten Betrag **zu, steigt** das **Volkseinkommen** um ein Mehrfaches dieses Betrags (**positiver** Multiplikatoreffekt).
- Nehmen die laufenden **Nettoinvestitionen** um einen bestimmten Betrag **ab, sinkt** das **Volkseinkommen** um ein Mehrfaches dieses Betrags (**negativer** Multiplikatoreffekt).
- Der **Einkommenszuwachs** ist **umso höher,** je **höher** der **Grenzhang zum Verbrauch** ist.
- Der **Einkommenszuwachs** ist **umso niedriger,** je **niedriger** der **Grenzhang zum Verbrauch** ist.

Diese allgemeinen Aussagen werden in keiner Weise von der realistischeren Annahme berührt, dass der **Grenzhang zum Verbrauch** mit **zunehmendem Einkommen abnimmt** (vgl. nachfolgende Abbildung). Lediglich der Multiplikator ist in diesem Fall kleiner.

Realistische Konsumfunktion

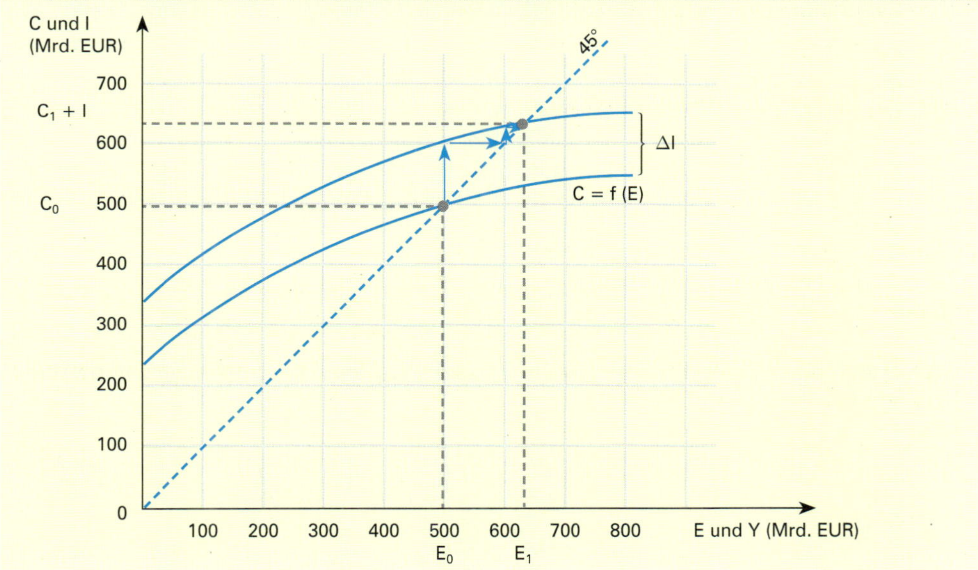

7.4.1.3 Kritische Würdigung des Modells

Das Modell gilt nur unter ganz **engen Bedingungen:**

- Es wird z. B. von **konstanten Preisen** ausgegangen.
- Investitionseffekte bleiben außer Betracht.
- Der **technische Stand bleibt unverändert.**
- Die **Investitionen** sind autonom und bleiben von Periode zu Periode **gleich** hoch.
- Die Unternehmen sind in der Lage, ihr Konsum- und Investitionsgüterangebot **jederzeit** an die Nachfrage **anzupassen.**

1 Handelt es sich nur um einen einmaligen Investitionsstoß (eine zusätzliche Nettoinvestition in einer Periode, z. B. in einem Jahr), erhöht sich das Volkseinkommen um eben diese Nettoinvestition, um in den Folgeperioden wieder auf seine ursprüngliche Höhe abzufallen (Näheres zu diesem Problem siehe z. B. SCHNEIDER, E.: Einführung in die Wirtschaftstheorie, Bd. III, 1955, S. 153 ff.).

Dennoch erklärt das Multiplikatormodell auf anschauliche Weise einen verwickelten Zusammenhang zwischen Nachfrage, Volkseinkommen und Beschäftigung. Steigt z. B. die Investitionsgüternachfrage, nehmen zunächst die Einkommen (Löhne und Gewinne) in der Investitionsgüterindustrie zu. Aufgrund der höheren Einkommen wird mehr konsumiert, was zunächst beim Einzelhandel, dann beim Großhandel und schließlich in der Konsumgüterindustrie zu mehr Beschäftigung führt: Es werden mehr Arbeitskräfte eingestellt, sodass das Volkseinkommen weiter zunimmt. Die zusätzlichen Einkommen werden wiederum entsprechend dem gegebenen Grenzhang zum Konsum ausgegeben, sodass sich der Prozess theoretisch unendlich lange fortsetzt.

Beinhalten die Nettoinvestitionen jedoch technische Neuerungen **(Rationalisierungsinvestitionen),** so ist ein strenger Zusammenhang zwischen Nettoinvestitionen und der Zahl der Beschäftigten nicht mehr gegeben. Bei stark zunehmender technischer Entwicklung, also bei steigender Produktivität durch Rationalisierungsinvestitionen, wächst das reale Volkseinkommen aufgrund zusätzlicher Nettoinvestitionen, **ohne** dass die Arbeitslosigkeit abgebaut wird. Die Keynessche Methode vieler Regierungen, die Arbeitslosigkeit mittels Investitionsförderungsmaßnahmen zu bekämpfen, muss demnach in Zeiten hoher Produktivitätsfortschritte scheitern.

Die Aussagen der Investitionsmultiplikatortheorie sind auch deswegen von Bedeutung, weil sie sich ohne Weiteres zu einer allgemeinen **Ausgabenmultiplikatortheorie** ausweiten lassen. Denn es ist letztlich gleichgültig, ob sich die gesamtwirtschaftliche Nachfrage aufgrund von privaten **Konsumänderungen** (ΔC), **Staatsausgabenänderungen** (ΔC_{st} bzw. ΔI_{st}), **privaten Nettoinvestitionen** (ΔI_{pr}) oder **Exportüberschüssen** (des Außenbeitrags) erhöht oder vermindert.

Merke:

Die Änderung des Volkseinkommens berechnet sich mithilfe des **allgemeinen Ausgabenmultiplikators** wie folgt:

$$\Delta E = \Delta IA \cdot \underbrace{\frac{1}{1 - \text{Grenzhang zum Verbrauch}}}_{\text{Ausgabenmultiplikator}}$$

Die Multiplikatortheorie verführte (und verführt) viele Wirtschaftstheoretiker und -politiker dazu, anzunehmen, man brauche lediglich in wirtschaftlich schwachen Zeiten die staatlichen Investitions- und/oder Konsumausgaben zu erhöhen, um die Wirtschaftstätigkeit wieder anzukurbeln **(Konjunkturspritzen).**

Wie die Erfahrung zeigt, muss das aber keinesfalls so sein. Wenn es nämlich nicht gelingt, das Verhalten der Wirtschaftssubjekte (der Haushalte und Unternehmen) positiv zu beeinflussen, wenn also Konsum- und Investitionsfunktion unverändert bleiben, fällt das Volkseinkommen wieder auf das ursprüngliche Gleichgewichtseinkommen zurück, sobald das **„Konjunkturprogramm"** abgelaufen ist (**negativer** Multiplikatoreffekt). Die Konjunkturspritze verpufft: Sie hat lediglich ein „Strohfeuer" entfacht. **Konjunkturförderprogramme** – neuerdings auch **Investitions-** oder **Wachstumsprogramme** genannt – sind daher in Theorie und Praxis sehr umstritten. Sie können vor allem dann langfristig negativ sein, wenn ein Staat bereits stark verschuldet ist.

7.4.2 Akzelerator

7.4.2.1 Berechnung und Entwicklung des Akzelerators

Im vorigen Kapitel haben wir gesagt, dass Änderungen des Konsums die Höhe der Investitionen beeinflussen können.

Beispiel:

Angenommen, im Ausgangszeitpunkt (Periode 1) werden mit 20 Maschinen zu je 500 GE (Geldeinheiten) insgesamt 250 PE (Produktionseinheiten) Konsumgüter zu je 10 GE erstellt. Der Anschaffungswert der Anlagen **(Kapitalstock)** beträgt also 10 000 GE. Die Nutzungsdauer der Anlagen beläuft sich auf 10 Perioden.

Der Einfachheit halber wird weiterhin unterstellt, dass die 20 Maschinen über die vergangenen Perioden gleichmäßig verteilt angeschafft wurden, also in der Periode 0 zwei Stück, in der Periode −1 zwei Stück usw. und schließlich in der Periode −9 ebenfalls zwei Stück. In der Periode 1 scheiden also 2 Maschinen aus. Soll die Produktion aufrechterhalten werden, müssen sie ersetzt werden **(Ersatz- oder Reinvestition)**.

Darüber hinaus nehmen wir an, dass der bzw. die Hersteller ihren Kapitalstock an die Höhe des Konsums anpassen (konsumabhängige Investitionen).[1]

Wir fragen nun danach, wie sich die **Nettoinvestition (I)**[2] entwickelt, wenn die Konsumgüternachfrage steigt, stagniert (gleich bleibt) oder fällt. Die nachstehende Tabelle gibt Auskunft.

Periode	Konsumgüternachfrage (C)		Veränderung der Konsumnachfrage (ΔC) in GE	Kapitalstock		Nettoinvestition		Reinvestition		Bruttoinvestition	
	PE	GE		St.	GE	St.	GE	St.	GE	St.	GE
1	250	2 500	–	20	10 000	–	–	2	1 000	2	1 000
2	275	2 750	250	22	11 000	2	1 000	2	1 000	4	2 000
3	300	3 000	250	24	12 000	2	1 000	2	1 000	4	2 000
4	300	3 000	–	24	12 000	–	–	2	1 000	2	1 000
5	275	2 750	−250	22	11 000	−2	−1 000	–	–	–	–
6	250	2 500	−250	20	10 000	−2	−1 000	–	–	–	–

1 In diesem Fall handelt es sich also um eine quantitative Anpassung an die Absatzverhältnisse. Im strengen Modell wird außerdem eine unendliche Teilbarkeit des Kapitalstocks unterstellt. Dann ist die Höhe der Abschreibungen und Reinvestitionen jederzeit identisch.

2 Nettoinvestition (I) = Bruttoinvestition (I_{br}) – Reinvestition (I_r).

9 Boller, Hartmann - ISBN 978-3-8120-0398-8

Erläuterungen zur Tabelle:

Periode 1: Voraussetzungsgemäß scheiden 2 Maschinen aus (Lebensdauer 10 Jahre). Sie müssen ersetzt werden, wenn die Konsumgüternachfrage (250 PE) befriedigt werden soll. Die Ersatzinvestition (Reinvestition) in Höhe von 1 000 GE ist mit der Gesamtinvestition (Bruttoinvestition) identisch. Die Nettoinvestition ist null.

Periode 2: Da vollständige quantitative (mengenmäßige) Anpassung vorausgesetzt wird, kaufen die Unternehmen aufgrund der gestiegenen Konsumgüternachfrage (+ 250 GE) 2 Maschinen hinzu. (Mit 20 Maschinen können 250 PE Konsumgüter, mit 2 Maschinen folglich 25 PE hergestellt werden.) Außerdem scheiden 2 Maschinen aus, die ersetzt werden müssen. Insgesamt werden also 4 Maschinen gekauft (Bruttoinvestition). Die Nettoinvestition beträgt demnach 2 Maschinen (= 1 000 GE).

Periode 3: Hier steigt der Kapitalstock um weitere 2 Maschinen, damit die zusätzliche Konsumgüternachfrage (ΔC) befriedigt werden kann. 2 Maschinen müssen ersetzt werden (Reinvestition). Die Bruttoinvestition beträgt wiederum 4 Maschinen (= 2 000 GE), die Nettoinvestition 2 Maschinen (= 1 000 GE).

Periode 4: In dieser Periode werden wieder 24 Maschinen benötigt, weil die Nachfrage nach wie vor 300 PE beträgt. 2 Maschinen müssen ersetzt werden. Zusätzliche Investitionen sind nicht erforderlich. Die Bruttoinvestition fällt also auf 2 Maschinen (= 1 000 GE) zurück. Die Nettoinvestition ist null.

Periode 5: Sinkt die Nachfrage auf 275 Stück ($\Delta C = -250$ GE), wird nur noch ein Kapitalstock von 22 Maschinen benötigt. Gemäß unserer Prämissen (quantitative Anpassung) werden die beiden ohnehin ausscheidenden Maschinen nicht ersetzt. Die Bruttoinvestition ist null, die Nettoinvestition ist –2.

Periode 6: Für die 6. Periode gilt das Gleiche wie für die Periode 5: Die Nettoinvestition ist negativ.

Aus unseren Überlegungen lassen sich folgende Erkenntnisse gewinnen:

Merke:

Konsumsteigerungen führen zu einer erhöhten **Investitionsgüternachfrage.**

Je anlageintensiver eine Volkswirtschaft ist, desto stärker ist der Einfluss von Konsumveränderungen auf die wertmäßige Investitionsgüternachfrage. Dies gilt jedoch nur, wenn eine Wirtschaft vollbeschäftigt ist. Steigt in einer unterbeschäftigten Wirtschaft die Konsumgüternachfrage, werden die Unternehmer sich nicht quantitativ, sondern intensitätsmäßig anpassen.

Merke:

Eine **Stagnation** der **Konsumgüternachfrage** führt in der ersten Periode zu einem **Rückgang** der **Investitionsgüternachfrage.** In den Folgeperioden stagniert die Investitionsgüternachfrage.

Der Grund ist darin zu sehen, dass die Unternehmen in diesem Fall lediglich Ersatzinvestitionen vornehmen. Für Erweiterungsinvestitionen besteht voraussetzungsgemäß kein Anlass. In Wirklichkeit wird jedoch der tatsächliche Konsum einer bestimmten Person nur eine geringe Rolle spielen. Vielmehr werden sich die Unternehmen bei ihren Investitionsentscheidungen von ihren Absatzerwartungen leiten lassen.

Merke:

Ein **Rückgang** der **Konsumgüternachfrage** führt zu **Desinvestitionen.**

Diese Aussage lässt sich jedoch nur dann aufrechterhalten, solange der relative Nachfragerückgang nach Konsumgütern nicht größer ist als die relative Schrumpfung des Kapitalstocks durch das natürliche Ausscheiden abgenutzter Aggregate. Ist der Nachfragerückgang nach fertigen Erzeugnissen relativ größer, werden in der Regel Anlagen stillgelegt, aber nicht veräußert oder verschrottet. Derartige Maßnahmen werden erst auf lange Sicht vorgenommen, dann nämlich, wenn sich zeigt, dass der Rückgang der Konsumgüternachfrage nicht vorübergehend ist.

Merke:

Die Höhe der **Nettoinvestitionen** hängt von den **Veränderungen der Konsumgüternachfrage** ab.

Unter den Modellvoraussetzungen gelten folgende Zusammenhänge: Steigt der Konsum um 250 GE (ΔC), betragen die Nettoinvestitionen 1 000 GE. Stagniert der Konsum, ist die Nettoinvestition null. Fällt die Konsumgüternachfrage um beispielsweise 250 GE (z.B. Periode 5 in der Tabelle des Beispiels zu Beginn von Kapitel 7.4.2.1), ist die Nettoinvestition negativ (– 1 000 GE).

Merke:

Die Zahl (b), die angibt, wie viel Geldeinheiten die **Nettoinvestition** (I) beträgt, wenn der **Konsum** um **eine bestimmte** – streng genommen unendlich kleine – **Einheit steigt** oder **fällt,** heißt **Akzelerator.**

Es gilt also:

$$\mathbf{I = \Delta C \cdot b}$$

In unserem Beispiel beträgt der Akzelerator 4. Wie man aus den ursprünglichen Angaben für unser Beispiel erkennt, ist der Akzelerator durch das Verhältnis von Kapitalstock (Maschinen im Wert von 10 000 GE) zum Wert der Produktion je Periode (2 500 GE) bestimmt. Je anlageintensiver eine Wirtschaft ist, desto stärker ist die Akzeleratorwirkung (Beschleunigungswirkung) von Konsumänderungen.

7.4.2.2 Kritische Würdigung des Modells

Das Modell stellt einen engen Zusammenhang zwischen Veränderungen des Konsums und der Höhe der Nettoinvestitionen her, der in Wirklichkeit – wie bereits gesagt wurde – nicht bestehen muss. Aber selbst unter der Annahme, dass Akzeleratorwirkungen in der Realität viel schwächer als im Modell in Erscheinung treten, vermag das Modell zu erklären, wie wirtschaftliche Auf- und Abschwünge ausgelöst werden können. In Verbindung mit der Multiplikatortheorie lässt sich ohne Weiteres eine Konjunkturtheorie entwickeln.

Zusammenfassung

- Bei **steigendem Volkseinkommen steigen** sowohl der **Konsum** als auch die **Ersparnisse.**
- Das **Basiseinkommen** verkörpert das **soziokulturelle Existenzminimum.**
- Der **Mindestkonsum** wird auch als **autonomer Konsum** bezeichnet.
- Die **Steigungen** der **Konsum- und Sparfunktion** lassen sich mit den Begriffen des **Grenzhangs zum Konsum** und des **Grenzhangs zum Sparen** beschreiben.
- Der **Grenzhang zum Konsum** (c) ergibt sich aus dem **Verhältnis** einer Konsumänderung (ΔC) zu einer bestimmten Einkommensänderung (ΔE). Allgemein gilt:

$$c = \frac{\Delta C}{\Delta E}$$

- Der **Grenzhang zum Sparen** (s) ergibt sich aus dem **Verhältnis** einer Sparänderung (ΔS) zu einer bestimmten Einkommensänderung (ΔE). Allgemein gilt:

$$s = \frac{\Delta S}{\Delta E}$$

- Die **Summe** aus Grenzhang zum Konsum und Grenzhang zum Sparen **ist immer 1.**
- In **Wirklichkeit** wird die **Konsumfunktion keine lineare** Gestalt haben, weil mit **zunehmendem Einkommen** der **Grenzhang zum Sparen größer** wird.
- Die **Höhe des Zinssatzes** hat nur Einfluss darauf, ob die gesparten Mittel **angelegt oder gehortet** werden, **nicht** aber auf die **Höhe des Sparens.**
- Von den Wirtschaftssubjekten nicht beeinflussbar ist das **Zwangssparen.** Dies kann gesetzlich **erzwungenes Sparen** oder ein **durch Inflation bewirktes Sparen** sein.
- Die **Beschäftigung einer Volkswirtschaft** hängt u. a. von der Höhe des Grenzhangs zum Konsum ab. **Allgemein gilt:**
  - Je **höher** der **Grenzhang zum Konsum,** desto **höher** ist die **Beschäftigung** und somit das **Volkseinkommen.**
  - Je **niedriger** der **Grenzhang zum Konsum,** desto **niedriger** ist die **Beschäftigung** und somit das **Volkseinkommen.**
- Eine wesentliche **Bestimmungsgröße** der volkswirtschaftlichen **Beschäftigung** sind die **Investitionen.**
- Investitionen sind entweder geplant oder ungeplant. **Ungeplante Investitionen** liegen vor, wenn die Unternehmen auf ihren **Vorräten** sitzen bleiben, weil die **Nachfrage zurückgegangen** ist.
- In einer **offenen** Volkswirtschaft bestimmt die Höhe des tatsächlichen oder erwarteten **Exports** ebenfalls die **Investitionsneigung** der Unternehmen **(exportabhängige Investitionen).**
- **Autonome Investitionen** sind solche, die von anderen wirtschaftlichen Daten **unabhängig** sind. Sie können in Wirklichkeit regelmäßig nur vom **Staat** vorgenommen werden.
- Die Zahl, die angibt, um **wie viel** sich das **Volkseinkommen** bei einer **bestimmten Erhöhung der permanenten Nettoinvestitionen** verändert, nennt man **Investitionsmultiplikator.**
- Die aus einer Investition resultierende Einkommensänderung (ΔE) berechnet sich

$$\Delta E = \Delta I \cdot \underbrace{\frac{1}{1 - \text{Grenzhang zum Konsum}}}_{\text{Investitionsmultiplikator}}$$

- Der **Investitionsmultiplikator** ist der **reziproke Wert des Grenzhangs zum Sparen,** denn **$s = 1 - c$.**

- Das Modell des Investitionsmultiplikators gilt nur unter ganz engen **Bedingungen,** und zwar:
  - **konstante Preise,**
  - **Investitionseffekte** bleiben **außer Acht,**
  - es gibt **keinen technischen Fortschritt,**
  - die **Investitionen** sind **autonom** und bleiben periodenübergreifend **gleich,**
  - die **Unternehmen** können ihr **Angebot jederzeit** der Nachfrage **anpassen.**
- **Konsumsteigerungen** führen zu einer **erhöhten Investitionsgüternachfrage.**
- Eine **Stagnation** der **Konsumgüternachfrage** führt in der **ersten** Periode zu einem **Rückgang** der **Investitionsgüternachfrage,** die dann in den **Folgeperioden stagniert.**
- Ein **Rückgang** der **Konsumgüternachfrage** führt zu **Desinvestitionen.**
- Die Höhe der **Nettoinvestitionen** hängt von den **Veränderungen der Konsumgüternachfrage** ab.
- Der **Akzelerator** (b) gibt an, wie viele Geldeinheiten die **Nettoinvestition** (I) beträgt, wenn der **Konsum** um eine bestimmte – streng genommen unendlich kleine – Einheit **steigt oder fällt.** Allgemein gilt:

$$\mathbf{I = \Delta C \cdot b}$$

- Die **Akzeleratorwirkungen** fallen in der **Realität** viel **schwächer** aus, dienen aber dazu, das **Modell** wirtschaftlicher **Auf- und Abschwünge zu erklären.**

Übungsaufgabe

16 1. Welche Gründe sprechen für die These, dass die Höhe der gesamtwirtschaftlichen Ersparnis von der Höhe des Volkseinkommens abhängig ist?

2. Nennen Sie mindestens drei Sparmotive aus gesamtwirtschaftlicher Sicht!

3. Es wird häufig gesagt, dass das Konsum- und Sparverhalten

   3.1 vom Alter und

   3.2 von der Schichtzugehörigkeit der Konsumenten abhängig sei.

   Nehmen Sie Stellung!

4. Es ist eine lineare Konsumfunktion von der Gestalt $C = 250 + {}^1/_2\, E$ (in Mrd. GE = Geldeinheiten) gegeben.

   Aufgaben:

   Stellen Sie eine Wertetafel für C und E auf!

C:									
E:	0	100	200	300	400	500	600	700	800

   4.1 Wie hoch ist das Basiseinkommen?

   4.2 Zeichnen Sie a) die Konsum- und b) die Sparfunktion in ein Koordinatensystem ein!

   4.3 Wie hoch ist das Gleichgewichtseinkommen, wenn

   4.3.1 I = 0 ist;

   4.3.2 I = 50 GE ist;

   4.3.3 I = –100 GE ist?

4.4 Wie hoch ist der Grenzhang zum Konsum?

4.5 Wie hoch ist der Grenzhang zum Sparen?

4.6 Warum ist die Summe aus Grenzhang zum Konsum und Grenzhang zum Sparen in jedem Fall 1?

5. Begründen Sie die Entwicklung zum Gleichgewichtseinkommen, wenn sich die Konsumfunktion ändert!

6. Zeichnen Sie die gesamtwirtschaftliche Nachfragekurve, wenn C_a = 150 Mrd. GE und I_a = 100 Mrd. GE betragen!

Der Grenzhang zum Sparen ist 0,5.

Nehmen Sie weiterhin an, dass die Nettoinvestitionen um 100 Mrd. GE steigen! Zeichnen Sie die neue gesamtwirtschaftliche Nachfragekurve!

Aufgaben:

6.1 Wie hoch war das bisherige Volkseinkommen (E0)?

6.2 Wie hoch ist das neue Volkseinkommen (E1)?

6.3 Zeichnen Sie die Entwicklung zum neuen Gleichgewichtseinkommen mithilfe einer Treppenkurve in Ihre Grafik ein!

6.4 Wie hoch ist der Investitionsmultiplikator?

6.5 Begründen Sie die Entwicklung zum neuen Gleichgewichtseinkommen mit eigenen Worten!

7. Stellen Sie den Multiplikatorprozess mithilfe folgender Zahlen dar:

a) Grenzhang zum Konsum 0,75 und

b) Erhöhung der Nettoinvestition um 50 Mrd. GE.

Benutzen Sie folgende Tabelle:

Periode	Netto-investition	Einkommens-zuwachs	Konsum-zuwachs	Zusätzliches Sparen
1				
2				
3				
⋮				
n				

8. In einer Volkswirtschaft beträgt das Volkseinkommen gegenwärtig 525 Mrd. GE. Der Grenzhang zum Sparen ist 0,25. Außenwirtschaftsbeziehungen bestehen nicht.

Aufgaben:

8.1 Auf wie viel Mrd. GE steigt das Volkseinkommen, wenn die Nettoinvestitionen um 5 Mrd. GE zunehmen?

8.2 Wie hoch wäre die Einkommensänderung bei einem Grenzhang zum Konsum von 0,6?

9. Erklären Sie kurz, warum die Annahme einer linearen Konsumfunktion unrealistisch ist!

10. Auf wie viel Mrd. GE steigt/fällt das Volkseinkommen, wenn bei einem gegenwärtigen Volkseinkommen von 550 Mrd. GE und einem Grenzhang zum Verbrauch in Höhe von 80 % die Staatsausgaben um 1,6 Mrd. GE gekürzt werden?

11. Welche Ihnen bekannten gesamtwirtschaftlichen Größen können einen negativen Multiplikatorprozess in Gang setzen? Stellen Sie den negativen Investitionsmultiplikator zeichnerisch dar!

12. 12.1 Welche Auswirkungen haben Steuererhöhungen und -senkungen generell auf das Volkseinkommen? Begründen Sie Ihre Antwort!

    12.2 Wie beurteilen Sie eine Anhebung des Umsatzsteuersatzes um 1 % auf die Konsumgüternachfrage, die Investitionsgüternachfrage und auf die gesamtwirtschaftliche Nachfrage?

    12.3 Wie würde sich nach Ihrer Ansicht eine generelle lineare Einkommensteuersenkung (-erhöhung) auf das Volkseinkommen auswirken?

    12.4 Kommen Sie zu anderen Schlüssen, falls nur die Einkommensteuer für höhere Einkommen gesenkt (angehoben) würde?

    12.5 Subventionen werden häufig als Transferzahlungen bezeichnet, die keine Wirkungen auf das Volkseinkommen haben. Überlegen Sie, ob dies tatsächlich der Fall ist!

13. Angenommen, zur Erstellung von 20 Produktionseinheiten zu je 10,00 GE je Stück wird ein Kapitalstock von 400,00 GE benötigt. Die Lebensdauer der Anlagen beträgt 10 Jahre.

    Aufgaben:

    13.1 Stellen Sie die Entwicklung von I (= Nettoinvestition) dar, wenn sich die Nachfrage wie folgt entwickelt:

Nachfrage (C) in GE	Kapital-stock	Re-investition	Brutto-investition	Netto-investition
1 000,00				
1 100,00				
1 200,00				
1 200,00				
1 100,00				
1 000,00				

    13.2 Wie hoch ist der Akzelerator (b)?

14. Wie entwickelt sich aufgrund des Akzeleratorprinzips die Nachfrage nach Investitionsgütern, wenn

    14.1 die Nachfrage (C) steigt?

    14.2 die Nachfrage (C) stagniert?

    14.3 die Nachfrage (C) fällt?

15. Deutsche Politiker verweisen immer wieder darauf, dass Deutschland „Exportweltmeister“ sei. Vergessen wird dabei, dass immer mehr Erzeugnisse im Ausland gefertigt werden, in Deutschland den letzten Schliff erhalten, etikettiert, verpackt und dann wieder ins Ausland verkauft werden. Führende Wirtschaftswissenschaftler weisen darauf hin, dass Deutschland zunehmend zur Basar-Wirtschaft (Basar-Ökonomie)[1] werde und dass der viel gerühmte Exportüberschuss im Grunde auf eine Standortschwäche hinweise.

    Aufgaben:

    15.1 Überlegen Sie, was mit dem Begriff „Basar-Wirtschaft“ ausgedrückt werden soll!

    15.2 Unter welchen Bedingungen schaffen Exportüberschüsse zusätzliche Arbeitsplätze?

    15.3 Begründen Sie, unter welchen Bedingungen Exportüberschüsse sogar auf eine Standortschwäche hindeuten können!

1 So z. B. Hans-Werner Sinn, Leiter des Münchner Ifo-Instituts für Wirtschaftsforschung.

Lernbereich 6: Geldpolitische Entscheidungen vor dem Hintergrund sich verändernder Wirtschaftslagen erörtern

1 Entstehung, Eigenschaften und Funktionen des Geldes in einer Volkswirtschaft

1.1 Geschichtliche Entwicklung und Eigenschaften des Geldes

Ist von „Geld" die Rede, so meint man zunächst zu wissen, was das ist. Soll man aber den Begriff Geld definieren, so stößt man auf Schwierigkeiten. Nicht anders ergeht es den Wissenschaftlern, die immer wieder aufs Neue darangehen, das Wesen des Geldes zu deuten. Begriff und Aufgabe des Geldes kann man nur verstehen, wenn man sich über seine Entstehungsgründe Gedanken macht.[1]

Umgang mit Geld

[...] Wie wir mit Geld umgehen, hat Folgen: Erfolg, Zufriedenheit, vielleicht sogar Glück – obschon Geld allein ja nicht glücklich machen soll – kann der erlangen, der Geld souverän einsetzt. Wer dazu nicht in der Lage ist, wird zum Opfer seiner Lebensumstände, seines Verhaltens, mitunter auch seiner Anhäufung von Finanzmitteln. [...]

Zu Beginn des 20. Jahrhunderts war Sparsamkeit eine Pflicht, Verschuldung tabu. Entsprechende Einstellungen und ein entsprechendes Verhalten sind bis heute in der älteren Generation weit verbreitet. In den jüngeren Kohorten haben sie sich indes relativiert. Verschuldung und Ratenkäufe sind weit verbreitet und gelten nicht mehr als anstößig. Hedonistische Einstellungen und „Geld als Mittel zu Konsum und Lebensgenuss" spielen heute eine größere Rolle.

[...] Verglichen mit anderen Nationen haben die Deutschen einen ausgeprägten Hang zur Sparsamkeit, zumindest was ihre Normen und Einstellungen betrifft. [...] Das Wollen und Sollen der Deutschen unterscheidet sich jedoch mittlerweile von ihrem Tun. Die Sparquote ist zwar relativ hoch, international aber keineswegs überragend. 2008 haben die Deutschen 11,6 Prozent ihres verfügbaren Einkommens gespart [...]. In Österreich, Frankreich, Irland, Spanien und der Schweiz wurde aber 2008 gleich viel oder sogar mehr gespart.

[...] Untersuchungen belegen, dass ältere Menschen im Vergleich zu jüngeren weniger gern Schulden machen, zufriedener mit der eigenen finanziellen Lage und mit dem erreichten Besitzstand sind, weniger Risikolust verspüren, sparsamer mit Geld umgehen, ihren Finanzhaushalt disziplinierter führen und Geld strenger kontrollieren, ehrlicher in Geldgeschäften sind, mit Geld positivere Assoziationen verbinden.

[...] Jugendlichen wird heute oft nachgesagt, sie gäben sehr viel Geld für unvernünftige Dinge aus (insbesondere für das Telefonieren, für Computerspiele etc.), sie könnten nicht mit Geld umgehen und gerieten daher oft in Schulden. [...] Demgegenüber bescheinigten Studien 2002 drei Viertel der Jugendlichen ein weitgehend rationales und marktkonformes Konsumverhalten. [...] Verschuldet waren 2002 etwa 20 Prozent, überschuldet circa sieben Prozent der Jugendlichen. Damit konnten etwa gleich viele Jugendliche wie Erwachsene ihre Verbindlichkeiten in absehbarer Zeit nicht begleichen. [...] Die Ergebnisse zeigen auch, dass die Überschuldung meist vorübergehend war: eine Übergangsphase im Leben der Jugendlichen. Je höher sich die Einkünfte von Jugendlichen beliefen, insbesondere die selbst verdienten, desto rationaler war ihr Konsumverhalten.

[...] Der richtige Umgang mit Geld ist auch von Normen geprägt, etwa Normen, wie über Geld zu sprechen (oder nicht zu sprechen) ist. Zahlreiche Sprichworte wie „Über Geld spricht man nicht, man hat es", sind ein Hinweis darauf, dass das Thema Geld in Deutschland weitgehend

1 Quelle: D. C.: Geld zu jeder Zeit, Geschichten vom Geld am Rande der Geschichte, 3. Aufl., o. J., S. 5 und S. 12.

tabuisiert ist. Jeder empirische Sozialforscher weiß, dass Fragen zum persönlichen Einkommen von großen Bevölkerungsteilen nicht beantwortet werden, vor allem dann, wenn die genaue Einkommenshöhe genannt werden soll. [...]

Die Tabuisierung hat Folgen: [...] Wer nicht mit Geld umgehen kann, fällt der Missachtung vieler Mitmenschen anheim, wird möglicherweise gar als lebensuntüchtig bezeichnet. Dessen ungeachtet ist souveränes Umgehen mit Geld kein Thema. Selbstzweifel und Unsicherheiten müssen die betroffenen Menschen in der Regel mit sich selbst austragen. Lernen, mit Geld umzugehen und Geldkompetenz werden so nicht gefördert.

Aber nicht nur die Tabuisierung trägt dazu bei, dass Wissen über kompetentes Umgehen mit Geld sich so zögernd verbreitet. Hinzu kommt: Geld hat in bestimmten Bevölkerungsteilen ein schlechtes Image. Wer sich als „Finanzfuchs" erweist, genießt einen eher schlechten Ruf. Die Beschäftigung mit Geld gilt als wenig rentabel, sowohl was finanzielle Gewinne als auch Lustgewinn und soziale Anerkennung betreffen. Viele Menschen sind, möglicherweise bedingt durch paternalistische Traditionen des „Versorgungsstaats", im Bereich der persönlichen Finanzen unmündig. Sie sind es einfach nicht gewohnt, in diesen Bereichen aktiv zu werden.

Geld gilt in großen Bevölkerungsteilen als schwierige Materie. Das schreckt ab, sich damit zu befassen. Dass viele dieser Menschen sich in Beruf und Freizeit mit mindestens ebenso schwierigen Sachverhalten befassen, widerspricht dem nicht. Geld gilt weithin als abstrakte, lebensferne Angelegenheit. Populär: Geld ist nicht „sexy".

Quelle: Stefan Hradil, „Wie gehen die Deutschen mit Geld um?", in: APuZ 26/2009. S. 33 ff.

(1) Tauschlose Wirtschaft

In früheren Zeiten, als die Menschen noch in sogenannten „geschlossenen Hauswirtschaften" lebten, gab es keinen oder nur geringen Gütertausch. Die weitaus meisten der von den Menschen benötigten Güter wurden von ihnen innerhalb der Großfamilie (in der geschlossenen Hauswirtschaft) selbst hergestellt. Die geschlossene Hauswirtschaft war daher Produktions- und Verbrauchsstätte zugleich. In der Regel war daher ein Tauschmittel („Geld") nicht erforderlich.

(2) Naturaltauschwirtschaft

In reiner Form wird es diese tauschlose Wirtschaft jedoch nicht gegeben haben. Die einzelnen Großfamilien konnten sich sicher manche Dinge nicht oder nicht in ausreichendem Maß selbst beschaffen (z. B. Rohstoffe wie Salz, Metalle, Bernstein). Andere Güter wird man in Mengen hergestellt haben, die den eigenen Bedarf überstiegen. Es war also möglich,

Ware gegen **Ware**

zu tauschen. Dieser **unmittelbare** (direkte) Tausch war jedoch umständlich und zeitraubend.

(3) Warengeldwirtschaft

Der größte Nachteil der Naturaltauschwirtschaft war, dass es kein Gut gab, das **allgemein** als Tauschmittel anerkannt wurde. Es war daher ein großer Fortschritt in der wirtschaftlich-gesellschaftlichen Entwicklung, als sich die Menschen in bestimmten Regionen auf ein einziges Tauschgut einigten, dem alle einen Tauschwert zumaßen, obwohl das Gut mitunter zu einem unmittelbaren Gebrauch überhaupt nicht zu verwenden war.

Merke:

Ein von allen Tauschpartnern anerkanntes **Zwischentauschgut** bezeichnet man als **Geld.**

Die Warengeldwirtschaft ist die erste Stufe der Geldwirtschaft. An die Stelle des unmittelbaren Tauschs tritt der **mittelbare** (indirekte) Tausch:

Ware gegen **Geld** – **Geld** gegen **Ware.**

Als allgemeines Tauschmittel (Geld) fanden anfänglich Waren mit verhältnismäßig langer Lebensdauer Verwendung, die notfalls zugleich der unmittelbaren Bedürfnisbefriedigung dienen konnten (Warengeld als Nutzgeld).

Solches Nutzgeld waren beispielsweise Vieh (heutige Bezeichnungen für Geld oder Geldeinheiten wie pecus, pecunia = Vieh lassen darauf schließen),[1] Pfeilspitzen, Spieße (z. B. Obolus[2] = Bratspieß oder Drachme[3] = eine Handvoll Spieße).

Warengeld kam gleichermaßen als Schmuckgeld vor (z. B. Muscheln, Perlen und Edelmetalle). Besonders die Edelmetalle (Gold, Silber, Kupfer) hatten gegenüber den übrigen Waren Vorteile: Sie waren verhältnismäßig leicht transportierbar und teilbar.

Rechts und links chinesische, in der Mitte ein russischer Teeziegel

Schmuckgeld aus dem Sudan
Quelle: Archiv Dr. Runge, Hamburg

Zu dem geldgeschichtlich wohl interessantesten Tauschmittel zählt das nebenstehend abgebildete Steingeld von einer Inselgruppe aus Mikronesien, einem Gebiet im westlichen Pazifik.

Auf die Geschichte dieses Steingeldes, welches sogar zeitweise mit der Deutschen Mark in einem festen Austauschverhältnis stand, soll in der anschließenden Abhandlung näher eingegangen werden.

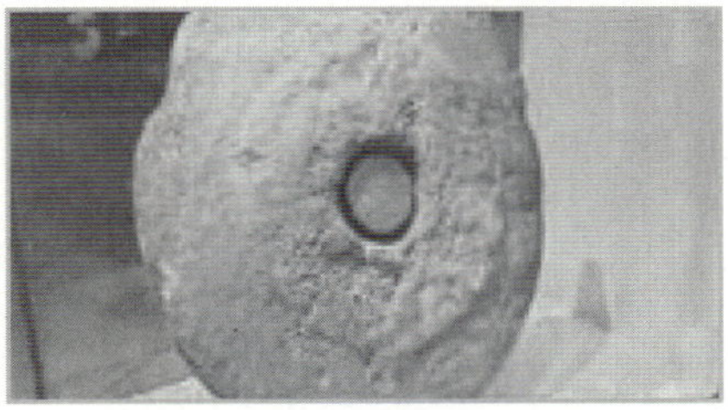

Quelle: Geldmuseum in Frankfurt am Main.

1 Auch heute noch wird das aus dem Lateinischen stammende Wort „pekuniär" im Sinne von geldlich verwendet.

2 Wenn jemand „seinen **Obolus**" (gr.) entrichtet, hat er einen kleinen Beitrag bezahlt. Ein Obolus war im alten Griechenland eine kleine Silber-, später Kupfermünze.

3 Die **Drachme** war eine griechische Münze.

Das oben abgebildete Steingeld ist ein auf der Insel Ulithi in Yap-Islands, einem Bundesstaat von Mikronesien, verwendetes Tauschmittel. Es besteht aus Stein, welcher auf den benachbarten Inseln gefunden wurde. Die Steine wurden von Männern mit Kanus teilweise über eine Entfernung von etwa 210 Seemeilen (ca. 390 km) nach Yap-Islands gebracht. Die Größe der Steine reicht von 10 cm Durchmesser bis hin zu Scheiben mit einem Durchmesser von 3 Metern. Der Wert des Steines lag darin, dass auf dem Atoll von Yap-Islands keine natürlich entstandenen Steine zu finden sind. Einer Legende nach soll es derartiges Steingeld seit 500 bis 600 Jahren auf Yap-Islands geben.

Für jeden einzelnen Stein gab es eine mündliche Erzählung darüber, wie er nach Yap gebracht wurde und welche Abenteuer dabei überstanden werden mussten. Es kam auch vor, dass jemand bei so einer Expedition starb. So fand man beispielsweise auf der Insel Gagil einige Steine, in die jeweils die Namen der bei der Expedition Verunglückten eingraviert worden waren.

Gegen Ende des 19. Jahrhunderts erhöhte sich die Menge an Steingeld in großem Maße, was zu einer „Inflation" bei dem Steingeld führte. Die Geschichte dieser Inflation basiert auf folgenden Ereignissen:

Im Jahr 1871 fischten die Bewohner der Inselgruppe Yap nach einem mehrtägigen Sturm den Schiffbrüchigen David O'Keef aus dem Wasser. Der Medizinmann brachte den jungen Mann irisch-amerikanischer Abstammung schnell wieder auf die Beine. Da er ohne Schiff seine Reise nicht fortsetzen konnte, nutzte er die Zeit, um die Lebensweise der Inselbewohner zu studieren. Vor allem die riesigen und enorm schweren Steinräder, von ein bis zwei Meter Durchmesser und einem Loch in der Mitte, hatten es ihm angetan.

Ein „Rai", manchmal auch „Fai" genannt, hatte eindeutig einen hohen Wert. Sie lehnten an den Hütten oder säumten den Wegesrand. Für einen mannshohen Stein konnten zur damaligen Zeit zirka 3 000 Kokosnüsse eingetauscht werden, ein Stein von 35 Zentimeter Durchmesser brachte 400 dieser Früchte. Wurde mit einem Rai bezahlt, steckten mehrere Männer eine Holzstange durch das Loch und schleppten ihn weg. Dabei wogen einige Exemplare über 3 000 Kilogramm! Fand ein Besitzerwechsel von einem der ganz großen „Geldstücke" statt, ließ man ihn einfach stehen. Da die Eigentümer bekannt waren, wurde ein Transport zum neuen Eigentümer überflüssig. Ein Inselbewohner brachte es zu hohem Ansehen und großem Einfluss, wenn er in mehreren Dörfern Steine besaß.

David O'Keef fand heraus, dass das Steingeld aus Aragonit bestand, eine Gesteinsart, welche es nur auf der 210 Seemeilen entfernten Nachbarinselgruppe Palau gab. Der Transport erfolgte in kleinen Auslegerkanus und dauerte, günstiges Wetter vorausgesetzt, mindestens fünf Tage. Nicht selten gerieten die kleinen Boote mitten im Stillen Ozean in ein Unwetter, kenterten und Mann und Stein fielen ins Wasser. So war die Geldbeschaffung nicht nur mühsam, sondern auch äußerst gefährlich. Aber das war noch nicht alles. Um das Gestein auf Palau abbauen zu dürfen, mussten die Männer aus Yap-Islands zusätzlich für die Bewohner schwerste Arbeiten verrichten.

Dann erst durften sie sich ihrer eigentlichen Aufgabe, der Gelderzeugung, widmen. Mithilfe von Feuer wurde der Stein vom Fels gespalten, dann wurde er mit Muschelwerkzeugen in die runde Form gebracht und schließlich mittels Korallen in die Mitte ein Loch gebohrt.

Als O'Keef nach Monaten seine Reise auf einem vorbeikommenden Schiff fortsetzen konnte, beschloss er, mit dem Transport der Steine Geld zu verdienen. In Hongkong organisierte er eine chinesische Dschunke sowie Eisenwerkzeuge. Nach seiner Rückkehr setzte in Yap-Islands eine regelrechte Steingeldhysterie ein. Die Geldstücke wurden aufgrund der neuen Möglichkeiten immer größer und schwerer. Dreißig Jahre lang transportierte er Steingeld und bekam dafür von den Inselbewohnern „Kopra", das Fruchtfleisch der Kokosnuss. Diesen Kokosnuss-Rohstoff konnte O'Keef bei einer deutschen Handelsvertretung in Zahlung geben und bekam dafür andere Güter oder europäisches Geld. Teilweise verpfändeten die Bewohner mehrere Jahresernten, um die Transportkosten zu bezahlen. Die Insel wurde zu dieser Zeit von Deutschen verwaltet. Die damalige Kolonialverwaltung erwarb mehrere große Exemplare des Steingeldes und sicherte sich so den Status eines reichen und mächtigen Häuptlings. Durch die Eingliederung in das Geldsystem wurde die Kolonialverwaltung gleichzeitig auch in das System der sozialen und politischen Rangklassen eingebunden. So herrschte ein gutes Verhältnis zwischen den Insulanern und der deutschen Kolonialmacht. Die Kolonialverwaltung brachte die Steine ins Verhältnis zur deutschen Währung, machte sie also konvertierbar.[1] Ein Stein von acht bis zehn Zentimeter Durchmesser hatte den Wert von fünfundzwanzig Pfennig, ein Stein von bis zu zwanzig Zentimeter Durchmesser repräsentierte fünfzig Pfennig und ein Stein mit 40 Zentimeter wurde dem Zweimarkstück gleichgesetzt.

1914, zu Beginn des Ersten Weltkrieges, verließen die Deutschen die Region. Man zählte im Jahre 1929 über 13 000 Steine auf der Insel. Heute sind noch zirka 6 500 Steine vorhanden, ihr Gebrauch reduziert sich auf rituelle Zahlungen, dient aber durchaus noch als Brautpreis oder zur Demonstration von Reichtum. Dabei bleibt der Stein in der Regel unbewegt vor Ort, nur der Eigentümer wechselt. David O'Keef war zu seiner Zeit auf Yap-Islands sehr beliebt und erlangte hohes Ansehen. Im Jahre 1901 kam er von einer Seereise nicht zurück. So wie er aus dem Meer gekommen war, ging er dorthin zurück.

Quelle: Wikipedia sowie Blauwasser 04/2005.

(4) Wägegeldwirtschaft

Die Verwendung des Metalls (Barren, Stäbe) als allgemeines Tauschmittel war zwar ein Fortschritt, brachte jedoch beim Zahlungsvorgang einige Mühe mit sich. Die Metallstücke mussten abgeschlagen, auf ihren Feinheitsgehalt geprüft und gewogen werden. (Die Bezeichnung Rubel deutet darauf hin: Rubel[2] = abgeschlagenes Stück.)

(5) Münzgeldwirtschaft

Es waren im 7. Jh. v. Chr. die **Lyder,**[3] die die Münze erfanden. Die von den Metallstäben oder -barren abgeschlagenen Scheiben wurden mit einer **Prägung** versehen, mit der der König den Feingehalt und das Gewicht garantierte. Manche Münznamen erinnern an diese Entwicklungsstufe des Geldes, z. B. Gulden[4] (gülden, aus Gold), Sou[5] (lat. Solidus, d. h. aus solidem Gold) oder Pfund[6] bzw. Livre[7] (Angabe des Gewichts des Metalls).

Silbertetradrachme von Athen (um 460 v. Chr.) Vorderseite: Kopf der Göttin Athene – Rückseite: Eule

Griechische Münze mit dem Kopf des Poliorketes von Makedonien (306 – 283 v. Chr.)

Solidus aus Gold mit dem Kopf Konstantins des Großen (um 280 – 337 n. Chr.)

Chinesische Käschmünze (500 v. Chr. – 1912)

Mainzer Pfennig (um 780) – Die Buchstaben CAROLUS sind das Signet Karls des Großen (742 – 814)

Hohlpfennig (Brakteat) Heinrichs des Löwen (1129 – 1195) 2. Hälfte des 12. Jahrhunderts

Maria-Theresientaler – Zahlungsmittel bis in die Gegenwart (z. B. in Afrika)

1 Unter **Konvertierbarkeit** bzw. **Konvertibilität** versteht man die freie Austauschbarkeit der Währungen verschiedener Länder zum jeweiligen Wechselkurs.

2 Der **Rubel** ist die Währungseinheit Russlands und einiger Nachfolgestaaten der früheren Sowjetunion.

3 Das Reich der Lyder befand sich im 6. und 7. Jahrhundert v. Chr. an der Westküste Kleinasiens. Der letzte Lyderkönig hieß **Krösus.** Die Lyder waren ein Handelsvolk. Ihr Gold fanden sie im goldführenden Fluss Paktolos.

4 Der **Gulden** (abgekürzt hfl) war bis zur Einführung des Euro die Währungseinheit der Niederlande.

5 Der **Sou** ist das französische 5-Centimes-Stück. (1 französischer Franc = 100 Centimes.)

6 Das englische **Pfund** (£) ist die Währungseinheit Großbritanniens.

7 **Livre** (frz.): Pfund (alte Währungseinheit Frankreichs).

Münzen, deren Metallwert dem aufgeprägten Wert (Nennwert, Nominalwert) entsprachen, heißen **Kurantmünzen.** Damit auch Güter geringeren Wertes mit Geld bezahlt werden konnten, gab es sogenannte **Scheidemünzen,** deren Nennwert **über** dem Metallwert lag. Beim heute gültigen Münzgeld liegt der Nennwert regelmäßig über dem Metallwert (unterwertig ausgeprägte Münzen).

(6) Papiergeldwirtschaft

Weil den Kaufleuten des Mittelalters die Aufbewahrung des Geldes in ihren Häusern zu unsicher war, entstanden Kaufmannsbanken, die Edelmetallbeträge gegen Quittung („Noten") in Verwahrung nahmen. Bald gewöhnte man sich daran, diese Scheine selbst zu übertragen und nicht das bare Geld. Im Prinzip war damit das **Papiergeld** (die Banknote) entstanden.

Die Zahlungen mit Papiergeld konnte man so lange unbedenklich vornehmen, wie man sicher sein konnte, dass die Banken bei Vorlage des Papiers die entsprechende Münzgeldsumme auszahlten. Jedoch merkten die Banken bald, dass nicht alle Noten zur gleichen Zeit eingetauscht wurden, dass sie also mehr Noten ausgeben konnten (z. B. Kredite gewähren konnten), als Deckung in Münzen vorhanden war. Das konnte nur so lange gut gehen, wie die Banken diese **Geldschöpfung** nicht übertrieben und vor allem das **Vertrauen** der Geldanleger in die Banken vorhanden war. In dem Augenblick nämlich, in dem alle Anleger zugleich die Auszahlung ihrer Guthaben forderten, musste sich herausstellen, dass die Bank nicht in der Lage war, alle Guthaben auszuzahlen. Nach einer Reihe von Bankzusammenbrüchen übernahmen daher die **Staaten** die Aufsicht über die Banken. Nur zuverlässige Banken erhielten das Recht, Noten in Umlauf zu bringen, ein Recht, das heutzutage allein die Zentralnotenbanken (in der Bundesrepublik Deutschland die Deutsche Bundesbank) kraft Gesetzes besitzen.

(7) Giralgeldwirtschaft

Seit etwa 100 Jahren gewinnt das **Giralgeld** zunehmend an Bedeutung. Es existiert nur auf den **Girokonten** der Kreditinstitute.

Das Wort „Giro" kommt von „Kreis", „Ring". Gelder, die auf Girokonten liegen, kann man nämlich von Konto zu Konto überweisen, weil die Kreditinstitute gewissermaßen „ringförmig" miteinander in Verbindung stehen. Girokonten sind laufende Konten (Kontokorrentkonten; vgl. §§ 355 ff. HGB), die dem „laufenden" Zahlungsverkehr dienen.

(8) Elektronisches Geld

Eine Weiterentwicklung stellt das „elektronische Geld" (E-Geld) dar. Es handelt sich dabei um Werteinheiten in Form einer Forderung gegen die ausgebende Stelle, die

- auf elektronischen Datenträgern gespeist sind,
- gegen Entgegennahme eines Geldbetrags ausgegeben werden und
- von Dritten als Zahlungsmittel angenommen werden, ohne gesetzliches Zahlungsmittel zu sein.

Kein elektronisches Geld liegt vor, wenn Herausgeber und Akzeptant[1] der Werteinheiten identisch[2] sind und wenn die Werteinheiten lediglich Vorauszahlungen für bestimmte Sach- oder Dienstleistungen darstellen (z. B. Telefonkarten).

Die Ausgabe und Verwaltung von elektronischem Geld (E-Geld) zählt zu den Bankgeschäften. Die Geschäfte unterliegen damit der Aufsicht der Bundesanstalt für Finanzdienstleistungsaufsicht.

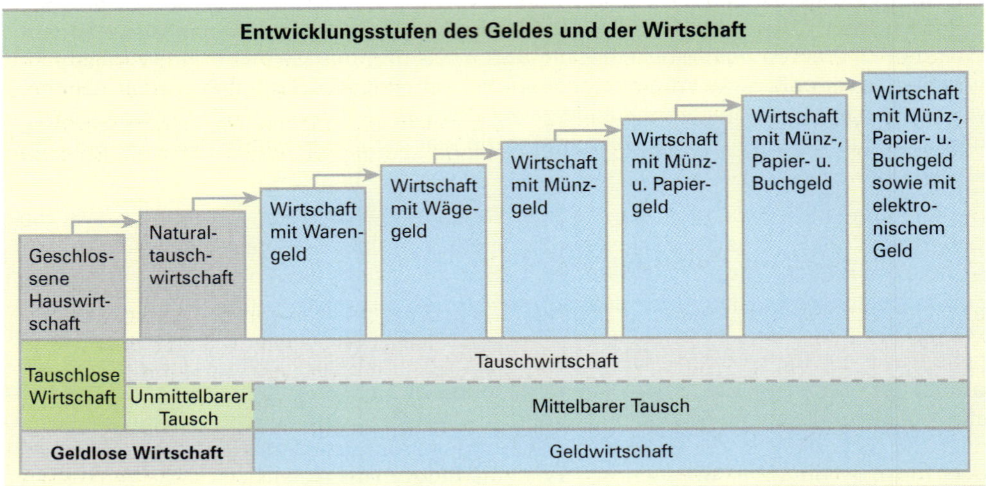

1.2 Funktionen (Aufgaben) des Geldes

1.2.1 Grundfunktionen des Geldes

Geld ist alles, was die Funktionen des Geldes erfüllt. Die wesentlichen Funktionen des Geldes sind in der nachstehenden Abbildung wiedergegeben:

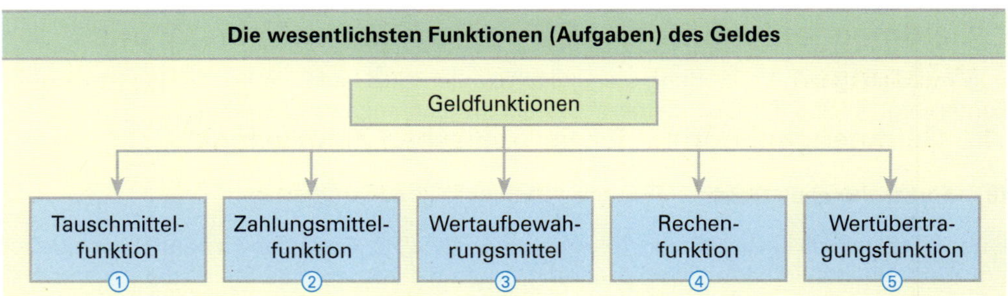

① **Geld ist allgemeines Tauschmittel.** Als allgemein anerkanntes Tauschmittel ermöglicht es, den **indirekten** Tausch vorzunehmen, also Güter zu kaufen und zu verkaufen.

1 **Akzeptieren** (lat.): annehmen, einverstanden sein. Der Akzeptant ist derjenige, der die von ihm herausgegebene Werteinheit gegen die versprochene Leistung annimmt.

2 **Identisch** (lat.): völlig gleich, übereinstimmend, ein und dasselbe.

② **Geld ist Zahlungsmittel.** Auch andere Vorgänge als Tauschgeschäfte können mit Geld bewerkstelligt werden. So kann man mit Geld einen Kredit gewähren, Schulden tilgen, Steuern zahlen oder einen Strafzettel begleichen.

③ **Geld ist Wertaufbewahrungsmittel.** Geld muss man nicht sofort ausgeben, sondern man kann es „aufbewahren", also sparen. Diese Funktion hat das Geld natürlich nur dann, wenn sein Wert nicht durch Inflation aufgezehrt wird.

④ **Geld als Recheneinheit.** Das Geld ist der Maßstab (der Wertmesser) für die verschiedenartigsten Güter. Mithilfe der in Geld ausgedrückten Preise können diese addiert werden. Nur so ist es beispielsweise möglich, Bilanzen und Gewinn- und Verlustrechnungen zu erstellen, die Wirtschaftlichkeit und Rentabilität eines Betriebs zu errechnen.

⑤ **Geld ist Wertübertragungsmittel.** Das Geld macht es möglich, Vermögenswerte zu übertragen, ohne dass körperliche Gegenstände übereignet werden müssen. So kann man Geld verschenken oder vererben.

1.2.2 Gesetzliches Zahlungsmittel

Das Geld kann seine Funktionen (Aufgaben) nur wahrnehmen, wenn die Wirtschaftssubjekte **Vertrauen** in das Geld besitzen. Gestützt wird dieses Vertrauen durch die gesetzliche Bestimmung, dass jeder Schuldner, der mit **Banknoten** zahlt, dies mit befreiender Wirkung tut, und dass jeder Gläubiger das Notengeld in Zahlung nehmen muss. In den modernen Volkswirtschaften ist das Geld also gesetzliches Zahlungsmittel.

In der **Europäischen Wirtschafts- und Währungsunion** (WWU)[1] sind die **Euro-Banknoten** gesetzliches Zahlungsmittel.

Für die **Euromünzen** gilt Folgendes: Obwohl sie von den nationalen Regierungen geprägt und von den nationalen Zentralbanken in Umlauf gebracht werden, sind sie in allen WWU-Ländern gesetzliches Zahlungsmittel. Allerdings ist außer den ausgebenden Behörden niemand verpflichtet, mehr als fünfzig Münzen im Gesamtbetrag von 100,00 EUR bei einer einzelnen Zahlung anzunehmen. Man sagt deswegen auch, dass Münzen „beschränkt gesetzliche Zahlungsmittel" sind.

2 Geldmengenbegriffe der Europäischen Zentralbank und Währungen

2.1 Geldmengenbegriffe der Europäischen Zentralbank[2]

Die Europäische Zentralbank (EZB) unterscheidet folgende Geldarten:

(1) Bargeld

Hierunter fallen Münzen und Banknoten.

Münzen	Die in der Bundesrepublik Deutschland umlaufenden Euromünzen sind durchweg **Scheidemünzen,** weil ihr Materialwert niedriger als ihr Nennwert ist (unterwertig ausgeprägte Münzen).

1 Vgl. hierzu ausführlich Kapitel 7.1.

2 Zur Europäischen Zentralbank siehe Kapitel 7.1.2.

	Die deutschen Euromünzen werden im Auftrag der Bundesregierung von den **staatlichen Prägeanstalten** geprägt und von der Deutschen Bundesbank in Umlauf gebracht. (Das Gleiche gilt für die übrigen WWU-Länder, deren Münzen im Auftrag der jeweiligen Regierungen geprägt und von den zuständigen nationalen Zentralbanken in Umlauf gebracht werden.)[1] Die im Auftrag der Bundesregierung hergestellten Münzen kommen dadurch in Umlauf, dass der Bund die Münzen zum Nennwert an die Deutsche Bundesbank verkauft. Nach Einführung des Euro bestanden die WWU-Staaten weiterhin auf das **alleinige Recht** der Münzprägung (auch **Münzmonopol** oder **Münzregal** genannt), da der bei Verkauf der Münzen aus der Differenz zwischen den **Produktionskosten** und dem **Nennwert** anfallende Gewinn den jeweiligen Regierungen zusteht. Dies ist auch der Grund dafür, dass die Euromünzen regelmäßig bei den nationalen Zentralbanken sortiert und den Ursprungsländern gegen Verrechnung zurückgegeben werden. In welchem Umfang die nationalen Zentralbanken Euromünzen von den Regierungen aufkaufen, wird durch die EZB festgelegt.
Banknoten	Das alleinige Recht zur Ausgabe von Banknoten besitzt die Europäische Zentralbank.

(2) Täglich fällige Einlagen (Sichteinlagen)

Hierunter versteht man die Summe aller jederzeit (d.h. bei Sicht) fälligen Einlagen der privaten Haushalte, der Unternehmen (Nichtbankenunternehmen) und der zum Staatssektor gehörenden Länder, Gemeinden und Sozialversicherungsträger.

Die Summe aus **Bargeldumlauf** und **täglich fälligen Einlagen** bezeichnet die EZB mit dem Symbol M1. Die Geldmenge M1[2] ist das am engsten gefasste monetäre Aggregat.[3]

M1 = Bargeldumlauf + täglich fällige Einlagen

Indem man zur Geldmenge M1 die **kurzfristigen Einlagen,** d.h. die Einlagen mit vereinbarter Laufzeit von bis zu zwei Jahren und die Einlagen mit vereinbarter Kündigungsfrist von bis zu drei Monaten hinzuzählt, erhält man die Geldmenge M2.

M2 = M1 + kurzfristige Einlagen

Die weit gefasste Geldmenge M3 ergibt sich, indem man zu M2 bestimmte **marktfähige Verbindlichkeiten des Bankensektors**[4] (z.B. Schuldverschreibungen mit einer Laufzeit von weniger als zwei Jahren, Geldmarktpapiere wie z.B. Bankakzepte und **Repogeschäfte**)[5] hinzurechnet.

M3 = M2 + sonstige marktfähige Verbindlichkeiten des Bankensektors

1 Das Recht, Münzen ausgeben zu können, liegt bei den Mitgliedstaaten der WWU. Im Gegensatz zu den Euro-Banknoten besitzen die Euromünzen eine Seite mit nationalen Motiven (z. B. die deutschen Euromünzen das Brandenburger Tor oder den Bundesadler).

2 M von money (engl.): Geld.

3 **Aggregieren** (lat.): zusammenfassen, zusammenzählen. Aggregat: Zusammenfassung. **Monetär** (lat.): geldlich, geldmäßig, in Geld ausgedrückt.

4 Der Fachausdruck für Bankensektor heißt Sektor der **m**onetären **F**inanz**i**nstitute **(MFI-Sektor).** Er umfasst vor allem die nationalen Zentralbanken, die EZB, Kreditinstitute und andere Finanzinstitute. Der MFI-Sektor wird auch als „Geldschöpfungssektor" bezeichnet. Das Gegenstück des MFI-Sektors ist der Nichtbankensektor (Nicht-MFI-Sektor). Er ist der „Geldhaltungssektor". Zu ihm gehören z.B. die privaten Haushalte, alle Unternehmen, die keine Bankgeschäfte betreiben und – mit gewissen Ausnahmen – der Staat.

5 Die Kreditinstitute können sich beim ESZB finanzielle Mittel beschaffen, indem sie beleihungsfähige Wertpapiere an das ESZB für eine bestimmte Zeit verkaufen. Diese Geschäfte bezeichnet man als Pensions- oder Repo-Geschäfte. Repo ist die Abkürzung für Repurchase (engl. Rückkauf). Das „o" am Ende hat sich wegen der Aussprache durchgesetzt. (Näheres zu den Pensionsgeschäften des ESZB siehe Kapitel 7.2.2.1).

2.2 Währung und Währungsarten

Der Begriff Währung stammt aus dem Mittelhochdeutschen „werunge“ und bedeutet „Gewährleistung“. Gewährleistet (garantiert) werden soll der Wert des Geldes eines Staates.

Merke:

Die gesetzliche Regelung des Geldwesens eines Staates oder einer Wirtschafts- und Währungsunion bezeichnet man als **Währung.**

Je nach dem **Stoff,** aus dem eine Währung besteht bzw. an den die umlaufende Geldmenge gebunden ist, spricht man von **gebundener** oder von **freier (manipulierter) Währung.**[1]

(1) Gebundene Währungen

Sie sind an ein Währungsmetall gebunden (z. B. Gold oder Silber). Folgende Formen waren im Laufe der Wirtschaftsgeschichte von Bedeutung:

Goldumlaufwährung	Sie liegt vor, wenn a) vollwertig ausgeprägte Goldmünzen oder b) Banknoten, die jederzeit von der Zentralbank in Gold umgetauscht werden müssen, im Umlauf sind. Die Goldumlaufwährung bestand z. B. im Deutschen Reich von 1873 bis 1914. Seit 1909 waren Banknoten im Umlauf, die jederzeit in Gold einlösbar waren.
Goldkernwährung	Bei dieser Form der gebundenen Währung sind nur noch Banknoten und Scheidemünzen als gesetzliche Zahlungsmittel im Umlauf. Das umlaufende Geld muss aber vollständig oder zu einem bestimmten Teil (z. B. zu einem Drittel) mit Gold gedeckt sein. Für die Zentralbank besteht keine Einlösungspflicht in Gold.
Golddevisenwährung	Bei dieser Währung muss der Geldumlauf durch Gold oder durch Devisen gedeckt sein. Genauso wenig wie bei der Goldkernwährung gibt es gegenüber Inländern eine Einlösungspflicht in Gold; gegenüber Ausländern besteht jedoch Einlösungspflicht durch die Zentralbank. Von 1924 bis 1931 hatte das Deutsche Reich eine Golddevisenwährung. Die USA hoben die Einlösungspflicht erst 1971 auf.

(2) Freie Währung

Hier ist die Bindung an einen Stoff (z. B. Gold) aufgehoben. Es handelt sich also um eine reine Papierwährung. Die Geldmengenvermehrung bzw. -verminderung ist durch die Notenbank frei manipulierbar. Eine freie Währung wird deshalb auch als manipulierte Währung bezeichnet. Dies schließt nicht aus, dass auch **manipulierte Währungen** durch Gold und Devisen „gedeckt“ sein können. Die Gold- und Devisenbestände haben jedoch nur die Aufgabe, dem internationalen Zahlungsausgleich (z. B. der Bezahlung von Importen) zu dienen. Die Währung der Europäischen Wirtschafts- und Währungsunion ist eine manipulierte Währung.

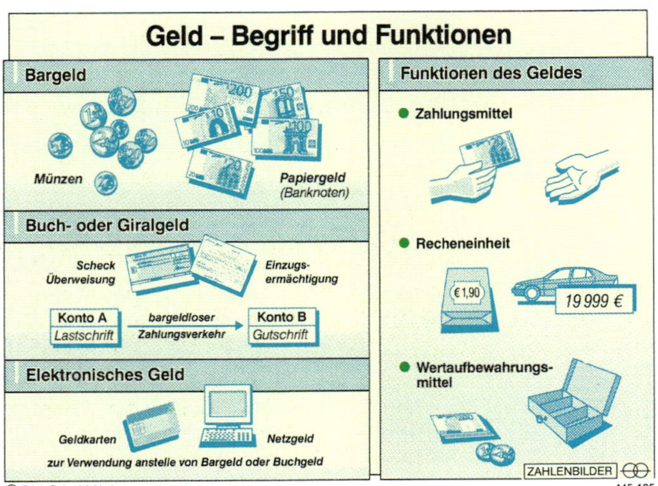

1 **Manipulieren:** handhaben, verändern.

10 Boller, Hartmann - ISBN 978-3-8120-0398-8

Zusammenfassung

- Die wichtigsten **Entwicklungsstufen des Geldes** sind:
  1. Warengeld,
  2. Wägegeld,
  3. Münzgeld,
  4. Papiergeld,
  5. Giralgeld und
  6. elektronisches Geld.
- Der Begriff **Bargeld** umfasst Münzen und Banknoten.
- Das **Giralgeld** befindet sich auf den Konten der Kreditinstitute. Es handelt sich dabei um Buchgeld, über das jederzeit verfügt, d. h. mit dem jederzeit gezahlt werden kann.
- Die EZB verwendet folgende Geldmengenbegriffe:

  M1: Bargeldumlauf + täglich fällige Einlagen;

  M2: M1 + Einlagen mit vereinbarter Laufzeit $\leqq$ 2 Jahre + Einlagen mit vereinbarter Kündigungsfrist $\leqq$ 3 Monate;

  M3: M2 + Repogeschäfte + Geldmarktfondsanteile + Geldmarktpapiere und Schuldverschreibungen bis zu 2 Jahre.
- Unter **Währung** versteht man die gesetzliche Regelung des Geldwesens eines Staates oder eines Währungsgebiets.
- Die Währung der Europäischen Wirtschafts- und Währungsunion ist eine **manipulierte (freie) Währung**.
- Das **Wesen des Geldes** äußert sich in seinen **Funktionen** (Aufgaben). Diese sind:
  - Tauschmittelfunktion
  - Zahlungsmittelfunktion
  - Wertaufbewahrungsfunktion
  - Rechenfunktion
  - Wertübertragungsfunktion
- In den modernen Volkswirtschaften ist das Geld **gesetzliches Zahlungsmittel**.

Übungsaufgabe

17

1. Berichten Sie kurz über die geschichtliche Entwicklung des Geldes und der Geldarten!
2. Unterscheiden Sie die Begriffe Bargeld und Giralgeld!
3. Erklären Sie die Geldmengenaggregate M1, M2 und M3!
4. Definieren Sie den Begriff Währung!
5. Erklären Sie, was unter einer manipulierten Währung zu verstehen ist!
6. Erläutern Sie die Funktionen des Geldes! Formulieren Sie anschließend 5 Beispiele, an denen die unterschiedlichen Geldfunktionen deutlich werden!
7. Günter Schmölders[1] sagte einmal sinngemäß: „Geld ist, was gilt, wo es gilt und so viel wie es gilt". Interpretieren Sie diesen Ausspruch!
8. Sehen Sie sich die Abbildungen verschiedener Münzen auf der S. 140 an! Versuchen Sie zu erklären, woher die Redewendung „Eulen nach Athen tragen" kommt!
9. Frau Renate Oberbrucker kaufte am 15. März vom Privatmann Xaver Reich einen gebrauchten Pkw zum Preis von 960,00 EUR, zahlbar in bar am 31. März. Als Frau Oberbrucker am 31. März in Banknoten zahlen wollte, verweigerte Herr Reich die Annahme des Geldes mit der Begründung, er wolle den Gegenwert lieber in Schweizer Franken zum heutigen Kurs, weil dies die sicherere Währung sei.

   Was kann Frau Oberbrucker tun, um sich ihrer Schulden zu entledigen?

---

1 Günter Schmölders, geb. 1903, bedeutender Finanzwirtschaftler und Volkswirt, schrieb u. a. über Psychologie des Geldes (1966), Geldpolitik (2. Aufl. 1968) und Finanzpsychologie (2. Aufl. 1970).

3 Möglichkeiten der aktiven und passiven Geldschöpfung

3.1 Geldproduzenten

Wenn wir in den kommenden Kapiteln von „Geld“ sprechen und nichts anderes gesagt wird, sind unter Geld die in der Geldmenge M1 zusammengefassten Erscheinungsformen des Geldes (Münz-, Noten- und Giralgeld) zu verstehen (Zentralbankgeldmenge). Mit „Zentralbank“ bezeichnen wir eine Bank, die das alleinige Recht zur Ausgabe von Banknoten besitzt.

Merke:

Geld schöpfen (produzieren) können in der Europäischen Wirtschafts- und Währungsunion die **Mitgliedstaaten** (vertreten durch die Regierungen), die **Europäische Zentralbank** (EZB) und die **Geschäftsbanken.**

- Ein **Staat** ist Geldproduzent, weil die Regierung Münzen prägen lassen kann, die von der jeweiligen nationalen Zentralbank in Umlauf gebracht werden. Der **Münzgewinn** (der Unterschied zwischen Prägekosten und Nominalwert) fließt dem Staat zu.
- Die **Europäische Zentralbank** schafft („produziert“) Notengeld (und Giralgeld), indem sie Aktiva (vor allem in Form von Forderungsrechten) erwirbt (siehe Kapitel 3.2 und Kapitel 7.2.2).
- Die **Geschäftsbanken (Kreditinstitute)**[1] schöpfen Geld, weil sie in der Lage sind, mehr Kredite zu gewähren, als sie an Einlagen besitzen (siehe Kapitel 3.3).

  Des Weiteren sind die Geschäftsbanken auch in die **passive Geldschöpfung** eingebunden. Im Rahmen dieser Form der Geldschöpfung können **Nichtbanken** (Unternehmen, private Haushalte, öffentliche Hand) Geld schaffen, indem sie Einlagen bei den Kreditinstituten, die nicht zur Geldmenge gezählt werden, in solche Einlagen um- bzw. rückwandeln (remonetisieren), die zur Geldmenge zählen (vgl. hierzu Kapitel 3.3.2).

Überblick über die Geldproduzenten in der WWU

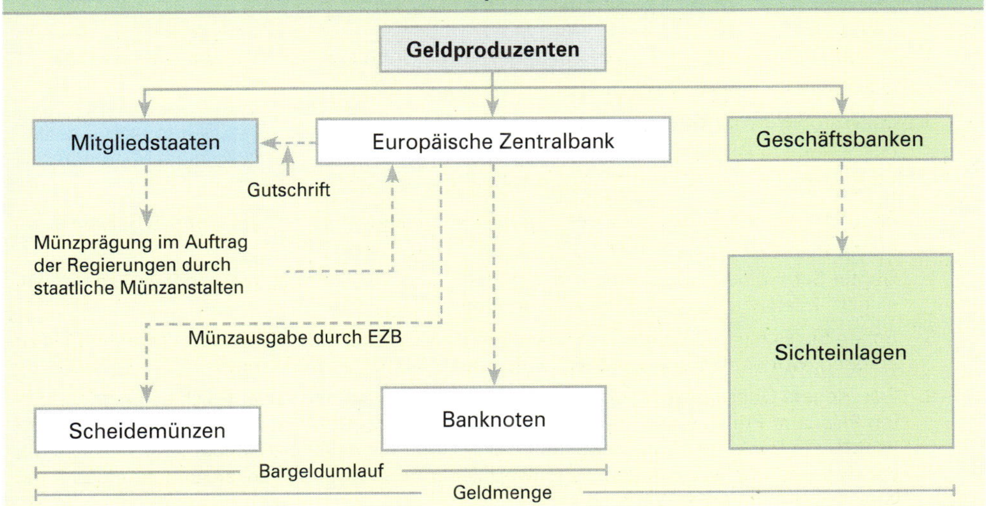

1 Kreditinstitute sind Unternehmen, die Bankgeschäfte betreiben, wenn der Umfang dieser Geschäfte einen in kaufmännischer Weise eingerichteten Geschäftsbetrieb erfordert. Zu den Kreditinstituten gehören z. B. die Genossenschaftsbanken, die Sparkassen, die Geschäftsbanken (z. B. Deutsche Bank AG, Commerzbank AG) und die Deutsche Postbank AG (Näheres siehe § 1 KWG und § 2 PTNeuOG).

3.2 Geldschöpfung der Zentralbank

Merke:

Zentralbanken sind Banken, die das **alleinige Recht** zur **Banknotenausgabe** besitzen. Sie werden deshalb auch als **Notenbanken** bezeichnet.

Beispiele für Zentralbanken sind das Federal Reserve Board (die „Fed") in den USA, die Bank of England in Großbritannien oder die Europäische Zentralbank (EZB) in der WWU. Die nationalen Zentralbanken der WWU-Länder sind keine Zentralbanken (Notenbanken) in diesem Sinne. Sie sind lediglich ein Bestandteil des Europäischen Systems der Zentralbanken (ESZB).

Merke:

- Eine Zentralbank **schöpft** (produziert) Noten- bzw. Buchgeld, indem sie Aktiva (z. B. Gold, Devisen, Wertpapiere) erwirbt oder beleiht.
- Umgekehrt **vernichtet** die Zentralbank Geld, wenn sie Aktiva verkauft. Geld wird auch vernichtet, wenn Schuldner der Zentralbank (i. d. R. Kreditinstitute) ihre Verbindlichkeiten tilgen.

3.2.1 Möglichkeiten der Geldschöpfung und -vernichtung

(1) An- und Verkauf von Wertpapieren

Durch den Ankauf von Wertpapieren (z. B. Schuldverschreibungen von Kreditinstituten, Industrie- und Handelsunternehmen sowie der öffentlichen Hand) schöpft eine Zentralbank Geld, durch den Verkauf vernichtet sie Geld.

Der Kauf bzw. Verkauf von Wertpapieren wird von einer Zentralbank im Rahmen der sogenannten Offenmarktpolitik[1] eingesetzt (Näheres siehe Kapitel 7.2.2).

(2) Ausgabe von Wertpapieren

Verkauft (emittiert)[2] eine Zentralbank eigene Schuldverschreibungen, verringert sie die umlaufende Geldmenge; sie schöpft – wie man sagt – Liquidität[3] ab. Tilgt sie die Schuldverschreibungen oder kauft sie diese vor Fälligkeit zurück, nimmt die umlaufende Geldmenge zu. Mit anderen Worten: Die Zentralbank stellt mehr Liquidität bereit.

(3) Beleihung von Wertpapieren

Eine Zentralbank kann ihren Geschäftspartnern (i. d. R. Kreditinstitute) verschiedene Kreditmöglichkeiten (Fazilitäten)[4] gegen **refinanzierungsfähige Sicherheiten** anbieten.

1 Der Begriff **Offenmarktpolitik** ist geschichtlich zu verstehen. Er stammt aus England, wo es den offenen Markt für Staatsanleihen gab, auf dem die englische Zentralbank im Rahmen der „open market policy" mit jedermann handelte.

2 **Emittieren**: herausgeben.

3 **Liquidität** (lat.): wörtl. Flüssigkeit, hier: Zahlungsmittel, Kaufkraft.

4 **Fazilität** (lat.): Möglichkeit. Fazilität (eigentlich „Kreditfazilität") bedeutet die Möglichkeit, einen Kredit aufnehmen zu können. Einlagenfazilität ist die Möglichkeit, Geld bei einer Zentralbank anlegen zu können (Näheres siehe Kapitel 7.2.3).

Merke:

Sicherheiten sind vor allem Schuldverschreibungen, Aktien und aus Handelsgeschäften stammende Wechsel (Handelswechsel), die an die Zentralbank **verpfändet** werden.

Die **Verpfändung** erfolgt durch:

- **Einigung** zwischen dem Kreditinstitut (dem Schuldner) und der Zentralbank (dem Gläubiger) darüber, dass dem Gläubiger das Pfandrecht zustehen soll und
- **Übergabe** des Pfands (z. B. der Wertpapiere). **Eigentümer** des Pfands bleibt der **Schuldner, Besitzer** wird der **Gläubiger.**[1]

Durch die Inanspruchnahme von Fazilitäten bei der Zentralbank wird die Geldmenge vermehrt, durch die Tilgung wird sie vermindert.

(4) An- und Verkauf von Gold und Devisen[2]

Durch den Ankauf von Gold oder Devisen schöpft eine Zentralbank Geld, durch den Verkauf vernichtet sie Geld.

Merke:

Eine Zentralbank muss Devisen in Binnenwährung umtauschen, weil die **Exporteure** des Währungsgebiets die aus den Ausfuhren erlösten **Devisen** bei den Geschäftsbanken in **Binnenwährung** (z. B. Euro) eintauschen, um ihre **Verpflichtungen** (z. B. Lohnzahlungen, Steuerzahlungen, Liefererrechnungen) in der Binnenwährung **erfüllen** zu können.

Die Geschäftsbanken refinanzieren sich bei der Zentralbank. Wird in Binnenwährung fakturiert,[3] ergibt sich letztlich der gleiche Effekt: Die gebietsfremden Importeure tauschen ihre Devisen (z. B. US-$) in Binnenwährung um (z. B. Euro), um ihre Rechnungen begleichen zu können.

Der umgekehrte Vorgang ergibt sich, wenn Waren in das eigene Währungsgebiet eingeführt (importiert) werden. In diesem Fall brauchen die Importeure Devisen, die sie sich bei den Kreditinstituten beschaffen. Diese wiederum kaufen die erforderlichen Devisen bei der Zentralbank. Wird in Binnenwährung (z. B. Euro) fakturiert, tauschen die ausländischen Exporteure ihre Erlöse in die ausländische Währung (z. B. US-$) um, um ihren Verpflichtungen nachkommen zu können.

Beispiel:

Die Bilanz einer Zentralbank weist auf der Aktivseite ihr Vermögen und auf der Passivseite den Banknotenumlauf, ihr Eigenkapital (Grundkapital und Rücklagen) sowie ihre Schulden (Verbindlichkeiten) aus.

1 Ein Kredit, der gegen Hinterlegung von Pfändern gewährt wird, heißt **Lombardkredit**. Das Wort Lombard stammt aus Italien, weil in der Lombardei bereits im Mittelalter derartige Geschäfte getätigt wurden. (Oberitalien war im Mittelalter Zentrum des europäischen Handels.)

2 **Devisen** sind Zahlungsmittel eines fremden Währungsgebiets. Für den Euroraum sind z. B. auf US-$ oder Yen lautende Zahlungsmittel (z. B. Schecks, Wechsel, Zahlungsanweisungen) Devisen.

3 **Fakturieren** (lat.): in Rechnung stellen. Faktura: Rechnung.

Aktiva	Vereinfachte Bilanz einer Zentralbank (in Mrd. GE)		Passiva
Gold	14	Banknotenumlauf	235
Devisen und sonstige Währungsreserven	115	Einlagenfazilitäten	56
Fazilitäten	62	Grundkapital und Rücklagen	12
Wertpapiere	150	Sonstige Passiva	47
Sonstige Aktiva	9		
	350		350

3.2.2 Vorgang der Geldschöpfung und -vernichtung durch eine Zentralbank

Der Vorgang der Geldschöpfung einer Zentralbank wird im Folgenden anhand stark vereinfachter Geschäftsfälle und Buchungen dargestellt. Die Vereinfachung besteht vor allem darin, dass die Gutschriften der Zentralbank unmittelbar in Banknoten abgerufen werden.

Beispiel:

① Eine neu gegründete Zentralbank kauft Gold im Wert von 2,8 Mrd. GE. (Buchung: Konto Gold an Konto Notenumlauf 2,8 Mrd. GE.)

Aktiva	Zentralbankbilanz		Passiva
Gold	2,8	Banknotenumlauf	2,8

② Die Zentralbank kauft Devisen im Wert von 3 Mrd. GE, die aus Exporterlösen der Unternehmen stammen. (Buchung: Konto Devisen an Konto Notenumlauf 3 Mrd. GE.)

Aktiva	Zentralbankbilanz		Passiva
Gold	2,8	Banknotenumlauf	5,8
Devisen	3,0		

③ Die Zentralbank kauft Wertpapiere im Wert von 4 Mrd. GE. (Buchung: Konto Wertpapiere an Konto Notenumlauf 4 Mrd. GE.)

Aktiva	Zentralbankbilanz		Passiva
Gold	2,8	Banknotenumlauf	9,8
Devisen	3,0		
Wertpapiere	4,0		

④ Die Zentralbank verkauft Wertpapiere im Wert von 0,7 Mrd. GE. (Buchung: Konto Notenumlauf an Konto Wertpapiere.)

Aktiva	Zentralbankbilanz		Passiva
Gold	2,8	Banknotenumlauf	9,1
Devisen	3,0		
Wertpapiere	3,3		

⑤ Die Zentralbank beleiht Wertpapiere im Wert von 1,5 Mrd. GE. (Buchung: Konto Forderungen an Konto Notenumlauf 1,5 Mrd. GE.)

Aktiva	Zentralbankbilanz		Passiva
Gold	2,8	Banknotenumlauf	10,6
Devisen	3,0		
Wertpapiere	3,3		
Forderungen	1,5		

Merke:

- **Geldproduzenten** sind der **Staat** (Münzen), die **Europäische Zentralbank** (Noten- und Giralgeld) und die **Kreditinstitute.**
- Die Europäische Zentralbank **schöpft Geld,** indem sie Aktiva erwirbt; sie **vernichtet Geld,** indem sie Aktiva verkauft.

3.3 Geldschöpfung der Geschäftsbanken

3.3.1 Aktive Geldschöpfung der Geschäftsbanken unter Einbeziehung des Geldschöpfungsmultiplikators

Geschäftsbanken sind Unternehmen, die regelmäßig Kredite[1] gewähren (Kreditinstitute). Während eine Zentralbank in der Lage ist, Notengeld **und** Giralgeld (Buchgeld, Kreditgeld) zu produzieren, können die **Geschäftsbanken lediglich Giralgeld** schöpfen.

Die Giralgeldschöpfung durch die Geschäftsbanken wird dadurch ermöglicht, dass sie erfahrungsgemäß nur einen Teil der Sichteinlagen[2] (Geldeinlagen der Bankkunden auf Girokonten) als **Reserve in bar** halten müssen. Den Rest, die sogenannte **Überschussreserve,** können sie wieder ausleihen. Fließen die im Wege des Kredits ausgeliehenen Gelder wieder in das Geschäftsbankensystem zurück, entstehen neue Einlagen, die zum größten Teil wieder ausgeliehen werden können.

Im Folgenden wird vereinfachend angenommen, dass die ausgeliehenen Gelder wieder **vollständig** bei den Banken einbezahlt werden **(Modell des vollständigen Bargeldrückflusses).**

Beispiel:

Angenommen, ein Bankkunde legt bei seiner Bank A eine Einlage in Höhe von 125 000,00 GE ein. Unter der Bedingung (Prämisse), dass **alle** Banken eine **Liquiditätsreserve** (Barreserve) in Höhe von 20 % ihrer Sichteinlagen halten, die Geldnachfrager alle von den Banken angebotenen Gelder in Anspruch nehmen und die erhaltenen Kredite auch vollständig wieder bei den Banken einbezahlt werden, ergibt sich folgender Prozess (Verlauf), falls sich die Zentralbank jeglicher Einflussnahme enthält:

1 **Kredit** (lat., franz.): einem Unternehmen kurz- oder langfristig zur Verfügung stehende fremde Geld- oder Sachgüter (Geld- bzw. Sachmittelkredit). Das Wort hängt mit dem lateinischen „Kredo" („ich glaube") zusammen. Der Gläubiger (Kreditgeber) glaubt daran, dass der Schuldner (Kreditnehmer) den Kredit vereinbarungsgemäß zurückzahlen wird.

2 **Sichteinlagen** sind Gelder, die bei Abruf durch den Bankkunden („bei Sicht") fällig sind. Die Sichteinlagen befinden sich auf den Girokonten. Eine allgemein bekannte Form des Girokontos ist das „Gehaltskonto", das die meisten Arbeitnehmer bei einem Kreditinstitut besitzen. Über das Girokonto kann mit Überweisung, Scheck oder Auszahlungsschein jederzeit – eben „bei Sicht" – verfügt werden.

Die Geschäftsbank, nennen wir sie Bank A, hat nach der Einzahlung nachstehende Bilanz:

Aktiva	Bilanz Bank A		Passiva
Kasse	125 000,00	Sichteinlagen	125 000,00

Unter der Voraussetzung einer 20 %igen Liquiditätsreserve (Barreserve) kann die Bank A nunmehr einen Kredit in Höhe von 100 000,00 GE neu schaffen („schöpfen"), da sie eine **Überschussreserve** in dieser Höhe besitzt. Wird dieser Kredit tatsächlich von den Bankkunden in Anspruch genommen, sieht die Bilanz der Bank A wie folgt aus:

Aktiva	Bilanz Bank A		Passiva
Kasse	25 000,00	Sichteinlagen	125 000,00
Forderungen	100 000,00		
	125 000,00		125 000,00

Wenn wir annehmen, dass der Betrag von 100 000,00 GE abgehoben wird und vollständig bei einer anderen Bank einbezahlt wird **(totaler Bargeldrückfluss),** bietet sich bei der nächsten Bank folgendes Bild:

Aktiva	Bilanz Bank B		Passiva
Kasse	100 000,00	Sichteinlagen	100 000,00

Hiervon kann die Bank B wiederum 80 % ausleihen:

Aktiva	Bilanz Bank B		Passiva
Kasse	20 000,00	Sichteinlagen	100 000,00
Forderungen	80 000,00		
	100 000,00		100 000,00

Diesen Prozess einer fortschreitenden (multiplen) Geldschöpfung (Kreditschöpfung) könnte man nun theoretisch in unendlich vielen Perioden verfolgen, wie die Darstellung des Prozessverlaufs zeigt:

Periode	Überschussreserve	Neue Kredite (Geldschöpfung)	Liquiditätsreservezuwachs
1	100 000,00	100 000,00	25 000,00
2	80 000,00	80 000,00	20 000,00
3	64 000,00	64 000,00	16 000,00
4	51 200,00	51 200,00	12 800,00
5	40 960,00	40 960,00	10 240,00
⋮	⋮	⋮	⋮
Ergebnis nach n Perioden	0,00 (Grenzwert)	500 000,00 (Summe)	125 000,00 (Summe)

Der **Geldschöpfungsmuliplikator** leitet sich wie folgt ab:

$$100\,000 + 100\,000 \cdot \frac{4}{5} + 100\,000 \cdot \left(\frac{4}{5}\right)^2 + 100\,000 \cdot \left(\frac{4}{5}\right)^3 + \ldots$$

Die Summe dieser unendlich geometrischen Reihe ist:

$$100\,000 \cdot \frac{1}{1-\frac{4}{5}} = 100\,000 \cdot \frac{1}{\boxed{\frac{1}{5}}} = 100\,000 \cdot \boxed{5} = 500\,000 \text{ GE}$$

Geldschöpfungsmultiplikator (bezieht sich auf $\boxed{5}$)

Liquiditätsreservesatz (Barreservesatz) (bezieht sich auf $\boxed{\frac{1}{5}}$)

Der Nenner des Bruchs zeigt nichts anderes als den Liquiditätsreservesatz in Höhe von $^1/_5$ (= 0,2 = 20 %). Damit können wir sagen, dass der **Geldschöpfungsmultiplikator** (Kreditschöpfungsmultiplikator) bei vollständigem Bargeldrückfluss gleich dem reziproken Wert des Liquiditätsreservesatzes (Barreservesatzes) ist:

$$\frac{1}{\frac{1}{5}} = \frac{1}{20\,\%} = \frac{1}{0{,}2} = 5$$

Bezeichnen wir den **Barreservesatz** mit R und die **Überschussreserve** mit Ü,[1] so ergibt sich die gesamte Geldschöpfungsmöglichkeit (Kreditschöpfungsmöglichkeit) des Bankenapparats (Kr) aus:

$$Kr = 100\,000 \cdot \frac{1}{0{,}2} = \frac{100\,000}{0{,}2} = \frac{Ü}{R}$$

Ist z. B. R = 10 %, so beträgt die gesamte Geldschöpfungsmöglichkeit (ein Geldschöpfungsspielraum) in unserem Beispiel 112 500 GE[2] · 10 = 1 125 000 GE. Bei einem Barreservesatz von R = 25 % beläuft sich die Geldschöpfungsmöglichkeit auf 93 750 GE[3] · 4 = 375 000 GE.

Von **Geldschöpfungsmöglichkeit** (vom Geldschöpfungsspielraum) wird gesprochen, weil die Kreditinstitute nur dann Geld schöpfen können, wenn die entsprechende Geldnachfrage (Kreditnachfrage) besteht.

Ein abschließendes Beispiel zu der **aktiven Giralgeldschöpfung** des Bankensystems mit Reservehaltung und Bargeldabfluss soll die vorangestellten Sachzusammenhänge nochmals zusammenfassend veranschaulichen.

Beispiel: Aktive Geldschöpfung durch Kreditvergabe

Ein Industrieunternehmen braucht 100 000,00 EUR, um die Rechnung eines Rohstofflieferanten zu bezahlen. Es nimmt bei seiner Bank – der Bank A – einen Kredit in dieser Höhe auf. Die Bank A überweist die Kreditsumme über die Deutsche Bundesbank bargeldlos auf das Konto des Rohstofflieferanten bei der Bank B. Die Guthaben der Bank A bei der Bundesbank nehmen ab, gleichzeitig steigen aber auch die Forderungen an das Industrieunternehmen. Bei der Bank B erhöhen sich einerseits die Einlagen ihrer Kunden (erster Geldschöpfungsschritt), andererseits ihre eigenen Zentralbankguthaben. Wenn die Bank B diese Guthaben

1 Beträgt der Barreservesatz 20 % und beläuft sich die Überschussreserve auf 100 000 GE (≙ 80 %), errechnet sich eine Sichteinlage von 125 000 GE (≙ 100 %), wie auch aus den Bankbilanzen auf der vorangestellten Seite zu entnehmen ist.

2 Beläuft sich der Barreservesatz unter sonst gleichen Bedingungen auf nur 10 %, errechnet sich die Überschussreserve wie folgt: 125 000 GE (≙ 100 %) – 12 500 GE (≙ 10 %) = 112 500 GE (≙ 90 %).

3 Beträgt der Barreservesatz 25 %, ergibt sich unter sonst gleichen Bedingungen eine Überschussreserve von 125 000 GE (≙ 100 %) – 31 250 GE (≙ 25 %) = 93 750 GE (≙ 75 %).

nicht gerade benötigt, wird sie versuchen, die überschüssige Liquidität gewinnbringend weiter zu verleihen. Sie gewährt einen Kredit über 100 000,00 EUR an eine Großküche, die damit eine umfängliche Warenlieferung von einem Lebensmittelhändler bezahlt. Bank B überweist die Kreditsumme über die Deutsche Bundesbank bargeldlos an die Bank C, wo der Lebensmittelhändler sein Konto unterhält. Als Folge davon fließen der dritten Bank C Zentralbankguthaben über 100 000,00 EUR zu, wobei auch die Einlagen ihrer Kunden steigen (zweiter Geldschöpfungsschritt). Bezogen auf ihre Guthaben bei der Bundesbank steht die Bank C dann vor derselben Situation wie vorher die Bank B: Sie kann einen Kredit über 100 000,00 EUR vergeben, das heißt, der Prozess der Giralgeldschöpfung setzt sich fort. In unserem Beispiel geht das sogar endlos so weiter.

Angenommen, der Rohstofflieferant hebt von seinem Konto sofort 30 000,00 EUR bar ab. Dann stehen der Bank B für die eigene Kreditgewährung nur noch 70 000,00 EUR (statt 100 000,00 EUR) zur Verfügung. An die Großküche kann sie also nur noch einen Kredit über 70 000,00 EUR geben. Wenn diese sich davon ebenfalls 30 Prozent, d. h. 21 000,00 EUR auszahlen lässt, um z. B. Löhne bar zu bezahlen, fließen der dritten Bank C nur noch Einlagen und Zentralbankguthaben über 49 000,00 EUR zu. Ihr stehen für die eigene Kreditschöpfung also nur noch 49 000,00 EUR (statt wie ursprünglich 100 000,00 EUR) zur Verfügung. Die Geld- und Kreditschöpfung läuft zwar weiter, wird aber immer kleiner, wenn die Banken Bargeld brauchen. Nehmen wir nun an, dass jeweils 30 Prozent der an eine Bank überwiesenen Summe gleich bar abgehoben werden und dass die Bank jeweils Mindestreserve im Umfang von zehn Prozent ihrer Kundeneinlagen bei der Bundesbank unterhalten muss.

(Die Annahme von zehn Prozent ist unrealistisch hoch, dient hier aber der Veranschaulichung.)

Begrenzt durch Barauszahlung ...

Bei der Bank B hat der Rohstofflieferant von der überwiesenen Kreditsumme in Höhe von 100 000,00 EUR bar 30 000,00 EUR abgehoben. Somit verbleiben 70 000,00 EUR. Von diesen 70 000,00 EUR muss die Bank B zehn Prozent, also 7 000,00 EUR, bei der Bundesbank als Mindestreserve hinterlegen. Für ihre eigene Kreditgewährung stehen ihr also nicht mehr die vollen 100 000,00 EUR, sondern nur 63 000,00 EUR zur Verfügung.

... und Mindestreserve

Der Bank C fließen von der Bank B Zentralbankguthaben über 63 000,00 EUR zu. Der Großmarkt benötigt davon gleich 18 900,00 EUR als Bargeld. Von den restlichen 44 100,00 EUR sind bei der Bundesbank 4 410,00 EUR als Mindestreserve zu hinterlegen. Für die Kreditgewährung stehen der Bank C also nur noch 39 690,00 EUR zur Verfügung. So setzt sich das fort [...]

Begrenzung der Geldschöpfung durch Barauszahlung und Mindestreserve

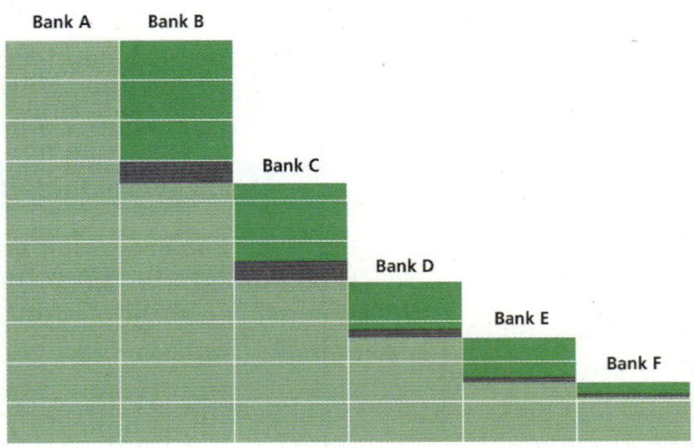

100.000,-	70.000,-	44.100,-	27.783,-	17.503,-	11.027,-	**70% Giralgeld**
	30.000,-	18.900,-	11.907,-	7.502,-	4.726,-	**30% Barauszahlung**
	7.000,-	4.410,-	2.778,-	1.750,-	1.103,-	**10% Mindestreserve***

* Die 10% bezieht sich auf das Giralgeld

Quelle: Deutsche Bundesbank, Geld & Geldpolitik; Frankfurt 2007.

Merke:

- Je **höher** die **Liquiditätsreservehaltung** (Barreservehaltung) der Geschäftsbanken ist, desto **geringer** sind ihre **Geldschöpfungsmöglichkeiten.**
- Je **niedriger** die **Liquiditätsreservehaltung** (Barreservehaltung) der Geschäftsbanken ist, desto **größer** sind ihre **Geldschöpfungsmöglichkeiten.**
- Die Geschäftsbanken **schöpfen** Giralgeld, indem sie **Überschussreserven** ausleihen. Das Giralgeld wird **vernichtet,** wenn die **Kreditnehmer** die von den Geschäftsbanken gewährten **Kredite tilgen** oder die von ihnen gewährten **Kredite kündigen.**

Die **Bedeutung des Giralgeldschöpfungsmodells** liegt nicht nur darin, dass es auf anschauliche Weise zeigt, wie die Banken Giralgeld schaffen, sondern wie sie es auch vernichten können, nämlich dann, wenn sie die von ihnen gewährten Kredite kündigen.

Beispiel:

Eine Welle der **Geldvernichtung** kann auch ausgelöst werden, wenn ein Kreditinstitut – nennen wir es Bank A – Geld an unsichere Kunden ausgeliehen hat und sich herausstellt, dass diese ihren Verpflichtungen nicht nachkommen können. Die Bank A gerät in finanzielle Schwierigkeiten, denn die Gläubiger der Bank A (Geldinstitute, Versicherungen, Handels- und Industrieunternehmen, Private) werden ihr Geld zurückverlangen. Da die von der Bank A gewährten Kredite jedoch wenig oder überhaupt keinen Gegenwert besitzen, müssen die Gläubiger der Bank A – nennen wir sie Gläubigergruppe B – ihre Forderungen teilweise oder vollständig abschreiben. Ihre Kreditwürdigkeit nimmt ebenfalls ab. Kredite sind für sie kaum mehr zu erhalten, und wenn, nur zu hohen Zinssätzen. Schlimmer noch: Die Gläubiger der Gruppe B werden – soweit dies vertraglich möglich ist – Kredite kündigen, sodass wieder Unternehmen der Gruppe B zahlungsunfähig werden. Kurz: Es entsteht ein Dominoeffekt,[1] der durch die leichtsinnige Kreditgewährung eines Geldinstituts (oder einer Gruppe von Geldinstituten) verursacht wurde. Ein wirtschaftlicher Niedergang (eine Rezession) ist die Folge.

3.3.2 Passive Geldschöpfung von Geschäftsbankengeld

Merke:

Im Falle der **passiven** Geldschöpfung durch den Geschäftsbankensektor ändert sich die Gesamtgeldmenge **nicht,** da hier lediglich eine **Umwandlung** einer Geldart in eine andere vorgenommen wird.

Im Vordergrund dieser Betrachtung steht die Umwandlung von Zentralbankgeld (Bargeld der Nichtbanken) in Geschäftsbankengeld (Sichtguthaben) und umgekehrt.

Beispiel:

Ein Geschäftsmann zahlt nach der Rückkehr von einer Geschäftsreise 10000,00 EUR in bar auf sein Girokonto ein.

Die **Geldmenge des Nichtbankensektors** (Bargeld + Sichtguthaben) hat sich **nicht verändert.** Für das Kreditinstitut ist dieser Vorgang ein **Passivgeschäft.** Aus Sicht der Bank hat sich der **Bestand an Zentralbankgeld** um 10000,00 EUR **erhöht,** gleichzeitig sind die **Sichtverbindlichkeiten** um 10000,00 EUR **gestiegen.** Für den Geschäftsmann war dieser Vorgang ein Aktivtausch.

1 Seinen Namen hat der **Dominoeffekt** vom „Dominospiel“, einem Geschicklichkeitsspiel, bei dem die Spielsteine in einer Reihe hochkant so aufgestellt werden, dass beim Umwerfen des ersten Steins dieser den zweiten Stein, dieser den dritten Stein usw. umwirft, bis alle Steine zum Liegen gekommen sind. (Domino = lat. Herr. Im 18. Jahrhundert durfte sich der Sieger des Anlegespiels als „Herr“ bezeichnen.)

In Bezug auf die Geldmengenänderung ist die Überweisung von Kundengeldern auf Konten bei anderen Banken ähnlich zu betrachten – die Gesamtgeldmenge bleibt konstant.

Eine Überweisung von einem Girokonto auf ein Termin- oder Sparkonto würde zwar die Geldmenge M1 verringern (Sichtguthaben sinken), M2 und die zentrale Steuerungsgröße der Geldmengenpolitik M3 blieben jedoch **unverändert**.

Zusammenfassung

- Die **Europäische Wirtschafts- und Währungsunion (WWU)** ist ein einheitliches Währungsgebiet. Gesetzliches Zahlungsmittel in den Mitgliedsländern ist der Euro (EUR, €). Die Notenbank des Eurosystems ist die **Europäische Zentralbank (EZB)**.
- Die EZB arbeitet mit folgenden **Geldmengenbegriffen**:
  - Zentralbankgeldmenge M1 = Bargeldumlauf + täglich fällige Einlagen;
  - M2 = M1 + kurzfristige Einlagen;
  - M3 = M2 + sonstige marktfähige Verbindlichkeiten des Bankensektors.
- **Geldproduzenten** sind neben der EZB die Geschäftsbanken und der Staat.
- Die EZB schöpft Noten- bzw. Buchgeld, indem sie Aktiva erwirbt oder beleiht. Die Geschäftsbanken schöpfen dadurch Buchgeld, dass sie Überschussreserven ausleihen.
- Im Modell des vollständigen Bargeldrückflusses ergibt sich der **Giralgeldschöpfungsmultiplikator** aus dem reziproken Wert des Barreservesatzes.
- Im Rahmen der **passiven Geldschöpfung** können **Nichtbanken** (Unternehmen, private Haushalte, öffentliche Hand) Geld schaffen, indem sie Einlagen bei den Kreditinstituten, die nicht zur Geldmenge gezählt werden, in solche Einlagen um- bzw. rückwandeln (remonetisieren), die zur Geldmenge zählen.

Übungsaufgabe

18 1. Angenommen, ein Kreditinstitut besitzt eine Überschussreserve in Höhe von 200 000,00 GE. Alle Kreditinstitute halten eine Barreserve in Höhe von 25 % der Sichteinlagen. Die Geldnachfrage (Kreditnachfrage) ist vollkommen elastisch (jeder angebotene Kredit wird in Anspruch genommen). Die Zentralbank enthält sich jeglicher Einflussnahme. Das von den Kreditinstituten ausgeliehene Bargeld fließt vollständig in das Bankensystem zurück.

Aufgaben:

1.1 Stellen Sie den Vorgang der Geldschöpfung tabellarisch dar!

1.2 Berechnen Sie den Geldschöpfungsmultiplikator!

1.3 Leiten Sie den Geldschöpfungsmultiplikator unter den Bedingungen des vollständigen Geldrückflusses ab, ohne im Text dieses Buches nachzusehen!

1.4 Warum ist das hier darzustellende Geldschöpfungsmodell sehr unrealistisch?

2. Angenommen, das Geldschöpfungsvolumen (der Geldschöpfungsspielraum) der Kreditinstitute wurde unter den Bedingungen der Aufgabe 1 (unveränderte Sichteinlage) vollständig ausgeschöpft. Die Kreditinstitute erhöhen nun (z. B. aufgrund einer Vorschrift der Zentralbank) ihre Barreservesätze einheitlich auf 30 %.

Aufgaben:

2.1 Wie hat sich nunmehr der Geldschöpfungsspielraum verändert?

2.2 Wie viel Giralgeld wird vernichtet?

3. Angenommen, der einheitliche Mindestreservesatz einer Zentralbank (Notenbank) beträgt 10 %. Dieser wird um 10 % gesenkt.

Vor der Mindestreservesatzsenkung hat die aggregierte Bilanz der Geschäftsbanken folgendes Aussehen (Zahlen in Mrd. GE):

Aktiva	Bilanz der Geschäftsbanken		Passiva
Kasse	3600	Sichteinlagen	4000
Zentralbankguthaben	400	Sonstige Passiva	20000
Sonstige Aktiva	20000		
	24000		24000

Das Bankensystem hält zusätzlich zur Mindestreserve durchschnittliche Barreserven in Höhe von 20 % der Sichteinlagen. (Modellannahme: ausgeliehene Gelder fließen zu 100 % ins Bankensystem zurück.)

Aufgaben:

3.1 Wie hoch ist der Kreditschöpfungsspielraum des Bankensektors nach der 10 %igen Senkung des Mindestreservesatzes?

3.2 Angenommen, die Zentralbank erhöht den (einheitlichen) Mindestreservesatz um 2,5 Prozentpunkte auf 12,5 %. Um wie viel Prozent verändert sich der Kreditschöpfungsspielraum der Banken gegenüber der Ausgangssituation? (Alle anderen Bedingungen bleiben gleich!)

3.3 Was bezweckt die Zentralbank mit der Erhöhung des Mindestreservesatzes?

3.4 Erläutern Sie einen möglichen Zielkonflikt!

4. Das Bankensystem eines Landes besitzt Sichteinlagen in Höhe von 400 Mrd. GE. Ausgeliehene Gelder fließen vollständig in das Bankensystem zurück.

Aufgaben:

Berechnen Sie jeweils

4.1 den Giralgeldschöpfungsmultiplikator und

4.2 den Kreditschöpfungsspielraum (das Kreditangebot) des Bankensystems bei folgenden einheitlichen Barreservesätzen (einschließlich Mindestreservesätzen):
30 %, 32 %, 35 %, 38 % und 40 %.

4 Die Bedeutung des Binnenwertes von Geld für die Volkswirtschaft

4.1 Gütermenge (Handelsvolumen)

In jeder Volkswirtschaft werden Güter erzeugt, deren Preise in einer sozialen Marktwirtschaft teils vom Markt her, teils durch den Staat bestimmt werden. Zur Vereinfachung unserer Überlegungen unterstellen wir, dass alle hergestellten Güter auch umgesetzt, d. h. verkauft werden. Außerdem nehmen wir an, dass sich die Importe und Exporte von Gütern wertmäßig die Waage halten.

In einer Geldwirtschaft gibt es ebenso viele Preise wie es Güter gibt. Will man nun den **Wert** aller in einer Periode (z. B. in einem Jahr) hergestellten und umgesetzten (verkauften) Güter feststellen, muss man jedes umgesetzte Gut mit seinem jeweiligen Preis vervielfachen. Möchte man feststellen, ob die umgesetzte (angebotene und verkaufte) Gütermenge im Folgejahr gleich geblieben, gestiegen oder gesunken ist, muss man mit den alten **Preisen („konstanten Preisen")** rechnen, denn bei Preisveränderungen ergäbe sich sonst ein falsches Bild. (Die Gütermenge an sich kann nicht festgestellt werden, denn die verschiedenartigen Güter sind nicht addierbar.) Das Jahr, dessen Güterpreise man wählt, bezeichnet man als **Basisjahr.**[1]

Merke:

Die **Summe** aller während einer Periode **umgesetzten Güter,** bewertet zu **konstanten Preisen,** bezeichnet man als **Handelsvolumen (H).**

Aus praktischen Gründen wird das Handelsvolumen meistens mit dem **realen Bruttoinlandsprodukt** gleichgesetzt.

Beispiel:

Angenommen, in einer Volkswirtschaft werden nur fünf Güterarten erzeugt und umgesetzt, und zwar Kohle, Stahl, Getreide, Kleidung und Bauleistungen. Sie werden zu den Preisen eines Ausgangsjahrs (Basisjahr) bewertet. Nur so lässt sich feststellen, wie sich die Gütermenge von Jahr zu Jahr entwickelte.

In der Volkswirtschaft erzeugte und umgesetzte Güter	Jahr 00 (Basisjahr)			Jahr 01			Jahr 02		
	Umgesetzte Gütermengen (in Mio. Einheiten)	Preise je Einheit in GE	Wert der umgesetzten Güter (in Mio. GE)	Umgesetzte Gütermengen (in Mio. Einheiten)	Konstante Preise (Basisjahr) in GE	Wert der umgesetzten Güter zu konstanten Preisen (in Mio. GE)	Umgesetzte Gütermengen (in Mio. Einheiten)	Konstante Preise (Basisjahr) in GE	Wert der umgesetzten Güter zu konstanten Preisen (in Mio. GE)
Kohle	10 t	400	4000	10 t	400	4000	11 t	400	4400
Stahl	20 t	750	15000	20 t	750	15000	22 t	750	16500
Getreide	50 t	500	25000	50 t	500	25000	60 t	500	30000
Kleidung	200 Stück	100	20000	200 Stück	100	20000	250 Stück	100	25000
Bauten	60 m^3	600	36000	60 m^3	600	36000	73,5 m^3	600	44100
	Handelsvolumen →		100000	Handelsvolumen →		100000	Handelsvolumen →		120000

Das Beispiel zeigt, dass die Gütermenge (das Handelsvolumen) im Jahr 01 gegenüber dem Jahr 00 konstant (gleich geblieben) ist, während sie im Jahr 02 gegenüber dem Vorjahr um 20 % zunahm.

4.2 Nachfragewirksame Geldmenge

Auch hier müssen wir vereinfachen, um zu einem eindeutigen Ergebnis zu gelangen. Wenn im obigen Beispiel im Jahre 02 das Handelsvolumen 120000 GE betrug, wurde zum Kauf dieser Güter auch die **Geldmenge** in Höhe von 120000 GE benötigt, falls wir unterstellen, dass das gesamte Handelsvolumen in einem Zuge nachgefragt und gekauft wurde. Diese sogenannte **nachfragewirksame Geldmenge** ist in der Regel nicht mit der **Gesamtgeldmenge der Wirtschaft** gleichzusetzen, weil die Wirtschaftssubjekte einen Teil ihrer Einnahmen nicht wieder ausgeben, sondern **sparen.** Von der Gesamtgeldmenge

1 **Basis:** Grundlage; hier: Ausgangszeitpunkt.

ist also die Ersparnis (die dem Geldkreislauf entzogene Sparsumme) abzusetzen, um die nachfragewirksame Geldmenge zu ermitteln.

Es entspricht aber nicht der Wirklichkeit, dass die gesamte Gütermenge, die in einem Jahr erzeugt wird, auf **einmal** umgesetzt wird. Vielmehr **verteilen** sich die Umsätze über das ganze Jahr hinweg.

Beispiele:

Lassen wir einmal die Umsätze zwischen den Unternehmen außer Acht. Vergessen wir auch, dass es einen Staatshaushalt gibt und dass die Haushalte sparen. Nehmen wir unter diesen Bedingungen an, dass die privaten Haushalte im Jahr 120 000 GE verdienen und dass ihnen dieses Geld nur ein Mal im Jahr ausbezahlt wird, wird tatsächlich eine Geldmenge (Buch- und Giralgeld) in Höhe von 120 000 GE benötigt: Den privaten Haushalten fließen ein Mal im Jahr 120 000 GE zu, die sie im gleichen Jahr zum Kauf von Gütern bei den Unternehmen verwenden. Die **Umlaufgeschwindigkeit** des Geldes ist 1.

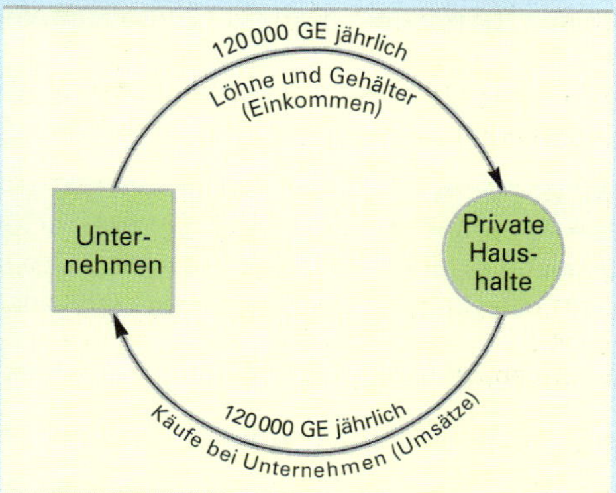

Mit einer Geldmenge von 120 000 GE wird im Jahr ein Umsatz von 120 000 GE bewirkt. Die Umlaufgeschwindigkeit des Geldes ist 1.

Wenn wir unterstellen, dass die Löhne und Gehälter im Jahr zwei Mal ausbezahlt werden, kommt die Wirtschaft mit 60 000 GE aus. Der Grund: Mit der ersten Gehaltszahlung kaufen die privaten Haushalte Güter im Werte von ebenfalls 60 000 GE. Der gleiche Vorgang wiederholt sich danach im zweiten Halbjahr, weil die privaten Haushalte die zweite Lohnzahlung wiederum zum Kauf von Gütern im Werte von 60 000 GE verwenden. Mit einer Geldmenge von 60 000 GE wird somit ein jährlicher Umsatz von 120 000 GE getätigt. Die **Umlaufgeschwindigkeit** des Geldes ist also 2.

Würden die Gehälter und Löhne z. B. 12-mal im Jahr ausbezahlt **und** wieder ausgegeben, könnte man mit einer Geldmenge von 10 000 GE einen jährlichen Umsatz von 120 000 GE bewirken. Die Umlaufgeschwindigkeit des Geldes beträgt dann 12.

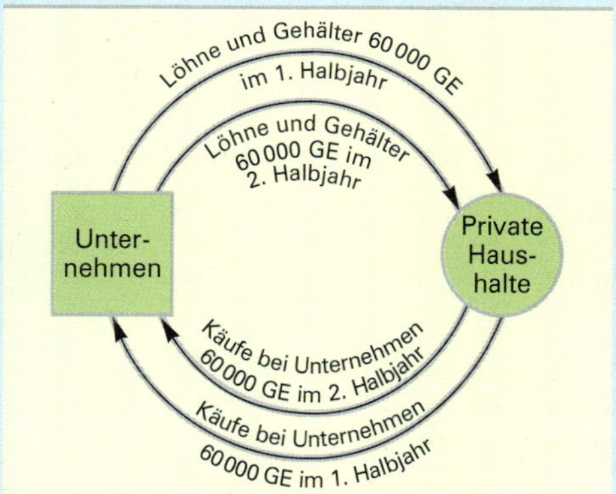

Mit einer Geldmenge von 60 000 GE werden im Jahr Umsätze von 120 000 GE bewirkt. Die Umlaufgeschwindigkeit des Geldes ist 2.

Die nachfragewirksame Geldmenge setzt sich somit aus dem für Kaufzwecke bereitgestellten Bar- und Giralgeld, multipliziert mit seiner Umlaufgeschwindigkeit, zusammen.

Merke:

Nachfragewirksame Geldmenge = Geldmenge (M)[1] · Umlaufgeschwindigkeit (U)

1 Die international übliche Abkürzung M kommt von money (engl.): Geld.

4.3 Ermittlung des Preisniveaus mittels Quantitätsgleichung

Beispiel:

Angenommen, im Jahr 01 sei die nachfragewirksame Geldmenge von 100 000 GE auf 120 000 GE gestiegen, während die zu konstanten Preisen gemessene Gütermenge unverändert blieb. Man sagt, dass sich das **reale** (wirkliche) Handelsvolumen nicht verändert hat. Ein möglicher Grund hierfür ist, dass die Wirtschaft vollbeschäftigt ist, sodass aufgrund der gestiegenen Nachfrage nicht mehr angeboten werden kann.

Die Folge der gestiegenen Nachfrage (Geldmenge) bei Vollbeschäftigung ist, dass die Unternehmen ihre Preise so lange anheben, bis auf den Märkten wieder Gleichgewicht herrscht.[1]

Der Faktor, um den sich die Preise aller Güter im Durchschnitt verändern müssen, lässt sich leicht errechnen, indem man die nachfragewirksame Geldmenge durch das zu konstanten Preisen gemessene Handelsvolumen teilt:

$$\text{Veränderungsfaktor des Preisniveaus (P)} = \frac{120\,000}{100\,000} = \underline{\underline{1{,}2}}$$

Allgemein:

$$P = \frac{M \cdot U}{H}$$

Die Zahl für P = 1,2 bedeutet, dass sich gegenüber dem Vorjahr das **Preisniveau** um das 1,2fache oder um 20 % **erhöht** hat. Wäre die nachfragewirksame Geldmenge (M · U) z. B. um 50 % auf 150 000 GE gestiegen, ergäbe sich eine Preissteigerungsrate von 50 %, sofern das Handelsvolumen konstant geblieben ist.

Steigt im Jahr 02 die Geldmenge z. B. auf 150 000 GE und das Handelsvolumen (zu konstanten Preisen) auf 120 000 GE, ergibt sich:

$$P = \frac{150\,000}{120\,000} = \underline{\underline{1{,}25}}$$

Dies sagt aus, dass sich im Jahr 02 das Preisniveau gegenüber dem Jahr 00 (Basisjahr) um das 1,25fache oder um 25 % erhöht hat.

Merke:

- Die **Entwicklung des Preisniveaus** (die Höhe der Güterpreise) hängt weitgehend von der Entwicklung der **nachfragewirksamen Geldmenge** ab.
- Steigt die nachfragewirksame Geldmenge **schneller** als das Handelsvolumen (die Menge der zu konstanten Preisen bewerteten Güter), **steigt** in einer freien Wirtschaft **das Preisniveau,** sofern diese vollbeschäftigt ist.
- Steigt die nachfragewirksame Geldmenge in **gleichem Maße** wie das Handelsvolumen, wird das **Preisniveau gleich bleiben.**

1 Dies ist natürlich nur in einer freien Wirtschaft möglich. Werden vom Staat Höchstpreise vorgeschrieben, können die Preise nicht im erforderlichen Umfang steigen. Es entsteht Übernachfrage, sodass der Staat rationieren muss.

Eine **Umkehrung** der letzten beiden Sätze ist jedoch nicht möglich. Eine Verringerung der nachfragewirksamen Geldmenge wird in der heutigen Wirtschaft nur selten und dann nur auf Teilmärkten zu **Preissenkungen** führen. Hierfür gibt es viele Gründe.

Zum einen **steigen** bei zurückgehender Produktion die Stückkosten der Betriebe, sodass die Betriebe, falls sie marktstark genug sind, sogar die Preise erhöhen können. Zum anderen gibt es viele Kosten, die trotz schwindender Nachfrage nicht sinken. Hierzu gehören einige Steuern (z. B. Grundsteuer, Kfz-Steuer), die tariflich festgelegten Mindestlöhne der Arbeitskräfte oder die Importpreise der Rohstoffe **(institutionelle Starrheiten). Sinkt** also die **nachfragewirksame Geldmenge,** wird nicht das Preisniveau fallen, sondern das **Güterangebot abnehmen.** Somit entsteht **Unterbeschäftigung** (Arbeitslosigkeit).

4.4 Kaufkraft

(1) Fishersche Verkehrsgleichung des Geldes (Quantitätsgleichung)

Mit steigendem Preisniveau **sinkt** die Kaufkraft, denn mit einer Geldeinheit kann man jetzt **weniger** Güter kaufen als zuvor.

Beispiel:

Angenommen, vom Jahr 00 bis zum Jahr 02 steigt die nachfragewirksame Geldmenge von 100 000 GE auf 150 000 GE, während das Handelsvolumen von bisher 100 000 GE konstant bleibt. Die Veränderung des Preisniveaus beträgt 50 %:

$$P = \frac{M \cdot U}{H} = \frac{150\,000}{100\,000} = \underline{\underline{1{,}5}}$$

Die **Kaufkraft (K)** hat sich gegenüber dem Vorjahr wie folgt verändert:

$$K = \frac{H}{M \cdot U} = \frac{100\,000}{150\,000} = \underline{\underline{\frac{2}{3}}}$$

Dies besagt, dass man sich im Jahr 01 mit einer Geldeinheit nur noch $^2/_3$ der Gütermenge des Jahres 00 kaufen konnte. Die **Kaufkraft** des Geldes ist also um $^1/_3$ (= $33^1/_3$ %) **gesunken.**

Merke:

Der **Veränderungsfaktor der Kaufkraft** ist der **reziproke (umgekehrte)** Wert des **Veränderungsfaktors des Preisniveaus.**

Aus der Formel zur Berechnung des Veränderungsfaktors des Preisniveaus lässt sich die **Fishersche Verkehrsgleichung des Geldes** (auch **Quantitätsgleichung**[1] genannt) ableiten, indem man die ganze Gleichung mit H (Handelsvolumen) multipliziert:

$$P \cdot H = M \cdot U$$

In der Geldpolitik wird H mit dem **realen Bruttoinlandsprodukt** und P · H mit dem **nominellen Bruttoinlandsprodukt** gleichgesetzt.

1 Quantität: Menge; die Quantitätsgleichung ist die formelmäßige Darstellung der Quantitätstheorie, die besagt, dass die Entwicklung der Geldmenge weitgehend Richtung und Umfang der wirtschaftlichen Entwicklung (des Handelsvolumens und dessen Preise) bestimmt. Die Verkehrsgleichung stammt von Irving Fisher: „The purchasing power of money" (1911).

11 Boller, Hartmann - ISBN 978-3-8120-0398-8

(2) Komponenten der volkswirtschaftlichen Gesamtnachfrage

Die Quantitätsgleichung (Verkehrsgleichung) des Geldes vermag nicht zu erklären, woher die Veränderungen der nachfragewirksamen Geldmenge (Geldmenge und/oder Umlaufgeschwindigkeit des Geldes) rühren. Folgende Komponenten (Bestimmungsgründe) der volkswirtschaftlichen Gesamtnachfrage beeinflussen den Geldumlauf:

- Die Unternehmen erwarten steigende (sinkende) Gewinne. Sie fragen daher mehr (weniger) Investitionsgüter (Anlagen und Vorräte) nach. Die steigende (fallende) Investitionsgüternachfrage drückt sich in steigender (fallender) Nachfrage nach Geldmitteln aus, weil die Investitionen finanziert werden müssen.
- Der Staat plant zusätzliche Ausgaben bzw. eine Verringerung der Ausgaben für Investitions- und Konsumgüter. Erhöhte (verringerte) Staatsausgaben führen zu einer Erhöhung (Verminderung) des Geldumlaufs, sofern er Kredite bei der Zentralbank aufnimmt bzw. tilgt.
- Die privaten Haushalte erwarten höhere Einkommen bzw. steigende Preise. Sie erhöhen ihre Nachfrage mithilfe von Krediten bzw. durch Auflösung ihrer Ersparnisse.
- Der Export ins Devisenausland steigt schneller als der Import aus dem Devisenausland. Die Devisenüberschüsse werden bei der Zentralbank in Binnenwährung umgetauscht, sodass der Geldumlauf steigt, während das entsprechende Güterangebot nicht mehr im eigenen, sondern im fremden Währungsgebiet auf den Markt kommt. In umgekehrter Richtung wirken Importüberschüsse gegenüber dem Devisenausland: Die Importeure kaufen Devisen und Binnenwährung wird dem Umlauf entzogen.

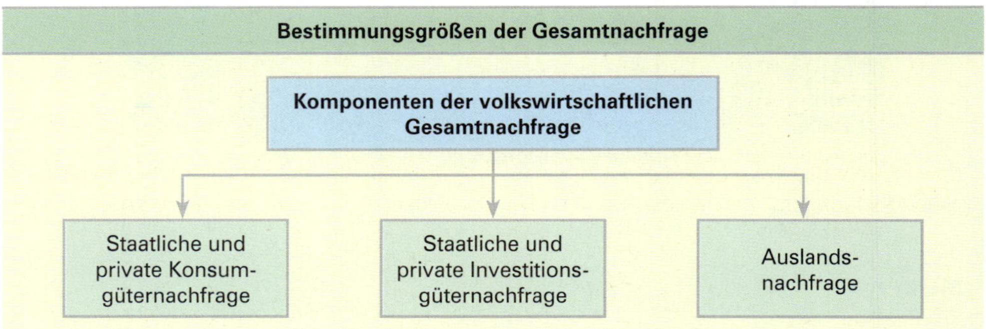

5 Ermittlung, Vergleich und Bewertung von Verbraucher-Preisindizes auf der Basis eines Warenkorbs

5.1 Verbraucherpreisindex

Den einzelnen Verbraucher interessiert es weniger, wie sich das allgemeine Preisniveau verändert. Selbst die Preissteigerungen bei bestimmten Luxusgütern kümmern den durchschnittlichen Verbraucher nicht: Ihm ist es gleichgültig, ob irgendein Luxusauto nunmehr statt 90000,00 EUR stolze 100000,00 EUR kostet. Selbst bei den Gütern des täglichen Bedarfs wirken sich Preissteigerungsraten bei den einzelnen Gütern unterschiedlich auf das Budget (das „Haushaltsgeld“) eines privaten Haushalts aus. Steigen z.B. die Preise für eine Tafel Schokolade von 0,50 EUR auf 1,00 EUR, also um 100 %, ist dies für den Einzelnen wenig bedeutsam. Steigen indessen die Preise für Superbenzin oder Strom um 100 %, trifft dies die einzelnen Bürger recht empfindlich.

Um ermitteln zu können, wie sich die Preisveränderungen der Konsumgüter auf die privaten Haushalte auswirken, hat das Statistische Bundesamt in Wiesbaden neben vielen anderen Indizes[1] den **Verbraucherpreisindex** entwickelt. Dieser Preisindex erfasst die Preisänderungen bei ca. 600 Sachgütern und Leistungen **(„Warenkorb")**, die vom privaten Haushalt gekauft werden. Da nicht alle Güter das gleiche Gewicht im Warenkorb besitzen, musste das Statistische Bundesamt ein **„Wägungsschema"** erstellen.

Das Wägungsschema wird entwickelt, indem man für ein Basisjahr die durchschnittlichen Ausgaben eines durchschnittlichen Haushalts für verschiedene Güter und Leistungen in Prozenten seiner Gesamtausgaben ermittelt.

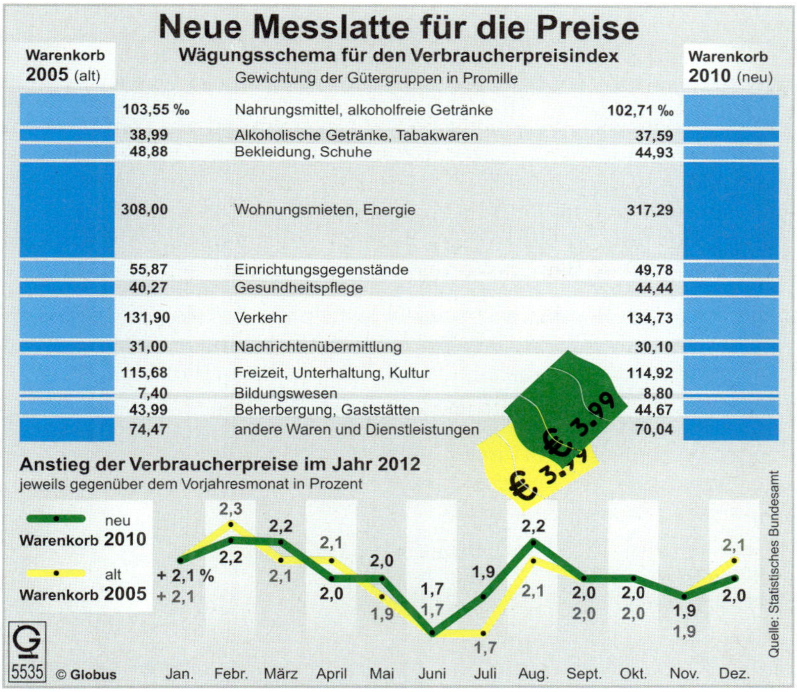

Viele hundert Waren und Dienstleistungen enthält der neue Warenkorb, mit dessen Hilfe das Statistische Bundesamt den Anstieg der Verbraucherpreise in Deutschland berechnet. Der Inhalt dieses Korbes (das sogenannte Wägungsschema) wird alle fünf Jahre geändert, weil sich die Verbrauchsgewohnheiten der Menschen ändern, weil neue Produkte auf den Markt kommen und alte vom Markt verschwinden. So kommt es, dass einige Güter neu aufgenommen wurden, andere ganz gestrichen oder durch modernere ersetzt wurden. Dem neuen Warenkorb liegt nun die Ausgabenstruktur der privaten Haushalte aus dem Jahr 2010 zugrunde. Es sind aber nicht nur anders gewichtete Güter, die sich im neuen Warenkorb befinden. Auch die veränderten Einkaufsgewohnheiten der Verbraucher werden berücksichtigt. So steigt der Anteil der Einkaufsstätten Fachmarkt und Discounter von 31,6 (2005) auf 36,7 Prozent (2010), während Fachgeschäfte verlieren (von 31,2 auf 26,0 Prozent). Auch der Internet- bzw. Versandhandel wurde neu gewichtet: Statt mit 5,1 ist er nun mit 8,7 Prozent vertreten.

1 **Indizes:** Mz. von Index; ein Index ist wörtlich ein „Anzeiger". Der Preisindex zeigt also Preisveränderungen an. Wichtige Preisindizes sind z. B.: Index der Einkaufspreise landwirtschaftlicher Betriebsmittel, Index der Grundstoffpreise, Index der Großhandelsverkaufspreise und der Index der Einzelhandelspreise.

Beispiel:

Um den Vorgang der Preisindexberechnung deutlich zu machen, sei ein sehr vereinfachtes Wägungsschema zugrunde gelegt (5 statt 600 Positionen):

Warenkorb	Wägungsschema Jahr 00		Preise		
			01	02	03
1. Nahrungsmittel	615,00 GE	41 %	615,00 GE	615,00 GE	615,00 GE
2. Kleidung	600,00 GE	40 %	600,00 GE	660,00 GE	660,00 GE
3. Wohnung	150,00 GE	10 %	200,00 GE	200,00 GE	200,00 GE
4. Brennstoffe	60,00 GE	4 %	60,00 GE	60,00 GE	180,00 GE
5. Dienstleistungen	75,00 GE	5 %	75,00 GE	75,00 GE	75,00 GE
Gesamtausgaben	1 500,00 GE	100 %	1 550,00 GE	1 610,00 GE	1 730,00 GE

Die Indexzahlen werden wie folgt ermittelt:

Das Basisjahr 00 wird mit 100 Punkten angesetzt. Die angenommene Verteuerung der Wohnungsausgaben um 50,00 GE im Jahr 01 (= $33^1/_3$ %) bewirkt bei Konstanz aller anderen Preise eine Erhöhung der Lebenshaltungskosten um 3,3 Punkte auf 103,3.[1]

Steigen im Jahr 02 z. B. die Preise für Kleidung um 10 %, erhöhen sich die Lebenshaltungskosten um 4 Punkte auf 107,3 Punkte.[2]

Die angenommene Steigerung der Brennstoffkosten um 200 % im Jahr 03 bewirkt allein eine Steigerung der Lebenshaltungskosten auf 115,3 Punkte.

Insgesamt gilt also, dass Preissteigerungen bei bestimmten Waren und Diensten sich auf den Verbraucherpreisindex umso stärker auswirken, je größer ihr prozentualer Anteil (ihr „Gewicht") an den Gesamtausgaben eines durchschnittlichen Haushalts ist.

Das Wägungsschema muss von Zeit zu Zeit den neuen Verbrauchsstrukturen angepasst werden.[3] Die Waren nämlich, die von einem durchschnittlichen Haushalt heute gekauft werden, sind nicht mehr die gleichen wie die im Jahr 1990 oder im Jahr 2000.

Beispiel:

Man braucht hier nur an Konsumgüter wie z. B. Mieten für DVDs, das Telefonieren mit Handys, Laptops, Smartphones, Digitalkameras, Blu-ray-Player, MP3-Player, Espresso-Maschinen oder die Internetnutzung zu denken.

Außerdem verschiebt sich der prozentuale Anteil bestimmter Ausgaben zugunsten anderer.

Beispiel:

So gab z. B. der durchschnittliche private Haushalt 1970 noch 33,3 % seines Einkommens für Nahrungs- und Genussmittel aus. Im Jahr 2005 betrug dieser Anteil nur noch rund 14 %.

1 Berechnung:

1 500,00 GE (00) ≙ 100 Punkte
1 550,00 GE (01) ≙ x Punkte

$$x = \frac{100 \cdot 1550}{1500} = \underline{\underline{103{,}3\ \text{Punkte}}}$$

2 Berechnung:

1 500,00 GE (00) ≙ 100 Punkte
1 610,00 GE (02) ≙ x Punkte

$$x = \frac{100 \cdot 1610}{1500} = \underline{\underline{107{,}3\ \text{Punkte}}}$$

3 Die letzte Umstellung des Wägungsschemas auf neuere Verbrauchsverhältnisse erfolgte 2008. Neues Basisjahr ist das Jahr 2005.

Der Verbraucherpreisindex für die Bundesrepublik Deutschland entwickelte sich wie folgt (Basisjahr 2005):[1]

Jahr	2003	2004	2005	2006	2007	2008	2009	2010	2011	2012
Verbraucherpreisindex	97,0	98,1	100	101,7	103,9	106,6	107,0	108,2	110,7	112,9

Mithilfe des Verbraucherpreisindex lässt sich das reale Bruttoinlandsprodukt berechnen:

Merke:

$$BIP_r = \frac{BIP_n \cdot 100}{\text{Preisindex}}$$

Die Europäische Zentralbank bezeichnet die Preisindizes als Deflatoren,[2] weil sie den „Abschlag" wiedergeben, um den das nominelle Bruttoinlandsprodukt bereinigt werden muss, um das reale Bruttoinlandsprodukt zu erhalten.

Beispiel:

Jahr	Nominelles Bruttoinlandsprodukt	Preisänderung gegenüber Vorjahr (Jahr 00 ≙ 100 %)	Deflatoren	Reales Bruttoinlandsprodukt
01	2 109,44 GE	2,4 %	102,40	2 060,00 GE
02	2 204,20 GE	2,5 %	104,96	2 100,00 GE
03	2 269,68 GE	2,0 %	107,06	2 120,00 GE
04	2 397,78 GE	1,8 %	108,99	2 200,00 GE

5.2 Harmonisierter Verbraucherpreisindex (HVPI)

Vom Statistischen Bundesamt wird zusätzlich zum VPI der **Harmonisierte Verbraucherpreisindex (HVPI)** erstellt. Wichtigste Aufgabe des HVPI ist der Vergleich der Preisveränderungsraten zwischen den Mitgliedsländern der Europäischen Union (EU). Die Europäische Union hat verbindliche Regeln für die Berechnung des HVPI aufgestellt, deren Einhaltung vom Statistischen Amt der Europäischen Union (Eurostat) überwacht wird. Aufgrund der nationalen Harmonisierten Verbraucherpreisindizes berechnet Eurostat die Harmonisierten Verbraucherpreisindizes für die Europäische Union, die Europäische Währungsunion (WWU) und den Europäischen Wirtschaftsraum (EWR).[3]

5.3 Das Problem der Geldillusion dargestellt am Beispiel der Lohnentwicklung

Der Begriff der Geldillusion wurde lange nicht mehr benutzt und spielte in den letzten Jahren kaum eine Rolle. Doch die Finanzkrise in den EU-Ländern und die drohenden Preissteigerungen auf lange Sicht machen es unvermeidlich, sich mit dem Phänomen der Geldillusion auseinanderzusetzen.

1 Quelle: Monatsberichte der Deutschen Bundesbank, mehrere Jahrgänge.

2 **Deflator** (lat.): Abschlag, Zusammenziehung, Minderung.

3 Dem Europäischen Wirtschaftsraum gehören neben den EU-Ländern noch Island, Liechtenstein und Norwegen an.

Merke:

Unter **Geldillusion** versteht man die Unfähigkeit der Wirtschaftssubjekte, zwischen dem **nominalen** Wert und dem **realen** Wert des Geldes zu unterscheiden.

Im Allgemeinen neigt man dazu, den Wert des Geldes nominal zu bewerten. Dies ist besonders verheerend in Zeiten hoher Inflation,[1] wo der nominale Wert des Geldes durch die Inflation aufgebläht wird, wie auch folgender Artikel verdeutlicht.

Inflation

Experten warnen Sparer vor „Geld-Illusion"

Das lange nicht mehr gefürchtete und fast vergessene Inflationsgespenst ist plötzlich wieder da. Die anziehende Preissteigerung vernichtet Rendite bei der Geldanlage. Doch viele Sparer sind schlecht auf die neue Situation vorbereitet. [...]

100,00 EUR von heute sind in 30 Jahren nur noch 55,00 EUR wert

Seitdem die Kosten für Strom und Gas, Milch und Brot, Benzin und Diesel in die Höhe schießen, reduzieren viele Deutsche nun ihre Shopping-Lust. Dabei trifft eine Inflation nicht in erster Linie den Konsumenten. Schließlich wird das Geld immer weniger wert, und damit sinkt die Kaufkraft. Je eher man also etwas kauft, desto besser. Stattdessen sind vor allem Anleger die Leidtragenden. Bei der Geldanlage sind von 10 000,00 EUR bei einer Inflationsrate von 3 % nach 20 Jahren nur noch gut die Hälfte übrig, bei einer Teuerung von 4 % bleiben gar nur 4 500,00 EUR. Gerade bei langfristigen Sparprozessen wie der Altersvorsorge muss die Geldentwertung berücksichtigt werden. Immerhin betrug die Inflationsrate im Durchschnitt der vergangenen 50 Jahre 2,8 % pro Jahr. Ein Geldbetrag von heute 100,00 EUR ist selbst bei durchschnittlich 2 % Inflation pro Jahr in 30 Jahren sogar nur noch 55,00 EUR wert.

Doch die Anleger ignorieren das. Der klassische Sparer klammert die Inflation mental aus. Für ihn ist Geld auch in 20 Jahren das Gleiche wert wie heute, nämlich der Betrag, der draufsteht. Ökonomen warnen Anleger vor dieser sogenannten „Geld-Illusion". Was wirklich zählt, ist die reale Rendite, nämlich die Rendite abzüglich der Inflation.

Vor allem Tages- und Festgeldkonten betroffen

Hauptleidtragende der Inflation sind Halter festverzinslicher Papiere und Rentenfonds. Denn der Kupon (die jährliche Zinszahlung) bleibt gleich, während die Lebenshaltungskosten stetig steigen. Bei einer Inflationsrate von 3 % verlieren Zinszahlungen von 1 000,00 EUR im Verlauf von 10 Jahren 26 % ihrer ursprünglichen Kaufkraft. Ein Rechenbeispiel: Aktuell liegt die reale Rendite bei zehnjährigen Bundesanleihen bei 1,6 % (4,2 % minus 2,6 %). Die Gefahr besteht darin, dass der Kupon gleich bleibt, die Inflationsrate aber steigt. Anleger erleiden dann unmerklich einen Vermögensverlust.

Extrem ist auch die Situation beim Blick auf das klassische Anlagegebaren vieler Bundesbürger. Sie legen ihr Erspartes noch immer mit großer Vorliebe auf niedrig verzinste Tages- und Festgeldkonten zu bestenfalls 4 % an. Werden von diesen Erträgen die Steuern abgerechnet – im Schnitt etwa ein Drittel – bleiben netto gerade noch 2,7 % übrig. [...]

Quelle: Die WELT vom 09.11.2007.

Die Entwicklung eines Preisindex lässt im Allgemeinen keine Aussage darüber zu, ob sich der Lebensstandard der Arbeitnehmer (und Arbeitgeber) verbessert oder verschlechtert hat. Neben der Qualitätsverbesserung der angebotenen Güter muss vor allem die Entwicklung des Nettolohns berücksichtigt werden.

1 **Inflation**: wörtlich „das Sichaufblähen"; Geldentwertung durch Erhöhung des Preisniveaus. Näheres zur Inflation siehe Kapitel 6.

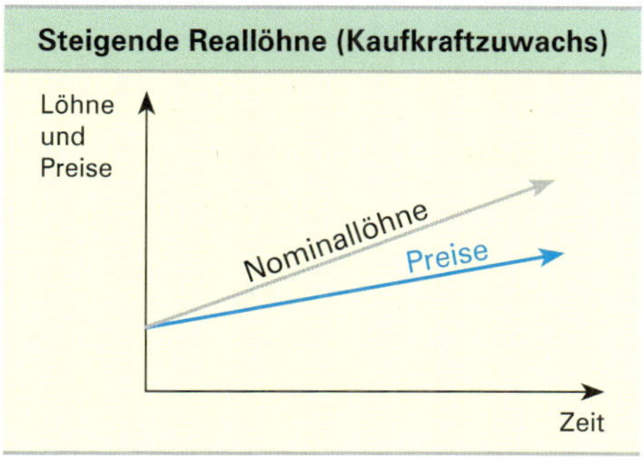

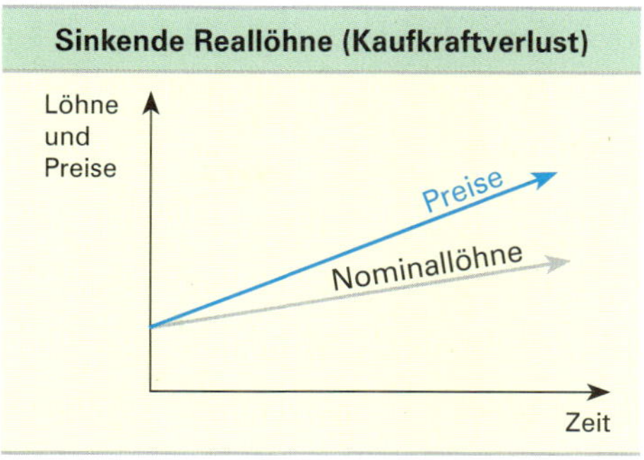

Was der Arbeitnehmer am Monatsende ausbezahlt erhält, nennt man **Nettolohn**. Dieser Nettolohn entspricht längst nicht dem, was der Arbeitgeber für die Arbeitskraft aufzuwenden hat. Zu berücksichtigen ist nämlich, dass der Arbeitgeber i. d. R. die Hälfte der Sozialversicherungsbeiträge zu tragen hat. Zieht man von dem Betrag, den der Arbeitgeber insgesamt für den Arbeitnehmer aufzuwenden hat, den Arbeitgeberanteil ab, erhält man den **Bruttolohn.** Dieser erscheint auf der Lohnabrechnung des Arbeitnehmers. Vom Bruttolohn werden die Sozialversicherungsbeiträge (der sog. Arbeitnehmeranteil) und die Lohn- und Kirchensteuer abgezogen.

Beispiel: [1]

Vom Arbeitgeber aufzubringender Betrag (tatsächliche Lohnkosten)	3 000,00 EUR
– Arbeitgeberanteil an der Sozialversicherung ca.	350,00 EUR
– sonstige Personalnebenkosten (z. B. 13. Monatsgehalt, Urlaubsgeld, Entgeltfortzahlung im Krankheitsfall)	750,00 EUR
= **Bruttolohn**	1 900,00 EUR
– Arbeitnehmeranteil an der Sozialversicherung ca.	350,00 EUR
– Lohnsteuer, Solidaritätszuschlag und ggf. Kirchensteuer	325,00 EUR
= **Nettolohn**	**1 225,00 EUR**

Der in der Lohn- bzw. Gehaltsabrechnung „genannte" Lohn ist der **Nominallohn.**[2] Aus der Sicht des Arbeitnehmers ist dies sein **Nettolohn.**

Merke:

Der Nominallohn sagt nichts darüber aus, wie viel sich ein Arbeitnehmer dafür kaufen kann.

- Steigt der Nominallohn schneller als das Preisniveau, nimmt der Lebensstandard trotzdem zu. Mit anderen Worten: Der **Reallohn** (real: wirklich) ist gestiegen.
- Steigen Preise und Nettolohn in gleichem Maße, hat sich der Reallohn nicht verändert. Steigen indessen die Nominallöhne schwächer als die Preise, nimmt der Reallohn (die Kaufkraft) ab.

1 Die Zahlen sind gerundet und beziehen sich auf einen ledigen Arbeitnehmer unter 50 Jahren.

2 „Nominal" kommt von „nominell", d. h. dem Namen nach, dem Nennwert nach.

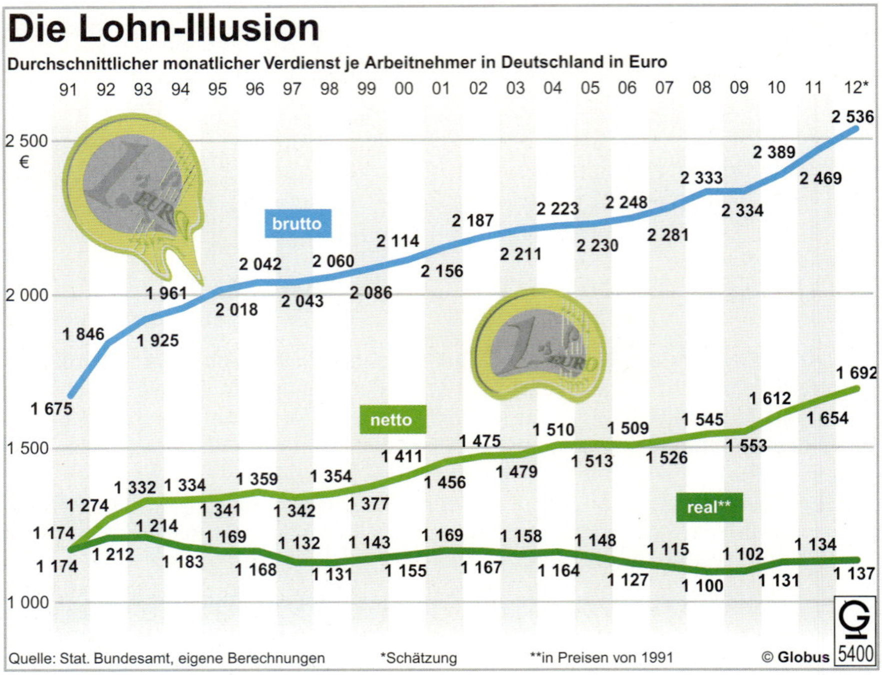

Auf den ersten Blick erscheint die Einkommensentwicklung der letzten Jahre in Deutschland beachtlich. Die durchschnittlichen Bruttomonatsverdienste je Arbeitnehmer erhöhten sich von 1675,00 EUR im Jahr 1991 auf schätzungsweise 2536,00 EUR im Jahr 2012; das ist ein Plus von 51 Prozent. Und auch netto – also nach Abzug von Steuern und Sozialabgaben – gab es über die Jahre einen ordentlichen Zuwachs: Plus 44 Prozent (von 1174,00 auf 1692,00 EUR) lautet das Ergebnis im Vergleich zu 1991. Berücksichtigt man jedoch, dass unser Geld Jahr für Jahr an Wert verliert, weil die Preise steigen, dann sieht das Ergebnis ganz anders aus: Aus dem Einkommensfortschritt wird ein Einkommensrückschritt. Denn die Kaufkraft der Nettomonatsverdienste ist im Jahr 2012 um rund 37,00 EUR niedriger als im Jahr 1991. Mit anderen Worten: Die Realeinkommen der Arbeitnehmer sind von 1991 bis 2012 um drei Prozent gesunken – der Arbeitnehmer von heute kann sich also weniger leisten als der Arbeitnehmer im Jahr 1991.

6 Arten, Ursachen und Folgen von Inflation und Deflation

6.1 Inflation

6.1.1 Begriff Inflation

In manchen Geschichtsbüchern findet sich folgender Satz: „Als die große Inflation, die 1923 ihren Höhepunkt fand, hereinbrach ...“. Dieser Satz ist falsch, denn Inflationen sind keine Naturereignisse, sondern sie werden von Menschen gemacht, und zwar am allerwenigsten „von den Leuten“, sondern vor allem von den für Wirtschaft und Politik Verantwortlichen.

> **Merke:**
>
> Unter **Inflation** versteht man ein anhaltendes Steigen des Preisniveaus.

Steigen hin und wieder die Preise einzelner Güter bzw. Gütergruppen, so liegt noch keine Inflation vor. Im Winter steigen beispielsweise die Preise für landwirtschaftliche Produkte, weil – bei gleichbleibender Nachfrage – das Angebot abnimmt.

6.1.2 Arten der Inflation

Die Erscheinungsformen (Arten) der Inflation kann man nach ihrer äußerlichen Erkennbarkeit und nach der Schnelligkeit der Geldentwertung unterscheiden.

(1) Gliederung der Inflation nach der Erkennbarkeit

Inflationsart	Erläuterungen	Beispiele
Offene Inflation	Hier steigt das Preisniveau „offen" gemäß den Marktbedingungen. Der Staat schreibt weder Fest- noch Höchstpreise vor bzw. passt diese laufend an die Marktgegebenheiten an.	Die große deutsche Inflation von 1914 bis 1923 war eine offene Inflation. Sie war auf eine unmäßige Geldmengenvermehrung durch die damalige Regierung zurückzuführen. Folgende Zahlen geben einen Eindruck: Der Wechselkurs[1] zum US-Dollar betrug Ende April 1923 29800,00 Mark, Ende Mai 70000,00 Mark, Ende Juli 1100000,00 Mark, acht Tage später 4869000,00 Mark; am 9. Oktober wurde die Milliardengrenze überschritten. Am 20. November belief sich der Dollarkurs auf rund 4,2 Billionen Mark.
Verdeckte Inflation	In diesem Falle schreibt der Staat Höchst- und/oder Festpreise vor, ohne diese an die tatsächlichen Marktverhältnisse anzupassen. Das Preisniveau wird verhältnismäßig stabil gehalten. Die Leute können aber mit ihrem „Geld" wenig anfangen, weil das Güterangebot zu gering ist. Der Staat muss rationieren[2] (z.B. Lebensmittelmarken ausgeben).	Eine verdeckte (gestoppte) Inflation herrschte in Deutschland von 1939 bis 1948. Preise und Löhne waren vom Staat vorgeschrieben (Preis- und Lohnstopp). Verdeckte Inflationen sind daran erkennbar, dass „schwarze Märkte" entstehen, auf denen die knappen Waren gesetzeswidrig zu Wucherpreisen gehandelt werden.

1 Der Wechselkurs drückt das Wertverhältnis zwischen zwei Währungen aus.

2 **Rationieren**: in „Rationen" einteilen, d.h. Mengenzuteilungen vornehmen.

(2) Gliederung der Inflation nach der Schnelligkeit der Geldentwertung

Inflationsart	Erläuterungen	Beispiele
Schleichende Inflation	Diese Art der Inflation ist durch verhältnismäßig niedrige, aber lang anhaltende Preissteigerungen gekennzeichnet. Von schleichender Inflation kann man sprechen, wenn die Preissteigerungsrate nicht höher ist als der Zinssatz für langfristige Geldanlagen.	Die Wirtschaft der Europäischen Wirtschafts- und Währungsunion (WWU) ist durch eine schleichende Inflation gekennzeichnet (siehe Tabelle zum HVPI in Kapitel 5.2).
Galoppierende Inflation	Liegt die Preissteigerungsrate im Durchschnitt über dem Zins für langfristige Geldanlagen (etwa über 6 bis 8 %), liegt eine galoppierende Inflation vor. Bei jährlichen Preissteigerungsraten von mehr als 50 % spricht man von **Hyperinflation.**	Die deutsche Inflation von 1923 war eine Hyperinflation. – In Simbabwe stiegen die Preise im Juli 2008 gegenüber dem Vormonat um 231 Prozent.

(3) Gliederung der Inflation nach Wahrnehmung durch die Verbraucher

Inflationsart	Erläuterungen
Offizielle Inflation	Hierunter versteht man die Inflationsarten, die von den statistischen Ämtern (z. B. dem Statistischen Bundesamt oder von Eurostat) ermittelt und veröffentlicht werden.
Gefühlte Inflation	Mit diesem Begriff wird zum Ausdruck gebracht, dass die Verbraucher in bestimmten Situationen die Preissteigerungen als viel stärker empfinden als die amtlichen Statistiken ausweisen. Dies liegt vor allen Dingen daran, dass zahlreiche Waren und Dienstleistungen, die im täglichen Leben gekauft werden (müssen), in den offiziellen „Warenkörben" nur eine geringe Bedeutung (Gewichtung) haben.

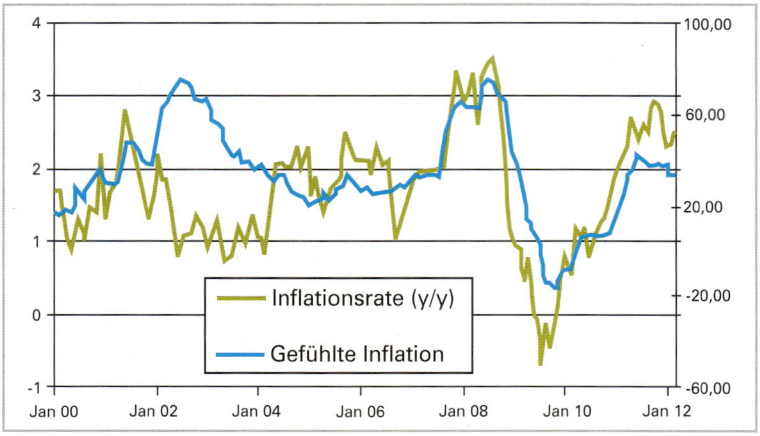

Quelle: www.Handelsblatt.de, 13. April 2012.

6.1.3 Ursachen der Inflation

Falls die Notenbank eines Landes der Wirtschaft jede gewünschte Geldmenge zur Verfügung stellt, kann man folgende wichtige Inflationsursachen nennen:

(1) Anspruchsinflation

Hier steigen die Ansprüche der Wirtschaftssubjekte schneller als das Handelsvolumen wächst.

Nachfrageinflation	Die privaten Haushalte, die Unternehmen und vor allem der Staat sparen zu wenig und/oder nehmen Kredite auf, um ihre Ansprüche zu finanzieren.
Kosteninflation	Die Gewerkschaften setzen überhöhte Lohnforderungen durch, der Staat erhöht die Steuern oder ausländische Rohstofflieferer erhöhen ihre Rohstoffpreise. Die Unternehmen erhöhen die Preise, um die gestiegenen Kosten zu decken.
Gewinninflation	Die Unternehmen besitzen eine starke Marktstellung (Oligopole und Monopole), sodass sie ihre Absatzpreise auf Kosten der Verbraucher erhöhen können, um ihre Gewinne zu steigern.

Wie geschickt Unternehmen dabei vorgehen, die Absatzpreise auf Kosten der Verbraucher zu erhöhen, zeigt nachfolgender Artikel.

Lebensmittelindustrie: Mogel-Tricks im Supermarkt

Weniger drin, gleicher Preis. Oder: Mehr drin, aber viel teurer. Die Zahl der Mogelpackungen im Supermarkt nimmt zu. Hamburger Verbraucherschützer haben jetzt die neuesten und dreistesten Tricks dokumentiert.

Hamburg – Seit gut drei Jahren können Hersteller frei entscheiden, in welcher Packungsgröße sie ihr Produkt anbieten. Statt aber neue Angebote für Singles, Großfamilien oder Senioren zu machen, nutzen die meisten Unternehmen die neue Freiheit dazu, klammheimlich die Preise zu erhöhen – zum Beispiel indem sie Packungen oder Portionen verkleinern.

Eigentlich soll der Preis für ein Kilo oder einen Liter neben dem Produkt zu lesen sein. So lassen sich die Preise von Produkten unterschiedlicher Mengen ganz einfach vergleichen. Einer Studie des DIN-Verbraucherrats und des Bundesverbandes der Verbraucherzentralen (VZBV) zufolge geben zwar mehr als 90 Prozent der Händler den Grundpreis an, allerdings teils auf eine falsche Mengeneinheit bezogen, teils zu klein geschrieben – oder der Preis ist dem Produkt nicht direkt zuzuordnen. Für Produkte, die nach Stückzahl verpackt sind, wie Windeln oder Taschentücher, fehlt die Grundpreisangabe üblicherweise sogar ganz, da es hierzu keine Regelung gibt.

Der Studie zufolge gibt es zwar für einige Produkte vielfältigere Packungsgrößen als vorher, die sich allerdings sehr ähneln. So bietet ein Konfitürenhersteller allein sechs verschiedene Größen zwischen 250 und 350 Gramm an.

Die Verbraucherzentrale Hamburg (VZHH) spürt den Tricks der Hersteller seit Jahren nach und hat jetzt eine aktuelle Liste der am weitesten verbreiteten Schummeleien vorgelegt. Die Aufstellung zeigt vor allem eines: Die Preise im Einzelhandel steigen stetig – nur merken die meisten Verbraucher es nicht.

Die zehn beliebtesten Verschleierungspraktiken der Hersteller und Supermärkte:

- **Das Schrumpfprinzip:** Die Packung scheint unverändert, auch der Preis bleibt gleich – gleichzeitig schrumpft aber der Inhalt eines Produkts. So reduzierte der Konsumgüterkonzern Procter & Gamble nach und nach die Anzahl der Pampers Windeln in der Kategorie 4. In den vergangenen sechs Jahren schrumpfte die Menge von 47 auf heute 37 Stück pro Packung.

- **Der Mehr-drin-Trick:** Eine größere Füllmenge wird aufwendig beworben und suggeriert zunächst ein Schnäppchen. In Wirklichkeit ist der Preis aber deutlich stärker gestiegen. Ein Beispiel: Das Spülmittel Ultra Palmolive von Colgate-Palmolive gibt es in 600-Milliliter-Packungen statt in den früheren 500-Milliliter-Flaschen, eine Vergrößerung um 20 %. Der Preis erhöhte sich von 0,85 Euro auf 1,65 Euro.
- **Das Pseudo-Günstiger-Prinzip:** Ein Produkt wird in einer kleineren Packung verkauft und der Preis wird ebenfalls gesenkt – allerdings weniger stark. Als ein Beispiel für diese Praxis nennt die VZHH die Rewe Kuchenglasur Bourbonvanille: Die Packung schrumpfte von 200 auf 150 Gramm, doch der Preis sank lediglich von 1,25 Euro auf 1,09 Euro – in Wirklichkeit also eine Preiserhöhung um 14 Prozent.
- **Der Händlertrick:** Dasselbe Produkt wird bei verschiedenen Einzelhändlern in Packungen mit abweichenden Füllmengen verkauft, allerdings zum gleichen Preis. So kosten beispielsweise Haribo Goldbären in 200- und 300-Gramm-Tüten dasselbe: jeweils 0,89 Euro. Der Preisunterschied liegt bei stolzen 50 Prozent.
- **Der Sammelpackungstrick:** Ein sehr beliebter Mogel-Trick sind Mehrfach- oder Sammelpackungen – die Hersteller bieten diese scheinbar besonders preisgünstig an, der Inhalt ist aber geschrumpft. So ist der Schokoriegel Twix von Mars im Fünferpack 50 Gramm schwer – also insgesamt 250 Gramm. Einzeln abgepackt wiegt er aber 58 Gramm – mal fünf wären es 40 Gramm mehr.
- **Der Portionstrick:** Produkte in vorportionierten Beuteln haben insgesamt eine geringere Füllmenge, häufig aber den gleichen Preis wie das Ausgangsprodukt. Beispiel: Aldi Nord verkauft seinen Typ Cappuccino Classico Pulver nicht mehr nur in der Dose, sondern auch in einer Pappschachtel mit Einzelportionen – der Preis dafür liegt um 31,4 Prozent höher.
- **Der Mengentrick:** Statt der leichter vergleichbaren Angabe der Füllmenge drucken viele Hersteller mittlerweile die Stückzahl auf die Vorderseite einer Verpackung. Bel Deutschland beispielsweise verkauft den Verbraucherschützern zufolge seinen Leerdammer Käse wie bisher in Abpackungen von 14 Scheiben mit scheinbar gleicher Menge. Heute bekommt man aber nur 280 Gramm Käse für 3,79 Euro; früher waren es 350 Gramm.
- **Der Qualitätstrick:** Durch einen geringeren Anteil an wertgebenden Bestandteilen verschlechtert sich die Qualität eines Produkts, die Hersteller sparen Kosten und erhöhen bei gleichem Preis ihre Marge. Eines der bekanntesten Beispiele ist das Schlemmerfilet à la Bordelaise von Iglo: Der Lebensmittelkonzern reduzierte einfach den Fischanteil von 70 auf 52 Prozent und erhöhte damit den Preis um 34,6 Prozent.
- **Der Quantitätstrick:** Mit veränderten Dosiervorgaben sorgen die Hersteller dafür, dass größere Mengen eines Produkts gebraucht werden. Der Hersteller Henkel vergrößerte für sein Geschirrspülmittel Pril Kraft-Gel die Ausguss-Tülle und setzte die Dosierempfehlung von zwei auf drei Milliliter pro fünf Liter Wasser herauf.
- **Das Alles-neu-Prinzip:** Die Wiedereinführung eines Produkts in einer neuen Verpackung wird gerne genutzt, um die Füllmenge zu reduzieren und den Preis zu erhöhen. Nestlé bietet demnach seine Beba-Säuglingsnahrung nicht mehr im Pappkarton, sondern in einer Metalldose an und nutzte den Relaunch für eine Preiserhöhung von knapp 30 Prozent.

Quelle: Spiegel-Online vom 15.06.2012.

(2) Außennachfrageinflation

Laufende Exportüberschüsse gegenüber Fremdwährungsgebieten führen zu Deviseneinnahmen, die nicht wieder für Importzwecke benötigt werden. Die Exporteure tauschen die Devisen bei den Banken in Binnenwährung um, sodass die Geldmenge steigt. Die dieser Geldmenge gegenüberstehenden „Gütermengen" wurden indessen in Fremdwährungsgebiete exportiert, sodass also letztlich das Preisniveau im eigenen Währungsgebiet steigen muss. Da Exportüberschüsse gegenüber Fremdwährungsgebieten in der Regel vor allem dann entstehen, wenn dort die Inflationsraten *höher* als im eigenen Währungsgebiet sind (die Exportwaren werden für die gebietsfremden Importeure relativ billiger), spricht man von **importierter Inflation.** (Die Inflation wird sozusagen vom Fremdwährungsgebiet ins eigene Währungsgebiet „hereingetragen".)[1]

(3) Angebots- bzw. Nachfrageinflation

Die Inflationen kann man auch danach einteilen, ob sie **„angebotsinduziert",**[2] wie die Kosten- und die Gewinninflation oder **„nachfrageinduziert",** wie die Binnennachfrageinflation oder die **importierte Inflation**[3] sind.

Angebotsinflation

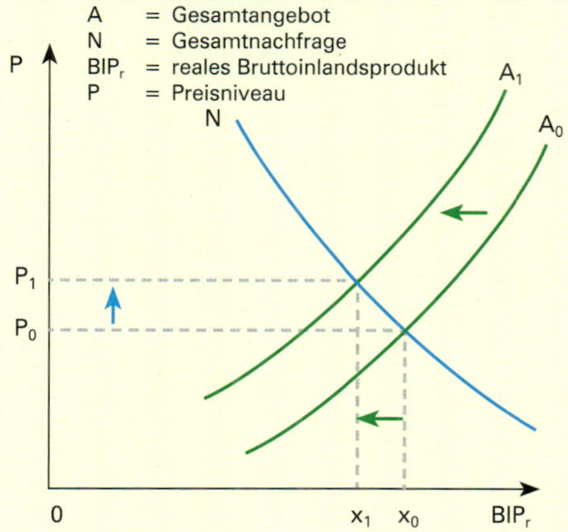

Erläuterung:

- Bei unveränderter normaler Gesamtnachfrage nimmt die umgesetzte Gütermenge bei steigenden Preisen ab (zunehmende Arbeitslosigkeit bei steigenden Preisen).
- Ist die Nachfrage vollkommen unelastisch (oder nimmt sie entsprechend der Angebotsverschiebung zu), steigen die Preise bei unverändertem mengenmäßigem Umsatz (Stagflation).

Nachfrageinflation

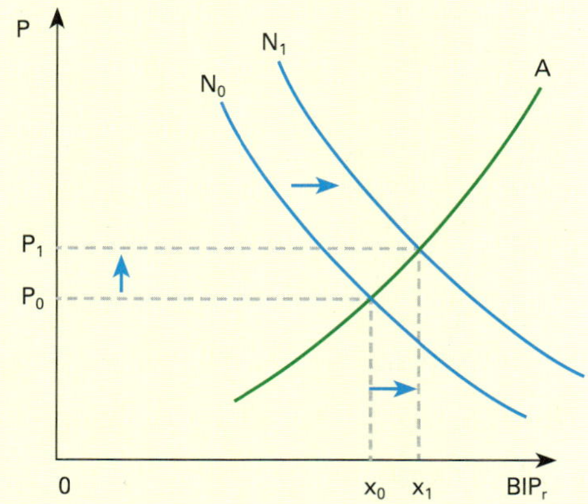

Erläuterung:

- Bei unverändertem normalem Gesamtangebot nimmt die umgesetzte Gütermenge bei steigenden Preisen zu, sofern die Wirtschaft nicht vollbeschäftigt ist (abnehmende Arbeitslosigkeit bei steigenden Preisen).
- Ist die Wirtschaft vollbeschäftigt, steigen die Preise bei unverändertem mengenmäßigem Umsatz (Vollbeschäftigung mit Inflation).

1 Als Gegenstück zur importierten Inflation wird in den Zeitungen häufig die „hausgemachte" Inflation genannt. Hausgemachte Inflationen liegen z. B. vor, wenn der Staat die Steuern erhöht, die Staatsausgaben über den Staatseinnahmen liegen, die Löhne schneller als das Handelsvolumen steigen oder die Unternehmen ihre Marktmacht ausnutzen.

2 **Induzieren**: beeinflussen, auslösen.

3 Die importierte Inflation ist deshalb eine nachfrageinduzierte Inflation, weil sie auf überhöhter Nachfrage des Auslands nach inländischen Gütern beruht.

6.1.4 Folgen der Inflation

Die **Folgen der Inflation** sind im Wesentlichen als negativ zu beurteilen. Die wohl schlimmste Folge ist die **Stagflation,** d. h. Stagnation mit Inflation. Sie entsteht z. B. dadurch, dass in einer Wirtschaft mit Außenhandel die Unternehmen die gestiegenen Kosten aus Konkurrenzgründen nicht mehr voll auf die Preise überwälzen können, sodass ihre Gewinne sinken bzw. ihre Verluste größer werden. Dies führt dazu, dass die zusätzlichen Investitionen (Nettoinvestitionen) sinken: Die Güterproduktion stagniert und es entsteht Arbeitslosigkeit bei steigenden Preisen.

Weitere **Folgen der Inflation** sind:

- **Schuldner werden begünstigt,** weil der reale Wert der Kreditaufnahme im Laufe der Zeit sinkt. Dies gilt insbesondere dann, wenn die Inflationsraten (jährliche Preissteigerung in Prozent) höher als der Kreditzinssatz sind. Umgekehrt werden die Gläubiger (Sparer) geschädigt.
- **Besitzer von Sachvermögen** (u. U. auch Besitzer von Grundstücken, Unternehmen usw.) können im Gegensatz zu den Geldbesitzern (Kontensparern) ihr Vermögen erhalten. Geht man davon aus, dass die Arbeitnehmer i. d. R. ihre Ersparnisse auf Sparbüchern oder in festverzinslichen Wertpapieren[1] anlegen, während die Selbstständigen und die Unternehmen ihr Vermögen in Sachwerten investiert haben, verschiebt sich die Vermögensverteilung zugunsten der Selbstständigen und der Unternehmen. Die soziale Ungleichheit wird also durch die Inflation vergrößert.
- Inflation löst **„Flucht in die Sachwerte"** aus. Die Angst vor weiterer Geldentwertung führt in der Anfangsphase der Inflation zu steigender Nachfrage, was wiederum die Inflation anheizt („Inflationsmentalität").
- Soziale Gruppen, die nicht von starken Interessenverbänden vertreten werden, hinken mit ihren Einkommen hinter der allgemeinen Preis- und Lohnentwicklung her.
- Die Angst vor Arbeitslosigkeit lässt die **Sparquote ansteigen,** sodass auch die Konsumgüternachfrage stagniert oder gar zurückgeht.
- In der Anfangsphase der Inflation steigen die Steuereinnahmen der öffentlichen Körperschaften (des „Staates"). Dies verführt die Parlamente dazu, staatlichen Ausgabensteigerungen zuzustimmen. Die gesetzlich fixierten Ausgaben können kaum mehr zurückgenommen werden, sodass im Laufe der Zeit immer größere **Haushaltsdefizite**[2] entstehen, die dann durch **Steuererhöhungen** ausgeglichen werden müssen.

6.2 Deflation[3]

6.2.1 Begriff Deflation

Die Deflation im traditionellen (althergebrachten) Sinne ist das **„Gegenteil"** der Inflation: Die Preise sinken (die Kaufkraft steigt). Man könnte nun glauben, dass dies gerade für die Verbraucher ideal sei. Wie zu zeigen sein wird, ist das Gegenteil der Fall.

Sinkendes Preisniveau bewirkt, dass Unternehmen und private Haushalte mit ihren Käufen eine abwartende Haltung einnehmen, ganz einfach deshalb, weil sie weiter sinkende Preise erwarten: sie **sparen.** Arbeitsplätze gehen verloren, die Einkommen sinken.

---

1 Zu den festverzinslichen Wertpapieren rechnen z. B. Industrieobligationen, Pfandbriefe, Anleihen des Bundes, der Länder und der Gemeinden.

2 **Defizit:** Fehlbetrag. Ein Haushaltsdefizit entsteht, wenn der Staat mehr ausgibt als er einnimmt.

3 **Deflation** (lat.): Zusammenziehung.

Merke:

Unter **Deflation** im traditionellen Sinne versteht man ein anhaltendes Sinken des Preisniveaus, verbunden mit zunehmender Arbeitslosigkeit.

Beispiel:

Die deutsche Deflation von 1930 bis 1932 brachte dem Deutschen Reich rund 6 Millionen Arbeitslose. Sie wurde im Wesentlichen dadurch erzeugt, dass der damalige Reichskanzler Brüning den Staatshaushalt an das durch Exportrückgänge geschrumpfte Handelsvolumen laufend anpasste, indem er die Staatsausgaben drastisch senkte.

6.2.2 Ursachen der Deflation

Ursachen der Deflation sind vor allem:

- **Kürzungen der Staatsausgaben** (z. B. um die in den Vorjahren vorgenommenen Haushaltsdefizite auszugleichen).
- **Pessimistische Zukunftserwartungen** der Wirtschaftssubjekte, die z. B. durch Sparmaßnahmen des Staates oder politische Instabilität ausgelöst werden können. Die Folgen sind:
  - Kaufzurückhaltung (überhöhtes Sparen),
  - fehlende Investitionsneigung der Unternehmen und
  - sinkende Umlaufgeschwindigkeit des Geldes.

Beispiel:

Der „Schwarze Freitag"

Nach kräftigen Aktienspekulationen kam es im Oktober 1929 an der New Yorker Wall Street zu einem Börsenkrach, der als „Schwarzer Freitag" in die Geschichte einging. Innerhalb kurzer Zeit weitete sich der Crash, bei dem die Aktienkurse bis März 1933 um 80 % fielen, zu einer Weltwirtschaftskrise aus. In Deutschland zum Beispiel sanken die Preise zwischen 1929 und 1932 um insgesamt 22 %, das reale Bruttoinlandsprodukt schrumpfte um 16 %, die Zahl der Arbeitslosen verdoppelte sich von rund 3 auf 6 Millionen.

Dass sich die Depression in Deutschland ausbreiten konnte, hatte mehrere Gründe. Zum einen lief die Konjunktur schon seit Jahren schlecht. Seit Mitte der zwanziger Jahre stagnierte der Konsum, die Investitionen gingen zurück und die Arbeitslosigkeit stieg – ein idealer Nährboden für Deflation. Zum anderen hatten die Amerikaner wegen des Börsenkrachs massive Liquiditätsprobleme und zogen deshalb in großem Stil Kapital aus Deutschland ab.

Schließlich reagierte auch noch die deutsche Wirtschaftspolitik falsch: Um die wachsenden Haushaltslöcher zu stopfen und vermeintliche Inflationsgefahren einzudämmen, kürzte die Regierung Brüning die Staatsausgaben und erhöhte Steuern und Zinsen. Ein Paket, das die bestehende Krise vollends verschärfte.

Quelle: iwd vom 19. März 1998, S. 4.

6.2.3 Bedeutung der Deflation

Deflationen im traditionellen Sinne sind heute unwahrscheinlich, weil die Regierungen erkannt haben, dass Maßnahmen, wie sie einst Brüning ergriff, wirtschaftspolitisch falsch waren. Außerdem ist ein drastisches Senken des Preisniveaus in sozialen Marktwirtschaften aufgrund der bestehenden Mindestlöhne und -preise nicht zu erwarten. Aus diesem Grunde spricht man heute bereits dann von „Deflation", wenn das Handelsvolumen schrumpft.

Zusammenfassung

- Das **Handelsvolumen** (H) ist die Summe aller während einer Periode umgesetzten Güter, bewertet zu konstanten Preisen.
- Die **nachfragewirksame Geldmenge** (M · U) ist das von Wirtschaftssubjekten für Nachfragezwecke bereitgestellte Bar- und Giralgeld, multipliziert mit seiner Umlaufgeschwindigkeit.
- Unter **Preisniveau** versteht man den gewogenen Durchschnitt aller Güterpreise.
- Die **Kaufkraft** drückt aus, wie viel Gütereinheiten man für eine Geldeinheit kaufen kann.
- Die Kaufkraft ist der **reziproke Wert** der Veränderung des Preisniveaus:
  - Steigt das Preisniveau, nimmt die Kaufkraft einer Geldeinheit ab.
  - Sinkt das Preisniveau, nimmt die Kaufkraft einer Geldeinheit zu.
- Die **Verkehrsgleichung** des Geldes lautet:

$$P \cdot H = M \cdot U$$

- Die Verkehrsgleichung darf nicht mechanistisch angewendet werden, um die Ursachen von Geldwertschwankungen zu erklären. Sie definiert lediglich, dass der **Wert des Handelsvolumens zu tatsächlichen Preisen** der **nachfragewirksamen Geldmenge** gleich ist.
- Bei der Berechnung eines **Preisindex** wird das Preisniveau des Basisjahrs mit 100 Prozent („Punkten") angesetzt. Steigt das Preisniveau gegenüber dem Basisjahr, liegt der Preisindex über 100 Prozent („Punkten"); sinkt das Preisniveau gegenüber dem Basisjahr, liegt der Preisindex unter 100 Prozent („Punkten").
- Die **Preissteigerungsrate** (Inflationsrate) sagt aus, um wie viel Prozent die Preise gegenüber dem Vorjahr gestiegen sind.
- Unter **Geldillusion** versteht man die Unfähigkeit der Wirtschaftssubjekte, zwischen dem **nominalen** Wert und dem **realen** Wert des Geldes zu unterscheiden.
- Der **Nominallohn** ist der Lohn, den ein Arbeitnehmer tatsächlich ausbezahlt bekommt (Nettolohn).
- Der **Reallohn** drückt aus, welche Gütermenge ein Arbeitnehmer für seinen Nettolohn tatsächlich kaufen kann.
- Wichtige Daten, deren **Veränderungen den Geldwert** beeinflussen, sind:
  - staatlicher und privater Konsum,
  - staatliche und private Investitionen sowie
  - der Außenbeitrag.
- Unter **Inflation** versteht man ein anhaltendes Steigen des Preisniveaus.
- Eine **Deflation** liegt vor, wenn das Preisniveau anhaltend sinkt.

Übungsaufgaben

19 1. Erklären Sie folgende Begriffe:

1.1 Handelsvolumen,

1.2 nachfragewirksame Geldmenge und

1.3 Preisniveau!

2. Inwiefern kann die Entwicklung des Preisniveaus von der Entwicklung der nachfragewirksamen Geldmenge einerseits und der Entwicklung des Handelsvolumens andererseits abhängen? Zeigen Sie die Zusammenhänge anhand selbst gewählter Zahlenbeispiele!

3. Berechnen Sie die fehlenden Größen:

Veränderungsrate des Preisniveaus (Preissteigerungs- bzw. -senkungsrate	+ 4%		+ 7%	– 1%	
Kaufkraftzu- bzw. -abnahme		– 5%			+ 2%

4. Geben Sie einige Gründe dafür an, dass in der heutigen Wirtschaft das Preisniveau in der Regel nicht sinkt, wohl aber ständig steigt!

5. In dem kleinen Land „Nirwo" versorgen sich die Menschen selbst; das einzige dort gehandelte Gut ist Reis. Im Jahr 00 wurden 600000 dt Reis angeboten und verkauft. Die Umlaufgeschwindigkeit des Geldes in diesem Land ist konstant 2, weil die Menschen nur zum Zeitpunkt der Frühjahrs- und zum Zeitpunkt der Herbsternte auf Vorrat kaufen. Als Geld dienen Kupfermünzen mit dem Nennwert 1. Das Kupfer wird in den nahe liegenden Bergen gefördert und unmittelbar darauf zu Münzen verarbeitet, sodass die Geldmenge je nach Umfang der Funde ständig zunimmt. Für eine gewisse Geldwertstabilität sorgt allerdings der Brauch, dass man den Toten einen Teil ihres Barvermögens ins Grab legt und dieses Vermögen nie wieder zutage fördert. Im Jahre 00 waren 450000 Münzen im Umlauf. Die nachfragewirksame Geldmenge betrug also 900000 Geldeinheiten, weil die 450000 Münzen zweimal zum Kauf von je 300000 dt Reis ausgegeben wurden.

   Im Jahr 01 wurden wiederum 600000 dt Reis gehandelt. Es wurden aber zusätzlich 50000 Münzen geprägt, von denen allerdings 5000 Münzen den zwischenzeitlich Verstorbenen als Grabbeigabe dienten.

   Aufgaben:

   5.1 Berechnen Sie mittels der Fisherschen Verkehrsgleichung das Preisniveau für eine dt Reis im Jahr 00 sowie im Jahr 01!

   5.2 Ermitteln Sie die Inflationsrate des Landes „Nirwo" im Jahr 01 gegenüber dem Jahr 00!

6. Beurteilen Sie den Aussagewert der Quantitätsgleichung (Verkehrsgleichung) des Geldes!

7. Welche Güter sind in der Quantitätsgleichung nicht berücksichtigt?

8. Nach einer Meldung der „Neuen Zürcher Zeitung" vom 12. Januar 20.. nahm in der Schweiz die Umlaufgeschwindigkeit des Geldes im Vorjahr stark ab. Zahlreiche Eigentümer von Frankenguthaben legten diese auf die „hohe Kante" und entzogen sie dadurch dem Geldkreislauf.

   Aufgaben:

   8.1 Wirkt sich die Zunahme der Ersparnis als Verringerung der Geldumlaufgeschwindigkeit aus? Wenn ja, warum? Wenn nein, warum nicht?

   8.2 Wie hätte sich die Verringerung der Geldumlaufgeschwindigkeit auf die Entwicklung des Preisniveaus in der Schweiz auswirken müssen? Begründen Sie Ihre Antwort!

12 Boller, Hartmann - ISBN 978-3-8120-0398-8

9. Berechnen Sie in nachstehender Tabelle die fehlenden Werte!

Jahr	Handelsvolumen (in Preisen des Jahres 00)	Nachfragewirksame Geldmenge (M · U)	Veränderungsfaktor des Preisniveaus gegenüber dem Jahr 00	Handelsvolumen zu tatsächlichen Preisen	Preisindex	Preissteigerungsrate
00	100 000,00 GE	100 000,00 GE	–	100 000,00 GE	100	–
01	120 000,00 GE	120 000,00 GE				
02	140 000,00 GE	154 000,00 GE				
03	140 000,00 GE	168 000,00 GE				
04	130 000,00 GE	162 500,00 GE				
05	150 000,00 GE	200 000,00 GE				

10. Berechnen Sie mithilfe der in Aufgabe 9 angegebenen Zahlen
    10.1 den jährlichen Kaufkraftverlust gegenüber dem Jahr 00 und
    10.2 den jährlichen Kaufkraftverlust gegenüber dem jeweiligen Vorjahr!
11. Erläutern Sie anhand eines Beispiels, was man unter der „Geldillusion" versteht!
12. Geben Sie die Bedingungen an, unter denen die Reallöhne steigen, gleich bleiben oder sinken!
13. Warum ist es falsch, den Bruttolohn zur Berechnung der Reallohnentwicklung heranzuziehen?
14. Nennen Sie vier Inflationsursachen!
15. Vor noch nicht allzu langer Zeit hat man die Inflation als „Preis für Vollbeschäftigung" bezeichnet.

    Die Argumentation war (und ist) folgende: Steigende Preise begünstigen die Kreditnehmer, weil sie künftig real weniger tilgen müssen. Steigende Preise regen somit Investitionen und Konsum an, sodass die Beschäftigung gesichert ist.

    Aufgabe:

    Nehmen Sie hierzu kritisch Stellung!
16. „Es gibt Leute, Gruppen und Institutionen, die aus der Inflation Nutzen ziehen".

    Aufgabe:

    Nehmen Sie zu dieser Aussage Stellung!
17. Welche gesamtwirtschaftlichen Nachteile hat die Inflation? Begründen Sie Ihre Feststellungen!
18. Welche sozialen und politischen Auswirkungen können extreme Inflationen mit sich bringen?
19. Definieren Sie den Begriff Deflation!
20. Welche Folgen haben Deflationen?
21. Warum ist eine Deflation im traditionellen Sinne heute nicht mehr zu erwarten?
22. Versetzen Sie sich in die Zeit des „Wilden Westens" zurück. Stellen Sie sich einen Indianerstamm vor, bei dem es anstelle von Geld nur Tauschmittel gab. Folgende Tauschrelationen seien unterstellt:

    2 Pfeile = 1 Messer
    2 Pfeile + 1 Messer = 1 Tomahawk
    2 Pfeile + 1 Messer + 1 Tomahawk = 1 Bogen
    2 Pfeile + 1 Messer + 1 Tomahawk + 1 Bogen = 1 Tipi
    2 Pfeile + 1 Messer + 1 Tomahawk + 1 Bogen + 1 Tipi = 1 Pferd

Der Indianer „Großer Büffel" besitzt 3 Pferde, 2 Tipis und 5 Bogen; der Indianer „Brauner Bär" hingegen nennt 2 Pferde, 3 Tipis und 8 Bogen sein Eigen.

Aufgabe:

Welcher der beiden Indianer ist „reicher"?

23. Der Verbraucherpreisindex eines Landes entwickelte sich wie folgt:

Jahr:	00	01	02	03	04
Preisindex:	100	105,1	110,8	117,9	125,7

Aufgaben:

23.1 Analysieren Sie diese Daten und beschreiben Sie, wie sie gewonnen werden!

23.2 Warum kann man aus dem Preisindex allein keine Aussage über die Entwicklung des Lebensstandards machen?

23.3 Auf welche Ursachen lässt sich diese Preisentwicklung zurückführen?

23.4 Welche gesamtwirtschaftlichen Entwicklungen und welches Verhalten der Wirtschaftssubjekte sind häufig Begleiterscheinungen eines sinkenden Geldwerts?

23.5 In welcher Form können Inflationen auftreten?

23.6 Welche Folgen kann eine offene Inflation stärkeren Ausmaßes für die Menschen eines Landes haben?

23.7 Durch welche Maßnahmen kann man ein völlig zerrüttetes Geldwesen heilen und wovon hängt der Erfolg ab?

24. Die Quantitätstheorie macht bestimmte Aussagen über Änderungen des Geldwerts in Abhängigkeit von Geldmengenänderungen.

Aufgabe:

Erklären Sie mithilfe der Fisherschen Verkehrsgleichung, wie es sich auf das Preisniveau auswirken kann, wenn das Vertrauen der Wirtschaftssubjekte in die Währung sinkt!

20 Der Professor Theo Rettisch lehrt Volkswirtschaftslehre und ist immer bemüht, die wissenschaftlichen Theorien auch praktisch umzusetzen. Seine Tochter Leonie, die zurzeit noch eine Fachoberschule besucht, ist ebenfalls an ökonomischen Fragen sehr interessiert. Damit die jährlichen Verhandlungen zwischen Vater und Tochter bezüglich der Taschengelderhöhung etwas problemloser verlaufen, haben beide Folgendes vereinbart:

Leonie erhält eine Erhöhung ihres Taschengeldes in der Höhe der gestiegenen Preise der Güter und Dienstleistungen in ihrem „Warenkorb", d. h. der Güter und Dienstleistungen, die sie monatlich konsumiert. Sie erhält diese Erhöhung jedoch nicht automatisch, sondern sie muss jedes Jahr „berichten", um wie viel Prozent ihre Ausgaben gestiegen sind. Dabei bedient sie sich folgenden Schemas:

„Warenkorb" von Leonie	Preis je Einheit im Basisjahr P_0	Menge im Basisjahr Q_0	Wert im Basisjahr $P_0 \cdot Q_0$	Preis je Einheit im Berichtsjahr 1 P_1	Wert im Berichtsjahr 1 $P_1 \cdot Q_0$	Preis je Einheit im Berichtsjahr 2 P_2	Wert im Berichtsjahr 2 $P_2 \cdot Q_0$
Zeitschriften	7,50	2		8,00		8,20	
Schokolade	1,00	20		1,10		1,20	
Handy	1,50	30		1,40		1,60	
Kosmetik	1,00	30		1,10		1,20	
Kino	6,00	2		6,00		6,50	
Wert des „Warenkorbs"							

Verbraucherpreisindex	100		
Preissteigerung/Taschengelderhöhung	–		

Quelle: In Anlehnung an Geld & Geldpolitik, Deutsche Bundesbank, Frankfurt am Main 2006.

Formel zur Berechnung des Verbraucherpreisindexes:

$$\frac{\Sigma P_n \cdot Q_0}{\Sigma P_0 \cdot Q_0} \cdot 100$$

n = jeweiliges Berichtsjahr

Aufgaben:

1. Ermitteln Sie den Wert des „Warenkorbs“ von Leonie und somit die Höhe des Taschengeldes im Basisjahr!
2. Angenommen, die Mengen in Leonies „Warenkorb“ verändern sich nicht, d. h., dass Leonie in den beiden Berichtsjahren die gleiche Menge der Güter und Dienstleistungen konsumiert wie im Basisjahr. Ermitteln Sie den Wert des „Warenkorbs“ für Leonies Berichtsjahre 1 und 2!
3. Wie hoch ist der Verbraucherpreisindex im Berichtsjahr 1?
4. Wie hoch ist die Preissteigerung bzw. Taschengelderhöhung für Berichtsjahr 1 gegenüber dem Basisjahr?
5. Wie hoch ist der Verbraucherpreisindex im Berichtsjahr 2?
6. Wie hoch ist die Preissteigerung bzw. Taschengelderhöhung für Berichtsjahr 2 gegenüber dem Berichtsjahr 1?

21 1. **Textauszug:**

„**Theorien über die Ursachen der Inflation** sind so zahlreich wie Sand am Meer oder kaum weniger häufig wie Menschen, die sich zu diesem Problem geäußert haben. So macht einer den Krieg in irgendeinem Erdteil, ein zweiter kauflustige Hausfrauen, ein dritter die Besteuerung von Dienstleistungen, ein vierter übermäßige Ansprüche an das Bruttoinlandsprodukt verantwortlich – eine Liste, die sich beliebig verlängern ließe. Welche Erklärungen, Umstände und Motivationen man im Einzelnen auch heranziehen mag: Der Wissenschaftler muss daran festhalten, dass Preisniveausteigerungen nur eintreten können, wenn die aufgezeigten Inflationsbedingungen erfüllt sind. ... Stets muss gezeigt werden, warum die Determinanten des Preisniveaus sich so ändern, dass eine Inflation hinreichend und notwendig begründet ist. ... Alle Erklärungen, die die Komponenten des Preisniveaus nicht tangieren, sind – unter den angegebenen Prämissen – wirtschaftswissenschaftlich irrelevant und allenfalls psychologisch aufschlussreich.

Die wissenschaftlich relevanten Inflationstheorien lassen sich unter verschiedene Oberbegriffe subsumieren. ...“

Quelle: Woll, A.: Allgemeine Volkswirtschaftslehre, 11. Aufl. 1993, S. 517.

Aufgaben:

1.1 Definieren Sie den Begriff Inflation!

1.2 Unterscheiden Sie die Inflationen nach

  1.2.1 der Schnelligkeit der Inflation,

  1.2.2 der Erkennbarkeit!

1.3 Welche Determinanten (Bestimmungsgründe) des Preisniveaus (Inflationsbedingungen) werden im oben zitierten Text angesprochen?

1.4 Erläutern Sie kurz die Ihnen bekannten „wissenschaftlich relevanten Inflationstheorien“!

2. **Geld, das man am besten zum Fenster hinauswirft (Textauszüge)**

Von unserem Korrespondenten
Harry Schleicher

„Oma", sagt der Verkäufer mitleidig zu der von Alter und Krankheit gezeichneten Frau, „dieses Geld ist nichts mehr wert. Du kannst es wegwerfen." Die alte Frau starrt ungläubig auf den Mann und die Banknoten. Auf einer prunkt stolz das Konterfei des serbischen Fürsten Milos, der im vergangenen Jahrhundert Serbien auf dem Weg zur Unabhängigkeit ein beträchtliches Stück voranbrachte. ...

Als „Oma" in Tränen ausbricht, schenkt ihr der Bauer eine Handvoll Kartoffeln. Das Geld nimmt er nicht. „Es lohnt nicht", sagte er mit großzügiger Geste.

... Galt die Banknote beim Erscheinen noch etwa 2,50 Euro, ist ihr Wert inzwischen auf 25 Eurocents abgestürzt.

Bei einer stündlichen Inflationsrate von drei Prozent vergeht aber selbst Humoristen das Lachen. Die Menschen kennen sich mit dem Geld und seinem aktuellen Wert kaum noch aus. Manche Waren ändern täglich ihren Preis. Grundnahrungsmittel mit noch immer staatlich vorgeschriebenen Preisen wie Brot und Milch sind kurz nach der Öffnung der Geschäfte ausverkauft.

„Bei uns ist täglich Schlussverkauf, nur dass sich die Menschen Stunden vor Ladenöffnung um das tägliche Brot anstellen müssen", meint eine geplagte Hausfrau. Es besteht geradezu ökonomischer Zwang, jedweden verfügbaren Dinar Bargeld sofort in irgendeine Ware umzusetzen, weil man weiß, dass das gleiche Erzeugnis am nächsten Tag ein Mehrfaches kosten würde. „Wenn ich könnte, würde ich die Zeitung von morgen am liebsten schon heute kaufen", scherzt ein Kollege in Anbetracht der Tatsache, dass sich der Zeitungspreis zuletzt täglich erhöhte. So kostete die relativ billige „Politik" am Montag vier, am Dienstag acht und am letzten Mittwoch 15 Milliarden Dinar.

Pfiffige Leser, die sich die Zeitungslektüre bei einem Monatslohn von fünf bis acht Euro oder gar einer Rente von einem bis eineinhalb Euro nicht mehr leisten können, erfinden listige Notprogramme. Sie leihen sich am Kiosk eine Zeitung für zwei Stunden zum halben Preis und geben sie nach der Lektüre wieder zurück. Eine andere Überlebenshilfe ist das bargeldlose Zahlen. Jede Kleinigkeit wird per Scheck bezahlt. Da die Abbuchung vom Konto frühestens nach drei Tagen erfolgt, spart der Käufer auf diese Weise viel Geld.

Retten können sich bestenfalls jene, die ihre Waren und Dienstleistungen zunehmend für harte Devisen anbieten. ...

Quelle: Badische Zeitung vom 31. Dezember 1993.

Aufgaben:

2.1 Welche Inflationsart wird in diesem Zeitungsartikel beschrieben?

2.2 Wie hoch ist die Inflationsrate, wenn der Wert der Banknote von 2,50 EUR auf 0,25 EUR „abgestürzt" ist?

2.3 Wie hoch ist die tägliche Inflationsrate, wenn die stündliche Inflationsrate 3 % beträgt?

2.4 Wie lässt sich die im Text beschriebene Inflation erklären?

3. Lesen Sie zunächst folgenden Artikel!

Das Discounter-Paradox

Düsseldorf – Mindestens achtmal haben in diesem Jahr die großen deutschen Discounter mit groß annoncierten Preissenkungen Beben durch den deutschen Lebensmittel-Einzelhandel geschickt. Mal verbilligten Aldi, Lidl und Co. Fischstäbchen, Marmelade und Hundefutter, mal wurde Butter billiger, oder der Rotstift wurde bei Fertigpizza und Dosentomaten angesetzt. Und die Konkurrenz – egal, ob Edeka, Rewe, Netto, Penny oder Norma – musste folgen. Denn der Marktführer gilt in der Branche als Trendsetter, an dem sich alle im Preiseinstiegsbereich orientieren müssen.

Wer allerdings aus diesen Preissenkungen auf einen generellen Trend im Einzelhandel schließen will, muss sich vom Statistischen Bundesamt eines Besseren belehren lassen. Trotz aller lautstarken Werbung in Großanzeigen für Preissenkungen sind Lebensmittel in Deutschland in den vergangenen zwölf Monaten spürbar teurer geworden – mit Stand November um durchschnittlich 3,4 Prozent.

Tatsächlich beschränkt sich der Preiskampf nach einer Untersuchung der Gesellschaft für Konsumforschung (GfK) auf nur 40 von 275 gängigen Warengruppen. Der Grund ist einfach: Nur bei häufig gekauften Produkten wie Kaffee, Schokolade, Butter, Joghurt oder Fruchtsäften erkennen die Verbraucher Preisänderungen sofort und richten danach ihr Einkaufsverhalten aus. Hier ist der Preiskampf am härtesten. Bei seltener gekauften Produkten wie Reinigungsmitteln, Gewürzen oder Essiggurken dagegen können die Verbraucher oft nur raten, ob der Preis günstig ist. Das eröffnet dem Handel Spielräume für Preiserhöhungen.

Quelle: net-tribune.de vom 27. Dezember. 2010.

Aufgaben:

3.1 Um welche Marktform handelt es sich im vorliegenden Fall?

3.2 Beschreiben Sie kurz, wie sich nach Angaben des Artikels die Preise auf diesem Markt bilden!

3.3 Erläutern Sie kurz, welche Art von Inflation hier vorliegt. Begründen Sie dabei Ihre Entscheidung!

7 Das geldpolitische Instrumentarium der EZB und die Wirkungen auf die Konjunktur

7.1 Die Europäische Wirtschafts- und Währungsunion

7.1.1 Geschichtliche Entwicklung

Die **Schaffung der WWU** wurde 1991 von den Staats- und Regierungschefs der damaligen EU-Länder[1] in **Maastricht** beschlossen. Der Maastricht-Vertrag trat 1992 in Kraft.

Die Teilnehmer hätten nach dem Maastricht-Vertrag folgenden Kriterien (auch **„Maastricht-Kriterien"** oder **„Konvergenzkriterien"**[2] genannt) genügen sollen:

- **Preisanstieg** höchstens **1,5 Prozentpunkte** über dem Preisanstieg der drei stabilsten Länderwährungen.
- **Haushaltsdefizit** höchstens **3 %** der Wirtschaftsleistung.
- **Staatsverschuldung** nicht höher als **60 %** der Wirtschaftsleistung.
- **Langfristiger Zinssatz** höchstens **2 Prozentpunkte** über dem durchschnittlichen Zinssatz der drei preisstabilsten Länder.

1 Die Mitgliedsländer der Europäischen Union (EU) waren 1991: Belgien, Dänemark, Deutschland, Frankreich, Griechenland, Großbritannien, Irland, Italien, Luxemburg, Niederlande, Portugal und Spanien.

2 **Konvergenz**: Annäherung.

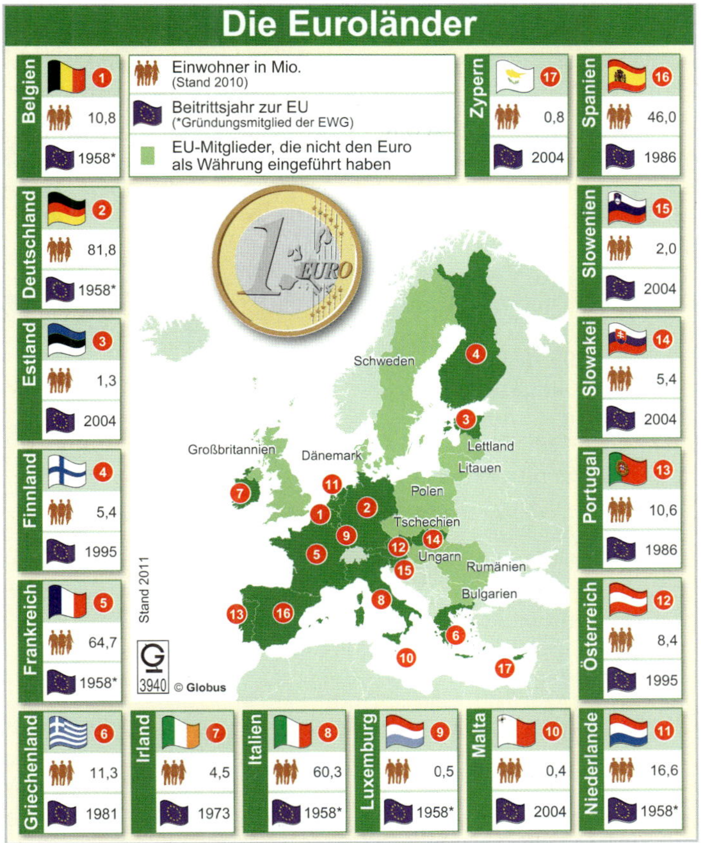

Obwohl die „Maastricht-Kriterien" von vielen EU-Ländern nicht vollständig erfüllt wurden, hatte die Europäische Kommission Anfang des Jahres 1998 elf Länder zur Teilnahme an der WWU empfohlen. Das Gebiet der EU-Länder, die den Euro als Währung eingeführt haben, bezeichnet man als **Eurozone.**[1] Diese Länder waren Belgien, Deutschland, Finnland, Frankreich, Irland, Italien, Luxemburg, Niederlande, Österreich, Portugal und Spanien. Die Aufnahme Griechenlands in die Eurozone erfolgte zum 1. Januar 2001, die von Slowenien zum 1. Januar 2007, die von Malta und Zypern zum 1. Januar 2008, die von der Slowakei zum 1. Januar 2009 und die von Estland zum 1. Januar 2011.

Dänemark, Großbritannien und Schweden wollten und wollen der Eurozone (noch) nicht beitreten. Wann die übrigen EU-Länder[2] an der Eurozone teilnehmen werden, ist ebenfalls noch ungewiss. Die nicht teilnehmenden EU-Länder werden als „Outs"[3] bezeichnet.

Am 1. Januar 2002 wurden die **Banknoten und Münzen der Euro-Währung** eingeführt. Damit verloren die nationalen Noten und Münzen in den Eurozone-Ländern ihre Gültigkeit.

Die Aufnahme in die dritte Stufe der Europäischen Wirtschafts- und Währungsunion und damit in den Euro-Währungsclub war mehr oder weniger an die **Maastricht-Kriterien** gebunden. Es bedurfte aber noch der Klarstellung, wie die Stabilität der gemeinsamen Währung auf Dauer gesichert werden kann. Dazu hat der Europäische Rat auf seiner Tagung in Dublin am 13./14. Dezember 1996 die Grundzüge eines Stabilitäts- und Wachstumspakts beschlossen.

1 Die Eurozone umfasst darüber hinaus drei Staaten mit sogenannten **Währungsvereinbarungen** mit den EU-Mitgliedern. Hierzu zählen: Monaco, San Marino und der Vatikan.
Zusätzlich wird der Euro in folgenden Ländern als gültiges Zahlungsmittel akzeptiert, obwohl dort formal eine andere Währung gilt: Andorra, Kosovo und Montenegro.

2 Die übrigen EU-Länder sind: Lettland, Litauen, Polen, Tschechien, Ungarn, Bulgarien und Rumänien.

3 **Outs** (engl.): draußen Gebliebene. Die „Outs" werden mitunter auch „pre-ins" genannt (Länder, die vor dem Eintritt stehen).

Der Stabilitätspakt in seiner ursprünglichen Form (vgl. Abb.) hätte verhindern sollen, dass die Euroländer über ihre Verhältnisse leben und die gemeinsame Währung gefährden. Manchen Staaten erschienen die Vorgaben in Krisenzeiten jedoch als zu starr. Deshalb wurde im Jahr 2005 der Stabilitätspakt aufgeweicht. Bis dahin mussten alle EU-Länder, die gegen das Defizit-Kriterium verstießen, zumindest mit einem „blauen Brief" (einer Warnung) aus Brüssel (von der EU-Kommission) rechnen, eventuell sogar mit einer hohen Geldstrafe. Das betraf vor allem die großen Länder. (Deutschland verfehlte z.B. 2005 mit einer Neuverschuldung von 3,5% seiner Wirtschaftsleistung bereits zum vierten Mal in Folge den vorgegebenen Rahmen.) Die sogenannte „Stabilitätspakt-Reform" sieht nunmehr bei Verstößen gegen das Defizit-Kriterium zahlreiche mildernde Umstände vor, sodass praktisch kein Verstoß mehr zu bestrafen sein wird.

Die „mildernden (straffrei bleibenden) Umstände" zur Überschreitung des Defizit-Kriteriums sind vor allem (1) ein länger anhaltendes **schwaches Wirtschaftswachstum** und (2) **länderspezifische** (auf die Lage der einzelnen Länder bezogene) **Rechtfertigungsgründe.** Deutschland macht z.B. die Vereinigungskosten und die hohen Zahlungen an die EU geltend, Frankreich das Militär und die Entwicklungshilfe. Absetzbar ist zudem eine üppige Forschungsförderung.

7.1.2 Europäische Zentralbank (EZB)

(1) Organe

Verantwortlich für die Geldpolitik (Steuerung der Geldmenge und der Zinssätze) in den Mitgliedstaaten der Europäischen **W**irtschafts- und **W**ährungs**u**nion (WWU) ist die **E**uropäische **Z**entral**b**ank (EZB). Die Organe der EZB sind das Direktorium, der EZB-Rat und der Erweiterte EZB-Rat.

Das **Direktorium** besteht aus dem Präsidenten, dem Vizepräsidenten und vier weiteren Mitgliedern. Dem Direktorium obliegt die Geschäftsführung, d.h.,

- es führt die vom EZB-Rat beschlossene Geldpolitik aus,
- verwaltet die Währungsreserven der Mitgliedstaaten,
- führt Devisengeschäfte (Geschäfte in Fremdwährung) durch und
- sorgt für funktionierende Zahlungssysteme.

Der **Europäische Zentralbankrat (EZB-Rat)** setzt sich aus dem Direktorium und den **Präsidenten der nationalen Notenbanken** der WWU-Mitgliedstaaten zusammen.

Der EZB-Rat trifft mit einfacher Stimmenmehrheit die geldpolitischen Entscheidungen und erlässt Weisungen und Leitlinien für die Zentralbanken der Teilnehmer.

Dem **Erweiterten EZB-Rat** gehören der **EZB-Rat** und die **Zentralbank-Präsidenten der Staaten der Europäischen Union (EU)** an, die (noch) nicht Mitglieder der WWU sind.

Hintere Reihe (von links nach rechts): Jörg Asmussen, Peter Praet, Benoît Cœuré
Vordere Reihe (von links nach rechts): Vitor Constâncio (Vizepräsident), Mario Draghi (Präsident), Yves Mersch

Quelle: EZB (www.ecb.int)

Abbildung: Das EZB-Direktorium

(2) Autonomie der EZB

Damit die EZB ihre Aufgaben erfüllen kann, ist sie mit einer dreifach gesicherten Unabhängigkeit (Autonomie) ausgestattet:

- Sie ist **institutionell unabhängig.** Nach Art. 129 AEUV[1] darf weder die EZB noch eine nationale Zentralbank noch ein Mitglied ihrer Beschlussorgane Weisungen von EU-Organen oder von den Regierungen der Mitgliedstaaten einholen oder entgegennehmen.
- Sie ist **personell unabhängig.** Der Präsident und die übrigen geschäftsführenden Direktoren der EZB werden von den Regierungen, vertreten durch die Staats- bzw. Regierungschefs der Mitgliedstaaten, für i. d. R. acht Jahre gewählt. Eine Amtsenthebung kann nur durch den Europäischen Gerichtshof erfolgen. Die im EZB-Rat vertretenen Präsidenten der nationalen Zentralbanken werden für eine Amtszeit von mindestens fünf Jahren berufen.
- Sie ist **operativ unabhängig.** Die EZB entscheidet autonom über ihre geldpolitischen Maßnahmen.

7.1.3 Eurosystem und Europäisches System der Zentralbanken

(1) Begriffe Eurosystem und Europäisches System der Zentralbanken

Die **Europäische Zentralbank (EZB)** und die **nationalen Zentralbanken (NZBen)** der Mitgliedstaaten, deren **Währung der Euro ist,** bilden das Zentralbankensystem des Euro-Währungsgebietes: **das Eurosystem.**

---

1 **AEUV:** Vertrag über die Arbeitsweise der Europäischen Union.

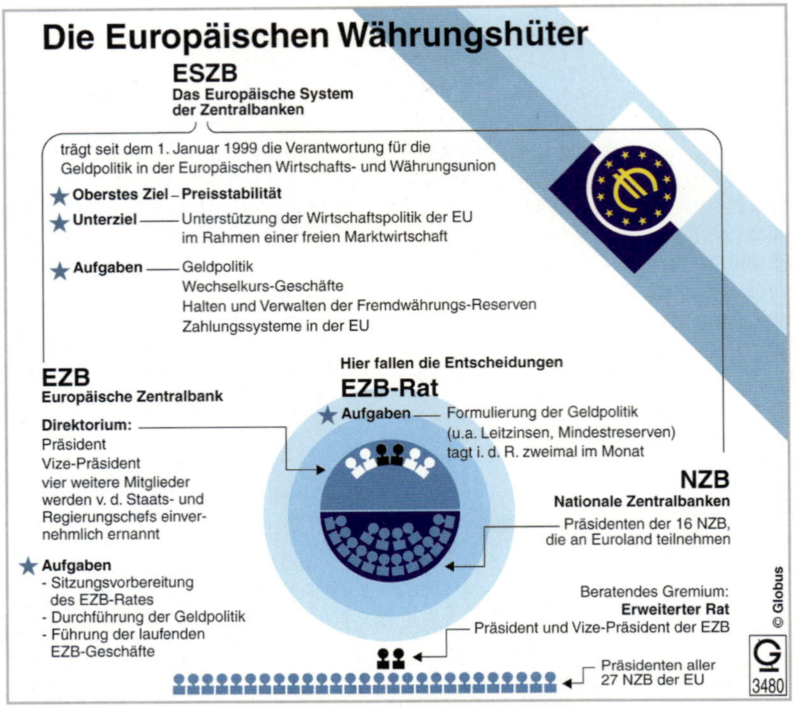

Das **Europäische System der Zentralbanken (ESZB)** setzt sich aus der EZB und den **NZBen aller EU-Mitgliedstaaten** zusammen, d.h., es sind auch die NZBen der Mitgliedstaaten darin vertreten, die den Euro noch **nicht** eingeführt haben. Die Unterscheidung zwischen Eurosystem und ESZB ist also notwendig, solange der Euro nicht in allen Mitgliedstaaten eingeführt ist.

(2) Stabilitätsziel

Vorrangiges Ziel des Eurosystems ist die Preisniveaustabilität [Art. 127 AEUV]. Ebenso wie die EZB im Einzelnen, ist das Eurosystem im Ganzen von Weisungen politischer Instanzen unabhängig.

Öffentliche Haushalte dürfen vom Eurosystem nicht finanziert werden. Das Eurosystem unterstützt die allgemeine Wirtschaftspolitik der Mitgliedsländer, aber nur, soweit dies ohne Beeinträchtigung der Preisniveaustabilität möglich ist.

Nach der Definition der EZB liegt Preisniveaustabilität (kurz: Preisstabilität) vor, wenn der **Anstieg** des **h**armonisierten **V**erbraucher**p**reis**i**ndex[1] **(HVPI)** der WWU-Länder **unter 2 %** gegenüber dem Vorjahr beträgt. Zur Preisstabilität gehört aber auch die Vermeidung einer Deflation.[2] Deswegen wird von der EZB eine Inflationsrate (Preissteigerungsrate) von jährlich weniger als 1 % als problematisch angesehen.

---

1 **Index** (lat.): Anzeiger. Indices: Mehrzahl von Index. „Harmonisierter" Preisindex deswegen, weil die statistischen Methoden zur Ermittlung der Preisveränderungsraten u.a. in den Mitgliedsländern der WWU aufeinander abgestimmt sind.

2 **Deflation** (lat.): Zusammenziehung. Hier: Lang anhaltendes Sinken des Preisniveaus.

(3) Zwei-Säulen-Strategie[1]

Um mögliche Gefahren für die Preisstabilität rechtzeitig feststellen und die notwendigen Maßnahmen zur Abwehr ergreifen zu können, untersucht der EZB-Rat regelmäßig die wirtschaftliche Lage von zwei Seiten her. An erster Stelle steht eine breit angelegte **wirtschaftliche Analyse** zur Ermittlung der kurz- und mittelfristigen Risiken für die Preisstabilität. Die sich daraus ergebenden Inflationsanzeichen werden in einem **zweiten Schritt** anhand der **monetären Analyse** aus mittel- und langfristiger Perspektive (Sicht) ermittelt. Ein wichtiger Bestandteil dieser Analyse ist die Bewertung der Geldmengenentwicklung. Richtschnur zur längerfristigen Beurteilung des Geldmengenwachstums ist der sogenannte Referenzwert,[2] der in längeren Zeitabständen von der EZB überprüft wird. Der Referenzwert wird in Prozent der Geldmenge M3 ausgedrückt.[3]

Beispiel:

Erwartet die EZB ein jährliches reales Wirtschaftswachstum von 3 % und eine jährliche Preissteigerungsrate (Inflationsrate) von 1,5 %, legt der EZB-Rat einen Referenzwert von 4,5 % für das jährliche Wachstum der Geldmenge M3 fest.[4]

Zur geldpolitischen Strategie der EZB gehört aber auch die Transparenz (Verständlichkeit, Durchschaubarkeit), mit der sie ihre Analysen und geldpolitischen Entscheidungen darlegt und begründet. Auf diese Weise kann sie das Vertrauen in die Stetigkeit und Prinzipienfestigkeit ihrer Politik stärken.

Quelle: www.ecb.int

7.1.4 Deutsche Bundesbank

Die währungspolitischen Entscheidungen des EZB-Rats werden i. d. R. dezentral durch die nationalen Zentralbanken – in der Bundesrepublik Deutschland durch die Deutsche Bundesbank – verwirklicht. Nur wenn der EZB-Rat Ermessensspielräume zulässt, hat eine nationale Zentralbank gestalterische Möglichkeiten der Umsetzung.

1 **Strategie** (gr.-lat.): genauer Plan des eigenen Vorgehens, um ein militärisches, politisches, wirtschaftliches oder ein anderes Ziel zu erreichen, indem man diejenigen Faktoren, die in die eigene Aktion hineinspielen könnten, von vornherein einzukalkulieren versucht. Wenn von strategischen Zielen die Rede ist, sind meistens langfristig zu erreichende Ziele gemeint.

2 **Referenz** (frz. référence, engl. reference): Empfehlung, Referenzwert: empfohlener Wert.

3 Die **Geldmenge M3** setzt sich wie folgt zusammen: Bargeldumlauf + täglich fällige Einlagen + kurzfristige Einlagen + marktfähige Verbindlichkeiten des Bankensektors (z. B. Schuldverschreibungen mit einer Laufzeit von weniger als 2 Jahren).

4 Der Vollständigkeit halber sei erwähnt, dass die EZB bei der Festlegung des Referenzwertes auch die langsame Abnahme der Umlaufgeschwindigkeit des Geldes mit einem Zuschlag berücksichtigt.

Die Deutsche Bundesbank ist wie die übrigen nationalen Zentralbanken der EU integraler Bestandteil[1] des Eurosystems. Sie wirkt an der Erfüllung seiner Aufgaben mit dem vorrangigen Ziel mit, die Preisniveaustabilität zu gewährleisten. Sie verwaltet die Währungsreserven der Bundesrepublik Deutschland, sorgt für die bankmäßige Abwicklung des Zahlungsverkehrs im Inland und mit dem Ausland und trägt zur Stabilität der Zahlungs- und Verrechnungssysteme bei [§ 3 BBankG].

Zusammenfassung

- Die Konvergenzkriterien **(Maastricht-Kriterien)** für die Aufnahme in die Europäische Wirtschafts- und Währungsunion (WWU) sind Preisstabilität, gesunde Staatsfinanzen, stabile Wechselkurse und wirtschaftliche Konvergenz.

© Erich Schmidt Verlag

- Träger der Geldpolitik in der WWU ist das **Eurosystem.**
- Das Eurosystem besteht aus der **Europäischen Zentralbank (EZB)** und den **nationalen Zentralbanken (NZBen)** der Mitgliedstaaten, deren **Währung der Euro ist.**
- Das ESZB besteht aus
  - der **Europäischen Zentralbank** (EZB) und
  - den **Nationalen Zentralbanken** der Europäischen Union.
- Das **Stabilitätsziel** der EZB gilt als erreicht, wenn die Preissteigerungsrate (die Inflationsrate) in der WWU unter 2 % liegt.
- Um einer möglichen Deflation vorzubeugen, sollte nach Auffassung der EZB die **Preissteigerungsrate nicht unter 1 %** sinken.
- Das jährlich angestrebte Geldmengenwachstum wird von der EZB als sogenannter **Referenzwert** in Prozent der Geldmenge M3 ausgedrückt.

1 **Integraler Bestandteil**: vollständig eingegliederter Bestandteil.

Übungsaufgaben

22 **Textauszug:**

Die Mitglieder des EZB-Rats, das sind der Präsident, der Vizepräsident, die Mitglieder des EZB-Direktoriums und die Präsidenten der teilnehmenden nationalen Zentralbanken, handeln unabhängig von Weisungen nationaler Regierungen und Institutionen, wie auch unabhängig von europäischen Organen oder Einrichtungen der Gemeinschaft. Dies bedeutet aber nicht, dass die EZB damit zum „Staat im Staate" wird und ohne jegliche Kontrolle, quasi willkürlich agiert. Zum einen ist die Unabhängigkeit an ihre Aufgabe „Sicherung der Preisstabilität" gebunden. Zum anderen unterliegt die EZB der Kontrolle vor allem der öffentlichen Meinung. Zudem enthält der Maastricht-Vertrag relativ genau festgelegte Berichtspflichten gegenüber dem Ministerrat und dem Europäischen Parlament.

Gemeinsames Geld verlangt eine gemeinsame Geldpolitik. Entsprechend ist das ESZB verantwortlich für den gesamten Euro-Raum und damit in der Tat eine supranationale Institution. Darüber hinaus gibt es im ESZB auch den Erweiterten Rat, der die sogenannten „Outs" einbezieht. Er soll die Mitgliedstaaten, die noch nicht an der Währungsunion teilnehmen, an den Euro-Raum heranführen. Der Erweiterte Rat der EZB hat vor allem Beratungs-, aber auch gewisse Mitwirkungspflichten etwa bei Fragen der Bankenaufsicht.

Wie wir in unserem letzten Monatsbericht eingehend dargelegt und begründet haben, hat die Orientierung an einem **Geldmengenkonzept** gerade beim Beginn der Währungsunion und beim Aufbau stabilitätspolitischer Glaubwürdigkeit entscheidende Vorteile. Die Geldmengenstrategie erleichtert das Abgrenzen der Verantwortungsbereiche. Sie verdeutlicht, dass die EZB nur für die monetären Rahmenbedingungen verantwortlich ist, nicht aber für fiskal- und lohnpolitische Entscheidungen, welche die Preisentwicklung kurzfristig auch erheblich beeinflussen können...

Zugleich gibt sich die EZB mit einem Referenzwert für das Geldmengenwachstum eine eigene Orientierung. Sie unterliegt dann einem eigenen Disziplinierungszwang. Abweichungen von ihrem Zielpfad bedürfen dann einer überzeugenden Rechtfertigung. Andererseits darf man natürlich nicht übersehen, dass die monetäre[1] Basis möglicherweise besondere Unsicherheiten und Unregelmäßigkeiten aufweisen kann. Neben der Geldmenge im Mittelpunkt könnten daher auch andere Indikatoren mit ins Kalkül gezogen werden. Ein unmittelbares **Stabilitätsziel** als ergänzender Indikator steht sicherlich nicht im Widerspruch zur Orientierung an einem Geldmengenziel.

Quelle: Tietmeyer, H.: Die Geldpolitik der Europäischen Zentralbank, in: Deutsche Bundesbank, Auszüge aus Presseartikeln vom 13. Februar 1998.

Aufgaben:

1. Erklären Sie die unterstrichenen Begriffe!
2. Inwiefern unterliegt die Europäische Zentralbank einer Kontrolle?

23 **Textauszug:**

Ende November hatte die Brüsseler Kommission bei der Auslegung des Stabilitätspakts eine schwere Niederlage erlitten. Die Mehrheit der EU-Finanzminister lehnte in einer Kampfabstimmung härtere Sparauflagen für Deutschland und Frankreich ab, obwohl beide Staaten zum dritten Mal hintereinander ein Defizit von mehr als drei Prozent der Wirtschaftsleistung vorlegen. Die Stellung der Kommission als Wächter über die nationale Haushaltspolitik der Euro-Mitglieder wurde dadurch geschwächt. Die Mehrheit der Mitgliedsstaaten glaubt, dass weitere Einsparungen die Konjunktur in Deutschland und Frankreich und damit in ganz Europa weiter verschlechtern würden. Die EU-Kommission befürchtet dagegen negative Folgen für die Glaubwürdigkeit des Euro, wenn die beiden größten Mitgliedsstaaten sich nicht an die Defizitregeln halten.

1 **Monetär** (lat.): geldlich, geldmäßig.

Nach Ansicht des Währungskommissars haben die Finanzminister im November europäisches Recht gebrochen, als sie den Vorschlag der Kommission für härtere Sparauflagen ablehnten und eine eigene Vorlage beschlossen, wonach Deutschland und Frankreich lediglich 2005 das Drei-Prozent-Kriterium einhalten müssen.

Quelle: Hagelüken, A.: EU-Kommission verklagt Finanzminister, in: Süddeutsche Zeitung vom 14. Januar 2004.

Aufgaben:

1. Erläutern Sie die unterstrichenen Begriffe!
2. Informieren Sie sich über die Aufgaben der Europäischen Kommission und berichten Sie darüber!

7.2 Geldpolitische Instrumente

7.2.1 Mindestreservepolitik

Merke:

Mindestreserven sind Geldbeträge, die die Kreditinstitute gegen eine geringe Verzinsung oder auch unverzinslich bei der Europäischen Zentralbank einzahlen müssen.[1]

Die Mindestreservepflicht der Kreditinstitute bemisst sich nach der Höhe ihrer Verbindlichkeiten gegenüber Nichtbanken aus täglich fälligen Einlagen (Sichteinlagen), Einlagen mit vereinbarter Laufzeit, Einlagen mit vereinbarter Kündigungsfrist, Repo-Geschäften,[2] ausgegebenen Schuldverschreibungen und ausgegebenen Geldmarktpapieren. Die Mindestreservesätze sind der prozentuale Anteil der Mindestreserven am Wert der genannten Verbindlichkeiten. Sie können je nach Art und Laufzeit der Verbindlichkeiten unterschiedlich hoch sein.

Zum Verständnis des Zusammenhangs genügt es, wenn wir die Mindestreserven für Sichteinlagen betrachten. Dabei ist es wichtig zu wissen, dass die Kreditinstitute zwar kein Bargeld (Münz- und Notengeld), wohl aber Giralgeld schaffen (schöpfen) können, weil sie mehr Geld ausleihen können als sie Einlagen besitzen. Der Grund: Es ist kaum zu erwarten, dass alle Bankkunden gleichzeitig ihr Geld abheben wollen. Es genügt vielmehr, wenn die Banken eine verhältnismäßig geringe Bargeldsumme zur Auszahlung bereithalten.

Beispiel:

Angenommen, ein Bankkunde zahlt auf sein Girokonto 10000,00 EUR ein. Der Mindestreservesatz der EZB beträgt 1 %. Ferner pflegen die Banken 20 % der Sichteinlagen als Barreserve (Kassenreserve für Auszahlungszwecke) zu halten. Die Bank – nennen wir sie Bank A – kann nunmehr 7900,00 EUR ausleihen, falls sich ein Kreditnachfrager findet.

Erhöht die EZB den Mindestreservesatz auf beispielsweise 2 %, muss die Bank A bei einer Einlage von 10000,00 EUR eine Barreserve von 2000,00 EUR und eine Mindestreserve von 200,00 EUR halten, sodass sich ihre Giralgeldschöpfungsmöglichkeit auf 7800,00 EUR vermindert.

1 Anfang 2013 betrug der Mindestreservesatz für täglich fällige Einlagen mit vereinbarter Laufzeit und Kündigungsfrist von bis zu zwei Jahren, Schuldverschreibungen und Geldmarktpapiere 0,75 %, für Verbindlichkeiten mit vereinbarter Laufzeit und Kündigungsfrist von über zwei Jahren, Repogeschäfte und Schuldverschreibungen mit einer vereinbarten Laufzeit von länger als zwei Jahren 0 %.

2 Die Kreditinstitute können sich beim Eurosystem finanzielle Mittel beschaffen, indem sie beleihungsfähige Wertpapiere an das Eurosystem für eine bestimmte Zeit verkaufen. Diese Geschäfte bezeichnet man als Pensions- oder Repo-Geschäfte. Repo ist die Abkürzung für Repurchase (engl. Rückkauf). Das „o" am Ende hat sich wegen der Aussprache durchgesetzt. (Näheres zu den Pensionsgeschäften des Eurosystems siehe Kapitel 7.2.2.1).

Aus dem Beispiel folgt:

Merke:

- Je **höher** die Mindestreservesätze, desto **geringer** sind die Giralgeldschöpfungsmöglichkeiten der Kreditinstitute.
- Je **niedriger** die Mindestreservesätze, desto **höher** sind die Giralgeldschöpfungsmöglichkeiten der Kreditinstitute.

Somit lässt sich Folgendes festhalten:

Erhöhung der Mindestreservesätze ↗	Ist die Wirtschaft vollbeschäftigt und besteht Inflationsgefahr, erhöht die EZB die Mindestreservesätze. Die Kreditinstitute können **weniger** Giralgeld anbieten. Kaufwünsche der Wirtschaftssubjekte können nur in geringerem Umfang erfüllt werden. Die Nachfrage nach Sachgütern und Dienstleistungen wird gebremst, die Inflationsgefahr verringert.
Senkung der Mindestreservesätze ↙	Ist die Wirtschaft unterbeschäftigt, senkt die EZB die Mindestreservesätze. Die Kreditinstitute können **mehr** Giralgeld anbieten. Kaufwünsche der Wirtschaftssubjekte können erfüllt werden. Die Nachfrage nach Gütern wird gefördert. Die EZB hofft, dass die Wirtschaft angekurbelt wird.

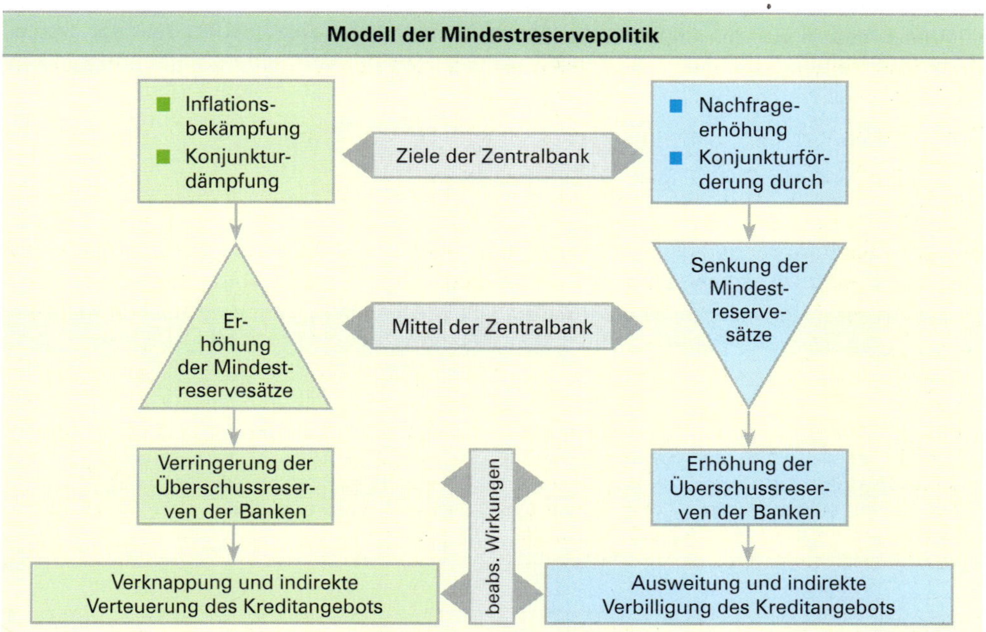

7.2.2 Offenmarktpolitik[1]

Die Offenmarktpolitik spielt eine wichtige Rolle in der Geldpolitik der Europäischen Zentralbank. Offenmarktgeschäfte werden eingesetzt, um **Zinssätze** und **Liquidität** (die Geldmenge) am Markt zu steuern und um Signale zu setzen.

7.2.2.1 Instrumente der Offenmarktpolitik

Es stehen z. B. folgende Arten von Instrumenten zur Durchführung von Offenmarktgeschäften zur Verfügung:

- definitive[2] Käufe bzw. Verkäufe von Wertpapieren,
- befristete Transaktionen und
- Emissionen von Schuldverschreibungen.

(1) Definitive Käufe und Verkäufe von Wertpapieren

Der definitive Kauf oder Verkauf von Wertpapieren ist ein mögliches Instrument einer Zentralbank zur Beeinflussung der Geldmenge und des Zinsniveaus. Die definitiven Käufe von Wertpapieren rechnet die EZB zu den sogenannten **„strukturellen Operationen"**. Sie finden unregelmäßig, d. h. bei Bedarf statt.

Durch den Kauf bzw. Verkauf von Wertpapieren beeinflusst die Zentralbank die Zinssätze. Technisch geschieht das in der Weise, dass die Zentralbank vom Marktzinssatz abweichende Abgabe- und Annahmesätze (Verkaufs- und Ankaufssätze) fixiert (festlegt) und es den Kreditinstituten überlässt, wie viele Papiere sie bei der Zentralbank kaufen bzw. an sie verkaufen wollen. Ist z. B. der Kreditmarkt flüssig, kann die Zentralbank die Abgabesätze über den Marktzinssatz hinaus erhöhen. Für die Kreditinstitute ist es dann vorteilhaft, überschüssige Mittel nicht auf dem Markt anzubieten, sondern in Wertpapieren anzulegen. Der Geldmarkt „verknappt sich" und der Zinssatz steigt.

Somit lässt sich Folgendes festhalten:

Verkauf von Wertpapieren	Ist die Wirtschaft vollbeschäftigt und besteht Inflationsgefahr, verkauft die Zentralbank Wertpapiere am offenen Markt. Dem Kreditmarkt wird Liquidität entzogen. Die Überschussreserven der Kreditinstitute und damit das Kreditangebot verringern sich. Zusätzliche Nachfrage kann nicht finanziert werden. Es ist zu erwarten, dass die inflationäre Entwicklung gebremst wird.
Kauf von Wertpapieren	Ist die Wirtschaft unterbeschäftigt, kauft die Zentralbank Wertpapiere am offenen Markt. Dem Kreditmarkt wird Liquidität zugeführt. Die Überschussreserven der Kreditinstitute erhöhen sich und damit das Kreditangebot. Zusätzliche Kreditnachfrage kann also finanziert werden.

1 Der Begriff **Offenmarktpolitik** ist geschichtlich zu verstehen. Er stammt aus England, wo es den offenen Markt für Staatsanleihen gab, auf dem die englische Zentralbank im Rahmen der „open market policy" mit jedermann handelte.

2 **Definitiv** (lat.): wörtl. bestimmt. Hier: Ein endgültiger Kauf ohne Nebenbedingungen wie z. B. Rücknahmevereinbarungen.

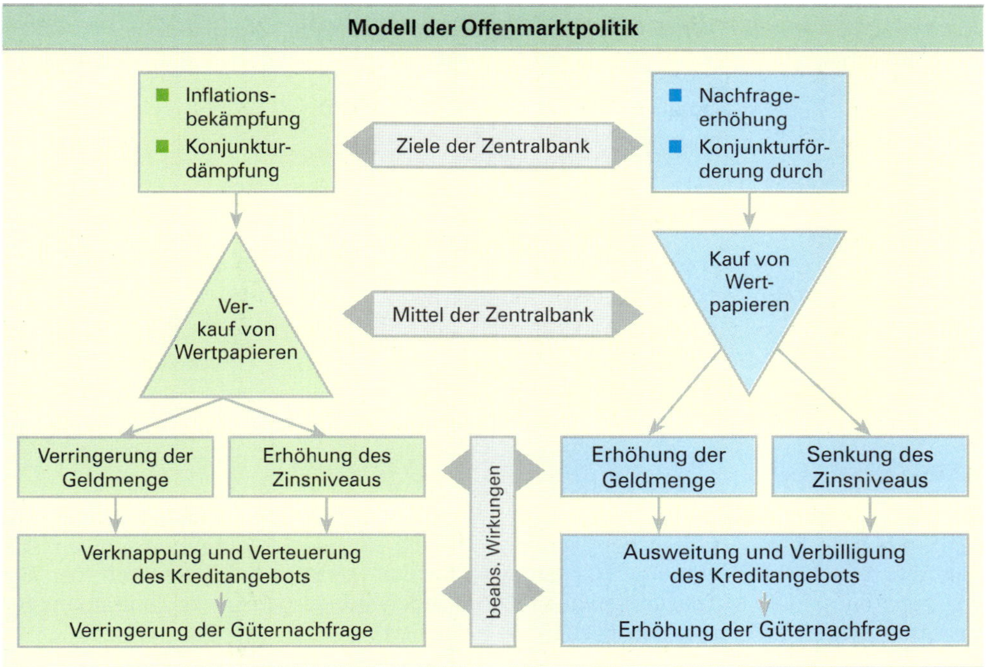

(2) Befristete Transaktionen

Befristete Transaktionen werden vom Eurosystem in Form von Pensionsgeschäften und Pfandkrediten durchgeführt.

Pensionsgeschäfte

Pensionsgeschäfte sind Offenmarktgeschäfte **auf Zeit** (daher der Begriff „befristete Transaktionen"), weil den Banken nur für eine im Voraus feststehende Zeit Zentralbankgeld (Sichtguthaben oder Bargeld) zur Verfügung gestellt wird. Von Pensionsgeschäften spricht man deshalb, weil das Eurosystem Wertpapiere mit der Maßgabe kauft, dass die Kreditinstitute die Papiere nach Ablauf einer bestimmten Zeit (z. B. nach 28 Tagen) wieder zurückkaufen. Die Papiere werden von den Kreditinstituten beim Eurosystem sozusagen „in Pension" gegeben. Die Pensionsgeschäfte unterscheiden sich also von den definitiven Käufen durch die Rücknahmevereinbarung zwischen dem Kreditnehmer und der EZB. Sie werden deswegen auch als **Repogeschäfte** bezeichnet.

Praktisch vollzieht sich ein Pensionsgeschäft wie folgt:

Die Kreditinstitute verkaufen Wertpapiere an das Eurosystem. Da die Pensionsgeschäfte i. d. R. von den **nationalen Zentralbanken** durchgeführt werden, verkaufen z. B. die deutschen Kreditinstitute Wertpapiere an die Deutsche Bundesbank gegen Gutschrift auf dem Landeszentralbankkonto mit der Verpflichtung, diese Papiere zu einem späteren festgelegten Zeitpunkt wieder zurückzukaufen. Die Verzinsung besteht darin, dass das Eurosystem den Rückkaufbetrag höher festlegt als den Ankaufbetrag.

13 Boller, Hartmann - ISBN 978-3-8120-0398-8

Beispiel für Wertpapierpensionsgeschäfte:

Das Eurosystem bietet Pensionsgeschäfte an: Laufzeit 20 Tage, Pensionssatz 3 %. Bank A verkauft Wertpapiere für 3 Mio. EUR.

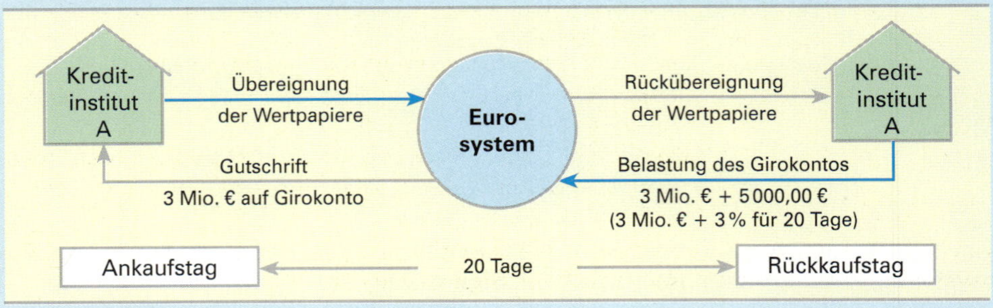

Mengentender

Beim Mengentender legt eine Zentralbank den Zinssatz fest. Die bietenden Kreditinstitute nennen in ihren Geboten die Kreditbeträge, die sie bei ihr aufnehmen wollen. Die Zentralbank setzt einen internen Höchstbetrag für das gesamte Kreditvolumen fest. Bei Überzeichnung (die Kreditinstitute wollen mehr Kredite aufnehmen als die Zentralbank zur Verfügung stellen will) wird anteilig zugeteilt (repartiert).

Beispiel:

Angenommen, das Ausschreibungsvolumen einer Zentralbank beträgt 20 Mrd. GE. Die Gebote der Kreditinstitute belaufen sich auf 25 Mrd. GE. Sie erhalten daher 80 % ihrer Gebote zugeteilt.

Durch das Herauf- bzw. Heruntersetzen des Pensionssatzes wird das gesamte Zinsniveau (gewissermaßen der gewogene Durchschnitt aller Zinssätze) beeinflusst, weil die Zinssätze interdependent, d. h. gegenseitig abhängig sind.

Beispiel:

Steigt der Zins für kurzfristige Kredite von 6 auf 8 % und verharrt der Zinssatz für langfristige Kredite noch auf beispielsweise 7 %, so werden kurzfristige Kredite durch langfristige ersetzt, d. h., langfristige Kredite werden so lange nachgefragt, bis auch auf den Kapitalmärkten die Zinssätze steigen.

Erhöhung der Pensionssatzes

Setzt eine Zentralbank den Pensionssatz herauf, steigt das Zinsniveau. Die Kreditinstitute geben die gestiegenen Refinanzierungskosten an ihre Kunden (vor allem Unternehmen und private Haushalte) weiter, indem sie ihre Sollzinsen erhöhen. Die Geldnachfrage geht zurück, weil

- gestiegene Zinssätze geplante Investitionsvorhaben der Unternehmen unrentabel („uninteressant") machen können und weil
- für manche privaten Haushalte die Kreditaufnahme für Konsumzwecke zu teuer wird.

Die Zinserhöhung verringert also die Nachfrage nach Investitions- und Konsumgütern, sodass die Konjunktur gedämpft und eine bestehende Inflationsgefahr verringert wird.

Senkung der Pensionssatzes

Setzt eine Zentralbank den Pensionssatz herab, sinkt das Zinsniveau. Die Kreditinstitute geben die gesunkenen Refinanzierungskosten an ihre Kunden weiter, indem sie die Sollzinssätze senken.

Die Zentralbank hofft, dass die Kreditnachfrage zunimmt, weil die gesunkenen Zinssätze

- kreditfinanzierte Investitionsvorhaben rentabler machen und
- den privaten Haushalten Anreize geben, mehr Konsumgüter auf Kredit zu kaufen.

Die Zinssenkung – so wird erwartet – erhöht die Nachfrage nach Investitions- und Konsumgütern, sodass die Konjunktur „angekurbelt" wird.

Durch das Herauf- bzw. Herabsetzen des Pensionssatzes gibt eine Zentralbank dem Bankensystem und der gesamten Wirtschaft ein **Signal** (Zeichen).

Mit einer Zinserhöhung wird signalisiert, dass die Zentralbank weitere Preissteigerungen (ein Steigen der Inflationsrate) nicht hinnehmen möchte. Die Kreditinstitute werden das Signal verstehen und ihre Zinssätze erhöhen, denn sie wissen, dass andernfalls der Zentralbank weitere restriktive Maßnahmen wie z. B. eine Erhöhung der Mindestreservesätze zur Verfügung stehen.

Mit einer Zinssenkung wird signalisiert, dass die Zentralbank die Geldwertstabilität als gesichert ansieht und ihren Teil zur Förderung der Konjunktur und des Wirtschaftswachstums beitragen möchte.

Zinstender

Der Zinstender ist dadurch gekennzeichnet, dass die Kreditinstitute neben dem Bietungsbetrag auch noch den **Zinssatz** nennen. Das zur Verfügung stehende Kreditvolumen wird von der Zentralbank festgelegt.

Beim Zinstender gibt es zwei **Zuteilungsmethoden**:

- Beim **holländischen Verfahren** (i. d. R. mit einem Mindestbietungssatz) berechnet eine Zentralbank allen bietenden Banken den Pensionssatz, der sich aus dem Gebot des Kreditinstituts ergibt, das mengenmäßig gerade noch zum Zuge kommt.

Beispiel:

Eine Zentralbank möchte 10 Mrd. GE zuteilen. Es bieten die Bankengruppen A bis E:

Kreditinstitute	Bietungsbeträge	Bietungssätze	Zuteilung
A	2,5 Mrd. GE	4,00 %	2,5 Mrd. GE
B	3,0 Mrd. GE	3,95 %	3,0 Mrd. GE
C	3,0 Mrd. GE	3,90 %	3,0 Mrd. GE
D	4,0 Mrd. GE	3,85 %	1,5 Mrd. GE
E	2,0 Mrd. GE	3,80 %	–

Der Pensionssatz wird einheitlich auf 3,85 % festgelegt.

- Beim **amerikanischen Verfahren** wird zu den individuellen Bietungssätzen der Kreditinstitute abgerechnet. Das amerikanische Verfahren wird vom **Eurosystem** angewendet.

Beispiel:

Das Eurosystem möchte 10 Mrd. GE zuteilen. Es bieten die Bankengruppen A bis E:

Kreditinstitute	Bietungsbeträge	Bietungssätze	Zuteilung
A	2,5 Mrd. GE	4,00 %	2,5 Mrd. GE zu 4,00 %
B	2,0 Mrd. GE	3,95 %	2,0 Mrd. GE zu 3,95 %
C	3,0 Mrd. GE	3,90 %	3,0 Mrd. GE zu 3,90 %
D	5,0 Mrd. GE	3,85 %	2,5 Mrd. GE zu 3,85 %
E	3,0 Mrd. GE	3,80 %	–

Bei beiden Verfahren gilt, dass die Gebote, die über dem niedrigsten zum Zuge kommenden Pensionssatz liegen, voll zugeteilt werden. Die Gebote zum niedrigsten Pensionssatz (in den Beispielen 3,85 %) müssen erforderlichenfalls repartiert werden.

Hinsichtlich des zeitlichen Rahmens ist zwischen Standardtender und Schnelltender zu unterscheiden.

- **Standardtender** werden innerhalb 24 Stunden von der Tenderankündigung an bis zur Bestätigung des Zuteilungsergebnisses durchgeführt (wobei zwischen dem Ablauf der Gebotsfrist und der Bekanntgabe des Zuteilungsergebnisses etwa zwei Stunden liegen).
- **Schnelltender** werden i. d. R. innerhalb einer Stunde von der Tenderankündigung bis zur Bestätigung des Zuteilungsergebnisses durchgeführt.

Verpfändung refinanzierungsfähiger Sicherheiten

In diesem Fall hinterlegen die Kreditinstitute bei einer nationalen Zentralbank Sicherheiten (Pfänder), die von dieser befristet beliehen werden können.

(3) Emission von Schuldverschreibungen

Die Emission (Ausgabe) von Schuldverschreibungen durch die EZB zählt ebenfalls zu den strukturellen Operationen. Die Schuldverschreibungen stellen eine Verbindlichkeit der EZB gegenüber dem Inhaber der Schuldverschreibung dar. Sie werden stückelos[1] begeben und bei Zentralverwahrern[2] im Euro-Währungsraum verwahrt.

Die Schuldverschreibungen werden in abgezinster Form emittiert, d. h. zu einem Kurs, der unter dem Nennwert liegt, und bei Fälligkeit zum Nennwert eingelöst.

Die geschäftliche Abwicklung erfolgt über die nationalen Zentralbanken. Ebenso wie die definitiven Verkäufe und Käufe von Wertpapieren beeinflusst die Ausgabe von Wertpapieren die Geldmenge und das Zinsniveau.

Verkauf von Schuldverschreibungen	Besteht Inflationsgefahr, emittiert die EZB über die nationalen Zentralbanken Schuldverschreibungen. Dem Geldmarkt wird Liquidität entzogen. Die Überschussreserven der Kreditinstitute verringern sich und damit das Geldangebot. Zusätzliche Nachfrage kann nicht finanziert werden. Es ist zu erwarten, dass die Inflation gebremst wird. Da das Geldangebot abnimmt, steigt das Zinsniveau.

1 **Stückelos** heißt, dass keine Wertpapiere gedruckt werden.

2 Zentralverwahrer in Deutschland ist die **Deutsche Börse Clearing AG** (vormals Deutscher Kassenverein). Sie ist die zentrale Verwahrstelle für girosammelverwahrte Wertpapiere und Trägerin des Effektengirosystems.

Tilgung von Schuldverschreibungen	Durch die Tilgung von Schuldverschreibungen wird dem Geldmarkt Liquidität zugeführt. Die Überschussreserven der Kreditinstitute erhöhen sich und damit das Geldangebot. Zusätzliche Geldnachfrage kann also finanziert werden. Unter sonst gleichen Bedingungen führt das zunehmende Geldangebot zu einem sinkenden Zinsniveau.

Die liquiditätszuführende Wirkung von Tilgungsleistungen kann geldpolitisch unerwünscht sein. Die EZB kann diese Wirkung durch eine weitere oder erhöhte Ausgabe von Schuldverschreibungen kompensieren (ausgleichen) oder überkompensieren.

7.2.2.2 Kategorien der Offenmarktpolitik

Die Offenmarktgeschäfte können hinsichtlich ihrer Zielsetzung, der Abstände, in denen sie stattfinden, und der angewandten Verfahren in vier **Kategorien** (Gruppen) unterteilt werden.

Kategorien	Erläuterungen
1. Hauptrefinanzierungsinstrument	Die Hauptrefinanzierungsoperationen sind die wichtigsten Offenmarktgeschäfte des Eurosystems. Es sind liquiditätszuführende Transaktionen, die **regelmäßig jede Woche** durchgeführt werden. Sie haben i. d. R. eine Laufzeit von **einer Woche** und werden von den nationalen Zentralbanken durchgeführt. Der von der EZB festgelegte Zinssatz für die Hauptrefinanzierung **(Refi-Satz)** ist der entscheidende **Leitzins** in der WWU. Von Leitzins spricht man deshalb, weil sich nach ihm alle übrigen Zinssätze, wie z. B. der Zinssatz für Übernacht-Kredite bzw. Übernacht-Einlagen, richten. Die Spanne zwischen der Zinssatz-Obergrenze für Übernacht-Kredite und der Zinssatz-Untergrenze für Übernacht-Einlagen wird als **Zinsband,** als **Zinskorridor** oder als **Zinskanal** bezeichnet.
2. Längerfristige Refinanzierungsgeschäfte	Bei den längerfristigen Refinanzierungsgeschäften handelt es sich um regelmäßige Refinanzierungsgeschäfte mit dreimonatiger Laufzeit. Längerfristige Refinanzierungsgeschäfte werden regelmäßig monatlich von den nationalen Zentralbanken durchgeführt.
3. Feinsteuerungsoperationen	Das Eurosystem kann Feinsteuerungsmaßnahmen in Form von befristeten Offenmarkttransaktionen durchführen, um unerwartete Liquiditätsschwankungen auszugleichen. Feinsteuerungsoperationen finden unregelmäßig statt. Ihre Laufzeit ist nicht standardisiert (einheitlich festgelegt). Sie werden i. d. R. dezentral durch die nationalen Zentralbanken vorgenommen.[1]
4. Strukturelle Operationen	Strukturelle Operationen sind liquiditätszuführende Operationen, die sowohl regelmäßig als auch unregelmäßig stattfinden können, wobei die Laufzeit nicht von vornherein standardisiert ist. Strukturelle Operationen werden dezentral von den nationalen Zentralbanken durchgeführt.

1 Der EZB-Rat entscheidet, ob in Ausnahmefällen bilaterale befristete Transaktionen zur Feinsteuerung von der EZB durchgeführt werden können.

7.2.3 Ständige Fazilitäten[1]

Ständige Fazilitäten umfassen

- Kreditbereitstellungen des Eurosystems, die von den Kreditinstituten jederzeit bei Bedarf in Anspruch genommen werden können, und
- die Bereitschaft des Eurosystems, Einlagen der Kreditinstitute entgegenzunehmen.

Im ersten Fall spricht man von Spitzenrefinanzierungsfazilität, im zweiten von Einlagenfazilität.

Kategorien	Erläuterungen
1. Spitzenrefinanzierungsfazilität	Die Spitzenrefinanzierungsfazilität dient der Abdeckung von am Tagesende bestehenden (i.d.R. durch den Zahlungsverkehr entstandenen) Sollsalden der Kreditinstitute. Der Kredit des Eurosystems erfolgt „über Nacht" gegen refinanzierungsfähige Sicherheiten (z.B. Wertpapiere, Wechsel). Der Zinssatz wird von der EZB festgelegt und bildet die Obergrenze des Tagesgeldzinssatzes.[2] Die nationalen Zentralbanken (z.B. die Deutsche Bundesbank) können im Rahmen der Spitzenrefinanzierungsfazilität den Kreditinstituten Liquidität (Geld) in Form von **Übernacht-Pensionsgeschäften** oder als **Übernacht-Pfandkredite** zur Verfügung stellen. Beim Pfandkredit wird vom Kreditnehmer (Schuldner) dem Eurosystem (dem Gläubiger) ein Sicherungsrecht an den hinterlegten Pfändern[3] (z.B. Wertpapieren) eingeräumt, wobei der Schuldner das Eigentum an den Pfändern behält.
2. Einlagenfazilität	Die Einlagenfazilität ist gewissermaßen das Gegenteil der Spitzenrefinanzierungsfazilität, denn hier ermöglicht das Eurosystem den Kreditinstituten, Übernachtliquidität (in der Regel durch den Zahlungsverkehr entstandene Habensalden) bei den nationalen Zentralbanken anzulegen. Die Einlagen werden zu einem im Voraus festgelegten Zinssatz verzinst, der im Allgemeinen die Untergrenze des Tagesgeldzinssatzes bildet. Der Zugang zur Einlagenfazilität wird nur gemäß den Zielen und allgemeinen geldpolitischen Erwägungen der EZB gewährt. Die EZB kann die Bedingungen der Fazilität jederzeit ändern oder sie aufheben, z.B. in Zeiten konjunktureller Schwäche, in denen keine Liquiditätsabschöpfung erwünscht ist.

1 **Fazilität** (lat.): Möglichkeit. Fazilität (eigentlich „Kreditfazilität") bedeutet die Möglichkeit, einen Kredit aufnehmen zu können. Einlagenfazilität ist die Möglichkeit, Geld bei einer Zentralbank anlegen zu können.

2 Zinssatz, der für täglich fälliges Geld zu zahlen ist.

3 Die Kreditinstitute können beim Eurosystem Pfänder hinterlegen, um bei Bedarf z.B. die Übernacht-Pfandkredite in Anspruch nehmen zu können. Die hinterlegten Sicherheiten werden als **Pfanddepot** bezeichnet.

7.3 Zusammenhang zwischen Fiskal- und Geldpolitik

Die nachstehenden Abbildungen verdeutlichen den Zusammenhang zwischen Fiskalpolitik und Geldpolitik.

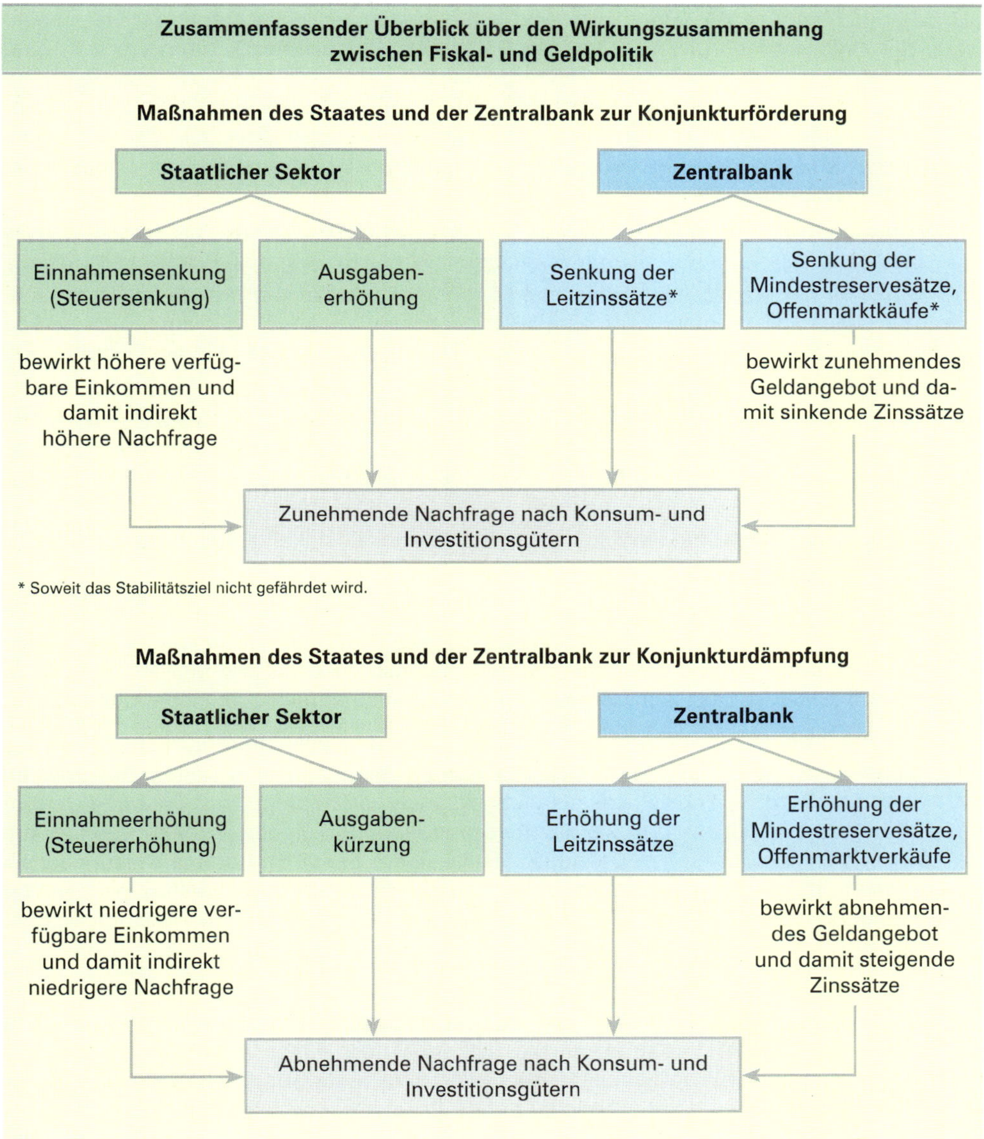

7.4 Grenzen und Probleme der Geldpolitik

Es wird häufig gesagt, dass die Geldpolitik ein Schwert mit einer stumpfen und einer scharfen Seite ist. Die scharfe Seite ist die **restriktive**[1] Geldpolitik. Erhöht z. B. die EZB die Mindestreservesätze, stehen den Banken weniger Überschussreserven zur Verfügung als sie bräuchten, um die Kreditnachfrage zu befriedigen. Das Wachstum der Güternachfrage der Unternehmen und der privaten Haushalte wird gedämpft, denn wo kein Geld ist, ist auch keine Güternachfrage. Weiterhin hat die EZB die Möglichkeit, das Geldmengenwachstum durch definitive Wertpapierverkäufe und/oder die Erhöhung verschiedener Leitzinssätze zu beschränken. Es ist zu erwarten, dass steigende Zinslasten manche Verbraucher und Investoren davon abhalten, kreditfinanzierte Konsum- bzw. Investitionsgüterkäufe vorzunehmen.

Senkt hingegen die EZB die Mindestreservesätze, kauft sie Wertpapiere und/oder senkt sie die Leitzinssätze, so zeigt sich die „stumpfe Seite der Waffe": Das Geldangebot ist zwar da, aber weder Unternehmen noch Haushalte können gezwungen werden, mehr Güter nachzufragen. Denn die Güternachfrage hängt nicht vom Geldangebot und nicht zwingend von der Höhe der Zinssätze ab, sondern in starkem Maße von der tatsächlichen und/oder der erwarteten Einkommensentwicklung der Arbeitnehmerhaushalte.

Grenzen findet die **Politik des billigen Geldes** auch dadurch, dass künstlich gesenkte Zinsen den Produktionsfaktor Kapital gegenüber dem Faktor Arbeit verbilligen. Wenn die Reallöhne nicht im gleichen Maße wie die Kapitalkosten (Zinsen) sinken, werden die Unternehmen Arbeit vermehrt durch Kapital ersetzen. So kann die Niedrigzinspolitik vor allem in Volkswirtschaften mit wenig flexiblen Löhnen die Arbeitslosigkeit sogar erhöhen, obwohl sie eigentlich das Gegenteil bewirken soll.[2]

Schließlich gilt es zu bedenken, dass die Niedrigzinspolitik einem Subventionieren nicht marktfähiger Leistungen gleichkommt. Zinssenkungen ermöglichen es weniger erfolgreichen Unternehmen im Markt zu bleiben. Die „Auslesefunktion" des Marktes wird nicht ausreichend erfüllt, sodass das volkswirtschaftliche Wachstum gebremst werden kann.[2]

Zu den genannten Schwierigkeiten kommt, dass die Mitgliedstaaten der EU keineswegs eine einheitliche Wirtschafts- und Steuerpolitik betreiben. Zudem halten die meisten Euroländer die Vorgaben des Stabilitätspakts nicht ein und nehmen zum Teil hohe Defizite ihrer öffentlichen Haushalte und die damit verbundenen inflationären Tendenzen in Kauf. So können aus geldpolitischen Gründen z. B. in einem Land mit hohen Teuerungsraten hohe Zinsen erforderlich sein, während in einem Land mit Unterbeschäftigung niedrige Zinsen angebracht wären. Die EZB muss jedoch für das gesamte Euro-Währungsgebiet einheitliche Zinssätze festlegen.

Ein weiteres Problem ist, dass die EZB nach Art. 129 des Vertrags über die Arbeitsweise der Europäischen Union [AEUV] für die Geldwertstabilität zuständig ist. Dennoch steht die EZB in Krisenzeiten stets unter dem Druck der Politik. Gefordert wird, dass die EZB nicht mehr allein der Geldwertstabilität verpflichtet sein sollte, sondern z. B. auch den wirtschaftspolitischen Zielen einer möglichst hohen Beschäftigung und eines störungsfreien Wirtschaftswachstums.

Unter hohem Druck seitens der Politik steht die EZB auch seit Beginn der **Finanzkrise** im Jahr 2007. Finanzinstitute gerieten in den USA und in der EU in Zahlungsschwierigkeiten, vor allem, weil sie hohe Spekulationsverluste sowie Wertverluste bei den von ihnen

1 **Restriktiv** (lat.): einschränkend, einengend.

2 Vgl. Polleit, Th. und L. H. Dierks: Geldpolitik a la Keynes, in: Börsenzeitung vom 26. Oktober 2006.

erworbenen Staatsschuldverschreibungen der Schuldnerstaaten erlitten. Die Finanzkrise wurde zur **Schuldenkrise.**[1]

Um das Bankensystem der WWU vor dem Zusammenbruch zu retten, musste die EZB ihre Leitzinsen gegen null senken. Ab 2009 kaufte die EZB Staatsschuldverschreibungen auf, um den Markt mit weiterem Geld zu versorgen. Als 2010 die Schuldenkrise begann, sah sich die EZB gezwungen, den Banken auch staatliche Anleihen überschuldeter EU-Staaten abzukaufen (z. B. griechische, spanische und irische Papiere), was nach Meinung vieler Fachleute ein Verstoß gegen den AEU-Vertrag ist. Nach Artikel 123 AEUV ist es der EZB und den EU-Zentralbanken verboten, den EU-Mitgliedstaaten Kredite zu gewähren.

Sowohl die Politik des billigen Geldes als auch der Kauf von Staatsanleihen führen zur Geldmengenvermehrung und nach aller Erfahrung über kurz oder lang zur Inflation. Da die EZB aber vorrangig für die Geldwertstabilität zu sorgen hat, müsste sie bei den ersten Anzeichen einer beginnenden Inflation die Zinssätze erhöhen, was politisch nicht gewünscht wird: Steigende Zinsen bremsen das Wirtschaftswachstum und damit die Beschäftigung. Die EZB befindet sich somit in einem **Dilemma.**[2] Hält sie an der Niedrigzinspolitik fest, wird die Geldwertstabilität gefährdet. Erhöht sie die Leitzinssätze, wird der wirtschaftliche Aufschwung gebremst bzw. eine bestehende Rezession verstärkt. Arbeitsplätze gehen verloren und die Steuereinnahmen sinken, sodass die Staatsverschuldung nicht abgebaut werden kann.

Zusammenfassung

- Die **Europäische Zentralbank** (EZB) ist die Hüterin der Geldwertstabilität in der Europäischen Wirtschafts- und Währungsunion (im Euro-Währungsgebiet).
- Die wichtigsten **geldpolitischen Instrumente** der Europäischen Zentralbank sind die Mindestreservepolitik, die Offenmarktpolitik und die Veränderung der Leitzinssätze.

1 Mit **Schuldenkrise** ist hier die Gefahr für die Stabilität des Euro gemeint, die ihre Ursache in der Überschuldung der sogenannten PIIGS-Staaten (Portugal, Italien, Irland, Griechenland und Spanien) hat. Diese EU-Mitgliedsländer können sich am Kapitalmarkt nur zu sehr hohen Zinsen („Risikoaufschlägen") oder überhaupt nicht mehr finanzieren und stehen am Rande der Zahlungsunfähigkeit, also des Staatsbankrotts.

2 **Dilemma** (griech.) = Zwangslage, Wahl zwischen zwei Übeln, „Zwickmühle".

- Unter **Mindestreservepolitik** versteht man das Herauf- bzw. Herabsetzen der Mindestreservesätze durch eine Zentralbank.
- Die **Offenmarktpolitik** ist ein geldpolitisches Instrument einer Zentralbank zur Beeinflussung der Geldmenge. Die EZB kann im Rahmen der Offenmarktpolitik Wertpapiere kaufen bzw. verkaufen, Pensionsgeschäfte betreiben oder Schuldverschreibungen emittieren (herausgeben).
- Die **Grenzen und Probleme der Geldpolitik der EZB** sind:
  - Wirtschaftliche Voraussagen sind – wie jede Voraussage – mehr oder weniger unsicher.
  - Die WWU ist zwar ein einheitliches Währungsgebiet. Es fehlt indessen eine einheitliche Wirtschafts-, Finanz- und Sozialpolitik.
  - Nur die restriktive Geldpolitik besitzt Zwangscharakter. Die expansive Geldpolitik hat lediglich Angebotscharakter.
  - Die Unabhängigkeit der EZB ist einem ständigen Druck seitens der Politik ausgesetzt.

Übungsaufgaben

24

1. Erläutern Sie die Begriffe Mindestreservesatz und Mindestreservepolitik!
2. Beurteilen Sie die Wirkungen steigender bzw. sinkender Mindestreservesätze!
3. In welchen wirtschaftlichen Gesamtsituationen wird die EZB die Mindestreservesätze
   3.1 erhöhen und
   3.2 senken?
   Begründen Sie Ihre Antworten!
4. Angenommen, die EZB erhöht die Zins- und Mindestreservesätze. Die Unternehmen gehen deshalb dazu über, Anleihen zu emittieren, um sich Kredite zu beschaffen. Wie kann die EZB diese Maßnahmen der Wirtschaft durchkreuzen?

25 **Textauszug:**

Einigung gibt es inzwischen auch über das anzuwendende notenbankpolitische Instrumentarium und seine Ausgestaltung. In der operativen[1] Geldpolitik agiert die EZB hauptsächlich mit Offenmarktinstrumenten in Form von Repo-Geschäften. Sie haben sich mittlerweile bei allen nationalen Zentralbanken als marktgerechtes und effektives Instrument durchgesetzt. Auch die deutschen Kreditinstitute sind in der Form der wöchentlichen Wertpapierpensionsgeschäfte damit schon seit langem vertraut. Eine sogenannte Hauptrefinanzierungsfazilität soll wöchentlich mit einer Laufzeit von zwei Wochen abgeschlossen werden. Daneben werden von dem Eurosystem längerfristige Refinanzierungsgeschäfte angeboten. Diese Geschäfte nehmen mit der Laufzeit von drei Monaten ein wichtiges Element des Diskontkredits auf. Entsprechend dem Charakter einer Basisfinanzierung ist der Kreis der teilnahmeberechtigten Kreditinstitute breit gezogen. Für die Vertenderung ist allerdings ein monatlicher Rhythmus vorgesehen.

Um unerwarteten Liquiditäts- und damit auch Zinsschwankungen angemessen begegnen zu können, kann das Eurosystem auf ein breites Spektrum von Feinsteuerungsoperationen zurückgreifen.

Als ständige Fazilitäten, deren Inanspruchnahme auf Initiative der Geschäftspartner erfolgt, gibt es eine Spitzenrefinanzierungsfazilität und eine Einlagenfazilität. Die Spit-

1 **Operation** (lat.): Eingriff. Operative Maßnahmen der EZB sind Eingriffe in den Geldmarkt. Der Begriff „operativ" wird häufig im Sinne von „kurzfristig" gebraucht.

zenrefinanzierungsfazilität entspricht dabei funktionell dem deutschen Lombard. Sie ist damit also in erster Linie ein Sicherheitsventil bei kurzfristigen Liquiditätsengpässen im Bankensystem und begrenzt so auch die Ausschläge der Geldmarktsätze nach oben. Die Einlagenfazilität soll kurzfristige Liquiditätsüberschüsse abfangen, wodurch ein Boden für die Geldmarktsätze eingezogen wird ...

Quelle: Tietmeyer, H.: Nach einer Rede vom 8. Juli 1998, zitiert in Deutsche Bundesbank, Auszüge aus Presseartikeln vom 10. Juli 1998, S. 3f.

Aufgaben:

1. Erläutern Sie die im Text unterstrichenen Begriffe!
2. Welche Instrumente der Offenmarktpolitik werden im Text nicht angesprochen? Erläutern Sie diese Instrumente!
3. Verdeutlichen Sie am Beispiel des effektiven Kaufs bzw. Verkaufs von Wertpapieren durch eine Zentralbank die Wirkungsweise der Offenmarktpolitik!
4. Inwieweit hat die Offenmarktpolitik eine Doppelwirkung?
5. In welcher Situation wird es für die Kreditinstitute günstiger sein, Wertpapiere bei einer Zentralbank zu lombardieren als sie an die Zentralbank effektiv zu verkaufen?
6. Im Text wird gesagt, dass die Spitzenrefinanzierungsfazilität auch dazu dient, Ausschläge der Geldmarktsätze (Geldmarktzinssätze) nach oben zu begrenzen. Begründen Sie diese Aussage!
7. Erläutern Sie, wie die Inanspruchnahme der Einlagenfazilität durch die Kreditinstitute auf die Geldmarktzinssätze wirkt!

26

1. Der Text zu Übungsaufgabe 25 spricht von „Vertenderung". Damit ist die Anwendung eines Tenders bei der Vergabe von Krediten durch eine Zentralbank gemeint.

   1.1 Erläutern Sie, was unter Mengentender zu verstehen ist!

   1.2 Erklären Sie die beiden Zuteilungsmethoden beim Zinstender!

2. Angenommen, eine Zentralbank möchte 12 Mrd. GE zuteilen. Es bieten die Bankengruppen A 4,5 Mrd. GE, B 4,2 Mrd. GE, C 5,1 Mrd. GE, D 2,7 Mrd. GE und E 1,5 Mrd. GE.

   Es wird ein Tenderverfahren angewandt.

   2.1 Angenommen, es wird der Mengentender eingesetzt. Wie viel Kredit erhält jede Bankengruppe?

   2.2 Angenommen, es wird das holländische Tenderverfahren eingesetzt. Die Bankengruppen bieten folgende Zinssätze: Bankengruppe A 3,80 %, Bankengruppe B 3,75 %, Bankengruppe C 3,70 %, Bankengruppe D 3,65 % und Bankengruppe E 3,60 %.

   Welche Bankengruppen kommen zum Zuge und wie hoch ist der jeweilige Zuteilungsbetrag?

   2.3 Worin unterscheidet sich das holländische Tenderverfahren vom amerikanischen?

   2.4 Wie lautet der Oberbegriff über die in den Aufgaben 2.2 und 2.3 genannten Tenderverfahren?

3. Welche Maßnahmen sollte die EZB in folgenden Fällen ergreifen? Begründen Sie Ihre Antworten und gehen Sie auf mögliche Zielkonflikte ein!

   3.1 Die Wirtschaft befindet sich im Zustand der Unterbeschäftigung (Arbeitslosigkeit). Die Inflationsrate ist gering.

   3.2 Die Wirtschaft befindet sich im Zustand der Überbeschäftigung mit hohen Preissteigerungsraten.

   3.3 Die Importe übersteigen die Exporte. Die Inflationsrate ist hoch. Die Wirtschaft ist unterbeschäftigt.

   3.4 In den USA sind die Zinssätze niedrig, in der WWU im Verhältnis dazu hoch. Die Inflationsrate in der WWU ist nach Ansicht der EZB zu hoch.

Lernbereich 7: Wachstums- und umweltpolitische Entscheidungen bewerten und ihre Wechselwirkungen analysieren

1 Abgrenzung zwischen quantitativem und qualitativem Wachstum

Merke:

Unter **Wirtschaftswachstum** wird meist die **Erhöhung** des innerhalb einer Periode (gewöhnlich für ein Jahr) erzielten **Bruttoinlandsprodukts** verstanden, also die Zunahme der produzierten Menge an Gütern und Dienstleistungen innerhalb einer Volkswirtschaft.

Wenn die Menge der zur Verfügung stehenden Güter und Dienstleistungen zunimmt, so bedeutet Wirtschaftswachstum zugleich eine **Steigerung des Wohlstandes** einer Volkswirtschaft.

Erhöht (verringert) sich das Bruttoinlandsprodukt innerhalb einer Periode im Vergleich zur Vorperiode, so spricht man von positivem (negativem) Wirtschaftswachstum, bleibt es hingegen gleich, bezeichnet man diesen Zustand als **„Nullwachstum“.**

Grundsätzlich lassen sich **zwei Arten** von **Wirtschaftswachstum** unterscheiden:

Arten	Erläuterungen
Quantitatives Wachstum	Bei dem quantitativen Wachstum steht die rein **mengenmäßige Erhöhung** des Bruttoinlandsprodukts im Vordergrund.
Qualitatives Wachstum	Im Zentrum dieses Wachstumsbegriffs steht vor allem die **Verbesserung der Umwelt- und Lebensbedingungen.** Das qualitative Wachstum findet seinen Ausdruck z. B. in der Entwicklung **sparsamer und umweltschonender** Produktionsverfahren, größerer Freizeit oder qualifizierteren Ausbildungen.

Merke:

Das Wachstum einer Volkswirtschaft wird durch den **Bestand und die Auslastung der Produktionsfaktoren** bestimmt. Daraus lässt sich das gesamtwirtschaftliche Produktionspotenzial ermitteln. Wird dieses Potenzial nicht voll ausgenutzt, so wird auf mögliches Wachstum **verzichtet.**

Das Wirtschaftswachstum zählt zu einem der **vier zentralen gesamtwirtschaftlichen Ziele**. Gemäß Stabilitätsgesetz haben Bund und Länder bei ihren wirtschafts- und finanzpolitischen Maßnahmen diesen vier Zielen Rechnung zu tragen.

Auszug aus dem Gesetz zur Förderung der Stabilität und des Wachstums der Wirtschaft (Stabilitätsgesetz)

§ 1 Erfordernisse der Wirtschaftspolitik
Bund und Länder haben bei ihren wirtschafts- und finanzpolitischen Maßnahmen die Erfordernisse des gesamtwirtschaftlichen Gleichgewichts zu beachten. Die Maßnahmen sind so zu treffen, dass sie im Rahmen der marktwirtschaftlichen Ordnung gleichzeitig zur Stabilität des Preisniveaus, zu einem höheren Beschäftigungsstand und außenwirtschaftlichem Gleichgewicht bei stetigem und angemessenem Wirtschaftswachstum beitragen.

Das Stabilitätsgesetz stellt **zwei Anforderungen** an das Wirtschaftswachstum:

- **Stetigkeit:** des Wirtschaftswachstums bedeutet ein **störungsfreies** und **kontinuierliches** Wachstum ohne größere Schwankungen. Die Stetigkeit des Wachstums wird beeinträchtigt durch Beschleunigungs- und Verzögerungswirkungen von Konjunkturschwankungen.
- **Angemessenheit:** Als „angemessen" gilt eine durchschnittliche jährliche Steigerung von **3–5 %**.

Ebenso wie der materielle Wohlstand einer Volkswirtschaft an der Höhe des Bruttoinlandsprodukts, die Konjunktur an den Schwankungen des Bruttoinlandsprodukts gemessen wird, ist es üblich, das wirtschaftliche Wachstum als **langfristige durchschnittliche Entwicklung** des (realen) Bruttoinlandsprodukts anzusehen.

Für die Statistiker und Wirtschaftspolitiker ist es im Einzelfall sehr schwierig, positive oder negative „Wachstumsraten" als Konjunkturerscheinung und/oder Wachstumserscheinung zu interpretieren. In den Massenmedien und im Sprachgebrauch der Politiker wird daher meist auch die Zunahme des realen Bruttoinlandsprodukts als „Wachstum" bezeichnet, obwohl man von einem echten Wirtschaftswachstum nur dann sprechen dürfte, wenn die **Leistungsfähigkeit** der Volkswirtschaft, also ihre **Kapazität, zugenommen** hat.

Merke:

Solange eine Volkswirtschaft **unterbeschäftigt** ist, d. h. Arbeitslosigkeit herrscht und/oder **Kapazitäten brachliegen,** stellt eine Zunahme des realen Bruttoinlandsprodukts lediglich eine **konjunkturelle** und/oder **saisonale** Erscheinung dar.

Die Zunahme des realen Bruttoinlandsprodukts nutzt dem Einzelnen wenig, wenn sie nicht wenigstens mit der Bevölkerungsentwicklung Schritt hält. In den meisten Entwicklungsländern findet ein ständiger Wettlauf zwischen Mehrerzeugung und Bevölkerungswachstum statt. Aus diesem Grund muss das **Wirtschaftswachstum** auch an der **Entwicklung des Bruttoinlandsprodukts je Einwohner** gemessen werden. Zu ähnlichen Vergleichswerten gelangt man in der Regel, wenn man das **Volkseinkommen je Einwohner** (Pro-Kopf-Einkommen) als Maßstab verwendet.

Merke:

Mögliche **Maßstäbe zur Wachstumsmessung** sind

- die Entwicklung des Bruttoinlandsprodukts im Zeitablauf und
- die Entwicklung des Pro-Kopf-Einkommens im Zeitablauf.

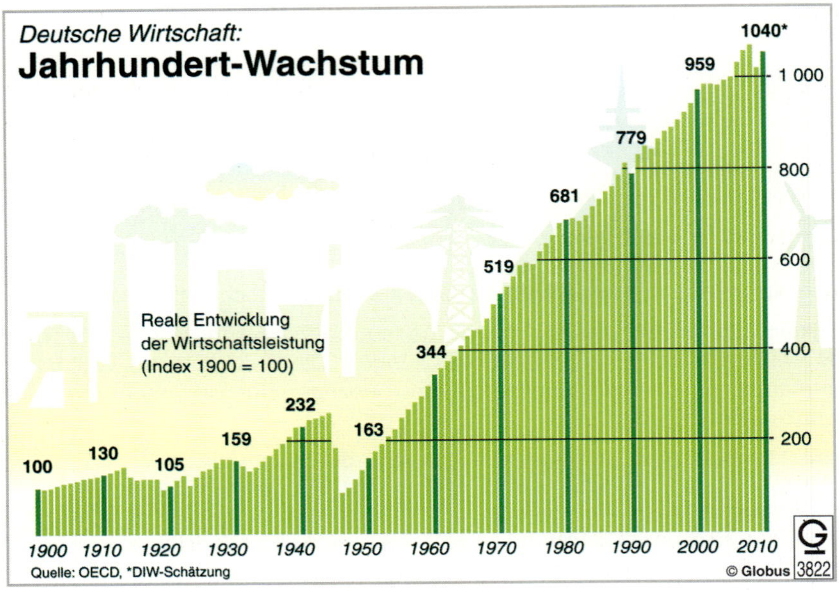

In gut einem Jahrhundert hat sich die gesamtwirtschaftliche Leistung Deutschlands mehr als verzehnfacht – und zwar real, also Preissteigerungen abgerechnet. Das heißt, dass die Menschen von heute – zu Beginn des 21. Jahrhunderts – mehr als zehnmal so viele Güter und Dienstleistungen produzieren wie ihre Vorfahren zu Beginn des 20. Jahrhunderts. Allerdings gab es in der insgesamt positiven Entwicklung auch manche Rückschläge – sei es während der Weltwirtschaftskrise Ende der 20er-Jahre, nach dem Zusammenbruch der Wirtschaft nach dem Zweiten Weltkrieg oder den kleineren Krisen in der Geschichte der Bundesrepublik. Zuletzt spürte Deutschland die Auswirkungen der weltweiten Wirtschafts- und Finanzkrise, die die Wirtschaftsleistung – das Bruttoinlandsprodukt – im Jahr 2009 um fast fünf Prozent schrumpfen ließ. Allerdings gehen Wirtschaftsforscher davon aus, dass es schon im laufenden Jahr mit über drei Prozent Wachstum wieder aufwärts gehen wird.

2 Formen des Wachstums

2.1 Zyklisches (konjunkturelles) Wachstum

Hier handelt es sich um ein Wachstum, das durch zyklische (konjunkturelle) Abweichungen vom Wachstumspfad (Trend) gekennzeichnet ist. Die Wirtschaftspolitik empfindet die Konjunkturabweichungen als „Störung"; es soll deshalb durch die Fiskal- und Geldpolitik ein störungsfreies (stetiges) Wachstum erreicht werden.

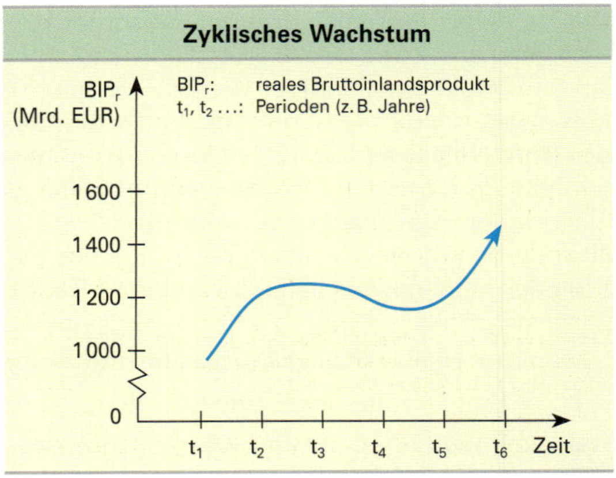

2.2 Stetiges Wachstum

Störungsfreies (stetiges) Wachstum kann sich auf unterschiedliche Weise vollziehen.

(1) Exponentielles Wachstum

Beim **exponentiellen**[1] **Wachstum** wird Jahr für Jahr eine bestimmte **Wachstumsrate** (Prozentsatz, um den das reale Bruttoinlandsprodukt jährlich zunimmt) erzielt.

Exponentielles Wachstum

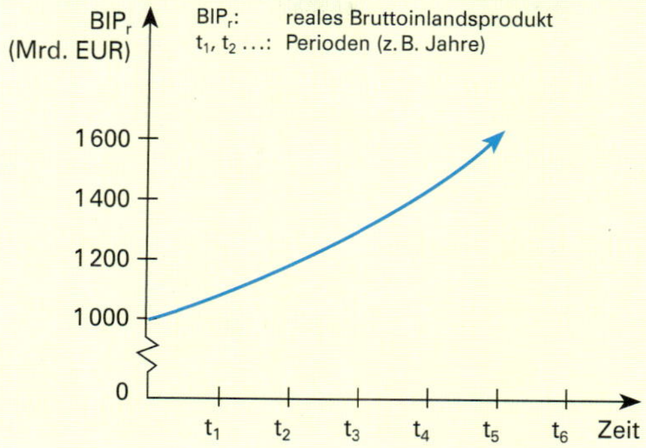

(2) Lineares Wachstum

Lineares[2] **Wachstum** liegt vor, wenn Jahr für Jahr der **absolute** Zuwachs des realen Bruttoinlandsprodukts **gleich hoch** ist, also geradlinig verläuft. In diesem Falle nehmen die Wachstumsraten ab.

Lineares Wachstum

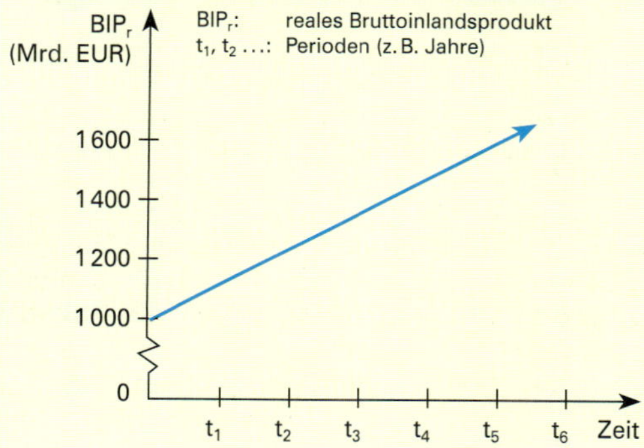

Periode	Exponentielles Wachstum		Lineares Wachstum	
	BIP_r insgesamt in Mrd. EUR	Wachstumsrate	BIP_r insgesamt in Mrd. EUR	Wachstumsrate
t_0	1 000	–	1 000	–
t_1	1 100	10 %	1 100	10,0 %
t_2	1 210	10 %	1 200	9,1 %
t_3	1 331	10 %	1 300	8,3 %
t_4	1 464	10 %	1 400	7,7 %
t_5	1 610	10 %	1 500	7,3 %
t_6	1 771	10 %	1 600	6,7 %

2.3 Double-Dip[3]

Merke:

Mit Double-Dip wird ein Konjunkturverlauf bezeichnet, bei dem **nach** einem **kurzen Aufschwung** (Erhöhung des realen Bruttoinlandsprodukts) ein **erneuter Abschwung** (Senkung des realen Bruttoinlandsprodukts) eintritt.

Mit anderen Worten: Ein Douple-Dip liegt vor, wenn sich die Konjunktur binnen kurzer Frist (z. B. nach Ablauf eines Jahres) wieder ins Minus wendet.

1 **Exponentiell**: mit Hochzahlen (Potenzen) gerechnet. Wächst z. B. das BIP_r mit jährlich 10 % (bezogen auf das Vorjahr = Wachstumsrate) und beträgt das BIP_r zum Ausgangszeitpunkt 1 000 Mrd. EUR, so beträgt das BIP_r nach 3 Jahren insgesamt $1\,000 \cdot 1{,}1^3 = 1{,}331$ Mrd. EUR (siehe obige Tabelle).

2 **Linear**: geradlinig.

3 **Dippen** (engl.) bedeutet eintauchen. **Double** (engl.): zweimal. Ein Double-Dip ist ein doppeltes Eintauchen, also ein zweimaliger Dämpfer des Wirtschaftswachstums.

2.4 Organisches Wachstum

Hier handelt es sich um ein Wachstum, wie es überall in der organischen Natur vorkommt.

Merke:

Das organische Wachstum ist dadurch gekennzeichnet, dass es **zunächst überproportional,** dann **unterproportional** verläuft, um schließlich zur **Stagnation** (zum „Nullwachstum") überzugehen.

Organisches Wachstum

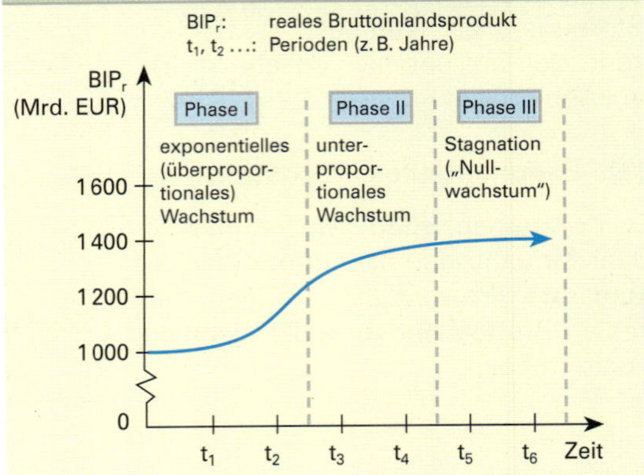

3 Wachstumspolitische Maßnahmen

3.1 Politikfelder für Wachstumsmaßnahmen

Im Rahmen des Lernbereichs 5 „Fiskalpolitische Entscheidungen vor dem Hintergrund sich verändernder Wirtschaftslagen" wurden in Kapitel 5 bereits **zahlreiche wirtschaftspolitische Maßnahmen** zur Beeinflussung von Wirtschaftswachstum hinreichend **beschrieben** und **beurteilt**. Vor diesem Hintergrund beschränken sich die nachfolgenden Ausführungen in erster Linie darauf, die **Anknüpfungspunkte** von wachstumspolitischen Maßnahmen an **unterschiedliche Politikfelder** aufzuzeigen, jedoch nicht mehr im Detail zu behandeln.

Ein Hauptziel der langfristigen Wirtschaftspolitik ist das **stetige Wachstum** des Volkseinkommens. Die **Wachstumsrate** des Volkseinkommens hängt ab vom Verhältnis der Sparquote zum Kapitalkoeffizienten.

Merke:

Will der **Staat** auf das **Wachstum** des Volkseinkommens **einwirken,** muss er **Einfluss** auf die **Sparquote** und den **Kapitalkoeffizienten** nehmen.

Der Staat kann das **Sparen zwangsweise** durchsetzen (z. B. Erhöhung der Sozialversicherungsbeiträge) oder die **freiwillige** Ersparnis durch Zuschüsse fördern (z. B. durch ein System von Sparprämien). Das langfristige Ziel der Sparförderung läuft allerdings dann dem kurzfristigen Ziel eines möglichst hohen Beschäftigungsstands zuwider, wenn die Wirtschaft unterbeschäftigt ist. In diesem Fall nämlich muss die Sparquote gesenkt werden, um den Konsum anzuregen **(Konsummultiplikator).**

Der **Kapitalkoeffizient** drückt das Verhältnis des volkswirtschaftlichen Kapitalstocks zur volkswirtschaftlichen möglichen Produktion aus. Setzt man einen konstanten Kapitalkoeffizienten voraus, ist ein stetiges Wachstum nur möglich, wenn das Arbeitskräftereservoir einer Volkswirtschaft in gleichem Maße wächst wie das Volkseinkommen zu konstanten Preisen.

Merke:

Nimmt die **arbeitsfähige und -willige Bevölkerung schneller** als das reale **Volkseinkommen zu,** entsteht **Arbeitslosigkeit,** nimmt sie **langsamer zu,** kann das **stetige Wachstum** bei gegebener Sparquote und gegebenem Kapitalkoeffizienten nicht realisiert werden, weil für die vorhandenen Produktionskapazitäten **nicht genügend Arbeitskräfte** vorhanden sind (Engpässe).

Daraus folgt, dass der Staat bei gleichbleibendem technischen Stand für die **Erhöhung der Arbeitskräftezahl** zu sorgen hat. Sorge für ein gemäßigtes Bevölkerungswachstum trägt die **Familienpolitik** (Steuerermäßigungen für Verheiratete, Kinderfreibeträge, Kindergeld). Die **Erhaltung der Arbeitskraft** ist Ziel der **Gesundheitspolitik** (ihre Mittel sind z. B. Jugendschutz, Gesundheitsaufklärung, Schutzvorschriften am Arbeitsplatz, Ausbildung der Ärzte und des Pflegepersonals, Krankenhausbau, Förderung der medizinischen Forschung, Ausbau der Leistungen der Sozialversicherungen).

Die **Annahme** eines **konstanten Kapitalkoeffizienten** ist aber **unrealistisch,** weil sich die Produktionsbedingungen durch den technischen Fortschritt laufend ändern. Dabei gibt es folgende Möglichkeiten:

- Die Wirtschaft geht zu **anlageintensiveren** Verfahren über: Der Kapitalkoeffizient steigt **(Kapitalvertiefung).**
- Die Wirtschaft führt **technische Verbesserungen** ein, sodass bei gleichem Kapital- und Arbeitsaufwand mehr produziert werden kann **(Kapitalverkürzung).**

Merke:

In Wirklichkeit gehen **Kapitalvertiefungen** und **-verkürzungen** Hand in Hand, jedoch derart, dass die **Kapitalvertiefung überwiegt.** Der **Zwang zur Kapitalvertiefung** ergibt sich vor allem aus dem Mangel an qualifizierten Arbeitskräften bzw. der **Verteuerung** der Arbeitskraft.

Durch Kapitalvertiefung wird die Wachstumsrate des Volkseinkommens bei konstanter Sparquote kleiner, durch Kapitalverkürzung größer. Kapitalvertiefung ist auch ohne technischen Fortschritt, also bei konstantem **technischen Wissen** möglich (z. B. Bauarbeiter werden durch Bagger, Straßenarbeiter durch Straßenbaumaschinen substituiert). Der das wirtschaftliche Wachstum beschleunigende technische Fortschritt liegt also in der Entwicklung von arbeits- und kapitalsparenden Verfahren (z. B. Erhöhung der Lebensdauer von Anlagen, Verringerung des Betriebsstoffverbrauchs, Erhöhung der Arbeitsgeschwindigkeit eines Aggregates, Verwendung besserer und billigerer Rohstoffe). Aus dieser Erkenntnis heraus ergibt sich, dass die **Wirtschaftspolitik,** setzt sie sich das langfristige stetige Wachstum des Volkseinkommens zum Ziel, den **technischen Fortschritt fördern** muss. Maßnahmen sind z. B.:

- die Förderung und der Ausbau der Universitäten, der Technischen Hochschulen oder
- die Vergabe von Forschungsaufträgen, die die private Wirtschaft wegen ihrer Kostspieligkeit nicht allein tragen kann (z. B. Forschung und Entwicklung erneuerbarer Energien).

Diese Aufgaben fallen in den Bereich der **Wissenschafts-** und **Kulturpolitik.**

14 Boller, Hartmann - ISBN 978-3-8120-0398-8

Merke:

Nach dem Gesagten können dem Wachstum **Grenzen** gezogen sein

- durch **begrenztes Bevölkerungswachstum,**
- durch **mangelnden technischen Fortschritt** und
- durch **fehlende finanzielle Mittel,** um die erforderlichen Ausgaben für Bildung, Forschung, Gesundheitswesen und für die Verbesserung der Infrastruktur vornehmen zu können.

Hinzu treten weitere Faktoren, wie z. B. die **drohende Erschöpfung der natürlichen Ressourcen** wie Gold, Silber, Zinn, Zink, Erdöl, Kupfer, Blei, Erdgas und Aluminium. Bremsend wirken auch die steigenden Kosten für die Beseitigung der bislang ungehemmt zunehmenden **Umweltverschmutzung,** deren Bekämpfung einen großen Teil der Produktionsfaktoren, die wir bisher zur Produktion von Gütern aller Art verwendet haben, in Anspruch nehmen wird.

3.2 Beurteilung vom Wirtschaftswachstum

3.2.1 Positive Auswirkungen vom Wirtschaftswachstum

Kein vernünftiger Mensch kann heute mehr bestreiten, dass das Wirtschaftswachstum in der Form, wie es sich heute vollzieht, Gefahren für die gesamte Menschheit in sich birgt. Dennoch kennen wir bis heute noch keinen anderen Weg, dringende wirtschafts- und sozialpolitische Probleme anders als über das Wirtschaftswachstum zu lösen.

Das Wirtschaftswachstum hat folgende **positive Auswirkungen**:

- Wirtschaftswachstum hilft **Arbeitsplätze** zu **sichern** und zu vermehren.
- Wirtschaftswachstum hilft die **Entwicklungshilfe** zu **erhöhen,** ohne dass der Lebensstandard der Industrieländer vermindert werden muss.
- Durch Wirtschaftswachstum können die Ziele der **„sozialverträglichen Einkommens- und Vermögensverteilung"** ohne allzu harte Konflikte **leichter erreicht werden,** weil nur der Zuwachs, nicht aber die Substanz umverteilt werden muss.
- Die **Sozialversicherungen** sind durch die Versicherten nur dann **finanzierbar,** wenn die Wirtschaft wächst.
- Die hohen **Kosten** des **Umweltschutzes** können nur dann aufgebracht werden, wenn die zusätzlichen Mittel auch verdient werden.
- Auch für ein **qualitatives Wachstum** müssen Mittel vorhanden sein, denn die Entwicklung neuer Verfahren zur Energiegewinnung, Wiederverwendung von Abfallstoffen (Recycling) und umweltschonender Abfallbeseitigung („Entsorgung") kostet Geld.

Berlin hat sich an die Spitze der Wachstumsländer gesetzt. Im ersten Halbjahr 2012 legte das Bruttoinlandsprodukt (BIP) der deutschen Hauptstadt preisbereinigt um 1,8 Prozent im Vergleich zum Vorjahreszeitraum zu. Dicht darauf folgen Niedersachsen und Baden-Württemberg mit jeweils 1,6 Prozent Plus. Am geringsten konnte die Wirtschaftsleistung nach Angaben der Statistiker in Sachsen-Anhalt und Thüringen zulegen – mit jeweils einem Mini-Plus von 0,1 Prozent blieb dort die Wirtschaftsleistung gegenüber dem Vorjahreszeitraum nahezu unverändert. Für Deutschland insgesamt errechnete der Arbeitskreis „Volkswirtschaftliche Gesamtrechnungen der Länder" ein Wachstum von 1,1 Prozent. Dabei fiel das Wachstum in den alten Bundesländern mit 1,2 Prozent kräftiger aus als in den neuen Bundesländern (0,4 Prozent, ohne Berlin).

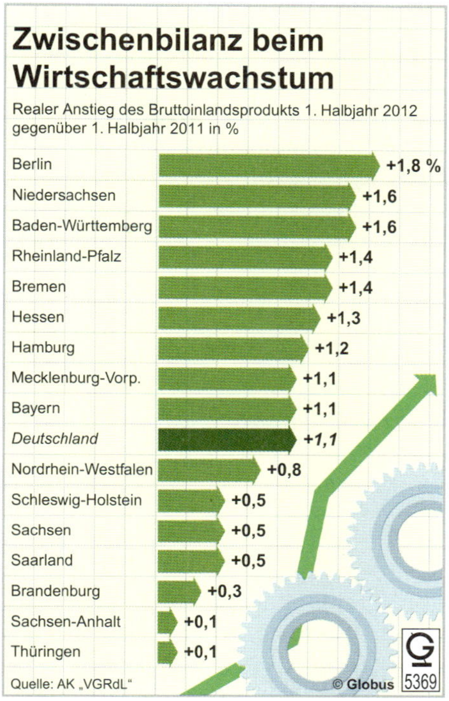

3.2.2 Grenzen und Gefahren des quantitativen Wachstums

Merke:

Wirtschaftliches Wachstum bedeutet aufgrund des Ausbaus der Industrie einen immer intensiveren **Abbau der Rohstoffvorkommen** (Ressourcen) und **zunehmende Belastung der Umwelt** durch Industrieabfälle.

Darüber hinaus bringt die Steigerung der industriellen Produktion wachsende Masseneinkommen mit sich, was sich wiederum in mehr Autos, mehr Waschmitteln, mehr Einwegverpackungen, mehr Energieverbrauch durch immer mehr technische Geräte in Haushalten usw. niederschlägt. Die Umwelt wird durch die Folgen des Wirtschaftswachstums daher von drei Seiten belastet:

- Ausbeutung natürlicher Ressourcen (Rohstoffquellen),
- Umweltverschmutzung durch Industrieabfälle und -abgase sowie
- Umweltverschmutzung durch private Haushalte.

Die Gefahren, die der Menschheit aus dem Spannungsverhältnis (Antinomie) zwischen Wachstum und Bedrohung der Umwelt in nächster Zukunft drohen, beschrieb 1972 DENNIS MEADOWS in seinem Werk „Die Grenzen des Wachstums".[1] Das Buch fand weltweite Beachtung. Der Anstoß für diese Veröffentlichung war eine Einladung des italienischen Unternehmers AURELIO PECCI an dreißig Persönlichkeiten verschiedener Nationalitäten (Wissenschaftler und Praktiker) aus den verschiedensten Berufen und Disziplinen (Fachrichtungen), um die Gefahren zu diskutieren, denen die Menschheit in der Gegenwart und in der Zukunft durch ungehemmtes Wirtschaftswachstum ausgesetzt ist. Aus dieser Versammlung entstand der **„Club of Rome"**.

1 MEADOWS, DENNIS/MEADOWS, DONELLA/ZAHN, ERICH/MILLING, PETER: Die Grenzen des Wachstums, Bericht des Club of Rome zur Lage der Menschheit, 1972.

Anlässlich einer Zusammenkunft in Massachusetts legte JAY W. FORRESTER das grundlegende Werk „Der teuflische Regelkreis“[1] vor. Er versucht darin, anhand eines Computermodells die Abhängigkeiten zwischen folgenden Faktoren zu erklären:

- Versorgung der Menschen mit Industriegütern,
- Nahrungsmittelversorgung,
- Bevölkerungswachstum,
- Umweltverschmutzung und
- Verbrauch an Rohstoffen.

Unter den damaligen Produktionsbedingungen ergab sich für FORRESTER eine Prognose, wie sie in der nachfolgenden Abbildung gezeigt wird.

Erhöhtes wirtschaftliches Wachstum löst die Verschmutzungskrise aus[2]

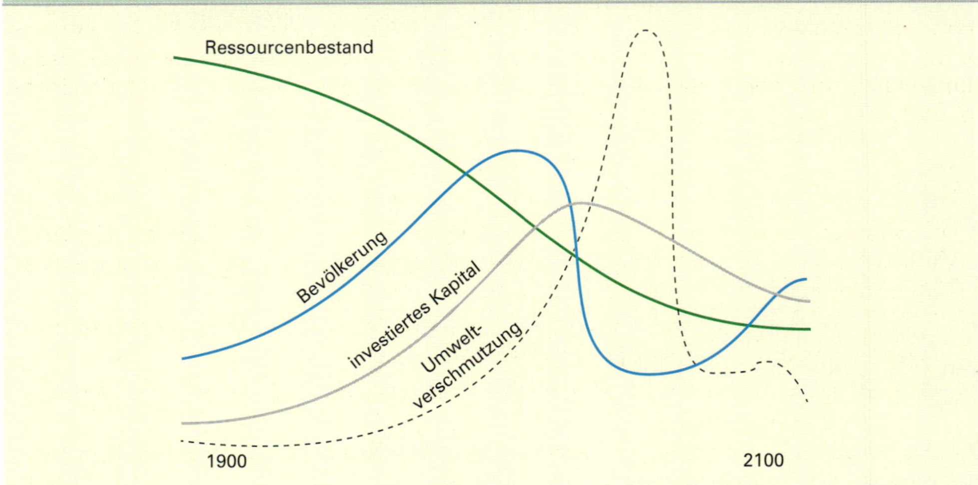

3.2.3 Auswirkungen vom Wirtschaftswachstum auf den Strukturwandel

Die düsteren Voraussagen des Club of Rome sind nicht oder nicht in vollem Umfang eingetreten, weil sich die Produktionsbedingungen verändert haben. So ist es z. B. gelungen, eine Entkopplung zwischen Wirtschaftswachstum und Energieverbrauch zu erreichen. Durch vielfache Recycling-Maßnahmen konnte das Wachstum des Ressourcenverbrauchs verringert werden.

Dennoch sind die Gefahren, die das ungebremste materielle Wirtschaftswachstum mit sich bringt, nicht gebannt. „Schon durch das Inganghalten des heutigen, die reichsten zehn Prozent privilegierenden Konsums wird ein angsterregender Raubbau getrieben:

1 FORRESTER, J. W., „Der teuflische Regelkreis“, 1971, S. 59 ff.

2 Nach FORRESTER, J. W., a. a. O., S. 88.

Gegenwärtig

- werden pro Sekunde etwa 1 000 Tonnen Erdreich abgeschwemmt und abgetragen;
- nimmt der Waldbestand der Erde pro Sekunde um 3 000–5 000 Quadratmeter ab; auf ein Jahr umgerechnet ist das beinahe die Fläche der Bundesrepublik;
- rotten wir täglich vielleicht siebzig Tier- oder Pflanzenarten aus;
- blasen wir täglich rund 65 Mio. Tonnen Kohlendioxid (CO_2) in die Luft."[1]

Angesichts dieser und anderer Gefahren, die das ungehinderte materielle Wirtschaftswachstum mit sich bringt, zogen FORRESTER, MEADOWS und andere Autoren den Schluss, dass das Wirtschaftswachstum gestoppt werden müsse („Nullwachstum",[2] „World of Non Growth"). Das „Nullwachstum" kann indessen keine Lösung des **Zielkonflikts** zwischen Wirtschaftswachstum und Umwelterhaltung sein, weil sonst keine Verbesserung des materiellen Lebensstandards der Völker möglich wäre. Der Club of Rome ist deshalb auch von seiner radikalen Forderung abgegangen und verlangt den **Übergang vom** bisherigen **exponentiellen** (undifferenzierten) **Wachstum** zum **organischen Wachstum.**[3] Auch wird den einzelnen Regionen der Welt zugestanden, unterschiedliche Wachstumsraten anzustreben, etwa dahingehend, dass den Entwicklungsländern die höchsten Wachstumsraten zugebilligt werden.

Merke:

Der **Übergang** zum **organischen Wachstum** stellt nur **eine** Möglichkeit dar, den **Zielkonflikt** zwischen Wachstum und Umwelterhaltung zu entschärfen und eine gewisse **Zielharmonie** herbeizuführen.[4] Weitere Alternativen sind:

- Dämpfung der reinen Erweiterungsinvestitionen zugunsten der **Entwicklung umweltfreundlicher Produktionsverfahren** und Produkte,
- Entwicklung **umweltfreundlicher Energiequellen** (z. B. Erd-, Wind- und Sonnenenergie statt Atomenergie),
- Verminderung des Raubbaus an Rohstoffen durch **verstärktes Recycling** (Rückführung von Abfällen in den Produktionsprozess),
- eine **Expansion** des **tertiären Sektors**[5] und
- **internationale Vereinbarungen** über einen umfassenden **Umweltschutz.**

1 Vgl. z. B. WEIZSÄCKER, ERNST U. von: Erdpolitik; ökologische Realpolitik an der Schwelle zum Jahrhundert der Umwelt, 1989, S. 7.

2 Der Begriff **„Nullwachstum"** ist in sich unlogisch, denn Wachstum bedeutet Zunahme, ein Größerwerden.

3 Vgl. MESAROVIC, M. und PESTEL, E.: Menschheit am Wendepunkt, 2. Bericht an den Club of Rome, 1974.

4 Näheres siehe Kapitel 4.

5 **Tertiärer Sektor**: Dienstleistungsbereich.

Zusammenfassung

- Unter **Wirtschaftswachstum** wird meist die **Erhöhung** des innerhalb einer Periode erzielten **Bruttoinlandsprodukts** verstanden.
- Grundsätzlich lassen sich **zwei Arten** von Wirtschaftswachstum unterscheiden:
  - **Quantitatives** Wachstum wird gemessen an einer **rein mengenmäßigen** Erhöhung des Bruttoinlandsprodukts.
  - **Qualitatives** Wachstum berücksichtigt vor allem die **Verbesserung der Umwelt- und Lebensbedingungen.**
- Das Wachstum einer Volkswirtschaft wird durch den **Bestand** und die **Auslastung der Produktionsfaktoren** bestimmt, werden diese **nicht voll ausgelastet** (z. B. bei Arbeitslosigkeit), so wird auf mögliches **Wachstum verzichtet.**
- So lange in einer Volkswirtschaft die **Kapazitäten nicht** voll **ausgelastet** sind, stellt eine **Zunahme** des realen Bruttoinlandsprodukts lediglich eine **konjunkturelle und/oder saisonale Erscheinung** dar.
- Bei den **Formen des Wachstums** unterscheidet man:
  - **zyklisches** Wachstum,
  - **stetiges** Wachstum mit linearem oder exponentiellem Verlauf,
  - **Double-Dip**-Wachstum,
  - **organisches** Wachstum.
- Will der **Staat** auf das **Wachstum** des Volkseinkommens **einwirken,** muss er Einfluss auf die **Sparquote** und den **Kapitalkoeffizienten** nehmen.
- Nimmt die **arbeitsfähige** und **-willige** Bevölkerung **schneller** als das reale Volkseinkommen zu, entsteht **Arbeitslosigkeit.**
- In Wirklichkeit gehen **Kapitalvertiefungen** und **-verkürzungen** Hand in Hand, jedoch derart, dass die **Kapitalvertiefung überwiegt.** Der **Zwang zur Kapitalvertiefung** ergibt sich vor allem aus dem **Mangel** an **qualifizierten Arbeitskräften** bzw. der **Verteuerung** der **Arbeitskraft.**
- Dem Wachstum können Grenzen gezogen werden durch:
  - **begrenztes** Bevölkerungswachstum,
  - **mangelnden** technischen Fortschritt,
  - **fehlende finanzielle** Mittel für Bildung, Forschung, Gesundheitswesen und Verbesserung von Infrastruktur.
- Wirtschaftliches **Wachstum** bedeutet aufgrund des Ausbaus der Industrie einen immer **intensiveren Abbau der Rohstoffvorkommen** (Ressourcen) und **zunehmende Belastung der Umwelt** durch Industrieabfälle.
- Der **Übergang** zum **organischen Wachstum** stellt nur **eine** Möglichkeit dar, den **Zielkonflikt** zwischen **Wachstum und Umwelterhaltung** zu **entschärfen** und eine gewisse **Zielharmonie** herbeizuführen. Weitere Alternativen sind:
  - Entwicklung **umweltfreundlicher Produktionsverfahren,**
  - Entwicklung **umweltfreundlicher Energiequellen,**
  - verstärktes **Recycling** zur Verminderung des Ressourcenverbrauchs,
  - **Expansion** des **tertiären** Sektors,
  - **internationale** Vereinbarungen zum **Umweltschutz.**

Übungsaufgabe

27 1. Worin unterscheidet sich das qualitative Wirtschaftswachstum vom quantitativen Wirtschaftswachstum?
2. Auf welche Weise kann sich das quantitative Wirtschaftswachstum vollziehen?
3. Grenzen Sie den Begriff exponentielles Wachstum von anderen Wachstumsformen ab!
4. Wie wird das Wirtschaftswachstum in Theorie und Praxis gemessen?
5. Inwiefern können außenwirtschaftliche Daten hemmend oder fördernd auf das Wachstum einer Volkswirtschaft Einfluss nehmen?
6. Inwiefern kann die Zentralbank Einfluss auf das Wirtschaftswachstum nehmen?

4 Auswirkungen des Wirtschaftswachstums auf die Umwelt und mögliche Lösungsvorschläge

4.1 Problembereiche der Auswirkungen

4.1.1 Energie

Die Substitution menschlicher Arbeitskraft durch technische Energie (z. B. Wärme, mechanische Energie, chemische Energie, elektromagnetische Energie), die in großem Umfang im 19. Jahrhundert begann, brachte einen gewaltigen technischen wirtschaftlichen Aufschwung.

Die Probleme, die mit dem steigenden Energiebedarf zusammenhängen, sind weniger die Probleme der Energieknappheit, sondern vor allem die ökonomischen und ökologischen **Folgen der Energiebeschaffung** (-gewinnung) und des **Energieverbrauchs.** So war z. B. die sogenannte „Ölkrise" von 1973 nicht das Ergebnis der Erdölknappheit. Sie wurde vielmehr künstlich herbeigeführt, indem die von den arabischen Ölproduzenten angeführte OPEC – die Organisation Erdöl exportierender Länder – beschloss, die Fördermengen zu reduzieren und einzelne Länder von der Belieferung auszuschließen.

4.1.1.1 Ökologische Folgen der Energiebeschaffung und -erzeugung

Ökologische Folgen durch	Erläuterungen
Gewinnung von Mineralöl	Beim Pumpen von Erdöl wird das Erdgas „abgefackelt". Die Folgen sind Luftverschmutzung und Sauerstoffverbrauch. Die Erdölförderung in den Meeren birgt weitere Gefahren, wie das Beispiel der Explosion einer Ölplattform im April 2010 im Golf von Mexiko zeigte: Millionen von Tonnen Erdöl flossen ins Meer und verursachten eine unvorstellbare Umweltkatastrophe. Beim Transport des Erdöls ereignen sich immer wieder katastrophale Tankerunfälle. Darüber hinaus lassen viele Kapitäne die Tanks auf offener See reinigen. Meere und Strände werden auf diese Weise unabsichtlich und/oder absichtlich verschmutzt. Dies hat negative Folgen für die Tierwelt sowie für die Erholungslandschaften.

Ökologische Folgen durch	Erläuterungen
Kernenergie	Bei der Erzeugung von Kernenergie besteht u.a. die Gefahr eines GAU (**g**rößtmöglicher **a**nzunehmender **U**nfall), bei dem große Mengen radioaktives Material freigesetzt werden. (Radioaktive Strahlung ist krebserregend.) Beispiele sind die Explosion des Kernkraftwerks Tschernobyl (Ukraine) im Jahr 1986 und die Zerstörung von vier japanischen Atomkraftwerken bei Fukushima durch Erdbeben und einen Tsunami im Jahr 2011. Auch stillgelegte Reaktoren (Atomkraftwerke) stellen ökologische Gefahrenherde dar. Darüber hinaus bestehen beim Transport und bei der Endlagerung radioaktiver Abfälle (bei der sogenannten „Entsorgung") unabsehbare Risiken.
Rohstoffgewinnung	Auch wenn immer noch neue Vorräte an Rohstoffen entdeckt werden bzw. entdeckt werden sollten: Die Rohstoffvorräte der Erde sind *begrenzt*. Viele davon sind – wie z.B. die mineralischen und die fossilen Rohstoffe – nicht regenerierbar (nicht erneuerbar). Bei der wirtschaftlichen „Ausbeutung" dieser Vorräte werden zudem ökologische Schäden angerichtet. Wo z.B. Erdöl, Kupfer, Blei und andere Mineralien vermutet werden, wird der Urwald vernichtet. Die Zerstörung der Regenwälder erfolgt aber auch noch aus anderen Gründen. Das „exotische" Holz wird in den Industrieländern für teure Möbel, vornehme Wand- und Deckenverkleidungen, Fensterrahmen, Türrahmen und andere Erzeugnisse der Holz verarbeitenden Industrie verwendet. Oder die Wälder fallen der „Brandrodung" zum Opfer, weil Weideland für riesige Viehherden gewonnen wird.

4.1.1.2 Ökologische Folgen der industriellen, landwirtschaftlichen und privaten Energieverwendung

(1) „Treibhauseffekt"

Die Verbrennung fossiler Brennstoffe (Torf, Kohle, Öl) setzt Schadstoffe wie Stickoxide und Schwefeldioxid frei. Die Folgen: sogenannter „Saurer Regen", der wiederum für das „Umkippen" von Gewässern sowie das Waldsterben mitverantwortlich ist. Außerdem entsteht Kohlendioxid, was den „Treibhauseffekt" verstärkt.

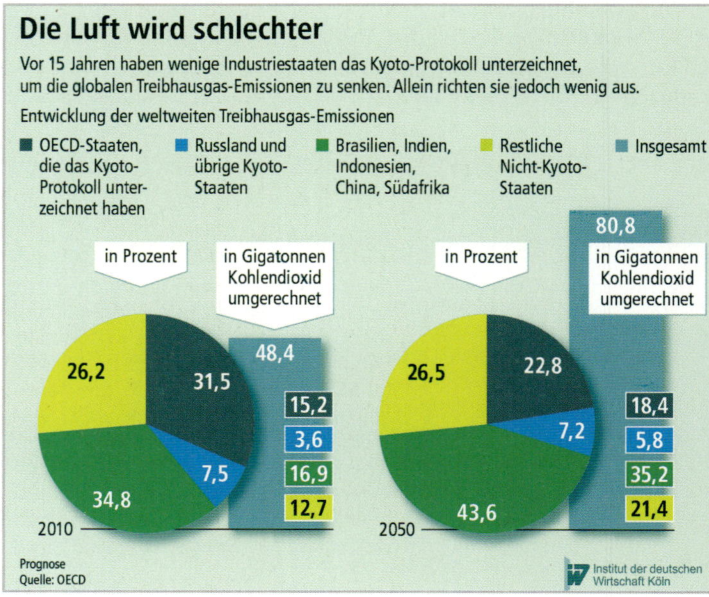

Quelle: Institut der deutschen Wirtschaft, Köln, iw-dienst, Nr. 23, 7. Juni 2012, S. 6.

Unter dem sogenannten Treibhauseffekt versteht man die Erwärmung des Erdklimas aufgrund der Luftverschmutzung. Je größer die Luftverschmutzung ist, desto weniger Wärme kann die Erde in den Weltraum abstrahlen: Sie erwärmt sich wie ein Treibhaus, das mehr Sonnenwärme empfängt als es an die Umwelt abgibt.

Nach dem Stand der Klimaforschung gilt es als sehr wahrscheinlich, dass der anthropogene, d.h. durch den Menschen verursachte Treibhauseffekt unsere Lebenswelt ganz erheblich schädigen wird. So muss damit gerechnet werden, dass, bedingt durch die Erderwärmung, der Meeresspiegel bis zum Jahr 2100 um 10 bis 90 cm ansteigt. Dies wird die Überflutung ganzer Inselstaaten und zahlreicher Küstenregionen zur Folge haben. Durch die Veränderung der Niederschläge und Verdunstungsverhältnisse wird es wahrscheinlich zu einer zunehmenden Austrocknung der Böden sowie zu einem spürbaren Rückgang der Nahrungsmittelproduktion kommen. Davon werden vor allem Entwicklungsländer betroffen sein, die ohnehin schon größte Schwierigkeiten bei der Nahrungsmittelversorgung haben. Nicht zuletzt werden mit der Klimaerwärmung auch Tropenkrankheiten in neue Regionen vordringen können.

(2) „Ozonloch"

Die Verwendung von Fluorchlorkohlenwasserstoffen (FCKW) und Bromchlorkohlenwasserstoffen (Halonen) steigen im Laufe von Jahren bis in hohe Atmosphärenschichten auf und zerstören dort die Ozonschicht. Das Ozon hat die Fähigkeit, die gefährliche Ultraviolett-B-Strahlung weitgehend zu absorbieren. Je größer also das sogenannte „Ozonloch" ist, desto mehr kann die lebensfeindliche (z. B. Hautkrebs fördernde) UVB-Strahlung zur Erde gelangen.

4.1.2 Verkehr

Ebenso wie die Energieerzeugung und -verwendung spielt der Verkehr in der Wirtschaft eine zentrale Rolle. Mit seiner Hilfe werden neue Energie- und Rohstoffquellen erschlossen, Rohstoffe, Halb- und Fertigerzeugnisse an die Orte des Verbrauchs befördert und Menschen an ihre Arbeits-, Freizeit- und Ferienorte gebracht.

In der Bundesrepublik Deutschland verursacht der Verkehr (Straßen- und Luftverkehr) mehr als ein Viertel des Energieverbrauchs, 50 % der Stickstoffoxidbelastung, 18 % der Kohlendioxid- und 38 % der Kohlenmonoxidbelastung. Vom Lärm abgesehen verursacht der Straßenverkehr weitere Umweltschäden durch Reifenabrieb und durch Streusalz. Darüber hinaus ist der Verkehr eine Hauptursache der Naturzerstörung. Bis heute werden auf der ganzen Erde Wälder, Felder und Wiesen kreuz und quer durchschnitten, und zwar ohne Rücksicht auf natürlich gewachsene Lebensräume. (Um sich eine Vorstellung machen zu können: Rund 5 % der Gesamtfläche Deutschlands besteht bereits aus Verkehrsflächen).

Auch die Schiffbarmachung von Flüssen verursachte und verursacht nicht mehr rückgängig zu machende ökologische Schäden wie z. B. die Zerstörung von Auwäldern mit der darin lebenden Tierwelt, das Absenken des Grundwassers und die damit verbundene Versteppung des Landes beidseits der begradigten Flüsse.

Vergleicht man die verschiedenen Verkehrsmittel im Hinblick auf ihre Umweltverträglichkeit, schneidet der Straßenverkehr am schlechtesten ab, gleichgültig, ob die Umweltverschmutzung auf Personenkilometer oder Gütertonnenkilometer bezogen wird. Vergleichsweise umweltfreundlich ist hingegen der Schienenverkehr. Die Schadstoffemissionen je Personenkilometer sind z. B. im Straßenverkehr rund 9-mal höher als im Schienenverkehr. Beim Güterverkehr liegt die Bahn noch erheblich günstiger.

4.1.3 Agrarwirtschaft

Der Agrarwirtschaft gelang es mehrere tausend Jahre lang im Einklang mit der Natur zu wirtschaften. Sie trug nicht zur Ausrottung von Pflanzen und Tieren bei, sondern zu ihrer Erhaltung. Erst im 20. Jahrhundert entstanden aus ökonomischen Gründen (aus Rentabilitätsgründen) die maschinisierten und mechanisierten landwirtschaftlichen Großbetriebe, die sich auf die Erzeugung bestimmter Produkte spezialisierten (z. B. Getreide, Geflügel, Rinder und Schweine, Wein). Die früher übliche Fruchtwechselfolge wurde durch Düngung und chemische Pflanzenschutzmittel ersetzt. Die Entwicklung zur Monokultur wurde vielfach auch noch staatlich unterstützt.

Die **ökologischen Folgen** der heutigen Landbewirtschaftung sind im Kleinen wie im Großen verheerend. Sie reichen von örtlichen Schäden bis hin zu globalen (erdweiten) Klimaveränderungen. Beispiele sind:

Ökologische Folgen	Beispiele
Klimaveränderung	Im asiatischen Teil der ehemaligen Sowjetunion spielte sich neben der fortgesetzten Zerstörung der Regenwälder eine der größten ökologischen Katastrophen der Erde ab. Der Aralsee, früher mit rund 68 000 km^2 der viertgrößte Binnensee der Erde, trocknete immer mehr aus. Seit Ende der fünfziger Jahre ist der Wasserspiegel des Aralsees um etwa 23 m gesunken! Die einst blühenden Fischerdörfer sind verlassen. Überall breiten sich Sand und Salz aus. Im Wüstensand liegen rostige Schiffswracks. Übrig geblieben sind nur noch zwei kleinere Seen. Die Ursache für das Schrumpfen des Sees sind menschliche Eingriffe in die Flüsse Amudarja und Syrdarja, die den Aralsee speisten. Seit Jahrzehnten wurden diesen beiden Strömen riesige Wassermengen abgezweigt, um die usbekischen Baumwollfelder zu berieseln. Falls nichts getan wird (z. B. die Monokulturen nicht aufgegeben werden), ist mit dem Verschwinden des Aralsees eine Klimaverschiebung in der Region zu erwarten. Die Niederschläge werden weitgehend ausbleiben, die Sommer werden heißer, die Winter kälter. Die Landwirtschaft muss aufgegeben werden. Aufgeben musste bereits die Fischereiwirtschaft. Der See ist wegen der zunehmenden Versalzung bereits tot. Damit noch nicht genug. Der Wind weht jährlich Millionen von Tonnen Salz in das Umland des Sees, sodass die Felder verkrusten. Die Ernten werden von Jahr zu Jahr schlechter, Pflanzen- und Tierarten sterben aus.
Artenverlust	Die heutige Landwirtschaft trägt in höchstem Maße zu Gefährdung und Ausrottung von Tierarten bei. Die Ursachen sind vielfältig. So führt z. B. die gleichmäßige Wiesendüngung (Gülle, Handelsdünger) zum Rückgang der artenreichen Magerwiesen. Pestizide (Unkrautvertilgungsmittel) und Herbizide (Insektenvertilgungsmittel) schädigen Fauna (Tierwelt) und Flora (Pflanzenwelt). Trockenlegungen vernichten Feuchtbiotope. Durch das häufige Mähen mit Maschinen werden die Gelege bodenbrütender Vögel (z. B. der Lerchen) zerstört. Streuobstanlagen und Hecken werden entfernt, um das Land „maschinengerecht" zu gestalten. Damit werden weitere Kleinbiotope vernichtet. Im Amazonasgebiet ist die Brandrodung in vollem Gang. Ein Zweck der Brandrodung: Schaffung großräumiger Farmwirtschaft (Rinderzucht). Die Folge: der Boden verarmt, wird weggeschwemmt und vom Wind fortgetragen **(Bodenerosion)**. Das Ergebnis: weitere Brandrodungen, um neues Weideland zu gewinnen.
Gewässerbelastung	Die übermäßige Düngung mit Gülle und Handelsdünger belastet die Gewässer u. a. mit Nitrat. Die Gefahr für die Nord- und die Ostsee rührt hauptsächlich aus der landwirtschaftlichen Düngung. Darüber hinaus gefährden Pflanzenschutzmittel den Boden und damit den Menschen, die Tiere und die Pflanzen.
„Saurer Regen" und Waldsterben	Ammoniak und Stickoxide aus Viehhaltung und Überdüngung tragen in erheblichem Umfang zur Entstehung des „sauren Regens" bei. Zudem trägt die Landwirtschaft durch ihre Tier- und damit Gülleproduktion ebenfalls zum Waldsterben bei.
Bodenverdichtung	Schwere Landbearbeitungsmaschinen verdichten den Boden immer mehr. Deshalb kann bei starken Regenfällen das Wasser nicht mehr vollständig absickern. Überschwemmungen sind die Folge. Das Grundwasser wird nicht ausreichend gespeist, sodass der Grundwasserspiegel absinkt.
Überweidung	Ziegen und Schafe schädigen vor allem in den sogenannten Entwicklungsländern die Vegetation (die Pflanzenvielfalt). Die Folgen sind Bodenerosion und Entstehung neuer Wüsten und damit Verkleinerung des Lebensraums der Menschen.

Die **wirtschaftlichen Folgen** des weltweiten Raubbaus an der Umwelt führt zunächst zu einer erheblichen Knappheit an Wasser und Nahrungsmitteln, zu sinkenden Einkommen und Arbeitslosigkeit.

Zusammenfassung

- Die meisten **Ressourcen** auf der Erde stehen den Menschen in nicht ausreichendem Maße zur Verfügung. Sie sind **knapp.**
- Es gibt ein **Spannungsverhältnis zwischen der Bevölkerungsentwicklung** einerseits **und knapper werdenden Ressourcen** andererseits.
- **Problembereiche der Umweltpolitik** sind u. a. die
  - Energiebeschaffung, -erzeugung und -verwendung,
  - der Verkehr und
  - die Agrarwirtschaft.

Übungsaufgabe

28

1. Im vorigen Kapitel wurden einige ausgewählte Problembereiche zum Thema „Ökologie und Ökonomie" angesprochen. Die genannten Problemfelder sind nicht voneinander zu trennen, sondern hängen eng zusammen und überlappen sich vielfach.

   Aufgabe:

   Nennen Sie Beispiele von solchen Überschneidungen!

2. Die im vorigen Kapitel dargestellten Problembereiche stellen nur eine Auswahl dar! Nennen Sie weitere Problemfelder zum Thema „Ökologie und Ökonomie"!

3. „Wenn eine freie Gesellschaft den vielen, die arm sind, nicht helfen kann, kann sie auch die wenigen nicht retten, die reich sind."

   Aufgabe:

   Interpretieren Sie diesen Ausspruch von John F. Kennedy!

4.2 Lösungsansätze zu den Problembereichen

4.2.1 Umweltverträgliche Energiepolitik

Große Hoffnungen werden in den **Ausbau regenerativer (erneuerbarer Energien)** wie Sonnen-, Wind-, Biomassen-, Biogas- und Erdwärmeenergie gesetzt. Der Staat kann solche Entwicklung fördern, indem er z. B. Forschungsvorhaben finanziert und/oder die Verwendung umweltschonender Energien steuerlich bevorzugt.

Bis 2050 soll sich der Anteil des Stroms aus regenerativen Energiequellen in Deutschland vervierfachen im Vergleich zu 2010. 80 % des Stroms sollen nach Prognosen der Bundesregierung dann aus Windkraft, Sonnenenergie, Erdwärme, Biomasse oder Wasserkraft produziert werden. Deutschland setzt dabei vor allem auf einen starken Zuwachs der Photovoltaik- sowie der Windkraftanlagen. Betrug die installierte Leistung der Solarpanels 2010 noch 16,5 Gigawatt, sollen es im Jahr 2050 bis zu 75 Gigawatt sein. Zudem sollen bis dahin Windkraftanlagen auf See bis zu 37 Gigawatt liefern. Derzeit produziert noch keine solche Anlage Strom in Deutschland.

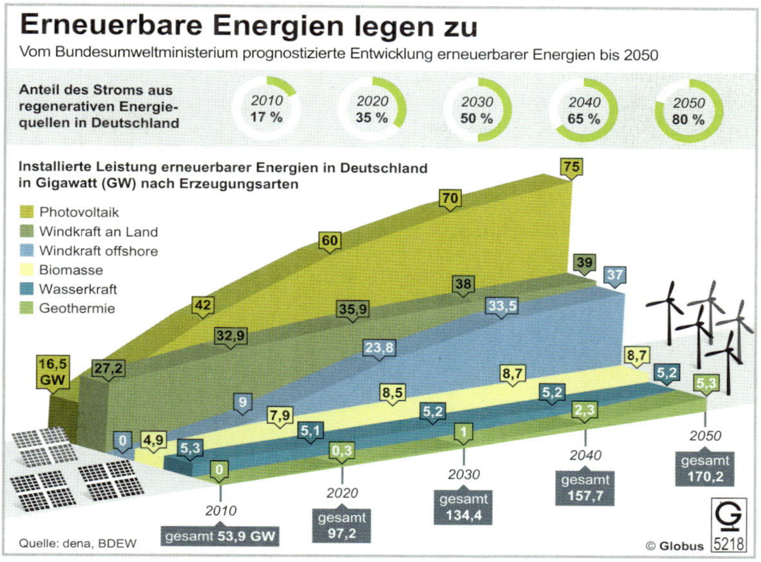

Boykott gegen Ökostrom

Der von der Bundesregierung festgelegte Strompreisaufschlag zur Förderung erneuerbarer Energien wird zu einem Fall für das Bundesverfassungsgericht. Mehrere Unternehmen aus der Textilindustrie haben sich entschlossen, die Zahlung der sogenannten EEG-Umlage zu verweigern. Mit ihrem Boykott wollen sie dafür sorgen, dass sich das Verfassungsgericht mit dem Ökostromzuschlag befasst. Die Unternehmen stützen sich auf ein neues Gutachten des Regensburger Professors Gerrit Manssen, das der Gesamtverband der deutschen Textil- und Modeindustrie in Auftrag gegeben hat. Demnach bestehen „ganz erhebliche Zweifel", ob das derzeitige Fördersystem für Solar-, Wind- oder Wasserkraftanlagen verfassungskonform sei. Es handle sich um eine unzulässige Sonderabgabe. Sein Mechanismus sei mit dem Kohlepfennig vergleichbar, den das Gericht bereits 1994 für verfassungswidrig erklärt hatte. Der Ökostromzuschlag beträgt derzeit 3,59 Cent pro verbrauchte Kilowattstunde Strom. Er belastet eine Durchschnittsfamilie mit etwa 120 Euro im Jahr.

Quelle: TÜV SÜD

Quelle: DER SPIEGEL 10/2012.

Allerdings hat die Regierung zu Beginn des Jahres 2012 die **Förderung** der **Energiewende** drastisch **gekürzt**.

Bittbrief der Milliardäre

Die Bundesregierung kürzt die Fördermittel für die Energiewende drastisch. Sie sollten durch Einnahmen aus dem CO_2-Emissionshandel finanziert werden, die jedoch erheblich niedriger ausfallen als erwartet. Deshalb sinkt das Volumen des „Energie- und Klimafonds" in diesem Jahr von 780 auf 452 Millionen Euro, wie aus einem Bericht des Finanzministeriums an den Haushaltsausschuss hervorgeht. Betroffen von den Kürzungen ist ein Lieblingsprojekt der Kanzlerin, die Förderung der Elektromobilität. Die deutsche Autoindustrie hat deshalb, trotz milliardenschwerer Rekordgewinne, einen Bittbrief an Bundeskanzlerin Angela Merkel (CDU) geschrieben. Darin fordert Matthias Wissmann vom Verband der Automobilindustrie zusammen mit Ex-SAP-Chef Henning Kagermann und IG-Metall-Chef Berthold Huber, Merkel solle eine für 2012 und 2013 zugesagte Milliardenzahlung zur Förderung der Elektromobilität trotz geringerer Einnahmen im Klimafonds sicherstellen. Das Geld sollte in Forschung, Entwicklung und Modellprojekte investiert werden. Auch Umweltminister Norbert Röttgen leidet unter den Kürzungen. Kräftig gespart wird bei seinem „Marktanreizprogramm", mit dem der private Bau von Sonnenkollektoren, Wärmepumpen und Biomasseanlagen bezuschusst wird. Die Mittel dafür werden auf 50 Millionen Euro halbiert.

Quelle: TÜV SÜD

Quelle: DER SPIEGEL 10/2012.

Wichtiger noch als die Suche nach umweltfreundlicheren Energien ist die Suche nach Möglichkeiten zur **Energieeinsparung.** Auch hier könnten Wirtschafts- und Finanzpolitik einiges tun. Beispiele:

- **Wegfall** der **Kraftfahrzeugsteuer,** dafür Erhöhung der Mineralölsteuer.
- **Wegfall hoher Grundgebühren** für Strom und Gas, dafür verbrauchsabhängige Tarife: Wer viel Strom verbraucht, muss mehr bezahlen.
- **Bessere Isolierung** von Gebäuden und Kühlaggregaten.
- **Steigerung der Wiederverwendungsrate** von energieintensiv produzierten Stoffen wie z.B. Aluminium, Kunststoffen, Papier usw. (Recycling).
- **Energieeffizienzsteigerung** bei von privaten Haushalten und den Unternehmen benutzten Maschinen und Verkehrsmitteln.

Alle genannten Maßnahmen – die Reihe könnte fast beliebig fortgesetzt werden – sind keine „Jobkiller", sondern erhalten bzw. schaffen Arbeitsplätze. Sie sind auch nicht „wachstumsfeindlich". Im Gegenteil: Energiesparpolitik ist ein Beitrag zum qualitativen und quantitativen Wachstum, weil sie Einkommen schafft.

4.2.2 Umweltverträgliche Verkehrspolitik

Wirtschaftspolitik und Umweltpolitik hängen zusammen wie die Teile eines Mobiles. Wird ein Teil bewegt, bewegen sich alle Teile. Es gibt weder isolierte Probleme noch isolierte Problemlösungen. Wenn Wissenschaft und Praxis die Politik in Teilbereiche zerlegen, dann nur deshalb, um eine gewisse Übersichtlichkeit zu schaffen. In diesem Sinne ist z. B. Verkehrspolitik in vieler Hinsicht zugleich auch Energiepolitik, schon allein deshalb, weil der Verkehr einer der größten Energieverbraucher ist. Das ist der Grund, dass eine ökologisch orientierte Verkehrspolitik die **Umlenkung des Personen- und Güterverkehrs auf die Bahn** verlangen muss.

- Diese Verlagerung könnte im Rahmen der sozialen Marktwirtschaft – also durch **marktkonforme Mittel** – beschleunigt werden, indem z. B. der Transport mit einer so hohen Lkw-Abgabe belastet wird, dass der Gütertransport mit der Bahn wieder konkurrenzfähig wird. Arbeitsplatzverluste im Bereich des Lkw-Verkehrs würden durch Arbeitsplatzgewinne bei der Bahn wettgemacht.
- **Marktkonträre Maßnahmen** wie z. B. Vorschriften zu quantitativen Beschränkungen des Lkw-Verkehrs sind weniger wünschenswert, weil sie – je nach politischem Machtverhältnis – ständig geändert werden können. Außerdem werden durch marktkonträre Maßnahmen die Preisverhältnisse nicht korrigiert: Der Lkw-Verkehr bleibt nach wie vor der billigere.

Auch im Personenverkehr kann die Verkehrspolitik einiges tun. In Anwendung des **Verursacherprinzips** könnten Autofahrer und Flugreisende an den von ihnen angerichteten Schäden durch Steuern und Abgaben beteiligt werden (z. B. durch eine Kohlendioxidabgabe). Diese Zusatzeinnahmen könnten für Subventionen für den Personennah- und -fernverkehr verwendet werden, z. B. für subventionierte Monatskarten (häufig schon Umweltschutzkarten genannt), für den Ausbau des Nahverkehrsnetzes der Bahn bzw. der Stadt- und Untergrundbahnen.

4.2.3 Umweltverträgliche Agrarpolitik

Die im vorigen Kapitel genannten Beispiele für die negativen ökologischen Folgen der heutigen Agrarwirtschaft werden künftig zahlreiche wirtschafts- und umweltpolitische Maßnahmen erzwingen. Solche Maßnahmen könnten sein:

- **Förderung des biologischen Anbaus** durch Steuererleichterungen für die Anbaubetriebe und Aufklärung der Verbraucher. (Die Erzeugnisse aus biologischen Anbaubetrieben sind mitunter nicht so schön, so groß, so fehlerfrei wie die aus den durchrationalisierten Chemie-Agrarbetrieben.)
- **Besteuerung umweltschädlicher chemischer Stoffe,** die in der Landwirtschaft eingesetzt werden, und damit Verteuerung der Chemie-Agrarprodukte.
- **Umweltschutzvorschriften** mit dem Ziel, z. B. Viehdichte und Chemikalieneinsatz zu verringern.
- **Extensivierung** der Landwirtschaft, d. h. Umstellung eines landwirtschaftlichen Betriebes auf eine umweltschonende Betriebsart, wobei mögliche Einkommensverluste der Landwirte durch Zuschüsse ausgeglichen werden.
- Zahlungen aus Steuermitteln für nicht landwirtschaftliche **Naturschutzleistungen** der Landwirte, z. B. Renaturierung ehemaliger Feuchtgebiete, Wiederanpflanzung von Hecken, Erhalt des gewachsenen Landschaftsbildes, Erhaltung von Trockenwiesen usw.
- **Kombinierte Einkommenspolitik,** d. h. Förderung der Nebenerwerbsmöglichkeiten von Landwirten wie z. B. durch Vermietung von Ferienwohnungen („Ferien auf dem Bauernhof"), Verkauf eigener Erzeugnisse, Betreiben von Strauß- oder Gastwirtschaften.

Der Anteil der ökologischen Landwirtschaft hat in den vergangenen Jahren vor allem in den Industriestaaten deutlich zugenommen. In Schweden liegt der Anteil der Fläche, auf der zertifizierte biologische Landwirtschaft betrieben wird, nach Angaben der Welternährungsorganisation bereits bei über zehn Prozent. Auch Österreich, Estland und Französisch-Guayana kommen auf ähnlich hohe Werte und sind damit weltweit Spitzenreiter. In Deutschland werden immerhin fünf bis zehn Prozent der gesamten Anbaufläche von Ökobauern bestellt.

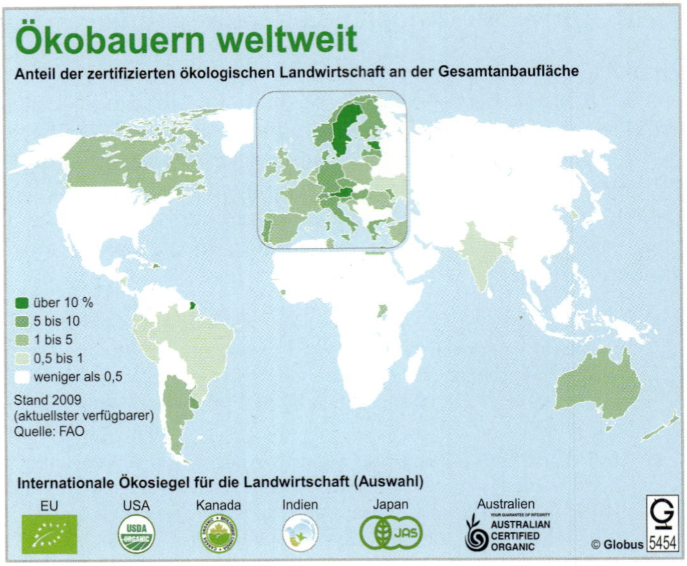

Zusammenfassung

■ **Umweltpolitische Lösungsansätze** sind neben strengeren Umweltschutzvorschriften z. B.

in der Energiepolitik	in der Verkehrspolitik	in der Agrarpolitik
■ der Ausbau regenerativer (erneuerbarer) Energien, ■ die Energieeinsparung.	■ die Umlenkung des Personen- und Güterverkehrs auf die Bahn bzw. auf den öffentlichen Nahverkehr (in erster Linie durch marktkonforme Mittel), ■ die Anwendung des Verursacherprinzips (z. B. durch eine Kohlendioxidabgabe).	■ die Förderung des biologischen Anbaus, der Extensivierung, des Naturschutzes und der kombinierten Einkommenspolitik, ■ die Besteuerung umweltschädlicher chemischer Stoffe.

Übungsaufgabe

29

1. Untersuchen Sie, inwieweit bei den im vorigen Kapitel genannten Energieeinsparungsmaßnahmen möglicherweise Arbeitsplätze gefährdet, aber andererseits auch Arbeitsplätze geschaffen werden!
2. Der Umweltschutz, z. B. durch Förderung des öffentlichen Nahverkehrs, kostet Geld. Machen Sie Vorschläge, wie diese Mittel beschafft werden können!
3. Nennen Sie Gründe, warum der biologische Anbau bis heute nur eine sehr geringe Rolle spielt!
4. Nennen Sie Gründe, warum für die Entwicklungsländer der Umweltschutz ein nachrangiges Problem darstellt!

5 Umweltprinzipien und Instrumente staatlicher Umweltpolitik

5.1 Prinzipien einer ökologisch-sozialen Marktwirtschaft

Alle im vorigen Kapitel beispielhaft genannten „Lösungsansätze" sind punktuelle Maßnahmen, selten aufeinander abgestimmt, meistens „halbherzig" und nur dann ergriffen, wenn es anders nicht mehr geht. Woran es bislang immer noch fehlt, ist der unbedingte politische Wille zu einer umfassenden umweltverträglichen Wirtschaftspolitik bzw. einer wirtschaftsverträglichen Umweltpolitik.[1]

5.1.1 Voraussetzungen

Eine der wichtigsten **Voraussetzungen** für eine umweltschonende Wirtschaftspolitik ist die **Veränderung des Bewusstseins** zumindest der Mehrheit der Bevölkerung.

Allgemein lässt sich feststellen, dass das Umweltbewusstsein der Bevölkerung und somit die **Akzeptanz für Umweltpolitik** in der jüngeren Vergangenheit **gestiegen** ist und zukünftig sicherlich auch weiter zunehmen dürfte. Denn schließlich halten immer größere Bevölkerungskreise die zunehmende Umweltverschmutzung aus heutiger Sicht für eines der gravierendsten **Zukunftsprobleme.**

Durch welche Umwelteinflüsse sich die Menschen hierzulande gesundheitlich beeinträchtigt fühlen, zeigt nachfolgende Abbildung.

Konkrete Umweltbelastungen, die die Deutschen stark belasten („äußerst stark belastet" und „stark belastet", Zeitvergleich)

	Erhebung			
Angaben in %	**2002**	**2004**	**2006**	**2010**
Schadstoffe in Lebensmitteln	17	14	18	17
Chemikalien in Produkten und Gegenständen des täglichen Bedarfs	20	20	20	13
Feinstaub, z. B. Diesel-Rußpartikel, in der Außenluft	–	–	24	11
Tabakrauch (in Innenräumen)	–	–	21	14
Abstrahlung durch Handys und Mobilfunksendemasten	10	12	12	8
Schadstoffe in der Innenraumlauft	–	–	9	5
Schadstoffe im Trinkwasser	10	7	6	6
Schimmel in Gebäuden	–	–	10	8

Frage: Sagen Sie mir bitte, wie stark Sie sich durch die folgenden Faktoren in Ihrer Gesundheit belastet fühlen. Als Antwortmöglichkeiten haben Sie äußerst stark belastet, stark belastet, mittelmäßig belastet, etwas belastet und überhaupt nicht belastet. (2008 wurden die konkreten Umweltbelastungen anhand einer veränderten Fragestellung erhoben)

Quelle: Umweltbewusstsein in Deutschland, hrg. vom BM für Umwelt, Naturschutz und Reaktorsicherheit, Dessau-Roßlau 2010.

1 Zum Konzept einer ökologisch-sozialen Marktwirtschaft und dem Leitgedanken der Nachhaltigkeit siehe auch Band 1, Einführungsphase, Lernbereich 1, Kapitel 5.2.3.

15 Boller, Hartmann - ISBN 978-3-8120-0398-8

Dass sich nicht nur das Umweltbewusstsein der Bürger, sondern auch deren **Verbraucherverhalten geändert** hat, verdeutlicht nachfolgende Abbildung.

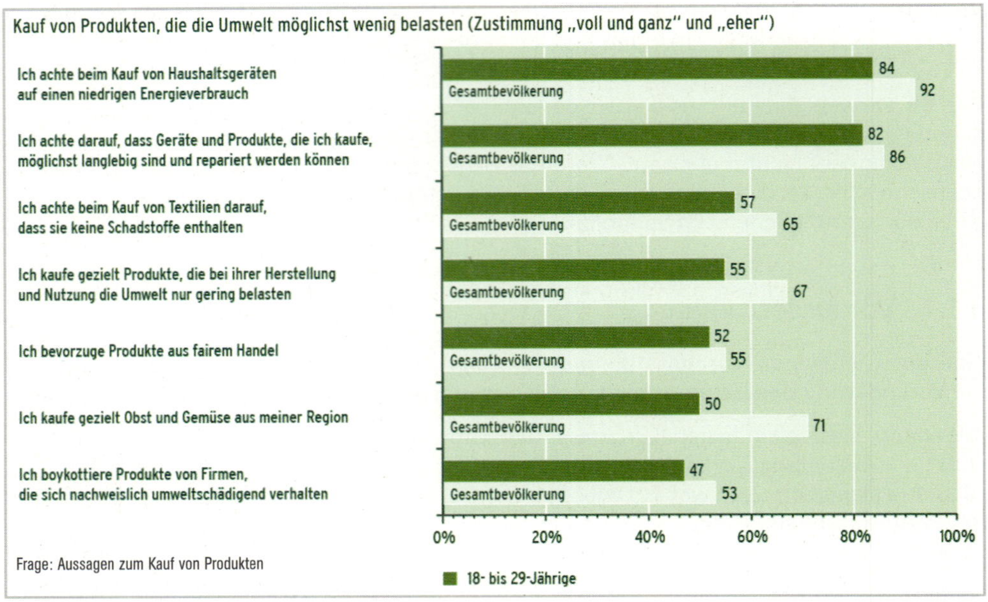

Quelle: Umweltbewusstsein in Deutschland 2010. Ergebnisse einer repräsentativen Bevölkerungsumfrage, Vertiefungsbericht 3: Umweltbewusstsein und Umweltverhalten junger Erwachsener, hg. vom Umweltbundesamt, Dessau-Roßlau, Dezember 2011.

Die Veränderung des Bewusstseins und des Verbraucherverhaltens genügt jedoch nicht. Es muss vielmehr ein **neues Wirtschafts- und Gesellschaftsmodell** geschaffen werden, das alle wirtschaftlichen Ziele und Handlungen dann als **richtig** begreift, wenn sie umweltschonend sind, und alle diejenigen als **falsch** (als schädlich) ansieht, wenn sie die Umwelt schädigen.

5.1.2 Prinzipien

Prinzip	Erläuterungen	Beispiele
Verursacherprinzip	Das Verursacherprinzip verlangt, dass alle Kosten denjenigen Leistungen zuzurechnen sind, auf die die Kosten zurückzuführen sind. Auf die Umweltpolitik übertragen bedeutet dies, dass derjenige die Kosten zur Vermeidung, Beseitigung oder zum Ausgleich einer Umweltbelastung zu tragen hat, der für ihre Entstehung verantwortlich gemacht werden kann. Die Durchsetzung des Verursacherprinzips dient der Internalisierung von Kosten.	Die Verpackungsverordnung [VerpV] sieht eine Entsorgungspflicht für Verpackungen vor. So sind Hersteller, Großhändler und Einzelhändler verpflichtet, ihre Verpackungen entweder erneut zu verwenden oder zu entsorgen (z.B. durch das Duale System). Dadurch ist es ihnen nicht möglich, die Entsorgungskosten zu „externalisieren", d.h. von der „Außenwelt" (der Gesellschaft) tragen zu lassen. Mit der gesetzlichen Entsorgungspflicht werden die Kosten „internalisiert", d.h., die Kosten erscheinen in den Kalkulationen der Unternehmen.

Prinzip	Erläuterungen	Beispiele
Vorsorgeprinzip	Dieser Grundsatz der Umweltpolitik verlangt, dass Umweltgefahren **vorausschauend** erkannt und vorbeugend vermieden werden.	Bereits in der Planungsphase privater und öffentlicher Maßnahmen (z. B. Bauplanungen) prüfen staatliche Behörden, ob bei den zu genehmigenden Projekten schädliche Immissionen (Einwirkungen auf Pflanzen, Tiere und Menschen) zu erwarten sind (Umweltverträglichkeitsprüfung).
Kooperationsprinzip	Neben dem Verursacher- und dem Vorsorgeprinzip stellt das Kooperationsprinzip die dritte Säule der Umweltpolitik dar. Das Kooperationsprinzip verlangt das enge Zusammenwirken (Kooperieren) von Unternehmen, privaten Haushalten, staatlichen Stellen und Verbänden in Angelegenheiten des Umweltschutzes. Hinzu kommt das **„Ökosponsoring"**, d.h. die Leistung von Spenden für Wiederherstellungsmaßnahmen (z.B. Wiederaufforstung) und/oder Zahlungen an Umweltverbände (z.B. GREENPEACE, World Wildlife Fund [WWF] und der Bund für Umwelt und Naturschutz Deutschland [BUND]). Diese Verbände nehmen in der Regel Spenden nur dann an, wenn umweltschädigende Produkte in großem Umfang vom Markt genommen werden. Käme es zusätzlich noch zu einer Verlagerung des Konsums hin zu den umweltverträglichsten Produkten, dann wäre der Umweltschutz in einigen Jahren **ohne** langwierige und oft lückenhafte Gesetzgebung ein großes Stück vorangekommen, ein unbestreitbarer Vorteil des Kooperationsprinzips im Rahmen der sozialen Marktwirtschaft.	■ Anhörung der beteiligten Kreise nach § 51 BImSchG[1] vor Erlass von Rechtsverordnungen und Verwaltungsvorschriften. ■ Einwendungsbefugnis für jede Person in den Genehmigungsverfahren für Anlagen nach BImSchG und AtG.[2] ■ Festlegung von Zielen durch die Bundesregierung zur Minderung von Abfallmengen innerhalb bestimmter Zeiträume, bevor im Falle eines Nichterreichens der Ziele mittels Rechtsverordnung nach § 14 AbfG[3] entsprechende Verbote und Beschränkungen zum Zweck der Abfallminderung erlassen werden, falls die Selbstbeschränkung der Abfallerzeuger gescheitert ist. ■ Verbandsbeteiligung nach § 29 BNatSchG.[4] ■ In **Deutschland** gibt es z.B. eine **bundesweite Recyclingbörse der Industrie- und Handelskammern.** Das ist ein EDV-gestütztes überbetriebliches Vermittlungssystem das dazu beiträgt, die Wiederverwertung gewerblicher Produktionsrückstände in größerem Maße als bisher zu ermöglichen. Angesprochen sind in erster Linie solche Unternehmen, die ihre Produktionsrückstände nicht schon über eingeführte Handelsunternehmen einer Wiederverwertung zuführen.

1 BImSchG: Bundes-Immissionsschutzgesetz; Immission: das Einwirken von Luftverunreinigungen, Schadstoffen, Lärm, Strahlen usw. auf Menschen, Tiere und Pflanzen.

2 AtG: Atomgesetz.

3 AbfG: Abfallgesetz.

4 BNatSchG: Bundesnaturschutzgesetz.

Zusammenfassung

- **Voraussetzungen für eine ökologisch-soziale Marktwirtschaft** sind:

1. Schaffung eines Umweltbewusstseins in der Bevölkerung und in der Politik

↓

2. Änderung des Verbraucherverhaltens und Einleitung umweltpolitischer Maßnahmen

↓

3. Ökologisch ausgerichtetes Wirtschafts- und Gesellschaftsmodell

- **Prinzipien einer ökologisch-sozialen Marktwirtschaft** sind das Verursacherprinzip, das Vorsorgeprinzip und das Kooperationsprinzip:
  - Das **Verursacherprinzip** besagt, dass derjenige die Kosten für die Vermeidung, Beseitigung oder den Ausgleich einer Umweltbelastung zu tragen hat, der ihre Entstehung zu verantworten hat.
  - Das **Vorsorgeprinzip** verlangt, dass Umweltgefahren vorausschauend erkannt und vorbeugend vermieden werden.
  - Das **Kooperationsprinzip** sieht das enge Zusammenwirken der Wirtschaftssubjekte (Unternehmen, private Haushalte, Staat, Verbände) zum Wohle der Umwelt vor.

Übungsaufgabe

30 1. Angenommen, in einer Gemeinde befinden sich aufgelassene Industriegelände. Die Abrissarbeiten für ein ansiedlungswilliges Unternehmen betragen einschließlich der Grunderwerbskosten 250,00 EUR je m^2. Die Nachbargemeinde bietet Industriegrundstücke auf der „grünen Wiese“ für 50,00 EUR je m^2 einschließlich Grunderwerbsteuer an.

Aufgaben:

1.1 Wie hoch müsste eine „Neuversiegelungssteuer“ unter sonst gleichen Bedingungen mindestens sein, um das Unternehmen zu veranlassen, das alte Industriegrundstück zu erwerben?

1.2 Welcher Steuerart rechnen Sie die Neuversiegelungssteuer zu? Begründen Sie Ihre Antwort!

1.3 Betrachten Sie die genannte Neuversiegelungssteuer als marktkonforme oder als marktkonträre Maßnahme?

2. Unterscheiden Sie zwischen marktkonformen und marktkonträren Umweltschutzmaßnahmen und nennen Sie Beispiele!

3. Nennen und erläutern Sie die drei wichtigsten Prinzipien der Umweltschutzpolitik! Nennen Sie Beispiele!

5.2 Instrumente staatlicher Umweltpolitik

5.2.1 Gebote und Verbote

Auflagen in Form von Geboten und Verboten sind **marktkonträre Maßnahmen** der staatlichen Umweltpolitik. **Verbote** enthält z. B. die Chemikalienverbotsverordnung (ChemVerbotsV, z. B. Verbot des Inverkehrbringens von DDT[1] und Zubereitungen mit DDT als Wirkstoff). Wichtige Verbote und Gebote für gefährliche Stoffe und gefährliche Zubereitungen (z. B. Verpackungs-, Einstufungs-, Kennzeichnungs-, Meldepflichten sowie Unterrichtungs- und Vorsorgepflichten der Arbeitgeber) stehen auch im Chemikaliengesetz [ChemG] und in der Gefahrstoffverordnung [GefStoffV].

Gebote sind Vorgaben für gefährliche Anlagen und für mögliche Emittenten umweltschädigender Stoffe. Leitgesetz für den Umweltpflegebereich „Immissionsschutz" (Luftreinhaltung und Lärmbekämpfung) ist z. B. das Gesetz zum Schutz vor schädlichen Umwelteinwirkungen durch Luftverunreinigungen, Geräusche, Erschütterungen und ähnliche Vorgänge (Bundes-Immissionsschutzgesetz [BImSchG]).

Gebote und Verbote (Auflagen) sind erforderlich, wo es um die unmittelbare Gefahrenabwehr geht. Der Erfolg soll durch Strafen und Bußgelder gesichert werden. Der Nachteil der Auflagen besteht darin, dass sie den umwelttechnischen Fortschritt hemmen, denn ist der Stand der Technik in einem Gesetz bzw. in einer Verordnung einmal festgeschrieben, gibt es für die Verursacher keinen Grund mehr, die vorgegebenen Grenzwerte mit einer fortgeschrittenen und möglicherweise teureren Technik zu unterschreiten.

5.2.2 Umweltabgaben

Umweltabgaben sind **marktkonforme Instrumente** der Umweltpolitik. Abgaben lassen sich u. a. in Steuern und Sonderabgaben einteilen.

Steuern	Sie sind dadurch gekennzeichnet, dass es sich um Geldleistungen der Bürger handelt, für die der Staat keine konkrete Gegenleistung erbringt. Sie werden zur **allgemeinen Finanzierung eines öffentlichen Haushalts** herangezogen. Das schließt nicht aus, dass Steuern der Erreichung bestimmter wirtschafts- und sozialpolitischer Ziele dienen können, z. B. verteilungspolitischen, beschäftigungspolitischen, wachstumspolitischen oder strukturpolitischen Zielen.
Umweltsteuern (Ökosteuern)	Sie haben den Zweck, umweltpolitischen Zielen zu dienen. Sie sollen die Nachfrage der Wirtschaftssubjekte in umweltfreundlichere Bahnen lenken. Sie fließen in den allgemeinen Staatshaushalt und können dazu verwendet werden, an anderer Stelle die Steuerbelastung der Bürger und der Unternehmen zu verringern (z. B. Subventionierung umweltschonender Produkte).
Umwelt-sonderabgaben	Sie dürfen nur erhoben werden, wenn eine besondere Beziehung zwischen dem Kreis der Abgabenpflichtigen und dem mit der Abgabe verfolgten Zweck besteht. Belastet man also z. B. Industriebetriebe mit einer Abwasserabgabe, müssen die eingenommenen Mittel für den Bau von Kläranlagen oder für einen ähnlichen Zweck eingesetzt werden.

1 DDT: Dichlordiphenyltrichloräthan (Mittel zur Ungezieferbekämpfung).

Umweltsonderabgaben wirken im Übrigen wie Umweltsteuern. Ihr Vorteil ist, dass sie der Umwelt wieder zugute kommen. Nachteilig ist, dass sie die Steuerlastquote erhöhen.

Beispiele:

Abgaben auf einzelne Produkte wie z. B. auf Einwegflaschen, Batterien, Phosphatdünger, phosphathaltige Waschmittel, Farben, Lösungsmittel und tropische Hölzer.

Zwangsabgabe auf Plastiktüten

Die Idee der EU-Kommission, Plastiktüten europaweit zu verbieten, hat einen Rückschlag erlitten. Eine interne Studie der Brüsseler Behörde kommt zu dem Ergebnis, dass Verbote sich zwar positiv auf den Umweltschutz auswirken würden, wohl aber „schwierige juristische Fragen aufwerfen". Tragetaschen aus Plastik europaweit zu verbannen stehe im Konflikt mit den Regeln des EU-Binnenmarkts und dem internationalen Handelsrecht, heißt es in dem 133-seitigen Gutachten. Auch ein nationales Verbot einzelner Mitgliedstaaten sei nicht mit EU-Recht vereinbar, weil es „eine ungesetzliche Verzerrung des Markts" darstelle.

Zudem würde ein Verbot viele der rund 275 Produzenten von Plastiktüten mit ihren etwa 17 500 Beschäftigten in ihrer Existenz gefährden. Stattdessen sprechen sich die Autoren der Studie dafür aus, die unentgeltliche Abgabe der Tüten zu verbieten. Der Preis sollte so hoch sein, dass er die Arbeits- und Umweltkosten trägt.

Zudem müsse er immer wieder erhöht werden, damit sich die Verbraucher nicht daran gewöhnten. Die Umweltexperten schlagen vor, ein europaweites Ziel zur Reduzierung von Plastiktüten festzulegen – ähnlich wie bei der Absenkung des Kohlendioxidausstoßes. So soll im Jahr 2020 jeder EU-Bürger im Durchschnitt nur noch 39 Plastiktüten im Jahr verbrauchen, das wären 80 Prozent weniger als 2010.

Quelle: Der Spiegel 12/2012.

5.2.3 Umweltzertifikate

Mithilfe von Umweltzertifikaten soll eine zu starke Beanspruchung der natürlichen Umwelt verhindert werden. Die Ausgabe der Zertifikate (Berechtigungen) erfolgt durch eine staatliche Behörde. Die Summe der Nutzungsrechte wird von Staats wegen so gewählt, dass in einer Region ein bestimmtes Immissionsvolumen[1] je Periode nicht überschritten wird. Man spricht von der **„Glocke"** oder von einer **„Deckelung"**. Die Nutzungsrechte (Zertifikate) werden börsenmäßig gehandelt. Der Preis ergibt sich aufgrund von Angebot und Nachfrage.

- Als **Anbieter** treten solche Betriebe auf, denen es bei dem Preis, den sie für ihre Zertifikate am Markt erzielen können, rentabler erscheint, ihre Emissionen[2] durch Einbau von emissionsmindernden Maßnahmen zu verringern (z. B. durch Einbau von Filtern, Abgasreinigungsanlagen, Katalysatoren, Bau von Kläranlagen usw.).
- Als **Nachfrager** erscheinen die Betriebe, deren Vermeidungskosten höher sind als die Kosten des Zertifikatkaufs. Es kann sich hierbei um Betriebe mit veralteter Technik handeln. Zusatzbedarf an Nutzungsrechten kann auch bei Betriebserweiterungen oder Neugründungen entstehen.

Die **„Glockenpolitik"** trägt dazu bei, dass Produktionskosten, die bislang der Allgemeinheit angelastet wurden (externe Kosten, social costs), internalisiert werden (interne Kosten).

1 **Immissionsvolumen:** Umfang der zugelassenen Schadstoffeinleitung in die Umwelt.

2 **Emission** (lat.): Ausstoß (z. B. Rauch, Abgase, Staub, Abwässer).

- Fällt die unentgeltliche Nutzung und Benutzung von Produktionsfaktoren der Allgemeinheit zur Last, spricht man von **externen Kosten (social costs)**. Leitet z. B. ein Betrieb ungereinigte Abwässer in einen Fluss, werden u. a. die Fischwirtschaft, die Wasserwirtschaft und die privaten Haushalte geschädigt, weil die Wasserqualität abnimmt.
- Unter **internen Kosten** versteht man den in Geld gemessenen und bezahlten Verbrauch von Produktionsfaktoren zum Zweck der Leistungserstellung. Externe Kosten werden dann zu internen Kosten, wenn z. B. der Staat die Betriebe durch entsprechende Auflagen zwingt, ihre umweltschädigenden Emissionen (z. B. Abwässer) zu reinigen **(Internalisierung externer Kosten)**.

Diese „Glockenpolitik" hat gegenüber der Festlegung von Grenzwerten den Vorteil, dass die Wirtschaft eines Staates oder die einer ganzen Staatengruppe auf marktkonforme Weise zu einem von Jahr zu Jahr sinkenden Gesamtausstoß von umweltschädlichen Stoffen gelenkt wird.

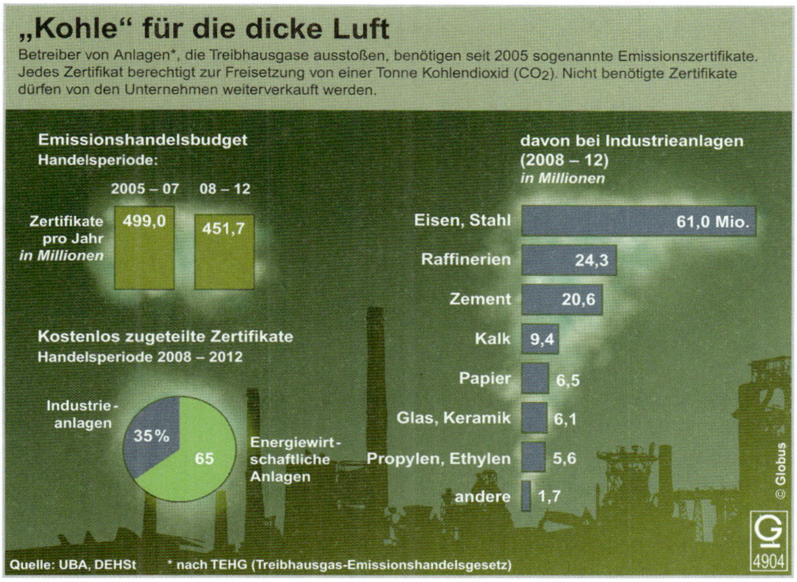

Im Januar 2005 wurde in der Europäischen Union (EU) der Emissionshandel eingeführt. Große Energieanlagen und energieintensive Industrieanlagen benötigen seitdem Emissionsberechtigungen – auch Emissionszertifikate genannt. Jedes einzelne Zertifikat gibt dem Inhaber das Recht zur Emission von einer Tonne Kohlendioxid (CO_2). Mit den Zertifikaten können die Unternehmen auch handeln. In Deutschland erfolgte die Verteilung der Zertifikate in den ersten beiden Handelsperioden (2005 bis 2007 und 2008 bis 2012) nach nationalen Zuteilungsplänen. In der ersten Handelsperiode war die Zahl der Zertifikate auf 1 497 Mio. begrenzt, in der zweiten Handelsperiode auf 2 259 Mio. Ab der dritten Handelsperiode (2013 bis 2020) wird es eine EU-weite Höchstgrenze an Zertifikaten und ein EU-weit einheitliches Zuteilungsverfahren geben. Ziel des Emissionshandels ist es, wie im Kyoto-Protokoll von 1997 beschlossen, die Treibhausgasemissionen nachhaltig zu senken.

Die Emissionsrechte sind in der gesamten EU börsenmäßig handelbar. Das Management (die Führung) des Emissionshandels obliegt dem Umweltbundesamt (UBA), bei dem sich die Deutsche Emissionshandelsstelle (DEHSt) befindet, die die jährliche Zuteilung an die betreffenden Unternehmen auf deren Antrag hin übernimmt. Bei der DEHSt wird auch das nationale Emissionshandelsregister geführt, in dem die Emissionszertifikate und der Handel mit ihnen verbucht werden.

5.2.4 Umweltverträglichkeitsprüfung

Die Umweltverträglichkeitsprüfung (UVP) ist ein Instrument der Umweltvorsorgepolitik. Sie soll sicherstellen, dass vor Entscheidungen über öffentliche und private Vorhaben deren Umweltauswirkungen frühzeitig geprüft und angemessen berücksichtigt werden.

Die Umweltverträglichkeitsprüfung muss die Folgen abschätzen, die ein Vorhaben (z.B. Bau eines Kraftwerks, einer Fernstraße, eines Flughafens) auf Menschen, Tiere und Pflanzen, Boden, Wasser, Luft, Klima und Landschaft sowie Kultur- und sonstige Sachgüter haben kann.

Die Ergebnisse der Umweltverträglichkeitsprüfung sind bei der Entscheidungsfindung über die Zulassung eines Vorhabens zu berücksichtigen.

5.2.5 Staatliche Zuschüsse

Ebenso wie die Erhebung von Abgaben ist die Bezuschussung (Subventionierung) umweltschonender Produktionsverfahren und Produkte eine marktkonforme Maßnahme der Umweltpolitik. Umweltsubventionen sollen das Angebot verbilligen und so die Nachfrage auf umweltschonende Produkte umlenken.

Die staatliche Förderung kann aus unmittelbaren Zuschüssen **(direkten Subventionen), Krediten** oder **Bürgschaften** bestehen.

Beispiel:

Förderung von Vorhaben zum Schutz der Umwelt unter besonderer Berücksichtigung der mittelständischen Wirtschaft nach § 2 I UStiftG (Gesetz zur Errichtung einer Stiftung „Deutsche Bundesstiftung Umwelt").

Eine weitere Form staatlicher Bezuschussung ist die **indirekte Subventionierung** in Form von **Steuervergünstigungen** und **öffentlichen Entschädigungen.**

Beispiel:

Erhöhte Absetzungen für Wirtschaftsgüter, die dem Umweltschutz dienen [§ 7 d EStG]. – Erstattung für bauliche Schallschutzmaßnahmen nach § 9 FluglärmG.

Zu einem besonderen Schwerpunkt der staatlichen Förderung ist in den letzten Jahren die **energetische Modernisierung von Wohnhäusern** erklärt worden. So strebt die Bundesregierung an, bis zum Jahr 2050 den **Wärmebedarf** von Wohnhäusern im Vergleich zum Basisjahr 2008 **um 80 % zu senken.** Nach dem derzeitigen Stand wird dieses Ziel aller Voraussicht nach jedoch verfehlt. Das Problem: Die **Kosten** einer energetischen Modernisierung **übersteigen** häufig die **Energieeinsparungen.** Wie die nachfolgende Abbildung verdeutlicht, zahlt der Eigentümer eines alten Einfamilienhauses bei einer energetischen Modernisierung auf einen mittleren Effizienzstandard über einen Zeitraum von 20 Jahren gerechnet ca. 16,20 EUR pro Quadratmeter, wohingegen die Energieeinsparung auf diese Fläche lediglich 9,80 EUR beträgt. Selbst die diversen **Förderprogramme** von der **KfW Bankengruppe**[1] können diese Lücke zwischen Ausgaben und Einsparun-

1 Die **Kreditanstalt für Wiederaufbau** (KfW Bank) vergibt als **Förderbank** und **Mittelstandsbank** günstige Kredite im Rahmen von **Förderprogrammen der Bundesregierung,** z.B. für Existenzgründer und den Mittelstand sowie zugunsten des Umweltschutzes und der entwicklungspolitischen Zu-sammenarbeit. Zur KfW Bankengruppe gehören die KfW Mittelstandsbank, die KfW Privatkundenbank, die KfW Kommunalbank, die KfW IPEX-Bank (Internationale Projekt- und Exportfinanzierung), die KfW Entwicklungsbank und die DEG (Deutsche Investitions- und Entwicklungsgesellschaft).

gen **nicht schließen.** Insgesamt sind die energetischen Modernisierungen also außerhalb des gängigen Sanierungszyklus von 30 bis 40 Jahren bei den **aktuellen Energiepreisen nicht wirtschaftlich.**

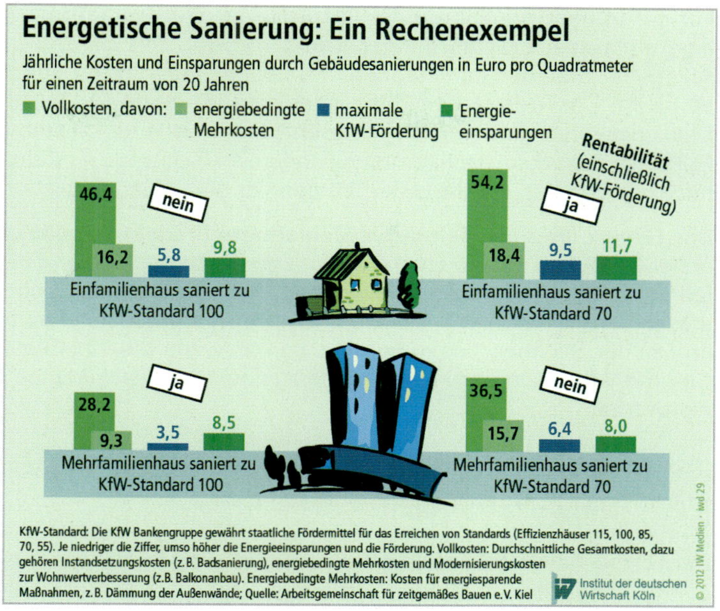

Quelle: Institut der deutschen Wirtschaft, Köln, iw-dienst, Nr. 29, 19. Juli 2012, S. 5.

5.2.6 Umwelthaftungsrecht

Das Umwelthaftungsrecht hat die Aufgabe, die Umweltgefährdung von Produktionsanlagen und Produkten zu überprüfen und durch Vorsorgemaßnahmen die finanziellen Risiken und somit die Entstehung von Ersatzansprüchen zu vermindern. Je strenger die Haftungsvorschriften sind, desto mehr wird der Staat vom Erlass immer neuer Umweltvorschriften entlastet. Umweltkosten werden internalisiert (von den Unternehmen übernommen), auch dann, wenn sie sich versichern lassen. Die Versicherungsunternehmen werden hohe Risiken mit hohen Versicherungsbeiträgen, niedrige Risiken mit niedrigen Beiträgen belasten.

Das Haftungsrecht allein kann nur dort zum Zuge kommen, wo ein unmittelbarer Zusammenhang zwischen **Verursacher** und **Wirkung** besteht.

Beispiel:

Ein Landwirt spritzt seine Obstanlage mit für Fische gefährlichen Substanzen. Daraufhin sterben alle Fische im nahe gelegenen Teich.

In allen Fällen, in denen mehrere Ursachen zu Umweltschäden führen, kann das Umwelthaftungsrecht nicht weiterführen.

Beispiel:

Nach derzeitigen Kenntnissen hat das Waldsterben mehrere Ursachen, z. B. den sauren Regen, der wiederum aus zahlreichen Quellen stammt, die Ozonbelastung bei trockenen Sonnentagen, Monokultur und Wildverbiss. Die geschädigten Waldeigentümer können deshalb keine Schadensersatzansprüche geltend machen.

Für die Bundesrepublik Deutschland gilt das **Umwelthaftungsgesetz [UmweltHG]**, das eine umfassende **Gefährdungshaftung** vorsieht. Das bedeutet, dass der Betreiber einer Anlage für Schäden an Personen und Sachen auch dann haftet, wenn ihn kein Verschulden trifft. Das Gesetz bestimmt, dass sich die Betreiber bestimmter Anlagen um eine Deckungsvorsorge kümmern müssen, damit sie ihren gesetzlichen Verpflichtungen im Fall eines Schadens nachkommen können. § 15 UmweltHG sieht allerdings eine Haftungshöchstgrenze vor, die die Unternehmen vor dem wirtschaftlichen Ruin schützen soll.

Das **Gesetz über die Haftung für fehlerhafte Produkte (Produkthaftungsgesetz)** dient in erster Linie dem Verbraucherschutz. Wird durch den Fehler eines Produkts jemand getötet, sein Körper oder seine Gesundheit verletzt oder eine Sache beschädigt, ist der **Hersteller** verpflichtet, dem Geschädigten den daraus entstehenden Schaden zu ersetzen. Im Fall der Sachbeschädigung gilt dies nur, wenn die fehlerhafte Sache für den privaten Ge- und Verbrauch bestimmt und hierzu von dem Geschädigten hauptsächlich verwendet worden ist.

5.2.7 Umweltstrafrecht

Dem Umweltstrafrecht obliegt es, umweltschädigendes Verhalten als Straftaten oder Ordnungswidrigkeiten zu ahnden. Ordnungswidrigkeiten unterscheiden sich von den Straftaten dadurch, dass sie nicht mit einer Kriminalstrafe (Freiheitsstrafe, Geldstrafe), sondern mit einer Geldbuße belegt werden.

Straftatbestände finden sich vor allem im 29. Abschnitt des Strafgesetzbuches (StGB) „Straftaten gegen die Umwelt" [§§ 324–330 d StGB].

Beispiele:

- Wer unter Verletzung verwaltungsrechtlicher Pflichten Stoffe in den **Boden** einbringt, eindringen lässt oder freisetzt und diesen dadurch in einer Weise, die geeignet ist, die Gesundheit eines anderen, Tiere, Pflanzen oder andere Sachen von bedeutendem Wert oder ein Gewässer zu schädigen, oder in bedeutendem Umfang verunreinigt oder sonst nachteilig verändert, wird mit Freiheitsstrafe bis zu fünf Jahren oder mit Geldstrafe bestraft [§ 324 a StGB].
- Wer beim Betrieb einer Anlage, insbesondere einer Betriebsstätte oder Maschine, unter Verletzung verwaltungsrechtlicher Pflichten Veränderungen der **Luft** verursacht, die geeignet sind, außerhalb des zur Anlage gehörenden Bereichs die Gesundheit eines anderen, Tiere, Pflanzen oder andere Sachen von bedeutendem Wert zu schädigen, wird mit Freiheitsstrafe bis zu fünf Jahren oder mit Geldstrafe bestraft. Der Versuch ist strafbar [§ 325 StGB].
- Wer beim Betrieb einer Anlage, insbesondere einer Betriebsstätte oder Maschine, unter Verletzung verwaltungsrechtlicher Pflichten **Lärm** verursacht, der geeignet ist, außerhalb des zur Anlage gehörenden Bereichs die Gesundheit eines anderen zu schädigen, wird mit Freiheitsstrafe bis zu drei Jahren oder mit Geldstrafe bestraft [§ 325 a StGB].

Ordnungswidrigkeiten sind in den einzelnen Umweltgesetzen geregelt.

Beispiel:

Wer eine Anlage entgegen einer vollziehbaren Untersagung nach § 25 BImSchG betreibt, kann mit Geldbuße bis zu 50 000,00 EUR belegt werden [§ 62 I Nr. 6 BImSchG].

6 Wechselwirkungen von Ökonomie und Ökologie

6.1 Grundlegende Ausführungen

6.1.1 Auswirkungen der Umweltschutzpolitik auf Unternehmen und Verbraucher

Lange Zeit haben wir die Natur als kostenlosen Produktionsfaktor angesehen. Die Nutzung von Luft, Boden, Wasser usw. wurde nicht mit den Preisen versehen, die den tatsächlichen Knappheitsverhältnissen entsprechen. Die Kosten der Inanspruchnahme dieser Produktionsfaktoren sind somit nicht in die Kostenrechnungen (Kalkulationen) der Wirtschaftssubjekte (Unternehmen, private und öffentliche Haushalte) eingegangen, sondern wurden auf die Allgemeinheit abgewälzt (social costs). Außerdem wurden Investitionen zur Erhaltung der Umwelt lange Zeit vernachlässigt.

Die Einführung von Umweltschutzanforderungen zur Sicherung der Umwelt kostet Geld, schlägt sich also bei den Verursachern als Kosten nieder. Dadurch wird – falls in den übrigen wichtigen Handelsländern keine ähnlichen Umweltschutzanforderungen gestellt werden – die Konkurrenzfähigkeit der Hersteller beeinträchtigt. Arbeitsplatzverluste durch Absatzrückgang und durch Abwanderung von Betrieben in Länder mit geringeren Umweltschutzvorschriften und -abgaben können die Folge sein.

Andererseits bedeutet die Ausrichtung der Umweltpolitik am **Verursacherprinzip,** verbunden mit einer zunehmenden Durchsetzung des **Vorsorgeprinzips** eine **einzelwirtschaftliche und eine gesamtwirtschaftliche Chance,** eben weil an die technische, organisatorische und finanzielle Leistungsfähigkeit der Unternehmen hohe Anforderungen gestellt werden.

Beispiel:

So ist in der Bundesrepublik Deutschland eine bedeutende Umweltschutzindustrie entstanden, die auch einen wichtigen Beitrag zur Sicherung und Schaffung von Arbeitsplätzen leistet. Weil in Deutschland die Umweltschutzvorschriften besonders intensiv vorangetrieben wurden, besitzen die deutschen Anlagenhersteller erhebliche Wettbewerbsvorteile auf den internationalen Märkten, auf denen eine wachsende Nachfrage nach moderner Umweltschutztechnik entsteht. Insofern trägt der Umweltschutz auch wesentlich zur Modernisierung der Volkswirtschaft bei.

Aber nicht nur der Staat ist in der Lage, die Wirtschaft zu umweltschonenderem Verhalten zu zwingen, sondern auch die Verbraucher. Sie nämlich bestimmen durch ihr **Nachfrageverhalten** mit, welche Konsumgüter hergestellt, importiert und vom Handel angeboten werden. Werden vorzugsweise umweltschonende Produkte nachgefragt, werden sich die Anbieter auf die neue Marktsituation einstellen: Das Angebot an umweltschädigenden Produkten wird sich verringern, während die Angebotsvielfalt an umweltfreundlicheren Konsumgütern zunehmen wird.

Der Erfolg der Umweltpolitik und des umweltfreundlicheren Verhaltens der Verbraucher darf jedoch nicht nur in erster Linie in den wirtschaftlichen Effekten (Wirkungen) wie Nachfrage, Angebot, Beschäftigung, Wachstum und Außenhandel gesehen werden. Der eigentliche Nutzen des Umweltschutzes liegt vielmehr in der **Erhaltung der natürlichen Lebensgrundlagen** selbst und damit auch in der **langfristigen Sicherung der Produktionsgrundlagen.**

6.1.2 Die Ökobilanz als Instrument zur Dokumentation nachhaltigen Wirtschaftens

Merke:

Bei den **Ökobilanzen** – auch Schadensbilanzen genannt – handelt es sich um ein **Mess- und Rechnungssystem** zur Erfassung aller **mengen- und wertmäßigen** Arten der Umweltbelastung durch ein Unternehmen auf Konten, differenziert nach verschiedenen Input- und Outputarten der Produktion.

Ökobilanz

INPUT			Bestand			OUTPUT
	1.	ANLAGEGÜTER	31. 12. . .	1	ANLAGEGÜTER	
[m^2]	1.1	Liegenschaften	[m^2]	1.1	Liegenschaften	[m^2]
-	1.1.1	Grundstücksfläche (Eigentum)	11.747	1.1.1	Grundstücksfläche (Eigentum)	-
-	1.1.2	Bauten Nutzfläche	6.316	1.1.2	Bauten Nutzfläche	-
[Stück]	1.2	Gebäudeanlagen	[Stück]	1.2	Gebäudeanlagen	[Stück]
-	1.2.1	Klima-/Lüftungsanlagen	4	1.2.1	Klima-/Lüftungsanlagen	-
-	1.2.2	Aufzüge	5	1.2.2	Aufzüge	-
-	1.2.3	Energieversorgungsanlagen	19	1.2.3	Energieversorgungsanlagen	-
-	1.2.4	Betriebsküchen	25	1.2.4	Betriebsküchen	-
[Stück]	1.3	Betriebs- und Geschäftsausstattung	[Stück]	1.3	Betriebs- und Geschäftsausstattung	[Stück]
137	1.3.1	EDV-Geräte	412	1.3.1	EDV-Geräte	4
-	1.3.2	Technische Anlagen	52	1.3.2	Technische Anlagen	-
n. e.*)	1.3.3	Einrichtungsgegenstände	n.e.	1.3.3	Einrichtungsgegenstände	n. e.
30	1.3.4	Büromaschinen	895	1.3.4	Büromaschinen	8
-	1.3.5	Entsorgungsanlagen	42	1.3.5	Entsorgungsanlagen	-
-	1.4	Fuhrpark [Stück]	6	1.4	Fuhrpark [Stück]	-
	2	UMLAUFGÜTER		2	UMLAUFGÜTER	
[Stück]	2.1	Material	[Stück]	2.1	Material	[Stück]
4.003.500	2.1.1	Papier [Blatt DIN A4]	n. e.	2.1.1	Papier [Blatt DIN A4]	n. e.
120.750	2.1.2	Bürobedarf	n. e.	2.1.2	Bürobedarf	n. e.
65.540	2.1.3	Werbemittel	n. e.	2.1.3	Werbemittel	65.540
n.e.	2.1.4	Serviceprodukte aus Kunststoff	46.280	2.1.4	Serviceprodukte aus Kunststoff	n. e.
	2.2	ENERGIE		2.2	ENERGIE	
657.792	2.2.1	Betriebsstrom [kWh]	-	2.2.1	Emissionen CO_2 [t]	759,976
2.166.458	2.2.2	Erdgas [kWh]	-	2.2.2	Abwärme	n. e.
112.757	2.2.3	Heizöl [kWh]	-	2.2.3	Lärm	n. e.
4.455	2.2.4	Treibstoffe [l]	-			
[m^3]	2.3	WASSER	[m^3]	2.3.	ABWASSER	[m^3]
1.444	2.3.1	Stadtwasser	-	2.3.1	Sozialwasser	1.444
n. e.	2.3.2	Regenwasser	n. e.	2.3.2	Oberflächenwasser	n. e.
				2.4	ABFÄLLE	[t]
				2.4.1	Papier	18,6
				2.4.2	sonstige Werkstoffe	5,1
				2.4.3	hausmüllähnlicher Gewerbeabfall	6,2
				2.4.4	Elektroschrott	n. e.
				2.4.5	Sonderabfall	n. e.
				2.5	VERKEHR	[km]
				2.5.1	Kurier- und Geschäftsfahrten	164.308
				2.5.2	Pendlerverkehr	699.214

*) n. e. = nicht erfasst

Quelle: Umweltbericht der Volksbank im Siegerland eG.

So werden beispielsweise in einer Ökobilanz aufgeführt, welche und wie viel Umweltgüter bei der Güterproduktion eingesetzt bzw. verbraucht wurden und wie der Gebrauch bzw. Konsum des hergestellten Gutes die Umwelt belastet. Hierdurch erhalten sowohl das Unternehmen selbst als auch die Verbraucher Informationen über die ökologischen Wirkungen der Güterproduktion.

Die in der Ökobilanz in technisch physikalischen Einheiten angegebenen Mengen werden in **Wertgrößen** überführt, die die Umweltwirkung deutlich machen und auf deren Basis sich sogenannte Umweltkennzahlen (z. B. Wasserverbrauch je Mitarbeiter und Arbeitstag in l) berechnen lassen.

Umweltschutz im Betrieb: Aufgaben ohne Ende

Beispiele für umweltschutzbezogene Maßnahmen

- Produkt- und verfahrensbezogene Umweltschutzplanung
- Organisatorische Einbindung und Gestaltung des betrieblichen Umweltschutzes
- Bestellung von Umweltschutzbeauftragten
- Überwachung der Einhaltung von gesetzlichen Vorschriften
- Umweltschutzorientierte Forschung und Entwicklung
- Umweltschutzorientierte Auswahl von Zulieferern
- Umweltbewusster Einkauf
- Umweltverträglichkeitsprüfung von Roh- und Hilfsstoffen
- Umweltschutzorientierte Gestaltung der Lagerhaltung
- Recycling- und demontagegerechte Konstruktion und Produktentwicklung
- Umweltschutzorientierte Produktion
- Erhöhung von Ressourcen- und Energieeffizienz
- Einsatz von umweltfreundlichen Inputfaktoren
- Umweltfreundliche Verpackung
- Einführung integrierter Umweltschutztechnologien
- Erarbeitung von Konzepten zur Vermeidung und qualitativen Änderung von Abfällen
- Schaffung betrieblicher Wasserkreisläufe
- Betriebliche Abwasseraufbereitung
- Vermeidung und Verminderung von Emissionen
- Umweltschutzorientierte Marktforschung und Marketing
- Umweltschutzbezogene Kundenberatung
- Umweltschutzorientierte Produktgestaltung
- Umsetzung von Recycling- und Entsorgungskonzepten
- Umweltgerechte inner- und außerbetriebliche Transportsysteme
- Umweltschutzorientierte Aus- und Weiterbildung von Mitarbeitern
- Einführung von Umweltmanagementsystemen
- Umweltschutzbezogene Information und Kommunikation

Quelle: eigene Darstellung

Quelle: iwd, Nr. 2/2008.

6.2 Standortprobleme, dargestellt am Beispiel des Umweltschutzes

Nicht ohne Einfluss auf die Standortwahl der Betriebe sind die Umweltschutzvorschriften. Es handelt sich hierbei z. B. um Rechtsvorschriften des Naturschutzes und des Schutzes gegen Emissionen[1] (z. B. Verunreinigungen von Luft, Wasser und Erdreich, Lärm, Erschütterungen, Licht und Strahlen). Aber auch Vorschriften zur Sicherung bestimmter natürlicher Gegebenheiten, der Landschaft und der Raumordnung gehören zum Umweltrecht.

1 **Emission** (emittere [lat.]) bedeutet so viel wie Aussendung, Freilassung, Ausströmen z. B. von luft- und wasserverunreinigenden Stoffen (z. B. Chemikalien, Stäube usw.). Auch die von Anlagen (z. B. Maschinen) ausgehenden Geräusche, Erschütterungen, Licht, Wärme, Strahlen und ähnliche Erscheinungen sind Emissionen (siehe § 3 III BImSchG). Die auf die Umwelt (z. B. Menschen, Tiere, Pflanzen) einwirkenden (eindringenden) oder dort bereits vorhandenen Schadstoffkonzentrationen werden **Immissionen** genannt (siehe auch § 3 II BImSchG).

Würde man es den Betrieben überlassen, ihre Standorte frei zu wählen, würde den Bedürfnissen des Umweltschutzes in aller Regel nur in unzureichendem Maß Rechnung getragen werden. Deshalb muss der Staat die Standortwahl der Betriebe beeinflussen: Er betreibt **Raumordnungspolitik.**

Fallbeispiel: Ein Betrieb soll erweitert werden

Zur Situation

In einem ländlichen Dorf ist die Bebauung von alters her bunt gemischt. Reine Wohngebäude stehen neben Ställen, Läden und Handwerksbetrieben. Im Laufe der letzten Jahrzehnte hat sich die Zusammensetzung der Bebauung gewandelt. Immer mehr Landwirte haben ihren Betrieb aufgegeben und die bestehende Bausubstanz in Wohnbebauung umgewandelt.

In diesem Umfeld befindet sich ein Metall verarbeitender Betrieb, die Metallwarenfabrik Wegmann KG. Aus einer ehemaligen dörflichen Schmiede hat sich im Laufe der Jahre ein mittelständischer Betrieb mit ca. 50 Mitarbeitern entwickelt. Verschiedene Erweiterungsbauten haben trotz Zukauf das vorhandene Betriebsgelände nahezu ausgeschöpft.

Seit Jahren werden von den Anliegern Klagen über die Belästigungen, die von diesem Betrieb ausgehen, geführt. Zum einen ist der Lärm, den der Betrieb verursacht, nach Ansicht der Betroffenen unzumutbar, zum anderen seien die Abgase gesundheitsschädlich. Darüber hinaus würden die Beschäftigten in der ganzen Umgebung die Straßen zuparken und damit bei Arbeitsbeginn und -ende, neben allgemeinen Behinderungen, eine erhebliche Belästigung darstellen.

Die Gemeinde hat in den letzten Jahren durch Bebauungspläne die Entwicklung neu geordnet und Flächen für die gewerbliche Nutzung und Flächen für die Wohnbebauung ausgewiesen. Die Metallwarenfabrik Wegmann KG wurde durch diese Planung nicht betroffen.

Problemstellung

Der Betrieb der Metallwarenfabrik Wegmann KG muss erweitert werden und es wird überlegt, ob diese Erweiterung am bisherigen Standort erfolgen soll oder ob eine Verlagerung des gesamten Betriebs in das Gewerbe-/Industriegebiet richtig ist. Die Gemeinde würde die benötigte Fläche verkaufen.

Lösungsanbahnung:

1. Der Betriebsinhaber, Herr Wegmann, nimmt zur Entscheidungsfindung mit den **Gemeindebehörden Kontakt auf.** Baugenehmigungsbehörde ist das Landratsamt. Dort erfährt er:
   - Es liegt kein Bebauungsplan vor. Deshalb ist § 34 Baugesetzbuch anzuwenden. Danach ist ein Vorhaben zulässig, wenn es sich nach Art und Maß der baulichen Nutzung in die umgebende Bebauung einfügt. Die Art der baulichen Nutzung der Umgebung ergibt sich aus der vorhandenen Wohnbebauung und aus kleinen Läden, einem Bürohaus, kleinen Handwerksbetrieben, einer Gaststätte und eben der Metallwarenfabrik Wegmann KG.
   - Die Baunutzungsverordnung, die in Ergänzung des Bundesbaugesetzes erlassen wurde, stuft eine derartige Bebauung als Mischgebiet ein. Die vorgesehene Bebauung würde an dieser Beurteilung nichts ändern und wäre damit zulässig. Gefordert wird allerdings, dass die in einem Mischgebiet zulässigen Emissionswerte nicht überschritten werden.

     Emissionen sind die von einer Anlage (z.B. einer Maschine) ausgehenden Luftverunreinigungen, Geräusche, Erschütterungen, Licht, Wärme, Strahlen und ähnliche Erscheinungen (siehe auch § 3 III BImSchG), die von einer Stelle ausgehen.

     Immissionen sind z.B. Luftverunreinigungen, Geräusche, Erschütterungen, Licht, Wärme und Strahlen, die auf die Organismen (Menschen, Tiere, Pflanzen), die Atmosphäre (Luft), Hydrosphäre (Gewässer), die Lithosphäre (Böden) und auf Kultur- und sonstige Sachgüter einwirken oder dort bereits vorhandene Schadstoffkonzentrationen (siehe § 3 I, II BImSchG).
   - Mehrere, auf der Rechtsgrundlage des Bundes-Immissionsschutzgesetzes [BImSchG] erlassene Rechtsverordnungen schreiben Immissionsgrenzwerte bzw. Immissionsrichtwerte vor. Entscheidend dabei ist, welche Umweltbelastungen auf die zu schützenden „Rechtsgüter" (Umweltschutzgüter) einwirken. Grundsätzlich gilt, dass alle nach dem Stand der Technik ver-

meidbaren Emissionen und damit auch Immissionen vermieden werden müssen. Im vorliegenden Fall wurden die Lärmwerte untersucht.

Hinsichtlich des Lärms sind in der TA-Lärm[1] Immissionswerte für Lärm vorgegeben. Danach dürfen folgende Werte als Durchschnittswerte nicht überschritten werden:

Als Immissionsrichtwerte sind festgesetzt für

– Gebiete, in denen nur gewerbliche oder industrielle Anlagen und Wohnungen für Inhaber und Leiter der Betriebe sowie für Aufsichts- und Bereitschaftspersonen untergebracht sind, auf	70 dB (A)[2]	
– Gebiete, in denen vorwiegend gewerbliche Anlagen untergebracht sind, auf	tagsüber nachts	65 dB (A) 50 dB (A)
– Gebiete mit gewerblichen Anlagen und Wohnungen, in denen weder vorwiegend gewerbliche Anlagen noch vorwiegend Wohnungen untergebracht sind, auf	tagsüber nachts	60 dB (A) 45 dB (A)
– Gebiete, in denen vorwiegend Wohnungen untergebracht sind, auf	tagsüber nachts	55 dB (A) 40 dB (A)
– Gebiete, in denen ausschließlich Wohnungen untergebracht sind, auf	tagsüber nachts	50 dB (A) 35 dB (A)
– Kurgebiete, Krankenhäuser und Pflegeanstalten auf	tagsüber nachts	45 dB (A) 35 dB (A)
– Wohnungen, die mit der Anlage baulich verbunden sind, auf	tagsüber nachts	40 dB (A) 30 dB (A)

Die Durchschnittswerte werden mit einer genau festgelegten Messmethode errechnet.

Das Gewerbeaufsichtsamt hat aufgrund der vorangegangenen Beschwerden die Lärmbelastung durch den Betrieb ermittelt. Von 06:00 Uhr bis 22:00 Uhr wurden 68 dB (A) festgestellt, da der Betrieb in zwei Schichten arbeitet. Hinzu kommt noch der Verkehrslärm der an- und abfahrenden Fahrzeuge, der dem Betrieb ebenfalls zugerechnet werden muss.

- Für die Abgase aus dem Betrieb ist die TA-Luft heranzuziehen. Auch hier ist geregelt, welche Stoffe in einer bestimmten Menge Abluft noch enthalten sein dürfen.

  Die Genehmigungsbehörde fordert deshalb für den Fall eines Bauantrags neben den allgemeinen Bauvorlagen auch ein schallschutztechnisches Gutachten eines vereidigten Sachverständigen, in dem die geplanten Schallschutzmaßnahmen und deren Auswirkungen dargestellt werden. Ebenso wird ein Gutachten über die Lüftungsanlage gefordert.
- Darüber hinaus weist die Genehmigungsbehörde darauf hin, dass nach den einschlägigen Vorschriften der Landesbauordnung ausreichend Stellplätze für Kraftfahrzeuge auf eigenem Grund angelegt werden müssen. Dies könne im vorliegenden Fall wohl nur über eine Tiefgarage erfolgen.

2. Der Betriebsleiter nimmt nach dieser Auskunft **Kontakt mit Fachleuten** auf.
   - Es zeigt sich, dass die Schallschutzanforderungen an den Betrieb nur dann erfüllt werden können, wenn sämtliche Glasflächen im Alt- und Neubau in Schallschutzverglasung ausgeführt

1 **TA-Lärm:** Technische Anleitung zum Schutz gegen Lärm.

2 **Dezibel** (dB) ist die Maßeinheit für Lärm. Da es mehrere „Lärmkurven" gibt, hat man die einzelnen Kurven mit Buchstaben bezeichnet. International wird meist die Kurve A angewendet, die mit dB (A) bezeichnet wird.
Geräusche von 0–20 dB (A) sind i.d.R. nur unter Laborbedingungen hörbar. In ruhigen Gegenden betragen die Umgebungsgeräusche 20–30 dB (A). Bei normalen Unterhaltungen schwanken die Pegelwerte zwischen 40 bis 60 dB (A). Starker Autoverkehr verursacht einen Lärm von rund 80 dB (A). Presslufthämmer, Musikanlagen erreichen bis zu 100 dB (A).

werden. Aus arbeitsschutzrechtlichen Gründen müssen Fenster vorhanden sein, sie dürfen jedoch nicht zu öffnen sein. In die Zugänge und Zufahrten zu den Werkshallen sind Schallschutzschleusen einzubauen.

- Die Abluft ist über spezielle Filter in einen Abluftschacht zu führen, dessen Austrittsöffnung im freien Windstrom, mindestens 5 Meter über den umgebenden Gebäuden liegt. Zuluftöffnungen und Ventilatoren sind in einer speziellen lärmgedämmten Ausführung herzustellen.
- Das Stellplatzproblem muss durch eine Tiefgarage gelöst werden.

Ergebnis:

Bei der Überprüfung des Betriebsablaufs stellt sich heraus, dass ein Erweiterungsbau am bisherigen Standort nicht optimal in die bestehenden Betriebsgebäude eingegliedert werden kann. Durch Umstellung von Produktionsabläufen ist zwar eine Verbesserung der jetzigen Situation zu erwarten, die gleichzeitig aber wieder durch die schallschutz- und lüftungstechnischen Einrichtungen aufgehoben wird.

Völlig offen ist die Entwicklung der Anforderungen an den Betrieb aufgrund seiner Umgebung. Jede Verschärfung der Umweltschutzvorschriften kann sich hier in besonderem Maße auswirken.

Hinzu kommt, dass der Betrieb keinerlei Erweiterungsmöglichkeiten mehr hat.

Eine Kosten-Nutzen-Analyse zeigt, dass bei den gegebenen Verhältnissen eine Aussiedlung des Betriebs aus dem Dorfkern in das Gewerbe- und Industriegebiet wirtschaftlich und zukunftsorientiert richtig ist. Herr Wegmann entscheidet sich in diesem Sinne.

Zusammenfassung

- Die **staatliche Umweltpolitik** umfasst:

Restriktive (eingeschränkte) Maßnahmen	Förderungsmaßnahmen
z. B.: – Verbote – Gebote – Umweltsteuern und -abgaben – Umweltzertifikate („Glockenpolitik") – Umweltverträglichkeitsprüfungen – direkte und indirekte Subventionierung – Verschärfung des Umwelthaftungs- und -strafrechts	z. B.: – Barzuschüsse – verbilligte Darlehen – Steuervergünstigungen – Aufklärung (Umwelterziehung)

- Die Umsetzung umweltpolitischer Ziele sollte als **einzel- und gesamtwirtschaftliche Chance** aufgefasst werden.
- Der **Verbraucher** beeinflusst mit seinem **Nachfrageverhalten** in maßgebender Form das Angebotsverhalten der Unternehmen. Das Angebot an umweltschädigenden Produkten verringert sich in dem Maße, in dem **umweltschonende Produkte** nachgefragt werden.
- Bei den **Ökobilanzen** handelt es sich um ein **Mess- und Rechnungssystem** zur Erfassung aller **mengen- und wertmäßigen** Arten der Umweltbelastung durch die Unternehmen.

Übungsaufgabe

31 1. Erläutern Sie an zwei selbst gewählten Beispielen, warum die Messung von Umweltschäden schwierig ist!

2. Erklären Sie den Zusammenhang zwischen Luft-, Wasser- und Bodenverunreinigung an einem eigenen Beispiel!

3. Begründen Sie, warum marktkonforme Eingriffe des Staates im Bereich des Umweltschutzes durch Ge- und Verbote ergänzt werden müssen!

4. Erklären Sie den Unterschied zwischen Umweltsteuern und Umweltsonderabgaben!

5. Zeigen Sie mithilfe einer normalen Angebots- und Nachfragekurve die Wirkung einer Umweltabgabe für ein Gut auf den Preis und die absetzbare Menge dieses Gutes!

6. Worin besteht der Vorteil der „Glockenpolitik" gegenüber der staatlichen Vorgabe von Grenzwerten?

7. Die Umweltverträglichkeitsprüfung ist ein Instrument der Umweltpolitik. Begründen Sie diese Aussage!

8. Zeigen Sie mithilfe normaler Angebots- und Nachfragekurven die Wirkung staatlicher Umweltsubventionen für ein Gut auf den Preis und die absetzbare Menge dieses Gutes!

9. Das Umwelthaftungsgesetz geht vom Verursacherprinzip aus und begründet eine Gefährdungshaftung. Was heißt das?

10. Stellen Sie in Ihrer Klasse in einer gemeinsamen Diskussion mögliche Widersprüche (Zielkonflikte) zwischen den Unternehmenszielen, Gewinnmaximierung, Arbeitsplatzsicherung und Umweltschutz zusammen! Wählen Sie hierzu eine Moderatorin bzw. einen Moderator!

11. Die Notwendigkeit, mit der Umwelt behutsam umzugehen, die natürlichen Ressourcen zu schonen und umweltschädliches Verhalten zu vermeiden, wird – so allgemein ausgedrückt – wohl von den meisten Bürgern akzeptiert. Oft braucht es aber einen zusätzlichen Anstoß, damit die Einsicht in das ökologisch Notwendige auch praktisch umgesetzt wird. Dabei kommen aus umweltpolitischer Sicht verschiedene Instrumente zur Beeinflussung des Umweltverhaltens in Betracht: Ordnungsrechtliche Mittel wie Gebote und Verbote, die Förderung von Umweltschutzinvestitionen, Selbstverpflichtungen der Unternehmen, nicht zuletzt aber auch **wirtschaftlich wirksame Maßnahmen** wie die Versteuerung des Umweltverbrauchs durch sogenannte Ökosteuern. Richtig eingesetzt, kann von solchen Abgaben ein Anreiz ausgehen, jeweils die ökonomisch günstigste Möglichkeit zur Vermeidung oder Reduzierung von Umweltbelastungen zu suchen.

    Derartige Überlegungen standen auch im Hintergrund der **Ökosteuerreform,** deren erste Stufe am 01.04.1999 in Kraft trat und die in vier weiteren Stufen fortgeführt wurde. Kernstück der Reform ist die zusätzliche Besteuerung des Energieverbrauchs (Erdgas, Heizöl, Benzin- und Dieselkraftstoff sowie elektrischer Strom).

    Neben dem ökologischen Lenkungsziel verfolgt die Reform eine weitere Absicht: Der Ertrag aus der Ökosteuer wird nämlich zum größten Teil verwendet, um die Rentenversicherungsbeiträge zu subventionieren und damit sowohl die Arbeitnehmer zu entlasten als auch die Arbeitskosten der Unternehmen zu senken. Mit anderen Worten: Energie soll teurer, Arbeit billiger werden. Ein Teil des Ökosteueraufkommens fließt außerdem in die Förderung erneuerbarer Energien. Die Kritik an der Ökosteuerreform richtete sich unter anderem gegen die Vermischung von umwelt- und arbeitsmarkt- bzw. sozialpolitischen Zielen, da sie eine exakte Wirkungskontrolle erschwert. Ökologisch fragwürdig sind die

16 Boller, Hartmann - ISBN 978-3-8120-0398-8

zahlreichen Ausnahmeregelungen, die gerade den energieintensiven Industriezweigen eingeräumt wurden, um sie im Wettbewerb nicht zu benachteiligen.[1]

Aufgaben:

11.1 Welche Absichten verfolgt die sogenannte ökologische Steuerreform?

11.2 Überlegen Sie, warum diese „ökologische Steuerreform" vielfach auf Kritik gestoßen ist!

12. Betrachten Sie folgendes Schaubild zur Nachhaltigkeit.

Unternehmen: So wichtig ist ihnen Nachhaltigkeit

Nachhaltige Entwicklung stellt einen kontinuierlichen Prozess dar, in dem die ökonomische, ökologische und soziale Dimension in Unternehmen immer wieder neu abgewogen werden.

Auf die Frage: „Welchen Stellenwert hat eine so verstandene Nachhaltigkeit für Ihr Unternehmen?" antworten so viel Prozent der Unternehmen

Nachhaltigkeit ist ein Bestandteil unseres Leitbildes	83
Nachhaltigkeit trägt zu Kostenreduktionen bei (z. B. Energie- und Materialeffizienz)	73
Nachhaltigkeit ist zur Erschließung von Zukunftsmärkten wichtig	65
Wir haben eine verantwortliche Stelle/Person für Nachhaltigkeitsbelange	62
Wir haben für uns konkrete Nachhaltigkeitsziele formuliert	60
Nachhaltigkeit ist für die Motivation der Mitarbeiter wichtig	60
Wir haben Nachhaltigkeit bereits mit unserem Kerngeschäft verknüpft (z. B. Entwicklung grüner Produkte oder Technologien)	59
Wir berücksichtigen Nachhaltigkeitsaspekte bei der Lieferantenauswahl	55
Wir kontrollieren regelmäßig die Erfüllung der Nachhaltigkeitsziele	52
Wir veröffentlichen einen Nachhaltigkeitsbericht	49
Nachhaltigkeit ist für unsere Unternehmensbewertung wichtig (Finanzmärkte)	43
Nachhaltigkeit ist für uns aufgrund kritischer Medienberichterstattung wichtig	37
Wir veröffentlichen keine Nachhaltigkeitsberichte, aber wir planen dies	10
Sonstiges	3

Mehrfachnennungen; Befragung von 157 Umweltexperten der Wirtschaft im März/April 2012
Quelle: IW-Umweltexpertenpanel

Institut der deutschen Wirtschaft Köln

Quelle: Institut der deutschen Wirtschaft, Köln, iw-dienst, Nr. 24, 14. Juni 2012, S. 8.

Aufgabe:

Entwickeln Sie zu einem größeren Unternehmen Ihrer Wahl – bei dem Sie selbst Kunde sind – fünf konkrete Vorschläge, wie dieses Unternehmen Nachhaltigkeit ganz pragmatisch umsetzen könnte!

Formulieren Sie anschließend, welche Konsequenzen sich aus Ihren Vorschlägen für Sie als Kunde ergeben!

1 Quelle: Text zum Zahlenbild 182125.

Lernbereich 8: Möglichkeiten der Einkommens- und Vermögensverteilung darstellen und beurteilen

1 Die Wechselwirkung zwischen Einkommens- und Vermögensverteilung

Insgesamt betont das Leitbild der sozialen Marktwirtschaft – ebenso wie der (klassische) Liberalismus – die Freiheitsrechte des Individuums und bejaht – wirksamen Wettbewerb vorausgesetzt – eine **an der Marktleistung orientierte Einkommensverteilung.**

Nicht zuletzt deshalb, sondern auch vor dem Hintergrund der Erkenntnis, dass die Leistungsfähigkeit einer Marktwirtschaft ganz entscheidend von der **Wirksamkeit des Wettbewerbs** abhängig ist, forderten die geistigen Väter der sozialen Marktwirtschaft eine Rahmensetzung im Sinne einer Ordnungspolitik, die die Entfaltung eines wirksamen Wettbewerbs ermöglicht und so vor Verfälschungen und Beschränkungen schützt. Eine solch konsequente Wirtschaftsordnungspolitik **entlastet** die **Sozialpolitik** in erheblichem Umfang. Denn auch Müller-Armack als einer der geistigen Väter dieses Leitbildes verstand unter „sozial" **weniger einen Sozialstaat,** der durch Umverteilung den „Wohlstand für alle" garantiert. Vielmehr forderte er ein Wirtschaftssystem, das bei Nutzung des insgesamt vorhandenen Produktionspotenzials eine **effiziente** und **bedarfsgerechte Versorgung** der Gesellschaft mit Gütern ermöglicht und eine **leistungsgerechte** Einkommensverteilung gewährleistet.

Wie viel Geld steht einer Haushaltsgemeinschaft in Deutschland, die aus mindestens einer Person besteht, monatlich zur Verfügung? Nach einer Auswertung des GfK GeoMarketings kamen im Jahr 2012 22,9 % aller Haushalte – und damit die meisten – mit Lohn bzw. Gehalt, Rente, Mieteinnahmen u.ä. zusammen auf netto 2600 bis unter 4000 Euro. 22,3 % der Haushalte hatten monatlich 4000 Euro oder mehr. Der Anteil der Topverdiener mit einem Einkommen von über 7500 Euro monatlich lag deutschlandweit bei 3,5 %. Mit weniger als 1100 Euro mussten dagegen 14,2 % der Haushalte auskommen.

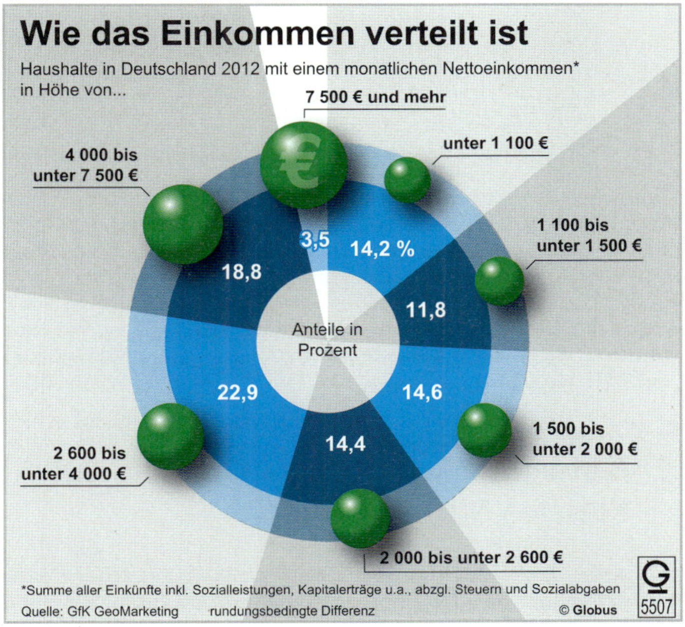

Die Verteilung von Einkommen und Vermögen wird allgemein als **Verteilungspolitik** bezeichnet, die ihrerseits der Wirtschaftspolitik zuzuordnen ist.

Merke:

Die **Ziele der Einkommens- und Vermögensverteilung** sind **eng** miteinander **verknüpft** und werden häufig als **Einheit** betrachtet, da **Einkommen** und **Vermögen** in einer **Wechselwirkung** zueinander stehen. So kann einerseits **Vermögen** nur **gebildet** werden, indem Teile des **Einkommens gespart** werden, wohingegen andererseits aus dem **gebildeten Vermögen** selbst (z.B. Sparguthaben, Immobilien) wiederum **Einkommen** (z.B. Zins, Miete) **fließen.**

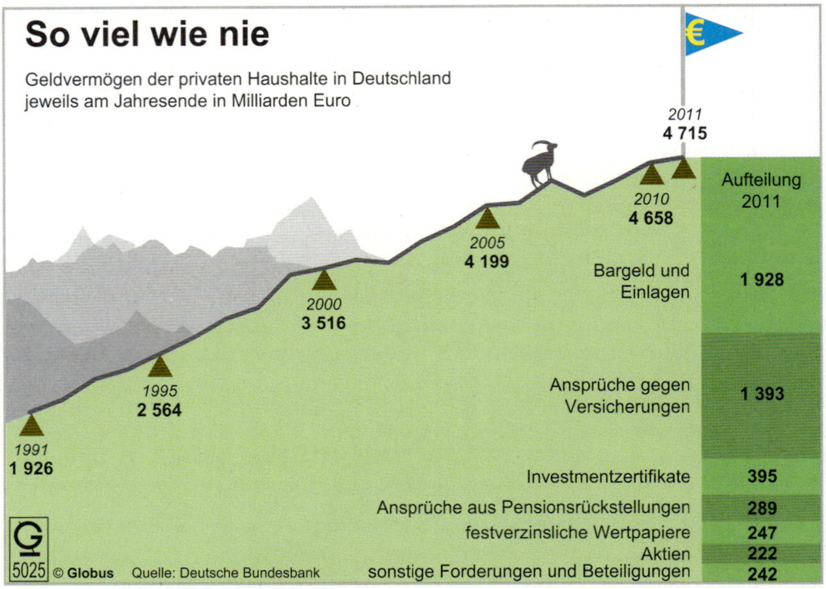

Trotz unsicherer Zeiten und niedriger Zinsen: Das Vermögen der Deutschen springt von Rekord zu Rekord. Laut den Zahlen der Deutschen Bundesbank legte das Geldvermögen der privaten Haushalte im Jahr 2011 um 1,2 Prozent zu. Damit ist ein neuer Höchstwert von 4714,8 Mrd. Euro erreicht, der zum Beispiel in Form von Bargeld und Einlagen, festverzinslichen Wertpapieren, Aktien, Investmentzertifikaten und Ansprüchen gegenüber Versicherungen sowie aus Pensionsrückstellungen angelegt wurde. Im Jahr 2010 gab es allerdings noch einen Anstieg von rund fünf Prozent. Dem Geldvermögensberg stehen auch milliardenschwere Verbindlichkeiten (Schulden) gegenüber. Sie summierten sich 2011 auf 1 549 Mrd. Euro – rund 16 Mrd. mehr als im Jahr 2010.

2 Notwendigkeit der Umverteilung durch den Staat in einer sozialen Marktwirtschaft

Ein wesentlicher Schritt zur sozialen Sicherung einer Person innerhalb einer Volkswirtschaft besteht zweifelsohne zunächst einmal darin, ihr die Erzielung eines zur **Existenzsicherung** ausreichenden Einkommens zu ermöglichen. Gelingt dies allerdings nicht – da beispielsweise der Marktprozess bei der Einkommensverteilung „versagt" und es zu einer unerwünschten Verteilung der Produktionsergebnisse (Distribution) kommt oder die Person nicht selbst aus eigenen Kräften für ihren Lebensunterhalt sorgen kann –, ist in einer sozialen Marktwirtschaft der **Staat** gefragt. Seine Aufgabe im Rahmen der Verteilungspolitik besteht nunmehr darin, über eine **Umverteilung** (Redistribution) die Marktergebnisse zu korrigieren.

Merke:

Die konkrete Ausgestaltung dieses staatlichen Eingreifens im Rahmen der Verteilungspolitik ist allerdings eng mit der Frage nach einer **„gerechten"** Verteilung verknüpft. Eine Antwort darauf, welche Einkommens- und Vermögensverteilung als gerecht anzusehen ist, lässt sich **objektiv** nicht geben. Schließlich ist Gerechtigkeit ein **Empfinden** und als solche nicht **absolut** messbar.

Eine gerechte Einkommens- und Vermögensverteilung wäre demzufolge allenfalls dann realisiert, wenn **alle** Wirtschaftssubjekte einer Gesellschaft ihre relative Einkommens- und Vermögensposition als gerecht ansehen. Eine derartige Zieldefinition dürfte allerdings in der Realität nicht zu erreichen sein.

Wenn also das wirtschaftspolitische Ziel einer „gerechten" Einkommens- und Vermögensverteilung inhaltlich **nicht verbindlich festgelegt** werden kann, so besteht doch heute weitgehend Einigkeit darüber, dass die personalen Einkommensunterschiede, wie sie sich als Ergebnis des Marktprozesses bilden, durch Umverteilung verringert werden sollen.

Merke:

Das **Ziel der Verteilungspolitik** besteht demzufolge primär darin, zu einer **gleichmäßigeren Verteilung** von Einkommen und Vermögen innerhalb einer Gesellschaft beizutragen.

Welches Verständnis bezüglich der **sozialen Gerechtigkeit** innerhalb der Bevölkerung vorherrscht, verdeutlicht nachfolgendes Umfrageergebnis.

Umfrage: Soziale Gerechtigkeit

„Welche dieser drei Definitionen von sozialer Gerechtigkeit halten Sie für zutreffend?"

Soziale Gerechtigkeit ist, wenn der Staat darauf achtet, ...

TNS Forschung für den SPIEGEL vom 16. und 17. Oktober 2007, 1000 Befragte; an 100 fehlende Prozent: „weiß nicht/keine Angabe".

... dass alle die gleichen Chancen für ihre Entwicklung haben, zum Beispiel bei Schulbildung und beruflicher Ausbildung, dann aber jeder selbst sehen muss, was er daraus macht.	... dass für alle Bürger, unabhängig von ihren Leistungen, ein menschenwürdiges Dasein gesichert und ein Abgleiten in die Armut verhindert wird.	... dass es keine allzu großen Unterschiede in den Einkommens- und Lebensbedingungen der Menschen gibt und das, was die Gesellschaft erwirtschaftet, einigermaßen gleichmäßig verteilt wird.
trifft zu 85 %	trifft zu 79 %	trifft zu 52 %
14 % trifft nicht zu	19 % trifft nicht zu	48 % trifft nicht zu

Quelle: Der Spiegel Nr. 43/2007.

Im Rahmen der Einkommensverteilung innerhalb einer Volkswirtschaft lassen sich grundsätzlich **zwei Kategorien** unterscheiden:

Primäre Einkommensverteilung	Sie ergibt sich als **unmittelbares Ergebnis** aus dem Produktionsprozess. Die primäre Einkommensverteilung hängt allgemein von der Knappheit der zur Verfügung gestellten Produktionsfaktoren und beim Arbeitseinkommen speziell von den Vereinbarungen der Tarifparteien ab. Letztlich versteht man hierunter die Verteilung des Sozialprodukts auf die Wirtschaftssubjekte entsprechend ihrer **Beteiligung am Produktionsprozess.**
Sekundäre Einkommensverteilung	Als sekundäre Einkommensverteilung bezeichnet man das Ergebnis, das sich nach dem Eingreifen des Staates in die Verteilung der am Markt erzielten Einkommen ergibt.

3 Arten der Einkommensverteilung

3.1 Sozialpolitische Aktivitäten des Staates im Überblick

Dem Ordnungsentwurf der sozialen Marktwirtschaft entspricht eine Synthese[1] von wettbewerbspolitisch zu sichernden wirtschaftlichen Freiheitsrechten einerseits und sozialer Bindung der wirtschaftlich tätigen Menschen und ihrer Organisationen (den „Wirtschaftssubjekten") andererseits. Um diesen zweiten Aspekt realisieren zu können, bedarf es gestaltender Maßnahmen des Staates, die als **Sozialpolitik** bezeichnet werden.

Sozialpolitische Aktivitäten des Staates im Rahmen der sozialen Marktwirtschaft

Beschäftigungspolitik	Verteilungspolitik	Arbeitsschutzpolitik	Politik zur Absicherung von Arbeitsrisiken (Sozialversicherung)	Sonstige sozialpolitische Maßnahmen
▪ Maßnahmen zur Erreichung eines möglichst hohen Beschäftigungsstands ▪ Erhaltung und Schaffung von Arbeitsplätzen ▪ Berufsberatung Arbeitsmarktberatung ▪ Ausbildungs- und Arbeitsvermittlung ▪ Förderung der beruflichen Bildung und Weiterbildung	Einkommens- und Vermögensumverteilung durch ▪ Steuerpolitik ▪ Vermögenspolitik ▪ Familienpolitik (z. B. Kindergeld) ▪ sonstige Sozialleistungen (Transferzahlungen wie z. B. Wohngeld, Arbeitslosengeld II, BAföG, Altershilfe für Landwirte) ▪ Preispolitik	▪ Schutz der materiellen Rechte durch Arbeitsvertrags-, Berufsbildungs-, Tarifvertrags- und Mitbestimmungsrecht (Arbeitsrecht i. e. S.) ▪ Sozialer Arbeitsschutz (z. B. Arbeitszeitgesetz, Mutterschutzgesetz, Jugendarbeitsschutzgesetz, Kündigungsschutzgesetz) ▪ Schutz des Lebens und der Gesundheit durch menschengerechte Gestaltung der Arbeit, technischen Arbeitsschutz und Unfallversicherung	▪ Gesetzliche Krankenversicherung ▪ Soziale Pflegeversicherung ▪ Gesetzliche Rentenversicherung ▪ Gesetzliche Arbeitsförderung (Arbeitslosenversicherung) ▪ Gesetzliche Unfallversicherung	▪ Umweltschutzpolitik ▪ Gesundheitspolitik ▪ Strukturpolitik ▪ Bevölkerungspolitik ▪ Bildungspolitik

1 **Synthese** (gr., lat.): Zusammenfügung einzelner Teile.

Merke:

Das Ergebnis aller sozialpolitischen Entscheidungen und Maßnahmen bezeichnet man als **Sozialordnung.**

Für die Bundesrepublik Deutschland stellt Art. 20 I GG fest: *„Die Bundesrepublik Deutschland ist ein demokratischer und sozialer Bundesstaat."* Verwirklicht wird dieses „Sozialstaatspostulat"[1] des Grundgesetzes durch ein **Netz sozialer Sicherungsmaßnahmen.**

Im Rahmen dieses Kapitels wird auf die **Verteilungspolitik** eingegangen.

3.2 Primärverteilung

Rein wirtschaftlich gesehen ist der Lohn als wichtigste Einkommensart zwar der „Preis für menschliche Arbeit" (für den Produktionsfaktor Arbeit). Dennoch ist er mehr: Er versetzt den Einzelnen nämlich in die Lage, menschenwürdig zu leben, sofern die Lohnhöhe ausreichend ist. Daher verwundert es nicht, dass immer wieder nach dem „gerechten" Lohn (nach gerechter Einkommensverteilung) gefragt wird.

Merke:

Enthält sich der Staat jeder Einflussnahme auf die Verteilung der Einkommen oder erhebt er allenfalls indirekte Steuern, ergibt sich die **Primärverteilung**[2] des Volkseinkommens.

Bei der Verteilung des Volkseinkommens unterscheidet man die **funktionelle** und die **personelle** Einkommensverteilung.

3.2.1 Funktionelle Einkommensverteilung

Merke:

Wird danach gefragt, welchen Produktionsfaktoren die Einkommensanteile zugeflossen sind, spricht man von **funktioneller Einkommensverteilung.**[3]

(1) Arbeitseinkommen (Arbeitnehmerentgelt)

Sie sind die Einkommen der Unselbstständigen (Arbeiter, Angestellte, Beamte, Richter, Soldaten) aus ihrer Arbeitstätigkeit.

1 **Postulat** (lat.): Forderung. Sozialstaatspostulat: Forderung, einen Sozialstaat zu errichten bzw. zu erhalten.

2 **Primär:** zuerst, erstrangig; „Primärverteilung" deshalb, weil sich diese Verteilung vor staatlicher Einflussnahme ergibt.

3 **„Funktionelle" Einkommensverteilung** deshalb, weil das Volkseinkommen entsprechend den Aufgaben (Funktionen) der einzelnen Produktionsfaktoren verteilt wird.

(2) Bodeneinkommen

Wie jedes knappe Gut hat der Boden seinen Preis, und zwar in Form eines Pachtzinses, eines Kaufpreises oder eines Nutzungsgewinns wie z. B. in der Landwirtschaft. Das Bodeneinkommen wird in der Volkswirtschaftslehre als **Bodenrente** oder **Grundrente** bezeichnet.

Die Berechtigung der Bodenrente als Einkommensquelle ist seit Langem umstritten, vor allem auch deshalb, weil der Boden prinzipiell nicht vermehrbar ist. Radikale[1] **Bodenreformer,** vor allem die Sozialisten, forderten und fordern die Aufhebung des Privateigentums am Grundeigentum. Gemäßigtere Bodenreformer verlangen zwar nicht die Aufhebung des privaten Grundeigentums, wohl aber eine Steuergesetzgebung, die die Abschöpfung der Grundrente (mit Ausnahme der Intensitätsrente) zum Ziel hat.

(3) Kapitaleinkommen

Das Entgelt für die Überlassung von Kapital ist der **Zins.**

- Der **ursprüngliche (originäre) Zins** ist das Einkommen, das einem Kapitaleigentümer zufällt, wenn er sein Geldkapital im eigenen Unternehmen zu produktiven Zwecken einsetzt, also investiert. Der originäre Zins ist demnach der Zins für Kapital im volkswirtschaftlichen Sinne **(„Kapitalzins“, „realer Zins“).**
- Der **Leihzins** ist der Zins, der sich auf den Kreditmärkten (Geld- und Kapitalmärkte) aufgrund von Angebot und Nachfrage bildet. Man spricht deshalb auch vom **„Kreditzins“** oder **„Geldzins“.**

Der durchschnittliche **ursprüngliche Zins** und der **durchschnittliche Leihzins** sind **selten gleich hoch.** Dennoch sind ihre Durchschnittshöhen interdependent (d. h. voneinander abhängig). So wird ein Unternehmer beispielsweise nur so lange investieren, wie seine Rendite (Verzinsung aus der Investition) mindestens so hoch ist wie der Geldzinssatz. Steigende Absatzpreise erhöhen somit – unter sonst gleichen Bedingungen – die Rentabilität des Sachkapitals (das Kapitaleinkommen) und umgekehrt.

(4) Unternehmenseinkommen

Das Unternehmenseinkommen enthält mehrere Einkommensbestandteile, nämlich den **Unternehmerlohn,** die **Kapitalverzinsung,** die **Risikoprämie** und den **Unternehmergewinn** für Eigentümerunternehmer.

Unternehmerlohn	Der Unternehmerlohn ist die kalkulierte Vergütung für die Arbeitsleistung des Unternehmers in seinem Betrieb.
Kapitalverzinsung	Die Kapitalverzinsung ist das Entgelt für das investierte Kapital.
Risikoprämie	Die Risikoprämie stellt das Entgelt für das Wagnis dar, das der Unternehmer mit der Gründung seines Betriebs und dem Einsatz seiner finanziellen Mittel eingegangen ist.

1 **Radikal:** (wörtl.) „von der Wurzel her“.

Ein eventuell noch verbleibender Rest ist der **eigentliche Unternehmergewinn.** Für ihn gilt folgende Definitionsgleichung:

Unternehmergewinn = Ertrag – Aufwand – Kapitalverzinsung – Risikoprämie – Unternehmerlohn

Man könnte nun der Auffassung sein, dass eine Einkommensverteilung dann „gerecht" ist, wenn das Volkseinkommen den **einzelnen Produktionsfaktoren** entsprechend ihrer **Beiträge zur gesamtwirtschaftlichen Leistung** zufließt. Indessen ist es in einer arbeitsteiligen Gesellschaft unmöglich, den einzelnen Produktionsfaktoren ihren Beitrag zum Volkseinkommen zuzurechnen, ganz abgesehen davon, dass eine funktionelle Einkommensverteilung die Leistungsschwachen und -unfähigen unberücksichtigt lassen würde (z. B. Kinder, in der Ausbildung Stehende, Kranke, Alte). Das Problem der **„gerechten" Einkommensverteilung** muss daher **politisch** gelöst werden.[1]

3.2.2 Personelle Einkommensverteilung mittels Lorenzkurve und Gini-Koeffizient

Merke:

Untersucht man die primäre Einkommensverteilung auf verschiedene soziale Gruppen (Personengruppen), spricht man von **personeller Einkommensverteilung.**

Unter personellen Gesichtspunkten kann man die Einkommensverteilung z. B. bei folgenden Personengruppen (sozialen Gruppen) untersuchen: Arbeiter, Angestellte, Beamte, Soldaten, Selbstständige und Rentner.

Die personelle Einkommensverteilung lässt sich gut mithilfe der **Lorenz-Kurve** – LORENZ war ein amerikanischer Statistiker – veranschaulichen.

Beispiel:

Angenommen, in einer Gesellschaft mit 360 000 Haushalten ergeben sich folgende Einkommensschichten:

Anzahl der Haushalte	% der Haushalte	% kumuliert	Einkommen bis ... GE*	Gesamteinkommen in Mio. GE	% des Einkommens	% kumuliert
80 000	22,2	22,2	1 500	120	12,5	12,5
70 000	19,4	41,6	2 000	140	14,6	27,1
60 000	16,7	58,3	2 500	150	15,6	42,7
50 000	13,9	72,2	3 000	150	15,6	58,3
40 000	11,1	83,3	3 500	140	14,6	72,9
30 000	8,3	91,6	4 000	120	12,5	85,4

1 Siehe Kapitel 4.

Anzahl der Haushalte	% der Haushalte	% kumuliert	Einkommen bis … GE*	Gesamt-einkommen in Mio. GE	% des Einkommens	% kumuliert
20000	5,6	97,2	4500	90	9,4	94,8
10000	2,8	100,0	5000	50	5,2	100,0
360000	100,0	–	–	960	100,0	–

* GE: Geldeinheiten (z. B. EUR, US-$, £)

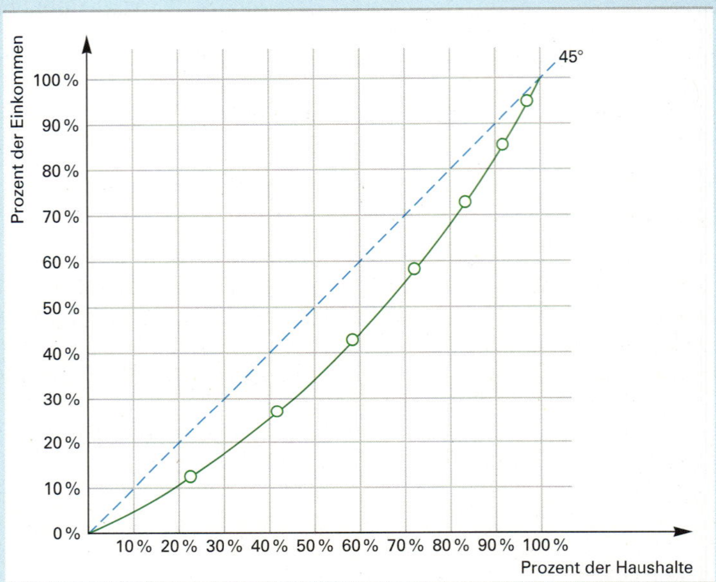

Ergibt sich bei dieser Berechnung eine „45°-Linie", so bedeutet das, dass die Einkommen völlig gleich verteilt sind. In diesem Beispiel ist die personelle Einkommensverteilung ungleich (z. B. verdienen 2,8 % der Haushalte 5,2 % des Volkseinkommens; oder 8,3 % der Haushalte beziehen 12,5 % des Volkseinkommen.

Das Statistische Bundesamt geht bei der Ermittlung der Einkommensverteilung in der Bundesrepublik Deutschland einen Mittelweg zwischen funktioneller und personeller Betrachtungsweise. Es unterscheidet zwischen dem **Arbeitnehmerentgelt** (dem Einkommen der Unselbstständigen) und dem **Unternehmens- und Vermögenseinkommen** (Boden- und Kapitaleinkommen sowie Unternehmensgewinne). Damit reduziert sich die Frage nach der Verteilung des Volkseinkommens auf das Verteilungsproblem zwischen den Produktionsfaktoren **„Arbeit"** einerseits und **„Kapital"** andererseits (vgl. nachstehende Tabelle).

Primärverteilung des Volkseinkommens in Deutschland (ab 1992 Gesamtdeutschland) (Zahlen in jeweiligen Werten und in Mrd. Euro)								
Jahr:	**1960**	**1976**	**1984**	**1992**	**2000**	**2004**	**2007**	**2012**
Arbeitnehmerentgelt (brutto)	74,1	322,8	487,5	890,3	1 089,2	1 134,5	1 179,8	1 375,6
Unternehmens- und Vermögenseinkommen (brutto)	48,7	128,3	203,6	321,6	416,6	523,8	645,1	647,4
Volkseinkommen	122,8	451,1	691,1	1 211,9	1 505,8	1 658,3	1 824,9	2 023,0

Quelle: Statistisches Jahrbuch, mehrere Jahrgänge, sowie Monatsberichte der Deutschen Bundesbank, mehrere Jahrgänge.

Ein weiteres Maß zur Ermittlung von einer ungleichen Verteilung für Einkommen ist der Gini-Koeffizient.

Merke:

Der **Gini-Koeffizient** ist ein Maß der **relativen Konzentration** beziehungsweise **Ungleichheit** und kann einen Wert **zwischen null und eins** annehmen. Im Falle der **Gleichverteilung** ergibt sich für den Gini-Koeffizienten ein Wert von **null** und im Falle der **Konzentration** des gesamten Einkommens auf nur eine Person ein Wert von **eins.** Je **höher** also der **Gini-Koeffizient** ausfällt, desto **größer** ist die **Ungleichverteilung.**

Einen Überblick der Entwicklung zu der Verteilung von Einkommen in der Bundesrepublik Deutschland anhand des Gini-Koeffizienten gibt nachfolgende Tabelle.

Tabelle: Gini-Koeffizient der Äquivalenzeinkommen[1)2)3)] in der Bundesrepublik Deutschland						
Land	**Jahr**					
	2005	**2006**	**2007**	**2008**	**2009**	**2010**
Baden-Württemberg	0,28	0,28	0,28	0,28	0,28	0,28
Bayern	0,29	0,29	0,29	0,29	0,29	0,29
Berlin	0,30	0,30	0,30	0,30	0,30	0,30
Brandenburg	0,27	0,26	0,25	0,26	0,26	0,27
Bremen	0,30	0,29	0,29	0,29	0,30	0,31
Hamburg	0,32	0,31	0,32	0,32	0,33	0,32
Hessen	0,30	0,30	0,30	0,30	0,30	0,30
Mecklenburg-Vorpommern	0,26	0,25	0,25	0,25	0,26	0,26
Niedersachsen	0,29	0,28	0,28	0,28	0,28	0,28
Nordrhein-Westfalen	0,29	0,29	0,29	0,29	0,29	0,29
Rheinland-Pfalz	0,29	0,28	0,28	0,29	0,29	0,30
Saarland	0,28	0,28	0,28	0,27	0,27	0,27
Sachsen	0,24	0,24	0,24	0,25	0,25	0,25
Sachsen-Anhalt	0,25	0,25	0,25	0,25	0,26	0,25

Schleswig-Holstein	0,28	0,28	0,28	0,28	0,29	0,28
Thüringen	0,25	0,24	0,24	0,24	0,24	0,25
Bundesrepublik Deutschland	**0,29**	**0,29**	**0,29**	**0,29**	**0,29**	**0,29**
Nachrichtlich:						
Früheres Bundesgebiet (ohne Berlin)	0,29	0,29	0,29	0,29	0,29	0,29
Neue Bundesländer (einschließlich Berlin)	0,27	0,26	0,26	0,26	0,26	0,27

1) Das **Äquivalenzeinkommen** ist das Einkommen, das jedem Mitglied eines Haushalts, wenn es erwachsen wäre und alleine leben würde, den gleichen (äquivalenten) Lebensstandard ermöglichen würde, wie es ihn innerhalb der Haushaltsgemeinschaft hat. Dazu wird das Einkommen des gesamten Haushalts addiert und anschließend aufgrund einer Äquivalenzskala gewichtet. Die Gewichtung richtet sich nach Anzahl und Alter der Personen der Haushaltsgemeinschaft.

2) Ergebnisse des Mikrozensus, IT.NRW.

3) der Bevölkerung in Privathaushalten am Ort der Hauptwohnung. Berechnet auf Basis der neuen OECD-Sk.

Quelle: Statistische Ämter des Bundes und der Länder, Sozialbericht der Bundesrepublik Deutschland 2011.

Wie die Bundesrepublik Deutschland in Bezug auf den Gini-Koeffizienten international einzuordnen ist, zeigt nachfolgende Abbildung.

Je gleichmäßiger der Reichtum in einem Land verteilt ist, desto kleiner ist der von der Organisation für wirtschaftliche Zusammenarbeit und Entwicklung (OECD) ermittelte Gini-Koeffizient. Ein Wert von null bedeutet, dass alle gleich viel besitzen. Wäre der Wert eins, bedeutet das, dass einer in einem Land alles besitzt und alle anderen nichts. Am gleichmäßigsten ist der Reichtum in den 2008 untersuchten Staaten in Slowenien verteilt, am ungleichmäßigsten in Mexiko. Auffällig ist, dass die skandinavischen Staaten relativ geringe Gini-Werte haben. So kommt Norwegen auf 0,250 und Finnland und Schweden kommen auf 0,259. Aus Dänemark liegt nur ein Wert für 2007 vor: 0,248. Deutschlands Wert beträgt 0,295 und hat in den vergangenen Jahren deutlich zugenommen. In Chile existiert bereits ein Wert für 2009 von 0,494. Dort ist der Reichtum also noch ungleichmäßiger verteilt als in Mexiko. Die Grafik zeigt nur Länder mit einem Wert im Jahr 2008.

3.2.3 Ursachen unterschiedlicher Einkommensverteilung

Gleichgültig, ob man die Einkommensverteilung unter funktionalen oder personellen Gesichtspunkten betrachtet: Sie ist im marktwirtschaftlichen System abhängig

- von der **Leistungsfähigkeit** der wirtschaftenden Personen,
- von den sozialen Gruppen, die **Eigentümer von Grund und Boden** bzw. des **Kapitals** (der Produktionsmittel) sind (den Eigentümern fließt – falls der Staat nicht eingreift – das Besitzeinkommen zu),

- vom Umfang der **Marktmacht** der einzelnen sozialen Gruppen, und zwar auf zweierlei Weise.
  - Wird die Wirtschaft im Wesentlichen von starken Oligopolen und Monopolen beherrscht, können diese ihre Preise höher ansetzen als dies bei polypolistischer Konkurrenz möglich wäre. Infolgedessen steigen die Gewinne (die Unternehmenseinkommen) zulasten des Arbeitnehmerentgelts.[1]
  - Zum Zweiten ist die Höhe des Arbeitnehmerentgelts abhängig von der Marktstellung der Arbeitnehmer einerseits und der Arbeitgeber andererseits auf dem Arbeitsmarkt. Sind die Arbeitnehmer nicht organisiert, werden regelmäßig die Arbeitsentgelte niedriger sein als in Wirtschaftsordnungen, in denen den Arbeitgeberverbänden mächtige Gewerkschaften gegenüberstehen.

Besteht das wirtschafts- und sozialpolitische Ziel, die Einkommen bisher einkommensschwacher Gruppen zu erhöhen, müssen auch die Eigentumsverhältnisse geändert werden. Nach sozialistischem Standpunkt hat dies durch Verstaatlichung der Produktionsmittel (einschließlich des Grund und Bodens) zu geschehen. Nach gemäßigten Reformvorstellungen können Besteuerung[2] und Beteiligung der Arbeitnehmer am Produktivvermögen (z. B. durch Belegschaftsaktien, Volksaktien) langfristig zu einer Umschichtung der Eigentumsverhältnisse und damit der Einkommensverteilung führen.

Zusammenfassung

- Die **Ziele der Einkommens- und Vermögensverteilung** sind **eng** miteinander verknüpft und werden häufig als **Einheit** betrachtet, da **Einkommen** und **Vermögen** in einer **Wechselwirkung** stehen.
- Die konkrete Ausgestaltung dieses staatlichen Eingreifens im Rahmen der Verteilungspolitik ist allerdings eng mit der Frage nach einer **„gerechten"** Verteilung verknüpft. Eine Antwort darauf, welche Einkommens- und Vermögensverteilung als gerecht anzusehen ist, lässt sich **objektiv** nicht geben. Schließlich ist Gerechtigkeit ein **Empfinden** und als solches nicht **absolut** messbar.
- Das **Ziel der Verteilungspolitik** besteht primär darin, zu einer **gleichmäßigeren Verteilung** von Einkommen und Vermögen innerhalb einer Gesellschaft beizutragen.
- Grundsätzlich lassen sich **zwei Kategorien** von Einkommensverteilungen unterscheiden:
  - **primäre Einkommensverteilung**: Sie ergibt sich als unmittelbares Ergebnis aus dem Produktions- und Marktprozess.
  - **sekundäre Einkommensverteilung**: Sie ergibt sich aus dem Ergebnis nach dem Eingreifen des Staates in die Verteilung der am Markt erzielten Einkommen.
- Die Einkommensverteilung, wie sie sich vor der Umverteilung durch den Staat ergibt, heißt **primäre Einkommensverteilung.**
- Die **funktionale (funktionelle) Einkommensverteilung** gibt darüber Auskunft, welchen Produktionsfaktoren die Einkommensteile zugeflossen sind.
- Die **Einkommensarten** nach funktionalen Gesichtspunkten sind:
  - Arbeitnehmerentgelte (Lohn im volkswirtschaftlichen Sinne),
  - Kapitaleinkommen (Zins),
  - Bodenrente (Bodeneinkommen) und
  - Unternehmenseinkommen.

1 Betrachtet man das Volkseinkommen als „Kuchen", der zwischen Arbeitnehmern und Unternehmen aufgeteilt wird, nimmt der Anteil der einen Gruppe ab, wenn es der anderen Gruppe gelingt, ein größeres Stück als zuvor aus dem Kuchen herauszuschneiden.

2 Siehe Kapitel 4.3.2.

- Eine politisch gesteuerte Einkommensverteilung nach funktionalen Gesichtspunkten ist praktisch nicht durchführbar, weil die Beträge der Produktionsfaktoren zur gesamten Wirtschaftsleistung nicht errechenbar sind **(Zurechnungsproblem).** Sie kann auch nicht gerecht sein, weil unverschuldete Leistungsunterschiede nicht berücksichtigt werden.
- Die **personelle Einkommensverteilung** gibt darüber Auskunft, welchen sozialen Gruppen die Anteile am Volkseinkommen zugeflossen sind.
- Da sich in marktwirtschaftlichen Wirtschaftssystemen grundsätzlich die Produktionsmittel (das „Kapital“) im Eigentum privater und staatlicher Unternehmen befinden, wird das Verteilungsproblem meist unter dem Gegensatz zwischen **„Kapital“** und **„Arbeit“** gesehen.
- Die personelle Einkommensverteilung wird mitbestimmt durch
  - die **Leistungsfähigkeit** der Wirtschaftssubjekte,
  - die **Eigentumsverhältnisse** an den Produktionsmitteln und
  - die **Marktmacht** der Wirtschaftssubjekte.

Übungsaufgabe

32
1. Erklären Sie den Begriff primäre Einkommensverteilung!
2. Definieren Sie den Begriff funktionale (funktionelle) Einkommensverteilung und erklären Sie die einzelnen Einkommensarten nach funktionalen Gesichtspunkten!
3. Erklären Sie mit eigenen Worten, was unter personeller Einkommensverteilung zu verstehen ist!
4. Das Verteilungsproblem wird heute meist auf den Gegensatz zwischen Arbeit und Kapital zurückgeführt. Warum?
5. Nennen Sie wesentliche Ursachen ungleicher personeller Einkommensverteilung!
6. Nachfolgende Grafik veranschaulicht die Einkommensteuerstruktur eines Landes.

Beantworten Sie zu dieser Grafik folgende Einzelfragen:

6.1 Um welches grafische Darstellungsverfahren handelt es sich und welcher Beziehungszusammenhang wird hier veranschaulicht?

6.2 Welche Aussagen erlaubt die Grafik hinsichtlich der Einkommensverteilung in dem angesprochenen Land?

6.3 Wie würde die Verteilungskurve verlaufen, wenn eine extrem soziale Unausgewogenheit vorläge? Fertigen Sie eine Skizze an!

6.4 Wie würde die Verteilungskurve verlaufen, wenn die Einkommen vollständig nivelliert wären?

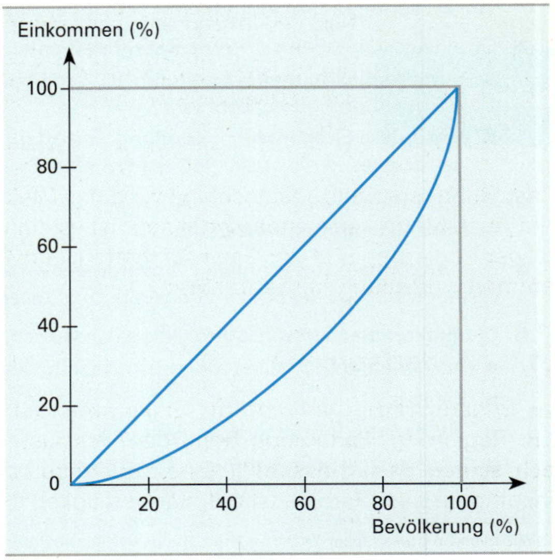

7. Interpretieren Sie diese Aussage:

„Geschichtlich gesehen hat die Arbeitsteilung das Problem der richtigen („gerechten") Verteilung des Volkseinkommens verstärkt. Da die Produktion das Ergebnis eines Kombinationsprozesses ist, und weil dieses Ergebnis den einzelnen Produktionsfaktoren nicht zurechenbar ist ..., muss die Frage nach der ‚gerechten Verteilung' politisch gelöst werden. Wie aber die politische Entscheidung aussieht, hängt wiederum von der realisierten Gesellschaftsordnung ab."

4 Umverteilung von Einkommen

4.1 Alternative Verteilungsprinzipien

Sobald Verbände und Staat in den Verteilungsprozess eingreifen,[1] müssen sie bestimmte **Verteilungsprinzipien** verfolgen, sich also eine Vorstellung darüber machen, wie es um das endgültige Verteilungsergebnis bestellt sein soll. Es ist einleuchtend, dass die Anschauungen darüber, wie eine „gerechte" Einkommensverteilung aussehen soll, sehr unterschiedlich sind. Sie hängen von der Interessenlage der jeweiligen Regierung bzw. der Verbände sowie von der vorherrschenden Weltanschauung (z. B. Individualismus, Personalismus, christliche Soziallehre oder Kollektivismus) ab.

Im Wesentlichen lassen sich **drei** Verteilungsprinzipien unterscheiden:

- Prinzip der **Einkommensnivellierung,**
- **Bedarfsprinzip** und
- **Leistungsprinzip.**

4.1.1 Prinzip der Einkommensnivellierung[2]

Dieses Prinzip **(„Jedem das Gleiche!")** wird damit begründet, dass alle Menschen gleich seien. Deshalb hätten sie auch Anspruch auf den gleichen Anteil am Volkseinkommen.

Vorteil	Das Prinzip der Einkommensnivellierung hat den Vorteil, dass Unzufriedenheit, Neid und Missgunst abgebaut werden.
Nachteil	Der Nachteil ist, dass für den Einzelnen kein Leistungsanreiz besteht, sodass das Volkseinkommen niedriger ist, als es bei Anstrengung aller Kräfte sein könnte.

In der Bundesrepublik Deutschland wird das Gleichheitsprinzip zwar nicht in seiner extremen Ausbildung verfochten; wohl aber ist es ein wirtschafts- und gesellschaftspolitisches Ziel der Regierung und der Gewerkschaften, eine **sozialverträgliche (gleichmäßigere) Einkommensverteilung** herbeizuführen.

4.1.2 Bedarfsprinzip

Das Bedarfsprinzip verlangt, die Einkommen nach einem von bestimmten Institutionen (z. B. Regierung, Parlament, Behörden) festzustellenden Maßstab zu verteilen **(„Jedem nach seinen Bedürfnissen!")**. Eine bedarfsgerechte Verteilung liegt z. B. vor, wenn die Einkommen nach Familienstand, Berufstätigkeit (Schwerarbeit, Bürotätigkeit) oder Kinder-

1 Siehe Kapitel 4.2 und Kapitel 4.3.

2 **Nivellieren:** gleichmachen, einebnen.

zahl differenziert (abgestuft) werden. So ist in der Bundesrepublik Deutschland z. B. die Staffelung der Löhne nach Altersgruppen, Betriebszugehörigkeit und/oder Familienstand ein Element des Bedarfsprinzips. In Zentralverwaltungswirtschaften war es u. a. üblich, Schwerarbeitern einen höheren Lohn und/oder doppelte Lebensmittelrationen zuzuteilen, weil sie einen höheren Kalorienbedarf haben.

Vorteil	Der Vorteil des Bedarfsprinzips ist, dass auch soziale Gesichtspunkte bei der Einkommensverteilung berücksichtigt werden können.
Nachteil	Der Nachteil ist, dass niemand – auch keine Behörde – in der Lage ist, den tatsächlichen Bedarf der Mitglieder einer Gesellschaft festzustellen. Der Bedarf ist vielmehr eine subjektive Größe.

4.1.3 Leistungsprinzip

Nach dem Leistungsprinzip soll jeder nach seinem Beitrag zum Inlandsprodukt entlohnt werden **(„Jedem nach seiner Leistung!")**. Das Leistungsprinzip verlangt, dass für gleiche Leistung auch der gleiche Lohn bezahlt wird. Es setzt voraus, dass für alle die gleichen Startbedingungen gegeben sind („Chancengleichheit"). Ein Mindereinkommen ist nach dieser Auffassung auf mangelnde Leistung zurückzuführen.

Vorteil	Der Vorteil des Leistungsprinzips ist, dass ein Anreiz zur Mehrarbeit und zum persönlichen Einsatz besteht.
Nachteil	Der Nachteil ist (neben der Unmöglichkeit, den Beitrag des Einzelnen zum Volkseinkommen objektiv zu ermitteln), dass das Leistungsprinzip unsozial sein kann, selbst wenn die Chancengleichheit gegeben wäre. Es berücksichtigt z. B. nicht, dass Minderleistung auch unverschuldet sein kann (z. B. Arbeitsunfall, Krankheit), zum anderen Mehrleistung auch auf Rücksichtslosigkeit, Betrug und Bestechung zurückgeführt werden kann. Außerdem berücksichtigt das Leistungsprinzip die Personen nicht, die nicht oder noch nicht (Alte und Jugendliche) im Produktionsprozess stehen.

Merke:

Die Frage nach der **gerechten Einkommensverteilung** ist **nicht objektiv beantwortbar.** Die Antwort hängt vielmehr von der **Einstellung des Einzelnen** oder der jeweiligen **Interessengruppen** (Gewerkschaften, Regierungen, Parteien, Arbeitgebern usw.) ab.

4.2 Veränderung der Primärverteilung durch gewerkschaftliche Lohnpolitik

4.2.1 Die Situation der Einkommensverteilung mithilfe von Lohn- und Gewinnquoten

Die Auseinandersetzung der Gewerkschaften als Vertreter der Arbeitnehmer einerseits und der Arbeitgeberverbände als Vertreter der Arbeitgeber andererseits um den jeweiligen Anteil am Volkseinkommen bezeichnet man als „Arbeitskampf". Betrachtet man das

Volkseinkommen als einen „Kuchen", den Arbeitnehmer bzw. Arbeitgeber „aufessen", d. h. verbrauchen können, wird Folgendes deutlich:

Merke:

- **Steigen** unter sonst gleichen Bedingungen die **Löhne, sinken** die **Gewinne**. Der Anteil des Unternehmereinkommens am Volkseinkommen ist geringer.
- **Steigen** unter sonst gleichen Bedingungen die **Gewinne,** wird der Anteil der Arbeitnehmereinkommen **(Löhne)** am Volkseinkommen **geringer.**

Wer bekommt welches Stück vom Wirtschaftskuchen in Deutschland? Was landet auf dem Teller der Arbeitnehmer? Aufschluss darüber gibt ein Blick in die Volkswirtschaftliche Gesamtrechnung. Diesem Zahlenwerk kann man beispielsweise entnehmen, wie hoch die sogenannte Lohnquote ist. Zur Berechnung dieser Quote werden die Arbeitnehmerentgelte – also die Löhne und Gehälter, die alle unselbstständig Beschäftigten im Laufe eines Jahres verdient haben – in Beziehung zum gesamten Wirtschaftskuchen, dem Volkseinkommen, gesetzt. Betrug im Jahr 2000 die Lohnquote noch über 72 %, so waren es im Jahr 2011 nur 67,2 %. Den Arbeitnehmerentgelten stehen die Unternehmens- und Vermögenseinkommen gegenüber. Konkret: die Gewinne der Unternehmen und die Zinserträge aus Vermögen (dazu zählen auch die Zinserträge, die Arbeitnehmer mit ihren Geldanlagen erzielen). Sie machten im Jahr 2011 32,8 % des Volkseinkommens aus.

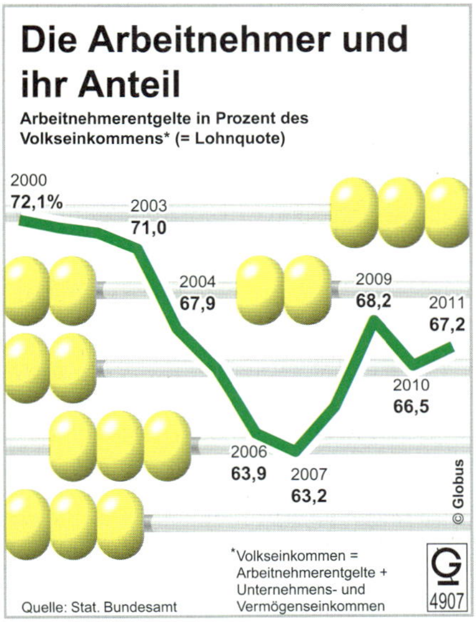

4.2.2 Lohnquote und Pro-Kopf-Lohnquote

Merke:

Die **Lohnquote** ist der prozentuale Anteil der Arbeitnehmereinkommen am Volkseinkommen.

Beispiel:

Beträgt das Volkseinkommen z. B. 1 000 Mrd. GE und belaufen sich die Bruttolöhne (Arbeitnehmerentgelte einschließlich der Arbeitgeberanteile zur Sozialversicherung) auf 700 Mrd. GE, so ist die Lohnquote 70 %.

Eine Erhöhung der Lohnquote vergrößert jedoch nur dann den Anteil des einzelnen Arbeitnehmers am Volkseinkommen, wenn sich die Arbeitnehmerquote nicht oder nicht in gleichem Maße wie die Lohnquote vergrößert hat. Unter **Arbeitnehmerquote** ist der prozentuale Anteil der Arbeitnehmer (unselbstständig beschäftigten Personen) an der Gesamtzahl der Beschäftigten zu verstehen. Die Zahl der Beschäftigten setzt sich aus den Arbeitnehmern (den Unselbstständigen) und den Selbstständigen zusammen.

17 Boller, Hartmann - ISBN 978-3-8120-0398-8

Ob sich der Anteil des einzelnen Arbeitnehmers am Volkseinkommen geändert hat oder nicht, lässt sich mithilfe der **Pro-Kopf-Lohnquote** ausdrücken.

$$\textbf{Pro-Kopf-Lohnquote} = \frac{\text{Lohnquote} \cdot 100}{\text{Arbeitnehmerquote}}$$

Beispiel:

Nachstehende Tabelle zeigt den Zusammenhang zwischen Erwerbsquote, Lohnquote und Pro-Kopf-Lohnquote.

Jahr	Zahl der Erwerbstätigen			Einkommen in GE			Lohnquote	Arbeitnehmerquote	Pro-Kopf-Lohnquote (PKL)	Bemerkungen
	Arbeitnehmer (Unselbstständige	Arbeitgeber (Selbstständige)	Insgesamt	Arbeitnehmerentgelt	Unternehmens- und Vermögenseinkommen	Insgesamt (Volkseinkommen)				
01	500	500	1 000	5 000	5 000	10 000	50 %	50 %	100 %	
02	800	200	1 000	8 000	2 000	10 000	80 %	80 %	100 %	konstante PKL
03	800	200	1 000	8 400	1 600	10 000	84 %	80 %	105 %	gestiegene PKL
04	800	200	1 000	7 600	2 400	10 000	76 %	80 %	95 %	gesunkene PKL

Eine Pro-Kopf-Lohnquote von 100 % drückt aus, dass die Unternehmereinkommen (Gewinne) und Arbeitnehmereinkommen (Löhne) im Durchschnitt gleich hoch sind. Steigt also z. B. die Lohnquote von 50 % auf 80 % und steigt der Anteil der Arbeitnehmer an der Gesamtbeschäftigtenzahl von ebenfalls 50 % auf 80 %, hat sich unter sonst gleichen Bedingungen für den Arbeitnehmer nichts geändert. Eine **Erhöhung der Pro-Kopf-Lohnquote** findet nur statt, wenn die **Lohnquote schneller** als die **Arbeitnehmerquote steigt.**

Weiterhin lässt sich festhalten: Ist die Pro-Kopf-Lohnquote höher als 100 %, sind die durchschnittlichen Löhne höher als die durchschnittlichen Gewinne. Ist die Pro-Kopf-Lohnquote niedriger als 100 %, sind die durchschnittlichen Löhne niedriger als die durchschnittlichen Gewinne.

Entwicklung der Lohnquote in der Bundesrepublik Deutschland (ab 1994 Gesamtdeutschland)

Jahr	1962	1970	1974	1978	1982	1986	1990	1994	1998	2002	2007	2012
Lohnquote (in %)	64,0	66,7	72,6	71,1	73,7	68,2	66,7	73,6	70,9	71,9	64,7	68,0
Arbeitnehmerquote (in %)	78,8	83,4	84,5	85,6	87,0	87,2	89,5	89,2	88,9	89,4	88,8	89,2
Pro-Kopf-Lohnquote (in %)	81,2	80,0	85,9	83,1	84,7	78,2	74,5	82,5	79,8	80,4	72,9	76,2

Quelle: Statistisches Jahrbuch, mehrere Jahrgänge, sowie Monatsberichte der Deutschen Bundesbank, mehrere Jahrgänge.

Aus der Tabelle ist zu entnehmen, dass sich der Anteil des einzelnen Arbeitnehmers am Volkseinkommen (die Pro-Kopf-Lohnquote) von 1962 bis 2012 trotz aller „Verteilungskämpfe" nicht erhöht, sondern sogar verringert hat.

4.2.3 Aussagewert der Lohnquote und Pro-Kopf-Lohnquote

Die Lohnquote drückt nur aus, welcher Anteil des Volkseinkommens **allen** Arbeitnehmern zugeflossen ist. Etwas mehr sagt die Pro-Kopf-Lohnquote: Sie zeigt, welchen Anteil des Volkseinkommens der einzelne Arbeitnehmer im Durchschnitt erhielt. Die gewerkschaftliche Politik zielt unter anderem deswegen darauf ab, die Pro-Kopf-Lohnquote der Arbeitnehmer zu erhöhen.

Zu beachten ist aber, dass die Pro-Kopf-Lohnquote nichts darüber aussagt, wie gut (oder wie schlecht) es den Arbeitnehmern in einer bestimmten Volkswirtschaft geht. Denn mit einem bestimmten Einkommensanteil kann man sich nur dann etwas kaufen, wenn die Volkswirtschaft genügend Güter bereitstellt. Konkret: In einer Volkswirtschaft, in der die Lohnquote hoch, die Güterversorgung aber gering ist, ist der Lebensstandard der Arbeitnehmer u. U. niedriger als in einer Wirtschaft, in der zwar die Lohnquote verhältnismäßig gering, die Güterversorgung aber sehr hoch ist.

Außerdem ist zu berücksichtigen, dass in der Lohnquote bzw. in der Pro-Kopf-Lohnquote nur Durchschnittswerte zum Ausdruck kommen. Dahinter können sich aber große Einkommensunterschiede verbergen.

4.2.4 Gesamtwirtschaftliche Wirkungen gewerkschaftlicher Lohnpolitik

Die gewerkschaftliche Lohnpolitik bleibt nicht ohne Wirkung auf die gesamtwirtschaftliche Entwicklung. Vor allem bestehen zwischen dem Ziel der gleichmäßigeren Einkommensverteilung und dem Ziel der Preisniveaustabilität Zielkonflikte. Ein vereinfachendes Beispiel verdeutlicht den Zusammenhang.

Beispiel:

Angenommen, eine Volkswirtschaft produziert mit einem Kapitalstock von 5000 Mrd. GE und mit 25 Mio. unselbstständigen Arbeitskräften Güter im Wert von 500 Mrd. GE. Die Ersparnis und die Nettoinvestition sei null. Wenn wir eine Lohnquote von 50 % voraussetzen, entfallen vom Volkseinkommen in Höhe von 500 Mrd. GE je 250 Mrd. GE auf die Arbeitnehmer und die Unternehmen bzw. die Unternehmerhaushalte.

Steigt aufgrund von Verbesserungsinvestitionen das reale Volkseinkommen auf 550 Mrd. GE, so bedeutet dies bei gleichem Einsatz von Arbeitskräften eine Produktivitätssteigerung von 10 %. (Vor der Produktivitätserhöhung betrug die Produktivität 500 Mrd. GE : 25 Mio., nunmehr 550 Mrd. : 25 Mio.).

Um die bisherige Lohnquote in Höhe von 50 % zu halten, müssen die Löhne ebenfalls um 10 % angehoben werden, d. h. auf 275 Mrd. GE. Dies ist allein schon zur Erhaltung der Vollbeschäftigung notwendig, falls die Unternehmen bzw. die Unternehmerhaushalte nicht die Mehrproduktion allein aufkaufen, was unwahrscheinlich ist. Andernfalls bleiben die Unternehmen auf ihrer Mehrproduktion „sitzen" und sehen sich zu Produktionseinschränkungen oder Preissenkungen gezwungen.

Sind indessen die Preise aus irgendwelchen Gründen bei gleicher Ausbringung um 10 % gestiegen, oder mit anderen Worten: ist das nominelle Volkseinkommen bei Konstanz des realen Volkseinkommens gestiegen, so bleibt zwar der **Nominallohn** erhalten (250 Mrd. GE), die **Reallöhne** aber sinken: Die Arbeitnehmer nämlich können nunmehr statt bisher 50 % nur noch 45,5 % der gesamtwirtschaftlichen Leistung kaufen. Soll also die Lohnquote und damit der Reallohn erhalten bleiben, müssen die Löhne um ebenfalls 10 % auf 275 Mrd. GE erhöht werden.

Merke:

- Lohnerhöhungen sind **nicht** Ursache von Preissteigerungen, wenn sie sich im Rahmen der wirtschaftlichen **Produktivitätssteigerung** halten oder die **Unternehmen** in der Lage und willens sind, eine **Umverteilung** (in Form abnehmender Gewinne) zu **akzeptieren.**
- Bei **defensiver** Lohnpolitik der Gewerkschaften sind Lohnerhöhungen nicht die Ursache, sondern die Folge von Preissteigerungen (Preis-Lohn-Spirale).

Aus diesen Gründen wird gelegentlich gefordert, die Lohnerhöhungen an die Preis- und Produktivitätsentwicklung zu binden, die von einem hierzu geschaffenen Institut bzw. Gremium festgestellt werden müsste. Die Gewerkschaften in der Bundesrepublik Deutschland lehnen eine derartige **gleitende Lohnskala** ab, weil sie sich das Recht nicht nehmen lassen wollen, auf eine Veränderung der **Einkommensverteilung,** d. h. auf eine **Erhöhung der Lohnquote** hinzuwirken. Sieht man sich jedoch die Statistik an, erkennt man, dass die Pro-Kopf-Lohnquote trotz aller gewerkschaftlicher Aktivität langfristig nicht gestiegen ist. Die **offensive Lohnpolitik** hat bisher aus der Sicht der Gewerkschaften nicht zum Ziel geführt.

Betreiben die Gewerkschaften eine **offensive (dynamische) Lohnpolitik,** müssen die Lohnforderungen zwangsläufig über die Produktivitäts- und Preisentwicklung hinausgehen. Haben die Gewerkschaften Erfolg, so muss unterschieden werden, ob die Wirtschaft vollbeschäftigt ist oder nicht. Ist die Wirtschaft vollbeschäftigt und steigen die Löhne über den Produktivitätszuwachs hinaus, wird auch die Nachfrage nach Gütern und Diensten schneller als das Angebot zunehmen. Folge ist, dass die Preise steigen.

Beispiel (Fortsetzung):

Das lässt sich mithilfe des vorigen Zahlenbeispiels verdeutlichen. Beträgt das Volkseinkommen im Ausgangszeitpunkt 500 Mrd. GE und ist die Lohnquote 50 %, steigt bei einer 20 %igen Lohnerhöhung das Arbeitnehmereinkommen kurzfristig auf 300 Mrd. GE an. Beläuft sich der Produktionszuwachs jedoch nur auf 10 % und geben die Arbeitnehmer ihr gesamtes Zusatzeinkommen – was vereinfachend unterstellt sein soll – wieder aus, werden die Unternehmer ihre Preise um 10 % erhöhen. Das Volkseinkommen ist um real 50 Mrd. GE, nominell aber um 100 Mrd. GE gestiegen. Nach Ablauf einer bestimmten Zeit ist die alte Einkommensverteilung wieder hergestellt.

Merke:

Lohnerhöhungen über den **Produktivitätszuwachs** hinaus führen bei Vollbeschäftigung zu **Preissteigerungen,** sofern die Unternehmen in der Lage und willens sind, ihre Gewinnquote zu halten (Lohn-Preis-Spirale).

Nicht ganz so leicht fallen Preiserhöhungen, wenn entweder das zusätzliche Arbeitnehmereinkommen teilweise gespart wird, oder aber wenn billigere Auslandswaren importiert werden. Dann nämlich würden die Preissteigerungen nicht mit der Lohnentwicklung Schritt halten und die Einkommensverteilung würde sich zugunsten der Arbeitnehmer verschieben. In diesem Fall entsteht jedoch ein neues Problem: Die höheren Lohnkosten führen zu stagnierenden oder gar zu abnehmenden Gewinnen. Dies aber bewirkt, dass die Unternehmen ihre Investitionspläne überprüfen und Investitionsvorhaben streichen. Unter Umständen führt das dazu, dass das Volkseinkommen real nicht mehr wächst, während Löhne und Preise weiter steigen (Stagnation bei Inflation oder kurz **„Stagflation"** genannt). Falls die Nettoinvestitionen zurückgehen, ist sogar mit einem negativen Multiplikatorprozess zu rechnen und es entsteht Arbeitslosigkeit.

4.3 Sekundärverteilung durch den Staat

4.3.1 Grundlegendes

Bereits an anderer Stelle haben wir gesagt, dass das Marktergebnis nicht „gerecht" sein kann. Die Marktpreise der Produktionsfaktoren, also die auf sie entfallenden Einkommen, sind das Ergebnis von Angebot und Nachfrage. Setzt sich nun der Staat, wie dies in einer sozialen Marktwirtschaft der Fall ist, zum Ziel, die Einkommen gleichmäßiger zu verteilen, muss er die Einkommen der gut Verdienenden beschneiden und diese Mittel den sozial Schwachen zuführen.

Im Gegensatz zur Primärverteilung stehen dem Staat im Rahmen der **Sekundärverteilung** vielfältige Gestaltungsmöglichkeiten zur Verfügung, wodurch die Ergebnisse der Primärverteilung korrigiert werden können. Dabei basiert die staatliche Umverteilung (Redistribution) im Wesentlichen auf **drei** Säulen:

- Erhebung von **Steuern,**
- Zahlung von **Transfers und Subventionen,**
- Angebot von **öffentlichen Gütern.**

4.3.2 Steuern

Die **Umverteilung** durch den Staat geschieht in erster Linie mithilfe der **direkten Steuern.** Mit ihrer Hilfe werden die Einkommen **unmittelbar** besteuert. Die wichtigsten direkten Steuern sind die Körperschaftsteuer, die Einkommensteuer und die Lohnsteuer. Steuerähnlichen Charakter haben die Sozialversicherungsabgaben der Versicherungspflichtigen (Beiträge zur Kranken-, Renten- und Arbeitslosenversicherung). Auch diese Beiträge werden umverteilt, weil die zurzeit Verdienenden für die nicht oder nicht mehr im Arbeitsleben Stehenden (Arbeitslose, Rentner und Pensionäre) aufkommen müssen.

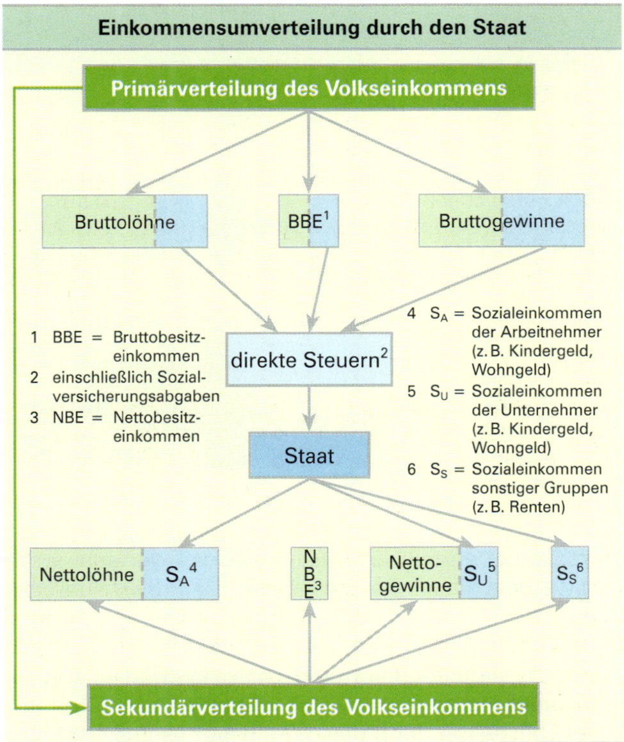

4.3.3 Zahlung von Transfers und Subventionen

Neben der Besteuerung kann der Staat über **Transfer- und Subventionszahlungen** Einkommen und Vermögen umverteilen. Hierunter versteht man Unterstützungszahlungen der öffentlichen Hand an private Haushalte (Transfers) bzw. an Unternehmen (Subventionen). Bei diesem Instrument staatlicher Umverteilung ist die Wirkung besonders groß, da den staatlichen Leistungen **keine speziellen Gegenleistungen** durch den Empfänger gegenüberstehen. Während von den **Transferzahlungen** (hierzu zählen beispielsweise Kindergeld, Wohngeld, Arbeitslosengeld II) eine direkte Verteilungswirkung auf die privaten Haushalte ausgeht, werden **Subventionen** zur Umverteilung eingesetzt, um die Güterpreise zu senken. Inwieweit die hierdurch beabsichtigte **indirekte** Verteilungswirkung – Steigerung der Realeinkommen der Haushalte – erreicht wird, hängt in starkem Maße davon ab, ob die Unternehmen die Subventionen über die Preise an die Haushalte weitergeben.

4.3.4 Angebot von öffentlichen Gütern

Verteilungspolitisch kommt es jedoch nicht nur auf die unmittelbare Umverteilung von Zahlungsmitteln an, sondern auch auf das nach sozialen Gesichtspunkten erfolgende **öffentliche Güterangebot.** Im Rahmen dieses Instruments bietet der Staat verstärkt bestimmte Güter an, deren Nutzung entweder für alle **kostenlos** (z. B. Schulbildung) oder einkommensschwächeren Personenkreisen **billiger** zur Verfügung gestellt werden als anderen Personen (z. B. Kindergarten, öffentlich geförderte Wohnungen, öffentliche Museen).

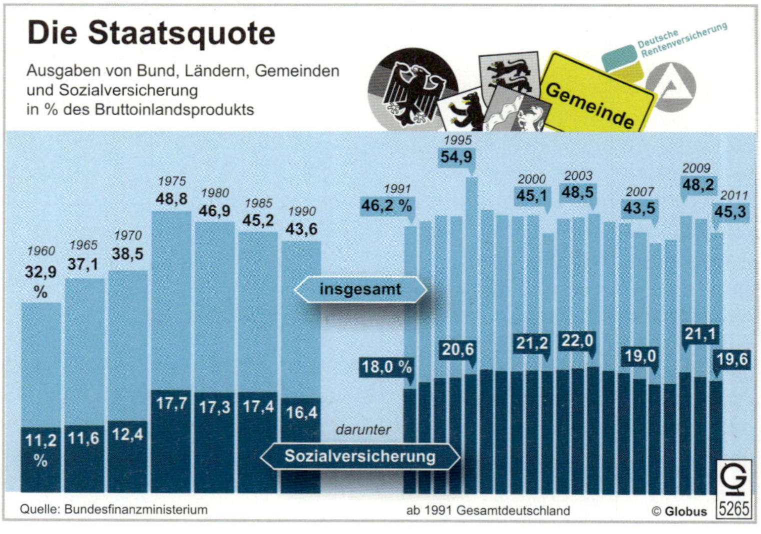

Die Staatsquote gilt als Ausdruck der staatlichen Tätigkeit in einer Volkswirtschaft – sie zeigt, wie stark der Staat im Wirtschaftsgeschehen „mitmischt". Die Quote wird errechnet, indem man die Ausgaben von Bund, Ländern, Gemeinden und Sozialversicherung ins Verhältnis zur gesamten Wirtschaftsleistung, dem Bruttoinlandsprodukt, setzt. Nach der Wiedervereinigung hatte die deutsche Staatsquote Mitte der 90er-Jahre einen Höchstwert erreicht. 2009 gab es nochmals einen kräftigen Anstieg, weil der Staat (erfolgreich) versuchte, die Folgen der weltweiten Wirtschaftskrise abzumildern. Im Vergleich zu den übrigen EU-Ländern liegt Deutschlands Staatsquote mit rund 45 Prozent inzwischen unter dem Durchschnittswert von 49,1 Prozent. Die höchste Quote hat demnach Dänemark mit 57,5 Prozent, die niedrigste Bulgarien mit 37,4 Prozent.

Die aus der Sekundärverteilung stammenden Einkommen bezeichnet man als **abgeleitete Einkommen** oder auch als **Sozialeinkommen.** In der Bundesrepublik Deutschland stammt jeder vierte Euro der privaten Einkommen aus öffentlichen Kassen.

Zu den Sozialeinkommen zählen nicht nur Arbeitslosengeld, Renten und Pensionen, sondern z. B. auch Arbeitslosengeld II, Sozialhilfe für Bedürftige, Kindergeld, Wohngeld, Ausbildungsförderung oder Kriegsopferversorgung.

Die Ausgaben für Soziales sind in der Geschichte der Bundesrepublik Deutschland kräftig gewachsen. Gab Deutschland im Jahr 1961 rund 36 Mrd. Euro für Soziales aus, so waren es 2011 fast 800 Mrd. Euro. Der enorme Anstieg relativiert sich jedoch, wenn man die Ausgaben ins Verhältnis zur Wirtschaftsleistung setzt. Danach stiegen die Ausgaben von 21,1 % des Bruttoinlandsprodukts (1961) auf 31 % im Jahr 2011. Die Ausgaben im sogenannten Sozialbudget setzen sich zusammen aus den direkten Sozialleistungen – sie machen rund 768 Mrd. Euro aus – und den indirekten Leistungen, die sich auf 30 Mrd. Euro summieren. Dahinter verbergen sich insbesondere steuerliche Leistungen wie das Ehegattensplitting. Größte Posten im sogenannten Sozialbudget sind die Ausgaben fürs Alter sowie für Krankheit, auf die jeweils etwa ein Drittel der Aufwendungen entfallen.

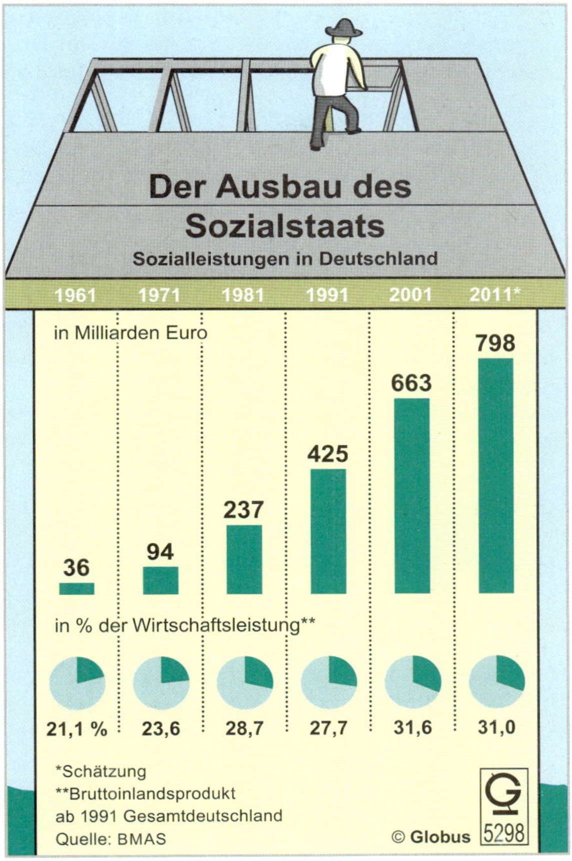

5 Instrumente zur Vermögensbildung

Im Rahmen der Vermögenspolitik kann der Staat entweder die **Umverteilung von Vermögensbeständen** verfolgen oder – wie in der Bundesrepublik Deutschland – vorrangig die **Vermögensbildung fördern**. Während die Umverteilung vorhandenen Vermögens – beispielsweise im Wege von Enteignungen – den radikalsten Weg darstellt und mit Blick auf Artikel 14 Grundgesetz nur in Ausnahmefällen gegen volle Entschädigung zulässig ist, scheint die Vermögensbildungspolitik vom Ansatz her besonders gut geeignet, eine gleichmäßigere Verteilung des Volkseinkommens auf die Haushalte zu realisieren.

Schließlich ist das heutige Ungleichgewicht bei der Verteilung von Einkommen vor allem darauf zurückzuführen, dass viele Haushalte praktisch nur ein Einkommen erzielen (Einkommen aus unselbstständiger Tätigkeit), während einem relativ geringen Bevölkerungsteil von Vermögenden aufgrund von Eigentumsrechten zusätzlich Zins-, Pacht-, Miet- und Gewinneinkünfte zufließen.

Im Rahmen einer **ursachenadäquaten** Wirtschaftspolitik könnte der Staat durch eine Vermögensbildungspolitik gezielt den Aufbau von Vermögen – und somit auch von zusätzlichen Einkommen – für **einkommensschwächere** Personenkreise fördern.

Als Beispiel für eine derartige Politik hierzulande lässt sich die staatliche Sparförderung nach dem **5. Vermögensbildungsgesetz** – Altersvorsorgezulage für „Riester-Verträge" – und dem **Wohnungsbau-Prämiengesetz** anführen.

6 Grenzen staatlicher Umverteilung

Es besteht kein Zweifel daran, dass unser System der sozialen Marktwirtschaft ohne Umverteilung von Einkommen und Vermögen heute nicht mehr vorstellbar ist. Allerdings ist die Politik dabei über Jahrzehnte mehr und mehr der Versuchung erlegen, das **Ausmaß staatlicher Umverteilung** – nicht zuletzt auch zur Erlangung der Wählergunst – **auszudehnen.**

Merke:

Die **Grenze der Umverteilung** ist allerdings an der Stelle erreicht, wo die **Umverteilungspolitik** die **Leistungsgerechtigkeit** des Einzelnen **überlagert** und dessen **Leistungsmotivation untergräbt.**

Der Sozialstaat ist nicht zuletzt auch vor dem Hintergrund der **sukzessive ausgedehnten Sozialleistungen** und dem damit über Jahrzehnte einhergehenden **Anstieg der Verschuldung** des Staatshaushalts an seine Grenzen gestoßen – Grenzen der Belastungen, Grenzen der Umverteilung, aber auch Grenzen der Wirksamkeit der Umverteilung. Zudem führt die steigende Verschuldung auf lange Sicht zu einer **steigenden Zinslast,** die vom Staat durch Steuern oder Ausgabenkürzungen aufgebracht werden muss. Dies mindert den Spielraum des Staates und verlangt somit politische Entscheidungen. Sollen die Steuern nicht erhöht werden, sinken damit die Anteile des Haushaltes, die zur Umverteilung beitragen, sofern nicht andere Ausgaben noch stärker zu deren Gunsten gekürzt werden. Ein wichtiger Ansatzpunkt eines **nachhaltigen Sozialstaates** sollte demzufolge nicht in der Erhöhung bestehender oder Einführung neuer Sozialtransfers sein, sondern ein **effektiveres Bildungssystem,** um so die bestehende **Ungleichheit** zwischen einzelnen Bevölkerungsschichten **abzubauen** und damit die **Abhängigkeit von Sozialtransfers** dauerhaft zu **senken.**

Merke:

Ein **zentrales Wesensmerkmal** für ein **erfolgreiches Gesellschaftssystem** ist es, den **mündigen Bürger** zu fördern. Wesentliches Element dieser Mündigkeit ist die Möglichkeit, ein auch in wirtschaftlicher Hinsicht **eigenverantwortliches** Leben zu führen.

In diesem Zusammenhang gilt: Wenn **Arbeit und Leistung sich lohnen,** schafft das **individuelle Zufriedenheit** ebenso wie kollektive Unterstützung für das Wirtschaftssystem. Die Belastung der beiden Faktoren Arbeit und Kapital muss deshalb so ausfallen, dass starke **Anreize** bestehen bleiben, sie in das Wirtschaftssystem **einzubringen.** Schließlich sind beide Faktoren die Grundlage dafür, dass Umverteilung erst möglich wird; denn staatliche Umverteilung allein löst nicht die eigentlichen Probleme.

Staatliche Umverteilung löst keine Probleme

Die Rufe nach mehr sozialer Gerechtigkeit sind berechtigt. Doch eine Debatte über die Umverteilung von Reich zu Arm führt zu nichts. Stattdessen sollte der Staat lieber die Chancen der einkommensschwachen Familien erhöhen.

Kaum etwas treibt die Menschen in Krisenzeiten derart um wie der Wunsch nach Gerechtigkeit. Die deutschen Sozialdemokraten wollen 2013 unter dem Banner der sozialen Gerechtigkeit in die Bundestagswahlen ziehen. Spitzensteuersatz, Mindestlohn, Börsensteuer sind nur einige Stichworte, die von den Sozis dabei ins Feld geführt werden. Auch Barack Obama macht in Amerika Wahlkampf mit dem Versprechen, für „social justice" zu sorgen. Und die „Occupy"-Bewegung ist nichts anderes als der Ruf nach einer gerechteren Verteilung der Lasten aus Finanz- und Schuldenkrise.

Fast immer geht es also um Umverteilung von Reich zu Arm – und fast immer soll der Staat als Robin Hood für Gerechtigkeit sorgen. So verständlich und berechtigt der Wunsch nach mehr Fairness ist, eine Debatte über eine staatliche Umverteilung führt uns wieder zurück in die Schützengräben eines ideologischen Stellungskrieges: keine Bewegung und hohe Verluste für alle. Besser wäre es, die vorhandenen Mittel des Staates gerechter zu verteilen und die Erfolgreichen bei ihrem Eigeninteresse zu packen.

Das Problem beginnt bereits damit, dass es, wie der Theologe Hans Küng feststellt, viel einfacher ist, Ungerechtigkeit zu benennen, als Gerechtigkeit zu definieren – geschweige denn, sie herzustellen. Wenn Manager und Banker trotz eklatanter Fehlleistungen Boni in zweistelliger Millionenhöhe kassieren, Privatanleger und Facharbeiter dagegen ihre Vermögen oder ihren Arbeitsplatz verlieren, werden sich fast alle einig sein, dass dies eine himmelschreiende Ungerechtigkeit ist.

Aber ist es etwa gerecht, der Wirtschaft einen allgemeinen Mindestlohn zu verpassen, wenn dadurch zugleich viele Billigjobs wieder verschwinden? Da wird es schon schwieriger. Wollen wir also lieber wieder Massenarbeitslosigkeit mit Steuergeldern alimentieren oder den Betroffenen durch zweifellos schlecht bezahlte Jobs zumindest die Chance geben, ihre Situation zu verbessern und ihr Leben selbst zu gestalten?

Halt, werden jetzt die Gewerkschaften sagen. Der Blick in die Einkommensstatistik zeige doch, dass die Ungleichheit in Deutschland stark zugenommen habe. Richtig. Nur: Wenn wir mehr Menschen in Arbeit mit niedrigen Löhnen bringen, kommt es unweigerlich zu einer Verschiebung der Einkommensverteilung. Wer das als ungerecht brandmarkt, muss die Frage beantworten, ob der Zustand hoher Arbeitslosigkeit unter den Geringqualifizierten gepaart mit einer weniger ungleichen Einkommensverteilung unter den Beschäftigten gerechter ist.

Quelle: Handelsblatt vom 14.01.2012.

Eine immer weiter ausufernde Umverteilung erfordert entsprechende **finanzielle Mittel** des Staates. Anders formuliert: Die Steuern und Abgaben müssten weiter steigen – und genau an dieser Stelle stößt man an die Grenzen der Umverteilung, da die Bürger die **Grenzen der Belastbarkeit** als erreicht betrachten.

Merke:

Bei der Beurteilung der Grenzen der Belastbarkeit der Steuerzahler werden die **Steuerquote** und die **Abgabenquote** (Summe aus Steuerquote und Sozialabgabenquote) herangezogen.

Unter der volkswirtschaftlichen **Steuerquote** versteht man allgemein das Verhältnis aller Steuern zum Bruttoinlandsprodukt. Sie stellt somit die Belastung der Volkswirtschaft durch Steuern dar. Im Rahmen der Steuerquote sollte nicht unberücksichtigt bleiben, dass neben den direkten Steuern auf Einkommen (z. B. Lohnsteuer) auch indirekte Steuern gezahlt werden.

Die **Abgabenquote** hingegen setzt die Summe aller Steuern und Sozialabgaben ins Verhältnis zum Bruttoinlandsprodukt.

Merke:

Die Einkommen können allerdings **nicht unbegrenzt** besteuert werden, da sich die steuer- und abgabenbedingte Schmälerung der Einkünfte unter anderem negativ auf die **Leistungsbereitschaft** der Steuerpflichtigen auswirkt.

So verdeutlicht beispielsweise nachfolgendes Schaubild die **Entwicklung** der **Beitragssätze zur Sozialversicherung** und somit den Anstieg der hiermit einhergehenden Belastung des Bruttoentgelts der Arbeitnehmer.

Jahresdurchschnittliche Beitragssätze zur Sozialversicherung in Prozent des beitragspflichtigen Bruttoentgelts

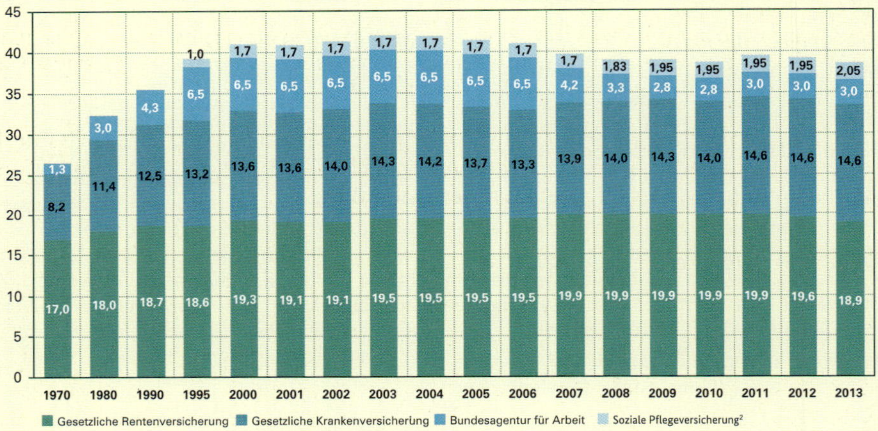

[1] jahresdurchschnittlicher allgemeiner Beitragssatz ohne Berücksichtigung eines mitgliederbezogenen Beitragsanteils von 0,9 v. H. ab 1.7.2005
[2] ohne den ab 1.1.2005 erhobenen Beitragszuschlag für Kinderlose in Höhe von 0,25 v. H.

Quelle: Bundesministerium für Arbeit und Soziales; Stand: Dezember 2012

Die paritätisch finanzierten Sozialversicherungsbeiträge liegen seit dem Jahr 2007 konstant unter 40 Prozent der Bruttolöhne und -gehälter.

Quelle: BMWI: Jahreswirtschaftsbericht 2013, S. 46.

Merke:

Eine **objektiv messbare Grenze** für eine noch zumutbare Belastung von Einkommen mit Steuern und Abgaben gibt es **nicht.** Allerdings gilt eine Abgabenquote von **50 Prozent** als psychologisch bedeutsam.

Wie sich die Abzüge auf die Einkommen der Arbeitnehmer und wie sich die Abgabenquote in den letzten Jahren entwickelt haben, verdeutlicht nachfolgende Abbildung.

Vor allem kinderlose Topverdiener haben in den vergangenen Jahren von der Senkung der Abgabenlast in Deutschland profitiert. Der Anteil von Steuern und Abgaben an den Gesamtarbeitskosten sank bei Singles mit überdurchschnittlichem Einkommen zwischen 2000 und 2011 um ganze fünf Prozentpunkte auf 51,3 %. Dies ist das Ergebnis einer Studie der Organisation für wirtschaftliche Zusammenarbeit und Entwicklung (OECD) in Europa. Für Alleinerziehende, die nur etwa zwei Drittel des Durchschnittseinkommens beziehen, waren die Lohnabzüge 2011 nur einen halben Prozentpunkt niedriger als im Jahr 2000. Ehepaare mit Kindern und nur einem Einkommen wurden um 1,3 Prozentpunkte entlastet.

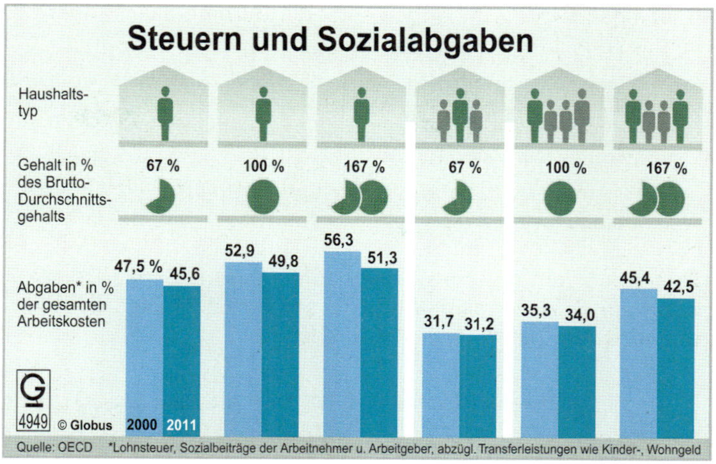

Welchen Zeitraum eines Jahres die Bundesbürger mittlerweile im Durchschnitt nur für die Steuern und Abgaben arbeiten müssen, verdeutlicht der Bund der Steuerzahler anhand des jährlich neu berechneten **„Steuerzahler-Gedenktages"**.

Der Steuerzahlergedenktag am 8. Juli 2012

Negativ-Trend setzt sich fort

Am Sonntag, dem 8. Juli 2012 ist der diesjährige Steuerzahlergedenktag. Nach aktuellen Berechnungen des Bundes der Steuerzahler arbeiten die Deutschen exakt ab 5:20 Uhr wieder für das eigene Portemonnaie. Das gesamte Einkommen, das die Steuer- und Beitragszahler vor diesem Datum erwirtschaftet haben, wurde rein rechnerisch an den Staat abgeführt. Damit arbeiten die Steuerzahler in diesem Jahr zwei Tage länger für den Staat als noch im vergangenen Jahr und sieben Tage mehr als 2010.

Voraussichtlich 51,7 Prozent behalten Fiskus und Sozialversicherungen in diesem Jahr vom Einkommen der Steuerzahler ein.[1] Damit stieg die Einkommensbelastungsquote gegenüber dem Vorjahr um 0,6 Prozentpunkte. Der Negativ-Trend der wachsenden Belastung der Steuer- und Beitragszahler muss gebrochen werden. Um die Belastungen der Steuerzahler auf ein akzeptables Niveau zu begrenzen, sind insbesondere nachhaltige Korrekturen am Lohn- und Einkommensteuertarif notwendig, fordert Reiner Holznagel, Präsident des Bundes der Steuerzahler.

Denn Hauptursache für die Belastungsverschärfung sind vor allem die heimlichen Steuererhöhungen. Allein im Jahr 2012 belaufen sie sich auf rund 8 Mrd. Euro. Während sich Koalition und Opposition im Vermittlungsausschuss nicht auf einen tragbaren Gesetzentwurf zum Abbau der kalten Progression einigen können, beschert der Status quo dem Staat Mehreinnahmen auf Kosten der Bürger, bemängelt Holznagel.

1 Die vom Bund der Steuerzahler ermittelte prozentuale Belastung des Steuerzahlers fällt höher aus, da als Basis der Berechnung nicht das Bruttoinlandsprodukt, sondern das Volkseinkommen gewählt wird (Anm. d. Verf.).

Ermittelt wird der jährliche Steuerzahlergedenktag auf Grundlage der Volkswirtschaftlichen Einkommensbelastungsquote (Summe der Steuern und Zwangsbeiträge zur Sozialversicherung im Verhältnis zum Volkseinkommen). Anhand dieser Quote wird deutlich, wie viel der Staat vom Einkommen seiner Bürger und Unternehmen über Steuern und Sozialabgaben zunächst einbehält.

Quelle: Bund der Steuerzahler Deutschland e.V. vom 08.07.2012.

Zusammenfassung

- Im Wesentlichen lassen sich **drei Verteilungsprinzipien** unterscheiden: das Prinzip der **Einkommensnivellierung,** das **Bedarfsprinzip** und das **Leistungsprinzip.**
- Den **prozentualen** Anteil der Arbeitnehmereinkommen am Volkseinkommen bezeichnet man als **Lohnquote.**
- Finden **Lohnerhöhungen** im Rahmen des **Produktivitätsfortschritts** statt, sind sie **nicht** Ursache von Preissteigerungen.
- Die **Umverteilung** durch den Staat findet in erster Linie mithilfe von **direkten Steuern** statt.
- Darüber hinaus findet seitens des Staates eine Umverteilung über Zahlungen **von Transfers und Subventionen** oder das **Angebot von öffentlichen Gütern** statt.
- Der **Schwerpunkt der Vermögenspolitik** liegt weniger auf der Umverteilung von Vermögen, sondern vielmehr auf Maßnahmen zur **Förderung von Vermögensbildung.**
- Die **Grenze der Umverteilung** ist allerdings an der Stelle erreicht, wo die **Umverteilungspolitik** die **Leistungsgerechtigkeit** des Einzelnen **überlagert** und dessen **Leistungsmotivation untergräbt.**
- Ein **zentrales Wesensmerkmal** für ein **erfolgreiches Gesellschaftssystem** ist es, den **mündigen Bürger** zu fördern. Wesentliches Element dieser Mündigkeit ist die Möglichkeit, ein auch in wirtschaftlicher Hinsicht **eigenverantwortliches** Leben zu führen.
- Bei der Beurteilung der **Grenzen der Belastbarkeit** der Steuerzahler werden die **Steuerquote** und die **Abgabenquote** herangezogen.
- Eine **objektiv messbare Grenze** für eine noch zumutbare Belastung von Einkommen mit Steuern und Abgaben gibt es **nicht.** Allerdings gilt eine Abgabenquote von **50 Prozent** als psychologisch bedeutsam.

Übungsaufgabe

33 1. Erklären Sie kurz die Ihnen bekannten Verteilungsprinzipien!

2. Welche Vor- und Nachteile weist jedes Verteilungsprinzip auf?

3. Nachstehende Zitate enthalten drei Meinungen zur Frage der „gerechten Verteilung" des Volkseinkommens:

   (1) „Jeder soll das Gleiche verdienen. Schließlich sind die Menschen von Natur aus gleich. Überhaupt ist jede Arbeit für die Gesellschaft gleich wertvoll."

   (2) „Die Einkommen müssen sich am Beitrag des Einzelnen zum Sozialprodukt orientieren. Nur diese Entlohnung ist gerecht. Wer mehr und besser arbeitet, soll auch mehr verdienen."

   (3) „Die Menschen der Industrieländer leben zu gut. Der Staat soll dafür sorgen, dass (um den Entwicklungsländern nachhaltig helfen zu können) für jeden Bürger ein bestimmter Wohnraum festgelegt wird. Der heutige Wohnungsluxus ist übertrieben. Außerdem soll der Staat für jeden Arbeitnehmer und seine Familie die Lebensmittelrationen festsetzen, wobei die Schwerarbeiter eine Sonderration beanspruchen können. Der private Autoverkehr soll zugunsten des öffentlichen Verkehrs abgeschafft werden."

   Aufgabe:

   Welche Verteilungsprinzipien werden angesprochen? Welche Für und Wider sind anzuführen?

4. Warum streben die Gewerkschaften eine Erhöhung der Lohnquote an? Mit welchen Mitteln?

5. Unterscheiden Sie die Begriffe Lohnquote und Pro-Kopf-Lohnquote!

6. Das Statistische Amt eines Landes ermittelt folgende Zahlen:

Jahr	Volkseinkommen in jeweiligen Preisen und in Mrd. GE	davon Arbeitnehmerentgelt (brutto) in Mrd. GE	Erwerbspersonen insgesamt in Mio.	davon Arbeitnehmer in Mio.
01	327,3	212,1	26,7	21,5
02	419,9	271,9	26,0	21,2
03	645,5	448,8	26,7	22,4
04	876,7	626,4	25,1	21,3
05	1 155,4	830,0	25,8	22,3
06	1 346,3	952,7	25,4	22,1
07	1 751,1	1 176,1	27,7	24,7
08	2 430,3	1 787,6	37,2	33,5
09	2 705,3	1 964,6	36,1	32,3

   Aufgaben:

   6.1 Kennzeichnen Sie die Entwicklung der Lohnquote und der Pro-Kopf-Lohnquote vom Jahr 01 bis zum Jahr 09!

   6.2 Welche Zahl sagt mehr über gewerkschaftliche Erfolge im Verteilungskampf aus? Warum?

   6.3 Sind gewerkschaftliche Erfolge allein an der Entwicklung der Löhne zu messen?

7. Erklären Sie den Begriff Sekundärverteilung!

8. Auf welche Weise nimmt der Staat die Sekundärverteilung vor?

9. Lesen Sie zunächst folgende Geschichte!

Eine Steuerfabel

Es waren einmal 10 Männer, die jeden Tag miteinander zum Essen gingen. Die Rechnung für alle zusammen betrug jeden Tag genau 100,00 Euro. Die Gäste zahlten ihre Rechnung wie wir unsere Steuern, und das sah ungefähr so aus:

Vier Gäste (die Ärmsten) zahlten nichts. Der Fünfte zahlte 1,00 Euro. Der Sechste 3,00 Euro. Der Siebte 7,00 Euro. Der Achte 12,00 Euro. Der Neunte 18,00 Euro. Der Zehnte (der Reichste) zahlte 59,00 Euro.

Das ging eine ganze Zeitlang gut. Jeden Tag kamen sie zum Essen und alle waren zufrieden. – Bis der Wirt Unruhe in das Arrangement brachte, indem er vorschlug, den Preis für das Essen um 20,00 Euro zu reduzieren. „Weil Sie alle so gute Gäste sind!" Wie nett von ihm. Jetzt kostete das Essen für die 10 nur noch 80,00 Euro, aber die Gruppe wollte unbedingt beibehalten, so zu bezahlen, wie wir besteuert werden. Dabei änderte sich für die ersten vier nichts, sie aßen weiterhin kostenlos. Wie sah es aber mit den restlichen sechs aus? Wie konnten sie die 20,00 Euro Ersparnis so aufteilen, dass jeder etwas davon hatte? Die sechs stellten schnell fest, dass 20,00 Euro geteilt durch sechs Zahler 3,33 Euro ergibt. Aber wenn sie das von den einzelnen Teilen abziehen würden, bekämen der fünfte und der sechste Gast noch Geld dafür, dass sie überhaupt zum Essen gehen. Also schlug der Wirt den Gästen vor, dass jeder ungefähr prozentual so viel weniger zahlen sollte wie er insgesamt beisteuere. Er setzte sich also hin und begann das für seine Gäste auszurechnen. Heraus kam Folgendes:

Der fünfte Gast, ebenso wie die ersten vier, zahlte ab sofort nichts mehr (100 % Ersparnis). Der Sechste zahlte 2,00 Euro statt 3,00 Euro (33 % Ersparnis). Der Siebte zahlte 5,00 statt 7,00 Euro (28 % Ersparnis). Der Achte zahlte 9,00 statt 12,00 Euro (25 % Ersparnis). Der Neunte zahlte 14,00 statt 18,00 Euro (22 % Ersparnis). Und der Zehnte (der Reichste) zahlte 50,00 statt 59,00 Euro (15 % Ersparnis).

Jeder der sechs kam günstiger weg als vorher und die ersten vier aßen immer noch kostenlos. Aber als sie vor der Wirtschaft noch mal nachrechneten, war das alles doch nicht so ideal wie sie dachten. „Ich hab' nur 1,00 Euro von den 20,00 Euro bekommen!", sagte der sechste Gast und zeigt auf den zehnten Gast, den Reichen. „Aber er kriegt 9 Euro!" „Stimmt!" rief der Fünfte. „Ich hab' nur 1,00 Euro gespart und er spart neunmal so viel wie ich." „Wie wahr!" rief der Siebte. „Warum kriegt er 9,00 Euro zurück und ich nur 2,00? Alles kriegen mal wieder die Reichen!" „Moment mal," riefen da die ersten vier aus einem Munde. „Wir haben überhaupt nichts bekommen. Das System beutet die Ärmsten aus!" Und wie aus heiterem Himmel gingen die neun gemeinsam auf den Zehnten los und verprügelten ihn.

Am nächsten Abend tauchte der zehnte Gast nicht zum Essen auf. Also setzten die übrigen 9 sich zusammen und aßen ohne ihn. Aber als es an der Zeit war, die Rechnung zu bezahlen, stellten sie etwas Außerordentliches fest: Alle zusammen hatten nicht genügend Geld, um auch nur die Hälfte der Rechnung bezahlen zu können! Und wenn sie nicht verhungert sind, wundern sie sich noch heute.

Quelle: Autor unbekannt

Aufgaben:

9.1 Erläutern Sie kurz die Zielsetzung, die der Staat mit der Besteuerung von Einkommen anstrebt!

9.2 Wie beurteilen Sie die Chance, dass der Staat durch die Umverteilung über die Steuern das Empfinden von sozialer Gerechtigkeit bei den Bürgern erreicht?

9.3 Diskutieren Sie mögliche Vorschläge einer Reform des Steuersystems, welche zu einer „gerechteren" Umverteilung führen könnten!

Lernbereich 9: Wirtschaftspolitische Beziehungen zwischen In- und Ausland erfassen, darstellen und analysieren

1 Vor- und Nachteile des Außenhandels

1.1 Notwendigkeit des Außenhandels

Die deutsche Volkswirtschaft exportiert mehr als ein Drittel ihres Bruttoinlandsprodukts und importiert fast ebenso viel aus anderen Staaten der Welt. Sie ist damit ein klassisches Beispiel einer **offenen Volkswirtschaft,** d.h. einer Volkswirtschaft mit wirtschaftlichen Beziehungen zum Ausland.

Während es internationalen Handel bereits seit vielen Jahrhunderten gibt (z.B. Gewürze, Seide), hat die **wirtschaftliche, soziale** und **politische** Bedeutung in den letzten Jahrzehnten stark zugenommen. Als **Ursache** für den Anstieg des Außenhandels können insbesondere die Industrialisierung, verbesserte Transportmöglichkeiten (Containerschifffahrt) sowie multinational aufgestellte Unternehmen angeführt werden. All diese Entwicklungen haben enorme Auswirkungen auf das internationale Handelssystem.

Zunehmender internationaler Handel ist nicht nur eine **wichtige Quelle für wirtschaftliche Einnahmen** vieler Länder. Ohne Außenhandel wären die jeweiligen Länder nicht nur auf die innerhalb ihrer eigenen Grenzen produzierten Waren und Dienstleistungen beschränkt, sie müssten vielmehr auch ausschließlich mit den Rohstoffen ihres Landes auskommen. Dies wäre für ein **rohstoffarmes** Industrieland wie die Bundesrepublik Deutschland mit **enormen Wohlstandsverlusten** verbunden, da die meisten Rohstoffe (Öl, Gas, Eisenerz) mangels ausreichenden Vorkommens für den Produktionsprozess bzw. Konsum nicht in den benötigten Mengen zur Verfügung stünden. Insgesamt würde sich die Waren- und Dienstleistungsvielfalt erheblich verringern, da viele Güter ohne die importierten Rohstoffe bzw. Nahrungs- und Genussmittel (Weizen, Südfrüchte, Kaffee, Kakao, Tee, Rohtabak) nicht entsprechend angeboten werden könnten.

Merke:

In einer Zeit **wachsender Erdbevölkerung** einhergehend mit globalem **Wirtschaftswachstum** und daraus resultierendem **erhöhten Verbrauch** an Gütern und Dienstleistungen gewinnt der Außenhandel zunehmend an Bedeutung.

1.2 Bedeutung des Außenhandels für die Bundesrepublik Deutschland

(1) Begriff Außenhandel

Merke:

Unter **Außenhandel** bzw. **internationalem Handel** versteht man den Austausch von Gütern, Dienstleistungen und Kapital **über nationale Grenzen** hinweg.

Der Außenhandel ist der wichtigste Teil der außenwirtschaftlichen Beziehungen einer Volkswirtschaft bzw. einer Wirtschaftsgemeinschaft. Aus der Sicht der Bundesrepublik Deutschland sowie der Mitgliedsländer der **Europäischen Union (EU)** umfasst der Außenhandel den gewerbsmäßigen Güteraustausch (Sachgüter, Dienstleistungen, Rechte) mit **Drittländern** (Länder, die nicht der EU angehören) sowie den Transithandel.

Der Handel innerhalb der EU (der **Binnenhandel**) besteht aus dem **innergemeinschaftlichen Erwerb** (Käufe aus Mitgliedsländern) und den **innergemeinschaftlichen Lieferungen** (Verkäufe an Mitgliedsländer).

In den Statistiken und in den nationalen Zahlungsbilanzen sind in den Ex- und Importwerten sowohl der Güteraustausch mit Drittländern als auch die innergemeinschaftlichen Lieferungen enthalten.

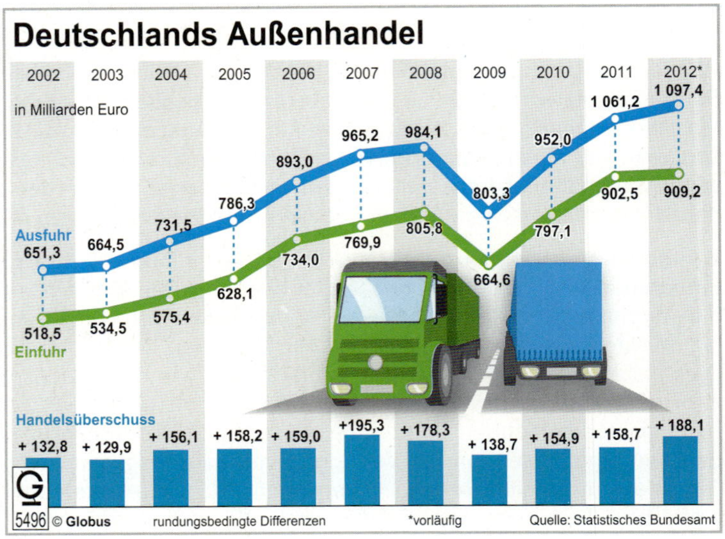

Deutschlands Außenhandel marschiert von Rekord zu Rekord. Mit einem Anstieg der Ausfuhren auf 1 097,4 Milliarden Euro konnten die deutschen Exporteure ihren Warenabsatz um 36 Milliarden Euro oder drei Prozent gegenüber 2011 steigern. Überdurchschnittlich stark stiegen mit fast neun Prozent die Ausfuhren in Länder außerhalb der EU (sogenannte Drittländer), während Exporte in die Partnerländer der Eurozone sogar um zwei Prozent zurückgingen. Die deutschen Einfuhren stiegen im selben Zeitraum von 902,5 Milliarden Euro auf 909,2 (plus 0,7 Prozent). Die Außenhandelsbilanz – die Differenz von Exporten und Importen – schloss mit einem Überschuss von 188,1 Milliarden Euro ab. Das ist der zweitgrößte Handelsüberschuss in der Geschichte der Bundesrepublik Deutschland.

(2) Wichtige Ausfuhrgüter

Wichtige Ausfuhrgüter der Bundesrepublik Deutschland sind Fertigwaren, wie z. B. Werkzeugmaschinen, Kraftfahrzeuge, feinmechanische Geräte, elektrische Ausrüstungen, sowie Halbwaren wie z. B. Gießerei- und Walzwerkerzeugnisse oder Chemikalien. Die Ausfuhr von Rohstoffen (z. B. Kohle, Kali, Tonerde) und von Nahrungs- und Genussmitteln (z. B. Fleischwaren, Geflügel, Wein) ist im Rahmen der Gesamtausfuhr hingegen von geringer Bedeutung.

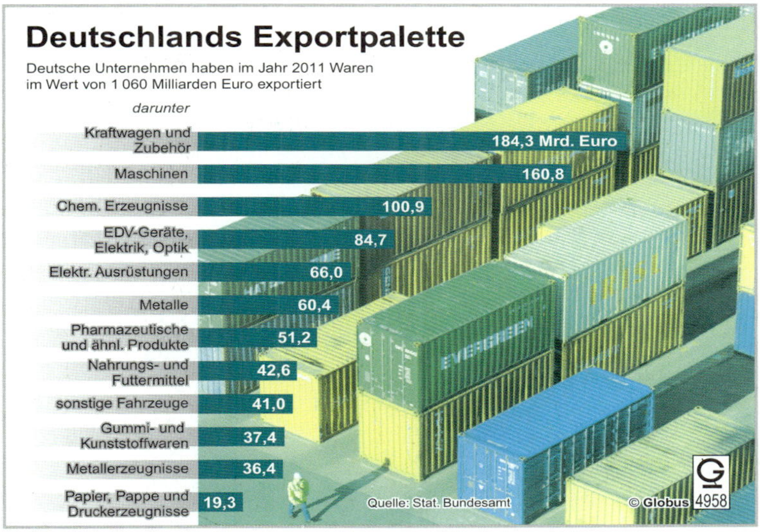

(3) Wichtige Einfuhrgüter

Wichtige Einfuhrgüter der Bundesrepublik Deutschland sind neben den Halb- und Fertigwaren Rohstoffe (z.B. Erdöl, Eisenerz, Steine und Erden, Rohphosphate) und Nahrungsmittel (z.B. Weizen, Mais, Gemüse, Südfrüchte, Kakao, Ölfrüchte, Kaffee, Rohtabak, Wein).

Der internationale Handel wird durch „offene Grenzen" gefördert. Der Wegfall von **„Handelsschranken"** wie Zölle, mengenmäßige Export- und Importbeschränkungen (Kontingentierungen) sowie technischen Hemmnissen (z.B. unterschiedliche technische Normen, Prüfverfahren, Sicherheitsvorschriften) kommt allen Handelspartnern zugute, wie das Beispiel der EU zeigt.

- 2012 betrug z.B. die **Einfuhr** der Bundesrepublik Deutschland 909,2 Mrd. EUR. Davon entfielen auf den innergemeinschaftlichen Erwerb 515,5 Mrd. EUR, das sind **56,7 %**.
- Die **Ausfuhr** der Bundesrepublik Deutschland betrug im gleichen Zeitraum 1 097,4 Mrd. EUR. Die innergemeinschaftlichen Lieferungen machten davon 634,3 Mrd. EUR aus. Das entspricht einem Anteil von **57,8 %**.

Als Industrieland ist Deutschland auf viele Rohstoffe angewiesen. Über eigene Rohstoffe im Überschuss verfügt die hiesige Industrie vor allem im Bereich der nichtmetallischen Mineralstoffe. So konnte 2010 der Bedarf an Kalisalz, Schwefel, Gips bzw. Anhydrit, Gesteinskörnungen, Steinsalz, Kalk- und Dolomitstein und Braunkohle im Verhältnis zum Verbrauch mit der eigenen Förderung zu 100 % gedeckt werden. Bei den anderen Rohstoffen gibt es hohen Importbedarf, insbesondere bei Metallstoffen und Energierohstoffen wie Mineralöl und Erdgas.

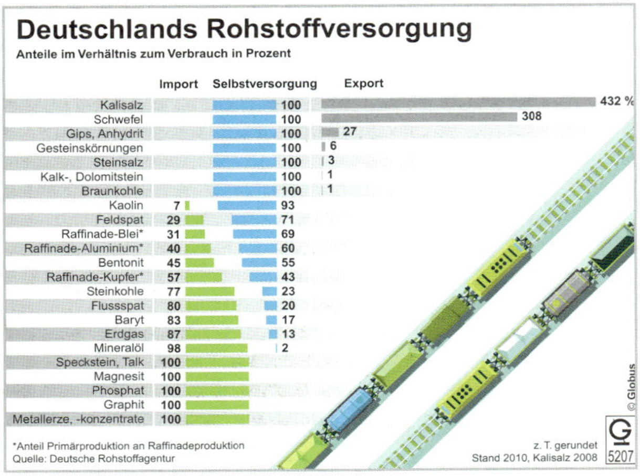

18 Boller, Hartmann - ISBN 978-3-8120-0398-8

(4) Begriff Außenwirtschaft

Der internationale Handel mit Sachgütern („Waren") stellt zwar den wichtigsten, nicht aber den gesamten Bereich der Außenwirtschaft dar. Die wirtschaftlichen Beziehungen zwischen den Volkswirtschaften sind vielfältiger. Nicht nur Waren werden über die Grenzen hinweg gekauft und verkauft, sondern auch Dienstleistungen.[1] Ferner finden Geld- und Kreditbewegungen über die Grenzen hinweg statt, die nicht oder nicht unmittelbar mit den Waren- und Dienstleistungsaus- bzw. -einfuhren zusammenhängen. So strömen z. B. Gelder in ein Land ein, dessen Zinsniveau höher als das anderer Länder ist oder dessen Währung besonders stabil erscheint. Länder, die Kriege verloren haben, müssen Reparationen (Wiedergutmachungszahlungen) leisten. Viele Staaten, so auch die Bundesrepublik Deutschland, haben sich verpflichtet, Beiträge an internationale Organisationen zu entrichten (z. B. an die UNO, die NATO, die EU). Auch die Entwicklungshilfeleistungen stellen einen Bereich der Außenwirtschaft dar.

Merke:

- Die Bundesrepublik Deutschland ist ein **rohstoffabhängiges** und **exportorientiertes Land.**
- Der **Umfang des Außenhandels** bestimmt weitgehend den **hohen Lebensstandard** und den **hohen Beschäftigungsstand** in der Bundesrepublik Deutschland.
- Wareneinfuhr und -ausfuhr stellen den wichtigsten Teil der **außenwirtschaftlichen Beziehungen** der Bundesrepublik Deutschland dar.
- Der Begriff „außenwirtschaftliche Beziehungen" umfasst alle Leistungs- und Geld-(Kredit)bewegungen über die Grenzen einer Volkswirtschaft hinweg.
- Der Begriff **Ein- und Ausfuhr** (Im- und Export) bezeichnet die Verbringung von wirtschaftlichen Gütern von einem Drittland ins Inland bzw. vom Inland in ein Drittland.

1.3 Komparative Kostenvorteile

Länder mit Außenhandel (gegenseitigem Warenaustausch) betreiben **internationale Arbeitsteilung** wegen der damit verbundenen relativen (komparativen) Kostenvorteile.

Beispiel:

Angenommen, sowohl im Land A als auch im Land B werden je Periode[2] 500000 t Rohöl und 500 Maschinen hergestellt. Es bestehen keine Handelsbeziehungen zwischen den beiden Ländern. Die hergestellten Güter werden in den betreffenden Ländern gekauft, um den eigenen Bedarf zu decken.

1 Zu den Dienstleistungen rechnen der Reiseverkehr und die Transportleistungen.

2 **Periode:** Zeitabschnitt (z. B. 1 Monat, 1 Jahr).

Die Produktionskosten werden in Arbeitsstunden ausgedrückt.

Länder	Kosten für 1 t Rohöl (Öl) in Arbeitsstunden	Kosten für 1 Maschine (Ma) in Arbeitsstunden
A	20	50 000
B	80	60 000

Die **komparativen**[1] **Kosten** betragen:

Länder	Komparative Kosten	
	Öl : Ma	Öl : Ma
A	1 : 2500	0,0004 : 1
B	1 : 750	$0{,}001\overline{33}$: 1

Das Land B stellt beide Produkte teurer als das Land A her, denn im Land B werden für eine t Rohöl 80 Arbeitsstunden (im Land A 20 Arbeitsstunden) und für eine Maschine 60 000 Arbeitsstunden (im Land A 50 000 Arbeitsstunden) benötigt. Dennoch lohnen sich die **Spezialisierung** und der **Außenhandel** (die **internationale Arbeitsteilung**). Beweis: Spezialisiert sich das Land A nach Aufnahme der Handelsbeziehungen auf das Öl, weil es dieses vergleichsweise billiger als Maschinen herstellt, und das Land B auf die Produktion von Maschinen, weil es diese vergleichsweise billiger als Rohöl produzieren kann, ergibt sich folgendes Ergebnis:

Länder	Land A		Land B		Gesamtkosten beider Länder
Güterart	Rohöl	Maschinen	Rohöl	Maschinen	
Kosten **vor** der internationalen AT in Arbeitsstunden	10 000 000	25 000 000	40 000 000	30 000 000	105 000 000
Kosten **nach** der internationalen AT in Arbeitsstunden	20 000 000	–	–	60 000 000	80 000 000

Durch die Spezialisierung spart das Land A 15 Mio. Arbeitsstunden und das Land B 10 Mio. Arbeitsstunden. Die ersparten Arbeitsstunden können zur Kapazitätserweiterung bei der Ölförderung und im Maschinenbau und/oder für den Ausbau anderer Wirtschaftszweige eingesetzt werden.

Das vorangestellte Beispiel verdeutlicht, dass die Vorteilhaftigkeit des Handels zwischen zwei Ländern nicht von den absoluten Produktionskosten abhängt, sondern von den **relativen Kosten** der produzierten Güter zueinander.

Merke:

Grundsätzlich ist der **Handel zwischen zwei Ländern** immer **vorteilhaft,** wenn bei beiden Handelspartnern **unterschiedliche Produktionskostenstrukturen** existieren, d. h., wenn ein Land für ein produziertes Gut auf weniger Einheiten eines anderen Gutes verzichten muss als das andere Land (niedrigere Opportunitätskosten).[2]

1 **Komparativ** (lat.): vergleichsweise, relativierend.

2 Den Nutzenentgang durch einen Verzicht auf eine Alternativanlage bezeichnet man als **Opportunitätskosten**.

Nach der **Theorie der komparativen Kostenvorteile** sind internationaler Handel und internationale Arbeitsteilung selbst für solche Länder von Vorteil, die alle Güter nur zu höheren Kosten erzeugen können als das Ausland. Sie müssen sich nur auf die Produktion jener Güter spezialisieren, die sie vergleichsweise (komparativ) am günstigsten herstellen können. In der Realität lässt sich dies vor allem auf Handelsbeziehungen zwischen hoch und niedrig industrialisierten Ländern anwenden. Dabei ist zu beachten, dass nichts über die Verteilung des Handelsgewinnes oder die Effekte der Spezialisierung ausgesagt wird.

Merke:

Wenn jedes Land die Güter produziert, bei denen es **absolute Kostenvorteile** hat, kann durch die internationale Arbeitsteilung die Gesamtproduktion gesteigert werden.

1.4 Terms of Trade[1]

Merke:

Unter Terms of Trade versteht man das **Austauschverhältnis** der von der **Binnenwirtschaft** in **Fremdwährungsgebiete** exportierten zu den importierten Waren.

Um die Veränderungen der Terms of Trade erfassen zu können, setzt man für ein bestimmtes Ausgangsjahr (Basisjahr) einen **Exportwarenkorb** einem **Importwarenkorb** gleich. Im Basisjahr betragen also die Terms of Trade 1 : 1 (1 oder 100). Sinkt z. B. der Wechselkurs einer Fremdwährung um 10 % bei gleichbleibendem Preisniveau im Binnen- und Fremdwährungsgebiet, verändern sich die Terms of Trade zuungunsten der Binnenwirtschaft, denn nunmehr muss für das gleiche mengenmäßige Importvolumen 11,11 % mehr aufgewendet werden. Die Terms of Trade belaufen sich jetzt auf 1 : 1,11 (0,9 oder 90).

Steigt z. B. der Wechselkurs einer Fremdwährung um 10 % bei gleichbleibendem Preisniveau im In- und Ausland, verändern sich die Terms of Trade zugunsten des Inlands. Die Terms of Trade betragen jetzt 1 : 0,91 (1,1 oder 110).

Merke:

- Bei **steigenden** Terms of Trade können für den Erlös einer bestimmten Exportmenge **mehr Güter importiert** und bezahlt werden als zuvor. Die **Tauschposition** der **Binnenwirtschaft** gegenüber dem Fremdwährungsgebiet **verbessert** sich.
- Bei **sinkenden** Terms of Trade können für den Erlös einer bestimmten Exportmenge **weniger Güter importiert** und bezahlt werden als zuvor. Die **Tauschposition** der **Binnenwirtschaft** gegenüber dem Fremdwährungsgebiet **verschlechtert** sich.

1 Terms of Trade (engl.): Bedingungen des Handels.

Beispiel:

Im Basisjahr 00 betrug der Export 450 iGE (inländische Geldeinheiten), der Import 400 iGE. Im Jahr 01 stiegen die Importpreise um 10 %; die Exportpreise blieben konstant. Im Jahr 02 stiegen die Exportpreise um 10 %, die Importpreise um 5 %. Die Wechselkurse blieben unverändert.

Die Terms of Trade entwickelten sich wie folgt:

Jahr 00	1	: 1	=	1	oder	100
Jahr 01	1	: 1,1	=	0,9091	oder	90,91
Jahr 02	1,1	: 1,155	=	0,9524	oder	95,24

Die Terms of Trade eines Landes können also auch definiert werden als das Verhältnis zwischen dem Index der Durchschnittswerte seiner Exporte und dem Index der Durchschnittswerte seiner Importe.

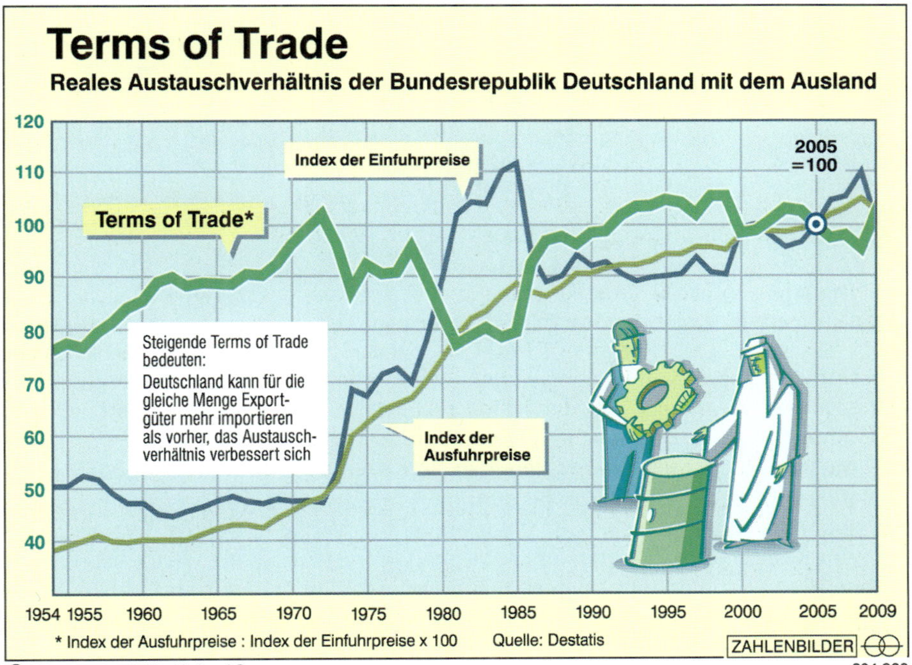

 294 920

1.5 Vor- und Nachteile des Außenhandels im Überblick

Die Vor- und Nachteile des Außenhandels sind:

Vorteile	Nachteile
■ **Güter,** die eine Volkswirtschaft nicht oder nicht in ausreichendem Maße selbst produzieren kann, **werden eingeführt (importiert),** in der Bundesrepublik Deutschland z.B. Südfrüchte und Mineralstoffe. Die **Gegenleistung** besteht in der **Ausfuhr (im Export)** von Halb- und Fertigerzeugnissen, die die Handelspartner nicht selbst oder nicht in der gewünschten Qualität herstellen können (oder wollen). ■ Güter, die eine Volkswirtschaft nur mit höheren Kosten als andere Volkswirtschaften herstellen kann, werden importiert. Die auf diese Weise **eingesparten Produktionsfaktoren** können zur **Herstellung anderer Güter** eingesetzt werden, die möglicherweise kostengünstiger als im Ausland produziert werden können. ■ Nicht nur bei absoluten, sondern auch bei **relativen (komparativen) Kostenvorteilen** kann die internationale Arbeitsteilung für die beteiligten Länder von Vorteil sein.	■ Die **wirtschaftliche Abhängigkeit** zeigt sich z.B. in der konjunkturellen Verbundenheit der am Welthandel beteiligten Staaten. Konjunkturelle Einbrüche bei den führenden Industrieländern bewirken aufgrund des Nachfragerückgangs zwangsläufig **Beschäftigungsrückgänge** bei den Handelspartnern. ■ Ebenso wie die Konjunkturrückgänge können auch **Inflationen importiert** werden. ■ Weiterhin zeigt die Geschichte der Entwicklungsländer, dass die einseitige, durch die ehemaligen Kolonialmächte geförderte Spezialisierung auf die Förderung von Rohstoffen und die Erzeugung von Agrarprodukten („Plantagenwirtschaft") ein den Industrieländern vergleichbares **Wachstum verhindert.** ■ Eng mit der wirtschaftlichen Abhängigkeit ist die politische Abhängigkeit verflochten. So sind z.B. Länder, die auf Rohstoffzufuhren angewiesen sind, wirtschaftlich **und** politisch erpressbar. So können die Rohstoff exportierenden Länder beispielsweise versuchen, durch Preis- und/oder Mengendiktate **politische Entscheidungen** in den Abnehmerländern zu **beeinflussen.**

Die moderne Ausprägung der internationalen Arbeitsteilung wird als **Globalisierung**[1] bezeichnet. Dieser neue Begriff ist gerechtfertigt. Früher erfolgte der Austausch von Waren, Dienstleistungen und Rechten (z.B. Lizenzen) in der Weise, dass der Exporteur die im Inland hergestellten Güter an den ausländischen Importeur lieferte. Heute ist es so, dass zahlreiche Hersteller nicht nur im Inland, sondern auch im Ausland (in Kundennähe) produzieren lassen, sodass es zu einem **Wettbewerb der Standorte** kommt. Die präzise weltweite Steuerung wird durch die hoch entwickelte Informationstechnik ermöglicht.

Ein weiteres Merkmal der Globalisierung ist, dass die **Übertragungen von Kapital** für Investitions- oder reine Anlagezwecke schneller gewachsen sind als die Weltproduktion.

Die Globalisierung wird folgendermaßen sichtbar:

- Der internationale Handel weitet sich schneller aus als die Weltproduktion.
- Die Direktinvestitionen steigen schneller als die Handelsströme.
- Das Finanzkapital wird international um ein Mehrfaches der Direktinvestitionen ausgetauscht.

1 Vgl. hierzu ausführlich Kapitel 4.

2 Grenzüberschreitende Transaktionen in der Zahlungsbilanz

2.1 Begriff der Zahlungsbilanz

Merke:

Die **Zahlungsbilanz** eines Landes ist eine **systematische Zusammenfassung** aller ökonomischen Transaktionen zwischen Inländern (Gebietsansässigen) und Ausländern (Gebietsfremden) während eines bestimmten Zeitraumes, in der Regel eines Jahres.

Zu den **Inländern** zählen alle Wirtschaftseinheiten mit ständigem Wohnsitz oder Aufenthalt im Inland.

Dazu gehören statistisch auch ausländische Gastarbeiter und Unternehmen in ausländischem Eigentum mit Sitz im Inland. Unter die **ökonomischen Transaktionen** fallen alle Waren- und Dienstleistungsexporte bzw. Waren- und Dienstleistungsimporte (entgeltliche Leistungen) sowie Übertragungen (unentgeltliche Leistungen) und Kapitalexporte sowie -importe.

Da in der Zahlungsbilanz **keine Bestände,** sondern nur **Stromgrößen** (Veränderungen) erfasst werden, lässt sich grundsätzlich nicht die Höhe der einzelnen Bestände (im Sinne einer Bestandsbilanz), sondern nur die **Veränderungen** innerhalb einer abgeschlossenen Periode **(Bewegungsbilanz)** erkennen.

Wesentliche **Aufgabe der Zahlungsbilanz** ist die Bereitstellung der Datenbasis für

- die **Geld- und Währungspolitik** und die übrige Wirtschaftspolitik sowie
- wesentliche Bestandteile der **volkswirtschaftlichen Gesamtrechnungen.**

In der Regel kann es sich kein Land auf Dauer leisten, dass sich die inländischen Wirtschaftseinheiten zunehmend gegenüber dem Ausland verschulden. Um also die Vorteile der internationalen Arbeitsteilung zu nutzen, müssen sich die Außenwirtschaftsbeziehungen langfristig etwa **gleichgewichtig** entwickeln. Vor diesem Hintergrund ist das im Stabilitätsgesetz angeführte gesamtwirtschaftliche **Ziel des außenwirtschaftlichen Gleichgewichts** zu verstehen.

2.2 Gliederung der Zahlungsbilanz

Je nach **Art der Transaktionen** wird die **Zahlungsbilanz der Bundesrepublik Deutschland** in verschiedene **Teilbilanzen,** die nach **wirtschaftlichen Gesichtspunkten** gebildet werden, untergliedert. Diese Teilbilanzen sind auch bedeutende Bausteine für die Zahlungsbilanzen der Europäischen Währungsunion und der Europäischen Union.

Zum **Inland** zählt das Wirtschaftsgebiet der Bundesrepublik Deutschland. Zum **Ausland** zählen alle anderen Länder, auch die anderen Mitgliedsländer der Europäischen Währungsunion.

Wichtige Teilbilanzen sind die **Leistungsbilanz, Vermögensübertragungen** und die **Kapitalbilanz.**

Teilbilanzen	Erläuterungen
I. Leistungs-bilanz	Die Leistungsbilanz erfasst die Übertragungen mit dem Ausland, die Einfluss auf Einkommen und Verbrauch haben. Die Leistungsbilanz umfasst: ▪ den **Außenhandel** (Warenausfuhr und -einfuhr), einschließlich der **Ergänzungen zum Warenverkehr** (hauptsächlich Lagerverkehr auf inländische Rechnung und Absetzung von Rückwaren). Übersteigen die Exporte die Importe, spricht man von einer **aktiven Handelsbilanz**. Sind hingegen die Importe größer als die Exporte, liegt eine **passive Handelsbilanz** vor. ▪ die **Dienstleistungen,** also die Export- und Importwerte verschiedenartiger immaterieller Güter. Hierzu zählen der touristische Reiseverkehr (Ausgaben von Inländern im Ausland stellen Dienstleistungsimporte dar, wohingegen Ausgaben von Ausländern im Inland zu den Dienstleistungsexporten zählen), Transporte, Telekommunikation, die Finanzdienstleistungen (da Kapitalerträge in Form von Zinsen, Dividenden und Gewinne als Erträge für geleistete Kapitaldienste gedeutet werden können), Patente und Lizenzen sowie Regierungsleistungen. Die **Dienstleistungsbilanz** ist **aktiv,** wenn die Exporte die Importe übersteigen; im umgekehrten Fall handelt es sich um eine **passive** Dienstleistungsbilanz. Die traditionell passive Dienstleistungsbilanz der Bundesrepublik Deutschland ist in erster Linie auf den negativen Saldo im Reiseverkehr zurückzuführen. Der **Saldo** aus Außenhandel einschließlich der Ergänzungen zum Warenhandel und Dienstleistungen wird als **Außenbeitrag** (zum BIP) bezeichnet. ▪ die **Erwerbs- und Vermögenseinkommen:** Hierbei handelt es sich hauptsächlich um die Erfassung der Einkommen aus unselbstständiger Arbeit und der Kapitalerträge, die Inländern aus dem Ausland bzw. die Ausländern aus dem Inland zufließen. ▪ die **laufenden Übertragungen** – auch als **Bilanz der unentgeltlichen Leistungen** bezeichnet – sind Geld- und Sachleistungen, denen keine unmittelbaren Gegenleistungen gegenüberstehen. Hierunter fallen beispielsweise Beiträge an internationale Organisationen, private Renten- und Unterstützungszahlungen an Ausländer, staatliche Entwicklungshilfe, Überweisungen der Gastarbeiter an ihre Familien im Ausland. Der **Saldo der Leistungsbilanz** gilt allgemein als **Maßstab für das außenwirtschaftliche Gleichgewicht.** Theoretisch wäre dieses Ziel erreicht, wenn dieser Saldo gleich null ist.
II. Vermögens-übertragungen	Erfasst werden u.a. Vermögensübertragungen, die als **„einmalig"** betrachtet werden können (z.B. Schuldenerlasse, Erbschaften, Schenkungen, Erbschaft- und Schenkungsteuer, Vermögensmitnahmen von Aus- bzw. Einwanderern). Hier wird auch der Kauf/Verkauf von **immateriellen nicht produzierten** Vermögensgütern erfasst, wie z.B. Patente, aktivierter Firmenwert (Goodwill) beim Kauf eines Unternehmens.
III. Kapital-bilanz	Die **Kapitalbilanz einschließlich** der **Veränderungen der Währungsreserven der Bundesbank** enthält alle Transaktionen[1], bei denen sich grenzüberschreitende Finanzdispositionen (z.B. Guthaben, Wertpapiere oder Beteiligungen) verändern. ▪ **Deutsche Kapitalanlagen im Ausland** (Kapitalausfuhr) führen zu **Forderungen** an das Ausland. ▪ **Kapitalanlagen von Ausländern im Inland** (Kapitaleinfuhr) führen zu **Verbindlichkeiten** des Inlandes gegenüber dem Ausland.

1 **trans** (lat.): über, **agere**: führen; Übertragungen

Teilbilanzen	Erläuterungen
	Die **Zunahme der Forderungen** bzw. die **Abnahme** der **Verbindlichkeiten** werden in der von der Deutschen Bundesbank erstellten Zahlungsbilanz mit **negativem Vorzeichen** (–) gekennzeichnet. Umgekehrt erhalten die **Abnahme** der **Forderungen** bzw. die **Zunahme** der **Verbindlichkeiten** ein **positives Vorzeichen** (+). Die Kapitalbilanz gliedert sich in: ■ **Direktinvestitionen** (z. B. Beteiligungen), ■ **Wertpapieranlagen und Finanzderivate** (z. B. Aktien, Anleihen, Investmentzertifikate, Geldmarktpapiere), ■ **übriger Kapitalverkehr** Hier werden Finanz- und Handelskredite, Bankguthaben und sonstige Kapitalanlagen zusammengefasst. Gegliedert wird dieser Posten nach den Sektoren – Monetäre Finanzinstitute, – Unternehmen und Privatpersonen, – Staat, – Bundesbank. ■ **Veränderungen der Währungsreserven zu Transaktionswerten** Die Währungsreserven der Deutschen Bundesbank in der EWU bestehen aus Gold und Goldforderungen, der Reserveposition im Internationalen Währungsfonds und Sonderziehungsrechte sowie Devisenreserven. Es werden **keine Bewertungsänderungen,** sondern ausschließlich Transaktionen erfasst. **Goldtransaktionen** der Bundesbank sind nur mit anderen Zentralbanken (oder Währungsbehörden) zahlungsbilanzrelevant. Goldtransaktionen mit anderen Geschäftspartnern sind als Warengeschäfte zu behandeln. Hier wird das Gold „demonetisiert", d. h. von Währung (Geld) zur Ware.
IV. Saldo der statistisch nicht aufgliederbaren Transaktionen	Dieser **Restposten** ist erforderlich, um die Zahlungsbilanz statistisch auszugleichen. Hier werden also Beträge aufgenommen, die **statistisch nicht erfasst** werden können, wie etwa sogenannte „Koffergeschäfte", Transaktionen mit Bargeld, Überweisungen unterhalb der Meldegrenze. Des Weiteren werden über diese Bilanz **statistische Ermittlungsfehler** ausgeglichen. Zwischen den Teilbilanzen I bis III gibt es einen inneren Zusammenhang. Addiert man die **Leistungsbilanz und** die **Vermögensübertragungen,** so geht ein Überschuss mit einem Nettozuwachs der Forderungen oder einer Nettoabnahme der Verbindlichkeiten einher. Umgekehrt ist es bei einem Defizit. Der **Saldo** der **Kapitalbilanz** einschließlich der **Veränderungen der Währungsreserven muss ebenso groß** sein **wie** der **Saldo der Leistungsbilanz zuzüglich des Saldos der Vermögensübertragungen.** Es gilt für die Teilbilanzen: I + II = III Da aber eine periodengerechte Zuordnung der Transaktionen nicht immer möglich ist und in den Teilbilanzen I bis III statistische Erfassungslücken bestehen, ist die Gleichung meist nicht erfüllt. Der Ausgleich wird über den Posten IV herbeigeführt. I + II + III + IV = 0 Die Summe aus I + II stellt den Finanzierungssaldo dar. III zeigt die Veränderung des Netto-Auslandsvermögens auf. Die Summe der Salden der Teilbilanzen ergibt den Wert null (0).

Die Teilbilanzen der Zahlungsbilanz im Überblick

Zahlungsbilanz

Leistungsbilanz (Außenhandelsbilanz, Ergänzungen zum Warenverkehr, Dienstleistungsbilanz, Erwerbs- und Vermögenseinkommen, Laufende Übertragungen)

Vermögensübertragungen; Kapitalbilanz, darunter: Veränderungen der Währungsreserven zu Transaktionswerten; Saldo der statistisch nicht aufgliederbaren Transaktionen (Restposten)

Außenhandelsbilanz	**Ergänzungen zum Warenverkehr**	**Dienstleistungsbilanz**	**Erwerbs- und Vermögenseinkommen**	**Laufende Übertragungen**	**Vermögensübertragungen**	**Kapitalbilanz**	**Veränderungen der Währungsreserven zu Transaktionswerten**	**Saldo der statistisch nicht aufgliederbaren Transaktionen (Restposten)**
+ Warenexport / – Warenimport	+ Warenexport / – Warenimport	+ Dienstleistungsexport / – Dienstleistungsimport	+ Einnahmen / – Ausgaben	+ empfangene / – geleistete Leistungen	+ empfangene Leistungen / – geleistete Leistungen	+ Kapitalimport / – Kapitalexport	+ (Devisen) Abnahme / – (Devisen) Zunahme	+ / –
■ Warenexporte ■ Warenimporte	■ Erfasst wird hier die Lagerung von Waren in Freihäfen oder offenen Zolllagern ■ Absetzung von Rückwaren	■ touristischer Reiseverkehr ■ Transporte ■ Finanzdienstleistungen ■ Patente ■ Lizenzen	Einkommen aus: ■ unselbstständiger Arbeit ■ Zinsen ■ Miete ■ Pacht ■ Dividenden	■ Beiträge von internationalen Organisationen ■ private Renten- und Unterstützungszahlungen ■ staatliche Entwicklungshilfe ■ Heimatüberweisungen von ausländischen Mitbürgern	■ Einmalige Transfers ■ Schuldenerlasse ■ Erbschaften ■ Schenkungen ■ Vermögensmitnahmen von Aus- und Einwanderern ■ Kauf/Verkauf von immateriellen nicht produzierten Vermögensgütern	■ Aktivseite: Zunahme der Verbindlichkeiten/Abnahme der Forderungen ■ Passivseite: Abnahme der Verbindlichkeiten/Zunahme der Forderungen ■ Direktinvestitionen ■ Wertpapieranlagen ■ Übriger Kapitalverkehr		■ „Restposten" ■ „Koffergeschäfte" ■ Überweisungen unterhalb der Meldegrenze

Der Saldo aus diesen drei Teilbilanzen stellt den **Außenbeitrag (zum BIP)** dar.

Der Saldo aus diesen vier Teilbilanzen stellt den **Außenbeitrag (zum BNE)** dar.

Beispiel:

Das statistische Amt eines Landes erfasst zum Zwecke der Erstellung der nationalen Zahlungsbilanz folgende internationale Transaktionen:

		Inlandswährung in Mrd. GE
1.	Das Land A exportiert Waren in das Devisenausland gegen Zahlung mit Wechsel. (Die Wechsel lauten auf Fremdwährungen.)	56
2.	Das Land A erbringt für das Devisenausland Transportleistungen gegen Zahlung mit Schecks. (Die Schecksummen lauten auf Fremdwährung.)	14
3.	Das Land A importiert aus dem Devisenausland Waren gegen Zahlung mit Schecks. (Die Schecksummen lauten auf Fremdwährung.)	40
4.	Die Inländer geben während ihrer Auslandsreisen Devisen aus.	20
5.	Warenexporte gegen langfristigen Kredit.	15
6.	Warenimporte gegen langfristigen Kredit.	12
7.	Das Land A zahlt Beiträge in Fremdwährung an die UN. (Von der Zentralbank abgerufen.)	8
8.	Land A erhält von der EU eine einmalige Zahlung in Binnenwährung zur Förderung strukturschwacher Gebiete.	3
9.	Das Land A gewährt einen Entwicklungshilfekredit in Devisen. (Von der Zentralbank abgerufen.)	6
10.	Das Land A erlässt einem Entwicklungsland Schulden.	2
11.	Inländer beziehen aus dem Ausland Zinsen, Dividenden und Arbeitseinkommen.	4
12.	Ausländer beziehen aus dem Inland Zinsen, Dividenden und Arbeitseinkommen.	1
13.	Inländische Sparer bringen Inlandsgeld ins Ausland („Koffergeschäfte").	2

Zahlungsbilanz																
		Aktivseite										Passivseite			
		I. Leistungsbilanz								II. Vermögensübertragungen		III. Kapitalbilanz		IV. Saldo der statistisch nicht aufgliederbaren Transaktionen (Restposten)	
		Außenhandel		Dienstleistungen		Erwerbs- und Vermögenseinkommen		Laufende Übertragungen							
Transaktionen	Summe in Mrd. GE	Export	Import	Einnahmen	Ausgaben	Einnahmen	Ausgaben	Einnahmen	Ausgaben	Einnahmen	Ausgaben	Ausgaben[1]	Einnahmen[2]	Einnahmenkorrektur	Ausgabenkorrektur
1	56	56											56		
2	14			14									14		
3	40		40									40			
4	20				20							20			
5	15	15											15		
6	12		12									12			
7	8								8			8			
8	3									3			3		
9	6								6			6			
10	2										2	2			
11	4					4							4		
12	1						1					1			
13	2											2			2
Summen		71	52	14	20	4	1		14	3	2	91	92		2
Salden			19	6			3	14			1	1		2	
		71	71	20	20	4	4	14	14	3	3	92	92	2	2

1 Ausgaben (kurzfristig), Verbindlichkeitszugänge (langfristig) und Forderungsabgänge.

2 Einnahmen (kurzfristig), Forderungszugänge (langfristig) und Verbindlichkeitsabgänge.

Aus dem Zahlenbeispiel folgt, dass die Zahlungsbilanz formal (äußerlich) immer **ausgeglichen** sein muss. Der Grund: Alle Transaktionen werden **zwei** Mal gebucht.

Merke:

- Wird in der Wirtschaftspolitik und in der Wirtschaftspresse von **unausgeglichener Zahlungsbilanz (Zahlungsbilanzungleichgewicht)** gesprochen, ist stets die **Leistungsbilanz** einschließlich der Vermögensbilanz gemeint.
- In diesem Sinne liegt ein **Zahlungsbilanzüberschuss** vor, wenn die Leistungsbilanz einschließlich Vermögensbilanz positiv ist (Einnahmen > Ausgaben).
- Ein **Zahlungsbilanzdefizit** ist gegeben, wenn die Leistungsbilanz einschließlich Vermögensbilanz negativ ist (Ausgaben > Einnahmen).

Reiner Zufall wäre, wenn **alle Teilbilanzen** ausgeglichen wären. Im Beispiel ergeben sich folgende Situationen:

1. Die Außenhandelsbilanz ist **aktiv,** weil die Exporte wertmäßig höher als die Importe sind.
2. Der Saldo der Dienstleistungen ist **defizitär** (negativ, passiv). Die Ausgaben für ausländische Dienstleistungen übersteigen wertmäßig die vom Inland für das Ausland erbrachten Dienstleistungen.
3. Der Saldo der Erwerbs- und Vermögenseinkommen ist **positiv,** weil die von Inländern aus dem Ausland bezogenen Erwerbs- und Vermögenseinkommen höher als die von Ausländern aus dem Inland bezogenen Erwerbs- und Vermögenseinkommen sind.
4. Der Saldo der laufenden Übertragungen ist **defizitär,** weil lediglich Zahlungen an das Ausland vorgenommen wurden.
5. Der Saldo der Vermögensübertragungen ist **positiv**: Die Einnahmen übersteigen die Ausgaben.
6. Die Kapitalbilanz weist einen **Überschuss** aus. Die „Einnahmen" (Forderungszugänge, Verbindlichkeitsabgänge) sind höher als die „Ausgaben" (Verbindlichkeitszugänge bzw. Forderungsabgänge).
7. Der Saldo der statistisch nicht aufgliederbaren Transaktionen (Restposten der Zahlungsbilanz) beträgt 2 Mrd. GE.
8. Der **Saldo der Leistungsbilanz** (vgl. nachfolgende Übersicht) beträgt **2 Mrd. GE.** Er berechnet sich wie folgt: + 19 Mrd. GE (Außenhandelsüberschuss) – 6 Mrd. GE (Defizit der Dienstleistungsbilanz) + 3 Mrd. GE (positiver Saldo der Erwerbs- und Vermögenseinkommen) – 14 Mrd. GE (Defizit aus den laufenden Übertragungen).

Aus der Zahlungsbilanz ergeben sich folgende Zusammenhänge:

Saldo der Leistungsbilanz	+	Saldo der Vermögensübertragungen	=	Saldo der Kapitalbilanz	+	Restposten (Saldo)

Mit den Zahlen des Beispiels:

(+ 2)	+	(+ 1)	=	(+ 1)	+	(+ 2)

Man kann auch schreiben:

Saldo der Leistungsbilanz	+	Saldo der Vermögensübertragungen	–	Saldo der Kapitalbilanz	–	Restposten (Saldo)	= 0

Mit den Zahlen des Beispiels:

(+ 2)	+	(+ 1)	–	(+ 1)	–	(+2)	= 0
2	+	1	–	1	–	2	= 0

Das Zahlungsbilanzschema der Deutschen Bundesbank hat folgendes Aussehen (vereinfacht):

Wichtige Posten der Zahlungsbilanz		
I. Leistungsbilanz		
1. Außenhandel		
Ausfuhr	+	71 Mrd. GE
Einfuhr	–	52 Mrd. GE
Saldo	+	19 Mrd. GE
2. Dienstleistungen		
Einnahmen	+	14 Mrd. GE
Ausgaben	–	20 Mrd. GE
Saldo („Handelsbilanz“)	–	6 Mrd. GE
3. Erwerbs- und Vermögenseinkommen (Saldo)	+	3 Mrd. GE
4. Laufende Übertragungen		
Fremde Leistungen		—
Eigene Leistungen	–	14 Mrd. GE
Saldo	–	14 Mrd. GE
Saldo der Leistungsbilanz	+	2 Mrd. GE
II. Vermögensübertragungen		
Fremde Leistungen	+	3 Mrd. GE
Eigene Leistungen	–	2 Mrd. GE
Saldo	+	1 Mrd. GE
III. Kapitalbilanz (Saldo)	–	1 Mrd. GE
IV. Saldo der statistisch nicht aufgliederbaren Transaktionen (Restposten)	–	2 Mrd. GE

2.3 Zahlungsbilanzungleichgewichte

2.3.1 Ursachen für Zahlungsbilanzungleichgewichte

Wie bereits erwähnt, ist eine Zahlungsbilanz wegen des Prinzips der doppelten Buchführung **formal immer ausgeglichen,** sodass man sich bei der Beurteilung des Zielerreichungsgrades auf die Analyse verschiedener Teilbilanzen stützt, zumeist der Leistungsbilanz oder der Devisenbilanz.

Generell erscheint es wirtschaftspolitisch sinnvoll, sich **nicht einseitig** an nur einer Teilbilanz zu orientieren, sondern den außenwirtschaftlichen Informationsgehalt der Zahlungsbilanz durch „kombinierte" Analysen mehrerer Aspekte zu erhöhen.

Um jedoch durch **„ursachenadäquate"** wirtschaftspolitische Maßnahmen die Umsetzung des Ziels des außenwirtschaftlichen Gleichgewichts innerhalb der Teilbilanzen anzustreben, muss man zunächst die Gründe für ein solches Ungleichgewicht analysieren.

Zu den wichtigsten **Ursachen für Störungen** des Zahlungsbilanzgleichgewichtes zählen:

- **Strukturunterschiede** bei der Ausstattung mit Produktionsfaktoren (z.B. Boden: Importabhängigkeit rohstoffarmer Länder, Kapital: Unterschiede bei der Produktionstechnologie, Arbeit: Unterschiede in Bezug auf berufliches Wissen und Können).
- Unterschiede im **Preisniveau** zwischen In- und Ausland führen in aller Regel zu einem Importüberschuss und somit zu einem Zahlungsbilanzdefizit (wenn das Preisniveau im Ausland niedriger ist als im Inland) bzw. zu einem Exportüberschuss und somit zu einem Zahlungsbilanzüberschuss (wenn das Preisniveau im Ausland höher ist als im Inland).
- Unterschiede beim **Zinsniveau** zwischen In- und Ausland führen zu entsprechenden Kapitalwanderungsbewegungen: Ein im Vergleich zum Ausland höheres Zinsniveau im Inland zieht ausländisches Kapital an, wohingegen ein im Vergleich zum Ausland niedrigeres Zinsniveau im Inland dazu beiträgt, dass inländisches Kapital verstärkt ins Ausland fließt.
- **Politische Entscheidungen** (z.B. Ex- oder Importverbote, Handelsbeschränkungen für die Ein- oder Ausfuhr von Waren oder Dienstleistungen, steuerpolitische Maßnahmen [z.B. Umsatzsteuerbefreiung von Exporten], unentgeltliche Leistungen an das Ausland sind höher als die unentgeltlichen Leistungen des Auslandes an das Inland und umgekehrt).

2.3.2 Folgen von Zahlungsbilanzungleichgewichten

Ungleichgewichte – beispielsweise bei der Leistungsbilanz – bleiben dauerhaft betrachtet nicht ohne Folgen für eine Volkswirtschaft.

Wie kritisch beispielsweise ein permanenter Überschuss der Außenhandelsbilanz zu sehen ist, verdeutlicht nachfolgende Einschätzung:

Für die BR Deutschland waren zwischen Mitte der sechziger und Anfang der neunziger Jahre die Handels- und mit Ausnahme der Jahre 1979 bis 1981 auch die gesamte Leistungsbilanz positiv, und viele sehen darin einen Beweis deutscher Tüchtigkeit. Jedoch fragt es sich, ob derartige Leistungsbilanzüberschüsse ökonomisch überhaupt anzustreben sind. Sicherlich ist ein Überschuss der Handelsbilanz für die Bundesrepublik insoweit positiv zu bewerten, als dadurch die Defizite der Dienstleistungsbilanz und auch der Übertragungsbilanz ausgeglichen werden. Darüber hinaus freilich sind permanente Überschüsse der Handelsbilanz wenig sinnvoll. Sie bedeuten vielmehr auf Dauer einen Verkauf realer Güter an das Ausland, deren monetäre Entgelte gegebenenfalls als teils unverzinsliche Währungsreserven bei der Bundesbank festliegen und aus politischen Gründen nicht jederzeit vollständig in Güterimporte überführt werden können. Statt von einem Verkauf ließe sich ökonomisch dann teilweise von einem „Verschenken“ inländischer Güter sprechen. Entsprechend lautet das außenwirtschaftspolitische Ziel auch nicht Maximierung der Leistungsbilanzüberschüsse, sondern es geht um den langfristigen Ausgleich der Leistungsbilanz, der allerdings kurzfristige Ungleichgewichte nicht ausschließt. Mitte der neunziger Jahre weist die deutsche Handelsbilanz – teilweise vereinigungsbedingte – Defizite auf, und auch die Devisenbilanz ist zum Teil negativ, sodass die Währungsreserven der Deutschen Bundesbank leicht zurückgegangen sind.

Quelle: Bartling, H., und F. Luzius, Grundzüge der Volkswirtschaftslehre, 12., verbesserte und ergänzte Auflage, München 1998.

Die Folgen, die sich aus Zahlungsbilanzungleichgewichten ergeben können, zeigt nachfolgende Übersicht:

Zahlungsbilanzüberschuss	Zahlungsbilanzdefizit
■ **Inländischer Geldumlauf steigt** wegen der Devisenankäufe durch die Zentralbank (Währungsreserven der Zentralbank steigen an). ■ **Zinsniveau** im Inland **fällt** (bedingt durch steigende Geldmenge). ■ **Beschäftigung nimmt** – insbesondere bei exportbedingtem Leistungsbilanzüberschuss – **zu,** was allerdings eine starke Abhängigkeit der inländischen Beschäftigung vom Ausland zur Folge hat. ■ Bei Vollbeschäftigung kommt es zu **Preissteigerungen** („importierte Inflation“). ■ **Anstieg außenpolitischen Drucks,** wenn die Exporte aus konjunkturellen Gründen bei den ausländischen Handelspartnern unerwünscht sind (Gefahr protektionistischer Maßnahmen des Auslands wächst).	■ **Inländischer Geldumlauf verringert** sich aufgrund der für den Import erforderlichen Devisenverkäufe der Zentralbank an die Wirtschaftssubjekte (Währungsreserven der Zentralbank nehmen ab). ■ **Zinsniveau** im Inland **steigt** (bedingt durch sinkende Geldmenge). ■ Ein durch hohe Importe bedingtes Zahlungsbilanzdefizit führt zu einem **Rückgang** der **Beschäftigung.** ■ Rückgang der Preissteigerungsraten; dies führt zu **deflatorischen** Tendenzen auf vollkommenen Märkten. ■ Zunehmende **Verschuldung** gegenüber dem Ausland und damit einhergehend eventueller Verlust der Kreditwürdigkeit eines Landes.

2.3.3 Maßnahmen zur Beeinflussung des Außenhandels

Wegen der negativen Folgen von Zahlungsbilanzungleichgewichten auf die anderen gesamtwirtschaftlichen Ziele, kommt den wirtschaftspolitischen Maßnahmen zur Behebung dieser Ungleichgewichte große Bedeutung zu.

Dabei lassen sich grundsätzlich zwei Kategorien von Maßnahmen unterscheiden:

- **währungspolitische** Maßnahmen (in Abhängigkeit vom System der Wechselkurse),
- **sonstige** Maßnahmen.

2.3.3.1 Währungspolitische Maßnahmen[1]

Zahlungsbilanzüberschüsse bzw. -defizite führen aufgrund eines erhöhten Devisenangebots bzw. einer erhöhten Devisennachfrage zu Wechselkursschwankungen.

Bei **flexiblen** Wechselkursen kann es theoretisch aufgrund der Kursschwankungen zu einem **automatischen Ausgleich** der Zahlungsbilanz kommen. So führt beispielsweise bei einem Zahlungsbilanzüberschuss (Zahlungsbilanzdefizit) das damit einhergehende steigende (sinkende) Devisenangebot tendenziell zu einem sinkenden (steigenden) Devisen-

1 Zu den Wechselkursen und den Wechselkurssystemen vgl. ausführlich Kapitel 3.

kurs. Hierdurch verteuern (verbilligen) sich die Exporte, wohingegen die Importe billiger (teurer) werden. Als Folge dieses **„Wechselkursmechanismus"** tendiert die Zahlungsbilanz zum Ausgleich, da durch die „Aufwertung" der inländischen Währung die Exporte (Importe) nunmehr zurückgehen, wohingegen die Importe (Exporte) zunehmen.

Bei **(relativ) festen** Wechselkursen können allerdings die Regierung bzw. Zentralbank des betroffenen Landes z. B. in Form einer **Aufwertung oder Abwertung** intervenieren. Im Falle eines Zahlungsbilanzüberschusses (Zahlungsbilanzdefizits) könnte etwa eine Aufwertung (Abwertung) der inländischen Währung vorgenommen werden. Dies hätte eine Verteuerung (Verbilligung) – und damit einhergehend ein Absinken (Ausweiten) – der Exporte zur Folge, wohingegen sich Importe verbilligen (verteuern) und somit gefördert (gebremst) würden. Durch diese währungspolitische Maßnahme könnte der Leistungsbilanzüberschuss bzw. das Leistungsbilanzdefizit abgebaut werden.

2.3.3.2 Sonstige wirtschaftspolitische Maßnahmen

Sonstige wirtschaftspolitische Maßnahmen zur Beseitigung von Zahlungsbilanzungleichgewichten (Übersicht):

Zahlungsbilanzüberschuss	Zahlungsbilanzdefizit
Bei einem Zahlungsbilanzüberschuss besteht die Aufgabe der Wirtschaftspolitik darin, die **Exporte** zu **drosseln** und gleichzeitig die **Importe** zu **erhöhen.** 1. **Expansive** Wirtschaftspolitik (Erhöhung der inländischen Nachfrage): Einleitung **nachfragesteigernder Maßnahmen** im Inland zur Senkung des Exportes bzw. Steigerung des Importes (z. B. durch Ausweitung der Staatsnachfrage mittels Erhöhung der Staatsausgaben oder Steuersenkungen zur Stärkung der privaten Nachfrage). 2. **Preispolitische Maßnahmen** durch Zoll- oder Subventionspolitik zur Behebung eventuell bestehender Unterschiede im Preisniveau zwischen In- und Ausland: ▪ **Zollpolitik:** Durch Variation der bei Grenzüberschreitung einer Ware erhobenen Abgabe **(Zoll)** kann der Export gedrosselt bzw. der Import erhöht werden. Grundsätzlich stehen zwei Möglichkeiten zur Verfügung: – Senkung der Importzölle zur Verbilligung der Importe – Anhebung der Exportzölle. ▪ **Subventionspolitik:** Zur Drosselung des Exports könnten beispielsweise bisher gezahlte „Exportsubventionen" abgebaut oder eingestellt werden. Zudem könnte zur Belebung des Imports und zum Ausgleich bestehender Preisniveauunter-	Bei einem Zahlungsbilanzdefizit besteht die Aufgabe der Wirtschaftspolitik darin, die **Exporte** zu **erhöhen** und gleichzeitig die **Importe** zu **drosseln.** 1. **Kontraktive** Wirtschaftspolitik (Dämpfung der inländischen Nachfrage): Exportchancen steigen bzw. Importe gehen zurück, wenn das **inländische Preisniveau sinkt** (z. B. Drosselung der Staatsnachfrage durch Verringerung der Staatsausgaben oder Erhöhung der Steuern zur Abschöpfung von Kaufkraft und damit Schwächung der privaten Inlandsnachfrage). 2. **Preispolitische Maßnahmen** durch Zoll- oder Subventionspolitik zur Behebung eventuell bestehender Unterschiede im Preisniveau zwischen In- und Ausland: ▪ **Zollpolitik:** Durch Variation des Zolls kann der Export erhöht bzw. der Import gebremst werden. Zur Beseitigung des Handelsbilanzdefizits bieten sich deshalb an: – Anhebung der Importzölle zur Verteuerung der Importwaren. Dieses Instrument kann zudem zur Bekämpfung von Gefahren eingesetzt werden, die von stark subventionierten ausländischen Unternehmen, die mit (vom Staat subventionierten) **Dumpingpreisen** auf den inländischen Markt drängen, ausgehen. – Senkung bzw. Abschaffung eventuell vorhandener Exportzölle.

19 Boller, Hartmann - ISBN 978-3-8120-0398-8

Zahlungsbilanzüberschuss	Zahlungsbilanzdefizit
schiede zwischen In- und Ausland z. B. eine Subvention für die Einfuhr ausländischer Güter gezahlt werden.	■ **Subventionspolitik**: z. B. Zahlung einer Exportsubvention zur Belebung des Exports (Möglichkeit subventionierter Dumpingpreise).
3. **Mengenpolitische Maßnahmen** im Sinne einer Kontingentierungs- bzw. Verbotspolitik: ■ Festlegung von **Exportkontingenten** zur mengen- oder wertmäßigen Begrenzung des Exports; ■ **Exportverbote**: Sie übertreffen die Kontingentierung hinsichtlich ihrer Wirkung und unterbinden den Handel völlig. Zumeist werden sie für bestimmte Warengruppen oder für bestimmte Abnehmerstaaten ausgesprochen (z. B. Verhängung eines Handelsembargos: auf staatliche Anweisung müssen Exporteure ihre Lieferungen an ein bestimmtes Land einstellen).	3. **Mengenpolitische Maßnahmen** im Sinne einer Kontingentierungs- bzw. Verbotspolitik: ■ Festlegung von **Importkontingenten** zur mengen- oder wertmäßigen Begrenzung des Imports; ■ **Importverbote,** z. B. Boykott ausländischer Erzeugnisse oder als Folge eines Handelsembargos.
4. **Sonstige administrative** Maßnahmen: z. B. ■ staatliche Bevorzugung ausländischer Produkte zur Belebung der Importtätigkeit; ■ Einstellung staatlicher Ausfuhrgarantien und -bürgschaften: Durch diese Maßnahme erhöhen sich die Risiken für Exporteure, was zu einem Exportrückgang führen kann.	4. **Sonstige administrative** Maßnahmen: z. B. ■ Festlegung von technischen Normen, Gesundheits-, Umweltschutz- oder Sicherheitsstandards zur „Diskriminierung“ ausländischer Produkte; ■ staatliche Bevorzugung inländischer Produkte (z. B. Polizei oder Bundeswehr fragen im Inland hergestellte Fahrzeuge nach) zur Drosselung des Imports; ■ staatliche Ausfuhrgarantien und -bürgschaften zur Reduzierung der Risiken für Exporteure.

Sollte ein **Zahlungsbilanzdefizit** ursächlich auf **Strukturunterschiede** bei der Ausstattung mit Produktionsfaktoren zurückzuführen sein, könnte dieses Ungleichgewicht durch eine **gezielte staatliche Förderung** zum Abbau dieser Strukturunterschiede – zumindest durch Verbesserung der Qualität bei den Produktionsfaktoren Arbeit und Kapital – auf lange Sicht behoben werden. Hierzu zählen beispielsweise die staatliche Förderung qualifizierter Aus- und Weiterbildungsmaßnahmen für den Produktionsfaktor Arbeit oder staatliche Maßnahmen zur Förderung des technischen Fortschritts beim Realkapital.

Aber auch in Bezug auf den Produktionsfaktor Boden ließen sich durch wirtschaftspolitische Maßnahmen eventuell bestehende Strukturunterschiede langfristig betrachtet zumindest reduzieren. So könnte etwa eine gezielte staatliche Förderung von Forschung und Entwicklung – beispielsweise im Bereich alternativer Energien (z. B. Windenergie, Biogasanlagen, Erdwärmenutzung, Kraftstoffe aus regenerierbaren Rohstoffen) – dazu beitragen, die aufgrund von „Rohstoffarmut“ bestehende Importabhängigkeit eines Landes (z. B. Abhängigkeit von Erdöl exportierenden Ländern) zu verringern.

Zusammenfassung

- Der **internationale Handel** (die internationale Arbeitsteilung) erhöht die Produktivität und damit den Lebensstandard der Handel treibenden Länder.
- Der Außenhandel trägt dazu bei, **Produktionsfaktoren ihrer produktivsten Verwendung** zuzuführen (Ausnutzung von Standort- und anderen Kostenvorteilen).
- Der **Nachteil des Außenhandels** ist, dass er zu wirtschaftlicher und politischer Abhängigkeit führt.
- Grundsätzlich ist der **Handel zwischen zwei Ländern** immer **vorteilhaft,** wenn bei beiden Handelspartnern **unterschiedliche Produktionskostenstrukturen** existieren, d.h., wenn ein Land für ein produziertes Gut auf weniger Einheiten eines anderen Gutes verzichten muss als das andere Land (niedrigere Opportunitätskosten).
- Wenn jedes Land die Güter produziert, bei denen es **absolute Kostenvorteile** hat, kann durch die internationale Arbeitsteilung die Gesamtproduktion gesteigert werden.
- Unter **Terms of Trade** versteht man das **Austauschverhältnis** der von der **Binnenwirtschaft** in Fremdwährungsgebiete **exportierten zu den importierten** Waren.
- Bei **steigenden Terms of Trade** können für den Erlös einer bestimmten Exportmenge mehr Güter importiert und bezahlt werden als zuvor. Die **Tauschposition der Binnenwirtschaft** gegenüber dem Fremdwährungsgebiet **verbessert** sich. Bei **sinkenden Terms of Trade** verhält sich das Ganze **umgekehrt.**
- Die **Zahlungsbilanz** eines Landes ist eine **statistische Zusammenfassung** aller ökonomischen Transaktionen zwischen Inländern (Gebietsansässigen) und Ausländern (Gebietsfremden) während eines bestimmten Zeitraumes, in der Regel eines Jahres.
- Wesentliche **Aufgabe der Zahlungsbilanz** ist die Bereitstellung der Datenbasis für:
  - die **Geld- und Währungspolitik** und die übrige Wirtschaftspolitik,
  - wesentliche Bestandteile **der volkswirtschaftlichen Gesamtrechnungen.**
- Je nach **Art der Transaktionen** lässt sich die Zahlungsbilanz in verschiedene **Teilbilanzen** untergliedern:

Teilbilanzen der Zahlungsbilanz

Leistungsbilanz bestehend aus:	Bilanz der Vermögensübertragungen	Kapitalbilanz bestehend aus:
■ Außenhandel ■ Dienstleistungen ■ Erwerbs- und Vermögenseinkommen ■ laufende Übertragungen	Erfasst werden unter anderem Vermögensübertragungen, die als „einmalig“ betrachtet werden.	■ Direktinvestitionen ■ Wertpapieranlagen und Finanzderivate ■ Übriger Kapitalverkehr ■ Veränderung der Währungsreserven zu Transaktionswerten (Erfassung der Veränderungen der Währungsreserven der Bundesbank zu Transaktionswerten)

- Auftretende **Bilanzungleichgewichte** können veschiedene Ursachen haben:

Ursachen für Zahlungsbilanzungleichgewichte

- **Strukturunterschiede bei der Ausstattung von Produktionsfaktoren**
- **Unterschiede beim Preisniveau zwischen In- und Ausland**
- **Unterschiede beim Zinsniveau zwischen In- und Ausland**
- **Politische Entscheidungen**

- **Mögliche Folgen** von Zahlungsbilanzungleichgewichten:

Zahlungsbilanzüberschuss	Zahlungsbilanzdefizit
▪ Inländischer Geldumlauf steigt. ▪ Zinsniveau im Inland fällt. ▪ Beschäftigung nimmt zu; allerdings starke Abhängigkeit der inländischen Beschäftigung vom Ausland. ▪ Bei Vollbeschäftigung kommt es zu Preissteigerungen („importierte Inflation"). ▪ Anstieg außenpolitischen Drucks.	▪ Inländischer Geldumlauf verringert sich. ▪ Zinsniveau im Inland steigt. ▪ Rückgang der Beschäftigung. ▪ Rückgang der Preissteigerungsraten; dies führt zu deflatorischen Tendenzen auf vollkommenen Märkten. ▪ Zunehmende Verschuldung gegenüber dem Ausland.

- Zur Bekämpfung von Zahlungsbilanzungleichgewichten lassen sich grundsätzlich **zwei Kategorien** von Maßnahmen unterscheiden:
  - **währungspolitische** Maßnahmen (in Abhängigkeit vom System der Wechselkurse),
  - **sonstige** Maßnahmen.
- Je nach **Währungssystem** stehen verschiedene **währungspolitische Maßnahmen** zur Verfügung:

Währungspolitische Maßnahmen

sind abhängig vom Währungssystem

System freier Wechselkurse

Keine währungspolitischen Maßnahmen erforderlich; aufgrund des Wechselkursmechanismus kommt es i.d.R. zum automatischen Ausgleich der Zahlungsbilanz.

System (relativ) fester Wechselkurse

- Aufwertung der inländischen Währung bei Zahlungsbilanzüberschuss.
- Abwertung der inländischen Währung bei Zahlungsbilanzdefizit.

- **Zahlungsbilanzdefizite,** die ursächlich auf **Strukturunterschiede** bei der Ausstattung mit Produktionsfaktoren zurückzuführen sind, könnten durch eine **gezielte staatliche Förderung** zum Abbau dieser Strukturunterschiede – zumindest durch Verbesserung der Qualität bei den Produktionsfaktoren Arbeit und Kapital – auf lange Sicht verringert werden.

Übungsaufgaben

34 1. Welche Bedeutung hat der Außenhandel für den Lebensstandard in der Bundesrepublik Deutschland? Begründen Sie Ihre Antwort!

2. Erklären Sie kurz die Struktur des Außenhandels der Bundesrepublik Deutschland! Begründen Sie seine Zusammensetzung!

3. Grenzen Sie die Begriffe Außenhandel und Außenwirtschaft voneinander ab!

4. Üben Sie Kritik an der Theorie der komparativen Kosten!

5. Die Veränderungen der Terms of Trade kann man auch mithilfe eines Zwei-Säulen-Modells veranschaulichen.

   Die Aufgabe besteht darin, das Tauschverhältnis zwischen Mineralöl einerseits und Automobilen andererseits a) aus der Sicht der Binnenwirtschaft und b) aus der Sicht des Devisenauslands für das Basisjahr 00 mit 1 : 1 (100) festzusetzen und dann die Veränderungen der Verhältnis- bzw. der Indexzahlen für die Folgejahre zu ermitteln!

   Für 1000 Tonnen importiertes Öl mussten von einem Industrieland so viele Mittelklassewagen exportiert werden:

Jahr	00	01	02	03	04	05	06	07	08	09	10	11	12	13
Autos	8,7	22,4	20,5	20,6	20,0	16,6	21,0	32,9	42,6	40,3	37,0	38,6	37,1	23,5

6. Analysieren Sie die in der Aufgabe 5 gezeigte Entwicklung der Terms of Trade und nennen Sie Gründe für diese Entwicklung!

35 1. Nennen Sie jeweils drei mögliche Vor- und Nachteile des Außenhandels!

2. Es liegen folgende internationale Zahlungsvorgänge des Landes B (Inland) vor:

(a)	Das Land B exportiert Waren in das Devisenausland gegen Zahlung mit Scheck (die Schecks lauten auf Fremdwährung)	40 Mrd. GE
(b)	Die Exporterlöse (Devisen) werden teilweise bei der Zentralbank gegen Binnenwährung eingetauscht	36 Mrd. GE
(c)	Das Land B nimmt für Dienstleistungen Devisen ein	15 Mrd. GE
(d)	Die Deviseneinnahmen werden teilweise bei der Zentralbank gegen Binnenwährung eingetauscht	13 Mrd. GE
(e)	Das Land B importiert Waren gegen Zahlung mit Scheck (die Schecks lauten auf Fremdwährung)	50 Mrd. GE
(f)	Erforderliche Devisen werden bei der Zentralbank gekauft	46 Mrd. GE
(g)	Das Land B zahlt für Dienstleistungen Devisen	10 Mrd. GE
(h)	Erforderliche Devisen werden bei der Zentralbank gekauft	8 Mrd. GE
(i)	Warenimport gegen langfristigen Kredit	15 Mrd. GE
(j)	Warenexport gegen langfristigen Kredit	14 Mrd. GE
(k)	Einmalige Zahlung der EU in Binnenwährung für strukturschwache Gebiete des Landes B	5 Mrd. GE
(l)	Beitragszahlungen an die UN (bei der Zentralbank abgerufen)	4 Mrd. GE
(m)	Langfristige Entwicklungshilfekredite in Devisen (bei der Zentralbank abgerufen)	6 Mrd. GE
(n)	Zahlungen in Devisen für Entwicklungshilfe ohne Zins- und Rückzahlungsverpflichtung (bei der Zentralbank abgerufen)	5 Mrd. GE

o) Inländer beziehen aus dem Ausland Zinsen, Dividenden und Arbeitseinkommen — 2 Mrd. GE

p) Ausländer beziehen aus dem Inland Zinsen, Dividenden und Arbeitseinkommen — 3 Mrd. GE

q) Devisenausländer bringen „im Koffer“ Devisen ins Inland im Wert von — 2 Mrd. GE

Aufgaben:

2.1 Welche der genannten Zahlungsvorgänge („Geschäftsvorfälle“) berühren lediglich die Kapitalbilanz, wirken sich also nicht auf das Ergebnis der Zahlungsbilanz aus?

2.2 Erstellen Sie die Zahlungsbilanz des Landes B nach dem Muster der Tabelle im Lehrbuch!

2.3 Welche Unterbilanzen der Leistungsbilanz sind aktiv bzw. passiv? Warum?

2.4 Die Zahlungsbilanz ist defizitär. Warum?

2.5 Auf welche Ursache(n) lässt sich das Zahlungsbilanzdefizit zurückführen?

3. Die Zusammensetzung der Dienstleistungsbilanz ist aus folgender Tabelle im Einzelnen ersichtlich:

4. Dienstleistungsverkehr der Bundesrepublik Deutschland mit dem Ausland, Erwerbs- und Vermögenseinkommen (Salden)

Mio €

	Dienstleistungen										
							übrige Dienstleistungen				
								darunter:			
Zeit	insgesamt	Reiseverkehr 1)	Transport 2)	Finanzdienstleistungen	Patente und Lizenzen	Regierungsleistungen 3)	zusammen	Entgelte für selbstständige Tätigkeit 4)	Bauleistungen, Montagen, Ausbesserungen	Erwerbseinkommen 5)	Vermögenseinkommen (Kapitalerträge)
2008	– 10 258	– 34 718	+ 8 319	+ 3 936	– 1 313	+ 2 376	+ 11 142	– 1 641	+ 3 229	+ 216	+ 32 164
2009	– 8 049	– 33 341	+ 6 940	+ 4 276	+ 136	+ 2 370	+ 11 570	– 1 266	+ 2 966	+ 764	+ 57 356
2010	– 4 258	– 32 778	+ 7 359	+ 4 175	+ 1 153	+ 2 456	+ 13 376	– 1 152	+ 3 405	+ 1 392	+ 48 472
2011	– 7 584	– 33 782	+ 7 475	+ 3 702	+ 843	+ 2 546	+ 11 632	– 1 221	+ 3 212	+ 1 596	+ 46 820
2012	– 6 709	– 34 484	+ 8 659	+ 5 270	+ 1 107	+ 2 555	+ 10 184	– 1 541	+ 1 887	+ 1 614	+ 50 181
2011 2.Vj.	– 3 022	– 8 234	+ 2 199	+ 485	+ 264	+ 679	+ 1 585	– 264	+ 735	+ 310	– 210
3.Vj.	– 6 836	– 14 629	+ 1 807	+ 942	– 172	+ 691	+ 4 525	– 325	+ 730	– 212	+ 16 626
4.Vj.	+ 483	– 5 936	+ 1 929	+ 1 552	+ 402	+ 597	+ 1 940	– 386	+ 952	+ 503	+ 18 229
2012 1.Vj.	– 423	– 5 344	+ 1 725	+ 1 163	– 503	+ 632	+ 1 904	– 357	+ 540	+ 1 032	+ 14 646
2.Vj.	– 149	– 8 228	+ 2 476	+ 1 054	+ 144	+ 674	+ 3 731	– 341	+ 446	+ 310	+ 5 223
3.Vj.	– 7 086	– 14 557	+ 2 436	+ 1 986	+ 724	+ 680	+ 1 645	– 525	+ 444	– 219	+ 15 845
4.Vj.	+ 949	– 6 356	+ 2 022	+ 1 067	+ 742	+ 569	+ 2 905	– 319	+ 457	+ 491	+ 14 468
2012 Febr.	+ 402	– 1 804	+ 566	+ 311	+ 146	+ 198	+ 985	– 94	+ 133	+ 335	+ 5 298
März	+ 1 380	– 1 914	+ 647	+ 388	– 6	+ 237	+ 2 028	– 136	+ 324	+ 361	+ 5 514
April	+ 629	– 1 887	+ 764	+ 481	+ 66	+ 204	+ 1 002	– 110	+ 147	+ 91	+ 831
Mai	– 1 019	– 2 349	+ 842	+ 335	+ 104	+ 231	– 181	– 157	+ 82	+ 108	– 834
Juni	+ 241	– 3 992	+ 870	+ 238	– 26	+ 240	+ 2 911	– 74	+ 216	+ 111	+ 5 226
Juli	– 4 937	– 5 175	+ 948	+ 290	+ 134	+ 238	– 1 372	– 224	+ 72	– 61	+ 5 175
Aug.	– 2 439	– 5 512	+ 806	+ 1 405	+ 363	+ 227	+ 272	– 241	+ 134	– 73	+ 4 926
Sept.	+ 290	– 3 870	+ 682	+ 292	+ 226	+ 215	+ 2 745	– 59	+ 238	– 85	+ 5 745
Okt.	– 1 873	– 4 059	+ 678	+ 280	+ 277	+ 210	+ 740	– 104	+ 68	+ 130	+ 5 101
Nov.	+ 182	– 1 547	+ 728	+ 309	+ 276	+ 175	+ 242	– 96	+ 96	+ 144	+ 4 823
Dez.	+ 2 640	– 750	+ 616	+ 479	+ 189	+ 184	+ 1 923	– 118	+ 293	+ 217	+ 4 544

1 Ab 2001 werden auf der Ausgabenseite die Stichprobenergebnisse einer Haushaltsbefragung genutzt. **2** Ohne die im cif-Wert der Einfuhr enthaltenen Ausgaben für Warenlieferungen und Dienstleistungen. **4** Ingenieur- und sonstige technische Dienstleistungen, Forschung und Entwicklung, kaufmännische Dienstleis-

Quelle: Monatsbericht der Deutschen Bundesbank, Februar 2013.

Aufgaben:

3.1 Welcher Posten der Dienstleistungsbilanz erfordert die höchsten Ausgaben?

3.2 Beurteilen Sie die Tatsache, dass die Position Lizenzen und Patente teilweise negativ ist!

3.3 Erläutern Sie mögliche Gründe, die dazu beitragen, dass die Vermögenseinkommen so stark schwanken!

4. Betrachten Sie die Bilanz der laufenden Übertragungen bzw. der Vermögensübertragungen!

Aufgaben:

4.1 Welcher Posten hat die größte Bedeutung bei den laufenden Übertragungen?

4.2 Wodurch unterscheidet sich die Bilanz der laufenden Übertragungen grundsätzlich von den anderen Teilbilanzen der Zahlungsbilanz?

4.3 Beurteilen Sie die Bedeutung der Bilanz der Vermögensübertragungen!

5. Laufende Übertragungen der Bundesrepublik Deutschland an das bzw. vom Ausland (Salden)

Mio €

Zeit	Insgesamt	Öffentlich 1)				Privat 1)		
		zusammen	Internationale Organisationen 2) zusammen	darunter: Europäische Gemeinschaften	sonstige laufende Übertragungen 3)	insgesamt	Überweisungen der Gastarbeiter	sonstige laufende Übertragungen
2008	– 33 157	– 16 834	– 18 746	– 16 644	+ 1 911	– 16 322	– 3 079	– 13 243
2009	– 33 158	– 19 041	– 19 041	– 16 578	+ 0	– 14 116	– 2 995	– 11 122
2010	– 38 187	– 23 514	– 22 844	– 19 474	– 670	– 14 673	– 3 035	– 11 638
2011	– 33 501	– 20 173	– 22 158	– 19 105	+ 1 985	– 13 328	– 2 977	– 10 351
2012	– 37 069	– 24 306	– 24 273	– 21 112	– 33	– 12 763	– 3 080	– 9 683
2011 2.Vj.	– 4 677	– 754	– 4 833	– 4 210	+ 4 079	– 3 922	– 744	– 3 178
3.Vj.	– 9 619	– 6 730	– 6 145	– 5 458	– 585	– 2 889	– 744	– 2 145
4.Vj.	– 5 688	– 2 387	– 1 586	– 867	– 801	– 3 300	– 744	– 2 556
2012 1.Vj.	– 15 107	– 11 976	– 11 245	– 10 137	– 731	– 3 131	– 770	– 2 361
2.Vj.	– 6 711	– 3 416	– 6 102	– 5 129	+ 2 686	– 3 295	– 770	– 2 525
3.Vj.	– 9 365	– 6 115	– 5 520	– 5 034	– 595	– 3 250	– 770	– 2 480
4.Vj.	– 5 886	– 2 799	– 1 407	– 812	– 1 393	– 3 087	– 770	– 2 317
2012 Febr.	– 7 283	– 6 287	– 5 903	– 5 584	– 385	– 996	– 257	– 739
März	– 3 537	– 2 526	– 2 362	– 2 155	– 164	– 1 011	– 257	– 755
April	– 2 720	– 1 707	– 2 662	– 2 157	+ 955	– 1 013	– 257	– 757
Mai	– 1 646	– 431	– 2 057	– 1 906	+ 1 626	– 1 215	– 257	– 958
Juni	– 2 345	– 1 278	– 1 383	– 1 067	+ 105	– 1 066	– 257	– 810
Juli	– 2 513	– 1 402	– 1 115	– 956	– 287	– 1 111	– 257	– 854
Aug.	– 3 627	– 2 484	– 2 160	– 1 956	– 324	– 1 144	– 257	– 887
Sept.	– 3 225	– 2 229	– 2 245	– 2 121	+ 16	– 996	– 257	– 739
Okt.	– 3 301	– 2 418	– 1 990	– 1 811	– 428	– 882	– 257	– 626
Nov.	– 3 207	– 2 193	– 1 547	– 1 456	– 646	– 1 014	– 257	– 758
Dez.	+ 622	+ 1 812	+ 2 130	+ 2 455	– 318	– 1 190	– 257	– 933

6. Vermögensübertragungen (Salden)

Mio €

Zeit	Insgesamt 4)	Öffentlich 1)	Privat 1)
2008	– 210	– 1 853	+ 1 642
2009	+ 29	– 1 704	+ 1 733
2010	– 586	– 2 039	+ 1 453
2011	+ 641	– 2 323	+ 2 964
2012	+ 80	– 2 651	+ 2 731
2011 2.Vj.	– 278	– 475	+ 197
3.Vj.	+ 115	– 484	+ 599
4.Vj.	– 153	– 958	+ 804
2012 1.Vj.	+ 222	– 401	+ 623
2.Vj.	+ 394	– 375	+ 769
3.Vj.	+ 78	– 556	+ 634
4.Vj.	– 614	– 1 320	+ 705
2012 Febr.	+ 240	– 116	+ 356
März	+ 9	– 186	+ 195
April	+ 310	– 119	+ 429
Mai	+ 239	– 113	+ 351
Juni	– 155	– 144	– 11
Juli	– 224	– 158	– 65
Aug.	+ 179	– 228	+ 407
Sept.	+ 123	– 169	+ 292
Okt.	– 196	– 413	+ 217
Nov.	+ 165	– 259	+ 424
Dez.	– 583	– 648	+ 64

1 Für die Zuordnung zu Öffentlich und Privat ist maßgebend, welchem Sektor die an der Transaktion beteiligte inländische Stelle angehört. **2** Laufende Beiträge zu den Haushalten der internationalen Organisationen und Leistungen im Rahmen des EU-Haushalts (ohne Vermögensübertragungen). **3** Zuwendungen an Entwicklungsländer, Renten und Pensionen, Steuereinnahmen und -erstattungen u.a.m. **4** Soweit erkennbar: insbesondere Schuldenerlass.

Quelle: Monatsbericht der Deutschen Bundesbank, Februar 2013.

5. Die Wirtschaftsbeziehungen zwischen den Industrieländern und der sogenannten Dritten Welt werden nicht selten wie folgt beschrieben: „Der Reichtum der Industrienationen resultiert im Wesentlichen aus dem Handel dieser Länder mit den Volkswirtschaften der Dritten Welt."

Aufgaben:

5.1 Nehmen Sie zu dieser Behauptung in Bezug auf die Bundesrepublik Deutschland kritisch Stellung!

5.2 Des Weiteren wird behauptet, dass Entwicklungshilfezahlungen einseitige Geschenke der Geber- an die Empfängerländer seien. Erläutern Sie anhand von vier Beispielen, dass derartige Zahlungen durchaus auch für die Geberländer positive Auswirkungen haben können!

5.3 Erläutern Sie kurz, warum Entwicklungsländer unter einer Wirtschaftskrise besonders stark leiden!

3 Wechselkurssysteme und wechselkursbeeinflussende Faktoren

3.1 Begriff und Arten der Wechselkurse

Merke:

Der **Wechselkurs** drückt den **Außenwert** des Geldes aus. Ist eine Fremdwährung „teuer“, ist der Außenwert des eigenen Geldes gering. Ist eine Fremdwährung „billig“, ist der Außenwert des eigenen Geldes groß.

Dies stellen Sie z.B. dann fest, wenn Sie eine Auslandsreise planen. So kann es sein, dass der „Preis“ (der Kurs) für Schweizer Franken schon wieder gestiegen ist. Andererseits lesen Sie in der Zeitung, dass der US-Dollar im Wert abnahm. Es ergeben sich somit zwei Grundfragen. Erstens: Warum schwanken die Wechselkurse (Umtauschkurse der Währungen) ständig? Und zweitens: Welche Auswirkungen haben Kursschwankungen für die Wirtschaft, für die Arbeitsplätze, für uns selbst?

Merke:

- Der **Binnenwert des Geldes** stellt sich in seinem Austauschverhältnis zu anderen Wirtschaftsgütern, also im **Preis** bzw. im **Preisniveau** dar.
- Der **Außenwert des Geldes** ist hingegen das Austauschverhältnis zwischen zwei **Währungen,** also der **Wechselkurs**.

Es wird zwischen **Sorten** (auf Fremdwährung lautende Münzen und Banknoten) und **Devisen** (auf Fremdwährung lautende Zahlungsmittel wie z.B. Schecks, Zahlungsanweisungen und Wechsel) unterschieden. Im weiteren Sinne versteht man unter Devisen auch die auf Fremdwährung lautenden Münzen und Banknoten. Wir verwenden im Folgenden den Devisenbegriff im weiteren Sinne. Dies ist auch deshalb gerechtfertigt, weil die Sorten- und Devisenkurse in der Praxis nicht wesentlich voneinander abweichen.

Noch eine kurze Bemerkung: Die **Ankaufskurse der Sorten** sind die Kurse, die die Banken zahlen, wenn ein Kunde sein Fremdwährungs-Bargeld (Sorten) in Binnenwährung umtauschen möchte. Die Ankaufskurse sind niedriger als die **Verkaufskurse.** Dies sind die Kurse, die der Bankkunde bezahlen muss, wenn er bei einer Bank Sorten kaufen will.

Ähnliches gilt für die **Devisen i.e.S.** Der Käufer einer Währung muss mehr bezahlen (Brief) als ein Verkäufer der gleichen Währung erhält (Geld).

DEVISENMARKT

1 Euro =	Devisen Geld/Brief	Sorten Ank./Verk.
Australien(Austr.-$)	1,2123/1,2323	1,13/1,30
Dänemark(dkr)	7,4338/7,4738	7,11/7,80
Großbrit.(Pfund)	0,8461/0,8501	0,82/0,87
Japan(Yen)	119,61/120,09	116,19/125,09
Kanada(Kan.-$)	1,2932/1,3052	1,23/1,37
Neuseel.(NZ-$)	1,5065/1,5305	1,32/1,71
Norwegen(nkr)	7,4259/7,4739	7,07/7,91
Polen(poln. Zloty)	4,1660/4,2140	3,81/4,53
Schweden(skr)	8,3001/8,3481	7,95/8,77
Schweiz(sfr)	1,2144/1,2184	1,18/1,26
Südafrika(Rand)	11,731/11,971	10,85/13,10
Tschechien(Kr)	25,450/26,250	24,28/29,28
Türkei(Lira)	2,2940/2,3440	2,14/2,51
Ungarn(Forint)	298,27/303,47	271,75/334,45
USA(US-$)	1,2789/1,2849	1,24/1,32

Kurse in Euro		Geld/Brief	Ank./Verk.
Australien	1 Austr.-$	0,8115/0,8249	0,77/0,88
Dänemark	100 dkr	13,380/13,452	12,82/14,06
Großbrit.	1 Pfund	1,1763/1,1819	1,14/1,22
Japan	100 Yen	0,8327/0,8361	0,80/0,86
Kanada	1 Kan.-$	0,7662/0,7733	0,73/0,81
Neuseel.	1 NZ-$	0,6534/0,6638	0,59/0,76
Norwegen	100 nkr	13,380/13,466	12,65/14,15
Polen	100 poln. Zloty	23,730/24,004	22,08/26,26
Schweden	100 skr	11,979/12,048	11,40/12,58
Schweiz	100 sfr	82,075/82,345	79,55/84,50
Südafrika	1 Rand	0,0835/0,0852	0,08/0,09
Tschechien	100 Kr	3,8095/3,9293	3,42/4,12
Türkei	1 Lira	0,4266/0,4359	0,40/0,47
Ungarn	100 Forint	0,3295/0,3353	0,30/0,37
USA	1 US-$	0,7783/0,7819	0,75/0,81

Quelle: LBBW. Kurse können von Bank zu Bank abweichen.

Quelle: HAZ v. 04.02.2013, S. 10.

Beispiel:

Geld	Brief
Die Banken verkaufen US-$ zum Kurs von 1,04. Das bedeutet, dass sie Euro zum Kurs von 1,04 kaufen.[1]	Die Banken kaufen US-$ zum Kurs von 1,05. Das bedeutet, dass sie Euro zum Kurs von 1,05 verkaufen.

Will z. B. ein Importeur 100 000,00 US-$ in die USA überweisen, wird er von seiner Bank mit 96 153,85 EUR belastet.[2]

Tauscht ein Exporteur 100 000,00 US-$ bei seiner Bank in Euro um, werden ihm nur 95 238,10 EUR gutgeschrieben.[3]

Auf die Kursunterschiede (Geld oder Brief) wird in den folgenden Modellen nicht eingegangen.

Merke:

- Der **Außenwert** des Geldes wird durch das Austauschverhältnis (den Kurs) zwischen der Binnen- und der Fremdwährung bestimmt.
- Der **Kurs** (Wechselkurs) drückt das Wertverhältnis zwischen zwei Währungen aus.

Bei **Banknoten** ist die Bezugsgröße der Wechselkurse i. d. R. 100 Einheiten der Fremdwährung, z. B. 100 Schweizer Franken (sfrs), 100 dänische Kronen (dkr) oder 100 norwegische Kronen (nkr). Die Kursangaben für amerikanische Dollars (US-$) oder das englische Pfund (£) sind auf einen US-$ oder auf ein £ bezogen. Die Notierung[4] der Banknoten heißt **Preisnotierung.**

Beispiel:

Der Verkaufskurs des kanadischen Dollars (CAD) beträgt 0,68. Das bedeutet, dass für einen CAD 0,68 EUR zu zahlen sind.

Bei **Devisen i. e. S.** ist die Bezugsgröße ein Euro. Diese Art der Notierung heißt **Mengennotierung.**

Beispiel:

Der Briefkurs des kanadischen Dollars beträgt 1,55. Das bedeutet, dass man für 1,00 EUR 1,55 CAD erhält.

In Zukunft wird voraussichtlich auch die Preisnotierung der Noten durch die international übliche Mengennotierung ersetzt werden.

---

1 Die Spanne (der Unterschiedsbetrag) zwischen dem Kaufpreis und dem Verkaufspreis ist der Rohgewinn der Banken. (Rohgewinn abzüglich Aufwendungen = Reingewinn.)

2 1,04 US-$ ≙ 1,00 EUR
100 000,00 US-$ ≙ x EUR
$$x = \frac{1 \cdot 100\,000}{1{,}04} = 96\,153{,}85 \text{ EUR}$$

3 1,05 US-$ ≙ 1,00 EUR
100 000,00 US-$ ≙ x EUR
$$x = \frac{1 \cdot 100\,000}{1{,}05} = 95\,238{,}10 \text{ EUR}$$

4 **Notierung** (lat.): Festsetzung, Festlegung. Hier: Festsetzung eines Börsenpreises (auch für Wertpapiere und Waren).

3.2 System freier Wechselkurse (Floating)[1]

3.2.1 Kursbildung unter Berücksichtigung wechselkursbeeinflussender Faktoren

(1) Devisennachfrage (Angebot von Binnenwährung) und Importvolumen

Merke:

Nach dem **Gesetz des Angebots** steigt das Angebot von Binnenwährung (die Nachfrage nach Devisen) mit steigendem Kurs und sinkt das Angebot von Binnenwährung (die Nachfrage nach Devisen) mit sinkendem Kurs.

Der Grund: **Sinkender Kurs** bedeutet, dass die Fremdwährung (z. B. der Schweizer Franken) **teurer** wird. Deshalb geht die Nachfrage nach Importgütern (z. B. auch nach Ferienreisen in Fremdwährungsgebiete) zurück. **Werden aber weniger Waren eingeführt (importiert), werden auch weniger Devisen nachgefragt,** d. h., es wird **weniger Inlandswährung** angeboten.

Umgekehrt ist es, wenn der Kurs steigt. Dann sind die Importwaren billiger. **Es wird mehr aus Fremdwährungsländern importiert. Zur Bezahlung der Importe werden mehr Devisen benötigt,** d. h., es wird **mehr Inlandswährung** angeboten.

Angebot von Binnenwährung (Nachfrage nach Devisen)

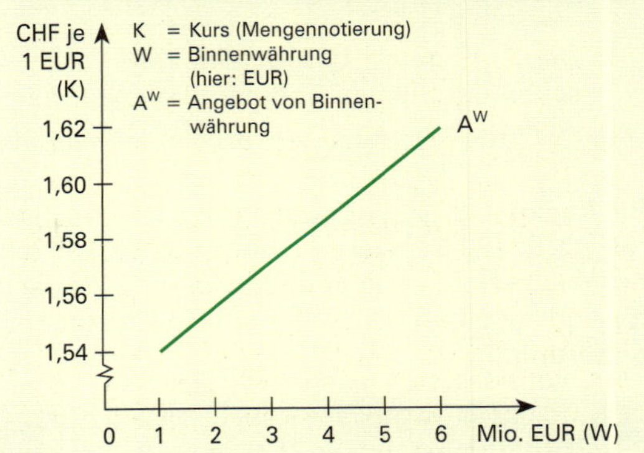

(2) Devisenangebot (Nachfrage nach Binnenwährung) und Exportvolumen

Merke:

Nach dem **Gesetz der Nachfrage** steigt die Nachfrage nach Binnenwährung (das Angebot an Devisen) mit sinkendem Kurs und sinkt die Nachfrage nach Binnenwährung (das Angebot an Devisen) mit steigendem Kurs.

Der Grund: **Sinkender Kurs** bedeutet, dass für Gebietsfremde die Binnenwährung billiger wird.

Beispiel:

Beträgt der US-$-Kurs zz. 1,10, so kostet dem amerikanischen Importeur ein deutsches Auto zum Preis von 30 000,00 EUR genau 33 000,00 US-$. Sinkt der Kurs auf 1,05, muss der amerikanische Importeur nur noch 31 500,00 US-$ bezahlen.

1 **To float** (engl.): fließen

Sinkender Wechselkurs führt somit zu steigenden Exporten (Ausfuhren) in Fremdwährungsgebiete. Die Exporteure bieten die erlösten Devisen auf den Devisenmärkten an, d.h., sie fragen Binnenwährung nach.

Umgekehrt ist es, wenn der **Kurs steigt.** Dann werden für die in Fremdwährungsgebieten ansässigen Importeure die Binnenwaren teurer. **Der Export in das Devisenausland geht zurück. Die Folge ist, dass weniger Devisen erlöst und angeboten werden.**[1] Das sinkende Devisenangebot entspricht einer sinkenden Nachfrage nach Binnenwährung.

Nachfrage nach Binnenwährung (Angebot von Devisen)

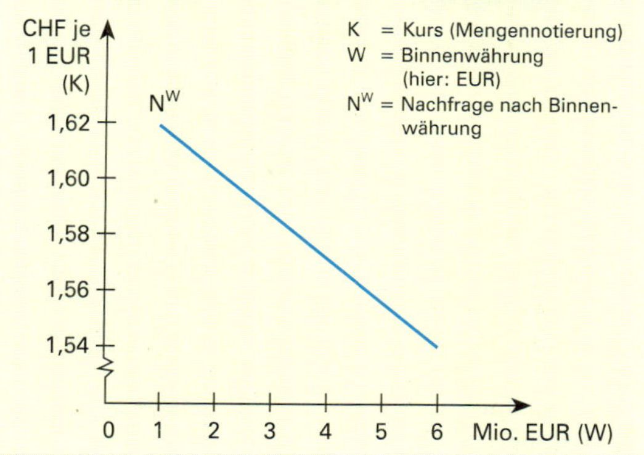

(3) Gleichgewichtskurs

Merke:

Der **Gleichgewichtskurs** ist der Kurs, der Devisenangebot (Nachfrage nach Binnenwährung) und Devisennachfrage (Angebot von Binnenwährung) in Einklang bringt.

Die Kursbildung auf den Devisenmärkten vollzieht sich nach den gleichen Grundsätzen wie die Preisbildung auf den Gütermärkten. Die täglich in den Wirtschaftsteilen der Zeitungen veröffentlichten Wechselkurse sind **Referenzkurse,** d.h. vom ESZB empfohlene Kurse. Die von den privaten Banken aufgrund des Devisenangebots und der Devisennachfrage ermittelten „Orientierungspreise" weichen nicht wesentlich von den Referenzkursen ab.

Gleichgewichtskurs

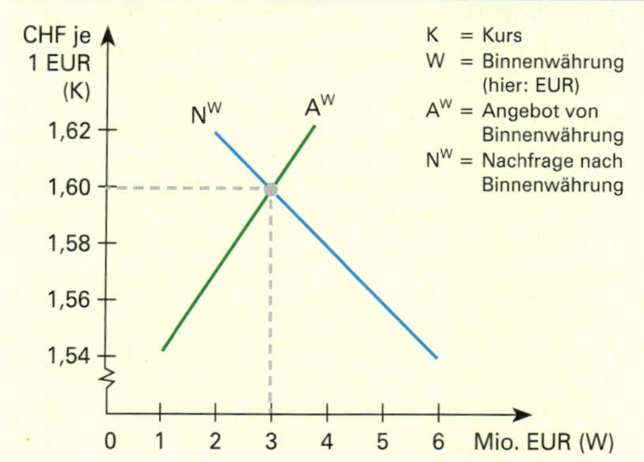

(4) Verschiebungen der Devisennachfrage (des Angebots von Binnenwährung)

Zunahme der Devisennachfrage bzw. des Angebots von Binnenwährung

Devisen werden – wie wir bereits sagten – vor allem dazu benötigt, Importe zu bezahlen. (Auch unsere Ferienreisen in fremde Währungsgebiete stellen in diesem Sinne Importe dar: Es werden Dienstleistungen importiert, d.h. in Anspruch genommen.)

---

1 Zahlen die in Fremdwährungsgebieten ansässigen Importeure mit Euro, ändert sich letztlich auch nichts. Euro mussten oder müssen sie sich ebenfalls kaufen. Die Nachfrage der Gebietsfremden nach Euro entspricht dem Angebot an Devisen.

Nehmen die Importe bei zunächst gegebenem Kurs zu, nimmt auch die Devisennachfrage und damit das **Angebot von Binnenwährung zu.** (Die Angebotskurve von Binnenwährung verschiebt sich nach rechts.)

Gründe für eine zunehmende Importtätigkeit können sein:

- Die Waren aus fremden Währungsgebieten werden im Vergleich zu den Binnenwaren immer **billiger,** weil im eigenen Währungsgebiet die Preise schneller als im Fremdwährungsland steigen.
- Die Binnenwirtschaft befindet sich im Aufschwung, sodass die Einkommen steigen. Es werden deshalb **mehr** Konsum- und Produktionsgüter aus Fremdwährungsländern importiert.

Das Angebot von Binnenwährung (die Nachfrage nach Devisen) nimmt zu

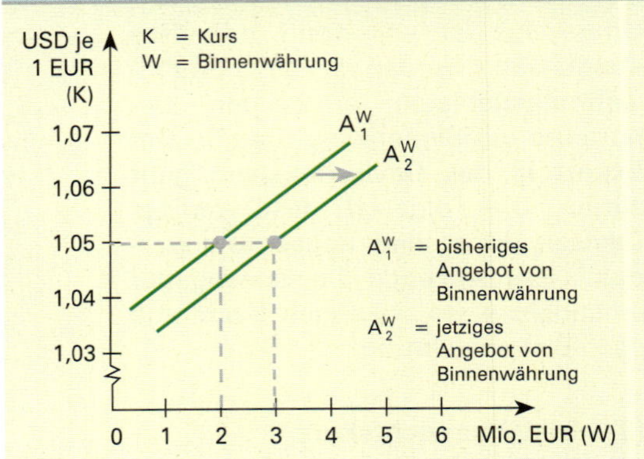

Weitere Gründe für eine zunehmende Devisennachfrage (ein zunehmendes Angebot von Binnenwährung) sind:

- Die Regierungen gehen **zusätzliche internationale Verpflichtungen** ein (z. B. höhere Zahlungen an internationale Organisationen wie z. B. die NATO oder die Gewährung von Entwicklungshilfe).
- Die **Zinssätze** steigen in Fremdwährungsgebieten schneller als im eigenen Währungsgebiet.
- Finanztransaktionen finden aus **spekulativen**[1] Gründen statt. Die Spekulanten rechnen damit, dass der Kurs einer Fremdwährung sinken wird. Sie kaufen beim gegebenen Kurs zusätzliche Devisen. Erwarten die Besitzer von Binnenwährung ständige Kursverluste der eigenen Währung und kaufen sie deshalb in großem Stil eine als „sicher" angesehene Fremdwährung, spricht man von **„Kapitalflucht".**

Beispiel:

Kauf von 10 000,00 sfrs im Jahr 01 zum Kurs von 1,60, also für 6 250,00 EUR.[2] Verkauf der 10 000,00 sfrs im Jahr 02 zum Kurs von 1,50. Der Spekulant erhält 6 666,67 EUR,[3] macht also einen Spekulationsgewinn von $6^2/_3$ %.

- **Abnahme der Devisennachfrage (des Angebots von Binnenwährung).**

Die Devisennachfrage bzw. das Angebot von Binnenwährung nimmt z. B. ab, wenn die Importe aus fremden Währungsgebieten bei zunächst gegebenem Kurs zurückgehen. (Die Angebotskurve von Binnenwährung verschiebt sich nach links.)

---

1 **Spekulativ** (lat.): auf Mutmaßungen beruhend; auf Gewinne aus Preisveränderungen abzielend.

2 1,60 sfrs ≙ 1,00 EUR
10 000,00 sfrs ≙ x EUR
$x = \frac{1 \cdot 10\,000}{1{,}6} = 6\,250{,}00$ EUR

3 1,50 sfrs ≙ 1,00 EUR
10 000,00 sfrs ≙ x EUR
$x = \frac{1 \cdot 10\,000}{1{,}5} = 6\,666{,}67$ EUR

Ursachen abnehmender Importtätigkeit aus Fremdwährungsgebieten können sein:

- Die Importwaren werden im Vergleich zu den Binnenwaren immer **teurer,** weil beispielsweise die Preise im Fremdwährungsgebiet schneller steigen als im eigenen Währungsgebiet oder fremde Rohstoffexporteure sich zu einem Kartell zusammenschließen, um die Rohstoffpreise zu erhöhen (Erdölkartell, Kupferkartell).
- Die Binnenwirtschaft befindet sich im Abschwung, sodass die Einkommen nicht mehr steigen oder sogar abnehmen. Es werden deshalb **weniger** Konsum- und Produktionsgüter importiert.

Das Angebot von Binnenwährung (die Nachfrage nach Devisen) nimmt ab

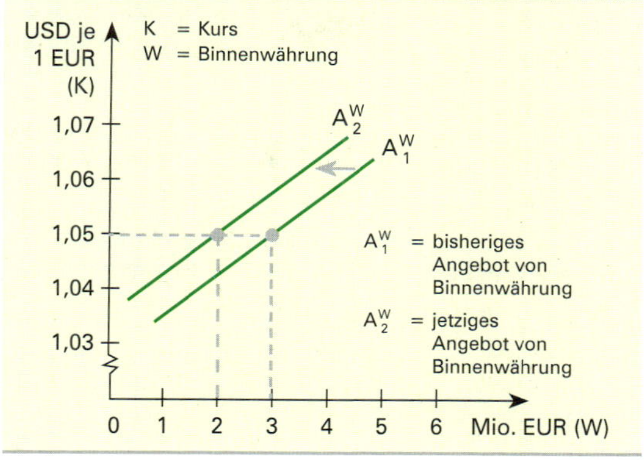

Weitere Gründe für eine abnehmende Devisennachfrage (ein abnehmendes Angebot von Binnenwährung) sind:

- Die Regierungen **kürzen Zahlungen** an internationale Organisationen oder streichen Entwicklungshilfeleistungen.
- **Spekulanten** rechnen damit, dass der Kurs einer Fremdwährung steigen wird und stellen ihre bisherigen Devisenkäufe ein.
- Die **Zinssätze** steigen im eigenen Währungsgebiet schneller als in Fremdwährungsgebieten.

(5) Verschiebungen des Devisenangebots (der Nachfrage nach Binnenwährung)

Zunahme des Devisenangebots bzw. der Nachfrage nach Binnenwährung

Ebenso wie die Devisennachfrage verschiebt sich im Laufe der Zeit das Devisenangebot. Devisen werden bekanntlich vor allem deswegen angeboten, weil Güter in fremde Währungsgebiete exportiert werden. **Nehmen z.B. die Exporte in fremde Währungsgebiete bei zunächst gegebenen Kursen zu, nimmt auch das Devisenangebot** und damit **die Nachfrage nach Binnenwährung zu.** (Die Nachfragekurve nach Binnenwährung verschiebt sich nach rechts.)

Die Nachfrage nach Binnenwährung (das Angebot von Devisen) nimmt zu

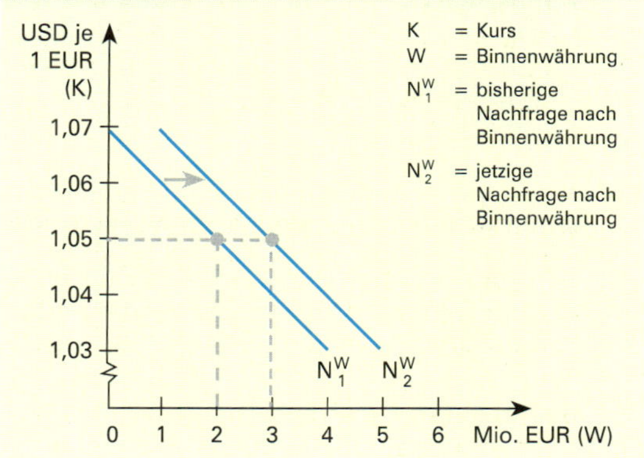

Gründe für eine zunehmende Exporttätigkeit in Fremdwährungsgebiete können sein:

- Die Binnenwaren werden im Vergleich zu den Waren aus den Fremdwährungsländern immer billiger, weil im eigenen Währungsgebiet die Preise langsamer als im Fremdwährungsgebiet steigen.

- Technischer Vorsprung des eigenen Währungsgebiets.
- Die Fremdwährungsländer befinden sich im Aufschwung, sodass dort die Einkommen steigen. Es werden deshalb **mehr** Konsum- und Produktionsgüter in diese Länder exportiert.

Weitere Gründe für ein zunehmendes Devisenangebot (eine zunehmende Nachfrage nach Binnenwährung) sind:

- Ein Fremdwährungsland erhält Zuschüsse von internationalen Organisationen, z.B. Devisenhilfen, um seine Importe finanzieren (bezahlen) zu können, Entwicklungshilfe oder Wiedergutmachungszahlungen (Reparationen).
- Spekulanten rechnen damit, dass der Kurs einer Fremdwährung steigen wird. Sie verkaufen ihre Devisenvorräte (kaufen Binnenwährung) zu dem noch geltenden Kurs.

Abnahme des Devisenangebots bzw. der Nachfrage nach Binnenwährung

Das Devisenangebot und damit die Nachfrage nach Binnenwährung nimmt z.B. ab, wenn die Exporte bei zunächst gegebenem Kurs zurückgehen. (Die Nachfragekurve nach Binnenwährung verschiebt sich nach links.)

Ursachen abnehmender Exporttätigkeit in Fremdwährungsgebiete können sein:

- Die Preise auf dem Binnenmarkt steigen schneller als in den Fremdwährungsländern.
- Technischer Rückstand des eigenen Währungsgebiets.
- Die Fremdwährungsländer befinden sich im Abschwung, sodass dort die Einkommen sinken. Es werden deshalb **weniger** Konsum- und Produktionsgüter in diese Länder verkauft.

Die Nachfrage nach Binnenwährung (das Angebot von Devisen) nimmt ab

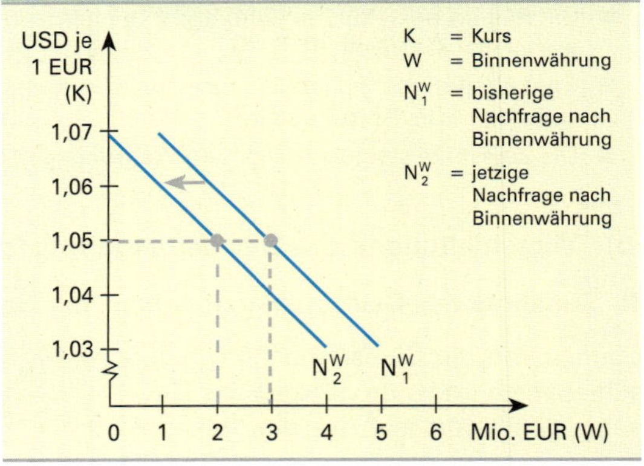

Weitere Gründe für ein abnehmendes Devisenangebot (eine abnehmende Nachfrage nach Binnenwährung) sind:

- Einem Fremdwährungsland werden Zuschüsse von internationalen Organisationen gekürzt oder die Entwicklungshilfe wird gestrichen.
- Spekulanten rechnen damit, dass der Kurs einer Fremdwährung sinken wird. Sie werden daher ihre bisherigen Devisenverkäufe einstellen.

(6) Wechselkursmechanismus

Die folgenden vier Abbildungen zeigen den Zusammenhang zwischen dem Angebot von Binnenwährung, der Nachfrage nach Binnenwährung und dem Wechselkurs (Wechselkursmechanismus).

Zunehmende Nachfrage nach Binnenwährung = zunehmendes Devisenangebot: Der Wechselkurs steigt

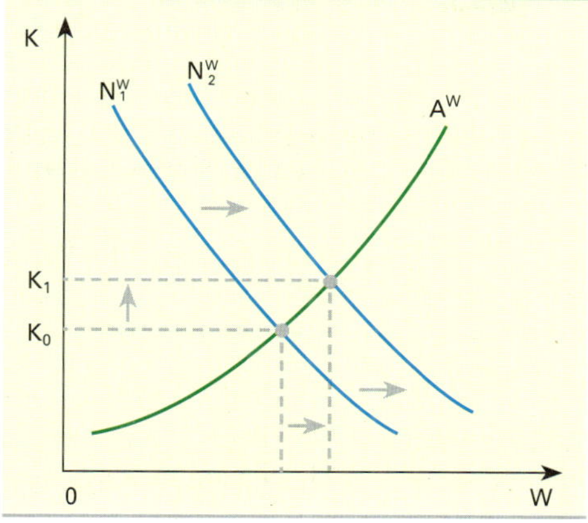

Abnehmende Nachfrage nach Binnenwährung = abnehmendes Devisenangebot: Der Wechselkurs sinkt

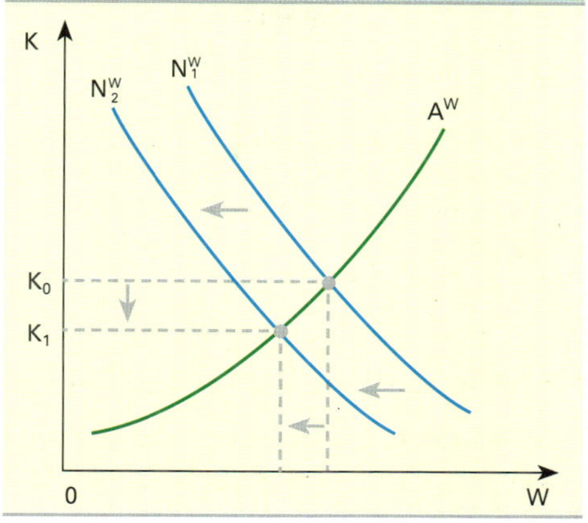

Zunehmendes Angebot von Binnenwährung = zunehmende Devisennachfrage: Der Wechselkurs sinkt

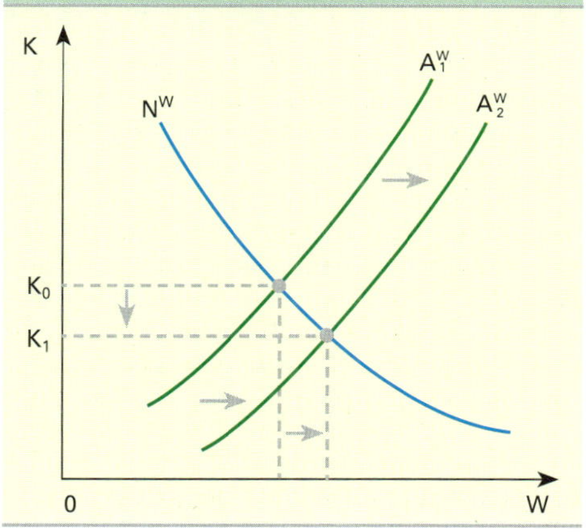

Abnehmendes Angebot von Binnenwährung = abnehmende Devisennachfrage: Der Wechselkurs steigt

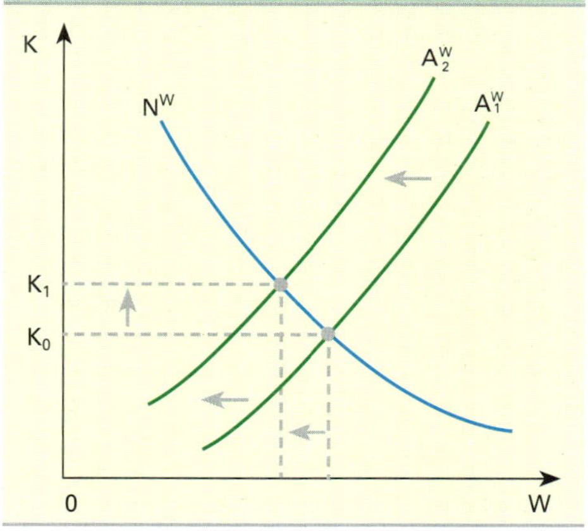

Legende:

K = Kurs
K_0 = bisheriger Kurs
K_1 = neuer Kurs
A^W = Angebot von Binnenwährung
A_1^W = bisheriges Angebot von Binnenwährung
A_2^W = jetziges Angebot von Binnenwährung
N^W = Nachfrage nach Binnenwährung
N_1^W = bisherige Nachfrage nach Binnenwährung
N_2^W = jetzige Nachfrage nach Binnenwährung
W = Binnenwährung

Im Normalfall gelten somit auf den Devisenmärkten die gleichen Preisgesetze wie für den Gütermarkt.

(7) Bedeutung des Systems flexibler Wechselkurse

Freie (flexible) Wechselkurse haben die Tendenz, sich immer wieder auf den Gleichgewichtskurs hinzuzubewegen. Der Markt sorgt dafür, dass keine Währung unter- oder überbewertet wird. Die Inflation (allgemeine Preissteigerung) aus Fremdwährungsländern wird **nicht** importiert, d.h. auf die Binnenwirtschaft übertragen, weil mit steigenden Preisen bei den Handelspartnern zunächst der Import und damit die Devisennachfrage (das Angebot von Binnenwährung) zurückgeht. Dies aber bewirkt steigende Kurse (siehe Abbildung auf der vorigen Seite). Mit steigenden Kursen verbilligen sich die Importwaren, sodass die Importpreise im Wesentlichen konstant bleiben.

3.2.2 Beziehungen zwischen Binnen- und Außenwert des Geldes im System freier Wechselkurse unter Beachtung der Kaufkraftparitätentheorie

Die Aussage, dass freie Wechselkurse die importierte Inflation verhindern können, ist ein Teilergebnis der sogenannten Kaufkraftparitätentheorie,[1] die den **Zusammenhang zwischen Außen- und Binnenwert des Geldes** erklärt.

Gehen wir z.B. davon aus, dass das Preisniveau in Fremdwährungsländern *schneller* als das im eigenen Währungsgebiet steigt. Dann **nehmen** – immer aus der Sicht der Binnenwirtschaft – die Exporte in die Fremdwährungsgebiete **zu,** während die Importe aus diesen Gebieten **abnehmen.** Der Grund: Die Importwaren werden immer teurer, während die Exportwaren für die Fremdwährungsländer vergleichsweise immer billiger werden. Die **Exportüberschüsse** aber erhöhen den Geldumlauf im eigenen Währungsgebiet, weil die Exporteure ihre Devisen bei den Banken in Binnenwährung umtauschen, um ihre Kosten (z.B. Löhne und Gehälter, Energiekosten, Steuern) bezahlen zu können. Ist die Binnenwirtschaft vollbeschäftigt, ist mit Preissteigerungen zu rechnen, weil

- im eigenen Währungsgebiet die Geldmenge steigt und
- das Güterangebot abnimmt (die exportierten Waren werden nicht im eigenen Währungsgebiet, sondern in Fremdwährungsgebieten angeboten).

Bei flexiblen Kursen aber wird dieser Inflationsschub schon bald dadurch gebremst, dass aufgrund des gestiegenen Devisenangebots (der gestiegenen Nachfrage nach Binnenwährung) der Wechselkurs zu **steigen** beginnt. Spekulative Finanztransaktionen tun ihr Übriges: Weil die Spekulanten mit steigendem Kurs rechnen, kaufen sie Binnenwährung mit dem Ergebnis, dass der Kurs weiter nach oben getrieben wird. Die Importwaren werden also billiger, während sich die Exportwaren verteuern. Es ergibt sich folgende „umgekehrte" Entwicklung: Der Export sinkt, während der Import steigt. Die Importeure kaufen bei den Banken Devisen, um die Importe bezahlen zu können. Die spekulativen Finanztransaktionen laufen in die umgekehrte Richtung, weil die Geldanleger mit steigenden Kursen bei den Fremdwährungen rechnen. Die Inflation wird gebremst, weil

- die Geldmenge abnimmt und
- das Güterangebot (aufgrund der gestiegenen Importe) zunimmt.

Ein Sinken des Preisniveaus ist allerdings i.d.R. nicht zu erwarten, wie bereits im Zusammenhang mit der Behandlung der Quantitätstheorie[2] gezeigt wurde.

1 **Parität** (lat.): Gleichheit, Gleichgewichtigkeit, Gleichstellung.

2 Siehe Kapitel 4.3 im Lernbereich 6.

Die Beziehungen zwischen Preisniveau, Import und Export bei flexiblen Wechselkursen lassen sich wie folgt darstellen:

Schematische Darstellung der Kaufkraftparitätentheorie

Fremdes Währungsgebiet (z. B. Japan)	**Eigenes Währungsgebiet** (z. B. WWU)
Preisniveau steigt schneller als in der WWU	Preisniveau steigt langsamer als in Japan
↓	↓
Exporte in die WWU nehmen ab, Importe aus der WWU nehmen zu	Exporte nach Japan nehmen zu, Importe aus Japan nehmen ab
↓	↓
Inflationsrate nimmt ab und Wechselkurs des Euro sinkt (Mengennotierung)	Inflationsrate nimmt zu und Wechselkurs des Yen steigt (Mengennotierung)
↘ (nach rechts)	↙ (nach links)
Exporte in die WWU nehmen zu, Importe aus der WWU nehmen ab	Exporte nach Japan nehmen ab, Importe aus Japan nehmen zu
↓	↓
Inflationsrate nimmt zu und Wechselkurs des Euro steigt (Mengennotierung)	Inflationsrate nimmt ab und Wechselkurs des Yen sinkt (Mengennotierung)
↘ (nach rechts)	↙ (nach links)
usw.	usw.

3.3 Relativ starre Wechselkurse

3.3.1 Wesen der relativ starren Wechselkurse

Starre Wechselkurse (feste Wechselkurse) werden entweder zwischenstaatlich vereinbart oder von der Regierung eines Landes autonom festgelegt. Schwankungen der Kurse sind nicht zugelassen. Absolut feste Wechselkurse sind vor allem in Zentralverwaltungswirtschaften üblich, in denen Devisenbewirtschaftung herrscht.

Das System relativ starrer (fester) Wechselkurse lässt bestimmte **Schwankungsbreiten** der Kurse zu. Innerhalb dieser Schwankungsbreiten **(Bandbreiten)** vollzieht sich die Kursbildung nach den Grundsätzen eines freien Markts.

20 Boller, Hartmann - ISBN 978-3-8120-0398-8

Wenn im Folgenden von festen (gebundenen) Wechselkursen die Rede ist, sind immer die relativ festen Wechselkurse gemeint. Das Wesen der festen Wechselkurse besteht darin, dass die Regierungen sogenannte **Paritäten**[1] **(Leitkurse)** miteinander vereinbaren, wobei die Kurse nach oben und unten mit einem bestimmten Prozentsatz (z. B. je 2,5 %) vom Leitkurs abweichen dürfen. Die zugelassene Schwankungsbreite (z. B. 5 %) wird als **Bandbreite** bezeichnet.

3.3.2 Kurssicherung durch die Zentralbank

Angenommen, die Regierungen des Landes A und des Landes B vereinbaren zwischen ihren Währungen eine **Parität** von 2 : 1. Dies bedeutet, dass der **Leitkurs** 2 AGE (Geldeinheiten der Währung A) für 1 BGE (Geldeinheiten der Währung B) beträgt. Bei einer Bandbreite von 5 % darf der Kurs dann höchstens auf 2,05 steigen und höchstens auf 1,95 sinken.

Würde der Kurs aufgrund gestiegener Nachfrage nach BGE oder aufgrund gesunkenen Angebots von BGE **über** 2,05 steigen, müsste die Zentralbank des Landes B eingreifen (intervenieren), indem sie AGE kauft (BGE verkauft), um den Kurs zu senken. Die obere Grenze der Bandbreite heißt deswegen **oberer Interventionspunkt.**[2]

Droht hingegen der Kurs unter 1,95 zu fallen, weil die Nachfrage nach BGE abgenommen oder das Angebot von BGE zugenommen hat, muss die Zentralbank des Landes B eingreifen (intervenieren), d. h. AGE aus ihren Devisenvorräten verkaufen (BGE kaufen), um den Kurs zu heben. Die untere Grenze der Bandbreite wird deshalb als **unterer Interventionspunkt** bezeichnet.

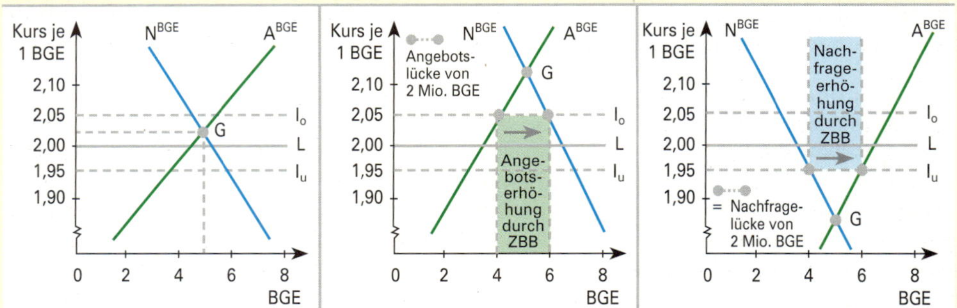

Der Gleichgewichtskurs liegt **innerhalb** der Bandbreite. Die Zentralbank des Landes B muss **nicht** eingreifen.

Der Gleichgewichtskurs liegt **über** dem oberen Interventionspunkt. Die Zentralbank B muss die **Angebotslücke**[3] schließen, indem sie BGE anbietet, d. h. Devisen nachfragt.

Der Gleichgewichtskurs liegt **unter** dem unteren Interventionspunkt. Die Zentralbank B muss die **Nachfragelücke**[4] schließen, indem sie BGE nachfragt, d. h. Devisen verkauft.

A^{BGE} = Angebot von BGE
N^{BGE} = Nachfrage nach BGE
ZBB = Zentralbank des Landes B

G = Gleichgewichtskurs
L = Leitkurs

I_o = oberer Interventionspunkt
I_u = unterer Interventionspunkt

1 **Parität**: wörtl. Gleichheit; hier: festgelegtes Austauschverhältnis.

2 **Intervenieren**: eingreifen.

3 **Angebotslücke**: Das Angebot von Binnenwährung ist kleiner als die Nachfrage nach Binnenwährung.

4 **Nachfragelücke**: Die Nachfrage nach Binnenwährung ist kleiner als das Angebot von Binnenwährung.

3.3.3 Bedeutung des Systems relativ fester Wechselkurse

Der Vorteil fester Devisenkurse ist, dass der Wirtschaft sichere Kalkulationsgrundlagen geboten werden. Die Gefahr eines plötzlichen Kursverfalls oder eines unerwarteten Kursanstiegs ist weitgehend gebannt.

Die Nachteile dürfen jedoch nicht übersehen werden. So kann z. B. eine Zentralbank nur so lange Devisen verkaufen, um den Kurs nicht unter den unteren Interventionspunkt fallen zu lassen, wie sie über Devisen verfügt. Sind ihre Devisenvorräte erschöpft, muss der Leitkurs (die Parität) herabgesetzt, d. h. die eigene Währung **abgewertet** werden. Die neue Parität muss mindestens so niedrig sein wie der Kurs, der sich bei freien Wechselkursen ergeben würde. Währungen, die laufend abgewertet werden müssen, heißen **weiche Währungen.**

Der Hauptgrund für eine erforderliche **Abwertung** (Devalvation) ist, dass die Importe zu hoch, die Exporte zu niedrig sind (Devisenmangel). Durch die Abwertung werden die Importe gedrosselt (die Fremdwährung und damit die Importe werden teurer) und der Export gefördert.

Seltener kommt es vor, dass der Leitkurs zu niedrig ist. Dies ist dann der Fall, wenn eine Zentralbank Devisen kaufen muss, um den Kurs nicht über den oberen Interventionspunkt steigen zu lassen. Theoretisch kann die Zentralbank laufend Devisen aufkaufen: Inlandsgeld kann sie jederzeit drucken und in Umlauf setzen (Geldschöpfung). Die größte Gefahr dieser Politik besteht darin, dass der Geldumlauf im eigenen Währungsgebiet erhöht wird und so die Preise steigen. Längerfristig muss die Binnenwährung **aufgewertet,** d. h. der Leitkurs heraufgesetzt werden (Revalvation). Die neue Parität sollte so hoch sein wie der Kurs, der sich bei freien Wechselkursen ergeben würde. Währungen, die stark nachgefragt werden, die also von Zeit zu Zeit aufgewertet werden, heißen **harte Währungen.**

Der Hauptgrund für eine notwendig gewordene Aufwertung ist, dass die Exporte zu hoch, die Importe zu niedrig sind (laufende Devisenüberschüsse). Die eigene Währung ist also unterbewertet, sodass die Exportwaren für die Fremdwährungsländer billig sind. Dies ist vor allem dann der Fall, wenn die Preise in den Fremdwährungsländern schneller steigen als im eigenen Währungsgebiet; dann nämlich weicht der Gleichgewichtskurs immer mehr vom Leitkurs (von der Parität) ab. Die Folge ist, dass aufgrund der dauernden Devisenkäufe der Notenbank der Geldumlauf im eigenen Währungsgebiet steigt und das Preisniveau nach oben klettert. Man bezeichnet die auf Exportüberschüssen beruhenden Preissteigerungen als **„importierte Inflation".**

Ein wirtschaftsgeschichtliches Beispiel für ein System relativ fester Wechselkurse war das **E**uropäische **W**ährungs**s**ystem (EWS) oder auch **W**echsel**kurs**mechanismus I (WKM I) genannt. Zuletzt nahmen zwölf EU-Länder am System relativ fester Wechselkurse teil, nämlich Belgien, Bundesrepublik Deutschland, Dänemark, Finnland, Frankreich, Irland, Italien, Luxemburg, Österreich, Niederlande, Portugal und Spanien. Die Bandbreite betrug 30 %. Drohte eine größere Kursabweichung einer Währung, mussten die nationalen Zentralbanken stützend einspringen.

3.3.4 Europäischer Wechselkursmechanismus II (WKM II)

Der WKM II ist die Fortsetzung des EWS zwischen der WWU und den Mitgliedsländern der Europäischen Union, die noch nicht der WWU[1] angehören wollen bzw. aufgenommen werden können. „Ankerwährung“[2] ist der Euro.

Wichtige Regelungen für den WKM II sind:

- Die Teilnahme ist freiwillig.
- Die Leitkurse der Outs[3] werden auf den Euro festgelegt. Die Schwankungsbreite beträgt grundsätzlich ± 15 %.
- Leitkurse und Bandbreite werden in einem gemeinsamen Verfahren unter Beteiligung der EU-Kommission, der Europäischen Zentralbank, der Minister der WWU, der Minister und der Zentralbankpräsidenten der Outs und des Wirtschafts- und Sozialausschusses der EU festgelegt.
- Sind Interventionen an den Interventionspunkten erforderlich, sollen diese grundsätzlich automatisch und unbegrenzt erfolgen. Die Interventionen dienen der Verteidigung der Wechselkurse.
- Die EZB kann Interventionen aussetzen, wenn diese das Hauptziel der EZB, nämlich die Geldwertstabilität, gefährden können.

Am Wechselkursmechanismus in der EU nehmen zurzeit Dänemark (Bandbreite ± 2,25 %) sowie Lettland und Litauen (Bandbreite jeweils ± 15 %) teil.

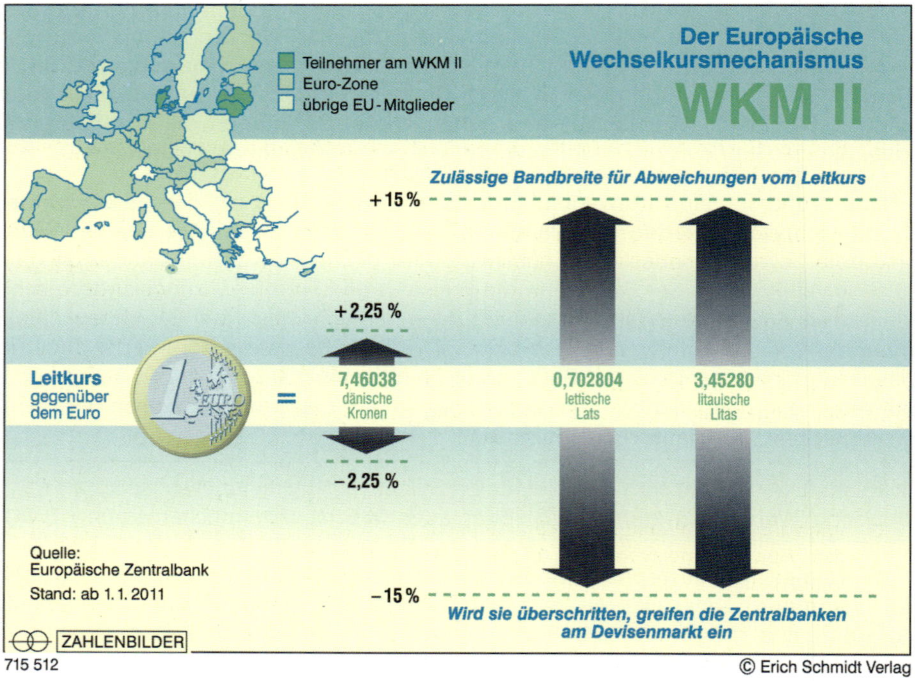

1 Zur WWU (Europäische **W**irtschafts- und **W**ährungs**u**nion) siehe Kapitel 7.1.1 im Lernbereich 6.

2 **Ankerwährung:** Währung, zu der Fremdwährungen in einem absolut oder relativ festen Umtauschverhältnis stehen, mit der sie also mehr oder weniger fest „verankert“ sind.

3 **Outs** (engl.): draußen Gebliebene, Außenstehende.

Zusammenfassung

- Die Höhe der Güterein- und -ausfuhr wird nicht nur durch die *absoluten* oder *komparativen* Kostenvorteile mitbestimmt, sondern auch von der Höhe der **Wechselkurse.**
- Der Wechselkurs drückt das Wertverhältnis zwischen zwei **Währungen** aus.
- Beim **System freier Wechselkurse** (dem **Floating**) greift der Staat nicht in die Wechselkursbildung ein. Es gelten die allgemeinen Preisgesetze. Die Höhe des Wechselkurses hängt von der Nachfrage nach Devisen (dem Angebot von Binnenwährung) und dem Angebot von Devisen (der Nachfrage nach Binnenwährung) ab.
- Werden die Wechselkurse vom Staat oder von einer Währungsunion festgelegt, spricht man von **festen** (starren oder auch gebundenen) **Wechselkursen.** Werden bestimmte Schwankungsbreiten zugelassen, handelt es sich um **relativ feste Wechselkurse.**
- Der **Europäische Wechselkursmechanismus II (WKM II)** ist ein System relativ fester Wechselkurse.

Übungsaufgabe

36

1. „Der Wechselkurs ist der Maßstab für den Außenwert des Geldes." Erklären Sie diesen Satz!

2. Begründen Sie, warum der Wechselkurs beim Floating (beim System freier Wechselkurse) einen Gleichgewichtskurs (Gleichgewichtspreis) darstellt!

3. Erklären Sie die Abhängigkeit zwischen Wechselkurs, Angebot bzw. Nachfrage von ausländischen Zahlungsmitteln und Außenhandel (Export bzw. Import)!

4. Wie wirkt sich nebenstehende Situation auf das Außenhandelsvolumen (Export und Import) aus?

   Begründen Sie Ihre Antwort!

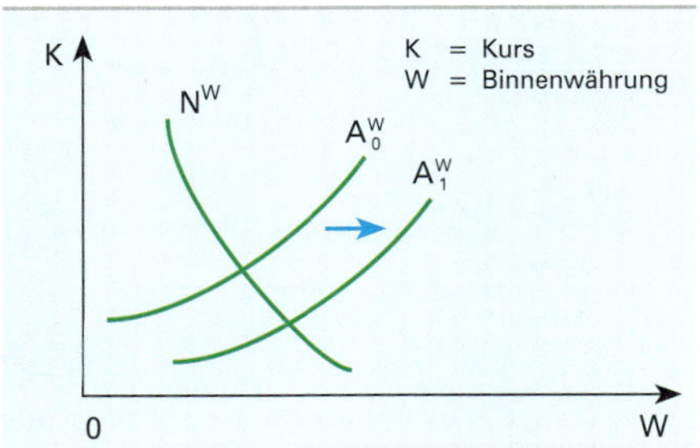

5. Welche Gründe könnten zur Verschiebung der Angebotskurve von Binnenwährung auf dem Devisenmarkt geführt haben?

6. Wie wirkt sich nebenstehende Situation auf das Außenhandelsvolumen (Export und Import) aus?

   Begründen Sie Ihre Antwort!

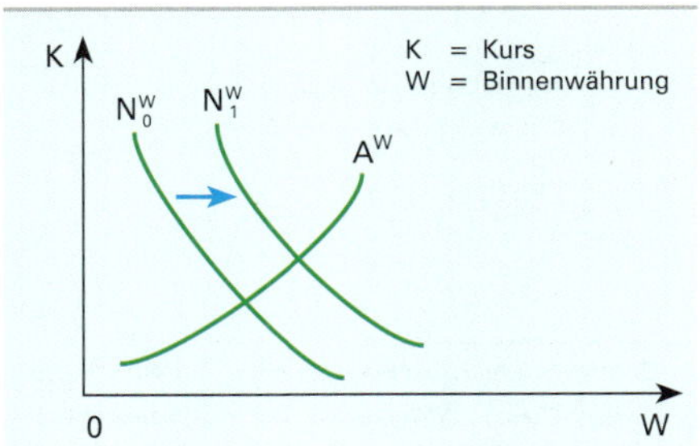

7. Welche Gründe könnten zur Verschiebung der Nachfragekurve nach Binnenwährung auf dem Devisenmarkt geführt haben?

8. Inwiefern kann das System freier Wechselkurse zur Stabilisierung des Binnenwerts des Geldes beitragen?

9. Die nebenstehende Abbildung zeigt die Situation auf einem Devisenmarkt bei relativ festen Wechselkursen.

Die Abkürzungen bedeuten:

K = Kurs (Mengennotierung)
W = Binnenwährung
N^W = Nachfrage nach Binnenwährung
A^W = Angebot von Binnenwährung

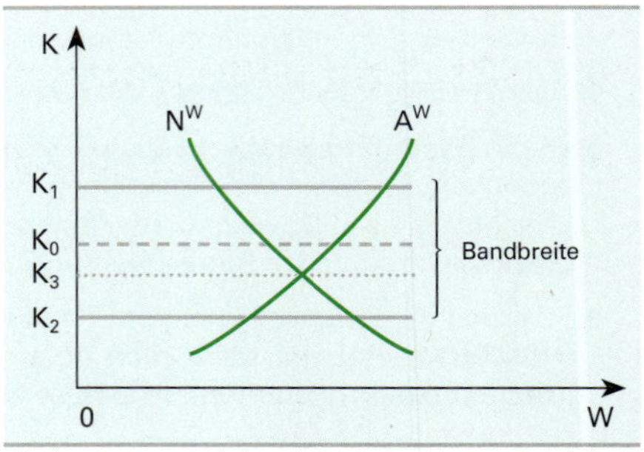

Aufgaben:

9.1 Wie werden die Kurse K_0, K_1, K_2 und K_3 bezeichnet?

9.2 Muss die Zentralbank (Notenbank) eingreifen? Begründen Sie Ihre Antwort!

9.3 Angenommen, der Wechselkurs der Währung eines EU-Landes, das dem WKM II angehört, droht unter K_2 zu sinken. Welche Maßnahmen muss die Zentralbank dieses Landes ergreifen?

9.4 Angenommen, der Wechselkurs der Währung eines EU-Landes, das dem WKM II angehört, droht über K_1 zu steigen. Welche Maßnahmen muss die Zentralbank dieses Landes ergreifen?

10. 10.1 Erklären Sie den Begriff „Floating"!

10.2 Nennen Sie drei Gründe für einen im Verhältnis zum USD steigenden Euro!

10.3 Flexible Wechselkurse führen bei Ungleichgewichten von Export und Import mittelfristig zu einem Gleichgewicht dieser beiden Größen. Nehmen Sie an, der Export von Deutschland in die USA (Fakturierung in Euro) sei größer als der Import (Fakturierung in USD). Erläutern Sie die mittelfristige Wirkung bei flexiblen Wechselkursen aus dem Blickwinkel Deutschlands auf

10.3.1 Euronachfrage,

10.3.2 Dollarangebot,

10.3.3. Eurokurs,

10.3.4. Dollarkurs,

10.3.5. Exporte und

10.3.6 Importe!

10.4 Erläutern Sie kurz ein Argument für und gegen das System flexibler Wechselkurse!

10.5 Angenommen, auf dem Devisenmarkt steigt der Wechselkurs für 1,00 EUR von 1,3100 USD auf 1,5585 USD. Ein in Deutschland gefertigter Sportwagen kostet in der Bundesrepublik Deutschland 59 900,00 EUR. Zu welchem USD-Preis kann dieser Pkw vor und nach der Wechselkursänderung in den USA angeboten werden, wenn sich die Gewinnspanne des Anbieters nicht ändern soll? Transportkosten, Zölle etc. bleiben bei der Betrachtung außen vor.

4 Prozess der Globalisierung – von der europäischen zur Weltwirtschaft

4.1 Struktur und Kennzeichen der Globalisierung

4.1.1 Entwicklung der Globalisierung

Merke:

Globalisierung im wirtschaftlichen Sinne bedeutet die zunehmende **erdweite Verflechtung von Volkswirtschaften.**

Bis 1990 sprach man in diesem Zusammenhang noch von der Internationalisierung der Märkte. Erst danach setzte sich der viel umfassendere Begriff „Globalisierung"[1] durch.

Die Globalisierung ist keine „Erfindung der Neuzeit", sondern ein über viele Jahrhunderte **andauernder Prozess.** Allenfalls die Geschwindigkeit, in der dieser Prozess abläuft, hat sich stark verändert, sodass es nicht verwundert, wenn aktuell der Begriff der **„Turbo-Globalisierung"** verwandt wird.

Globalisierung – eines der Schlagworte des zurückliegenden Jahrzehnts. Nicht zuletzt durch die rasante technologische Entwicklung nahm die weltweite Vernetzung durch Kommunikation, Handel und Verkehr sehr stark zu. Heute kann man im Prinzip von jedem Ort der Erde aus miteinander sprechen oder unzählige Informationen über das Internet abrufen – vor wenigen Jahrzehnten noch Science-Fiction. Die Globalisierung verändert die Welt. Nicht unbedingt nur zum Positiven, so ihre Kritiker. Durch eine mit der Globalisierung verbundene Veränderung der Wirtschaftsstrukturen wandelt sich auch die Arbeitswelt. Um Kosten zu sparen, verschieben Unternehmen Arbeitsplätze global. Produkte werden dadurch z. B. nicht mehr national bzw. regional produziert, sondern umlaufen die ganze Welt im Produktionsprozess. Beispiel Jeans: Pestizide aus Deutschland für Baumwolle aus Indien, Stoffproduktion in der Türkei und Taiwan, Färbung in Frankreich, Nähen in Honduras – für eine amerikanische Marke.

1 Vgl. zu diesem Kapitel auch: Informationen zur politischen Bildung Nr. 280, 3. Quartal 2003 (Themenheft Globalisierung).

Perspektiven für eine faire Globalisierung

Sascha Meinert, Michael Stollt

Freie Märkte haben zu einer enormen Wohlstandssteigerung beigetragen, die in der Geschichte der Menschheit ohne Beispiel ist. Erstmals, so hat die Welternährungsorganisation FAO vor einigen Jahren vorgerechnet, übersteige die Nahrungsmittelproduktion den weltweiten Grundbedarf – das Problem der Verteilung rückt gegenüber dem Problem des Mangels in den Vordergrund. Erstmals erlaubt es der Reichtum des einen Teils der Menschheit, die Situation des anderen nachhaltig zu verändern. Damit gewinnt das Leitbild einer „Fairen Globalisierung“ an Bedeutung.

Globale Ungleichheiten

Das Einkommensgefälle zwischen den reichsten und ärmsten Ländern hat über die letzten Jahrzehnte deutlich zugenommen. Gleichzeitig ist auch innerhalb vieler Länder die Schere zwischen Arm und Reich weiter auseinandergegangen.

Ziele einer „globalen Sozialpolitik“: Die UN-Millenniumsziele

Im September 2000 verabschiedeten 189 Mitgliedstaaten der Vereinten Nationen, darunter Deutschland, die sogenannte Millenniumserklärung. Darin wurden die wichtigsten Herausforderungen für die Weltgemeinschaft zu Beginn des neuen Jahrtausends genannt und eine Liste mit acht verbindlichen Zielen verabschiedet. Die sog. Millenniums-Entwicklungsziele (Millennium Development Goals, MDG) sind verbindliche Ziele, die klare zeitliche und inhaltliche Vorgaben machen. Das Hauptziel ist dabei die Halbierung der weltweiten Armut bis zum Jahr 2015. Werden die UN-Mitgliedstaaten ihr Versprechen halten?

Global Governance

Zunehmende Vernetzung, globale Herausforderungen und wirtschaftlicher Wettbewerb führen zu neuen Konflikten und Erfordernissen der Zusammenarbeit. Die Ergebnisse der Globalisierung sind das, was wir aus ihr machen und wie die aus der Globalisierung erwachsenden Konflikte gelöst werden. Wir sprechen von Global Governance, also der Art und Weise, wie auf globaler Ebene Entscheidungen getroffen und umgesetzt werden.

Bruttoinlandsglück – Auf der Suche nach qualitativer Entwicklung

Es ist schwierig zu bestimmen, woran sich die Entwicklung eines Landes messen lässt und welche Länder weiter als andere entwickelt sind. Es lässt sich beobachten, dass die allgemeine Stimmungslage in einem Land eng mit der (aktuellen) wirtschaftlichen Entwicklung zusammenhängt. Aber reicht das bloße Wachstum der Wirtschaftsleistung eines Landes aus, um den Wohlstand einer Gesellschaft zu messen?

Quelle: Bundeszentrale für politische Bildung.

Globalisierung umfasst jedoch weit mehr als die zunehmende Integration der Weltwirtschaft und sollte nicht auf wirtschaftliche Prozesse verkürzt werden. Insbesondere die Umweltprobleme (z. B. Treibhauseffekt, Ozonloch) erfordern eine weltweite Zusammenarbeit.

4.1.2 Bedeutung der Globalisierung

Merke:

Die zunehmend liberalisierte und digitalisierte Weltwirtschaft mit ihren **offenen nationalen Märkten** erlaubt **Handelsverflechtungen der Volkswirtschaften** in einem bisher nicht gekannten Ausmaß.

Wie stark die **Verflechtungen des internationalen Handels** mittlerweile sind, veranschaulicht nachfolgende Übersicht.

Der Welthandel wird von den **reichen Industrieländern dominiert** – allein die Europäische Union hat einen Anteil von mehr als einem Drittel. Die Handelsströme zwischen den großen Regionen der Erde spiegeln dies wider. Aus Asien kommen die Waren vor allem aus China, Japan und den sogenannten „Tigerstaaten". Afrikanische und südamerikanische Länder haben zusammen nur einen geringen Anteil an den Weltexporten.

Die ärmeren Länder kämpfen deshalb seit Jahren für größere Exportchancen. Trotz WTO-Mitgliedschaft gibt es noch zu **viele Handelshemmnisse** für Entwicklungs- und Schwellenländer.

Die Öffnung der Grenzen veranlasst die Unternehmen, die sich ergebenden **Standortvorteile** in den verschiedenen Ländern der Erde durch Handelsbeziehungen, Informationsaustausch, Unternehmenszusammenschlüsse und sonstige Aktivitäten aller Art zunutze zu machen.

Beispiel:

Ein Automobilkonzern, der Forschungs- und Entwicklungsstandorte in Deutschland, den USA und Japan besitzt, kann die Entwicklungszeit für einen neuen Motor auf ein Drittel verkürzen, da aufgrund der Zeitverschiebung ohne Schichtarbeit rund um die Uhr geforscht und getestet werden kann. Bevor der deutsche Kollege Feierabend macht, stellt er sein Arbeitsergebnis seinem amerikanischen Kollegen via Internet zur Verfügung, dieser wiederum dem japanischen Kollegen usw.

Besonders intensiv sind die internationalen Handelsverflechtungen der Volkswirtschaften mit starker Exportorientierung. In letzter Zeit wird der Warenexport und -import zunehmend durch den Handel mit Dienstleistungen erweitert. Die modernen Kommunikationstechniken – vor allem das Internet – erleichtern den weltweiten Handel mit Dienstleistungen (z. B. Beratung, Know-how-Transfer).

4.2 Beschleuniger der Globalisierung

Merke:

Bei der Globalisierung handelt es sich **nicht** um ein plötzlich auftretendes Phänomen, sondern um einen **Prozess,** der schrittweise verlaufen ist und auf mehreren, unterschiedlich starken Triebkräften beruht, die diesen Entwicklungsverlauf beschleunigten.

(1) Wohlstandsgewinne

Eine der wohl wichtigsten Antriebsfedern der Globalisierung ist das **wirtschaftliche Interesse** der beteiligten Volkswirtschaften. Bereits im 19. Jahrhundert entwickelte sich die theoretische Einsicht und sehr bald auch praktische Erfahrung, dass Staaten, die sich wirtschaftlich nicht abschotten, sondern in einen offenen Austausch mit anderen Volkswirtschaften treten, davon profitieren und **Wohlstandsgewinne** für ihre Bürgerinnen und Bürger erzielen.

Die **OECD** (Organization for Economic Cooperation and Development – Organisation für wirtschaftliche Zusammenarbeit und Entwicklung), ein Zusammenschluss der großen Industriestaaten, bezeichnet Globalisierung folglich als einen „Prozess, durch den **Märkte und Produktion** in verschiedenen Ländern immer mehr voneinander **abhängig** werden – dank der Dynamik des Handels mit Gütern und Dienstleistungen und durch die Bewegung von Kapital und Technologie“. Einen besonderen Schub löste in diesem Zusammenhang der Zusammenbruch des Ostblocks aus, als an die Stelle der Konkurrenz zweier Gesellschaftsvorstellungen ein weltweiter Kampf um wirtschaftliche Marktanteile trat.

(2) Liberalisierung

Begünstigt wurde die zunehmende internationale Verflechtung durch staatliche Entscheidungen. So konnten vor allem wirtschaftlich starke Staaten sukzessive durchsetzen, dass **Schutzwälle** um Volkswirtschaften schrittweise abgetragen wurden und werden **(außenwirtschaftliche Liberalisierung).** Bei vielen Produkten haben nationale Zölle und mengenmäßige Importbeschränkungen ihre Schutzfunktion für die jeweils heimische Produktion längst eingebüßt. War die Konkurrenz eines Unternehmens anfangs vorwiegend innerhalb staatlicher Grenzen zu suchen, so ist sie nun überall auf der Welt anzutreffen. Die Liberalisierung nach außen ging einher mit dem Abbau staatlicher Vorschriften im Inneren (Deregulierung).

(3) Grenzüberschreitender Kapitalverkehr

Doch nicht nur Güter und Dienstleistungen werden weltweit gehandelt, ohne dass sie große Hürden zu überwinden hätten. Auch der Fluss des Geldes ist von nahezu allen staatlichen Fesseln befreit worden, sodass in der heutigen Zeit vom **internationalen Kapitalmarkt** gesprochen werden kann. Kapital findet sich überall dort ein, wo es entweder als Investition in ein Unternehmen oder auf den Finanzmärkten anderer Staaten eine gute Rendite verspricht. Eine Folge ist, dass über 90 % der Gelder, die täglich um die Welt zirkulieren, nichts mehr mit der Bezahlung von Gütern und Dienstleistungen zu tun hat. Vielmehr ist Geld selbst zur Ware geworden. Dabei fließen mitunter riesige Geldströme in Länder, in denen sie vorübergehend einen hohen Gewinn versprechen, um bei wechselnder Lage ebenso schnell wieder abgezogen zu werden – ungeachtet der **finanzpolitischen Zerrüttungen,** die dann entstehen können.

(4) „Digitale Revolution"

Merke:

Nachdrücklich beschleunigt wurde der Prozess der Marktöffnung für Waren, Dienstleistungen und Geld durch die **„digitale Revolution",** also durch Innovationen im Bereich der Mikroelektronik, der Telekommunikation sowie durch Methoden zur Gewinnung, Übertragung und Speicherung von Informationen.

Diese Entwicklungen ermöglichten, die Welt mit einem dichten Kommunikationsnetz zu überspannen, das nahezu jeden Punkt dieser Erde in oft nur Bruchteilen von Sekunden erreichbar werden lässt. Die schnelle Übertragung der Daten über das Internet schafft neben der entstehenden Konkurrenz nicht nur einen großen **Weltfinanzmarkt** mit gegenseitiger Abhängigkeit. Vielmehr entsteht dadurch auch die Notwendigkeit einer stabilen Datenübertragungsinfrastruktur und ständiger Innovationen in diesem Bereich.

Für Unternehmen eröffnet das digitale Zeitalter neue Chancen. Ein Unternehmen kann sich durch die weltweite Vernetzung **neue Zielgruppen** erschließen, die Unternehmenskommunikation intensivieren, den Bekanntheitsgrad seiner Marke und das Image verstärken und in einem kontinuierlichen Dialog mit seiner Zielgruppe bleiben. Die Welt als großer Markt- und Handelsplatz ohne unnötige Beschränkungen und Schranken ist insofern für die Industriestaaten und ihre Produkte wichtig, als dass sie jene über die eigenen und benachbarten Grenzen hinweg verkaufen bzw. produzieren lassen können. Da Entwicklungsländer oftmals über eine große Bevölkerungszahl verfügen, macht alleine schon die Masse an potenziellen Kunden einen großen Anreiz für die Industrienationen aus, ihre Ware dort zu platzieren und alle notwendigen Maßnahmen zu treffen, einen weltweiten und reibungslosen Warenaustausch zu ermöglichen.

(5) Verbesserte Verkehrstechnologie

Aber nicht nur Straßen und Routen für Daten bilden eine wichtige Grundlage eines funktionierenden grenzüberschreitenden Handels, sondern auch der **Ausbau der Verkehrsinfrastruktur** für den Gütertransport ist ein zentraler Punkt, um globalisierten Handel und ein Zusammenwachsen über die Kontinente hinweg überhaupt erst für alle Beteiligten zu ermöglichen.

Merke:

Als weitere Beschleuniger der Globalisierung gelten der **Ausbau der Verkehrsinfrastruktur, sinkende Transportkosten** und die zunehmende **Vereinheitlichung technischer Normen.**

4.3 Die Rolle internationaler Institutionen und Abkommen

Die Ausführungen im Rahmen dieses Kapitels beschränken sich auf die WTO, den Internationalen Währungsfonds und die Weltbank.

4.3.1 Regelung der weltweiten Handels- und Wirtschaftsbeziehungen durch die Welthandelsorganisation (WTO)

Wichtige **Voraussetzungen für weltweite Wirtschaftsaktivitäten** sind der Abbau von Zöllen und die Beseitigung von Beschränkungen für den internationalen Kapitalverkehr. Die aus dem GATT[1] hervorgegangene **Welthandelsorganisation (WTO)**[2] mit Sitz in Genf beschäftigt sich im Auftrag der 157 Mitgliedsländer[3] mit der Verbesserung und Regelung der internationalen Handels- und Wirtschaftsbeziehungen.

Die **Welthandelsorganisation** (Englisch: World Trade Organization: WTO) ist die internationale Organisation, die sich mit der Regelung der weltweiten Handels- und Wirtschaftsbeziehungen beschäftigt. Sie wurde 1995 gegründet und ist die Nachfolgeorganisation des GATT mit erweiterter Zielsetzung. Sie ist eine eigenständige Organisation im System der Vereinten Nationen. Zurzeit hat sie **157 Mitgliedstaaten.**

- **Aufgaben der WTO**

Das Allgemeine Zoll- und Handelsabkommen GATT (Englisch: General Agreement on Tariffs and Trade) war nach dem 2. Weltkrieg gegründet worden, um die **Zölle** zwischen den Handelspartnern zu **senken.** Der Handel sollte zum Nutzen aller Teilnehmer erleichtert werden. In insgesamt acht Verhandlungsrunden wurden die Zölle insbesondere für Industrieprodukte gesenkt.

Die Aufgaben der WTO als Nachfolgeorganisation sind erweitert auf den **Abbau von Handelshemmnissen aller Art,** um so den internationalen Handel zu fördern. Die WTO umfasst nun auch Dienstleistungen, geistiges Eigentum und landwirtschaftliche Produkte. Die **Liberalisierung des Welthandels** bedeutet jedoch nicht, dass es generell keine Handelsschranken mehr geben darf. So dürfen **Maßnahmen zum Schutz vor Krankheiten und Seuchen** ergriffen werden.

---

1 Englisch: **G**eneral **A**greement on **T**ariffs and **T**rade (deutsch: Allgemeines Zoll- und Handelsabkommen).

2 Englisch: **W**orld **T**rade **O**rganization.

3 Stand: August 2012.

Grundsätze der Welthandelsbeziehungen

Die Mitglieder der WTO haben sich auf mehrere Grundsätze verständigt, die im Welthandel gelten sollen. Diese galten teilweise bereits im GATT. Der **Grundsatz der Meistbegünstigung** legt fest, dass ein WTO-Mitglied **alle** Partner im Handel gleich behandeln muss. Wer einem anderen Land bestimmte Vorteile einräumt, muss dies grundsätzlich gegenüber allen Ländern tun.

Das **Inländerprinzip** schreibt vor, dass ausländische Waren und Dienstleistungen nicht anders behandelt werden dürfen als solche aus dem Inland. Um die Transparenz im Handel zu erhöhen, müssen die WTO-Länder ihre nationalen Vorschriften über den Handel bei der WTO melden. Damit soll sichergestellt werden, dass kein Handelspartner von Änderungen überrascht wird.

Das **Prinzip der Gegenseitigkeit** besagt, dass in den Verhandlungen die jeweiligen Zugeständnisse der Partner ausgewogen sein sollen. Nur die Entwicklungsländer können davon ausgenommen werden.

Die Organisation der WTO

Das wichtigste Organ der WTO ist die **Konferenz der Wirtschafts- und Handelsminister.** Ein Allgemeiner Rat führt die laufenden Geschäfte. Als Generalsekretär fungiert seit 2005 der Franzose Pascal Lamy. Der Sitz der WTO ist Genf (Schweiz).

Die Ministerkonferenz tagt mindestens alle zwei Jahre. Sie legt die Themen fest, über die die Mitglieder verhandeln wollen. Seit 1996 hat es sieben Verhandlungsrunden gegeben.

Die laufende Doha-Runde, benannt nach der Hauptstadt Katars, ist bisher erfolglos geblieben. Die Gegensätze zwischen der EU und den USA einerseits und den Entwicklungs- und Schwellenländern andererseits konnten bisher nicht überbrückt werden. Hauptstreitpunkt ist die Agrarpolitik.

Die Streitschlichtung der WTO

Auch wenn sich die Mitglieder der WTO zu den genannten Prinzipien bekennen, so werden sie nicht immer eingehalten. Handelskonflikte gehören daher seit der Gründung des GATT 1947 zur politischen Normalität des Welthandels.

Eine wichtige Neuerung in der WTO war die Verbesserung des bereits im GATT bestehenden **Streitschlichtungsverfahrens.** Dieses wird vom Allgemeinen Rat wahrgenommen, der zu diesem Zweck Schiedsgerichte bildet.

In einem mehrstufigen Verfahren können Länder andere Partner des WTO-Abkommens quasi verklagen. Kommt das Schiedsgericht zum Ergebnis, dass die Klage zu Recht erhoben wurde, können Gegenmaßnahmen in Form von Strafzöllen erhoben werden. Immer wieder wird die WTO als Schiedsrichterin angerufen, um die Konflikte zwischen den Partnern zu schlichten. Das Streitschlichtungsverfahren hat sich als erfolgreiches Instrument für einen fairen Welthandel herausgestellt.

WTO und Europäische Union

Die Mitgliedstaaten der Europäischen Union führen eine gemeinsame Außenhandelspolitik. Sie sprechen deshalb in der WTO „mit einer Stimme“. Die Europäische Kommission vertritt bei den WTO-Treffen die europäischen Handelsinteressen. Die EU ist ein eigenständiges WTO-Mitglied – ebenso wie jeder ihrer Mitgliedstaaten.

Quelle: www.bundesregierung.de.

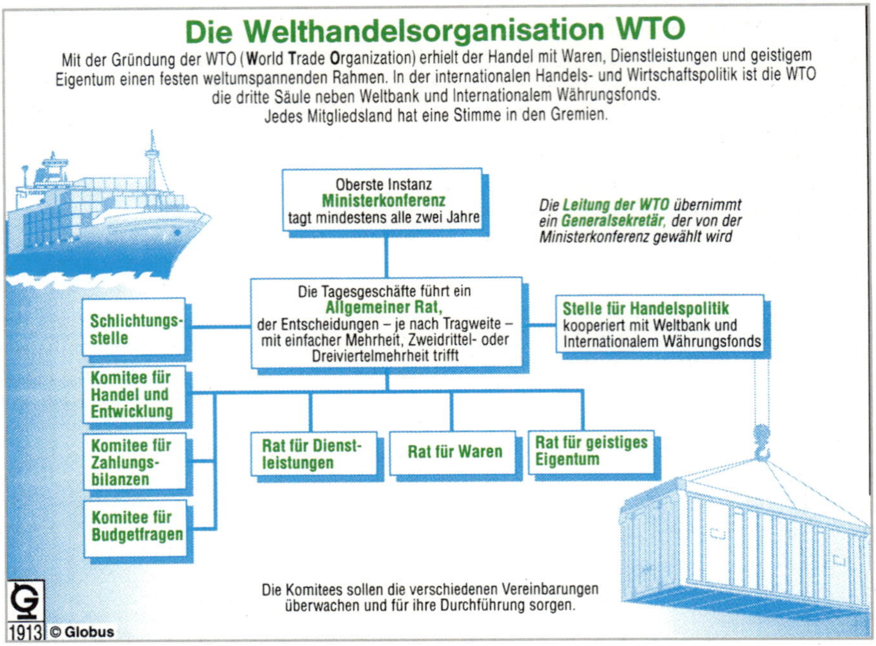

4.3.2 Internationaler Währungsfonds (IWF)

(1) Grundlegendes

Der **I**nternationale **W**ährungs**f**onds (IWF, englisch: **I**nternational **M**onetary **F**und, IMF) ist eine Sonderorganisation der Vereinten Nationen mit Sitz in Washington D.C., USA. Vorrangige Aufgabe des IWF ist es, seinen Mitgliedern Kredite (sogenannte **S**onder**z**iehungs**r**echte, SZR) zur Überwindung von Zahlungsschwierigkeiten und zur Strukturanpassung zu gewähren.

Hintergrund

Der IMF hat derzeit 187 Mitgliedsländer, deren Stimmrecht sich nach ihrem Kapitalanteil richtet. Die **Stimmanteile** der wichtigsten Mitgliedstaaten: USA 16,7 Prozent, Japan 6,0 Prozent, Deutschland 5,86 Prozent, Frankreich 4,84 Prozent, Vereinigtes Königreich 4,84 Prozent. Die 27 EU-Mitglieder verfügen insgesamt über 32 Prozent der Stimmen [...]. Einige Beschlüsse im IWF müssen mit einer Mehrheit von 85 Prozent getroffen werden. Die USA verfügen damit offiziell über eine Sperrminorität.

Geschichtliche Entwicklung

Der IWF wurde am 22. Juli 1944 durch eine internationale Übereinkunft gegründet und nahm im Mai 1946 seine Arbeit auf. Sie erfolgte aufgrund der Beschlüsse der **Konferenz in Bretton Woods,** einer Kleinstadt im US-Bundesstaat New Hampshire. Diese für den Wiederaufbau des Weltwirtschaftssystems entscheidenden Verhandlungen dauerten vom 1. bis zum 22. Juli 1944.

Aufgaben und Ziele

Der IWF vergibt unter bestimmten Auflagen **befristete Kredite** an Mitgliedstaaten, die unter Zahlungsbilanzproblemen leiden. **Bedingungen** für die Gewährung von Krediten sind zum Beispiel:

- Kürzung der Staatsausgaben,
- niedrige Inflation,
- Steigerung des Exports sowie
- die Liberalisierung des Bankenwesens.

Die den Staaten auferlegten Bedingungen in Form von **Strukturanpassungsprogrammen** können zum Beispiel Privatisierung von öffentlichen Einrichtungen wie Sparkassen, Elektrizitäts- und Wasserversorgung, Telekommunikation usw. sowie Entlassung von bestimmten Gruppen von Mitarbeitern vorsehen. Darüber hinaus unterstützt der IWF Entwicklungsländer in Afrika, Asien und Südamerika bei der **Erarbeitung von Wachstums- und Wohlstandkonzepten** und fördert diese durch direkte Geldhilfen der gebenden Mitgliedsländer. Ebenso wie die Kreditvergabe ist auch die Entwicklungszusammenarbeit oft an Bedingungen der **Good Governance** (Korruptionsabbau, Demokratie, ...) und der Liberalisierung gekoppelt.

Zu den **Zielen** gehören unter anderem:

- Förderung der internationalen Zusammenarbeit in der Währungspolitik
- Stabilisierung von internationalen Finanzmärkten
- Förderung nachhaltiger Entwicklungshilfeprojekte
- Ausweitung des Welthandels
- Vergabe kurzfristiger Kredite zum Ausgleich von Zahlungsbilanzdefiziten

Kernaufgabe des IWF ist es, die **makroökonomische Stabilität** in seinen 187 Mitgliedstaaten und in der Weltwirtschaft insgesamt zu fördern. Er untersucht unter diesem Blickwinkel regelmäßig die Wirtschafts- und Finanzpolitik der Mitgliedstaaten und zeigt dabei gegebenenfalls Risiken auf. Bei **Zahlungsbilanzkrisen** kann der IWF finanzielle Hilfe in Form von Krediten leisten. Er vereinbart dabei mit dem betreffenden Mitgliedstaat zugleich wirtschafts- und finanzpolitische Maßnahmen, die eine dauerhafte Rückkehr zu einer stabilen Lage unterstützen sollen.

Entscheidungen des IWF werden vom **IWF-Stab** unter Leitung des Geschäftsführenden Direktors vorbereitet und vom **Exekutivdirektorium** gebilligt. **Deutschland** ist einer der wichtigsten Anteilseigner des IWF und wirkt über einen deutschen Exekutivdirektor an den Entscheidungen dieses Gremiums mit. Grundsatzentscheidungen werden vom **Gouverneursrat des IWF** und vom **International Monetary and Financial Committee** getroffen, die bei den Herbst- und Frühjahrstagungen von IWF und Weltbank zusammenkommen.

Innerhalb der Bundesregierung ist das **Bundesministerium der Finanzen** für den IWF federführend. Die **deutschen Botschaften** verfolgen die Vereinbarung und Umsetzung von IWF-Programmen vor Ort.

Quelle: www.bundesfinanzministerium.de

4.3.3 Weltbank-Gruppe

Die **IBRD** – kurz **Weltbank** – wurde 1944 zusammen mit dem **Internationalen Währungsfonds** (**I**nternational **M**onetary **F**und – IMF) in Bretton Woods (USA) gegründet. Die beiden Organisationen werden deshalb als „Bretton-Woods-Institution" bezeichnet. Die IBRD hat zurzeit 187 Mitglieder. Sitz ist Washington, D.C. (USA).

Die Weltbank verfolgt zusammen mit IDA, IFC, MIGA und ICSD das Ziel, die wirtschaftliche Entwicklung in ihren weniger entwickelten Mitgliedsländern durch finanzielle und andere Hilfen (z.B. Beratung) zu fördern. Diese Organisationen besitzen jeweils eine eigene Rechtspersönlichkeit. Praktisch sind sie jedoch durch eine gemeinsame Leitung und Geschäftsführung weitgehend integriert.

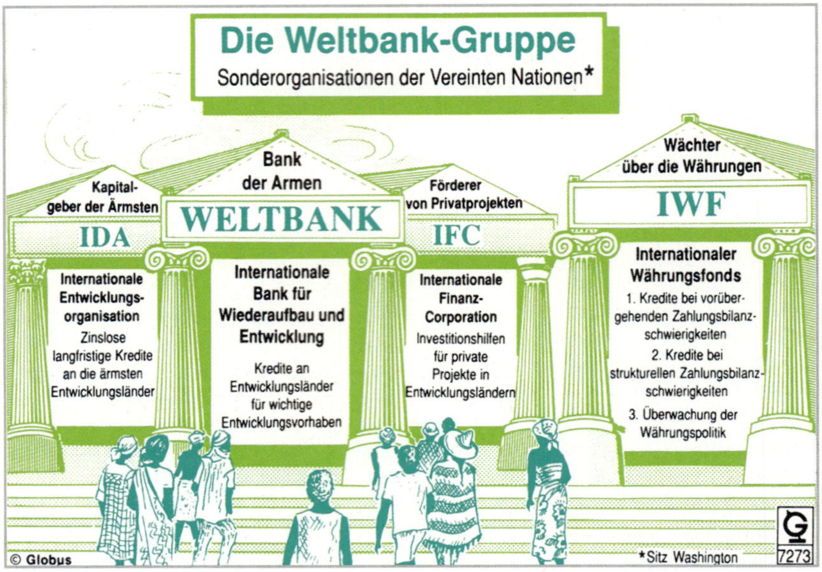

Die Aufgaben der Weltbankgruppe sind im Einzelnen:

- Die **Internationale Bank für Wiederaufbau und Entwicklung** (**I**nternational **B**ank for **R**econstruction and **D**evelopment – IBRD) – kurz *Weltbank* – vergibt *zinsgünstige* Darlehen zu wichtigen Entwicklungsvorhaben. Die Mittel stammen aus Beteiligungen der Mitgliedsländer, aus dem Verkauf von Ausleihungen auf den internationalen Finanzmärkten und aus den Rückflüssen aus früher gewährten Darlehen.
- Die **internationale Entwicklungsorganisation** (**I**nternational **D**evelopment **A**ssociation – IDA) vergibt *zinslose* Kredite an die ärmsten Entwicklungsländer.
- Die **Internationale Finanz-Corporation** (**I**nternational **F**inance **C**orporation – IFC) fördert privatwirtschaftliche Investitionen in Entwicklungsländern durch unterstützende Darlehen.
- Die **Multilaterale Investitionsgarantie-Agentur** (**M**ultilateral **I**nvestment **G**urantee **A**gency – MIGA) hat die Aufgabe, ausländische Privatinvestitionen vor politischen und nichtkommerziellen Risiken (z. B. Überschwemmungen, Erdbeben) zu versichern.
- **Internationales Zentrum zur Beilegung von Investitionsstreitigkeit** (**I**nternational **C**entre for **S**ettlement of **I**nvestment **D**isputes – ICSID) trägt zur Beilegung von Streitigkeiten zwischen ausländischen Investoren und den Gastländern bei.

4.4 Unternehmen im Globalisierungsprozess

Import- und Exportabhängigkeit können zu **wirtschaftlicher** und **politischer Abhängigkeit** eines Landes bzw. eines Währungsgebiets und somit auch von Unternehmen führen.

- Die **konjunkturelle Verbundenheit** der am Welthandel beteiligten Unternehmen kann im Falle konjunktureller Einbrüche einen extremen **Nachfragerückgang** bewirken.
- Ebenso wie die Konjunkturrückgänge können auch **Inflationen** importiert werden. Erhöhen z. B. die Rohöl exportierenden Länder die Ölpreise, steigen in den Importländern die Preise für die Produkte, die aus Erdöl hergestellt oder zu deren Herstellung Erdöl benötigt wird. Insbesondere für das verarbeitende Gewerbe **erhöhen sich die Kosten für den Herstellungsprozess** der Güter.

- Eng mit der wirtschaftlichen Abhängigkeit ist die **politische Abhängigkeit** verflochten. So sind z. B. Länder, die auf Rohstoffzufuhren angewiesen sind, wirtschaftlich und politisch erpressbar. So können die Rohstoff exportierenden Länder beispielsweise versuchen, durch Preis- und/oder Mengendiktate politische Entscheidungen in den Abnehmerländern zu beeinflussen. Etwaige **Preis- bzw. Mengendiktate** können sich ebenfalls unmittelbar auf den Leistungserstellungsprozess der Unternehmen auswirken.

4.5 Auswirkungen der Globalisierung auf den Arbeitsmarkt

Globalisierung ist zwar in erster Linie ein ökonomisches Phänomen, ihre Auswirkungen gehen jedoch weit darüber hinaus[1]. Viele Menschen in den Industriestaaten sehen sie als eine Gefährdung ihrer sozialen Sicherheit und ihrer Zukunftschancen an. Der Abbau zwischenstaatlicher Hindernisse erleichtert es besonders großen, kapitalkräftigen Unternehmen, die ihre Produktionskosten verringern wollen, sich in Ländern mit niedrigeren Lohnkosten, minimalen umweltpolitischen Auflagen sowie schwachen sozialen Sicherungssystemen niederzulassen. Für einfache Tätigkeiten wird in manchen Ländern so wenig bezahlt, dass die dort hergestellten Produkte ungeachtet der Transportkosten immer noch billiger sind als solche, die in Deutschland fabriziert wurden.

Dieser sogenannte **Arbeitsplatzexport** kann z. B. folgende Gründe haben:

- Die **soziale und politische Stabilität** des Auslands wird höher eingeschätzt als die inländische.
- Die **Umweltvorschriften (Umweltstandards)** sind im Ausland weniger streng als im Inland.
- Das Ausland fördert Gewerbeansiedlungen durch **Steuererleichterungen** und/oder **Subventionen.** Das Problem ist, dass der Staat den Unternehmen, die mit der Auslagerung von Produktionsstätten drohen, seinerseits Steuererleichterungen gewährt und/oder Subventionen zahlt. Die Folge ist, dass die Steuereinnahmen sinken.
- Im Ausland ist die **„Regulierungsdichte"** (z. B. Bauvorschriften, Zulassungsverfahren, Behördenwege) geringer als im Inland.
- Die **Arbeitskosten** sind im Ausland niedriger als im Inland. Für die Konkurrenzfähigkeit ist allerdings nicht allein die absolute Höhe der Arbeitskosten maßgebend. Vielmehr muss die Arbeitsproduktivität berücksichtigt werden. Diese drückt aus, welche Gütermenge eine Arbeitskraft je Zeiteinheit (z. B. je Arbeitsstunde) erzeugt.

Gefährdet sind vor allem solche **Arbeitsplätze,** für die schon geringe Qualifikationen ausreichen. Folglich müssen die Menschen ein immer **höheres Ausbildungsniveau** und innovative Fähigkeiten aufweisen, um mit der Arbeitnehmerschaft anderer Industriestaaten konkurrenzfähig zu bleiben. Überdurchschnittliche Qualifikationen werden entsprechend bezahlt und weltweit nachgefragt. Speziell im Bereich der Informations- und Kommunikationstechnologien ist ein neuer Arbeitsmarkt entstanden, der allerdings hohe Anforderungen an die Ausbildung stellt. Damit vergrößert sich unter globalen Wettbewerbsbedingungen die ohnehin bestehende Spanne zwischen Spitzenverdienern und Lohnempfängern am unteren Ende der Einkommensskala.

1 Vgl. hierzu und im Folgenden Informationen zur politischen Bildung (Heft 280).

21 Boller, Hartmann - ISBN 978-3-8120-0398-8

Wer seine Fähigkeiten mithilfe des Internets anbieten kann, muss seinen Standort nicht unbedingt wechseln. Er kann von zu Hause aus sein Wissen dort einbringen, wo es sich am besten bezahlt macht. Er setzt sich allerdings mithilfe der neuen Kommunikationsmöglichkeiten einem internationalen Wettbewerb aus und wird damit ebenso in die **weltweite Arbeitsteilung** einbezogen wie große Unternehmen. Aussagen, dass das Industriezeitalter Arbeit für die Massen gebracht habe, wohingegen das Informationszeitalter nur noch Arbeit für eine kleine Elite biete, beziehen sich auf diese Entwicklung.

4.6 Chancen und Risiken der Globalisierung

Kaum ein Thema wird hinsichtlich seiner Auswirkungen kontroverser diskutiert: Im Zeitalter der Globalisierung und der zusammenwachsenden Märkte eröffnen sich einerseits große Chancen; andererseits müssen aber auch die Risiken ernst genommen werden.

Der **kontrovers** diskutierte Prozess der Globalisierung löst in der Öffentlichkeit – je nach Sicht der Dinge – unterschiedliche Gefühle aus, welche die gesamte Spannbreite von Aufbruchstimmung bis hin zu Angstgefühlen umfasst. Während die Befürworter vor allem das durch den Abbau von zwischenstaatlichen Handelsbeschränkungen **effizientere Wirtschaften** betonen, sehen die Kritiker die **abnehmende staatliche Steuerungsfähigkeit** der einzelnen Staaten durch die wachsende internationale Verflechtung als besonders nachteilig an.

Merke:

Indem Staaten den global handelnden Unternehmen und **internationalen Finanzströmen** den Weg ebnen, verringern sie ihre eigenen Einflussmöglichkeiten und schwächen ihre traditionellen wirtschafts- und finanzpolitischen Instrumente wie etwa Steuern und Zinsen.

Die zunehmende außenwirtschaftliche Liberalisierung und die damit einhergehende innerstaatliche Deregulierung kombiniert mit den Mechanismen eines globalen Marktes berühren die staatliche Souveränität. Dies führt dazu, dass viele Aufgaben, die vormals jede Regierung für sich lösen musste, nur noch im Verbund mit anderen Staaten wahrgenommen werden können.

Insbesondere die international agierenden Wirtschaftsunternehmen – auch **„Global Player"** genannt – rücken in den Fokus der Kritik, da sie heutzutage keiner wirksamen gesellschaftlichen Kontrolle mehr ausgesetzt sind und somit als Quelle für **politische und wirtschaftliche Instabilität** gelten, wie die internationale Finanzmarktkrise in der jüngeren Vergangenheit mit ihren negativen Auswirkungen auf die Realwirtschaft eindrucksvoll zeigte.

Zudem stören die zunehmenden **sozialen Ungleichheiten** in und zwischen den Staaten den **sozialen Frieden.** So erleichtert der Abbau zwischenstaatlicher Hindernisse den international agierenden Großunternehmen, die ihre Produktionskosten verringern wollen, sich in **Niedriglohnländern** mit **minimalen umweltpolitischen Auflagen** sowie **schwachen sozialen Sicherungssystemen** niederzulassen. Für einfache Tätigkeiten wird in manchen Ländern so wenig bezahlt, dass die dort hergestellten Produkte ungeachtet der **Transportkosten** immer noch billiger sind als solche, die in Deutschland hergestellt wurden. Diese Billigproduktion ist auch deshalb möglich, weil es in vielen Ländern immer noch an **Arbeitnehmerschutzgesetzen** oder an Regelungen fehlt, die **Kinderarbeit** verbieten bzw. – falls derartige Gesetze existieren – Verstöße nicht entsprechend geahndet werden. Die vorgenannten Missstände dürften auch ein Grund für den zunehmenden internationalen **Terrorismus** sein, dessen Möglichkeiten und Instrumente sich überdies durch die Globalisierung deutlich verbessert haben.

Gerade diese Nachteile der Globalisierung sind der Nährboden von **globalisierungskritischen** Gruppen und Bewegungen, die sich seit den neunziger Jahren des vorangegangenen Jahrhunderts auf internationalen Konferenzen mit globaler Thematik zunehmend Gehör verschaffen. Dabei ist die Organisation **Attac** (frz.: Association pour une taxation des transactions financières pour l'aide aux citoyens – Vereinigung zur Besteuerung von Finanztransaktionen im Interesse der Bürgerinnen und Bürger) das wohl prominenteste Beispiel.

Globalisierung – Teil 3: Was fordern die „Globalisierungsgegner"?

von Britta Pawlak

Kritische Stimmen prangern an, dass die soziale Ungleichheit in der globalisierten Welt immer stärker wächst. Die Macht konzentriert sich auf bestimmte Länder und vor allem einige Großkonzerne, während weiterhin viele Millionen Menschen auf der Welt von Hunger und bitterer Armut betroffen sind. Warum sehen einige in den wirtschaftlichen Entwicklungen sogar eine „Fortsetzung des Kolonialismus"? Was fordern die sogenannten „Globalisierungsgegner"? Und warum schotten sich die reicheren Industrienationen immer stärker von den armen Ländern ab?

In den ärmeren Ländern arbeiten viele Menschen, darunter Frauen und Kinder, für einen Hungerlohn. Globalisierungskritiker fordern einen fairen Welthandel. ... Durch den Prozess der fortschreitenden Globalisierung gewinnen große Konzerne an Einfluss, während kleine Unternehmen, Einzelhändler und Landwirte unter immer größerem Konkurrenzdruck stehen und um ihre Existenz bangen – wenn die Großkonzerne ihre Macht weltweit ausbauen, haben die kleineren Unternehmen und Händler keine Chance mehr, auf dem Markt mitzuhalten. In wirtschaftlichen schwachen Staaten, in denen die Arbeitslosigkeit sehr hoch ist, wehren sich die Menschen auch kaum gegen schlimme Arbeitsbedingungen, weil sie keine Stimme haben und froh sind, überhaupt Geld zu verdienen.

Nur weil es diesen Menschen so schlecht geht, sind viele Waren bei uns so billig zu kaufen. Globalisierung bedeutet also für einige Menschen, dass sie immer mehr Geld in den Taschen haben, und für andere, dass ihnen immer weniger Geld zur Verfügung steht – viele von ihnen leben in bitterer Armut. Dazu sagt man auch, dass die „Schere zwischen Arm und Reich" weiter auseinandergeht – die soziale Ungleichheit wächst, wenn ohnehin wohlhabende Menschen in vielen Fällen noch reicher und ärmere Menschen immer ärmer werden.

Die Kluft zwischen Arm und Reich vergrößert sich aber nicht nur zwischen den reicheren Industriestaaten und den Ländern dieser Welt, die von Armut und Hunger betroffen sind. Auch innerhalb der einzelnen Staaten ist ein immer größeres Wohlstandsgefälle zu beobachten. Während in reicheren Staaten wie Deutschland und den USA der Tätigkeitsbereich der Dienstleistungen weiter anwächst, verliert die Branche von Industrie und Handwerk an Einfluss. Auf dem Arbeitsmarkt sind vor allem sehr gut ausgebildete Menschen gefragt. Weniger qualifizierte und ungelernte Arbeiter haben immer schlechtere Jobaussichten und müssen sehr gering bezahlte, unsichere Stellen annehmen.

Fortsetzung des Kolonialismus?

Chicago Mercantile Exchange: An Rohstoffbörsen wie dieser werden Preise für Lebensmittel plötzlich nach oben oder nach unten getrieben... Einige sehen in den Missständen der globalen Wirtschaftsentwicklungen sogar eine Art Fortsetzung des Kolonialismus – denn die Folgen des Großmachtstrebens der europäischen Staaten, die andere Länder einst besetzt, beherrscht und ausgebeutet haben, reichen bis in die Gegenwart. Nicht nur wurden den einheimischen Menschen in Afrika oder Amerika damals neue politische Machtverhältnisse, gesellschaftliche Strukturen und ein fremder Glaube aufgezwungen. Auch ihre Landwirtschaft mussten die unterworfenen Länder nach dem Willen der Kolonialmächte ausrichten. Die Europäer raubten die Rohstoffe dieser Länder und zwangen die dortigen Menschen, für ihren eigenen Markt zu produzieren. Heute noch gehört viel Landfläche der einst kolonisierten Länder nicht dem Staat selbst, sondern „multinationalen" – also in mehreren Staaten ansässigen – Konzernen.

Weiterhin betreiben viele von Armut und Hunger betroffene Länder eine einseitige Landwirtschaft, weil die früheren Kolonialmächte den Anbau bestimmter Kulturpflanzen vorschrieben, die sie für ihre eigene Industrie wünschten. Eine „monokulturelle" Landwirtschaft, bei welcher auf den Feldern nur eine bestimmte Pflanzenart angebaut wird, bringt jedoch viele Probleme mit sich – sie belastet die Umwelt und die betroffenen Länder sind stark abhängig von dem Handel mit anderen Staaten und von den Preisen auf dem Weltmarkt, die extrem schwanken können.

An der Börse wird auch mit landwirtschaftlichen Rohstoffen wie Getreide „spekuliert" – seitdem sind die Preise für Getreide deutlich angestiegen. Die Börse ist ein Markt, auf dem aber nicht mit Waren wie Getreide oder Gemüse, sondern mit Wertpapieren (zum Beispiel als Anteile an Firmen in Form von Aktien) oder ausländischen Zahlungsmitteln (zum Beispiel Dollar) gehandelt wird. Die Börsenwerte können sich ständig ändern: Wenn von einer Aktie viele gekauft werden, steigt ihr Kurswert, und er fällt wiederum, wenn viele verkauft werden. Nimmt man an, dass der Wert steigen wird, kauft man Aktien oder umgekehrt – man „spekuliert" also an der Börse. Die Anzahl an hungernden Menschen auf der Welt steigt, während Banken, Investmentgesellschaften und Anleger auf diese Weise mit Grundnahrungsmitteln handeln und deren Preise durch „Börsenzocker" in die Höhe getrieben werden.

Menschliche Arbeitsbedingungen für alle?

... Gegen diese wirtschaftlichen Entwicklungen, die mit Missständen und unfairem Handel verbunden sind, kämpfen Kritiker des „kapitalistischen" Wirtschaftssystems und sogenannte „Globalisierungsgegner". Zum Beispiel protestieren viele von ihnen jährlich gegen den G8-Gipfel, auf dem sich die Politiker der acht mächtigsten Länder der Erde (Deutschland, Frankreich, Großbritannien, Italien, Japan, die Vereinigten Staaten von Amerika, Kanada und Russland) treffen. Sie beraten dort über Fragen des Welthandels – auch über eine bessere Unterstützung der ärmeren Staaten wird diskutiert.

Nach Meinung der Globalisierungskritiker treffen sich auf diesem Gipfel jedoch genau diejenigen Menschen, die eine große Verantwortung für das Leid der armen Länder tragen. Sie werfen den mächtigen Politikern vor, in erster Linie eigene Interessen zu verfolgen und viel zu wenig gegen Armut und Missstände auf der Welt zu unternehmen. Tatsächlich wird das Gefälle zwischen „Nord" und „Süd" immer größer: gemeint sind die reichen westlichen Industriestaaten einschließlich Japan auf der einen und die sogenannten „Dritte-Welt"-Länder in Afrika, Asien und Lateinamerika auf der anderen Seite (man spricht auch vom „Nord-Süd-Konflikt").

In Preisen gemessen vereinigen die mächtigen G8-Staaten ungefähr zwei Drittel des gesamten Welthandels. Es leben aber weniger als 14 Prozent der Weltbevölkerung in Ländern der G8. Diskutiert werden die Probleme dieser Welt also von den Staatschefs reicher Industrieländer – auch, wenn Gespräche mit den Vertretern von „Schwellenländern" wie Brasilien, China, Indien, Mexiko und afrikanischen Staaten stattfinden. Vollmitglieder des Weltwirtschaftsgipfels sind ausschließlich die G8-Länder. Bemängelt wird dabei vor allem, dass die Interessen der „mächtigen Staaten" im Mittelpunkt stehen, die somit ihre Vormachtstellung weiter ausbauen.

Forderungen der Globalisierungsgegner

Die globalisierungskritische Bewegung Attac besteht seit 1998 und hat weltweit etwa 90 000 Mitglieder... Politische Ziele der globalisierungskritischen Organisationen sind, einen gewissen „Wohlstand für alle" zu schaffen, statt Reichtümer ungleich unter wenigen zu verteilen, Menschenrechte weltweit durchzusetzen und eine Wirtschaft zu betreiben, bei der Mensch und Umwelt im Zentrum stehen. Die meisten Kritiker wollen die Globalisierung jedoch nicht abschaffen – das würde auch kaum funktionieren. Aber sie wollen, dass die soziale Ungleichheit verringert wird und auf der Welt verbindliche Regeln gelten, die allen Menschen ein gutes Leben ermöglichen.

Dazu gehört, dass jeder genug Geld verdienen kann, um seine Familie zu versorgen. Auch sollen die Arbeitsbedingungen in den ärmeren Ländern menschlicher werden. Wichtig ist ihnen außerdem, dass die armen Länder viel stärker dabei unterstützt werden, ihre eigene Wirtschaft aufzubauen und mehr Unabhängigkeit zu erlangen. Denn während der Staat dort teilweise eine Menge Geld in die Produktion bestimmter Waren steckt, die ins Ausland verkauft werden, wird viel zu wenig in den Aufbau von Schulen sowie „Infrastruktur" wie Straßen, Strom- und

Wasserleitungen oder sanitäre Anlagen investiert.

Eine bekannte globalisierungskritische Organisation ist zum Beispiel „Attac“. Sie fordert unter anderem, dass aus dem freien Welthandel ein „fairer“ Handel wird, also ein Handel, in dem keine Menschen benachteiligt werden. Wer als Verbraucher seinen Beitrag leisten will, kann in Naturkost- und Weltläden und mitterweile auch in einigen Supermärkten fair gehandelte Produkte kaufen. Das Fair-Trade-Siegel kennzeichnet solche Waren. Die Globalisierungskritiker stehen außerdem für mehr Unterstützung der armen Länder, für den weltweiten Kampf gegen Armut und Welthunger und speziell für die Hilfe für Afrika ein. Denn täglich sterben weltweit etwa 24 000 Menschen an Unterernährung und ungefähr 840 Millionen haben nicht genug zu essen. Alle drei Sekunden etwa stirbt ein Kind an den Folgen von Hunger. Auch der Umwelt- und Tierschutz ist vielen Globalisierungskritikern ein wichtiges Anliegen.

Keine Chance für Flüchtlinge

... Zwar bedeutet Globalisierung Welthandel und eine immer stärkere globale Vernetzung, andererseits ist zu beobachten, dass sich die wohlhabenden Staaten weiter von den ärmeren Ländern der Welt abschotten. So grenzt sich die Europäische Union insbesondere von den armen Staaten Afrikas immer stärker ab. Während die Kontrollen zwischen den Mitgliedsländern fallen, werden die Grenzen zu den Nicht-EU-Ländern umso strenger abgesichert. Das hat schlimme Folgen für viele Flüchtlinge in Not.

Die reicheren Industrieländer argumentieren damit, dass sie nicht noch mehr Migranten aufnehmen könnten, da sonst ihr eigener Wohlstand und die Stabilität im Land gefährdet seien. Viele Not leidende Menschen fliehen aber vor Arbeitslosigkeit, politischer Verfolgung, Diktaturen, Armut, Hunger und Kriegen aus ihrem Land. ...Viele verzweifelte Flüchtlinge versuchen, unerlaubt in ein Land einzuwandern, und nehmen dabei große Gefahren in Kauf. Zahlreiche Afrikaner nehmen auf schrottreifen Booten die Fahrt über das Mittelmeer auf, um nach Europa zu gelangen. Mehrere hundert Menschen ertrinken dabei jährlich ...

Das Wohlstandsgefälle zwischen den relativ reichen Ländern und den von Armut betroffenen Staaten vergrößert sich somit weiter. Die illegale Migration – also verbotene Einwanderung – ist ein großes Problem in vielen Ländern. Schaffen die Flüchtlinge es überhaupt, unerlaubt in einen Staat einzuwandern, leben sie versteckt am Rande der Existenz. Sie nehmen oft illegale Jobs an, die zweifelhaft, riskant oder sehr schlecht bezahlt sind. Sie sind nicht krankenversichert, können keine medizinische Hilfe in Anspruch nehmen und leben in der ständigen Angst, entdeckt und ausgewiesen zu werden.

Quelle: www.Helles-Köpfchen.de.

Die Globalisierung bietet eine Vielzahl von Risiken und Chancen, wobei die nachfolgende Tabelle einen Überblick über die wichtigsten Aspekte gibt.

Chancen	Risiken
■ Nutzung der Kostenvorteile anderer Volkswirtschaften ■ Günstige Einkaufspreise durch weltweite Konkurrenz der Anbieter ■ Risikostreuung durch weltweites Engagement der multinationalen Konzerne („Global Players“) ■ Verbesserung des Lebensstandards in den Entwicklungsländern durch Know-how-Transfer ■ Verringerung der Kriegsgefahr wegen der gestiegenen wirtschaftlichen Abhängigkeiten ■ Steigende Toleranz gegenüber anderen Kulturen und Mentalitäten durch den intensiven Austausch von Waren und Dienstleistungen	■ Vergrößerung der Umweltprobleme durch eine verstärkte Wirtschaftstätigkeit und höheren Konsum ■ Gefahr einer ruinösen Konkurrenz zwischen den einzelnen Volkswirtschaften ■ Menschen können mit der Geschwindigkeit des Strukturwandels nicht mithalten ■ Gefahr zunehmender Arbeitslosigkeit in Hochlohnländern ■ Sinkende Sozialstandards in den bisherigen Industrieländern durch den zunehmenden Kostendruck ■ Fremde Kultureinflüsse können zu Identitätsängsten führen (Gefahr des Terrorismus) ■ Weltweit operierende Konzerne untergraben die Macht der Nationalstaaten

Ob letztlich die Chancen oder die Risiken überwiegen werden, hängt vor allem vom fairen Umgang miteinander (z. B. gleichberechtigter Zugang zum Kapitalmarkt für alle Volkswirtschaften) und von der Fähigkeit der Staatengemeinschaft ab, staatsübergreifende Institutionen (z. B. WTO, Weltbank, UNO) zu stärken und mit den erforderlichen Mitteln auszustatten.

Zusammenfassung

- **Globalisierung** im wirtschaftlichen Sinne bedeutet die zunehmende **erdweite Verflechtung von Volkswirtschaften.**
- Wichtige Voraussetzung ist die **Öffnung der internationalen Märkte** (Abbau von Zöllen und anderen Beschränkungen).
- Der **wichtigste Nachteil** der außenwirtschaftlichen Beziehungen ist, dass sie zu **wirtschaftlicher und politischer** Abhängigkeit führen.
- Bei der Globalisierung handelt es sich **nicht** um ein plötzlich auftretendes Phänomen, sondern um einen **Prozess,** der schrittweise verlaufen ist und auf mehreren, unterschiedlich starken Triebkräften beruht, die diesen Entwicklungsverlauf beschleunigten.
- Nachdrücklich beschleunigt wurde der Prozess der Marktöffnung für Waren, Dienstleistungen und Geld durch die **„digitale Revolution".**
- Als weitere Beschleuniger der Globalisierung gelten der **Ausbau der Verkehrsinfrastruktur, sinkende Transportkosten** und die zunehmende **Vereinheitlichung technischer Normen.**
- Zu den wichtigsten internationalen Organisationen des Welthandels zählen die **WTO,** der **Internationale Währungsfonds** und die **Weltbank.**
- Die Globalisierung bringt zwar Kostenvorteile, hat aber den Nachteil, das aufgrund der Verlagerung von Produktionsstätten ins Ausland **Arbeitsplätze verloren** gehen **(Arbeitsplatzexport).**
- Die Globalisierung **gefährdet** vor allem solche **Arbeitsplätze,** für die schon geringe Qualifikationen ausreichen.

Übungsaufgabe

37 1. Lesen Sie zunächst folgende Textauszüge und beantworten Sie anschließend nachfolgende Aufgabenstellungen:

1.1 Erläutern Sie den Globalisierungsbegriff mithilfe eines selbst gewählten Beispiels!

1.2 Nennen Sie zwei Gründe, worauf die Globalisierung zurückgeführt werden kann!

1.3 Die Schuld an der hohen Arbeitslosigkeit in einigen Industrieländern wird der Globalisierung zugeschoben. Welche Möglichkeiten sehen Sie, die Arbeitslosigkeit trotz Globalisierung zu verringern?

1.4 Überlegen Sie, ob die Globalisierung neben den üblichen Vor- und Nachteilen des Außenhandels noch weitere Vor- und Nachteile mit sich bringt!

Textauszug 1:

Die nächste Welle der Globalisierung

von Olaf Storbeck und Dirk Heilmann

Paradigmenwechsel: Die Jagd nach dem billigsten Produktionsstandort geht derzeit zu Ende. Unternehmen von morgen bauen reißfeste Lieferketten und suchen Talente auf der ganzen Welt.

Der Mann, der den Begriff der Globalisierung in die Umgangssprache einführte, hat in vielen Dingen Recht behalten. „Die Bedürfnisse und Sehnsüchte der Welt sind unwiderruflich homogenisiert worden", schrieb der deutschstämmige Professor Theodore Levitt 1983 in einem epochemachenden Aufsatz in der Zeitschrift „Harvard Business Review". Darin sagte er „den Aufstieg globaler Märkte für standardisierte Konsumprodukte in einem bisher unvorstellbaren Ausmaß" voraus. Die dadurch mögliche Massenproduktion werde die Preise drücken und globale Konzerne entstehen lassen.

Was Levitt damals noch nicht einmal ahnen konnte, waren spätere Großereignisse wie das Ende des Ostblocks oder die Öffnung der Milliardenmärkte China und Indien. Diese ergänzten die Globalisierung der Produktwelt um die Globalisierung der Arbeitswelt, die noch viel größere Kostensenkungen ermöglichte als Levitt erwartet hatte. Ein aktuelles Symbol für beide Facetten der Globalisierung ist das iPhone: Zum einen stellt es das universell begehrte Konsumprodukt der vergangenen Jahre dar, zum anderen das Vorbild für die optimale Ausnutzung weltumspannender Wertschöpfungsketten. Erdacht und gestaltet von Apple-Ingenieuren im kalifornischen Cupertino, zusammengebaut in den Fabriken des Auftragsfertigers Foxconn in der chinesischen Provinz Shenzhen mit Teilen aus aller Welt, hat es seinen Siegeszug um die Welt angetreten und Apple enorme Gewinne verschafft.

Wie perfekt die Maschinerie läuft, zeigen die Ökonomen Yuqing Xing und Neal Detert in einer faszinierenden Fallstudie. Von den Speicherbausteinen über den Touchscreen bis hin zur Kamera werden sämtliche Einzelteile des iPhones in anderen Ländern produziert und nach China zur Endmontage verschifft. Wichtigster Zulieferer ist Toshiba, der japanische Konzern liefert Teile im Wert von 60 Dollar.

Infineon steuert Komponenten für 29 Dollar bei, Samsung aus Korea für 23 Dollar und US-Firmen nur Teile für elf Dollar. Bei Foxconn wird all das nur noch zusammengesetzt. Die chinesische Wertschöpfung beläuft sich gerade einmal auf 3,6 Prozent der gesamten Herstellungskosten: 6,50 von 179 Dollar. Bei einem Kaufpreis von 499 Dollar bleiben hingegen 320 Dollar bei Apple hängen – was einer rekordverdächtigen Gewinnmarge von 64 Prozent entspricht. Die Berechnung zeigt eindrucksvoll, welche Profite ein Konzern einstreichen kann, der die Spielregeln der globalen Wirtschaft perfekt beherrscht.

Es ist eine Welt, in der die Etiketten wie „Made in Germany" nicht mehr viel aussagen – der Wertschöpfungsanteil des Herkunftslandes wird immer kleiner. Es ist vielmehr die Leistung der Ingenieure und Designer, die heute einem globalen Produkt seine Einzigartigkeit gibt. Da sich die Konzerne aus dem globalen Talentpool bedienen, um die besten Techniker und kreativsten Köpfe zu finden, sind auch die Schöpfer der Güter längst multinationale Teams. Dass das iPhone ein amerikanisches Smartphone ist oder der BMW ein deutsches Auto, spielt sich heute vor allem im Kopf des Kunden ab. In Wahrheit regiert Levitts standardisiertes Weltprodukt – wo nötig angepasst an lokale Konsumgewohnheiten. [. . .] Die Firmen schickten ihre Einkäufer um die Welt, um die Lieferketten zu optimieren. Dieser Prozess stößt aber allmählich an seine Grenzen. Selbst in China, mit seinem doch scheinbar unerschöpflichen Reservoir an billigen Arbeitskräften, steigen sprunghaft die Löhne. Und das ist durchaus im Sinne der Regierung: China will nicht die verlängerte Werkbank der alten Industriestaaten bleiben, sondern selbst Hochtechnologie anbieten.

Der Konsument wird kritischer

Zugleich ist der Konsument in Europa und Nordamerika kritischer geworden. Er freut sich zwar über niedrige Preise für Textilien und Elektronik, verlangt aber auch, dass die Produkte unter menschenwürdigen Bedingungen hergestellt werden. Der Modehersteller American Apparel etwa wirbt bei seiner jungen Kundschaft damit, dass seine Jeans ausschließlich in Los Angeles genäht werden. [. . .]

„Die klassischen Industrieländer haben große Teile ihrer Produktionsbasis in die Schwellenländer verlegt, aber so getan, als ob all diese Wertschöpfung noch daheim stattfände", kritisiert Mikio Kumada, Globaler Anlagestratege der LGT Capital Management mit Sitz in Singapur. „Sie haben mit geliehenem Geld ihren Lebensstandard gesteigert und sich gegenseitig Finanzdienstleistungen verkauft." Mit der Finanz- und Schuldenkrise sei diese Blase geplatzt.

[...] Sein Fazit: „Das iPhone-Geschäftsmodell ist am Ende." In der nächsten Phase der Globalisierung werde es nicht mehr funktionieren, im Westen entwickelte Konsumgüter mit hohem Profit in Ländern wie China billig zu produzieren und im Westen auf Pump zu konsumieren.

Das heißt aber nicht, dass in den nächsten Jahren die Fabriken aus Fernost wieder nach Nordamerika und Europa zurückverlegt werden. Dafür werden die Lohnunterschiede auch nach der Krise noch viel zu groß sein. Bis sich die Lohnkosten zwischen Industrie- und Schwellenländern angleichen, werden noch Jahrzehnte vergehen, wie eine Studie der US-Ökonomen Janet Ceglowski und Stephen Golub zeigt. [...] Die Studie zeigt, dass die vier großen Schwellenländer, die BRIC-Staaten Brasilien, Russland, Indien und China die großen Gewinner im globalen Standortwettkampf sind. Seit Jahren erfolgreich sind auch Mexiko, Polen und Ungarn. Aber es gibt eine zweite Reihe von Ländern, die nachrückt: Thailand etwa, die Philippinen, Bangladesh oder Rumänien. In Mittelamerika ahmen Länder wie Jamaica und Nicaragua das Erfolgsmodell Costa Ricas nach. Sie alle investieren in die Ausbildung ihrer jungen Bevölkerung, beginnen mit Fabriken und Call-Centern und spezialisieren sich dann auf bestimmte Branchen oder arbeiten sich die Wertschöpfungskette hinauf.

Investitionsströme keine Einbahnstraße mehr

Eine wichtige Trendwende im Investitionsverhalten der globalen Konzerne kommt ihnen dabei entgegen: „Die globalen Investitionen sind heute eher strategisch als taktisch bestimmt", sagt Roel Spee, Chef der IBM-Sparte PLI, die Unternehmen auf der Suche nach dem besten Standort berät. „Es geht nicht mehr vor allem darum, die Kosten zu senken, sondern darum, die ideale weltweite Präsenz zu erreichen." Die Unterbrechung vieler Lieferketten nach der Erdbeben- und Atomkatastrophe in Japan habe den Unternehmen gezeigt, dass sie zu verletzlich wären, wenn sie sich auf einen einzigen Lieferanten für bestimmte Komponenten verließen. Das führe zu einem grundsätzlichen Umdenken: „Das wichtigste Thema für die nächsten Jahre wird es sein, das Risiko zu reduzieren", sagt Spee voraus. Dabei gehe es nicht nur um Naturkatastrophen, sondern auch um politische und soziale Stabilität.

Ein weiterer Trend: Die Investitionsströme sind keine Einbahnstraße mehr. Die großen Schwellenländer rücken in der IBM-Rangliste der großen Investoren immer weiter auf. Und: Mit Japan, Indien, China, Südkorea und Taiwan kommen inzwischen fünf der zehn größten Investoren aus Asien. Sogar in Deutschland ist China schon der zweitgrößte Auslandsinvestor nach Zahl der geschaffenen Arbeitsplätze. Die neue Wirtschaftswelt ist also bunter und vielfältiger. Sie wird nicht mehr von wenigen starken Ländern beherrscht und auch nicht mehr von den Motiven, die Kosten zu senken und neue Märkte zu erschließen. Das Unternehmen von morgen nutzt die Vielfalt, wirbt weltweit um die besten Talente und sucht sich die besten Standorte für jede Tätigkeit aus.

Wer gehört zu den Gewinnern, wer zu den Verlierern dieser neuen Stufe der Globalisierung? Fast alle Volkswirte sind sich sicher: Gesamtwirtschaftlich werden alle Länder davon profitieren, die sich für die globale Arbeitsteilung öffnen. David Ricardo dürfte recht behalten. Der britische Nationalökonom hat schon 1817 in einem einfachen Modell gezeigt, dass sich Welthandel für alle Beteiligten lohnt. Und wenige Theorien der Klassiker werden durch die moderne empirische Wirtschaftsforschung so sehr bestätigt wie Ricardos Thesen.

So stellte ein Forscherteam um den Münchener Professor Gabriel Felbermayr jüngst fest: Je enger ein Land in den Welthandel eingebunden ist, desto besser entwickelt sich der dortige Arbeitsmarkt. Steigt der Anteil der Ein- und Ausfuhren am Bruttoinlandsprodukt um zehn Prozentpunkte, so sinkt die Arbeitslosenquote um fast einen Prozentpunkt – vor allem, weil die Unternehmen produktiver werden. „Offenheit gegenüber dem Welthandel erhöht langfristig nicht die strukturelle Arbeitslosigkeit", lautet das Fazit der Forscher. Die neue Konkurrenz belebt also das Geschäft.

Quelle: Handelsblatt vom 10.12.2011.

Textauszug 2:

Globalisierung – Die tägliche Wasserschlacht

USA gegen China, Europa gegen USA: Die Welt verstrickt sich in Handelskriege. Bedrohen sie unseren Wohlstand? Barack Obama lässt gerade in Washington eine neue Behörde einrichten. Trade Enforcement Center wird sie heißen, Büro zur Durchsetzung des Handels, und amerikanische Firmen bei Geschäften in aller Welt unterstützen. Wenn Geschäftspartner gegen amerikanische Interessen verstoßen, sollen die Beamten Alarm schlagen, und der Präsident organisiert schnell die Gegenwehr. Gerade jetzt seien die US-Exporteure allerlei „unfairen Praktiken" ausgesetzt, sagt Obama.

Tatsächlich gab es schon lange nicht mehr so viel Streit zwischen den Handelsnationen. Erst am Wochenende protestierte der amerikanische Handelsbeauftragte Ron Kirk bei der Welthandelsorganisation (WTO) in Genf: Die Europäische Union subventioniere trotz mehrfacher Beschwerden und Urteile immer noch ihren Flugzeugbauer Airbus. Ein Untersuchungsausschuss in Washington soll schon mal über mögliche Sanktionen nachdenken. Zuvor, Mitte März, zogen die USA, die EU und Japan gemeinsam vor die WTO und verklagten China, weil das Land die Ausfuhr wichtiger Spezialrohstoffe (Seltene Erden) beschränke. Dagegen verkauften die Chinesen der Welt zu Dumpingpreisen viel zu viele Solaranlagen, meinten die Amerikaner zudem – und verhängten Strafzölle auf die Kollektoren made in China.

Bei Politikern und Handelsstrategen aus aller Welt hat ein Gesinnungswandel eingesetzt. Man flirtet wieder mit dem Protektionismus. Mal beschwert man sich über zu viel Export und mal über zu wenig, mal über unfaire Subventionen und ein andermal über wettbewerbsverzerrende Steuern. Die Begründungen sind verschieden, der Trend ist aber eindeutig: Die Welt streitet über den Handel, und die Stimmung wird gereizter.

Vor ein paar Wochen warnten die Chefs der großen europäischen Luftfahrtunternehmen Airbus, Lufthansa, MTU Aero Engines und Air Berlin bereits vor einem Zeitalter „größerer Handelsauseinandersetzungen". Handelskriege brächen aus, und sie selbst säßen zwischen den Fronten: Seit die EU sich in den Kopf gesetzt hat, ausländische Fluggesellschaften zu Klimaschutzabgaben zu zwingen, haben China, Russland und 24 weitere Staaten Vergeltung angedroht. Peking soll schon über die Stornierung eines Großauftrages für A380-Flugzeuge nachdenken, Moskau den Entzug von Überflug-, Start- und Landelizenzen für europäische Airlines erwägen. [...]

Handelsexperten der in England und der Schweiz operierenden Denkfabrik Global Trade Alert haben festgestellt: 2012 gab es dreimal mehr Maßnahmen zum Schutz von Märkten als zu ihrer Liberalisierung. Spitzenreiter beim Erlassen neuer Handelsschranken sind ausgerechnet die erstarkenden Schwellenländer. Argentinien liegt vorn mit 192 neuen Regeln zur Importbegrenzung, Russland folgt mit 172 knapp dahinter, China und Brasilien sind kaum zaghafter.

Quelle: ZEIT Online 05.04.2012.

Textauszug 3:

Chancen und Risiken der Globalisierung

Chancen und Risiken der Globalisierung – wohl kein anderes Thema wird in der Öffentlichkeit so leidenschaftlich diskutiert. Während die meisten Bundesbürger aus Angst vor dem Verlust des eigenen Arbeitsplatzes der sich beschleunigenden Entwicklung eher skeptisch gegenüber stehen, sehen viele Arbeitgeber im Zusammenwachsen der Weltwirtschaft vor allem die Vorteile. Ob wirklich alle Unternehmen von der Globalisierung profitieren, lässt sich mithilfe eines Chance-Risiko-Rasters ermitteln.

Bei den Chancen ganz oben stehen niedrigere Lohnkosten durch die Verlagerung der Arbeitsplätze in Niedriglohnländer. Dies betrifft sowohl die Produktion, etwa Autofabriken in der Slowakei, als mittlerweile auch den Dienstleistungssektor – erwähnt sei nur der Klassiker, das Call-Center in Indien. Daneben können Unternehmen auch auf Steuervorteile hoffen. So werden die Unternehmens-Gewinne in Deutschland mit einem Satz von rund 40 Prozent belastet. Zum Vergleich: In China sind es rund 33 Prozent, in Polen 27 Prozent und in Estland sind es sogar null Prozent. Von einem anderen Pluspunkt der Globalisierung profitieren vor allem Bau- und Maschinenbauunternehmen: von den Investitionen in die Infrastruktur oder die Errichtung neuer Produktionsanlagen. Der vierte Vorteil ist der Wohlstandseffekt. Nimmt durch die Verlagerung von Arbeitsplätzen die Kaufkraft in den Niedriglohnländern zu, steigt auch die Nachfrage nach westlichen Konsumartikeln, etwa nach Autos oder Pflegemitteln. Doch die Medaille hat zwei Seiten: Es gibt auch erhebliche Risiken, die der deutschen Wirtschaft durch die Konkurrenz der Niedriglohnländer erwachsen. Die Konkurrenten aus Osteuropa und Fernost haben aufgrund der erwähnten Steuer- und Lohnkostenvorteile eine niedrigere Kostenbasis und können dadurch auf dem Weltmarkt mit günstigeren Preisen auf Kundenjagd gehen. Und nicht nur das, die neuen Konkurrenten operieren aus einem florierenden Heimatmarkt als Wachstumsmarkt mit hohen Auslastungsquoten heraus. Die Globalisierung erfasst aber auch den deutschen Binnenmarkt. Hier zu Lande werden Stellen gestrichen, wodurch die Arbeitslosigkeit zumindest ansteigt. Die Angst vor dem Jobverlust führt zu einer Änderung des Kaufverhaltens. Der private Konsum sinkt.

Quelle: WELT Online vom 12.05.2012.

Textauszug 4:

Macht die Globalisierung die Reichen reicher und die Armen ärmer?

Ungleichheit: Der Vorwurf stimmt nur auf den ersten Blick. In den 70er-Jahren verdiente ein Amerikaner im Durchschnitt zwar 50-mal so viel wie jemand aus einem Land, das die Weltbank in die Rubrik „Länder mit niedrigem Einkommen" einstuft. Dazu zählen z. B. die meisten Länder Afrikas. Dieser Abstand hatte sich bis zum Jahr 2000 auf das 80-Fache vergrößert.

Chance: Trotzdem wäre es falsch, ärmere Länder nun pauschal als die Verlierer der Globalisierung abzustempeln. Im Gegenteil, gerade viele Menschen in Entwicklungsländern haben enorm profitiert. Ehedem bettelarme Länder wie Botswana und Thailand haben es durch internationalen Handel zu ungekannten Wohlstand gebracht.

Aufgabe: Nun sagt das noch nichts darüber aus, wie gerecht der gewonnene Wohlstand in den jeweiligen Ländern verteilt ist. Den schlecht bezahlten Wanderarbeitern Chinas nutzt es nichts, wenn die Wirtschaft mit etwa zehn Prozent wächst. Dies ist aber kein Fehler, den man der Globalisierung anlasten könnte – sondern der chinesischen Politik. Weltweit allerdings kommen auch die Allerärmsten voran. Der Anteil der weltweit Erwerbstätigen, die weniger als einen US-Dollar am Tag verdienen, lag 1990 bei 33 %. Gegenwärtig beträgt er etwa 15 %.

Quelle: WELT Online vom 26. 01 2009.

2. Aus dem Umweltbericht der adidas-Salomon AG:[1]

Transportkilometer für die Beschaffung von Rohstoffen für die Serienfertigung der Fußballschuhe und für die Ballproduktion sowie die Verlagerung der Schaftproduktion und des Ballnähens:

Rohstoffeinkauf Fußballschuhe:	179 633 km
Rohstoffeinkauf Fußbälle:	22 075 km
Schaftproduktion:	69 163 km
Ballnähen:	164 416 km

Aufgabe:

Welche Konsequenzen hat in diesem Fall die Globalisierung für den Standort Deutschland?

3. Die Baumwolle wird in *Kasachstan* oder *Indien* geerntet und anschließend in die Türkei versandt.

In der *Türkei* wird die Baumwolle zu Garn gesponnen.

In *Taiwan* wird die Baumwolle mit chemischer Indigofarbe aus Deutschland gefärbt.

Aus dem gefärbten Garn werden in *Polen* die Stoffe gewebt.

Innenfutter und die kleinen Schildchen mit den Wasch- und Bügelhinweisen kommen aus *Frankreich,* Knöpfe und Nieten aus *Italien.*

Alle „Zutaten" werden auf die *Philippinen* geflogen und dort zusammengenäht.

In *Griechenland* erfolgt die Endverarbeitung mit Bimsstein.

Die Jeans werden in *Deutschland* verkauft, getragen und schließlich in die Altkleidersammlung einer karitativen Organisation gegeben.

Quelle: www.globalisierung-online.de.

Aufgaben:

3.1 Wie viele km werden für die Herstellung einer Jeans wohl zurückgelegt?

3.2 Diskutieren Sie in der Klasse über den Sinn dieser globalen Arbeitsteilung!

4. Die Globalisierung erleichtert nicht nur den grenzüberschreitenden Kapitalverkehr und sorgt somit für eine Zunahme internationaler Kapitalbewegungen; sie erweitert auch die Bandbreite der Anlagemöglichkeiten für Spekulanten. Lesen Sie zunächst nachfolgenden Artikel!

Ein Lob der Zockerei

Spekulanten – mehr als ein Risiko

[...] Spekulanten sorgen dafür, dass Märkte liquide bleiben und dort schnelle Reaktionen erfolgen können. Der Preis für Erdöl ist derzeit zweifellos spekulativ überhöht. Aber dank der Spekulation wird in schwierigen Zeiten wie diesen überhaupt schnell ein Preis gebildet, und die Märkte können angemessen auf neue Phänomene wie den Nachfrageschub aus China und Indien reagieren. Es geht aber um mehr. Das Wort „Spekulation" kommt aus dem Lateinischen „speculari", was so viel heißt wie „spähen" oder „in die Zukunft schauen". Tatsächlich ist Spekulation eine unersetzliche ökonomische Brücke zwischen Gegenwart und Zukunft. Märkte gab und gibt es immer und überall auf der Welt. Selbst in kommunistischen Diktaturen haben Menschen Dinge des Alltags getauscht. Aber nicht jeder Markt sorgt automatisch für wachsenden Wohlstand. Das geht nur, wenn der Kreislauf von Sparen und Investieren in Gang kommt, wenn es also Märkte gibt, auf denen die Zukunft gehandelt wird.

1 Vgl. adidas-Salomon AG (Hrsg.): Umweltbericht 2001, S. 16.

Und dazu sind Spekulanten nötig, die Risiken eingehen.

Jeder, der investiert, spekuliert. Wer Bundesanleihen kauft, geht das sehr geringe Risiko ein, dass die Bundesrepublik den Staatsbankrott erklärt. Weil das Risiko kleiner ist als bei manch anderen Ländern, ist der Käufer mit einer entsprechend niedrigeren Rendite zufrieden. Wer Aktien kauft, stellt Unternehmen Risikokapital zur Verfügung, er wird an den Gewinnen ebenso wie an den Verlusten beteiligt. Entsprechend höher ist seine Renditeerwartung. Wer sich schließlich am Spiel mit Optionen und Futures beteiligt, riskiert täglich den Totalverlust seines Kapitals und spekuliert daher auf zweistellige Renditen.

Zum Spiel gehört es, dass sich Spekulanten irren können, unter Umständen auch massiv. Immer wieder kommt es vor, dass an den Börsen alle ihrem Herdentrieb folgen und kollektiv in die falsche Richtung rennen. Das war bei der holländischen Tulpenzwiebel-Hysterie im 17. Jahrhundert nicht anders als bei der amerikanischen Immobilienspekulation dieser Tage. Aber selbst an Spekulationsblasen ist nicht alles schlecht. Vom Eisenbahnboom des 19. Jahrhunderts blieben Schienen übrig, die nach dem Platzen der Blase von gesünderen Unternehmen genutzt werden konnten. Die Glasfaserkabel, die während des letzten Internet-Booms gelegt wurden, erhöhen heute die Produktivität der Wirtschaft. Kein Zweifel allerdings auch, dass Spekulation Einrichtungen zur Schadensbegrenzung braucht; ohne staatliche Regulierung können Märkte in die Katastrophe laufen. Wenn sie ihren Job gut machen, lernen die Regulierer aus jeder größeren Krise. Nach dem Börsenkrach von 1987 wurden an der New York Stock Exchange Sicherungen eingebaut, die den Handel mit einer Aktie bei extremen Kursstürzen unterbrechen. [...]

Und vielleicht werden die Gelehrten bald herausfinden, dass selbst der Kredit- und Immobilienboom der vergangenen Jahre noch irgend etwas Gutes in der Welt hinterlassen hat, auch wenn sich das heute noch niemand vorstellen kann.

Quelle: Süddeutsche Zeitung vom 23. Januar 2008.

Wie der Artikel verdeutlicht, haben die „ausufernden" Spekulationsgeschäfte in der Vergangenheit oft zu volkswirtschaftlichen Schäden geführt. Nicht umsonst ist der „Ruf der Spekulanten" in der breiten Öffentlichkeit negativ belegt.

Aufgabe:

Diskutieren Sie, inwiefern Spekulanten bzw. deren Geschäfte für eine Volkswirtschaft auch einen positiven Beitrag leisten können!

5 Entwicklungspolitik als ein Baustein globalpolitischer Verantwortung für Deutschland

5.1 Grundlegendes

Trotz der Globalisierung zeigt die Zusammensetzung und Entwicklung der **globalen Wertschöpfung,**[1] dass das **Wohlstandsgefälle** zwischen den reichen und den armen Staaten bis heute nicht geringer, sondern eher größer geworden ist. Eine wesentliche Umverteilung des Wohlstands fand nicht statt; allenfalls **zwei Staatengruppen** konnten den Abstand zu den reichen Industrieländern – gemessen am Bruttoinlandsprodukt pro Kopf – beträchtlich verringern.

Zu den zwei Staatengruppen zählen einerseits die **Staaten im Nahen Osten,** die aufgrund ihrer enormen **Erdölexporte** hohe Einnahmen zu verzeichnen haben. Andererseits handelt es sich um die sogenannten **Schwellenländer,** die ihren Wachstumserfolg insbesondere der Öffnung ihrer Volkswirtschaft für den internationalen Handel zu verdanken haben.

Merke:

Als **Schwellenland** bezeichnet man die Staaten, die zwar noch typische Merkmale von Entwicklungsländern aufweisen, sich aber durch den **Umbau ihrer Wirtschaftsstruktur** weg von der Agrarwirtschaft hin zur Industrialisierung bewegen.

Zu den wohl bedeutsamsten Schwellenländern zählen die Volksrepublik China, Südkorea, Taiwan und Singapur. Nachfolgende Abbildung zeigt, wie sich die Ländergruppen der sogenannten **Gruppe der G20**[2] auf unserem Globus verteilen.

Die Gruppe der 20 (G20) ist ein Zusammenschluss der 19 wichtigsten Industrie- und Schwellenländer und der Europäischen Union. Sie wurde 1999 als Reaktion auf Finanzkrisen in Asien, Brasilien und Russland gegründet. Ihr Ziel ist es unter anderem, zukünftige Finanzkrisen zu verhindern und das internationale Finanzsystem zu stabilisieren. Um über globale Wirtschaftsfragen zu beraten, kommen die Finanz-

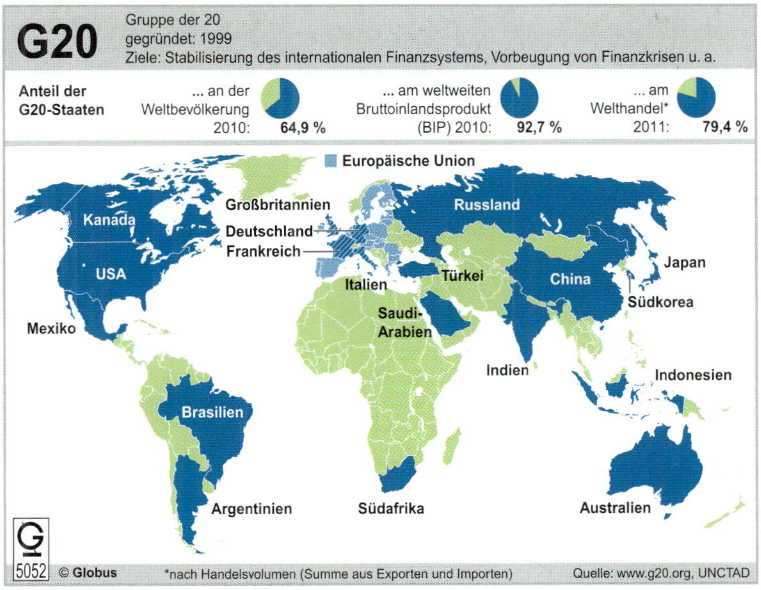

1 Hierbei handelt es sich um das gesamte weltweit produzierte Sozialprodukt.

2 Gegründet wurde die G20 Ende der 1990er-Jahre als Reaktion auf die Finanzkrisen in Asien, Brasilien und Russland. Zur G20 gehören nicht nur die großen Volkswirtschaften der G8, sondern auch Schwellenländer. Die Europäische Union ist durch den jeweiligen Ratspräsidenten und die Europäische Zentralbank vertreten. Die G20 vereint Länder ganz unterschiedlicher wirtschaftlicher Stärke: In den USA liegt die Wirtschaftsleistung pro Kopf bei über 40000 US-Dollar, in Indonesien und Indien dagegen zwischen 3000 und 4000 US-Dollar.

minister, Zentralbank-Präsidenten und Staats- und Regierungschefs zu Treffen zusammen. Eine feste Organisationsstruktur hat die G20 nicht. Die Präsidentschaft wechselt jährlich. Die jeweils vorsitzende Regierung schafft für diese Zeit ein eigenes Sekretariat.

Insgesamt wird die **Ungleichverteilung des Wohlstands** nicht nur in den Entwicklungsländern zunehmend kritisch gesehen. Auch die Industrieländer sind bestrebt, diese Unterschiede aufzulösen, wobei vor allem den wirtschaftspolitischen Regelungen des Welthandels eine besondere Bedeutung beizumessen ist. Nicht zuletzt vor diesem Hintergrund sollen Entwicklungs- und Schwellenländer zukünftig verstärkt in den Welthandel und die damit einhergehenden Wohlstandsverbesserungen integriert werden.

Sieben Milliarden Menschen leben heute auf unserer Erde – 85 Prozent davon in den 150 Reform- und Entwicklungsländern. Diese Menschen haben aber nur einen Anteil von knapp 48 Prozent an der Weltwirtschaftsleistung und nur gut 36 Prozent Anteil am Welthandel. Ganz anders die 34 wohlhabenden Industrieländer: Sie stellen 15 Prozent der Weltbevölkerung, produzieren mit 52 Prozent über die Hälfte der Weltwirtschaftsleistung und beherrschen den weltweiten Handel mit einem Anteil von 64 Prozent. – Beim Blick auf die wirtschaftliche Entwicklung zeigt sich, dass die ärmeren Länder aufholen. So erwartet der Internationale Währungsfonds für die Schwellen- und Entwicklungsländer für 2012 ein Wirtschaftswachstum von 5,4 Prozent (nach 6,2 Prozent im Jahr 2011). In den Industrieländern wird das Wachstum nur 1,2 Prozent betragen (nach 1,6 Prozent im Jahr 2011). Allerdings muss man berücksichtigen, dass das Wachstum in den weniger entwickelten Ländern von einer niedrigeren Basis ausgeht als in den reichen Industrienationen.

5.2 Begriff Entwicklungsländer

Im Allgemeinen wird der Begriff **„Entwicklungsländer"** mit den Begriffen **„Dritte Welt"** und **„Vierte Welt"** gleichgesetzt. Einige der Entwicklungsländer konnten in den beiden letzten Jahrzehnten erhebliche wirtschaftliche und soziale Fortschritte erzielen, während andere nach wie vor ohne fremde Hilfe nicht überleben könnten.

Diese Ärmsten der Armen – also die **„Vierte Welt"** – werden von den Vereinten Nationen als **Least Developed Countries (LDC)**[1] bezeichnet. Ihnen werden von den internationalen Entwicklungsorganisationen und einzelnen Geberländern wesentlich günstigere Bedingungen zugestanden als den übrigen Entwicklungsländern. Zurzeit erstreckt sich die LDC-Liste der Vereinten Nationen auf 48 Länder mit zusammen knapp 850 Millionen Einwohnern. Das sind in etwa 12 % der Weltbevölkerung, aber nur rund 1 % der Wirtschaftsleistung.

Die **Kriterien** (Maßstäbe) für die Zugehörigkeit zur **LDC-Liste** sind:

- **Niedriges Pro-Kopf-Einkommen** (unter 900 US-Dollar pro Jahr).
- **Schwache Entwicklung des Humankapitals** (Human capitals),[2] gemessen anhand eines Index, in den z. B. Daten zur Ernährung, zur Gesundheit und zur Bildung einfließen.

1 **Least Developed Countries** (engl.): am wenigsten entwickelte Länder.

2 **Human capital** (engl.): menschliches Kapital (Bildung, technisches Wissen und Können, Ausbildungsstand). In der volkswirtschaftlich ausgerichteten, ökonomischen Humankapitaltheorie konzentriert sich der Begriff auf die Bedeutung von Bildung und Wissen für das langfristige Wachstum einer Volkswirtschaft.

- **Wirtschaftliche Anfälligkeit,** wie sie in einer mangelhaften Wirtschaftsstruktur und in der wirtschaftlichen Anfälligkeit durch Schwankungen der landwirtschaftlichen Produktion (durch Umwelteinflüsse) und der Exportmöglichkeiten zum Ausdruck kommen.
- **Weitere** Anhaltspunkte sind die **Bevölkerungszahl,** weil kleine Länder wirtschaftlich verletzlicher als große sind, sowie die **Auswirkungen** von **Naturkatastrophen** (z. B. Dürreperioden, Überschwemmungen, Erdbeben).

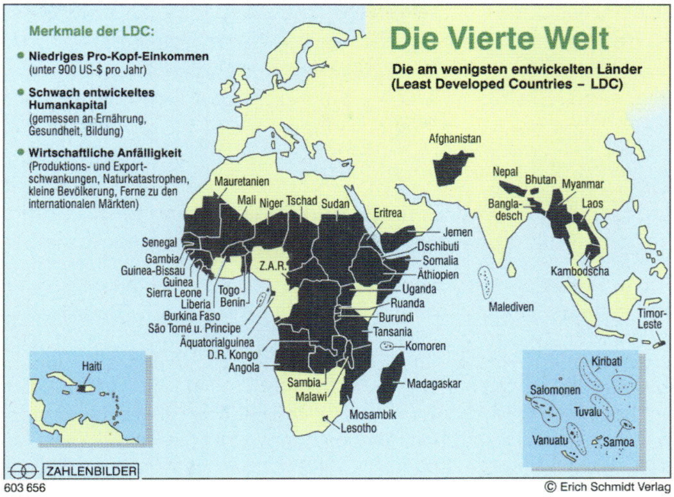

Zwischen den genannten Entwicklungsländern bestehen große ethnische (abstammungsmäßige), geschichtliche, kulturelle, religiöse, ökologische, politische und wirtschaftliche Unterschiede. Dennoch gibt es **gemeinsame Merkmale,** die ein Land zu einem Entwicklungsland machen. Die Merkmale, die nicht auf jedes Entwicklungsland in gleichem Maße zutreffen müssen, sind:

- starkes Bevölkerungswachstum,
- Mangelernährung,
- Mangel an Arbeitsplätzen,
- niedrige Einkommen und ungleiche Einkommensverteilung,
- einseitige Abhängigkeit vom Weltmarkt,
- Mängel im Gesundheitswesen,
- Mängel im Bildungswesen und
- kriegerische Auseinandersetzungen.

Darüber hinaus leiden viele Entwicklungsländer an den Folgen einer fortschreitenden Umweltzerstörung.

5.3 Begriff Entwicklungspolitik

Merke:

Unter **Entwicklungspolitik** versteht man die politischen, sozialen und wirtschaftlichen Aktivitäten verschiedener Akteure – insbesondere Staaten, internationale Organisationen (z. B. die Vereinten Nationen, die EU), Stiftungen, Kirchen und Nichtregierungsorganisationen –, die auf eine **Verbesserung der Lebensbedingungen** in Entwicklungsländern abzielen.

Ursprünglich war „Entwicklungspolitik" der Versuch, die Entwicklungsländer innerhalb einer Generation aus dem Zustand frühzeitlicher Landwirtschaft auf die Entwicklungsstufe der Industrieländer zu führen. Dieser Versuch ist gescheitert, weil man glaubte, dass für alle Entwicklungsländer der gleiche Weg zum Ziel führen werde und weil man überdies nicht erkannte, dass die natürlichen Ressourcen dieser Erde nicht ausreichen, um allen Menschen den Wohlstand zu bringen, den die Industrieländer erreicht haben.

Gegenwärtig richtet die Entwicklungspolitik ihre Maßnahmen (Strategien) an den unterschiedlichen länder-, religions- und kulturspezifischen Gegebenheiten aus. Darüber hinaus wird nicht mehr versucht, die Entwicklungsländer auf den oft zweifelhaften „hohen Stand" der Industrieländer zu bringen.

Merke:

Eine Entwicklungspolitik, die sich an der **individuellen Situation** der einzelnen Entwicklungsländer orientiert, vor allem die Kultur, die Ressourcenausstattung, die Religion, das Klima, die natürliche Umwelt und die politischen Verhältnisse berücksichtigt, wird als **angepasste Entwicklungspolitik** bezeichnet.

5.4 Ziele der Entwicklungspolitik

5.4.1 Millenniumserklärung

Im September 2000 kamen hochrangige Vertreter von 189 Ländern, die meisten von ihnen Staats- und Regierungschefs, zu dem bis dahin größten Gipfeltreffen der Vereinten Nationen in New York zusammen. Als Ergebnis des Treffens verabschiedeten sie die sogenannte **Millenniumserklärung.** Sie beschreibt die Agenda[1] für die internationale Politik im 21. Jahrhundert und definiert vier programmatische, sich wechselseitig beeinflussende und bedingende Handlungsfelder für die internationale Politik:

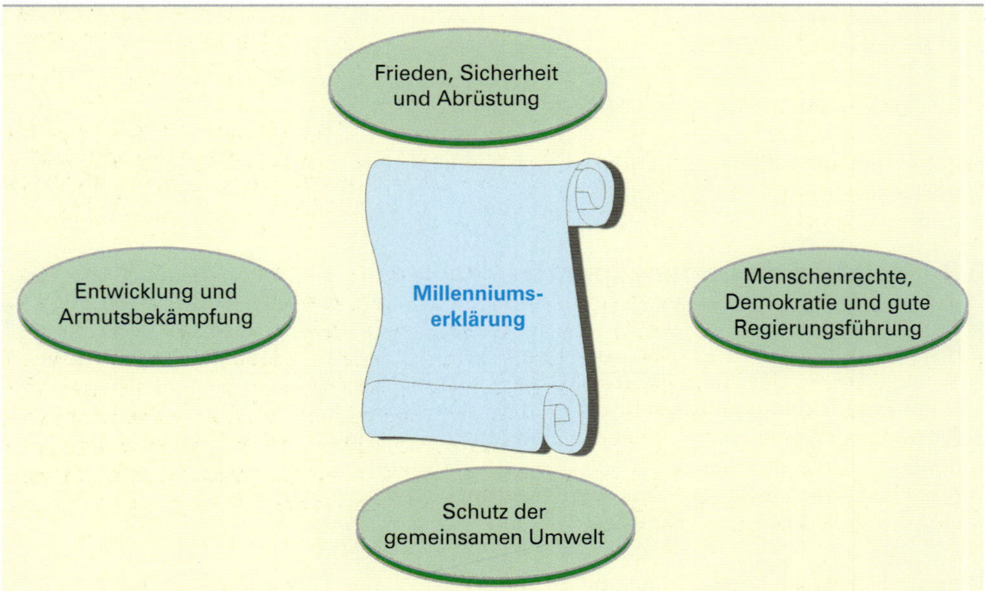

1 Agenda: wörtl. „was zu tun ist"; Terminkalender, Aufstellung von Gesprächspunkten bei politischen Verhandlungen, Tagesordnung.

In der Millenniumserklärung legt die Staatengemeinschaft dar, wie sie den zentralen Herausforderungen zu Beginn des neuen Jahrtausends begegnen will. Die Erklärung leitet eine neue globale Partnerschaft für Entwicklung ein. Aus der Erklärung wurden später acht internationale Entwicklungsziele abgeleitet, die **Millenniumsentwicklungsziele („Millennium Development Goals", MDGs)**:

Die Millenniumsentwicklungsziele

- **MDG 1:** den Anteil der Weltbevölkerung, der unter extremer Armut und Hunger leidet, halbieren
- **MDG 2:** allen Kindern eine Grundschulausbildung ermöglichen
- **MDG 3:** die Gleichstellung der Geschlechter fördern und die Rechte von Frauen stärken
- **MDG 4:** die Kindersterblichkeit verringern
- **MDG 5:** die Gesundheit der Mütter verbessern
- **MDG 6:** HIV/AIDS, Malaria und andere übertragbare Krankheiten bekämpfen
- **MDG 7:** den Schutz der Umwelt verbessern
- **MDG 8:** eine weltweite Entwicklungspartnerschaft aufbauen

Die internationale Gemeinschaft will diese Ziele bis zum Jahr 2015 erreichen.

5.4.2 ODA-Ziele

Um die ehrgeizigen Ziele der Entwicklungspolitik zu erreichen, bedarf es u. a. eines hohen finanziellen Aufwands. Auf der Tagung des Rates für Allgemeine Angelegenheiten und Außenbeziehungen der Europäischen Union (EU) im Mai 2005 in Brüssel haben die Regierungsvertreterinnen und -vertreter einen verbindlichen Stufenplan zur Erhöhung der öffentlichen Mittel für **Entwicklungszusammenarbeit (Official Development Assistance – ODA)** beschlossen. Die ODA-Ziele der EU-Länder für das Jahr 2015 sind folgende:

- **Mitgliedstaaten, die der EU vor 2002 beigetreten sind,** verpflichten sich, bis 2015 eine **ODA-Quote von 0,7 % des Bruttonationaleinkommens (BNE)** zu erreichen. Mitglieder, die diese Quote bereits erfüllen, verpflichten sich, mit ihren Leistungen oberhalb dieses Ziels zu bleiben.
- **Nach 2002 beigetretene EU-Mitglieder** bemühen sich, bis 2015 eine **ODA-Quote von 0,33 % des Bruttonationaleinkommens** zu erreichen.

5.5 Problembereiche der Entwicklungspolitik

5.5.1 Bevölkerung

Von 1950 bis 2013 ist die Erdbevölkerung von 2,5 auf über 7 Mrd. Menschen gestiegen. Über 80 % davon leben in den Entwicklungsländern. Kann die Nahrungsmittelproduktion mit dem Bevölkerungswachstum Schritt halten?

22 Boller, Hartmann - ISBN 978-3-8120-0398-8

Das seit etwa 1800 einsetzende schnelle Wachstum der Erdbevölkerung (die sogenannte **Bevölkerungsexplosion**) gab immer wieder Anlass zu pessimistischen Prognosen. Die bekannteste ist die des englischen Geistlichen ROBERT MALTHUS (1766–1834). Nach ihm hat die Erdbevölkerung die Tendenz, sich alle 25 Jahre zu verdoppeln, sich also in einer geometrischen Reihe zu vermehren, während die Nahrungsmittelproduktion nur in arithmetischer Ordnung vergrößert werden könne. Wenn die Menschen nicht durch moralische Enthaltsamkeit („moral restraint") für eine Verminderung der Zuwachsrate sorgen, dann werden – so schloss er – Elend und Laster („misery and vices") die Zahl der Menschen dezimieren.

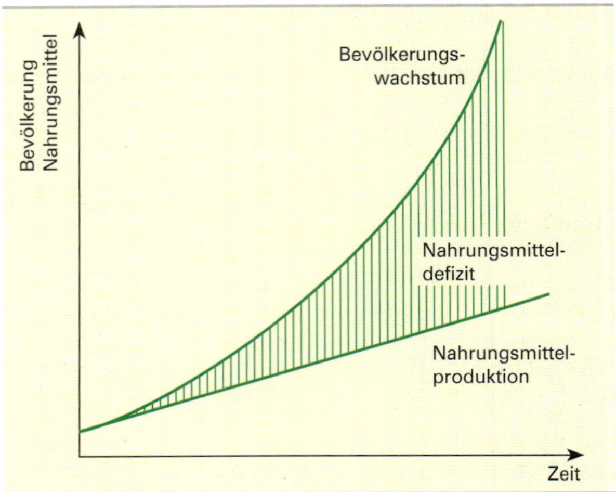

Für Europa ist die von MALTHUS aufgestellte Prognose nicht eingetroffen. Weltweit nimmt die Weltbevölkerung zwar zu, die **Zuwachsrate sinkt** jedoch.

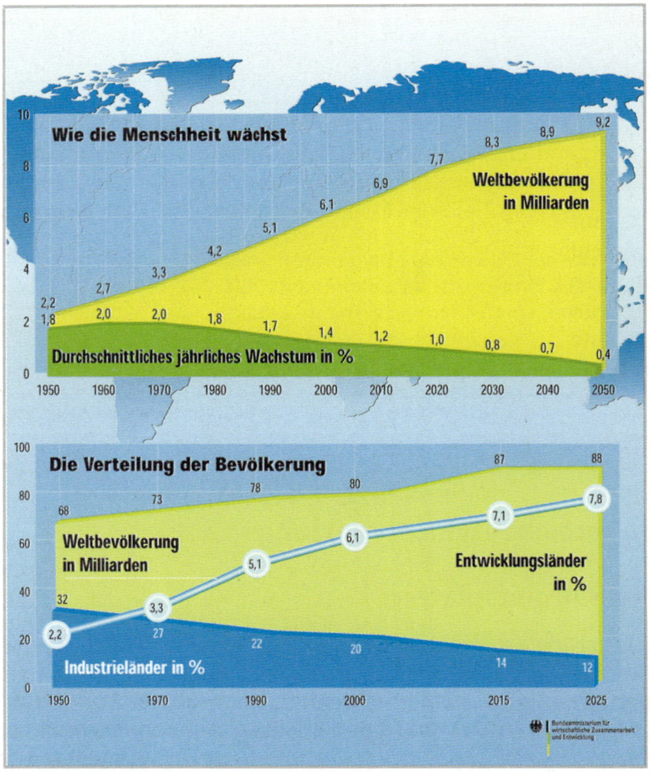

Quelle: Bundesministerium für wirtschaftliche Zusammenarbeit und Entwicklung.

5.5.2 Mangelernährung

Das Ernährungsproblem hängt u. a. mit dem Bevölkerungsproblem zusammen.

Merke:

In den Ländern, in denen die **Bevölkerung schneller** als die **Nahrungsmittelproduktion bzw. -einfuhr** steigt, nimmt die **Unterversorgung** zu.

Unterversorgung liegt vor, wenn die Nahrungsmittelaufnahme längerfristig **weniger als durchschnittlich 2200 kcal pro Kopf und Tag** beträgt.

Neben dem Kalorienmangel ist der Mangel an bestimmten lebenswichtigen Nährstoffen (z. B. Eiweiß, Vitamine) die Ursache für Hungerkrankheiten, vor allem bei Säuglingen und Kleinkindern.

Das Wachstum der Erdbevölkerung allein ist jedoch nicht Ursache der Unterernährung, denn erdweit werden genügend Nahrungsmittel erzeugt, um alle Menschen ausreichend ernähren zu können. Die Nahrungsmittelproduktion ist in den letzten 20 Jahren sogar schneller als die Erdbevölkerung gestiegen.

Eine der Hauptursachen der Unterernährung ist die große Armut, also der Mangel an Kaufkraft, die sich sowohl als **Armut des Einzelnen** zeigt, der sich nichts zu essen kaufen kann, obwohl es genügend zu essen gibt, als auch als **Armut des Staates,** der nicht in der Lage ist, den Nahrungsmangel im Inland durch bezahlte Nahrungsmittelimporte auszugleichen.

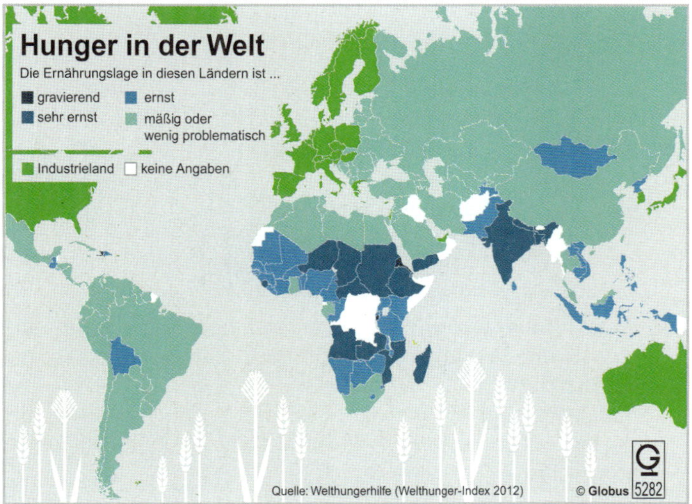

In vielen Entwicklungsländern kommt die **mangelhafte Verteilung** hinzu, z. B. die ungleiche Verteilung des Bodens, der Vermögen und der Einkommen.

5.5.3 Mangel an Arbeitsplätzen

(1) Probleme auf dem Land

Millionen von Menschen sind nicht in der Lage, sich ausreichend Nahrungsmittel zu beschaffen, weil sie zum einen **keinen Boden** besitzen, auf dem sie anbauen können, was sie als Nahrung brauchen und/oder es zum anderen an **Arbeitsplätzen fehlt,** die ihnen ein ausreichendes Einkommen sichern. In den meisten Entwicklungsländern besteht **kein**

„soziales Netz" wie z. B. in der Bundesrepublik Deutschland. Wer in den Entwicklungsländern weder eigenes Land noch Arbeit hat, ist darauf angewiesen, zu betteln oder das Nötigste durch Gelegenheitsarbeit zu verdienen.

Man sollte meinen, dass es den Landbewohnern in den Entwicklungsländern im Hinblick auf die Nahrungsmittelversorgung besser gehen müsste als den Stadtbewohnern. Dies ist jedoch nicht der Fall. Die Zahl der hungernden Landbewohner ohne oder mit geringem Landbesitz steigt in allen Teilen der Dritten Welt aus sehr unterschiedlichen Gründen.

Beispiele:

- In **Afrika** herrscht südlich der Sahara der Gemeinbesitz an Boden vor. Die Ausdehnung bebaubarer Böden stößt an ihre Grenzen, die Bevölkerung wächst weiter. Die Folge: Die Böden werden intensiver bebaut (z. B. die Brachzeiten verkürzt) und der Anbau wird auf weniger ertragreiche Böden ausgedehnt. Die Nahrungsmittelerzeugung pro Kopf sinkt. Die Kleinbauern müssen sich verschulden, wegen der fehlenden Sicherheiten meist zu Wucherzinsen. Treten Dürrezeiten auf, fällt die Ernte teilweise oder ganz aus. Die Kleinstlandwirte geraten in die Abhängigkeit der Geldverleiher, die sie dazu zwingen, ihre Schulden in ihren Betrieben abzuarbeiten (sogenannte „Pfandarbeit").
- In **Lateinamerika** ist der Großgrundbesitz (Latifundien) vorherrschend, der den Nachkommen der iberischen Einwanderer gehört. Man geht davon aus, dass sich in Lateinamerika rund 80 % des landwirtschaftlich nutzbaren Bodens im Eigentum von nur 6 % der Grundbesitzer befindet, eine Folge der Kolonialzeit. Neben den Latifundien gibt es Millionen von Minifundien (Klein- und Kleinstbetriebe), die häufig unter dem **Subsistenzniveau** arbeiten. In der Regel sind daher die Kleinstbauern wie die Landlosen zur Lohnarbeit oder zur Arbeit unter Geldpacht- oder Naturalpachtbedingungen bei Großgrundbesitzern gezwungen.

Merke:

- Unter **Subsistenz** versteht man die Fähigkeit, sich und seine Familie gerade mit dem **Lebensnotwendigsten** versorgen zu können, ohne sich **verschulden** zu müssen.
- Unter **Subsistenzwirtschaft** versteht man eine durch ein niedriges Entwicklungsniveau der Produktionstechnik und eine geringe Arbeitsteilung gekennzeichnete landwirtschaftliche Wirtschaftsform, bei der die Produzenten (z. B. Großfamilie, Dorfgemeinschaft) vor allem für den Eigenverbrauch und nicht für den Markt produzieren. Diese Wirtschaftsform ist heutzutage vor allem in Entwicklungsländern anzutreffen.

(2) Probleme in der Stadt

Die zunehmende Bevölkerungsdichte auf dem Land führt zur **Landflucht,** weil sich die landlos gewordenen Menschen in der Stadt Arbeit und Brot erhoffen. Dies führt zu einem ungeheuren **Städtewachstum.** Den Zuwanderern ergeht es in der Regel in den Ballungszentren kaum besser als auf dem Land, denn hier benötigt man zum Überleben bares Geld.

Äußeres Zeichen der Armut in der Stadt ist die **Obdachlosigkeit** oder das Unterkommen unter menschenunwürdigen Bedingungen, wie dies z. B. in den sogenannten **Slums** der Fall ist. Es fehlt nicht nur an Wohnraum, sondern vor allem auch an **Arbeitsplätzen.** Die Not lässt Prostitution und alle Formen von Kriminalität entstehen. Kinderarbeit ist an der Tagesordnung.

Rund 6,9 Milliarden Menschen gab es 2010 weltweit. Davon lebte die Hälfte (rund 3,5 Milliarden) in den Städten. Bis zum Jahr 2050 wird die Stadtbevölkerung auf 6,3 Milliarden anwachsen. Das geht aus einer Prognose der Abteilung der Vereinten Nationen für ökonomische und soziale Entwicklungen (UNDESA) hervor. Die Hälfte der Stadtmenschen weltweit lebte 2010 in Asien. Bis zum Jahr 2050 soll sich ihr Anteil auf 54 Prozent erhöhen. Deutlich steigen soll auch der Anteil der Stadtmenschen, die in Afrika leben. Betrug ihr Anteil an allen Stadtmenschen der Welt 2010 zwölf Prozent, soll er 2050 bei 20 Prozent liegen. In Europa (2010: 15 Prozent), Lateinamerika inklusive Karibik (14 Prozent) und Nordamerika (acht Prozent) soll der Anteil an der weltweiten Stadtbevölkerung dagegen sinken, wobei die absolute Zahl jeweils zunimmt. Den größten Anteil von Stadtbewohnern an der gesamten Bevölkerung einer Region gab es 2010 übrigens in Nordamerika, wo 82 Prozent der Menschen in den Städten lebte.

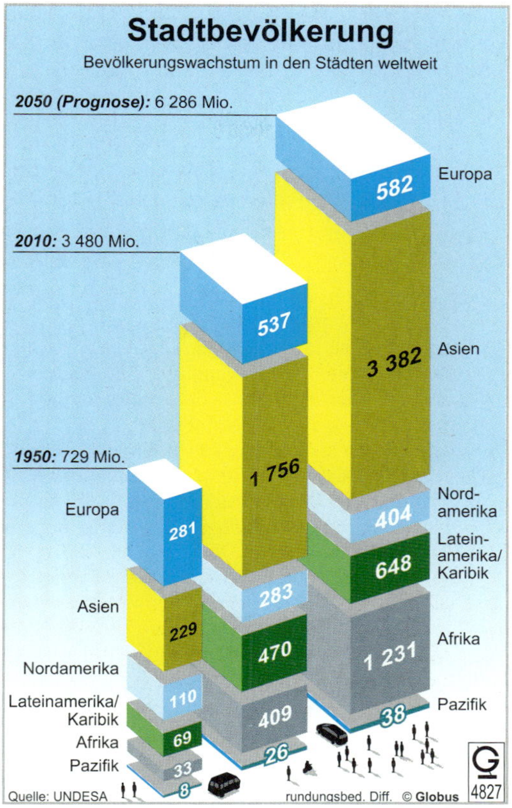

5.5.4 Einseitige Abhängigkeit vom Weltmarkt

Bei den Entwicklungsländern, die Probleme mit der Ernährung ihrer Bevölkerung haben, muss man unterscheiden zwischen

- Staaten, die aufgrund der **natürlichen Gegebenheiten** (Bodenbeschaffenheit, Klima) und/oder hoher Bevölkerungsdichte nie in der Lage sein werden, alle Einwohner ausreichend mit einheimischen Agrarprodukten zu versorgen;
- Staaten, die zwar in der Lage wären, ihre Bevölkerung ausreichend mit eigenen Produkten zu ernähren, jedoch wegen **politischer Fehlentscheidungen** (z.B. fehlende Bodenreform, falsche Preispolitik, Hemmung der Eigeninitiative in zentralverwaltungswirtschaftlichen Systemen, einseitige Förderung der Städte und der Industrie, Waffenkäufe, Kriegführung) an Nahrungsmittelmangel leiden;
- Staaten, in denen zu bestimmten Zeiten wegen **vorübergehender Schwierigkeiten** (Überschwemmungen, Dürreperioden) Nahrungsmittelmangel herrscht.

Nur wenige Entwicklungsländer sind in der Lage, Nahrungsmittel auf dem Weltmarkt zu kaufen, weil ihnen die hierfür notwendigen Devisen fehlen. Die Hauptgründe sind:

Sinkende Rohstoffpreise	Die Entwicklungsländer sind auf den Export von mineralischen, land-, forst- und fischereiwirtschaftlichen Rohstoffen angewiesen. Die Rohstoffpreise auf dem Weltmarkt schwanken stark und sinken in einigen Bereichen seit Jahren, vor allem deshalb, weil ▪ das Angebot zunahm (eben um mehr Devisen zu erlösen) und ▪ die Nachfrage durch Rezessionen und durch den Übergang zu Substitutionsgütern zurückging.
Verschuldung	Der Devisenmangel wurde (und wird) durch übermäßige Aufnahme von Auslandskrediten ausgeglichen. Dies konnte nur so lange gutgehen, wie die Schuldnerländer in der Lage waren, die Zins- und Tilgungsleistungen pünktlich zu bezahlen.

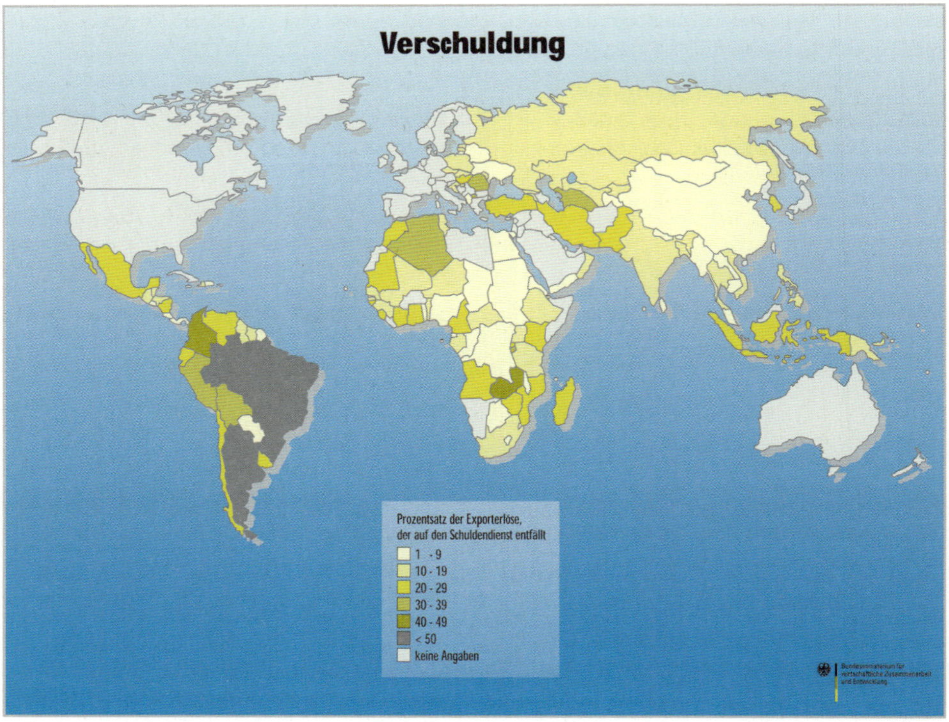

Quelle: Bundesministerium für wirtschaftliche Zusammenarbeit und Entwicklung.

5.5.5 Mängel im Gesundheitswesen

Merke:

Mögliche **Indikatoren** für den **Gesundheitszustand** einer Bevölkerung sind z. B. die **Zahl der Einwohner je Arzt**, die **Säuglingssterblichkeit** und die **Lebenserwartung.**

In rund 40 Entwicklungsländern kommt auf mehr als 5000 Einwohner ein Arzt. Zum Vergleich: In Deutschland gibt es für rund 400 Einwohner einen Arzt. Von Entwicklungsland zu Entwicklungsland herrschen allerdings große Unterschiede. Am wenigsten medizinisch versorgt sind die Menschen in den afrikanischen Ländern südlich der Sahara.

In den Industrieländern werden die Menschen durchschnittlich 76 Jahre alt, in vielen afrikanischen Ländern höchstens 50 Jahre. In den meisten Ländern Afrikas erleben von 1000 Säuglingen mindestens 100 nicht ihren ersten Geburtstag. In den Industrieländern sind es durchschnittlich acht.

5.5.6 Mängel im Bildungswesen

Im Jahre 1961 legte die UNESCO ein Programm für eine „Weltkampagne zur Bekämpfung des Analphabetismus" vor. Danach sollten bis 1970 alle Erwachsenen unter 50 Jahren das Lesen und Schreiben erlernt haben. Trotz eines beachtlichen Ausbaus des Bildungswesens in den Entwicklungsländern ist man heute von diesem Ziel fast genauso weit entfernt wie damals: In rund 30 Entwicklungsländern sind mehr als die Hälfte der über fünfzehnjährigen Einwohner Analphabeten.

Die mangelhafte Situation im Bildungswesen hat viele Gründe. So läuft z.B. die starke Bevölkerungszunahme dem Ausbau des Bildungswesens davon. Die finanziellen Mittel der Entwicklungsländer reichen nicht mehr aus, den steigenden Bedarf an Bildungseinrichtungen zu finanzieren.

Auch selbst dann, wenn eine Chance besteht, eine Schule zu besuchen, können sie viele Kinder und Jugendliche nicht wahrnehmen, weil sie arbeiten müssen, um den Lebensunterhalt der Familie sichern zu helfen.

Nie wieder Schule schwänzen

Düsseldorf (ots) – Drei Wochen nach dem Start der bundesweiten Plakatkampagne der Stiftung UNESCO – Bildung für Kinder in Not setzen sich Lehrer und Schüler zunehmend mit den Botschaften der Kampagne auseinander. Das geht aus zahlreichen Zuschriften hervor, die seitdem bei der Stiftung eingegangen sind. Pädagogen begrüßen die Botschaft und thematisieren die Inhalte nun im Rahmen des Unterrichts.

Unter der Headline „Sie würden gerne mal die Schule schwänzen. Wenn es eine gäbe" steht im Focus der Kampagne die Situation von weltweit über 100 Millionen Kindern, die keine Möglichkeit haben, zur Schule zu gehen oder eine ausreichende Grundbildung zu erwerben. Aber auch das sich auf bundesweiter Ebene ausbreitende Problem des „Schulschwänzens" wird im Rahmen der Kampagne thematisiert.

In vielen Teilen der Welt ist ein Schulbesuch keine Selbstverständlichkeit: etwa 100 Mio. Kinder leben auf der Straße, mehr als 170 Mio. Kinder müssen täglich arbeiten, zahllose Kinder werden durch Kriege und soziale Katastrophen ihrer Zukunft beraubt. „Wir freuen uns über die zahlreichen Zuschriften von Lehrern, die unsere Botschaften zum Anlass nehmen, auf das Schicksal dieser Kinder hinzuweisen", erklärt Dr. Stefan Rennicke, Geschäftsführer der Stiftung in Düsseldorf.

Nicht nur Pädagogen, auch die Schüler selbst fühlen sich durch die Plakate angesprochen. „Wir haben E-Mails von Schülern bekommen, die unsere Arbeit lobten, um mehr Informationen baten und uns versprachen, nie wieder die Schule zu schwänzen. Eine Reaktion, die mich ganz besonders freut", so Rennicke.

Jedoch soll die Kampagne nicht nur zum Nachdenken aufrufen. Dringend werden weitere Spenden für zahlreiche UNESCO-Projekte benötigt. Seit 13 Jahren unterstützt das UNESCO-Sonderprogramm „Bildung für Kinder in Not" Kinder und Jugendliche, die Opfer von Kriegen und sozialen Katastrophen geworden sind. In mittlerweile 284 Projekten in 81 Ländern werden Mittel zur Schulbildung und beruflichen Qualifikation bereitgestellt, für medizinische Versorgung und ausreichende Ernährung im Rahmen der Projekte gesorgt. Finanziert werden die Projekte ausschließlich durch private Spenden.

Quelle: (ots) Stiftung UNESCO – Bildung für Kinder in Not, veröffentlicht am 2. Februar 2006.

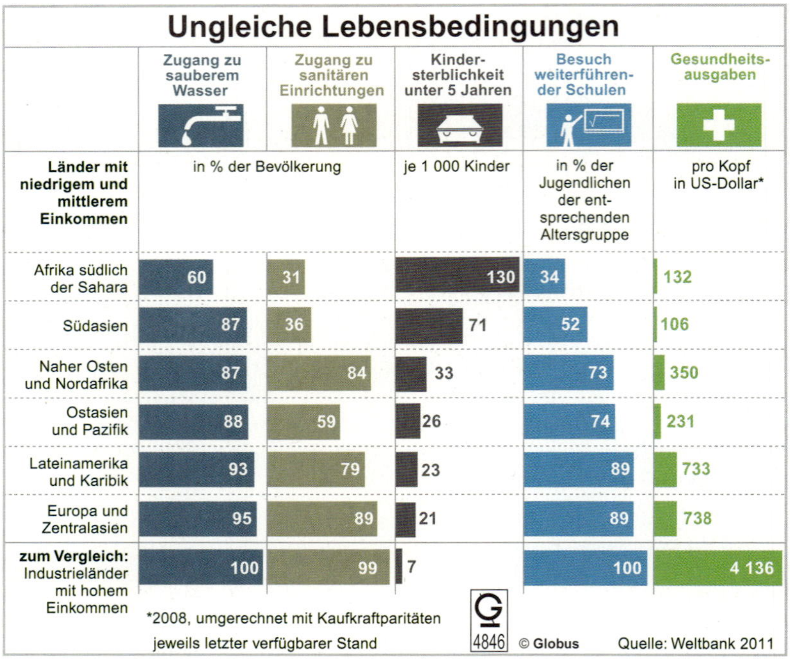

Millionen von Kindern kommen jährlich auf die Welt. Je nachdem, wo sie geboren werden, sind die Bedingungen, unter denen sie aufwachsen, sehr unterschiedlich. In Ländern mit niedrigem oder mittlerem Einkommen sind die Lebensbedingungen zum Teil erheblich schlechter als in Industrieländern, in denen das Einkommen vergleichsweise hoch ist. Während beispielsweise für die Bevölkerung einkommensstarker Industrieländer die Möglichkeit der Nutzung sauberen Wassers eine Selbstverständlichkeit ist, haben in Afrika südlich der Sahara nur 60 Prozent der Bevölkerung Zugang zu sauberem Trinkwasser; Zugang zu sanitären Einrichtungen haben dort sogar nur 31 Prozent. Wie schlecht die Bedingungen für Kinder in ärmeren Ländern teilweise sind, zeigen allein schon die Sterblichkeitsraten. In Afrika südlich der Sahara liegt die Sterblichkeit der unter 5-jährigen bei 130 je 1 000 Kinder, in Südasien bei 71 je 1 000 Kinder. In reichen Industriestaaten liegt diese im Vergleich dazu gerade einmal bei sieben je 1 000 Kinder.

5.5.7 Kriege und Konflikte

Seit Ende des Zweiten Weltkriegs wurden nur 26 Tage ohne Krieg auf der Erde registriert. Dies war im Monat September des Jahres 1945. Seitdem gab es keinen Tag ohne militärische Konflikte. 95 % aller Kriege und Konflikte wurden und werden in den Entwicklungsländern ausgetragen.

Die kriegerischen Auseinandersetzungen kosten nicht nur Menschenleben, sondern auch Geld, und zwar viel Geld. Die Entwicklungsländer sind zu den größten Waffenimporteuren der Erde geworden. Die technologisch-industriell fortgeschrittensten unter ihnen – die sogenannten **Schwellenländer** wie z. B. Brasilien und Indien – besitzen eigene Rüstungsindustrien und können eigene ABC-Waffen (**a**tomare, **b**iologische und **c**hemische Waffen) herstellen.

Die Militärausgaben der Entwicklungsländer betragen grundsätzlich mehr, als ihnen netto aus der übrigen Welt in Form von Entwicklungshilfe, Krediten, Direktinvestitionen und Schenkungen zufließt.

5.6 Lösungsansätze

5.6.1 Bevölkerungspolitische Maßnahmen

Angesichts der Tatsache, dass derzeit die Zahl der unter 15-Jährigen in den Entwicklungsländern bis zu 50 % der Gesamtbevölkerung beträgt, wird die Erdbevölkerung bis zum Jahr 2050 auf mehr als 9 Mrd. ansteigen.

Daher ist die **Beschränkung der Geburten** eine dringende Aufgabe. Mit der Verbreitung von Verhütungsmitteln in der Dritten Welt allein wird das nicht zu schaffen sein. Vielmehr müssen die **sozialen und wirtschaftlichen Voraussetzungen** geschaffen werden, dass die Eltern ein Interesse an einer kleinen Kinderzahl haben. Bis jetzt ist in den meisten Entwicklungsländern die Kinderzahl ein Symbol für das Wohlergehen der Familie. Kinder sind die sicherste Altersversorgung der Eltern. In der **Subsistenzwirtschaft**[1] sind Kinder wertvolle Arbeitskräfte.

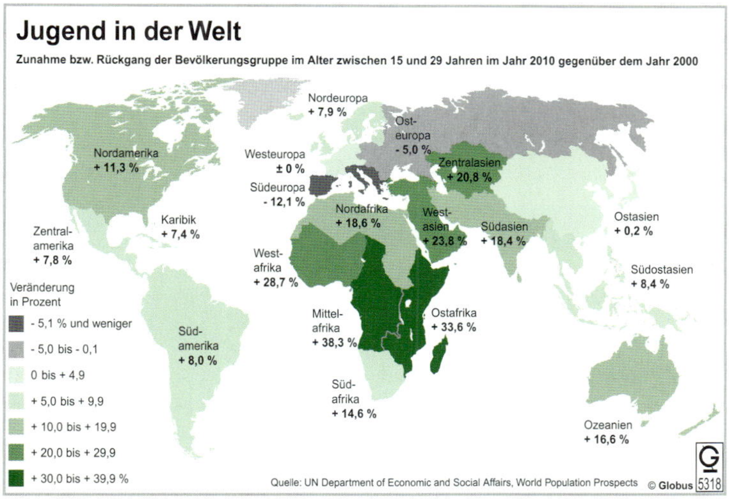

Abhilfe kann nur geschaffen werden, wenn es gelingt, die Familien wirtschaftlich so abzusichern, dass sie nicht mehr auf Kinder bzw. Kinderarbeit angewiesen sind. Auch staatliche und/oder private Empfängnisverhütungskampagnen können zur Verringerung der Geburtenrate beitragen, wie das Beispiel Thailands beweist.

Freilich kostet die Aufklärungsarbeit Geld, das die Entwicklungsländer allein nicht aufbringen können. Der jährliche Bedarf wird auf rund 30 Mrd. US-$ geschätzt, die die reichen Länder aufbringen sollten, gewissermaßen als „Anzahlung" für eine gesicherte Zukunft.

5.6.2 Sicherung der Ernährung

Der Hunger in der Welt hat nicht überall die gleichen Ursachen, kann also auch nicht überall mit den gleichen Mitteln bekämpft werden. Mit Geschenken allein (z. B. Nahrungsmittelspenden) ist es nicht getan. Solche Hilfen sind nur in Katastrophenfällen angebracht. Vielmehr muss **Hilfe zur Selbsthilfe** angeboten werden.

Da die Mehrzahl der extrem Armen der Erde vor allem auf dem Land lebt (und nicht in den Slums der Großstädte), muss die Hilfe auch im ländlichen Bereich ansetzen. **Ländliche Entwicklung** heißt nicht nur Förderung der Bauern, sondern auch **Aufbau einer ländlichen Infrastruktur,** d. h. bessere Versorgung mit Handwerksbetrieben, Reparaturwerkstätten, zentralen Getreidelagern, Bewässerungsanlagen, bessere Transportwege und ausrei-

1 Vgl. hierzu Kapitel 5.5.3.

chende Transportmittel, um auch entlegenen Ansiedlungen Verkehrsverbindungen zu den Märkten der zentralen Orte zu bieten. Hierdurch wird nicht nur die landwirtschaftliche Produktion gefördert, sondern zugleich werden kleingewerbliche Arbeitsplätze mit Ausbildungsmöglichkeiten geschaffen.

Beispiele:

- Als sehr wirkungsvoll hat sich auch die Hilfe bei der **Errichtung von Selbsthilfeeinrichtungen,** wie z.B. landwirtschaftlichen Genossenschaften und Kreditgenossenschaften, erwiesen. Hier haben vor allen Dingen die privaten Einrichtungen der Entwicklungshilfe (z.B. Kirchen, politische Stiftungen, private Organisationen) Vorbildliches geleistet.
- Eine weitere Maßnahme ist, dort die sogenannte **Cash-Crop-Produktion** zugunsten der Produktion von im eigenen Land benötigten Nahrungsmitteln **einzudämmen,** wo keine ausreichenden Weltmarktpreise mehr erzielt werden können. Cash-Crops sind „Ernten für bares Geld". Es handelt sich dabei um agrarische Rohstoffe wie z.B. Kaffee, Kakao, Baumwolle und Erdnüsse.

Überwunden werden muss auch die **Rückständigkeit der Landwirtschaft** in vielen Ländern, vor allem in Afrika. Namhafte Fachleute sind der Meinung, dass Afrika schon bald nicht nur seinen eigenen Nahrungsmittelbedarf decken wird, sondern sogar noch Nahrungsmittelexporteur für Asien werden könnte. Vergleicht man nämlich Boden, Klima, nutzungsfähige Flächen oder Durchschnittserträge Afrikas mit den Daten anderer Regionen, so zeigt sich, dass hier eine große Reserve an Entwicklungsmöglichkeiten vorhanden ist.

Beispiel:

Ein Bauer in Afrika ernährt mit seiner Ernte seine Familie und durchschnittlich noch **zwei** weitere Personen; ein Bauer in Europa ernährt neben seiner Familie noch durchschnittlich **fünfzig** weitere Menschen.

Sollte indessen die landwirtschaftliche Produktion auf dem Stand von heute bleiben, wird der Nahrungsmangel zunehmen. Zahlreiche afrikanische Staaten werden dann in wenigen Jahren nicht mehr in der Lage sein, sich selbst zu ernähren.

5.6.3 Schaffung von Arbeitsplätzen

Der Hunger ist nicht nur eine Folge einer zu geringen Nahrungsmittelerzeugung und -bereitstellung. Da erdweit genügend Nahrungsmittel hergestellt werden, um **alle** Menschen ausreichend ernähren zu können, ist er vor allem eine Folge der Armut, also des Mangels an bezahlter Arbeit.

Wie können Arbeitsplätze geschaffen werden?

(1) Maßnahmen auf dem Land

Auf dem Land müssen neben den im vorigen Kapitel genannten entwicklungspolitischen Maßnahmen **Bodenreformen** durchgeführt werden. Denn eine Voraussetzung dafür, dass mehr Menschen Arbeit finden, ist ausreichender Besitz von eigenem Grund und Boden für möglichst viele Familien.

Natürlich stoßen solche Forderungen in den Entwicklungsländern auf den Widerstand der Großgrundbesitzer, die häufig in einem Interessenverband mit der Industrie und den Regierungen stehen. Auch aufseiten der Industrieländer können Vorbehalte entstehen, weil sich durch eine verstärkte Förderung von Selbsthilfemaßnahmen im ländlichen Bereich die Exportchancen verringern könnten. Jedoch sind solche Befürchtungen kurzsichtig, denn Bodenumverteilungsmaßnahmen in den Entwicklungsländern, verbunden mit Maßnahmen zur Produktionssteigerung, erfordern Investitionen (Maschinen, Geräte, Düngemittel usw.), steigern langfristig die Einkommen, vermehren so die Kaufkraft und stärken langfristig den internationalen Güteraustausch.

(2) Maßnahmen in der Stadt

In der Stadt ist der Arbeitsplatzmangel nicht nur auf das Bevölkerungswachstum und die Landflucht zurückzuführen, sondern auch darauf, dass viele Regierungen in den Entwicklungsländern das Ziel einer raschen **Industrialisierung** verfolgten und den Agrarsektor vernachlässigten. Die Industrie indessen beruht i. d. R. auf importierten **kapitalintensiven Fertigungsverfahren.** Hinzu kommt, dass die billige industrielle Massenfertigung in Konkurrenz zum ansässigen Handwerk steht und dort Arbeitsplätze vernichtet.

Ein weiterer Ausbau der Industrie wird auch in Zukunft das Angebot an **offiziellen Arbeitsplätzen**[1] kaum erhöhen. Der einzige Ausweg scheint derzeit die Förderung des **informellen Sektors** zu sein.

Merke:

Als **informellen Sektor** (formlos, formwidrig) bezeichnet man den Zweig der Wirtschaft, der im Verborgenen gedeiht und i. d. R. weder vom Finanzamt noch von anderen Behörden erfasst ist.

Beispiel:

Der informelle Sektor setzt sich z. B. aus Schuhputzern, Kofferträgern, fliegenden Händlern in Zügen und Bussen, Getränke- und Wasserverkäufern in den Slums, Köchinnen mit fahrbaren Kleinküchen vor Behörden und Ministerien, Kindern als Straßenhändler, Rikschafahrern, Fahrern von Taxis und Kleinbussen, ambulanten Handwerkern usw. zusammen.

Die Bedeutung des informellen Sektors für den Einzelnen als auch für die Volkswirtschaft wird mehr und mehr erkannt. Die Folge ist eine gezielte Förderung des informellen Sektors z. B. durch Zuteilung von Platzrechten für Straßenhändler oder die Bereitstellung von Grundstücken für Kleinhandwerker.

5.6.4 Förderung des Außenhandels

Der in den meisten Entwicklungsländern bestehende Devisenmangel ist darauf zurückzuführen, dass die Weltmarktpreise für die meisten Rohstoffe stagnieren oder zurückgehen, während die Preise für die Industrieprodukte steigen. Mit anderen Worten: Die Entwicklungsländer importieren wertmäßig mehr als sie exportieren.

1 **Offizielle Arbeitsplätze** sind Arbeitsplätze in der Industrie, im Handwerk, im Handel, in sonstigen Dienstleistungsbereichen sowie in staatlichen Verwaltungen (formeller Sektor).

Diese „Schere“ lässt sich nur durch folgende **Maßnahmen** schließen:

Maßnahme 1:	Die von den Entwicklungsländern als „ungerecht“ empfundenen Rohstoffpreise werden in einem Rohstoffabkommen mit den Industrieländern erhöht oder zumindest stabilisiert.
Maßnahme 2:	Die Fördermengen werden erhöht und es wird mehr exportiert.
Maßnahme 3:	Die Entwicklungsländer produzieren das, was sie bisher einführen mussten, im eigenen Land (Importersatz).
Maßnahme 4:	Die Entwicklungsländer importieren weniger als bisher.
Maßnahme 5:	Die Industrieländer bauen ihre protektionistischen[1] Maßnahmen ab, um die Exportchancen der Entwicklungsländer zu stärken.

Erläuterungen:

Zu Maßnahme 1:

Hier lässt sich einwenden, dass sich die Preise auf den Märkten nach Angebot und Nachfrage richten müssen. Mindestpreise führen lediglich zu Angebotsüberschüssen (Nachfragelücken), ähnlich wie auf dem Agrarmarkt der EU. Ausgleichszahlungen der Industrieländer für Preisverluste könnten einen Ausweg bilden.

Beispiel:

Den Weg über Ausgleichszahlungen ist die EU gegangen, indem sie mit den **AKP-Staaten**[2] folgendes Abkommen getroffen hat: Sinkt der Preis für einen Rohstoff unter eine vereinbarte Marke, wird der Ausfall an Exporterlösen aus einem Fond der EU erstattet (**Stab**ilisierungsfonds für **Ex**porterlöse: **STABEX**).

Um ihre Preisvorstellungen durchzusetzen, könnten die Entwicklungsländer auch versuchen, Kartelle zu bilden (ähnlich wie das ehemalige Ölpreiskartell der OPEC). Das könnte zwar – wenigstens zeitweise – mit Erfolg gekrönt sein. Andererseits können sich die Entwicklungsländer mit Rohstoffkartellen auch selbst schaden, insofern sie sich gegenseitig mit Rohstoffen beliefern. So trug z. B. der hohe Erdölpreis der OPEC nicht unerheblich zur heutigen Schuldenkrise der Dritten Welt bei. Außerdem besteht die Gefahr, dass die Industrieländer bei steigenden Rohstoffpreisen auf Ersatzstoffe ausweichen bzw. den Verbrauch einschränken.

Zu Maßnahme 2:

Werden die Förder- bzw. Erzeugungsmengen eines Rohstoffs erhöht, das Angebot also ausgeweitet, führt dies auf dem Weltmarkt i. d. R. zu einem Preisrückgang, falls die Nachfrage nicht in gleichem Maße wie das Angebot zunimmt. Die Folge: mehr Förderung, mehr Umweltzerstörung, mehr Export, bei unelastischer Nachfrage sinkende Exporterlöse.

Zu Maßnahme 3:

Dies ist sicherlich ein möglicher und richtiger, aber ein langwieriger Weg, weil in den Entwicklungsländern zunächst Arbeitsplätze auf dem Land geschaffen werden müssen, damit die Menschen Geld verdienen können, also Kaufkraft geschaffen wird. Denn erst, wenn Absatzmärkte vorhanden sind, können lebensfähige Industrien gegründet werden.

---

1 **Protektion**: Schutz, Abschirmung. Protektionistisch: der Abschirmung dienend.

2 Traditionell ist die Zusammenarbeit mit den Ländern **A**frikas, der **K**aribik und des **P**azifiks (AKP-Staaten) ein Schwerpunkt der europäischen Entwicklungspolitik.

Zu Maßnahme 4:

Diese Maßnahme ist nur sinnvoll, wenn ein Entwicklungsland auf Einfuhren verzichten kann, die nicht lebensnotwendig sind (Luxusgüter). Dies ist jedoch i. d. R. die Ausnahme. Die meisten Entwicklungsländer sind z. B. auf die Einfuhr von Erdöl angewiesen.

Zu Maßnahme 5:

Von wachsender Bedeutung für die Entwicklungsländer ist, dass ihre Waren **freien Zugang zu den Märkten** der Industrieländer haben. Waren, die sie in Europa, Nordamerika oder Japan anbieten, sollten nicht durch Zölle oder durch andere Handelshemmnisse benachteiligt werden. Ein funktionierender Außenhandel ist nämlich die beste Hilfe für die Entwicklungsländer. Steigende Ausfuhren schaffen Arbeitsplätze und bringen Devisen, die zur weiteren Entwicklung investiert und/oder zum Abbau von Schulden verwendet werden können.

Für den **Abbau von Zöllen und anderen Handelshemmnissen** wurde bereits viel getan, vieles liegt aber noch im Argen. So hat z. B. das **GATT**[1] zum weltweiten Abbau der Zolltarife beigetragen. Andererseits gibt es immer noch – obwohl vom GATT untersagt – nichttarifäre[2] Handelshemmnisse, vor allem im Textil-, Kohle-, Stahl-, Schiffbau- und Agrarbereich. Vor allem die Landwirtschaft wird in fast allen Industrieländern durch preis- und einkommenstützende Maßnahmen (Agrarsubventionen) geschützt. Dies führt zu großen Produktionsüberschüssen, die – durch Exportsubventionen wieder verbilligt – auf dem Weltmarkt die Preise drücken, zum Schaden der Entwicklungsländer, deren Konkurrenzfähigkeit gemindert oder zerstört wird.

Es besteht somit ein grundlegender **Konflikt zwischen den Industrieländern einerseits und den Entwicklungsländern andererseits.** Etwas vereinfacht gesagt: Die Industrieländer wollen Freihandel in den Bereichen, wo sie eine starke Stellung haben, und Protektionismus dort, wo sie ihre eigenen Industrien bzw. ihre eigene Landwirtschaft schützen wollen. Die Entwicklungsländer wollen Freihandel in den Bereichen, in denen sie konkurrenzfähig sind bzw. werden wollen (z. B. bei landwirtschaftlichen Produkten, im Textilbereich), wollen aber garantierte Mindestpreise für ihre Rohstoffe. Ob dieser Konflikt in absehbarer Zeit durch die WTO mit einem tragbaren Kompromiss gelöst werden kann, ist fraglich.

Einen Ausweg bietet möglicherweise der **„faire"**[3] **Handel.** Er umfasst bis jetzt nur rund 3 % des Handels mit Produkten aus den Entwicklungsländern. Für die betroffenen Kleinbauern und Genossenschaften in Afrika, Lateinamerika oder Asien ist er jedoch eine große Hilfe bei der allmählichen Verbesserung ihrer sozialen Lage. Denn fairer Handel heißt Import ohne Zwischenhändler, wobei die „fairen" Importeure neben einem vereinbarten Mindestpreis einen Zuschlag für die Schaffung bzw. Verbesserung sozialer Einrichtungen an die Produzenten in den Entwicklungsländern zahlen.

Die fairen Importeure kontrollieren, ob die Produkte tatsächlich aus Betrieben und/oder aus Genossenschaften stammen, in denen die Sozialstandards eingehalten werden und zum Beispiel keine Kinder arbeiten.

---

1 **GATT (General Agreement on Tariffs and Trade)**: Allgemeines Zoll- und Handelsabkommen. Es handelt sich um einen Vorläufer (bis 1995) der Welthandelsorganisation (WTO) mit dem Ziel, den weltweiten Handel durch Senkung der Zölle und Beseitigung anderer Außenhandelsbeschränkungen zu fördern. Das GATT wurde 1947 vereinbart. Es hatte den Status einer Sonderorganisation der Vereinten Nationen (UN) und führte bis zur Ablösung durch die WTO acht GATT-Runden durch, d. h. Vereinbarungen über den weiteren Abbau von Handelshemmnissen (zuletzt die Uruguay-Runde 1986 – 1993). Die im Jahr 2001 initiierte Doha-Runde verläuft bislang ergebnislos (Stand: April 2012).

2 **Nichttarifäre Handelshemmnisse** sind nicht durch Zolltarife herbeigeführte Handelshemmnisse.

3 **Fair** (engl.): angemessen, gerecht.

5.6.5 Gesundheitspolitik

Aus den bisherigen Überlegungen folgt, dass die Entwicklungspolitik vorrangig auf die Sicherung der menschlichen Grundbedürfnisse ausgerichtet sein muss, wenn sie längerfristig wirksam sein soll **(grundbedarfsorientierte Entwicklungspolitik)**.

Neben den Grundbedürfnissen nach ausreichendem Essen, nach sauberem Wasser, nach menschlichem Wohnen usw. besteht auch ein Grundbedürfnis nach Gesundheit. Zusätzlich zur Verbesserung der allgemeinen Lebensumstände umfasst die **Entwicklungshilfe im Rahmen der Gesundheitspolitik**:

- Bereitstellung von **Studienplätzen** für ausländische Medizinstudenten;
- Entsendung von **medizinisch ausgebildeten Entwicklungshelfern** in die Entwicklungsländer (z. B. Ärzte, Krankenpfleger, Krankenschwestern), die besonders auf ihre Tätigkeit vorbereitet sind;
- Zusammenarbeit der staatlichen mit der nichtstaatlichen Entwicklungshilfe im **medizinischen Bereich;**
- Beratung und finanzielle Unterstützung bei der **Errichtung eines Gesundheitswesens** (Krankenhäuser, medizinische Beratungsstellen);
- Finanzierung und Lieferung von **Ausrüstungen für Krankenhäuser** sowie von **Medikamenten** in die Entwicklungsländer.

Dass sich die Politik – zumindest auf parlamentarischer Ebene – dieser Aufgabe stellt, verdeutlicht ein Parlamentsbeschluss vom 29. Mai 2008.

Entwicklungspolitik

Deutschland soll seine globale Verantwortung für die Gesundheit in Entwicklungsländern stärker wahrnehmen. Dafür hat sich der Bundestag am 29. Mai ausgesprochen. Das Parlament stimmte mit der Koalitionsmehrheit einem Antrag von CDU/CSU und SPD (16/8884) dazu zu, ein späterer Antrag der FDP zu diesem Thema (16/9309) wurde dagegen abgelehnt. Die Koalition forderte in ihrer Parlamentsinitiative die Bundesregierung auf, sich vor allem für den Zugang aller Menschen zu Medikamenten einzusetzen. „Jährlich leiden und sterben viele Millionen Menschen an Krankheiten, die vermeidbar oder behandelbar wären", so die Begründung. Daher solle die Bundesregierung die Arzneimittelunternehmen zu alternativen Preisgestaltungen „ermutigen" und sich für verstärkte Forschung und den Ausbau von Produktionskapazitäten von lebensrettenden Arzneimitteln durch die Entwicklungsländer selbst einsetzen. Notwendig sei ein breites Spektrum von Plattformen einschließlich öffentlich-privater Partnerschaften, die die Forschung armutsbedingter, tropischer und vernachlässigter Krankheiten zum Ziel hat. Die FDP forderte ihrerseits ein eigenständiges Programm für die Erforschung typischer Tropenkrankheiten und ein neues Forschungszentrum, das helfen soll, die Programme innerhalb der Fachministerien besser zu koordinieren. Multi- und bilaterale Initiativen zur Bekämpfung der Tropenkrankheiten sollten verstärkt finanziert werden, heißt es.

Quelle: Das Parlament Nr. 23/2. Juni 2008.

5.6.6 Bildungspolitik

Ein weiteres Grundbedürfnis ist das Bedürfnis nach ausreichender Bildung, um in der jeweiligen Gesellschaft menschenwürdig bestehen zu können. Dabei kann es nicht darum gehen, möglichst viele Akademiker auszubilden, die nach Abschluss ihrer Ausbildung arbeitslos sind oder lediglich in der öffentlichen Verwaltung Anstellung finden. Notwendig sind vielmehr **produktive Bildungsinvestitionen.** Bildung und Ausbildung müssen so gestaltet werden, dass sie auch unter den Bedingungen armer Länder wirksam zur Steigerung der gesamtwirtschaftlichen Produktivität beitragen.

Das bedeutet z. B.:

- Hilfe beim **Ausbau eines Primarschulwesens,** dessen Inhalte sich an den Bedürfnissen der künftigen Lebens- und Arbeitswelt ausrichten und den Schüler befähigen, seine Umwelt zu verstehen und seine Lebensqualität zu verbessern;
- Hilfe bei der **Errichtung eines beruflichen Schulwesens** in Form von technischer und persönlicher Hilfe (Beratung durch Handwerker, Techniker und Berufsschullehrer);
- **Förderung einer** in der Selbsthilfebewegung integrierten **Erwachsenenbildung.**

5.6.7 Friedenspolitik

Viele kriegerische Konflikte in und zwischen den Entwicklungsländern wurzeln in sozioökonomischen und politischen Ungleichheiten. Häufig werden sie verschärft durch das Eingreifen (durch Interventionen) von Großmächten (USA, Russland) oder auch von kleineren Staaten, deren Regierungen Aufständische mit gleicher oder ähnlicher Ideologie unterstützen (z. B. Kuba).

Folgende **Maßnahmen** können z. B. **friedenstiftende Wirkung** haben:

- der Abbau von **wirtschaftlichen und sozialen Ungleichheiten,** z. B. durch Landreformen, Förderung handwerklicher und kleinindustrieller Aktivitäten, gerechtere Einkommensverteilung und gleiche Bildungschancen;
- der Abbau **politischer Ungleichheiten** durch Demokratisierungsprozesse;
- der Abbau ethnisch-kultureller Spannungen durch Schutz von **nationalen Minderheiten** und Herausbildung **nationaler Identitäten** (nation-building);
- die Förderung einer verstärkten **Kooperation zwischen den Entwicklungsländern** (Süd-Ost-Kooperation).

Zusammenfassung

- Trotz der Globalisierung zeigt die Zusammensetzung und Entwicklung der **globalen Wertschöpfung,** dass das **Wohlstandsgefälle** zwischen den reichen und den armen Staaten bis heute nicht geringer, sondern eher größer geworden ist.
- Als **Schwellenland** bezeichnet man die Staaten, die zwar noch typische Merkmale von Entwicklungsländern aufweisen, sich aber durch den **Umbau ihrer Wirtschaftsstruktur** weg von der Agrarwirtschaft hin zur Industrialisierung bewegen.
- Die **ärmsten** Staaten werden als **Least Developed Countries (LDC)** bezeichnet.

- Zu den **wesentlichen Merkmalen von Entwicklungsländern** zählen u.a.: starkes Bevölkerungswachstum, Mangelernährung, Mangel an Arbeitsplätzen, niedrige Einkommen und ungleiche Einkommensverteilung, einseitige Abhängigkeit vom Weltmarkt sowie Mängel im Gesundheits- und Bildungswesen.
- Unter Entwicklungspolitik versteht man die politischen, sozialen und wirtschaftlichen Aktivitäten verschiedener Akteure, die auf eine **Verbesserung der Lebensbedingungen** in Entwicklungsländern abzielen.
- Eine Entwicklungspolitik, die sich an der individuellen Situation der einzelnen Entwicklungsländer orientiert, bezeichnet man als **angepasste Entwicklungspolitik.**
- Die wichtigsten **Ziele der Entwicklungspolitik** sind u.a. in der sogenannten **Millenniumserklärung** der Vereinten Nationen festgelegt.
- Zu den **dringlichsten Handlungsfeldern** zur Lösung der Probleme von Entwicklungsländern zählen:
  - bevölkerungspolitische Maßnahmen,
  - Sicherung der Ernährung,
  - Schaffung von Arbeitsplätzen,
  - Förderung des Außenhandels,
  - Gesundheitspolitik,
  - Bildungspolitik,
  - Friedenspolitik

Übungsaufgabe

38

1. Erklären Sie den Begriff Entwicklungsländer!
2. Nennen Sie die Kriterien (Maßstäbe) für die Zugehörigkeit der Länder zu der Gruppe der „Vierten Welt", auch als Least Developed Countries (LDC) bezeichnet!
3. Nennen Sie mindestens fünf Merkmale eines Entwicklungslandes!
4. „Um 1960 fand die Welle der **Unabhängigkeitserklärungen** der schwarzafrikanischen Staaten ihren Höhepunkt. Gleichzeitig setzte fast weltweit eine gezielte Entwicklungspolitik ein, wobei die Vorstellung dominierte, Entwicklung sei nahezu ausschließlich mit wirtschaftlichem Wachstum, gemessen an der Steigerung des **Bruttosozialprodukts** (BSP) pro Kopf der Bevölkerung, gleichzusetzen. Dieses Wachstum sollte im Wesentlichen durch eine nachholende **Industrialisierung** und **Modernisierung** erreicht werden. Folgerichtig lagen die Schwerpunkte der Politik der ersten Entwicklungsdekaden in einer vorrangigen und kapitalintensiven Förderung des industriellen Sektors sowie in den Anstrengungen zum Ausbau einer **modernen Infrastruktur** und einer effizienten **Staatsbürokratie.** Ziel dieser Entwicklungsbemühungen, die vor allem die soziokulturelle Dimension völlig außer Acht ließen, war es, die Volkswirtschaften der Entwicklungsländer so schnell wie möglich an den Stand der westlichen Industrieländer heranzuführen. Man ging von der Annahme aus, dass auch innerhalb der einzelnen Entwicklungsländer die Wachstumsprozesse im modernen Sektor bis zu den **ärmeren Bevölkerungsgruppen durchsickern** und die Regierungen in Entwicklungsländern aus Legitimationsgründen zunehmend zu einer progressiven Besteuerung der Reichen und zu Umverteilungsmaßnahmen greifen würden." [1]

   Aufgaben:

   4.1 Welche Ziele der Entwicklungspolitik werden im obigen Text beschrieben?

   4.2 Worin unterscheiden sich diese Ziele von der heutigen „angepassten Entwicklungspolitik"?

1 Oberndörfer, D. (Hrsg.): Entwicklungspolitik, S. 194.

5. Die Entwicklungspolitik wird immer wieder mit der Bezeichnung „Neokolonialismus" bezeichnet. „Das Wort Neokolonialismus will – wenn es exakt gebraucht wird – sagen, dass Kräfte am Werk sind, die versuchen, Abhängigkeiten und Ausbeutungsmechanismen des Kolonialzeitalters mit anderen, weniger auffälligen Mitteln zu konservieren oder neu zu etablieren. Es wäre einigermaßen erstaunlich, wenn es solche Kräfte nicht gäbe. Die koloniale Vergangenheit liegt erst wenige Jahre zurück und politische Unabhängigkeit ist nicht gleichbedeutend mit wirtschaftlicher."[1]

Aufgaben:

5.1 Welche Vorstellung(en) verknüpfen Sie mit dem Begriff Kolonialismus?

5.2 Was soll damit gesagt werden, wenn behauptet wird, Entwicklungspolitik sei Neokolonialismus?

5.3 Nehmen Sie aus Ihrer Sicht Stellung zum Vorwurf des Neokolonialismus!

6. Nehmen Sie zu der These Stellung, dass die Förderung des Außenhandels die beste Entwicklungshilfe sei!

7. Erläutern Sie folgende Aussage: „Entwicklungspolitik ist auch Weltwirtschaftspolitik"!

8. 8.1 Erklären Sie, was unter fairem Handel zu verstehen ist!

8.2 Worauf weist das abgebildete Kennzeichen hin?

8.3 Erkunden Sie im Einzelhandel, in Kantinen und Restaurants, ob und welche Produkte aus fairem Handel stammen!

9. Erklären Sie den Begriff „Bevölkerungsexplosion"!

10. Ende der 60er-Jahre hatte die Wachstumsrate der Weltbevölkerung ihr Maximum von 2 % pro Jahr erreicht; seither ist ein Rückgang auf 1,7 % zu verzeichnen. Trotzdem wird die Bevölkerungszunahme von heute bis weit in das nächste Jahrtausend hineinreichen.

Aufgabe:

Erklären Sie, warum das so ist!

11. Nennen Sie – außer der Bevölkerungsexplosion – weitere Problembereiche der Entwicklungsländer und damit der Entwicklungspolitik!

12. Auf der Erde werden mehr Nahrungsmittel erzeugt als für die Ernährung aller Menschen notwendig ist. In vielen Ländern gibt es jedoch zu wenig Grundnahrungsmittel.

Aufgabe:

Gibt es Möglichkeiten, diesen Widerspruch aufzulösen?

13. Im Rahmen der Entwicklungspolitik sind die Industrieländer bestrebt, die globalen Wohlstandsunterschiede schrittweise auszugleichen. Diese Absicht steht jedoch oftmals im Widerspruch zu politischen Regelungen auf anderen Politikfeldern der Industrieländer, wie auch nachfolgender Text verdeutlicht.

1 Eppler, E.: Wenig Zeit für die Dritte Welt, 5. Aufl., S. 124.

23 Boller, Hartmann - ISBN 978-3-8120-0398-8

Was Moses von der Milch bleibt

[...] In den Regalen der Supermarktkette Uchumi in Kampala, Uganda, herrscht kein Mangel an Milchprodukten: Mascarpone und Parmesan aus Italien, Gouda aus Holland, Milchpulver aus Irland und Südafrika. Markt-Manager Eric Korir ist stolz auf das internationale Sortiment. „Die nationale Produktion kann die Nachfrage ja längst nicht befriedigen."

Das ist wahr und falsch zugleich. Denn Ugandas Bauern liefern ausreichend Milch – viele haben schon vor Jahren Friesen-Kühe eingekreuzt, um die Erträge zu steigern. Doch der Großteil der Milch findet nicht den Weg in Molkereien. Die Vermarktung, die die staatliche Milchgesellschaft bis Anfang der 90er organisierte, funktioniert nicht mehr.

„GBK Dairy Products" ist eine der wenigen Molkereien, die den Niedergang der Milchwirtschaft nach der Liberalisierungseuphorie überlebt haben. Am einzigen Standort in Mbarara verarbeitet GBK heute gerade mal bis zu 35 000 Liter Milch am Tag – auch zu Butter und Joghurt. „Wir würden die Kapazität gerne steigern, die Nachfrage ist da, aber uns fehlen die Mittel", sagt Betriebsleiter Godwin Tumwebaze.

[...] Gegen die Dumpingimporte aus Europa haben heimische Produzenten so gut wie keine Chance. Nach Berechnungen von Oxfam liegen die Exportpreise in Deutschland im Schnitt 41 Prozent und in der EU 31 Prozent unter den Produktionskosten in Europa. „Dumping findet nach wie vor im großen Stil statt", sagt Oxfam-Agrarreferentin Marita Wiggerthale. Ein Großteil sei auf die EU-Exportsubventionen von 1,43 Milliarden Euro zurückzuführen, die auf das Konto großer Milchkonzerne gingen. [...] „Es gibt viele Milchbauern, die ihre Familien nicht mehr richtig ernähren können", weiß Farmer Patrick Bharunhanga, der rund 70 Kühe auf der Weide hat. [...] „Keiner von uns bekommt Subventionen, wie sollen wir da mit den Importen konkurrieren können?"

Für Armin Paasch, Handelsexperte des Food First Informations- und Aktions-Netzwerks (Fian), ist die Situation der Kleinbauern eine direkte Folge der europäischen Handelspolitik. „Europäische Agrarexporte zu Dumpingpreisen gefährden das Menschenrecht auf Nahrung", sagt Paasch. [...] Wehren können sich afrikanische Staaten wie Uganda gegen Importe aus der EU nicht. Dafür sorgen Wirtschaftspartnerschaftsabkommen (EPA), denen bereits zahlreiche Länder zugestimmt haben. Auch Uganda hat sich darin verpflichtet, seine Importzölle für 80 Prozent der EU-Einfuhren in den nächsten Jahren abzuschaffen und die restlichen Zölle auf niedrigem Niveau einzufrieren. [...]

Quelle: Tobias Schwab, „Was Moses von der Milch bleibt".

Aufgabe:

Lesen Sie zunächst diesen Text!

Diskutieren Sie konkrete politische Maßnahmen, wie den Landwirten aus Uganda geholfen werden könnte. Unterziehen Sie ihre Vorschläge einer kritischen Würdigung, indem Sie diese sowohl aus Sicht der Europäischen Union als auch aus Sicht des Staates Uganda beurteilen!

Lernbereich 10: Merkmale und Wirkungsweisen der sozialen Marktwirtschaft darstellen und bewerten

1 Die soziale Marktwirtschaft in Deutschland als Realtyp einer Wirtschaftsordnung

1.1 Die Grundidee der sozialen Marktwirtschaft

Merke:

Die soziale Marktwirtschaft kann als **pragmatische Variante** des **Neoliberalismus** oder gar als eine **„Spielart"** des **Ordoliberalismus** verstanden werden. An diesem Leitbild orientiert sich die **Gestaltung** der praktischen Wirtschaftspolitik der Bundesrepublik Deutschland.

Die nachfolgenden Zeitungsartikel veranschaulichen sowohl die Bedeutung als auch die Aktualität dieser Konzeption.

Alfred Müller-Armack (1901–1978) – Der Namensgeber der „Sozialen Marktwirtschaft"

Der Ökonom und Religionssoziologe Alfred Müller-Armack hat das wohl wirkungsvollste Schlagwort der deutschen Politik in der zweiten Hälfte des 20. Jahrhunderts erfunden: Soziale Marktwirtschaft. Erstmals taucht der Begriff als Überschrift des zweiten Kapitels in dem schmalen Band „Wirtschaftslenkung und Marktwirtschaft" auf, den Müller-Armack 1946 publiziert hat. Bis zu seinem Lebensende schrieb er „sozial" mit großem S. Er forderte eine Ordnung „nach dem Maße des Menschen". Neben der Freiheit nannte er soziale Gerechtigkeit als das zweite „große sittliche Ziel", dem er sich verpflichtet fühle. Der Begriff der Sozialen Marktwirtschaft blieb jedoch – in Müller-Armacks Schriften wie in der politischen Praxis – seltsam schwammig. Gerade das hat dazu beigetragen, dass er über die Parteigrenzen hinweg populär wurde. In den Aufbaujahren der Bundesrepublik arbeitete Müller-Armack als Abteilungsleiter für Wirtschaftspolitik und ab 1958 als Staatssekretär für Europafragen im Wirtschaftsministerium eng mit Ludwig Erhard zusammen. Angesichts des Aufschwungs der Wirtschaft plädierte er Anfang der 60er-Jahre dafür, eine zweite Phase der Sozialen Marktwirtschaft zu beginnen – vielfach ist ihm daher vorgeworfen worden, an der Aufblähung des Sozialstaats, die später zu dessen Krise führte, mitschuldig zu sein. Bevor Müller-Armack 1952 in die Politik ging, machte er als Wissenschaftler Karriere. Der in Essen geborene Sohn eines Betriebsleiters bei Krupp war einer der jüngsten Privatdozenten der Weimarer Republik, dann Professor in Münster und Köln. Als Erhard 1963 aus dem Wirtschaftsministerium ins Kanzleramt wechselte, kehrte er an die Universität Köln zurück. Vergebens hatte er sich zuvor um eine Integration Großbritanniens in die Europäische Wirtschaftsgemeinschaft bemüht. Müller-Armack blieb eine der Gallionsfiguren der Sozialen Marktwirtschaft, er war unter anderem Vorsitzender der Ludwig-Erhard- und der Konrad-Adenauer-Stiftung. Als der Versöhner von Kapital und Arbeit 1978 starb, blieben viele Nachrufe ungedruckt: Die Drucker streikten gerade.

Quelle: Stern Nr. 13 vom 23.03.2006.

Walter Eucken (1891–1950) – Der Verteidiger des fairen Wettbewerbs

Seine Witwe Edith hat lange nach dem Krieg über Walter Eucken gesagt, er sei gar nicht intellektuell gewesen. Groß und schlank war er, ein guter Spielkamerad für die Kinder – und ein aufrechter Mann: Wie nur wenige deutsche Professoren hat er dem Nationalsozialismus widerstanden. Als die Nürnberger Rassengesetze 1935 in Kraft traten, schrieb er, „diese Sünde" werde sich furchtbar am deutschen Volk rächen.

Später haben er und seine Mitstreiter an der Universität Freiburg Konzepte für eine Wirtschaftsordnung Deutschlands nach dem Ende der NS-Herrschaft erarbeitet und Kontakt zu Widerstandsgruppen gehalten.

Obwohl nationalsozialistische Studenten schon 1936 gefordert hatten, ihn umzubringen, überstanden Eucken und seine aus einer jüdischen Familie stammende Frau die Jahre bis 1945. Vielleicht hat Eucken auch davon profitiert, dass er aus einer Vorzeigefamilie des Bildungsbürgertums stammte; sein Vater war der Philosoph und Literaturnobelpreisträger Rudolf Eucken. Von 1927 bis zu seinem Tod lehrte Walter Eucken in Freiburg. Entschieden wandte er sich gegen die in den 30er-Jahren nach den Erfahrungen mit der Weltwirtschaftskrise weit verbreitete Vorstellung, dass die Wirtschaft zentral gelenkt werden solle. Er vertraute dem Markt, war aber zugleich ein Gegner des ungezügelten Laissez-faire-Kapitalismus des 19. Jahrhunderts. Sein Ideal war ein Staat, der den Rahmen für freien und fairen Wettbewerb setzt, ansonsten aber nicht in die Wirtschaft eingreift. Ihm ging es, wie er sagte, nicht darum, „die so genannten Missbräuche wirtschaftlicher Macht zu bekämpfen, sondern wirtschaftliche Macht selbst".

Die von ihm begründete Schule des Ordoliberalismus hatte großen Einfluss auf die Organisation der Sozialen Marktwirtschaft in Deutschland. Eine entschlossene Gesetzgebung gegen Kartelle, die sein Hauptanliegen war, kam aber nicht zustande. Er starb 1950, keine 60 Jahre alt, nach einem Herzanfall bei einer Reise an die berühmte London School of Economics, wo er Gastvorträge über „Unsere erfolglose Zeit" gehalten hatte.

Quelle: Stern Nr. 13 vom 23.03.2006.

Viel mehr als nur eine effiziente Wirtschaftsordnung

Verbindung zwischen marktwirtschaftlichen und sozialen Zielen

Ludwig Erhard, der erste Wirtschaftsminister der Bundesrepublik Deutschland, verwendete den Begriff der „Sozialen Marktwirtschaft", als er nach 1948 in mutigen Schritten die Marktwirtschaft in der Bundesrepublik einführte und damit die Zwangswirtschaft der ersten Nachkriegsjahre ablöste. Der Begriff „Soziale Marktwirtschaft" selbst stammt von seinem Mitarbeiter, dem Staatssekretär Alfred Müller-Armack.

Für Erhard und Müller-Armack war die soziale Marktwirtschaft mehr als nur eine effiziente Wirtschaftsordnung mit sozialen Korrekturen. Sie verstanden die soziale Marktwirtschaft als eine ordnungspolitische Idee, als ein gesellschaftspolitisches Ordnungskonzept. Durch die soziale Marktwirtschaft sollte auf der Basis der Ideale einer liberalen Wirtschaftsordnung und auf der Basis wirtschaftlicher Freiheit gleichzeitig die Verwirklichung sozialer Ziele möglich werden. Dieses Leitbild der sozialen Marktwirtschaft bildet seit nunmehr gut einem halben Jahrhundert die Grundlage der deutschen Wirtschafts- und Sozialpolitik.

Sie war in den zurückliegenden Jahrzehnten Garant für die Realisierbarkeit eines erfolgreichen und gleichzeitig menschlichen Wirtschaftssystems. Die „Soziale Marktwirtschaft" ist nicht nur in Deutschland, sondern in vielen Mitgliedstaaten der Europäischen Union Leitbild wirtschafts- und gesellschaftspolitischer Gestaltung. Auch wenn die Sozialsysteme in Europa starke Unterschiede aufweisen, die es durchaus rechtfertigen, von einem kontinentaleuropäischen Leitbild der „Sozialen Marktwirtschaft" zu sprechen.

In Kontinentaleuropa existiert ein breiter gesellschaftlicher Konsens darüber, dass ökonomische Effizienz und soziale Gerechtigkeit zusammen gedacht werden müssen. Ein weiteres wesentliches Merkmal des kontinentaleuropäischen Sozialmodells ist die ausgeprägte soziale Präsenz des Staates. Sie zeigt sich durch überwiegend staatlich organisierte Bildungssysteme, die vergleichbare und qualitativ hochwertige Bildungsabschlüsse ermöglichen, durch umfassend ausgebaute Systeme des Arbeitnehmerschutzes, durch einen Sockel an arbeitsrechtlichen Vorschriften, durch ausgebaute Systeme der sozialen Sicherheit gegen die großen sozialen Lebensrisiken Krankheit, Alter, Arbeitslosigkeit und Invalidität sowie durch die Gewährleistung sozialpartnerschaftlicher Strukturen, die mit dem Staat kooperieren.

Die ausgeprägte soziale Präsenz des Staates spiegelt sich beispielsweise in den Sozialausgaben wider. Nach Zahlen der OECD lag in Deutschland 1995 der Anteil der staatlichen Sozialleistungen bei rund 25,9 Prozent des Bruttoinlandsprodukts. In den USA waren es nur rund 17,5 Prozent ...

Trotz der weitgehend unbestrittenen Erfolge der sozialen Marktwirtschaft geriet dieses Sozialmodell mit wachsender Arbeitslosigkeit und einem zwischenzeitlichen Paradigmawechsel hin zur Angebotspolitik unter zunehmende Kritik. Die wirtschaftlichen Schwierigkeiten der neunziger Jahre in Kontinentaleuropa und die Diskussion über die wirtschaftliche Globalisierung und über die Frage nach der Wettbewerbsfähigkeit der europäischen Wirtschaft spitzten die Debatte über den Sozialstaat weiter zu.

Quelle: Die SparkassenZeitung vom 25.08.2000.

Siegeszug um die Welt bestätigt die Vorteile

Soziale Marktwirtschaft ohne Alternative

... Elemente der sozialen Marktwirtschaft sind erstens das Privateigentum, zweitens der Wettbewerb, und drittens die Korrektur der wirtschaftlichen Ergebnisse durch die Politik. Letzteres orientiert an sozialen Erfordernissen.

Die Logik der Marktwirtschaft ist relativ einfach: Nur Privateigentum garantiert den optimalen Einsatz der volkswirtschaftlichen Ressourcen zum Zwecke der Produktion oder der Erstellung von Dienstleistungen. Eigentum geht mit Verantwortung und Engagement einher. Nur dies entspricht der menschlichen Natur.

Gesellschaftsordnungen, die hohe ethische Postulate formulieren und dabei die Gegebenheiten des Menschen vernachlässigen, sind immer gescheitert. Oft unter entsetzlichen Opfern. Dabei ist selbstverständlich, dass Privateigentum durch berechtigte Interessen der Allgemeinheit eingeschränkt werden kann. Eigentum verpflichtet und dies darf keine Leerformel sein.

Das zweite Element der sozialen Marktwirtschaft ist ebenso kostbar und eher noch sensibler als das Eigentum. Wettbewerb ist Voraussetzung für ausreichende Effizienz. Dabei geht es im Übrigen gleichermaßen um materielle Werte wie auch um Ansehen und Prestige. Auch hier wird der Mensch so genommen wie er ist. Wenn allerdings Wettbewerb eingeschränkt wird durch Konzentration und Monopolbildung oder gar durch den Zugewinn an politischer Macht, steht es schlecht um die Marktwirtschaft.

Staatliche Wettbewerbsaufsicht, Kartellverbot, Fusionskontrolle sind unverzichtbare Voraussetzungen für das Funktionieren des marktwirtschaftlichen Systems. Alles in allem funktionieren diese Instrumente recht gut, zumindest in den entwickelten Gesellschaften des Westens. Allerdings gibt es neue Herausforderungen aufgrund der raschen Globalisierung und das Entstehen regionaler Blöcke wie der Europäischen Union und der Nafta.

Man kann es drehen und wenden wie man will, eine pluralistische und demokratische Gesellschaft ist ohne Eigentum und Wettbewerb nicht denkbar, ansonsten brauchen wir den allgegenwärtigen und alles regelnden Staat. Und der wird immer eine Bedrohung der Freiheit mit sich bringen.

Nun kommen die Kritiker: Effizienz der Marktwirtschaft, das stimme schon. Wo aber bleibt die Gerechtigkeit? Die Marktwirtschaftler haben klare und überzeugende Antworten: Es ist nicht zu leugnen, dass Menschen auf dieser Welt oder auch nur in einem Lande weit davon entfernt sind, gleiche oder vergleichbare Startchancen zu besitzen. Ihre Lebensumstände sind zu verschieden und ihre Begabungen ebenfalls. Wir müssen deshalb mit staatlichen Mitteln, durch Gesetzgebung und Gesetzesvollzug darauf hinwirken, die Startchancen der Menschen anzugleichen. Das kostet unter anderem viel Geld, was im Übrigen nur in einer effizienten Gesellschaft zur Verfügung steht.

Und dies zu erreichen wird niemals vollständig gelingen. Wer darüber allerdings den Schluss ziehen will, nicht etwa nur die Startchancen der Menschen anzugleichen, sondern auch das Ergebnis ihrer Arbeit, der macht einen verhängnisvollen Fehler. Er zerstört Leistungsanreize, Motivation und Engagement. Arbeit lohnt sich nicht mehr. Damit ist die Effizienz des gesamten Systems verloren und in der Folge auch die Ressourcen, mit denen jenen geholfen werden muss, die weniger günstige Startchancen haben ...

Quelle: Die SparkassenZeitung vom 25.08.2000.

Die soziale Marktwirtschaft prägt bereits seit der Währungsreform im Jahr 1948 das wirtschaftliche Geschehen in der Bundesrepublik Deutschland und entstand vor dem Hintergrund negativer Erfahrungen der jüngeren Vergangenheit. So waren einerseits die negativen Auswirkungen eines Systems der staatlichen Wirtschaftslenkung noch allgegenwärtig, wohingegen andererseits die Nachteile (z. B. starke Konzentrationstendenzen setzten den Wettbewerb weitgehend außer Kraft, soziale Probleme blieben ungelöst) einer staatslosen liberalen Wirtschaftsordnung im Sinne einer reinen „Laissez-faire-Wirtschaft" aus dem Beginn der Weltwirtschaftskrise hinreichend bekannt waren.

Bei der sozialen Marktwirtschaft handelt es sich weniger um ein in sich geschlossenes Konzept, als vielmehr um eine **Leitidee,** die **durch Wirtschaftspolitik** mit Leben gefüllt werden muss.

Merke:

Die Grundidee der Wirtschaftsordnung der sozialen Marktwirtschaft besteht darin, „das **Prinzip der Freiheit** auf dem Markt mit dem des **sozialen Ausgleichs** zu verbinden".[1]

Diese Vorstellung beinhaltet die Forderung nach einer Steuerung des gesamtwirtschaftlichen Geschehens über das **leistungsfähige Koordinationssystem** der Marktwirtschaft, wobei durch ergänzende **staatliche Wirtschaftspolitik** ein Ordnungsrahmen geschaffen und ein sozialer Ausgleich herbeigeführt werden soll. Insgesamt sollen durch diese Ausgestaltung der Leitidee die Nachteile einer rein marktwirtschaftlichen Wirtschaftsordnung vermieden werden, ohne jedoch deren Vorteile zu zerstören.

Merke:

Bei der sozialen Marktwirtschaft sind **Freiheit und Verantwortung** miteinander gekoppelt.

Die Verantwortung umfasst die Verantwortung des Einzelnen für sich selbst und auch für andere. Um dieses Ziel zu erreichen, lautet eine zentrale Forderung der sozialen Marktwirtschaft, dass über den Einsatz ergänzender Wirtschafts- und Sozialpolitik nach dem **Subsidiaritätsprinzip** entschieden werden soll. Dies bedeutet, dass übergeordnete Instanzen im Sinne einer **Hilfe zur Selbsthilfe** erst dann eingeschaltet werden sollen, wenn dezentrale Entscheidungsträger (z. B. Haushalte und Unternehmen) ein Problem allein nicht mehr bewältigen können. Die Betonung dieses Prinzips macht deutlich, dass zunächst vor allem der Einzelne gefordert ist. So hat beispielsweise der Einzelne nicht nur das Recht auf **freie Berufs- und Arbeitsplatzwahl,** er hat vielmehr auch die Pflicht, für sein wirtschaftliches Wohlergehen selbst zu sorgen.

---

1 Vgl. A. Müller-Armack, Wirtschaftsordnung und Wirtschaftsverfassung, Freiburg/Br. 1966, S. 243.

Grundvoraussetzung für ein Eingreifen des Staates nach dem Subsidiaritätsprinzip ist allerdings die maßgebliche Forderung, dass nur solche Maßnahmen staatlicher Wirtschaftspolitik zum Einsatz kommen, die den sozialen Zweck sichern, ohne jedoch störend in die Marktapparatur einzugreifen.

Merke:

Um der Gefahr vorzubeugen, dass staatliche Eingriffe die Leistungsfähigkeit des marktwirtschaftlichen Systems erheblich beeinträchtigen können, sollen diese grundsätzlich **marktkonform** erfolgen.

Marktinkonforme Eingriffe des Staates lägen beispielsweise dann vor, wenn durch staatliche Interventionen die Preise verfälscht würden und somit die Knappheit der einzelnen Güter durch die Preise nicht mehr korrekt angezeigt oder Produktionsfaktoren durch dauerhafte staatliche Steuerungsimpulse (z. B. Subventionen) in unproduktiven Bereichen gebunden (z. B. Kohlebergbau, Landwirtschaft) bzw. in solche Bereiche gelenkt würden. Die soziale Marktwirtschaft ist also so angelegt, dass gesellschaftspolitische, überwirtschaftliche Erwägungen den marktwirtschaftlichen Vorgängen nicht widersprechen, sondern die Funktionsfähigkeit der Märkte gewahrt bleibt.

1.2 Wirtschaftspolitische Funktionen des Staates in der sozialen Marktwirtschaft

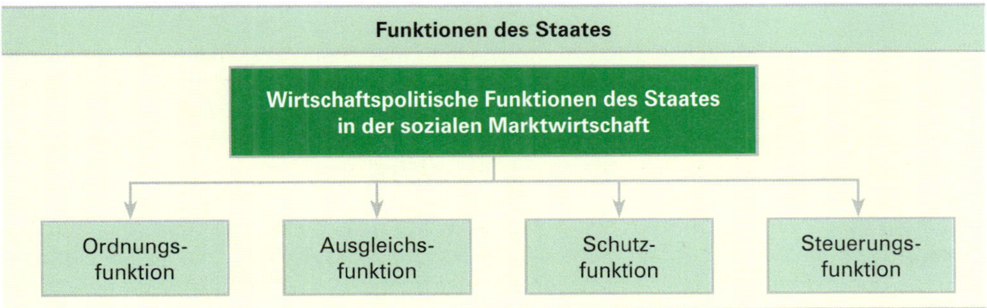

(1) Ordnungsfunktion

Der Nutzen eines freien Marktes für die Marktteilnehmer stellt sich – wie das Scheitern des reinen Liberalismus gezeigt hatte – nur unter ganz bestimmten Voraussetzungen ein, die sich nicht automatisch ergeben, sondern durch die Politik – beispielsweise durch die Schaffung eines Ordnungsrahmens – gestaltet werden müssen.

Dieses Gestalten ist ein wesentliches Merkmal des **neoliberalen** Konzeptes der sozialen Marktwirtschaft, wie es von Alexander Rüstow, Walter Eucken, Franz Böhm, Wilhelm Röpke, Alfred Müller-Armack und anderen theoretisch entwickelt und von Ludwig Erhard politisch umgesetzt wurde.

Geistige Grundlagen der sozialen Marktwirtschaft sind durch die Begriffe „personale Würde" und „Gemeinwohl" umschrieben. Es soll eine gesellschaftliche **Ordnung** geschaffen werden, in der menschenwürdiges Zusammenleben der Einzelnen und der Gemeinschaften, d.h. der Familien, Betriebe, Vereine, Gemeinden, Länder usw., gewährleistet ist.

Zur Entfaltung der Persönlichkeit in der menschlichen Gemeinschaft ist ein politischer und rechtlicher Ordnungsrahmen erforderlich, zu dem die **Sicherung des Eigentums** und der **Vertragsfreiheit** sowie die **Privatautonomie,** die **Sicherung eines Leistungswettbewerbs** und Tätigkeit des Staates zur Sicherung des wirtschaftlichen Bereichs gehören.

Zu der **Ordnungsfunktion** des Staates gehört zudem die Schaffung einer **funktionsfähigen und freiheitlichen Wettbewerbsordnung** zur Erhaltung der wettbewerblichen Selbststeuerung. Die Aufgabe der staatlichen **Wettbewerbspolitik** besteht letztlich darin, dass die Regeln eines fairen Leistungswettbewerbs eingehalten werden. Ein zügelloser Schädigungs- und Vernichtungswettbewerb ist zur langfristigen Sicherung des Wettbewerbs zu vermeiden.

(2) Ausgleichsfunktion

Das Konzept der sozialen Marktwirtschaft ist – wie auch das Subsidiaritätsprinzip verdeutlicht – nicht auf einen **Versorgungsstaat** ausgelegt, da vor allem **Eigeninitiative und -vorsorge** gefragt sind. Das viel zitierte Ziel Ludwig Erhards „Wohlstand für alle" soll also **nicht durch Umverteilung** erreicht werden, sondern durch eine **aktive Teilnahme** möglichst vieler am Leistungserstellungsprozess. Eine Politik des sozialen **Ausgleichs** hat nur dort zu erfolgen, wo der Einzelne aus Gründen, die er nicht zu vertreten hat, kein (ausreichendes) Einkommen erzielen kann, wobei die Hilfe des Staates – dort wo möglich – nur ergänzenden Charakter haben sollte und als **Hilfe zur Selbsthilfe** auszugestalten ist.

Die **Ausgleichsfunktion** des Staates in der sozialen Marktwirtschaft besteht zudem darin, sozial unerwünschte Marktergebnisse zu korrigieren, ohne allerdings die Motivation zur Selbstverantwortung und -versorgung der Wirtschaftssubjekte zu zerstören. Hierzu zählt nicht in erster Linie eine staatliche Umverteilung von Einkommen und Vermögen, sondern vielmehr die Sicherstellung von **Startgerechtigkeit** und **Durchlässigkeit.** Startgerechtigkeit bedeutet **Chancengleichheit** in dem Sinne, dass jeder die **seinen Anlagen und Fähigkeiten** entsprechenden Startbedingungen erhalten soll, ohne natürliche Ausgangsunterschiede künstlich einzuebnen. So bedeutet dies beispielsweise für die Haushalte, dass jedem – unabhängig von den finanziellen Voraussetzungen – die Möglichkeit offenstehen sollte, über den Besuch öffentlicher Bildungseinrichtungen (z.B. Schulen, Fachhochschulen, Universitäten) seinen Fähigkeiten entsprechende Qualifikationen zu erwerben. Für Unternehmen hingegen müssen der Wettbewerb garantiert und Wettbewerbsverfälschungen verhindert werden. Weiterhin ist die Durchlässigkeit der Strukturen zu sichern, d.h., eine Privilegien-Hierarchie ist zugunsten einer **Leistungs-Hierarchie** abzubauen.

(3) Schutzfunktion

Die **Schutzfunktion** des Staates zielt vor allem auf den Schutz schwächerer Marktteilnehmer sowie der Lebensgrundlage ab, da die Marktsteuerung in diesen Bereichen weitestgehend versagt. Wichtige Pfeiler zur Umsetzung dieser Vorstellungen sind beispielsweise die **Verbraucherschutzpolitik** (vgl. hierzu nachfolgenden Artikel) oder die **Umweltschutzpolitik.**

Entwicklung des Verbraucherschutzes in Deutschland

Böse Zungen behaupten, dass Verbraucherschutz für eine „Verdummung der Verbraucher" sorgt, weil er ihnen lehrreiche, wenn auch leidvolle Erfahrungen erspare. Vor dem Hintergrund immer neuer Lebensmittelskandale, aber auch angesichts eines schier unübersichtlichen Produktmarkts und fast allgegenwärtiger Werbung sind ein unabhängiger Wegweiser und ein Korrektiv, wie es die Verbraucherschutzverbände und ähnliche Organisationen in Deutschland darstellen, aus der Wirtschaft jedoch nicht mehr wegzudenken.

Die Anfänge des Verbraucherschutzes hierzulande lassen sich auf den Beginn der Industrialisierung datieren. Konsumenten sind zu dieser Zeit zum ersten Mal mit den Auswirkungen der Massenproduktion konfrontiert, aus der Arbeiterbewegung bilden sich daher zu Beginn des vergangenen Jahrhunderts Konsumgenossenschaften, um auch den Verbraucher (oder zumindest die Mitglieder solcher Genossenschaften) vor Ausbeutung zu schützen. Verbände wie die Hausfrauenvereinigung (1903) oder der Deutsche Hausfrauenbund (1915) werden mit dem Ziel gegründet, Frauen Informationen zu hauswirtschaftlichen Themen zugänglich zu machen. In den 1920er-Jahren entstehen die ersten Mietervereine, Genossenschaften gibt es nun außerdem auch im Wohnungssektor. Nach der Gleichschaltung der Verbraucherorganisationen im Nationalsozialismus lebt die Debatte um den mündigen Verbraucher nach dem Zweiten Weltkrieg wieder auf: 1949 gründen christliche Verbände den „Ständigen Ausschuss für Selbsthilfe" in Köln. Hier geht es unter anderem darum, Verbrauchern den Rücken zu stärken – und gewissermaßen als Gegengewicht zur Wirtschaft eine Organisation für Verbraucher zu schaffen.

Da diese aber in ihrer Gesamtheit nicht erst irgendwo Mitglied werden möchten, um unabhängig und objektiv über Verbraucherangelegenheiten informiert zu werden, wird 1953 die „Arbeitsgemeinschaft der Verbraucherverbände" (AgV) gegründet. Einige Jahre später unternimmt die AgV den ersten Warentest in Deutschland – Waschmittel werden verglichen. 1964 wird sogar eine eigenständige Organisation für Warentests (später auch Dienstleistungstests) etabliert, die „Stiftung Warentest". Die unabhängige Stiftung bürgerlichen Rechts finanziert sich zum großen Teil über den Verkauf ihrer Publikationen; da dort keine Anzeigen geschaltet werden dürfen und die Stiftung auch sonst keine Werbung machen darf, erhält sie zudem eine jährliche Ausgleichszahlung vom Staat. Die „Stiftung Warentest" kauft Produkte anonym ein und nimmt Dienstleistungen verdeckt in Anspruch. Auf diese Weise werden jährlich inzwischen rund 2 000 Produkte gecheckt und 100 Dienstleistungstests gemacht; immer mehr Unternehmen werben damit, falls sie gute Testergebnisse erzielen.

Zudem werden im Laufe der 1960er-Jahre in allen Bundesländern Verbraucherzentralen gegründet. Sie verstehen es als ihre Aufgabe, Verbrauchern einen Marktüberblick zu verschaffen, sie bei individuellen Problemen zu beraten und dabei gegebenenfalls für juristischen Beistand zu sorgen. Im Laufe der Zeit kommen (kostenpflichtige) Ratgeberpublikationen hinzu. Die AgV konzentriert sich derweil auf Lobbyarbeit, setzt beispielsweise durch, dass Verbraucherverbände klagen können, um die Unterlassung unlauteren Wettbewerbs zu erzwingen. Auch andere Gesetzesreformen gehen auf die Initiative der Verbraucherschützer zurück, etwa die Reform des Lebensmittel- oder des Arzneimittelrechts, das Gesetz über Allgemeine Geschäftsbedingungen oder das Reisevertragsgesetz. Seit den 1980er-Jahren spielen in der Rechtsprechung Verbraucherfragen eine immer größere Rolle.

Der größte Lebensmittelskandal der vergangenen Jahre sorgt schließlich dafür, dass auch politisch die Interessen der Verbraucher institutionell vertreten werden: Im Zusammenhang mit der BSE-Krise wird 2001 das Bundesverbraucherministerium gegründet, dem auch die Ressorts Landwirtschaft und Ernährung zugeordnet werden. Verbraucherschutz in Deutschland: Das ist mittlerweile zum großen Teil EU-Angelegenheit, denn viele Vorschriften, Ge- und Verbote in Sachen Verbraucherrecht kommen inzwischen aus Brüssel.

Quelle: Informationen zur politischen Bildung Nr. 293/2006.

(4) Steuerungsfunktion

Des Weiteren nimmt der Staat eine **Steuerungsfunktion** innerhalb des Ordnungsrahmens wahr. Ein wichtiger Pfeiler dieser Steuerungsbemühungen des Staates ist die **Konjunkturpolitik.** Sie hat die Aufgabe, konjunkturelle Schwankungen unter Beachtung eines stabilen Preisniveaus, eines möglichst hohen Beschäftigungstandes, einer ausgeglichenen Zahlungsbilanz und eines stetigen Wirtschaftswachstums möglichst auszugleichen. Daneben hat er für eine ausreichende Infrastruktur zu sorgen. Auch Hilfen für die Privatwirtschaft und die Arbeitnehmer zur **marktkonformen Anpassung** an Strukturveränderungen werden akzeptiert. Schließlich kann der Staat als Nachfrager die Struktur von Unternehmen beeinflussen. Der Staat hat sich allerdings mit seiner Haushaltspolitik, unter Berücksichtigung der gesamtwirtschaftlichen Ziele, der Marktentwicklung anzupassen.

Um diese Ziele zu erreichen, sollen die Marktteilnehmer selbstständig planen. Über den Markt werden die Pläne miteinander koordiniert und ständig den laufenden Entwicklungen angepasst. Es besteht vorwiegend **Privateigentum an Produktionsmitteln.** Die Nutzung dieses Privateigentums ist am Gemeinwohl zu orientieren. Das Prinzip der Vertragsfreiheit gilt auch für die Festsetzung der Arbeitsbedingungen einschließlich der Festlegung der Arbeitsentgelte durch die autonomen Tarifparteien.

Zusammenfassung

- Die Grundidee der Wirtschaftsordnung der sozialen Marktwirtschaft besteht darin, das **Prinzip der Freiheit** auf dem Markt mit dem des **sozialen Ausgleichs** zu verbinden.
- Eine zentrale Forderung der sozialen Marktwirtschaft lautet, dass über den Einsatz ergänzender Wirtschafts- und Sozialpolitik nach dem **Subsidiaritätsprinzip** entschieden werden soll. Dies bedeutet, dass übergeordnete Instanzen im Sinne einer **Hilfe zur Selbsthilfe** erst dann eingeschaltet werden sollen, wenn dezentrale Entscheidungsträger (z. B. Haushalte und Unternehmen) ein Problem allein nicht mehr bewältigen können. Die Betonung dieses Prinzips macht deutlich, dass zunächst vor allem der **Einzelne** gefordert ist.
- Um der Gefahr vorzubeugen, dass **staatliche Eingriffe** die Leistungsfähigkeit des marktwirtschaftlichen Systems erheblich beeinträchtigen können, sollen diese grundsätzlich **marktkonform** erfolgen.
- 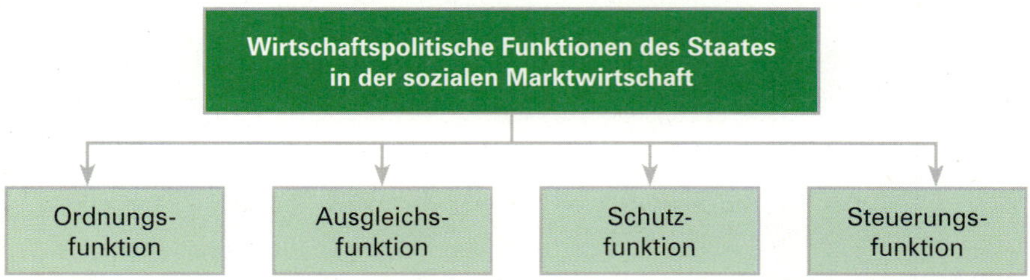

Übungsaufgaben

39 1. Nennen Sie zwei Theoretiker des Konzepts der sozialen Marktwirtschaft!

2. In welcher Funktion hat Ludwig Erhard das Konzept der sozialen Marktwirtschaft politisch umgesetzt?

3. In welcher Beziehung stehen Freiheit und Verantwortung in der sozialen Marktwirtschaft zueinander?

4. Was versteht man unter dem Subsidiaritätsprinzip?

5. Welche Funktionen fallen dem Staat in der sozialen Marktwirtschaft zu? Ordnen Sie jeder Funktion eine bestimmte Politik zu!

6. Welche Unterschiede bestehen zwischen der Marktwirtschaft und der sozialen Marktwirtschaft?

40 1. **Unterrichtsvorschlag: Brainstorming und Expertengespräch**

Wirtschaftswissenschaftler betonen immer wieder, dass seit Mitte der 60er-Jahre die eigentlich geforderte Wirtschaftspolitik zur Wahrung des Subsidiaritätsprinzips zunehmend durch eine Umverteilungspolitik verdrängt wurde, die mehr und mehr die Anreize zur Eigeninitiative zerstört, das Subsidiaritätsprinzip unterläuft und zu einer wohlfahrtsstaatlichen Politik ausartet. Diese Ausweitung des „Versorgungsstaates" wird nicht selten auf politische Wahlkampfinteressen zurückgeführt.

Suchen Sie nach konkreten Beispielen staatlicher Wirtschafts- und Sozialpolitik, welche die vorgenannte These untermauern! Entwickeln Sie mittels **Brainstorming** mögliche wirtschaftspolitische Handlungsmöglichkeiten zur Gestaltung dieser Politikfelder, die wieder verstärkt Anreize zur individuellen Initiative und Eigenvorsorge setzt!

Laden Sie einen Experten (z.B. Politiker, Wirtschaftswissenschaftler, Bankenvorstand) ein, um Ihre selbst entwickelten Vorstellungen zu diskutieren!

2. Im Rahmen der sozialen Marktwirtschaft übernimmt der Staat unterschiedliche Funktionen.

Aufgabe:

Ordnen Sie nachfolgenden Sachverhalten eine

(1) zu, wenn die Ordnungsfunktion angesprochen wird,
(2) zu, wenn die Ausgleichsfunktion angesprochen wird,
(3) zu, wenn die Schutzfunktion angesprochen wird,
(4) zu, wenn die Steuerungsfunktion angesprochen wird,
(9) zu, wenn keine Funktion angesprochen wird!

2.1	Der Staat zahlt Wohngeld an kinderreiche Familien.	
2.2	Die Zusammenschlüsse von Unternehmen mit marktbeherrschender Stellung werden untersagt.	
2.3	Zur Stärkung kleiner mittelständischer Unternehmen werden Steuererleichterungen beschlossen.	
2.4	Es wird eine Verordnung zur Verwertung von Altautos erlassen.	
2.5	Es wird gesetzlich festgelegt, dass zum Schutz des Verbrauchers die Kreditinstitute bei Kreditverträgen den anfänglich effektiven Jahreszinssatz angeben müssen.	

2.6	Zur Belebung der Nachfrage im Bereich der Automobilindustrie gewährt der Staat ein Jahr lang einen Zuschuss von 2500,00 EUR beim Kauf eines Neuwagens.	
2.7	Der Steuerfreibetrag für Ehepaare mit Kindern wird erhöht.	
2.8	Zur Reduzierung der Jugendarbeitslosigkeit werden 100000 Ausbildungsplätze bei privaten Bildungsträgern staatlich gefördert.	
2.9	Der Staat verlängert die gesetzlichen Kündigungsfristen für Mietwohnungen im Falle einer Nutzung bei Eigenbedarf.	
2.10	Die Zahlungen für Entwicklungshilfe an südamerikanische Staaten werden um 10 % angehoben.	
2.11	Mit Blick auf die gesamtwirtschaftliche Situation beschließt die Bundesregierung die Zahlung eines einmaligen „Kinderbonus" in Höhe von 200,00 EUR pro Kind.	

3. Welche der folgenden Erläuterungen zur sozialen Marktwirtschaft ist falsch?
   (1) Die soziale Marktwirtschaft versucht das Prinzip der Freiheit auf dem Markt mit dem des sozialen Ausgleichs zu verbinden. ☐
   (2) Die soziale Marktwirtschaft ist eine in sich geschlossene Wirtschaftsordnung.
   (3) Über die Notwendigkeit staatlichen Eingreifens sollte nach dem Subsidiaritätsprinzip entschieden werden.
   (4) Die Vertragsfreiheit ist ein wichtiger Bestandteil des Ordnungsrahmens der sozialen Marktwirtschaft.
   (5) Für sein Wohlergehen ist zunächst jeder Einzelne selbst verantwortlich.

2 Elemente und Wirkungsweisen der sozialen Sicherung sowie des Wettbewerbs als Kernpunkte der sozialen Marktwirtschaft

2.1 Grundlagen der sozialen Sicherung

2.1.1 Notwendigkeit sozialer Absicherung

Merke:

Die **soziale Sicherung** ist eine wesentliche Lebensgrundlage der Menschen.

Die bedeutsamste Absicherung erfolgt in der Bundesrepublik Deutschland durch die gesetzliche **Sozialversicherung.**

- Kennzeichen der gesetzlichen Sozialversicherung ist das **Solidaritätsprinzip**: „Einer für alle, alle für einen." Im Gegensatz zur **privaten Versicherung,**[1] die grundsätzlich eine freiwillige Versicherung ist, stellt die Sozialversicherung eine **gesetzliche Versicherung** dar, der die Mehrheit der Bevölkerung **kraft Gesetzes** angehören muss **(Pflichtversicherung).**

1 Private Versicherungen sind solche, die nach Belieben abgeschlossen werden können (z. B. Lebensversicherungen, Hausratversicherungen). Eine Ausnahme ist z. B. die Kraftfahrt-Haftpflichtversicherung, die für Kraftfahrzeughalter gesetzlich vorgeschrieben ist (private, gesetzlich vorgeschriebene Pflichtversicherung).

- Neben dem **Solidaritätsprinzip** und der **Pflichtmitgliedschaft** zeichnet sich die Sozialversicherung durch die **gesetzliche Festlegung der meisten Leistungen** und die **Beitragsbemessung nach der Höhe des Einkommens** aus. Versicherte mit hohen Einkommen sollen so zur Finanzierung von Leistungen für Versicherte mit niedrigen Einkommen beitragen.

In Deutschland entstand das Sozialversicherungssystem bereits unter Bismarck, und zwar 1883 die gesetzliche Krankenversicherung, 1884 die gesetzliche Unfallversicherung, 1889 die Invaliden- und Altersversicherung und 1911 die Angestelltenversicherung. Erst 1927 entstand die Arbeitslosenversicherung. 1953 wurde die Sozialgerichtsbarkeit, 1970 die Lohnfortzahlung im Krankheitsfall, 1995 die soziale Pflegeversicherung und 2001 die staatlich geförderte private Altersvorsorge eingeführt.

2.1.2 Träger der Sozialversicherung

Die Sozialversicherung umfasst die **gesetzliche Krankenversicherung,** die **soziale Pflegeversicherung,** die **gesetzliche Rentenversicherung,** die **gesetzliche Arbeitsförderung** und die **gesetzliche Unfallversicherung.**

Die **Träger** der gesetzlichen Sozialversicherung können aus der folgenden Abbildung entnommen werden. Unter „Trägern" versteht man die Sozialversicherungsbetriebe, die die Versicherungsgeschäfte betreiben. Die Mitglieder haben das Recht, die **Vertreterversammlungen** bzw. die Verwaltungsräte (bei den Krankenkassen), die sich grundsätzlich zur Hälfte aus Arbeitnehmern und Arbeitgebern zusammensetzen, zu wählen. Die Vertreterversammlungen bzw. Verwaltungsräte wählen die Vorstände.

Die fünf Zweige der gesetzlichen Sozialversicherung				
Gesetzliche Krankenversicherung Träger z. B.: - Allgemeine Ortskrankenkassen - Betriebskrankenkassen - Innungskrankenkassen - Ersatzkassen (z. B. Barmer GEK, DAK, KKH)	**Soziale Pflegeversicherung** Träger: - Pflegekassen (verwaltet von den Krankenkassen)	**Gesetzliche Rentenversicherung** Träger z. B.: - Bundesträger (Deutsche Rentenversicherung Bund) - Regionalträger (Deutsche Rentenversicherung mit Zusatz für jeweilige regionale Zuständigkeiten	**Gesetzliche Arbeitsförderung** Träger: - Bundesagentur für Arbeit in Nürnberg mit den Regionaldirektionen (mittlere Verwaltungsebene) und den Agenturen für Arbeit (örtliche Verwaltungsebene	**Gesetzliche Unfallversicherung** Träger z. B.: - Gewerbliche und landwirtschaftliche Berufsgenossenschaften - Gemeindeunfallversicherungsverbände
Gesetzliche Krankenkassen	**Pflegekassen***	**Deutsche Rentenversicherung**	**Bundesagentur für Arbeit**	**Berufsgenossenschaften und Unfallversicherungsträger der öffentlichen Hand**
Träger der Sozialversicherung				

* Die soziale Pflegeversicherung ist eine eigenständige Säule im System der gesetzlichen Sozialversicherung, auch wenn die gesetzlichen Pflegekassen organisatorisch in die Träger der gesetzlichen Krankenversicherung eingebunden sind.

Die **Sozialversicherung** erfolgt somit durch (sich unabhängig voneinander entwickelte) **verschiedene Sozialversicherungszweige.** Damit dieses Sozialversicherungssystem optimal funktioniert (z.B. Doppelleistungen vermieden und Verwaltungskosten gespart werden) und den Versicherten in seiner Gesamtheit zugute kommt, sind die verschiedenen Sozialversicherungsträger zur Zusammenarbeit verpflichtet. Die Träger von **Sozialleistungen** sind zudem verpflichtet, Sozialleistungen über ein elektronisches Verfahren **an die Finanzämter zu melden.**

2.1.3 Finanzierung der Sozialversicherung

(1) Beitragssätze

Die Beiträge zur Kranken-, Renten-, Arbeitslosen- und Pflegeversicherung müssen grundsätzlich die **Arbeitnehmer und Arbeitgeber je zur Hälfte** tragen. Die Beitragssätze für die Renten- und Arbeitslosenversicherung sowie die Beitragsbemessungsgrenzen werden grundsätzlich jährlich neu festgelegt. Zurzeit[1] gelten folgende Beitragssätze:

- in der **Krankenversicherung** einheitlich 15,5 % des Bruttolohns bzw. -gehalts (inklusive Sonderbeitrag der Arbeitnehmer),
- in der **Rentenversicherung** 18,9 % des Bruttolohns bzw. -gehalts,
- in der **Arbeitslosenversicherung** 3,0 % des Bruttolohns bzw. -gehalts,
- in der **Pflegeversicherung** 2,05 % des Bruttolohns bzw. -gehalts.

Die **Beiträge zur Unfallversicherung** hat in jedem Fall der **Arbeitgeber allein** zu tragen. Ihre Höhe richtet sich nach dem Grad der Gefährdung. Branchen mit höheren Unfallgefahren zahlen somit auch höhere Beiträge.

Bei **Auszubildenden** trägt der Arbeitgeber die Sozialversicherungsbeiträge bis zu einem Arbeitsentgelt von monatlich 325,00 EUR allein.

(2) Sonderbeiträge für Arbeitnehmer

- **Sonderbeitrag zur Krankenversicherung**

Alle Pflichtversicherten zahlen zu ihrem normalen Beitragssatz noch einen Sonderbeitrag von 0,9 % ihres beitragspflichtigen Einkommens. Der Arbeitgeber ist von dieser Sonderzahlung befreit.

Beispiel:

allgemeiner Beitragssatz zur Krankenversicherung (KV)	14,6 %	
paritätischer[2] Beitragssatz von Arbeitgeber und Arbeitnehmer	7,3 %	7,3 %
zuzüglich Sonderbeitrag Arbeitnehmer		0,9 %
Gesamtbelastung KV Arbeitgeber	**7,3 %**	
Gesamtbelastung KV Arbeitnehmer		**8,2 %**

1 Stand: 2013. Die Beitragssätze für die Sozialversicherung bzw. die Beitragsbemessungsgrenzen werden jährlich neu festgelegt. Informieren Sie sich über die derzeit geltenden Beitragssätze und Beitragsbemessungsgrenzen, z. B. im Internet oder bei Ihrer Krankenkasse.

2 **Paritätisch**: gleichgestellt, gleichberechtigt; hier: gleichmäßig aufgeteilt.

Seit dem Jahr 2011 ist der **Arbeitgeberanteil** zur Krankenversicherung bei **7,3 % „eingefroren"**, sodass die künftigen Ausgabensteigerungen über Zusatzbeiträge **ausschließlich** bei den **Versicherten** aufgefangen werden. Übersteigt der Zusatzbeitrag für den jeweiligen Versicherten 2 % des Bruttoeinkommens, soll es einen Sozialausgleich geben.

■ **Sonderbeitrag zur Pflegeversicherung**

Für alle kinderlosen Pflichtversicherten erhöht sich der Beitrag zur Pflegeversicherung um 0,25 % des beitragspflichtigen Einkommens. Ausgenommen von diesem Beitragszuschlag sind Personen, die das 23. Lebensjahr noch nicht vollendet haben, und Personen, die vor dem 1. Januar 1940 geboren wurden. An dieser Erhöhung ist der Arbeitgeber nicht beteiligt.

(3) Beitragsbemessungsgrenzen

Höchstbeiträge sind durch die Beitragsbemessungsgrenzen festgelegt. In der Renten- und Arbeitslosenversicherung beträgt die Beitragsbemessungsgrenze im Jahr 2013 monatlich 5 800,00 EUR in den alten bzw. 4 900,00 EUR in den neuen Bundesländern. Die Beitragsbemessungsgrenze in der Kranken- und Pflegeversicherung beträgt 2013 monatlich 3 937,50 EUR in den alten und in den neuen Bundesländern einheitlich.

Der Arbeitgeber ist verpflichtet, die Beiträge der Arbeitnehmer zur Kranken-, Pflege-, Renten- und Arbeitslosenversicherung vom Gehalt abzuziehen und an die Krankenkasse abzuführen, die ihrerseits die Beiträge zur Renten- und Arbeitslosenversicherung an die zuständigen Träger weiterleitet.

(4) Minijob-Regelung

Arbeitnehmer, Selbstständige, Beamte, Hausfrauen, Rentner, Studenten und Schüler können mit **einem** „gewerblichen Minijob" oder „Minijob in einem privaten Haushalt" regelmäßig monatlich (bis einschließlich) 450,00 EUR (Geringfügigkeitsgrenze) ohne Arbeitszeitgrenze verdienen oder hinzuverdienen.[1] Bei vor den 01.01.2013 abgeschlossenen Minijobs zahlt der Arbeitgeber 15 % (bei „Minijobs in einem privaten Haushalt" 5 %) pauschal für die Rentenversicherung und erforderlichenfalls (bei Krankenversicherungspflicht) 13 % (bei „Minijobs in einem privaten Haushalt" 5 %) pauschal für die Krankenversicherung.

Mit dem **„Gesetz zu Änderungen im Bereich der geringfügigen Beschäftigung"** treten zum 1. Januar 2013 **zwei wesentliche Änderungen** bei geringfügig entlohnten Beschäftigungen ein:

- Die Verdienstgrenze für geringfügig entlohnte Beschäftigungen **(Geringfügigkeitsgrenze)** steigt von 400,00 EUR auf 450,00 EUR.
- Personen, die vom 1. Januar 2013 an ein geringfügig entlohntes Beschäftigungsverhältnis aufnehmen, unterliegen grundsätzlich der **Versicherungspflicht** in der gesetzlichen **Rentenversicherung.** Hierdurch erwerben die Beschäftigten Ansprüche auf das volle Leistungspaket der Rentenversicherung mit vergleichsweise niedrigen eigenen Beiträgen.

Da der Arbeitgeber für eine geringfügig entlohnte Beschäftigung bereits den Pauschalbeitrag zur Rentenversicherung in Höhe von 15 Prozent des Arbeitsentgelts zahlt, ist nur

1 Dieser „Nebenverdienst" wird nicht mehr mit einem sozialversicherungspflichtigen, steuerpflichtigen Hauptverdienst zusammengerechnet.

die geringe Differenz zum allgemeinen Beitragssatz von 18,9 Prozent im Jahr 2013 auszugleichen. Das sind 3,9 Prozent Eigenanteil für den Minijobber. Bei Minijobbern in Privathaushalten ist der Eigenanteil, also die Beitragsdifferenz zwischen dem Arbeitgeberanteil von 5 Prozent und dem vollen Beitragssatz (18,9 Prozent in 2013), mit 13,9 Prozent etwas größer als bei den Minijobs im gewerblichen Bereich.

Alternativ zur vollen Rentenversicherungspflicht können sich Minijobber von der Versicherungspflicht in der Rentenversicherung befreien lassen. Hierfür muss der Beschäftigte dem Arbeitgeber schriftlich mitteilen, dass er die Befreiung von der Versicherungspflicht wünscht. Hierdurch verlieren Minijobber, die nicht anderweitig der Versicherungspflicht in der Rentenversicherung unterliegen, die Ansprüche auf einen Großteil der Leistungen der gesetzlichen Rentenversicherung.

- **Mehrere „Minijobs"** werden zusammengerechnet und führen bei einer Überschreitung der **450-Euro-Grenze** zu einer Sozialabgabenpflicht der Einkommensbezieher.
- Beschäftigungsverhältnisse zwischen 450,01 EUR und 850,00 EUR bilden die **Einkommensgleitzone.** Beschäftigungen innerhalb dieser Gleitzone sind **versicherungspflichtig** in **allen** Zweigen der Sozialversicherung. Der Arbeitgeberanteil zur Sozialversicherung beträgt nach Überschreiten der 450-Euro-Grenze den **vollen** Beitragssatz. Der Arbeitnehmeranteil steigt in **Abhängigkeit des Arbeitsentgelts** von ca. 4 Prozent auf den vollen Arbeitnehmerbeitrag von aktuell ca. 21 Prozent bei einer Vergütung von 850,00 EUR.
- Die Besteuerung in der Einkommensgleitzone erfolgt **individuell.** Eine Pauschalierung, wie bei den 450-Euro-Minijobs, ist hier nicht möglich.

Bei **einem** monatlichen „Minijob" bis einschließlich 450,00 EUR (auch neben einem sozialversicherungspflichtigen „Hauptjob") sind vom Einkommensbezieher für diese 450,00 EUR keine Steuern zu zahlen. Der Arbeitgeber zahlt pauschal 2 % Steuern. Bei einem regelmäßigen monatlichen Einkommen von über 450,00 EUR sind die Einkommensbezieher voll steuerpflichtig.

(5) Staatszuschüsse

Reichen die Einnahmen der Rentenversicherungsträger nicht aus, so muss der Bund die nötigen Finanzmittel aus Steuergeldern aufbringen (sog. Bundesgarantien). Auch zur Finanzierung der Arbeitslosenversicherung reichen die Arbeitnehmer- und Arbeitgeberbeiträge manchmal nicht aus. Bei Bedarf gewährt der Bund weitere Zuschüsse.

2.1.4 Sozialversicherungsausweis

Jede sozialversicherungspflichtige Person erhält einen Sozialversicherungsausweis. Bei Beginn der Beschäftigung muss sich der Arbeitgeber den Ausweis vorlegen lassen. Geschieht dies nicht, ist die Krankenkasse mittels einer Kontrollmeldung unverzüglich zu verständigen, wenn der Beschäftigte die unterlassene Vorlage nicht innerhalb von drei Tagen nachholt.

2.2 Die Säulen der sozialen Sicherung

2.2.1 Gesetzliche Krankenversicherung

(1) Anmeldung und Versicherungspflicht

Die **Anmeldung** der Versicherungspflichtigen bei der gesetzlichen Krankenkasse hat durch den Arbeitgeber grundsätzlich binnen 14 Tagen nach Arbeitsantritt zu erfolgen.[1] Bei maschineller Datenübermittlung beträgt die Meldefrist 6 Wochen.[2] Versäumt der Arbeitgeber die Anmeldung, sind die Arbeitskräfte (auch die Auszubildenden) automatisch vom Tag des Arbeitsantritts bei der AOK versichert. Grundsätzlich können die Versicherungspflichtigen jedoch zwischen den verschiedenen Krankenkassen wählen.

Die **Versicherungspflicht** umfasst z. B. grundsätzlich alle Angestellten und Arbeiter, wenn sie monatlich durchschnittlich nicht mehr als 4350,00 EUR bzw. 52200,00 EUR im Jahr brutto verdienen,[3] alle Auszubildenden, die Bezieher von Renten aus der Rentenversicherung, Empfänger von Arbeitslosengeld und eine Reihe von Selbstständigen. Bestimmte Beschäftigungsgruppen, wie z. B. Beamte und Beamtenanwärter sind nicht versicherungspflichtig. Sie können sich bei einer privaten Krankenkasse versichern lassen.

Merke:

Alle Bürger müssen einer (gesetzlichen oder privaten) **Krankenversicherung** angehören und dadurch einen Krankenversicherungsschutz erhalten.

(2) Gesundheitsfonds

Die Krankenversicherungsbeiträge werden in einen **Gesundheitsfonds** eingezahlt, aus dem die einzelnen Krankenkassen dann pro **Versicherten** eine **Pauschale** sowie **ergänzende Zu- und Abschläge** – Risikostrukturausgleich genannt – je nach Alter, Geschlecht und Krankheit erhalten.

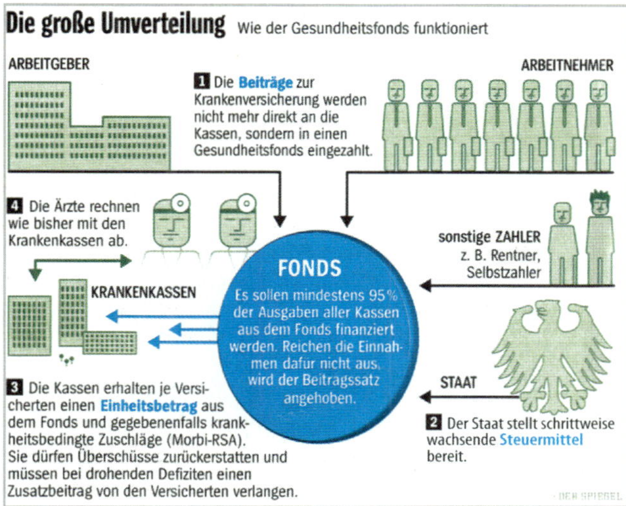

Quelle: DER SPIEGEL Nr. 15/2009 (modifiziert)

1 Geringfügig entlohnte Beschäftigte, z. B. Arbeitnehmer, deren monatliches Arbeitsentgelt nicht höher als 450,00 EUR ist, müssen bereits innerhalb einer Woche nach Beginn der Beschäftigung bei der Krankenkasse (z. B. der AOK, BKK oder IKK) angemeldet werden.

2 In bestimmten Branchen (z. B. Baugewerbe, Gaststätten- und Beherbergungsgewerbe) müssen die Arbeitgeber **Sofortmeldung** erstatten. Die Sofortmeldungen werden den Ermittlungsbehörden zur Bekämpfung der Schwarzarbeit und der illegalen Beschäftigung zur Verfügung gestellt.

3 Diese **Versicherungspflichtgrenze** gilt für das Jahr 2013. Allerdings sind höherverdienende Arbeitnehmer erst dann **krankenversicherungsfrei** – und können damit selbst entscheiden, ob sie weiterhin freiwillig gesetzlich versichert bleiben oder sich privat krankenversichern wollen –, wenn sie **im vergangenen Kalenderjahr mit ihrem Arbeitsentgelt die Jahresarbeitsentgeltgrenze (JAG) überschritten** haben **und im laufenden Jahr überschreiten** werden.

24 Boller, Hartmann - ISBN 978-3-8120-0398-8

(3) Leistungen

Die Leistungen der gesetzlichen Krankenkassen sind gesetzlich vorgeschrieben (Regelleistungen). Über diese Mindestleistungen hinaus können die Krankenkassen in ihren Satzungen **Mehrleistungen** festlegen. Die nachfolgende Tabelle gibt einen Überblick über die wichtigsten Leistungen der gesetzlichen Krankenversicherung:

Folgende Leistungen werden erbracht:	Beispiele aus dem Leistungskatalog
Vorbeugung gegen Krankheiten	Aufklärung und Beratung über Gesundheitsgefährdungen und Vorbeugungsmaßnahmen gegen Krankheit, z. B. Verhütung von Zahnerkrankungen, Vorsorgekuren. Für das gesundheitsbewusste Verhalten der Versicherten (z. B. Teilnahme an Vorsorge- und Früherkennungsuntersuchungen, Präventionsprogrammen oder betrieblicher Gesundheitsförderung) können die Krankenkassen einen Bonus einräumen.
Früherkennung von Krankheiten	■ Krebsvorsorge für Frauen (ab dem 20. Lebensjahr) und Männer (ab dem 45. Lebensjahr) jährlich einmal. ■ Vorsorgeuntersuchungen für Kinder. ■ Gesundheits-Check-up ab dem 35. Lebensjahr zur Erkennung von Herz-, Kreislauf- und Nierenerkrankungen alle zwei Jahre. (Weitere Beispiele erfragen Sie bitte bei Ihrer Krankenkasse.)
Krankenbehandlung	■ Ärztliche Behandlung. ■ Zahnärztliche Behandlung. ■ Versorgung mit Arznei-, Verband-, Heil- und Hilfsmitteln. ■ Krankenhausbehandlung. ■ Häusliche Krankenpflege und Haushaltshilfe. ■ Maßnahmen zur Rehabilitation.
Krankengeld	Versicherte, die durch eine Krankheit arbeitsunfähig sind oder stationär in einem Krankenhaus oder einer Rehabilitationseinrichtung behandelt werden, haben Anspruch auf Krankengeld, das 70 % des regelmäßig erzielten Arbeitsentgelts beträgt und 90 % des Nettoarbeitsentgelts nicht übersteigen darf.
Bei Schwangerschaft und Mutterschaft	Sie umfassen z. B. die ärztliche Betreuung, Versorgung mit Arznei-, Verband- und Hilfsmitteln, Hebammenhilfe, die stationäre Entbindung, häusliche Pflege, Haushaltshilfe, Zahlung von Mutterschaftsgeld[1] sowie Zahlung von Elterngeld.[2] Die Bezieher von Mutterschaftsgeld sind beitragsfrei sozialversichert, sofern sie schon vorher dort versichert waren und keine anderen beitragspflichtigen Einnahmen haben.
Sonstige Hilfen	Hierzu gehören z. B. alle Leistungen, die im Zusammenhang mit der Empfängnisverhütung, Sterilisation, dem Schwangerschaftsabbruch und der künstlichen Befruchtung stehen.

1 Das **Mutterschaftsgeld** wird von der Krankenkasse bezahlt und beträgt zurzeit höchstens 13,00 EUR täglich. Beträgt nach den gesetzlichen Abzügen vom Einkommen das tägliche Arbeitsentgelt mehr als 13,00 EUR, bezahlt der Arbeitgeber diesen Unterschied als Zuschuss zum Mutterschaftsgeld.

Auch berufstätige werdende Mütter, die nicht in einer Krankenkasse versichert sind, bekommen während der Schutzfrist Mutterschaftsgeld. Sie erhalten es vom Bundesversicherungsamt.

Während die Frau Mutterschaftsgeld bezieht, bleibt sie beitragsfrei sozialversichert (renten-, pflege-, kranken- und arbeitslosenversichert), sofern sie schon vorher dort versichert war und keine anderen beitragspflichtigen Einnahmen hat.

2 Vgl. hierzu Kapitel 2.2.6.

(4) Zuzahlungen für Leistungen

Bei bestimmten Leistungen haben die Versicherten **Zuzahlungen** zu leisten, wobei die jährliche Eigenbeteiligung der Versicherten **2 % der Bruttoeinkünfte** (bei chronisch Kranken 1 %) nicht überschreiten darf. Kinder und Jugendliche sind bis zum vollendeten **18. Lebensjahr** von **Zuzahlungen befreit.** Die wichtigsten Zuzahlungen können der nachfolgenden Tabelle entnommen werden:

Arznei- und Verbandmittel	Zuzahlung von 10 % des Preises, mindestens 5,00 EUR (jedoch nicht mehr als die Kosten des Arznei- oder Verbrauchsmittels), höchstens 10,00 EUR je Mittel; nicht verschreibungspflichtige Mittel müssen selbst bezahlt werden.
Heilmittel (z. B. Massagen, Ergotherapie)	10 % der Kosten und 10,00 EUR je Verordnung.
Häusliche Krankenpflege	10 % der Kosten und 10,00 EUR je Verordnung, max. 28 Tage pro Jahr.
Hilfsmittel (z. B. Hörgerät, Einlagen)	10 % der Kosten, mindestens 5,00 EUR, höchstens 10,00 EUR.
Krankenhaus, stationäre Vorsorge und **Rehabilitation**	10,00 EUR pro Tag, max. 28 Tage pro Jahr.
Brillen (Kinder und Jugendliche sowie schwer Sehbehinderte ausgenommen) **Fahrkosten** zur ambulanten Behandlung	müssen selbst bezahlt werden.

2.2.2 Soziale Pflegeversicherung

(1) Notwendigkeit der Pflegeversicherung

Notwendig ist die Pflegeversicherung aus mehreren Gründen: Der Anteil der älteren Menschen an der Bevölkerung wächst, die Zahl der Pflegebedürftigen nimmt zu. Gleichzeitig sind die Kosten für Pflegeleistungen, zum Beispiel im Pflegeheim, in den vergangenen Jahren erheblich gestiegen. Wer nur eine kleine Rente hatte, war bisher auf finanzielle Hilfe von Verwandten oder auf Sozialgeld (der Kommunen) angewiesen.

(2) Begriff Pflegebedürftigkeit/Pflegestufen

Merke:

Pflegebedürftig sind Personen, die

- wegen einer körperlichen, geistigen oder seelischen Krankheit oder Behinderung (Lähmungen, Antriebs-, Gedächtnisstörungen, Störung der Sinnesorgane usw.)
- für die gewöhnlichen und regelmäßig wiederkehrenden Verrichtungen im Ablauf des täglichen Lebens (z. B. Waschen, Aufstehen, An- und Auskleiden, Einkaufen, Kochen, Reinigung der Wohnung)

- auf Dauer
- in erheblichem oder höherem Maße

der Hilfe bedürfen.

Bei der Pflegebedürftigkeit wird auf den Hilfebedarf bei den regelmäßig wiederkehrenden Verrichtungen des Lebens abgestellt, nicht jedoch auf einen allgemeinen Betreuungsbedarf. Um dem unterschiedlichen Grad der Pflegebedürftigkeit gerecht zu werden, wird sie in drei Pflegestufen unterteilt.[1]

Welche Pflegestufe für welchen Pflegebedürftigen?

Voraussetzungen für die Zuordnung zu einer Pflegestufe der sozialen Pflegeversicherung sind, dass die Bedürftigen täglich **Hilfe bei der Grundpflege** brauchen (Körperpflege, Essen u. Trinken, Beweglichkeit) sowie mehrmals pro Woche **Hilfe bei der hauswirtschaftlichen Versorgung** (Einkaufen, Kochen, Putzen u. a.).

Umfang der Pflege:	**So oft am Tag** mindestens (Grundpflege)	**Durchschnittliche Mindestdauer pro Tag** (Grundpflege und hauswirtschaftliche Versorgung)
Pflegestufe I Erheblich pflegebedürftig	**1 x** bei 2 Aktivitäten	**90 Minuten** davon mehr als 45 Minuten für die Grundpflege
Pflegestufe II Schwerpflegebedürftig	**3 x** zu unterschiedlichen Tageszeiten	**3 Stunden** davon 2 Stunden für die Grundpflege
Pflegestufe III Schwerstpflegebedürftig	**rund um die Uhr**	**5 Stunden** davon 4 Stunden für die Grundpflege *im Härtefall:* **6 Stunden** für die Grundpflege, davon **3 x nachts** *oder* sowohl tagsüber als auch nachts werden bei mindestens einer Aktion der Grundpflege **zwei Pflegepersonen** benötigt

Daneben gibt es die
Pflegestufe 0
Erheblich eingeschränkte Alltagskompetenz
Für Demenzkranke, geistig Behinderte oder psychisch Kranke, die zwar Hilfe bei der Grundpflege und der hauswirtschaftlichen Versorgung benötigen, aber die Voraussetzung für die Pflegestufe I nicht erfüllen.

Quelle: Bundesministerium für Gesundheit

© **Globus** 5495

(3) Versicherungspflicht

Die Versicherungspflicht in der **sozialen Pflegeversicherung** besteht für alle Mitglieder der Krankenversicherung (auch freiwillige), ihre nicht berufstätigen Ehepartner und Kinder. Privatversicherte wie z. B. Beamte müssen eine **private Pflegeversicherung** abschließen.

(4) Leistungen

Die Leistungen der Pflegeversicherung richten sich nach der **Pflegebedürftigkeit.** Allerdings setzen die Leistungen zur Pflegeversicherung eine **Vorversicherungszeit** voraus. Sie beträgt 5 Jahre in den letzten 10 Jahren vor Antragstellung.

1 Ob und in welcher Stufe Pflegebedürftigkeit vorliegt, entscheidet die Pflegekasse aufgrund eines Gutachtens, das Ärzte oder Pflegekräfte des „Medizinischen Dienstes" der Krankenversicherung (MDK) in der Wohnung des möglicherweise Pflegebedürftigen bzw. an dessen ständigen Aufenthaltsort erstellen.

Art der Leistungen	Erläuterungen zu den Leistungen
Bei häuslicher Pflege [§§ 36–40 SGB XI]: ■ Pflegehilfe	Pflegebedürftige haben bei häuslicher Pflege Anspruch auf Grundpflege und hauswirtschaftliche Versorgung als Sachleistung. Häusliche Pflege wird durch geeignete Pflegekräfte erbracht. Die Höhe der Pflegehilfe hängt von der Pflegebedürftigkeit ab. Sie beträgt derzeit (2013) monatlich bis zu 450,00 EUR in der Pflegestufe I, bis zu 1 100,00 EUR in der Pflegestufe II, bis zu 1 550,00 EUR in der Pflegestufe III und für besondere Härtefälle bis zu 1 918,00 EUR.
■ Pflegegeld	Pflegebedürftige, welche ihre Pflege selbst sicherstellen, können anstelle der häuslichen Pflegehilfe ein nach der Pflegestufe gestaffeltes monatliches Pflegegeld von 235,00 EUR bis 700,00 EUR erhalten.
Teilstationäre Pflege und Kurzzeitpflege [§§ 41, 42 SGB XI]: ■ Tages- und Nachtpflege	Pflegebedürftige haben Anspruch auf teilstationäre Pflege, wenn häusliche Pflege nicht in ausreichendem Umfang möglich ist. Die Höhe der Aufwendungen für Pflege, Betreuung und medizinische Behandlung richtet sich wieder nach der jeweiligen Pflegestufe.
■ Kurzzeitpflege	Kann häusliche Pflege zeitweise nicht, noch nicht oder nicht im erforderlichen Umfang erbracht werden und reicht teilstationäre Pflege nicht aus, kann für eine Übergangszeit von maximal 4 Wochen im Jahr vollstationäre Pflege in Anspruch genommen werden.
Vollstationäre Pflege [§ 43 SGB XI]	Ist häusliche oder teilstationäre Pflege nicht möglich, haben Pflegebedürftige Anspruch auf vollstationäre Pflege. Die Pflegekasse trägt die Aufwendungen für Pflege, Betreuung und medizinische Behandlung bis zu einem monatlichen Höchstbetrag von 1 550,00 EUR. Bei einem außergewöhnlich hohen und intensiven Pflegeaufwand können für Pflegebedürftige der Pflegestufe III Aufwendungen bis zu 1 918,00 EUR monatlich übernommen werden.

2.2.3 Gesetzliche Arbeitsförderung (Arbeitslosenversicherung)

2.2.3.1 Anmeldung, Versicherungspflicht und Ziele der gesetzlichen Arbeitsförderung

(1) Anmeldung und Versicherungspflicht

Die **Anmeldung** erfolgt durch den **Arbeitgeber.** Die **Versicherungspflicht** umfasst vor allem die Auszubildenden, Angestellten und Arbeiter ohne Rücksicht auf die Höhe ihrer Einkommen.

(2) Ziele

Die Leistungen der Arbeitsförderung sollen dazu beitragen, einen hohen Beschäftigungsstand zu erreichen und die Beschäftigungsstruktur ständig zu verbessern. Sie sollen insbesondere die Entstehung von Arbeitslosigkeit vermeiden und die Dauer der Arbeitslosigkeit verkürzen und dabei die Gleichstellung von Frauen und Männern fördern. Die Bundesregierung und die Bundesagentur für Arbeit können Vereinbarungen über die beschäftigungspolitischen Ziele der Arbeitsförderung treffen. Die Arbeitgeber und Arbeitnehmer haben bei der Vermeidung und Verkürzung der Arbeitslosigkeit eine besondere Verantwortung.

2.2.3.2 Leistungen der gesetzlichen Arbeitsförderung

(1) Berufsberatung und Arbeitsmarktberatung [§§ 3, 29ff. SGB III]

Die Agenturen für Arbeit beraten Jugendliche und Erwachsene, die am Arbeitsleben teilnehmen oder teilnehmen wollen, zum Beispiel über die Berufswahl, die berufliche Entwicklung, über Berufswechsel, über die Lage und Entwicklung des Arbeitsmarkts und der Berufe sowie über die Leistungen der Arbeitsförderung.

Arbeitgeber können sich im Rahmen der **Arbeitsmarktberatung** z.B. über die Lage und Entwicklung des Arbeitsmarkts und der Berufe informieren.

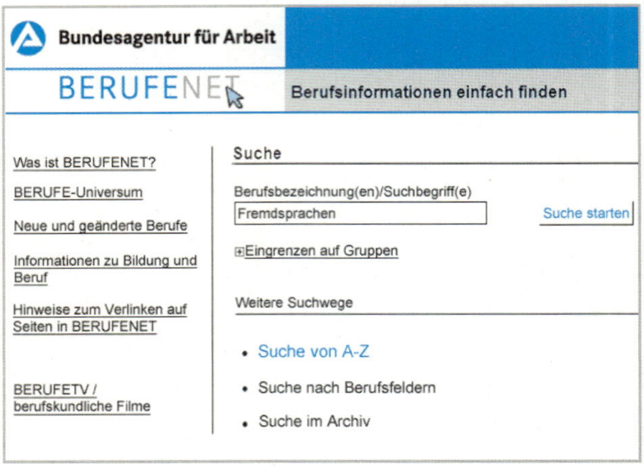

Quelle: www.berufenet.arbeitsagentur.de

(2) Ausbildungs- und Arbeitsvermittlung [§§ 3, 35ff., 45ff. SGB III]

Die örtliche Agentur für Arbeit bietet Ausbildungsuchenden, Arbeitsuchenden und Arbeitgebern eine grundsätzlich unentgeltliche Ausbildungs- und Arbeitsvermittlung an. Zur **ortsnahen Leistungserbringung** sollen die Leistungen der Arbeitsförderung vorrangig durch die **örtlichen Agenturen für Arbeit** erbracht werden. Als einheitliche Anlaufstelle für alle einen Arbeitsplatz oder Ausbildungsplatz suchenden Personen werden von den Agenturen für Arbeit **Jobcenter** eingerichtet. Hier werden diese Personen informiert, der Beratungs- und Betreuungsbedarf geklärt und der erste Eingliederungsschritt in die Arbeit verbindlich vereinbart. Vor allem Langzeitarbeitslose und erwerbsfähige Sozialgeldempfänger sollen hierdurch wieder schneller eine Arbeit vermittelt bekommen.

Ausbildungsuchende, von Arbeitslosigkeit bedrohte Arbeitsuchende und Arbeitslose können aus dem **Vermittlungsbudget** der Agentur für Arbeit bei der Anbahnung oder Aufnahme einer versicherungspflichtigen Beschäftigung gefördert werden.

Maßnahmen zur Aktivierung und beruflichen Eingliederung der Betroffenen sind u.a.:

- Heranführung an den Ausbildungs- und Arbeitsmarkt,
- Feststellung, Verringerung oder Beseitigung von Vermittlungshemmnissen,
- Vermittlung in eine versicherungspflichtige Beschäftigung,
- Heranführung an eine selbstständige Tätigkeit oder
- Stabilisierung einer Beschäftigungsaufnahme.

Arbeitslose können von der Agentur für Arbeit die **Zuweisung in eine Maßnahme** zur Aktivierung und beruflichen Eingliederung verlangen, wenn sie sechs Monate nach Eintritt ihrer Arbeitslosigkeit noch arbeitslos sind.

(3) Leistungen an Arbeitnehmer [§§ 3 I, 45–216b SGB III]

Leistungen an die Arbeitnehmer sind der nachfolgenden Tabelle zu entnehmen:

Leistungen	Erläuterungen
Unterstützung von Arbeitslosen	Unterstützung von Arbeitslosen und von Arbeitslosigkeit bedrohten Arbeitsuchenden sowie der Ausbildungsuchenden, z. B. durch die Übernahme von Bewerbungs- und Reisekosten.
Hilfen zur Eingliederung in den Arbeitsprozess	**Verbesserung der Eingliederungsaussichten** durch Trainingsmaßnahmen, indem z. B. Maßnahmekosten (Lehrgangskosten, Prüfungsgebühren, Fahrkosten) von der Agentur für Arbeit übernommen werden. **Maßnahmen der Eignungsfeststellung** und **Förderung der Aufnahme einer Beschäftigung,** z. B. durch Leistungen aus dem Vermittlungsbudget, Gründungszuschuss, Förderung der Berufsausbildung, der beruflichen Weiterbildung, berufsvorbereitende Bildungsmaßnahmen und Förderung der Teilnahme behinderter Menschen am Arbeitsleben.
Zahlung von Entgeltersatzleistungen ■ Arbeitslosengeld	Arbeitnehmer haben einen Anspruch auf Arbeitslosengeld bei **Arbeitslosigkeit** oder bei **beruflicher Weiterbildung.** Arbeitnehmer mit Erreichen des Jahres ihrer Regelaltersgrenze (65. bis 67. Lebensjahr) haben von Beginn des folgenden Monats an keinen Anspruch mehr auf Arbeitslosengeld. Anspruchsvoraussetzung beim Arbeitslosengeld wegen Arbeitslosigkeit ist, dass sich der arbeitslose Arbeitnehmer bei der Agentur für Arbeit arbeitslos gemeldet und die Anwartschaft erfüllt hat. Der Arbeitslose hat sich persönlich bei der zuständigen Agentur für Arbeit arbeitslos zu melden. Wer einen Arbeitsplatz ohne wichtigen Grund aufgibt, erhält Arbeitslosengeld grundsätzlich erst nach 12 Wochen. Überhaupt kein Arbeitslosengeld erhält, wer einen von der Agentur für Arbeit vermittelten zumutbaren Arbeitsplatz auf Dauer ablehnt.[1] Die Dauer des Anspruchs auf Arbeitslosengeld hängt von der Dauer des Versicherungsverhältnisses und dem Lebensalter der arbeitslosen Person bei der Entstehung des Anspruchs ab. Das Arbeitslosengeld beträgt zurzeit 60 % und für die Arbeitslosen, die z. B. mindestens ein Kind haben, 67 % des für den Bemessungszeitraum berechneten pauschalierten Nettoentgelts.
■ Kurzarbeitergeld	Kurzarbeitergeld erhalten Arbeitnehmer, wenn ein erheblicher Arbeitsausfall mit Entgeltausfall vorliegt. Das Kurzarbeitergeld wird längstens sechs Monate für den Arbeitsausfall während der Bezugsfrist gezahlt. Unter bestimmten Voraussetzungen verlängert sich die Bezugsfrist oder es beginnt eine neue Bezugsfrist. Das Kurzarbeitergeld beträgt für Arbeitnehmer mit dem erhöhten Leistungssatz beim Arbeitslosengeld (z. B. Arbeitnehmer mit mindestens einem Kind) zurzeit 67 % und für die übrigen Arbeitnehmer zurzeit 60 % der sogenannten Nettoentgeltdifferenz im Anspruchszeitraum. Das Kurzarbeitergeld soll als teilweiser Lohnersatz dazu beitragen, den Arbeitnehmern die Arbeitsplätze und den Unternehmern die eingearbeiteten Arbeitskräfte zu erhalten.
■ Insolvenzgeld	Insolvenzgeld[2] erhalten im Inland beschäftigte Arbeitnehmer, wenn sie z. B. bei der Eröffnung des Insolvenzverfahrens über das Vermögen des Arbeitgebers für die dem Insolvenzereignis vorausgehenden drei Monate des Arbeitsverhältnisses noch Ansprüche auf Arbeitsentgelt haben. Das Insolvenzgeld wird in Höhe des **Nettoarbeitsentgelts** geleistet.

1 Die Dauer der **Sperrzeit** wegen Arbeitsablehnung, wegen Ablehnung einer beruflichen Eingliederungsmaßnahme oder wegen Abbruchs einer beruflichen Eingliederungsmaßnahme beträgt drei oder sechs Wochen, bei unzureichenden Eigenbemühungen zur Beendigung der Arbeitslosigkeit zwei Wochen.

2 Als **Insolvenz** bezeichnet man vorübergehende Zahlungsschwierigkeiten oder die dauernde Zahlungsunfähigkeit eines Schuldners.

Leistungen	Erläuterungen
Förderung bei Transfermaßnahmen	Förderung der Arbeitnehmer, die an Transfermaßnahmen[1] teilnehmen (z. B. durch Zuschüsse und Transferkurzarbeitergeld).
Existenzgründungs-zuschüsse	Monatliche Existenzgründungszuschüsse für Arbeitnehmer, die durch Aufnahme einer selbstständigen Tätigkeit die Arbeitslosigkeit beenden.

(4) Leistungen an Arbeitgeber [§§ 3 II, 217–239 SGB III]

Hierzu gehören beispielsweise Zuschüsse zu den Arbeitsentgelten bei der Eingliederung von Arbeitnehmern mit Vermittlungshemmnissen und von Behinderten, bei Neugründungen, bei der Förderung der beruflichen Weiterbildung durch Vertretung sowie bei der Förderung der beruflichen Weiterbildung beschäftigter Arbeitnehmer. Bezuschusst werden darüber hinaus die Ausbildungsvergütung bei der Durchführung von Maßnahmen während der betrieblichen (beruflichen) Ausbildungszeit sowie weitere Maßnahmen zu einer dauerhaften beruflichen Eingliederung behinderter Menschen.

(5) Weitere Aufgaben der Bundesagentur für Arbeit

Die Bundesagentur für Arbeit beobachtet, untersucht und wertet die Lage und Entwicklung der Beschäftigung und des Arbeitsmarkts im Allgemeinen, nach Berufen, Wirtschaftszweigen und Regionen aus. Hierzu erstellt sie Arbeitsmarktstatistiken (z. B. über die Beschäftigung und Arbeitslosigkeit), betreibt Arbeitsmarkt- und Berufsforschung und erstattet Bericht über die hierbei gewonnenen Ergebnisse. Weitere Aufgaben sind die Erteilung von Arbeitserlaubnissen für Ausländer sowie die Unterstützung der Zollverwaltung bei der Bekämpfung von Leistungsmissbrauch und illegaler Beschäftigung von Ausländern.

2.2.4 Gesetzliche Unfallversicherung

Der Unfallschutz der gesetzlichen Unfallversicherung umschließt Unfälle im Betrieb, auf dem Weg zum Betrieb, auf dem Heimweg, auf Heimfahrten an den Wochenenden bzw. auf den Fahrten zum Betrieb zum Wochenbeginn, auf dem Weg zur Berufsschule und auf dem Heimweg von der Berufsschule. Auch Berufskrankheiten (z. B. Staublunge bei Bergarbeitern, Strahlenschäden bei Beschäftigten in Kernkraftwerken) sind versichert. Werden Heimwege vom Betrieb und/oder Hinwege zum Betrieb zur Verrichtung privater Dinge unterbrochen, besteht grundsätzlich kein Unfallschutz.

(1) Versicherungspflicht

Versicherungspflicht besteht für alle Arbeitnehmer einschließlich Auszubildende, unabhängig von der Höhe ihres Einkommens, für die meisten Unternehmer (Arbeitgeber), Arbeitslose, Heimarbeiter, Hausgewerbetreibende, Kinder während des Besuchs von Kindergärten, Schüler, Entwicklungshelfer und Personen während der Rehabilitation. Unternehmer, die nicht kraft Gesetzes oder kraft Satzung einer Berufsgenossenschaft pflichtversichert sind, können sich freiwillig versichern. Versicherungsfreiheit besteht z. B. für Personen, für die beamtenrechtliche Unfallfürsorgevorschriften gelten.

1 **Transfermaßnahmen** sind alle Maßnahmen zur Eingliederung von Arbeitnehmern in den Arbeitsmarkt, an deren Finanzierung sich Arbeitgeber angemessen beteiligen.

(2) Leistungen

Die Leistungen der Unfallversicherung bestehen vor allem in der **Unfallverhütung** (die Berufsgenossenschaften erlassen Unfallverhütungsvorschriften) und in den finanziellen Leistungen bei **Unfallfolgen.**

Leistungen	Erläuterungen
Unfallverhütung	Die Unfallverhütungsvorschriften verpflichten den Unternehmer (Arbeitgeber), die Arbeitsplätze so einzurichten und zu erhalten, dass die Arbeitskräfte im Rahmen des Möglichen gegen Unfälle und Berufskrankheiten geschützt sind. Die Arbeitnehmer und Arbeitgeber sind verpflichtet, die Unfallverhütungsvorschriften einzuhalten. Diese sind vom Arbeitgeber den Belegschaftsmitgliedern in geeigneter Form bekannt zu geben.
Finanzielle Leistungen bei Unfallfolgen	■ **Heilbehandlung.** Hierzu gehören vor allem die Kosten für ärztliche und zahnärztliche Behandlung, Arznei- und Verbandmittel, sonstige Hilfsmittel, stationäre Behandlung in Krankenhäusern oder Spezialkliniken. ■ **Leistungen zur Teilhabe am Arbeitsleben.** Diese umfassen z. B. Leistungen zur Erhaltung und Erlangung eines Arbeitsplatzes einschließlich der Leistungen zur Förderung der Arbeitsaufnahme, zur beruflichen Anpassung, Fortbildung, Ausbildung und Umschulung. ■ **Leistungen zur Teilnahme am Leben in der Gemeinschaft und ergänzende Leistungen.** Hierzu gehören z.B. die Kraftfahrzeughilfe, Wohnungshilfe, Haushaltshilfe, Reisekosten, Beratung sowie sozialpädagogische und psychosoziale Betreuung. ■ **Leistungen bei Pflegebedürftigkeit.** Wenn der Versicherte infolge eines Versicherungsfalls so hilflos ist, dass er für die gewöhnlichen und regelmäßig wiederkehrenden Verrichtungen im täglichen Leben in erheblichem Umfang einer Hilfe bedarf, wird Pflegegeld gezahlt, eine Pflegekraft gestellt oder Heimpflege gewährt. ■ **Geldleistungen während der Heilbehandlung und Leistungen zur Teilnahme am Arbeitsleben.** Hierzu gehören das **Verletztengeld,** das der Versicherte z.B. erhält, wenn er infolge des Versicherungsfalls arbeitsunfähig ist oder wegen einer Maßnahme der Heilbehandlung keine ganztägige Erwerbstätigkeit ausüben kann und das **Übergangsgeld.** ■ **Rentenzahlungen.** Renten an Versicherte bei Minderung ihrer Erwerbsfähigkeit infolge eines Versicherungsfalls um mindestens 20 vom Hundert, an Hinterbliebene als Witwen- und Witwerrente und als Waisenrente für Kinder von verstorbenen Versicherten. ■ **Sterbegeld und Erstattung von Überführungskosten,** z.B. beim Tod infolge eines Versicherungsfalls sowie **Abfindung mit einer Gesamtvergütung.**

2.2.5 Gesetzliche Rentenversicherung

(1) Anmeldung und Versicherungspflicht

Die **Anmeldung** beim Rentenversicherungsträger erfolgt durch den Arbeitgeber binnen 14 Tagen vom Arbeitsantritt an über die Krankenkasse.

Die **Versicherungspflicht** umfasst vor allem alle Auszubildenden, Arbeiter und Angestellten **ohne Rücksicht auf die Höhe ihres Einkommens.** Pflichtversichert sind u. a. auch Hausgewerbetreibende, Heimarbeiter und bestimmte selbstständig Tätige. Wer aus einem Arbeitsverhältnis ausscheidet (z. B. Frauen, die sich ihrer Familie widmen möchten), kann sich freiwillig weiterversichern lassen. Versicherungsfreiheit besteht z. B. für Beamte, Richter auf Lebenszeit und Berufssoldaten.

(2) Leistungen

Die Leistungen der Rentenversicherung sind vielfältig. Sie reichen von der Gesundheitsaufklärung, Information und Beratung, Forschung (z. B. Bereitstellung finanzieller Mittel zur Krebsforschung) und vom Bau von Heimen (z. B. Altenheimen) über die Zahlung von Kuraufenthalten (Maßnahmen zur Wiederherstellung der Arbeits- oder Berufsfähigkeit: Rehabilitation) bis hin zur Zahlung verschiedener Renten.

Merke:

Die wichtigste Leistung der Rentenversicherung ist die Auszahlung der verschiedenen **Rentenarten.**

Rentenart	Erläuterungen
Regelaltersrente	Versicherte haben Anspruch auf Altersrente, wenn sie ihre individuelle Altersgrenze zwischen dem 65. und 67. Lebensjahr erreicht und eine Versicherungszeit von fünf Jahren (allgemeine Wartezeit genannt) erfüllt haben.
Altersrente für langjährig Versicherte	Voraussetzungen sind, dass die Versicherten das 65. Lebensjahr vollendet und eine Wartezeit von 35 Jahren erfüllt haben. Damit die gesetzliche Rentenversicherung ihre Aufgabe – Sicherung eines angemessenen Lebensunterhalts im Alter – angesichts der sinkenden Geburtenzahlen und steigender Lebenserwartung weiterhin erfüllen kann, wird zwischen 2012 und 2039 das Rentenalter schrittweise angehoben. Für die Geburtenjahrgänge 1947 bis 1964 steigt die Altersgrenze für die Regelaltersrente stufenweise von 65 auf 67 Jahre. 2030 ist dieser Übergang zur **„Rente mit 67"** abgeschlossen. Um jeweils 2 Jahre steigen auch die Altersgrenzen für langjährig Versicherte (von 65 auf 67 Jahre) und für Schwerbehinderte (von 63 auf 65 Jahre). Ausgenommen sind besonders langjährig versicherte Personen mit mindestens 45 Versicherungsjahren, bei denen es bei der Altersgrenze von 65 Jahren bleibt.

Rentenart	Erläuterungen
Rente wegen teilweiser Erwerbsminderung	Bis zur Vollendung des 65. Lebensjahrs haben Versicherte einen Anspruch auf eine **Rente wegen teilweiser Erwerbsminderung,** wenn sie teilweise erwerbsgemindert sind, in den letzten fünf Jahren vor Eintritt der Erwerbsminderung drei Jahre Pflichtbeiträge für eine versicherte Beschäftigung oder Tätigkeit bezahlt haben und vor dem Eintritt der Erwerbsminderung die allgemeine Wartezeit von fünf Jahren erfüllt haben. Eine teilweise Erwerbsminderung liegt vor, wenn die Versicherten wegen ihrer Krankheit oder Behinderung auf nicht absehbare Zeit außerstande sind, unter den üblichen Bedingungen des allgemeinen Arbeitsmarktes mindestens sechs Stunden täglich erwerbstätig zu sein.
Rente wegen voller Erwerbsminderung[1]	Einen Anspruch auf eine **Rente wegen voller Erwerbsminderung** haben Versicherte bis zur Vollendung des 65. Lebensjahrs, wenn sie voll erwerbsgemindert sind, in den letzten fünf Jahren vor Eintritt der Erwerbsminderung drei Jahre Pflichtbeiträge für eine versicherte Beschäftigung oder Tätigkeit bezahlt haben und vor dem Eintritt der Erwerbsminderung die allgemeine Wartezeit von fünf Jahren erfüllt haben. Versicherte sind grundsätzlich voll erwerbsgemindert, wenn diese wegen ihrer Krankheit oder Behinderung auf nicht absehbare Zeit außerstande sind, unter den üblichen Bedingungen des allgemeinen Arbeitsmarkts mindestens drei Stunden täglich erwerbstätig zu sein.
Renten wegen Todes	Renten an Hinterbliebene werden als große oder kleine **Witwen- bzw. Witwerrenten,** als **Erziehungsrente** (bei Tod des geschiedenen Ehegatten, wenn ein eigenes oder ein Kind des geschiedenen Ehegatten erzogen wird) und als **Waisenrente** bezahlt. Die allgemeine Wartezeit beträgt 5 Jahre.

Für alle Renten muss eine bestimmte **Wartezeit** erfüllt sein.[2] Die **Höhe der Rente** ist vor allem von der **Höhe** der während des Versicherungslebens durch Beiträge versicherten **Arbeitsentgelte (Arbeitseinkommen)** und von den **rentenrechtlichen Zeiten** abhängig.

(3) Dynamisierung[3] der Renten

Die Rentenhöhe ist nicht für alle Zeiten absolut festgelegt. Erhöht sich der durchschnittliche Nettoarbeitsverdienst aller Arbeitnehmer, so erhöhen sich grundsätzlich die Renten entsprechend. Die in gewissen Zeitabständen durch **Rentenanpassungsgesetze** erfolgte Anpassung der Renten an die allgemeine Lohnentwicklung ist die sog. **Rentendynamisierung.** Die zunehmende Zahl der Rentner, die steigende Lebenserwartung der Versicherten und die abnehmende Zahl der Versicherungspflichtigen (Geburtenrückgänge, Arbeitslosigkeit) bringt den Trägern der Rentenversicherung in den nächsten Jahrzehnten Finanzierungsprobleme.

---

1 Renten wegen Erwerbsminderung werden auf Zeit (befristet) geleistet.

2 Die **Wartezeit** ist eine Art „Mindestversicherungszeit", die (neben anderen Voraussetzungen) für einen Rentenanspruch erfüllt sein muss und vor allem aus den Beitragszeiten, Anrechnungszeiten, einer Zurechnungszeit, Ersatzzeiten und Berücksichtigungszeiten bestehen kann (sogenannte rentenrechtliche Zeiten).

Ersatzzeiten sind z. B. die Zeiten eines militärischen oder militärähnlichen Dienstes und einer Kriegsgefangenschaft.

Anrechnungszeiten sind z. B. die Zeiten einer Krankheit mit Arbeitsunfähigkeit, die Zeiten einer Schwangerschaft oder Mutterschaft während der Schutzfristen nach dem Mutterschutzgesetz (wenn während dieser Zeit keine versicherte Beschäftigung ausgeübt wurde), die Zeiten einer Arbeitslosigkeit sowie Zeiten von berufsvorbereitenden Bildungsmaßnahmen.

Die **Zurechnungszeit** ist die Zeit, die bei einer Rente wegen Erwerbsminderung oder einer Rente wegen Todes hinzugerechnet wird, wenn der Versicherte das 60. Lebensjahr noch nicht vollendet hat.

Berücksichtigungszeiten können z. B. Kindererziehungszeiten für die Erziehung eines Kindes bis zu dessen vollendeten zehnten Lebensjahr und die Zeiten einer nicht erwerbsmäßigen häuslichen Pflege eines Pflegebedürftigen sein.

3 Dynamisch: beweglich, sich entwickelnd.

Um die zunehmenden Finanzierungslücken zu decken, können z. B. folgende Maßnahmen ergriffen werden: Erhöhung der Rentenversicherungsbeiträge, vermehrte Zuschüsse des Staates, Kürzung der Leistungen der Rentenversicherungsträger, Zuschüsse des Staates zur privaten Vorsorge (Rentenversicherung) z. B. durch Steuervergünstigungen. Dem gleichen Zweck dienen (trotz gestiegener Nettolöhne) nicht erfolgte Rentenerhöhungen und der die Rentensteigerung begrenzende sogenannte **Nachhaltigkeitsfaktor.**

Dem deutschen Rentensystem liegt der sogenannte **Generationenvertrag** zugrunde. Dieser fiktive[1] „Vertrag" besagt, dass die jeweils arbeitende Generation die Renten der nicht mehr im Arbeitsleben stehenden Personen (in Form von Rentenversicherungsbeiträgen) und den Unterhalt für die Kinder und noch nicht berufstätigen Jugendlichen aufbringen muss.

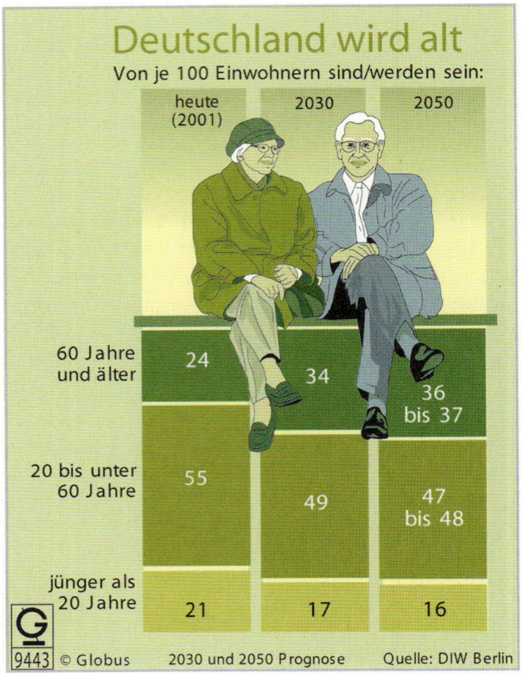

Neben der gesetzlichen Rentenversicherung als Pflichtversicherung fördert der Staat die private Altersvorsorge, indem er für bestimmte **freiwillige Vorsorgemaßnahmen** des Einzelnen **staatliche Zulagen** gewährt (z. B. für Betriebsrenten bzw. für die sogenannte Riester-Rente). Als dritte Maßnahme der Altersvorsorge hat der Einzelne die Möglichkeit, durch Abschluss einer **privaten (staatlich nicht geförderten) Versicherung** sein Einkommen im Alter oder bei Berufs- oder Erwerbsunfähigkeit abzusichern.

Diese drei Formen der Altersvorsorge – gesetzliche Rentenversicherung als Pflichtversicherung, staatlich geförderte, aber freiwillige Altersvorsorge und freiwillige private Altersvorsorge ohne staatliche Förderung – bezeichnet man als **Dreischichtenmodell.**

2.2.6 Zusätzliche Hilfe außerhalb der Sozialversicherung

(1) Hilfen für schwangere Frauen und für Familien in Notlagen

Frauen, die sich in Zusammenhang mit ihrer Schwangerschaft in einer Notlage befinden, können über die anerkannten Beratungsstellen (allgemeine Schwangerschaftsberatungsstellen, Schwangerschaftskonfliktberatungsstellen) Hilfe aus Mitteln der Bundesstiftung „Mutter und Kind – Schutz des ungeborenen Lebens" erhalten. Voraussetzung für die Hilfe ist: Beratung und Antragstellung während der Schwangerschaft, das Vorliegen einer Notlage, Wohnsitz in der Bundesrepublik Deutschland sowie keine Möglichkeit der Hilfe durch andere Sozialleistungen. Baden-Württemberg hat eine eigene Landesstiftung, die schwangeren Frauen und Familien, die in Not geraten sind, zusätzlich hilft.

1 Fiktiv (lat.): angenommen, lediglich als Idee existierend.

(2) Kinder- und Jugendhilfe

Jugendhilfe unterstützt die Eltern in ihrem Erziehungsauftrag. Sie steht bereit, wenn Konflikte zwischen Eltern und Jugendlichen der Lösung bedürfen – auf freiwilliger Basis. Sie hilft Familien, wenn ein Partner ausfällt oder wenn die Eltern sich trennen. Sie will Kindern und Jugendlichen, deren Eltern auf längere Zeit ihren Aufgaben nicht nachkommen, in Pflegefamilien und Heimen Entwicklungsmöglichkeiten geben.

(3) Hilfe bei einem Rechtsstreit

Wer sich in einem rechtlichen Streitfall nicht selbst helfen und einen Rechtsbeistand nicht bezahlen kann, hat Anspruch auf Prozesskostenhilfe. Sie wird jedoch nur gewährt, wenn die Prozessführung hinreichende Aussicht auf Erfolg hat.

(4) Elterngeld

Elterngeld kann in der Zeit vom Tag der Geburt bis zur Vollendung des 14. Lebensmonats des Kindes bezogen werden [§ 4 I BEEG]. In der Höhe orientiert sich das Elterngeld am laufenden durchschnittlich monatlich verfügbaren Erwerbseinkommen, das der betreuende Elternteil im Jahr vor der Geburt des Kindes erzielt hat. Bei einem Voreinkommen zwischen 1 000,00 EUR und 1 200,00 EUR ersetzt das Elterngeld das nach der Geburt des Kindes wegfallende Einkommen zu 67 %. Für Geringverdiener mit einem Einkommen unter 1 000,00 EUR vor der Geburt des Kindes steigt die Ersatzrate schrittweise auf bis zu 100 %: je geringer das Einkommen, desto höher die Ersatzrate. Für Nettoeinkommen ab 1 200,00 EUR und mehr vor der Geburt des Kindes beträgt die Ersatzrate des Elterngeldes zwischen 65 % und 67 %. Das Elterngeld beträgt **mindestens 300,00 EUR** und **maximal 1 800,00 EUR** pro Monat.

Eine zeitliche Einschränkung gibt es: Mütter und Väter, die die vollen 14 Monate nutzen wollen, müssen sich abwechseln. Kümmert sich nur ein Elternteil um das Kind, gibt es das Elterngeld nur 12 Monate.

Mütter und Väter, die nicht berufstätig sind, erhalten auch Elterngeld. Für sie gibt es einen sogenannten Sockelbetrag von 300,00 EUR monatlich. Dieser Betrag wird auch nicht auf Sozialleistungen wie das Arbeitslosengeld II angerechnet. Diesen Sockelbetrag erhalten auch Familien für die Monate 13 und 14, die die beiden „Vätermonate“ nicht nutzen. Alleinerziehende erhalten das Elterngeld in jedem Fall 14 Monate lang. Das Elterngeld kann über zwei Jahre hinweg gezahlt werden.

(5) Elternzeit

Mütter und Väter (auch anteilig oder gleichzeitig) haben bis zur Vollendung des dritten Lebensjahres eines Kindes Anspruch auf Elternzeit. Die Zeit der Mutterschutzfrist wird auf diese zeitliche Begrenzung angerechnet. Die Elternzeit muss, wenn sie unmittelbar nach der Geburt des Kindes oder nach der Mutterschutzfrist beginnen soll, spätestens sieben Wochen vor Beginn schriftlich beim Arbeitgeber angemeldet werden [§ 16 BEEG].[1] Die Elternzeit kann auf zwei Zeitabschnitte verteilt werden. Eine Verteilung auf weitere Zeitabschnitte ist nur mit Zustimmung des Arbeitgebers möglich.

Während der Elternzeit besteht Kündigungsschutz [§ 18 BEEG]. Der Arbeitgeber kann das Arbeitsverhältnis jedoch zum Ende der Elternzeit unter Einhaltung einer Frist von mindestens drei Monaten kündigen. Die Elternzeit wird in der Rentenversicherung angerechnet.

1 Bei dringenden Gründen ist ausnahmsweise eine angemessene kürzere Frist möglich.

(6) Unterhaltsvorschuss

Ein Kind erhält für maximal 72 Monate einen Unterhaltsvorschuss, wenn es in Deutschland bei einem **alleinerziehenden Elternteil** lebt und von dem anderen Elternteil nicht mindestens Unterhalt in Höhe des maßgeblichen Regelsatzes erhält und das 12. Lebensjahr noch nicht vollendet hat. Der Unterhaltsvorschuss kann auch bezahlt werden, wenn der andere Elternteil verstorben ist.

(7) Hilfe in außergewöhnlichen Notlagen

Es gibt Menschen, bei denen besondere Lebensverhältnisse wie z. B. Obdachlosigkeit oder Haftentlassung zu sozialen Schwierigkeiten führen, zu deren Überwindung die Betroffenen aus eigener Kraft nicht in der Lage sind. Diese Menschen haben Anspruch auf die Angebote der „Hilfe zur Überwindung besonderer sozialer Schwierigkeiten", die die Sozialhilfe bereitstellt.

Zusammenfassung

- **Grundprinzipien** der Sozialversicherung sind das **Solidaritätsprinzip,** die **Pflichtmitgliedschaft,** die **Beitragsbemessung nach der Höhe des Einkommens** und die **gesetzliche Festlegung** der **meisten Leistungen.**
- Zur Sozialversicherung gehören die **gesetzliche Krankenversicherung,** die **soziale Pflegeversicherung,** die **gesetzliche Rentenversicherung,** die **gesetzliche Arbeitsförderung** und die **gesetzliche Unfallversicherung.**
- Die **Träger der Sozialversicherung** sind rechtsfähige Körperschaften des öffentlichen Rechts mit Selbstverwaltungsrecht.
- Die **Beiträge zur gesetzlichen Unfallversicherung** trägt der **Arbeitgeber allein,** die **Beiträge zu den übrigen Sozialversicherungszweigen** (ausgenommen die Sonderbeiträge der Arbeitnehmer) tragen die **Arbeitnehmer und Arbeitgeber grundsätzlich je zur Hälfte.**
- Die vielfältigen **personellen Leistungen** (z. B. Aufklärung und Beratung der Versicherten), Sachleistungen (z. B. Übernahme der Krankenbehandlungskosten durch die gesetzlichen Krankenkassen) und **finanziellen Leistungen** (z. B. Rentenzahlungen der gesetzlichen Arbeitsförderung und gesetzlichen Unfallversicherung) bezwecken vor allem eine **soziale Absicherung der Versicherten** und ihrer **mitversicherten Angehörigen** bei Krankheit, Pflegebedürftigkeit, Arbeitslosigkeit, Berufsunfällen, Berufskrankheiten und im Alter.
- Die Systeme der Sozialversicherung bilden die soziale **Grundversorgung.** Sie werden ergänzt durch zusätzliche Hilfen außerhalb des Sozialversicherungsrechts **(Zusatzversorgung)** und durch **private Absicherungen.**
- Grundversorgung, Zusatzversorgung und private Absicherung sind die drei Säulen der sozialen Absicherung **(Dreischichtenmodell).**

Übungsaufgabe

41 1. Aus welchen Zweigen besteht das Sozialversicherungssystem der Bundesrepublik Deutschland?

2. Nennen Sie wichtige Träger der Sozialversicherung!

3. Unterscheiden Sie die Begriffe Beitragsbemessungsgrenze und Versicherungspflichtgrenze!

4. Nennen Sie die wichtigsten Personengruppen, die in den einzelnen Zweigen der Sozialversicherung versicherungspflichtig sind!

5. Kalle Bloom beginnt am 1. März im Spielwarengeschäft der Johann Rupp GmbH zu arbeiten. Der Arbeitgeber versäumt es, ihn bei der Krankenkasse anzumelden. Am 16. März wird Kalle ernstlich krank.

   Aufgabe:

   Hat Kalle Bloom Anspruch auf die Leistungen der Krankenkasse? Begründen Sie Ihre Meinung!

6. Irmgard Klein, kaufmännische Angestellte, wird krank. Sie freut sich, denn jetzt – so meint sie – erhält sie 6 Wochen lang das volle Gehalt und das Krankengeld.

   Aufgabe:

   Was meinen Sie hierzu?

7. Welche wichtigen Leistungen erbringen die einzelnen Zweige der Sozialversicherung?

8. Emil Pfender ist nicht der Fleißigste. Als Verkäufer unterhält er sich lieber mit den Kollegen und Kolleginnen statt Kunden zu beraten. Als ihn sein Abteilungsleiter zurechtweist, geht Pfender wütend ins Personalbüro, kündigt fristlos und lässt sich seine Papiere geben. Am nächsten Tag beantragt er bei der Agentur für Arbeit Arbeitslosengeld.

   Aufgabe:

   Wird Emil Pfender Arbeitslosengeld erhalten? Wenn nein, warum nicht? Wenn ja, ab wann?

9. Frau Schussel, Verkäuferin, fällt im Laden von der Leiter, als sie vom obersten Regal einen Lederkoffer herunterholen will. Sie verletzt sich so schwer, dass sie stationär behandelt werden muss.

   Aufgaben:

   9.1 Welche Versicherung ist dafür zuständig?

   9.2 Welche Leistungen sind von dieser Versicherung zu erbringen?

10. Wie werden die einzelnen Sozialversicherungszweige finanziert?

11. Erläutern Sie die Grundkonzeption des Generationenvertrags!

12. Fräulein Ilse Fröhlich arbeitet als Abteilungsleiterin für Damenoberbekleidung in einem Kaufhaus. Nach Geschäftsschluss geht sie in ein Kino. Auf dem Nachhauseweg fällt sie bei Glatteis hin und bricht sich ein Bein. Deshalb will sie die Leistungen der gesetzlichen Unfallversicherung in Anspruch nehmen. Diese lehnt ab. Fräulein Fröhlich erhebt Widerspruch, der ebenfalls abschlägig beschieden wird. Sie möchte im Anschluss daran beim Sozialgericht klagen.

    Aufgabe:

    Wird Ilse Fröhlich Erfolg haben? Begründen Sie Ihre Antwort!

13. Die Angestellte Simone Künne (Lohnsteuerklasse I, ohne Kinder) erhält am 31. Oktober 20.. ihre erste Gehaltsabrechnung:

Name	Bruttogehalt	Abzüge			Abzüge insgesamt	Nettogehalt (Auszahlungsbetrag)
		Lohnst./ Soli-Zuschl.	Kirchensteuer	Sozialversicherung		
Simone Künne	1940,00	263,30	19,96	400,13	683,39	1256,61

Der größte Posten bei den Abzügen ist der Beitrag zur Sozialversicherung.

Aufgaben:

13.1 Welche Bereiche der Sozialversicherung sind in dem Betrag enthalten, der Frau Künne abgezogen wird?

13.2 Wer zahlt den Beitrag zur gesetzlichen Unfallversicherung?

13.3 Was bedeutet im Zusammenhang mit der gesetzlichen Altersversorgung der Begriff „Generationenvertrag"?

14. Die Mitarbeiter der Drogerie Karin Krause e.Kfr. sind alle sozialversichert.

Aufgabe:

Wodurch unterscheidet sich die gesetzliche Sozialversicherung von der Individualversicherung?

2.3 Wettbewerbsordnung in der sozialen Marktwirtschaft

2.3.1 Auswirkungen von Kooperation und Konzentration auf den Verbraucher

(1) Begriff Unternehmenszusammenschlüsse

In einer Marktwirtschaft stehen die Unternehmen in einem mehr oder weniger harten Wettbewerb um die Käufer ihrer Leistungen. Um den Konkurrenzdruck zu mildern, arbeiten sie häufig mit anderen Unternehmen zusammen, wobei sich die Zusammenarbeit (Kooperation) auf den verschiedensten Gebieten vollziehen kann, beispielsweise im Einkauf (z.B. gemeinsame Beschaffung), in der Produktion (z.B. Schaffung gemeinsamer Normen) oder im Absatz (z.B. Gemeinschaftswerbung).

Merke:

- **Kooperation** (Unternehmenskooperation) ist jede Zusammenarbeit zwischen Unternehmen, wobei die einzelnen Kooperationsformen als **Unternehmenszusammenschlüsse** oder **Unternehmensverbindungen** bezeichnet werden.
- Unternehmenszusammenschlüsse können zur Machtzusammenballung („Monopolisierung") führen. Man spricht in diesem Fall von **Konzentration.**[1]

1 **Marktbeherrschende Unternehmenszusammenschlüsse** werden auch als **Kollektivmonopole** bezeichnet. Kollektiv (lat.): Gesamtheit, Zusammenschluss.

(2) Auswirkungen und wirtschaftliche Bedeutung der Unternehmenszusammenschlüsse

Ob Unternehmenszusammenschlüsse volkswirtschaftlich positiv oder negativ zu bewerten sind, lässt sich abschließend nur im Einzelfall sagen. Kooperationen, die z.B. den Zweck haben, die Kosten zu senken, die Produktivität zu erhöhen und/oder den Absatz zu fördern, gehören sicherlich zu den gesamtwirtschaftlich erwünschten Unternehmenszusammenschlüssen.

Beispiele:

Kooperationen zum Zweck der Normung und Typisierung der Werkstoffe und Betriebsmittel; Beschaffungskooperationen; Kooperationen zur Erschließung neuer Auslandsmärkte, zur Erforschung umweltfreundlicher Herstellungsverfahren und Produkte oder zur Schaffung (Gründung) gemeinsamer Abfallverwertungsunternehmen.

Negativ zu beurteilen sind die Unternehmenszusammenschlüsse dann, wenn sie zur Konzentration führen und den Marktwettbewerb beschränken oder gar aufheben. Sie sind z.B. aus folgenden Gründen nicht mit den Prinzipien einer sozialen Marktwirtschaft vereinbar:

Gefahren	Erläuterungen
Einschränkung des Wettbewerbs	In einer auf Wettbewerb ausgerichteten Wirtschaftsordnung muss eine **freie Preisbildung** gewährleistet sein, die sich stets nach den **natürlichen Knappheiten** der Güter richten muss. Beide Bedingungen sind jedoch bei Wettbewerbsbeschränkungen und den damit verbundenen künstlichen Güterknappheiten **nur noch** formal gegeben. Durch Wettbewerbsbeschränkungen entstehen **„künstliche Güterknappheiten"**, die zu tendenziell höheren Preisen führen **(monopolistische Preisbildung)**.
Unzureichende Leistungsauslese unter den Unternehmen	Bei einem **freien Wettbewerb müssen sich die Unternehmen mehr anstrengen**, da sie hier nur durch neue, qualitativ bessere und billigere Erzeugnisse sowie durch Produktionssteigerungen auf ihren Märkten langfristig bestehen können. Es findet bei Unternehmenszusammenschlüssen keine oder nur eine unzureichende Leistungsauslese unter den Unternehmen statt.
Nicht leistungsbezogene Einkommens- und Vermögensverteilung	Marktbeherrschende Unternehmen und Unternehmenszusammenschlüsse führen aufgrund ihrer monopolistischen Preisbildung zu einer nicht leistungsbezogenen (ungerechtfertigten) Einkommens- und Vermögensverteilung (Einkommens- und Vermögenskonzentration). Die zusammengeschlossenen Unternehmen erreichen ihre Vorteile (Gewinnsteigerung, Verlustminderung, Vergrößerung ihrer Marktanteile) ungerechtfertigt auf Kosten der übrigen Marktteilnehmer. Mit einer sozialen Marktwirtschaft, die echte **Leistungsgewinne** verlangt, ist dies unvereinbar.
Wirtschaftliche Macht kann zur politischen Macht werden	Die vielfältigen Einflussnahmen großer Unternehmen, Unternehmenszusammenschlüsse und deren Wirtschaftsverbände, vor allem auf die Wirtschaftsgesetzgebung, lassen die Gefahr **wirtschaftlicher Macht,** die sich zur politischen Macht ausweiten kann, deutlich erkennen.

25 Boller, Hartmann - ISBN 978-3-8120-0398-8

2.3.2 Sicherung des Wettbewerbs

(1) Wettbewerbspolitik (Ordnungspolitik)

Die Unternehmen haben aufgrund der zunehmenden Fixkostenbelastung das Ziel, vor allem bei wirtschaftlichen Schwierigkeiten einem freien Wettbewerb durch Zusammenschlüsse auszuweichen. Deshalb muss der Staat den **Wettbewerb** durch eine **aktive Wettbewerbspolitik (Ordnungspolitik)** fördern und alle Unternehmenszusammenschlüsse, die erkennbar gegen die Prinzipien eines freien Wettbewerbs verstoßen, verbieten und unter Strafe stellen.

Da die Entwicklung neuer Güter (Substitutionsgüter) die Marktmacht der Kartelle[1] und marktbeherrschenden Unternehmen beschränken kann, muss der Staat eine unabhängige, öffentlich geförderte Forschung intensivieren, die vor allem den kleineren und mittelgroßen Unternehmen zur Auswertung zur Verfügung steht, denn die Forschung der Konzerne[2] dient vorrangig ihren eigenen und weniger gesamtwirtschaftlichen Zielen.

In der Bundesrepublik Deutschland wird mithilfe des **Gesetzes gegen Wettbewerbsbeschränkungen (GWB)** versucht, die Konzentration zu kontrollieren, ohne die Leistungsfähigkeit der Gesamtwirtschaft zu beeinträchtigen.

Im Folgenden gehen wir auf die Vorschriften zur **Fusionskontrolle** und zur **Missbrauchsaufsicht** ein.

(2) Fusionskontrolle (Zusammenschlusskontrolle)

Unternehmenszusammenschlüsse

Merke:

Unter **Fusion** versteht man den Zusammenschluss von zwei oder mehr Unternehmen, die zukünftig eine **wirtschaftliche** und **rechtliche Einheit** bilden. Da hier zwei oder mehr Unternehmen zu einem einzigen Unternehmen verschmelzen, nennt man die Fusion auch **Verschmelzung.**

Unternehmenszusammenschlüsse (Fusionen) liegen z. B. in folgenden Fällen vor (Näheres siehe § 37 GWB):

- Erwerb des gesamten oder eines wesentlichen Teils des Vermögens eines anderen Unternehmens;
- Erwerb der unmittelbaren oder mittelbaren Kontrolle über andere Unternehmen durch Rechte, Verträge oder andere Mittel;
- Erwerb von Anteilen an einem anderen Unternehmen, wenn diese Anteile allein oder zusammen mit sonstigen, dem Unternehmen bereits gehörenden Anteilen a) 50 % oder b) 25 % des Kapitals oder der Stimmrechte des anderen Unternehmens erreichen.

1 Das **Kartell** ist ein **vertraglicher Zusammenschluss** von Unternehmen eines Wirtschaftszweigs, die **rechtlich selbstständig** bleiben, aber einen Teil ihrer **wirtschaftlichen Selbstständigkeit** aufgeben.

2 **Konzerne** sind Zusammenschlüsse von Unternehmen, die **rechtlich selbstständig** sind, ihre **wirtschaftliche Selbstständigkeit aber aufgeben,** indem sie sich einer **einheitlichen Leitung** unterstellen. Die Verschmelzung von zwei oder mehr Unternehmen bezeichnet man als **Fusion.**

Anmelde-, Anzeigepflicht und Vollzugsverbot

Alle Unternehmenszusammenschlüsse sind **vor ihrem Vollzug** beim Bundeskartellamt anzumelden [§ 39 I GWB]. Sie unterliegen bis zur Freigabe durch das Bundeskartellamt dem **Vollzugsverbot** [§ 41 I GWB]. (Zur Ausnahme siehe § 41 II GWB.) Die zur Anmeldung verpflichteten einzelnen Unternehmen müssen in ihrer Anmeldung dem Bundeskartellamt die Form des Zusammenschlusses mitteilen. Weitere Angaben sind von den beteiligten Unternehmen z. B. zur Firma, zum Niederlassungsort, zur Art ihres Geschäftsbetriebs, zu ihren Umsatzerlösen im Inland sowie in der Europäischen Union und über ihre Marktanteile zu machen (Näheres siehe § 39 II, III GWB).

Geltungsbereich der Zusammenschlusskontrolle

Die Vorschriften des GWB über die Zusammenschlusskontrolle gelten, wenn im letzten Geschäftsjahr vor dem Zusammenschluss die beteiligten Unternehmen insgesamt weltweit Umsatzerlöse von mehr als 500 Mio. EUR und mindestens ein beteiligtes Unternehmen im Inland Umsatzerlöse von mehr als 25 Mio. EUR erzielt haben [§ 35 I GWB]. (Zu den Ausnahmen siehe § 35 II, III GWB.)

Verfahren der Zusammenschlusskontrolle

Die Untersagung von Unternehmenszusammenschlüssen ist grundsätzlich nur innerhalb einer Frist von 4 Monaten seit Eingang der vollständigen Fusionsanmeldung möglich (Näheres siehe § 40 GWB).

Ministererlaubnis

Auf Antrag kann der Bundesminister für Wirtschaft und Technologie die Erlaubnis zu einem vom Bundeskartellamt untersagten Zusammenschluss erteilen, wenn dieser von gesamtwirtschaftlichem Vorteil ist oder durch ein überragendes Interesse der Allgemeinheit gerechtfertigt ist. Die Erlaubnis darf nur erteilt werden, wenn der Zusammenschluss die marktwirtschaftliche Ordnung nicht gefährdet [§ 42 GWB].

(3) Missbrauchsaufsicht

Über bestehende marktbeherrschende Unternehmen besteht, unabhängig davon, ob die Marktbeherrschung durch internes oder externes Unternehmenswachstum entstand, eine Missbrauchsaufsicht durch das **Bundeskartellamt.**

Merke:

Eine missbräuchliche Ausnutzung einer marktbeherrschenden Stellung durch ein oder mehrere Unternehmen ist verboten [§ 19 I GWB].

Formen des Missbrauchs

Ein Missbrauch liegt z. B. insbesondere dann vor, wenn ein marktbeherrschendes Unternehmen als Anbieter oder Nachfrager einer bestimmten Art von Waren oder gewerblicher Leistungen die Wettbewerbsmöglichkeiten anderer Unternehmen erheblich ohne sachlich gerechtfertigten Grund beeinträchtigt, Entgelte oder sonstige Geschäftsbedingungen fordert, die sich bei einem wirksamen Wettbewerb mit hoher Wahrscheinlichkeit nicht ergeben würden, oder sich weigert, einem anderen Unternehmen gegen ein angemessenes Entgelt Zugang zu den eigenen Netzen oder anderen Infrastruktureinrichtungen zu gewähren.[1] Ein Missbrauch ist auch dann gegeben, wenn es dem anderen Unternehmen aus rechtlichen oder tatsächlichen Gründen ohne die Mitbenutzung nicht möglich ist, auf dem vor- oder nachgelagerten Markt als Wettbewerber des marktbeherrschenden Unternehmens tätig zu werden.

Begriff der Marktbeherrschung

Merke:

Marktbeherrschend ist ein Unternehmen, wenn es als Anbieter oder Nachfrager einer bestimmten Art von Waren **oder** gewerblichen Leistungen auf dem sachlich und räumlich relevanten Markt ohne Wettbewerber ist oder keinem wesentlichen Wettbewerb ausgesetzt ist **oder** im Verhältnis zu seinen Wettbewerbern eine überragende Marktstellung hat.

Marktbeherrschend **sind** z. B. zwei oder mehr Unternehmen, wenn zwischen ihnen für eine bestimmte Art von Waren oder von gewerblichen Leistungen kein wesentlicher Wettbewerb besteht (Näheres siehe § 19 II GWB).

Vermutet wird eine Marktbeherrschung, wenn ein Unternehmen einen Marktanteil von mindestens einem Drittel hat. Eine Gesamtheit von Unternehmen gilt als marktbeherrschend, wenn drei oder weniger Unternehmen zusammen einen Marktanteil von mindestens 50 % oder fünf oder weniger Unternehmen zusammen einen Marktanteil von mindestens zwei Dritteln erreichen. Diese Vermutung gilt nicht, wenn die Unternehmen z. B. nachweisen, dass sie im Verhältnis zu den übrigen Wettbewerbern keine überragende Marktstellung haben (Näheres siehe § 19 III GWB).

Zusammenfassung

- **Kooperation** (Unternehmenskooperation) ist jede Zusammenarbeit zwischen Unternehmen. Von **Konzentration** spricht man, wenn der Zusammenschluss von Unternehmen zur Machtzusammenballung führt.
- Das **Gesetz gegen Wettbewerbsbeschränkungen (GWB)** soll den Wettbewerb sichern.
- Die **Fusionskontrolle** und die **Missbrauchsaufsicht** sollen eine marktbeherrschende Stellung von Unternehmen und eine missbräuchliche Ausnutzung von Marktmacht (vor allem zum Nachteil der privaten Verbraucher) verhindern.

Übungsaufgabe

42

1. Nennen Sie wichtige Ursachen der Unternehmenskonzentration!
2. Welche Zielsetzung hat das Gesetz gegen Wettbewerbsbeschränkungen (GWB)? Überlegen Sie sich einige Gründe, warum das GWB die Konzentration nicht aufhalten konnte!
3. Dem Bundeskartellamt obliegt auch die Aufgabe der Fusionskontrolle.

   Aufgaben:

   3.1 Erklären Sie den Begriff Fusion!

   3.2 Begründen Sie die Bedeutung der Fusionskontrolle in einer sozialen Marktwirtschaft!

1 Zweck dieser gesetzlichen Regelung ist z. B., den Wettbewerb dadurch zu fördern, dass bestehende Netze bzw. Infrastrukturen wie z. B. Leitungsnetze für Strom, Gas und Nachrichten, Flughäfen und Medien grundsätzlich von allen Wettbewerbern genutzt werden können.

4. Die Lebensmittelwerke AG schließt sich mit der Handelskette Gut & Fein GmbH zusammen.

   Aufgaben:

   4.1 Nennen Sie zwei Gründe, die für diesen Entschluss maßgebend gewesen sein könnten!

   4.2 Nennen Sie zwei Vorteile und zwei Nachteile, die dieser Zusammenschluss für den Verbraucher mit sich bringen kann!

   4.3 Das Bundeskartellamt in Bonn verweigert den Zusammenschluss. Auf welches Gesetz gründet sich die Ablehnung?

5. 5.1 Erklären Sie jeweils zwei (mögliche) gesamtwirtschaftliche Vorteile und Nachteile (negative Auswirkungen) von Unternehmenszusammenschlüssen! Überwiegen Ihrer Ansicht nach die Vor- oder Nachteile? Begründen Sie Ihre Meinung!

   5.2 Warum ist der Staat in der sozialen Marktwirtschaft dazu aufgerufen, Wettbewerbspolitik zu betreiben und welche Ziele verfolgt der Staat mit seiner Wettbewerbspolitik?

3 Die Rolle des Staates zur Bewältigung aktueller Probleme der sozialen Marktwirtschaft

Ende der achtziger Jahre haben die kapitalistischen Marktwirtschaften – und mit ihnen die soziale Marktwirtschaft – den Wettbewerb mit der sozialistischen Planwirtschaft gewonnen. Deshalb richtet sich der Blick viel unmittelbarer und kritischer auf die Marktwirtschaften, in der Bundesrepublik Deutschland also auf die soziale Marktwirtschaft. Und dieser drohen nicht zu unterschätzende Herausforderungen.

3.1 Wirtschaftsethik

Marktwirtschaft bedarf, soll sie funktionieren, einer bestimmten Ethik, deren Regeln zumindest von einer starken Mehrheit einer Gesellschaft eingehalten werden. Solche **ethischen Regeln** sind z. B.:

- geschäftliche Anständigkeit,
- Unbestechlichkeit,
- Ehrlichkeit,
- Pünktlichkeit und Zuverlässigkeit,
- Verantwortungsbewusstsein gegenüber Mitmenschen und Natur,
- Gemeinsinn.

Beispiel:

Werden private oder staatliche Aufträge nicht an die leistungsfähigsten Anbieter vergeben, sondern an solche, die die höchsten Bestechungsgelder (Schmiergelder) bezahlen, werden volkswirtschaftliche Produktionsfaktoren verschleudert. Dadurch sinkt die Produktivität; der Lebensstandard nimmt ab. Außerdem wird der Preismechanismus außer Kraft gesetzt, der die Grundlage jeder Marktwirtschaft ist. Schließlich führt die durch die Korruption bewirkte Fehllenkung der Produktionsfaktoren zu einer Schwächung der weltwirtschaftlichen Stellung eines Landes, weil die Produktionskosten vergleichsweise (gegenüber Ländern mit geringerer Korruptionsanfälligkeit) steigen. Im Übrigen ist die Korruption leistungsfeindlich: Aufträge werden nicht aufgrund einer besonderen Leistung, sondern aufgrund von Sonderleistungen erteilt.

Fehlt es also an der notwendigen Wirtschaftsgesinnung, wird gelogen und betrogen, dem Geschäftspartner „das Fell über die Ohren gezogen“, schlechte Qualität produziert, werden Verträge nicht eingehalten, Zahlungstermine versäumt und verantwortungslose Entscheidungen getroffen, kann das System der sozialen Marktwirtschaft nicht funktionieren. Bestehende Marktwirtschaften geraten in die Krise, neu eingeführte können sich erst gar nicht entfalten. Die äußeren Zeichen der Krise kann man in den alten und jungen Marktwirtschaften erkennen: Wirtschaftskriminalität, Lebensmittelskandale, Umweltskandale, Bandenbildung, Bestechung von Politikern, ungerechte Entlohnung, in die eigene Tasche wirtschaftende Gewerkschafter, kurzsichtig entscheidende Manager und Politiker, fehlende Innovationsfähigkeit und -willigkeit, mangelnder Unternehmensgeist, Sattheit und Wohlgefälligkeit.

3.2 Überlastung des sozialen Netzes

Gefahren drohen der sozialen Marktwirtschaft aber auch wegen der möglichen Überdehnung des sozialen Netzes, das eine Fülle von Möglichkeiten des Sozialmissbrauchs bietet. Beispiele sind die illegale Beschäftigung von Arbeitskräften, die Schwarzarbeit bei gleichzeitigem Bezug von Arbeitslosengeld oder anderen Unterstützungszahlungen und das mehrfache Abkassieren anderer Sozialleistungen.

Als besondere politische Herausforderung für die Bekämpfung der Überlastung des sozialen Netzes gilt der demografische Wandel, der vor allem die gesetzliche Rentenversicherung zukünftig stark belastet und die Politik zum Handeln zwang.

(1) Problemstellung

Weil das derzeitige Rentenniveau in der gesetzlichen Rentenversicherung langfristig abgesenkt werden muss, steigt die Bedeutung der privaten Altersvorsorge. Der „Einstieg“ in eine **staatlich geförderte private Altersvorsorge** erfolgte durch das Altersvermögensgesetz (AVmG).

(2) Voraussetzungen für die Erlangung einer Altersvorsorgezulage (Riester-Rente)

Der Anspruch auf eine vom Staat geleistete Altersvorsorgezulage[1] besteht für zulageberechtigte Personen (Begünstigte) unter folgenden Voraussetzungen:

- Grundvoraussetzung ist, dass die pflichtversicherten Personen Altersvorsorgebeiträge (Mindesteigenbeiträge) zugunsten eines auf ihren Namen lautenden **Altersvorsorgevertrags** leisten.
- Im Altersvorsorgevertrag muss sich der Vertragspartner z. B. verpflichten, in der Ansparphase laufend **freiwillige Aufwendungen (Altersvorsorgebeiträge)** zu leisten.
- Die Leistungen für den Vertragspartner zur Altersversorgung dürfen auch **nicht vor Vollendung des 60. Lebensjahrs** erbracht werden.
- Die Altersvorsorgebeiträge, die erwirtschafteten Erträge und Veräußerungsgewinne müssen in **bestimmte Anlagen (Produkte)** wie z. B. in Rentenversicherungen, Bankguthaben mit Zinsansammlung oder in Anteilen an Investmentfonds angelegt sein.
- Der Anbieter muss zusagen, dass zu Beginn der Auszahlung **mindestens die eingezahlten Altersvorsorgebeiträge** für die Auszahlungsphase zur Verfügung stehen.

1 Die Berechtigten haben damit die Möglichkeit, ein **kapitalgedecktes Altersvorsorgevermögen** zu bilden.

- Auszahlungen müssen in Form einer **lebenslangen gleichbleibenden** oder **steigenden monatlichen Leibrente oder** eines **Auszahlungsplans** mit einer anschließenden **Teilkapitalverrentung** ab dem **85. Lebensjahr** erfolgen.
- Die **Abschluss- und Vertriebskosten** müssen gleichmäßig über einen Zeitraum von **mindestens fünf Jahren** verteilt werden, soweit sie nicht als Vomhundertsatz von den Altersvorsorgebeiträgen abgezogen werden.
- Der Vertragspartner muss die Möglichkeit haben, den **Vertrag** während der Ansparphase **ruhen zu lassen, zu kündigen,** eine andere Altesvorsorgeanlage zu wählen **oder Auszahlung** zu verlangen.
- Die von den Anbietern[1] der Altersvorsorgeverträge gegebenen Leistungszusagen müssen **zertifizierungsfähig**[2] sein.

(3) Überblick über die Möglichkeiten einer privaten Rentenversicherung

Bei der **privaten Rentenversicherung** werden die Beiträge individuell angesammelt. Es besteht ein **Kapitalwahlrecht.** Entweder wählt der Sparer eine lebenslange Rente oder er verlangt die Auszahlung in einer Summe. Viele Versicherungen bieten dem Versicherten einen **Berufsunfähigkeitsschutz.** Im Schadensfall übernimmt dann der Versicherer die Beitragszahlung für die Rentenversicherung. Zwei mögliche Versicherungsarten sind:

Versicherungsart	Leistungsumfang
Rürup-Rente (Basis-Rente)[3]	Sie ist mit der gesetzlichen Rente vergleichbar. Die Rürup-Rente kann frühestens ab **Vollendung des 60. Lebensjahres** gezahlt werden. Die Beitragszahlung wird **steuerlich gefördert,** indem die Beiträge zum Teil als Sonderausgaben von der Steuer abgesetzt werden können. Die Rürup-Rente ist insbesondere eine Form der Altersvorsorge für **Selbstständige, Freiberufler** und **Gewerbetreibende.** Dieser Personenkreis zahlt in der Regel nicht in die gesetzliche Rente ein und kann daher nicht die dort gewährte staatliche Förderung in Anspruch nehmen.
Riester-Rente[4]	Sie ist eine Möglichkeit, eine **zusätzliche Altersversorgung** aufzubauen. Die Beitragszahlungen werden vom Staat in Form von **Zulagen** und **Steuervorteilen** gefördert. Allerdings muss wegen der Förderung in der Ansparphase die Rentenzahlung im Alter voll versteuert werden. Die Riester-Verträge gibt es bei Banken, Fonds-Gesellschaften und Versicherungsunternehmen.

(4) Grund- und Kinderzulage

Abhängig von den geleisteten Altersvorsorgebeiträgen erhalten die Zulageberechtigten auf Antrag eine Zulage, die sich aus einer **Grundzulage** und einer **Kinderzulage** zusammensetzt.

1 **Anbieter** von Altersvorsorgeverträgen sind die im § 1 II AltZertG genannten Unternehmen (vor allem Lebensversicherungsunternehmen).

2 Die **Zertifizierung** eines Altersvorsorgevertrags ist die Feststellung, dass die Vertragsbedingungen des Altersvorsorgevertrags des Anbieters den gesetzlichen Anforderungen entsprechen [§ 1 III AltZertG]. Zweck der Zertifizierung ist der Schutz der Vertragspartner vor unseriösen Anbietern und Versicherungsverträgen.

3 Die Bezeichnung **Rürup-Rente** geht auf Hans-Adalbert Rürup zurück, einen Wirtschaftswissenschaftler, der diese Rentenreform entwickelt hat.

4 Die Bezeichnung **Riester-Rente** geht auf Walter Riester zurück, der als Bundesminister für Arbeit und Sozialordnung die Förderung der freiwilligen Altersvorsorge durch eine Altersvorsorgezulage vorschlug.

Die **Grundzulage** beträgt derzeit (2013) 154,00 EUR. Die **Kinderzulage** beträgt für jedes Kind, für das dem Zulageberechtigten Kindergeld ausgezahlt wird, 185,00 EUR bzw. 300,00 EUR für nach 2007 geborene Kinder.

Um die vollen Altersvorsorgezulagen zu erhalten, muss der Zulageberechtigte einen **Mindesteigenbeitrag** leisten, der 4 % der beitragspflichtigen Einnahmen des Versicherungspflichtigen beträgt. In jedem Fall muss vom „Vorsorgesparer" ein sogenannter **Sockelbeitrag** geleistet werden.

3.3 Abgaben- und Steuerbelastung

Auch die Belastung der arbeitenden Bevölkerungsteile findet ihre Grenzen. „Irgendwo hören – das ist jeweils auf konkret absehbare Zeiträume eine Tatsache – Opferbereitschaft, Zusammengehörigkeitsgefühl und Verständigungsbereitschaft unter den Menschen auf ... Wieweit lässt sich der Bürger besteuern, um in welchen anderen Gebieten zur ‚Gleichwertigkeit der Lebensbedingungen' beizutragen?"[1] Eine Überlastung der arbeitenden Menschen führt zur Arbeitsunlust, weil der Anreiz zur Leistung nachlässt. Die Motivation zur **belohnten Leistung** aber ist gerade der **Motor jeder Marktwirtschaft.** Fehlt sie, greifen Pessimismus, Unterbeschäftigung und Radikalismus um sich.

3.4 Umweltbelastung

Schließlich erhebt sich die Frage, ob die soziale Marktwirtschaft in der Lage sein wird, die Umweltbelastung nachhaltig zu verringern. Der Hinweis darauf, dass in den ehemaligen sozialistischen Ländern die Umwelt noch viel rücksichtsloser und nachhaltiger ausgebeutet wurde, kann hier nicht „trösten". Die Folgen der Umweltbelastung sind mehr staatliche Vorschriften, mehr Ge- und Verbote, also mehr Kommando- als Marktwirtschaft. Hinzu kommen die Kosten für die Beseitigung der Umweltschäden. Die Gewinne der Unternehmen sinken, die Steuereinnahmen verringern sich, die staatlichen Ausgaben für konsumtive, produktive und soziale Zwecke werden gekürzt.

3.5 Abnehmende Gemeinwohlorientierung

Gefahren für die soziale Marktwirtschaft entstehen auch durch die Erfüllung der Einzelinteressen von Verbänden durch die Regierungen zulasten der Allgemeinheit. „Erfahrungsgemäß wird jedoch oft vor allem dann, wenn es um die Erhaltung bisheriger Arbeitsplätze geht, eine solche Politik gefordert, sei es in Form von Subventionen oder von anderen protektionistischen Maßnahmen. Der Druck der betroffenen Verbände – leider oft auch unterstützt von den lokalen Kirchen – ist dann häufig extrem stark, und er wird meist von den Medien nachdrücklich unterstützt, wie viele Beispiele zeigen."[2] Die Folge ist, dass durch Subventionen und sonstige Protektion die Interessen anderer (z. B. der Konsumenten, Nachfrager, in- und ausländischer Wettbewerber) geschädigt werden.

---

1 WAGNER, A.: Volkswirtschaft für jedermann. Die marktwirtschaftliche Demokratie, 1992, S. 12.

2 TIETMEYER, H.: Zur Ethik wirtschaftspolitischen Handelns, in: Forum – Vortragsreihe des Instituts der Deutschen Wirtschaft Köln, 43. Jg., Nr. 45 vom 9. November 1993, S. 2.

3.6 Globalisierung[1] der Märkte

Im Vergleich zum konkurrierenden Ausland zu hohe Produktionskosten (z. B. Lohnkosten, Lohnnebenkosten, Kosten des Umweltschutzes und Steuern) führen dazu, dass zahlreiche Unternehmen im Ausland produzieren lassen oder ins Ausland abwandern („Global Sourcing").[2] Die Folge ist, dass vor allem in den alten Industrieländern die Arbeitslosigkeit im industriellen Sektor zunimmt.

Zusammenfassung

Zu den **dringlichsten aktuellen Problemen** der sozialen Marktwirtschaft zählen:

- ein zunehmender Verfall im Bereich der Wirtschaftsethik,
- eine Überlastung des sozialen Netzes,
- die steigende Steuer- und Abgabenbelastung,
- eine zunehmende Umweltbelastung,
- die abnehmende Gemeinwohlorientierung und
- die Folgen der Globalisierung der Märkte.

Übungsaufgabe

43

1. Begründen Sie, warum der Staat eine kapitalgedeckte private Altersvorsorge durch finanzielle Anreize zu fördern sucht?
2. Wodurch unterscheidet sich prinzipiell die staatlich geförderte kapitalgedeckte private Altersvorsorge von der gesetzlichen Rentenversicherung?

1 **Globalisierung**: erdweite Öffnung der Märkte (Globus: Kugel, Erdkugel).

2 **Global Sourcing** (engl.): wörtlich „Erdausschöpfung", d. h. erdweit die (günstigsten) Quellen suchen und ausschöpfen.

Lernbereich 11: Ein Projekt durchführen

Auf Ausführungen zu diesem Lernbereich wird im Rahmen dieses Lehrbuchs bewusst verzichtet. Sowohl dem Lehrenden als auch dem Lernenden soll gezielt die Freiheit gewährt werden, die im Leistungsfach Volkswirtschaftslehre bisher erworbenen Kompetenzen im Rahmen eines frei zu wählenden berufs- und wissenschaftsorientierten Projektes anzuwenden und im Hinblick auf die Abiturprüfung zu vertiefen.

Stichwortverzeichnis

L

M

N

O

P

Q

R

S